本书为国家社科基金重点项目
"非公经济组织腐败犯罪统计调查与合作预防模式研究"
（项目批准号：16AFX010）阶段性成果

本报告的宗旨与特色

揭示企业家刑事风险现状　推动刑事风险防控实践
助力企业家持续健康发展　促进市场经济法治进步

立足一手素材　汇集权威专家
引领理论研究　服务法治建设

REPORT ON ANALYSIS OF ENTREPRENEUR CRIME AND PREVENTION OF CRIMINAL RISK

Vol.2017

原创 权威 前瞻 务实

企业家犯罪分析与刑事风险防控报告 | 2017卷

北京师范大学中国企业家犯罪预防研究中心 编

张远煌 主编

企业家犯罪分析与刑事风险防控报告

2017卷

学术顾问	高铭暄（中国刑法学研究会名誉会长，北京师范大学刑事法律科学研究院名誉院长）
	储槐植（中国刑法学研究会顾问，北京师范大学刑事法律科学研究院特聘教授）
	赵秉志（中国刑法学研究会会长，北京师范大学法学院暨刑事法律科学研究院教授）
主　编	张远煌
主编助理	龚红卫
撰稿人 （按姓氏音序排列）	操宏均　陈立彤　陈志嘉　谌波平　丛　梅　傅跃建 龚红卫　郭　斌　郭卫华　郭宇航　郭越鸣　韩　轶 黄玲林　季慧娈　季吉如　靳　娜　柯　明　李晓明 李云峰　梅传强　苗　宏　潘星容　皮艺军　宋玥婵 万志鹏　王　潜　王　艺　王文华　王文生　王晓东 王秀梅　王志祥　谢　杰　徐　洁　杨炜林　叶良芳 尹　宁　张　勤　张佳鑫　张晓东　张亚光　张永强 张远煌　赵　赤　赵　军　赵　卿　赵秉志　郑旭江 周振杰　左坚卫

关于刑法亟待增强民营经济发展促进功能的断想(代序)

一

市场经济是法治经济。民营经济作为市场经济的主要表现形态,其持续健康发展无疑需要体系性的法治保障。但在民营经济发展的法治保障方面,长期以来人们更多地是从非刑事法治角度去关注;在推进改革方面也是如此,如放宽市场准入、减免税费、保护专利商标以及在市场监管制度方面的"放、管、服"改革等,似乎刑法的基本功能就是通过惩罚犯罪来维护市场经济秩序,至于如何推动和促进民营经济发展,则不是刑法应当关心的事情。这应当是民营经济发展中法治保障的一种严重的观念误区。

刑法作为法律体系中的强力法、保障法、后盾法的性质和功能决定了相对于其他领域的法治保障而言,刑事法治保障对于引导和推动民营经济持续健康的发展产生全局性和根本性的影响。

(一)刑法运行在深刻地影响企业家的安全感

违反合同法或行政监管,承担违约责任或接受罚款就可以了事,不影响企业家吸取教训从头再来,但一旦被认定为触犯刑法,企业家创造财富的过程就异化为走向监狱的过程,企业也会因此遭受重创甚至倒闭。安全是人们得以生存与发展的最基本条件。人们常说"有恒产者有恒心",还应当讲"有安全感者才有恒心"。如果现实中不顾及我国民营企业和民营企业家成长的特点及其对国民经济的贡献,不正视政府与市场的边界仍然不够清晰的现状,不守住刑法是最后手段的底线,以致刑事干预可以轻易介入市场主体之间的民事、经济纠纷,民营企业家在市场活动中就会因缺乏安全感而战战兢兢、裹足不前、因循守旧,其扩大生产、开拓市场、创新发展的动力就会严重受阻。

因此,刑法划定的犯罪圈是否顺应了市场经济规律,是否反映了深化市场化改革的趋势,对于稳定民营企业家的信心、释放他们的经营才干具有其他法律所难以比拟的强烈影响力。

(二)刑法规定着市场主体经营活动的最终边界

民营企业家作为民营经济的代表,其开展经营活动的空间大小受制于法律的限定。民法、经济法、知识产权法等,不仅调整的空间范围有限,而且对逾越者规定的处罚措施也较为柔性。唯有刑法对市场主体的经营活动范围实现了全覆盖,并且其处罚也是以剥夺或限制违规者的根基性重大权利为范畴的。刑法不仅限定着个人和社会组织活动的最终边界,使其他法律限定都成为前置性限定,而且对企业从成立、运营直至破产清算的全过程,也一点不落地进行全照应。因此,企业和企业家为积累和创造财富可以自由发挥经营才干的空间有多大,最终取决于刑法对经济活动与经营行为的限制有多严。如果刑事禁令缺乏足够的包容理性,刑事干预未能坚守"不得已才为之"的原则,民营企业家的创新活力就会遭遇严重的阻碍。毕竟,相对于突破民事、经济法规的限制,刑事违法的代价太过惨重,只能躲之避之,或者绕道而行。如果这种被捆住手脚的现象多了,民营企业家推动经济发展的活力与创造力自然会严重衰减。

刑法看似距离企业家很远,实则很近。回顾改革开放40年的发展历程,不少民营企业和民营企业家,不是被商业风险或一般法律风险所击倒,而是因为触发刑事风险而铸成无法从头再来的败局。时至今日,每年有数以千计的企业家沦为犯罪人,这种代价不仅是企业家的,更是社会的。这其中有企业家自身方面的原因,但刑法正向保障功能不足、对市场经济活动干预过度,更是一个值得检讨的重要原因。

二

近六年来持续研究企业家犯罪与刑事风险防控问题,笔者越来越强烈地感觉到刑法促进民营经济发展的正向功能的发挥严重不足。透过民营企业家犯罪状况,可以很清晰地看出民营经济刑事法治保障存在的问题。

(一)民营经济的刑事立法保护落后于非公经济宪法地位的变迁,更与国家促进民营经济发展的政策导向严重脱节

1982年至今,我国宪法关于非公经济的地位历经了三次大的变迁:一是1982年《中华人民共和国宪法》和1988年《中华人民共和国宪法修正案》(以下简称《宪法修正案》),赋予了个体经济与非公经济合法地位,将其定位为"公有制经济的补充",实行"引导、监督和管理"的原则,这一从无到有的规定,对促进非公经济的发展意义非凡。二是1993年《宪法修正案》和1999年《宪法修正案》,祛除了计划经济的魅影,代之以"国家实行社会主义市场经济",非公经济的宪法地位也因此上升至"社会主义市场经济的重要组成部分",得以名正言顺地登堂入室。三是2004年《宪法修正案》进一步强化了非公经济的宪法地位与保护规定,将由先前对非公经济实行"引导、监督和管理"的原则,升级为"鼓励、支持和引导"的原则。由此,平等保护各种所有制形式经济的宪法原则得以确立。

可以说,《中华人民共和国宪法》每修改一次,非公经济的宪法地位都上升一次,保护强度也相对增加了一个量级。但反观《中华人民共和国刑法》(以下简称《刑法》),在对民营经济的保护方面并未及时回应宪法的指引。

以投机倒把罪为例,1978年我国实行改革开放政策,中央陆续出台了一系列鼓励和扶植城镇个体经济的政策,但1979年《刑法》仍然对相关商业行为设置层层壁垒,将长途贩运、私商批发等违反计划经济的贸易行为均规定为犯罪,并配置了最高法定刑死刑,致使刑法规制与政策导向严重脱节。直至1997年《刑法》在千呼万唤中才废除投机倒把罪,但该罪名仍然只是形式上的废除,实质上则被分解为若干新的罪名,饱受争议的非法经营罪便是其中之一。由于该罪名极具扩张性,民营企业家触犯此罪的频率一直居高不下,2016年还出现了将农民收购玉米以非法经营罪论处的荒诞情形。在不断开放民营经济成长空间的新形势下,《刑法》中类似的罪名已经变成民营企业家的悬顶之剑。

刑法与市场经济发展的这种不合时宜,尤其与中国共产党第十八次全国代表大会以来,党和国家对民营经济在稳定增长、促进创新、增加就业、改善民生等方面的重要作用的充分肯定,并为此出台的一系列加强民营经济保护的政策形成强烈反差。

2013年11月,中国共产党第十八届中央委员会第三次全体会议明确提出,要坚持权利平等、机会平等、规则平等,废除对非公有制经济各种形式的不合理规定。2016年11月,中共中央、国务院发布《关于完善产权保护制度依法保护产权的意见》,针对实践中存在的利用公权力侵害私有产权、违法查封扣押冻结民营企业财产等现象时有发生的问题,提出了具体的保护要求。2017年9月,中共中央、国务院发布《关于营造企业家健康成长环境 弘扬优秀企业家精神 更好发挥企业家作用的意见》,高度肯定了企业家的作用,系统提出了要营造更好地发挥企业家作用的三大环境条件,即依法保护企业家合法权益的法治环境,促进企业家公平竞争、诚信经营的市场环境,以及尊重和激励企业家干事创业的社会环境。应该说,在总体政策与法治环境方面,我国民营经济的发展迎来了历史上的最好时期。但作为保障法的刑法及其运行,因未能及时有效地反映政策导向,在促进民营经济发展方面的作用发挥得不够充分。

(二) 民营经济的刑法保护存在不平等保护倾向

较之对国有经济的刑法保护,对民营经济的刑法保护存在较明显的不平等保护倾向。

1. 罪名设立与罪刑配置上"重公轻私"、厚此薄彼

刑法设立某个罪名,旨在对相关法益予以强力保护。国有企业与民营企业虽然同为市场主体,但一些罪名却只针对危害国有企业利益的行为设立,实际上放弃了对民营企业相应权益在刑法层面上的保护。

依据现行《刑法》的规定,以下罪名均只能针对国有企业工作人员适用:非法经营同类营业罪(第165条);为亲友非法牟利罪(第166条);签订、履行合同失职罪(第167条);国有公司、企业、事业单位人员失职、滥用职权罪(第168条);徇私舞弊低价折股、出售国有资产罪(第169条);私分国有资产罪(第396条)。

为何这些罪名保护的法益只关涉国有企业的权益而不包含民营企业?这不是立法技术上的疏漏,而是"重公轻私"立法导向的具体表现。因为,按照立法逻辑,在上述情形下,如果民营企业的合法权益遭受侵害,只需要民事法律的保护就可以了。

2. 对国有企业和民营企业同性质、同样态的危害行为,刑罚配置相差悬殊

以针对民营企业人员的职务侵占罪与针对国有企业人员的贪污罪为例,尽管二者的行为性质和样态相同,但前者的起刑点高,后者的起刑点低;前者的法定最高刑低,后者的法定最高刑高。这种"一低一高"的显著差异是否体现了刑法对民营企业人员照顾有加?恰恰相反。因为刑罚配置的强度反映的是对保护法益的重视程度;刑罚越重,表明重视程度就越高。职务侵占罪与贪污罪刑罚配置悬殊的主要原因正在于财产所有权的性质不同:前者侵犯的是民营企业的财产所有权,后者侵犯的是国有企业的财产所有权。

这类因市场主体身份不同而刑罚配置的悬殊并非个别立法例,非国家工作人员受贿罪与受贿罪、挪用资金罪与挪用公款罪等"同种罪名"的刑罚配置也同样如此。这表明在刑法保护观念上尚没有真正把非公经济视为社会主义市场经济的重要组成部分,具体到刑事制度设计上也就难以实现平等保护了。

(三)司法实践中民营企业合法权益保护不力的问题较突出

立法上的不平等保护,反映在司法实践中就是对民营企业和民营企业家合法权益的保护不力。其主要表现有三:

1. 民营企业家面临的刑事风险要大于国有企业家

北京师范大学中国企业家犯罪预防研究中心历年发布的《中国企业家犯罪分析报告》显示:民营企业家在市场活动中面临的刑事风险明显大于国有企业家。

以《2016 中国企业家犯罪分析报告》为例,民营企业家实际被认定的罪名数量为 70 个,国有企业家只涉及 33 个罪名。实际触犯的罪名数越多,意味着现实中笼罩着的法网越大,被认定为犯罪的风险也越大。对此,从《刑法》分则第三章"破坏社会主义市场经济秩序罪"中的具体罪名适用情况,可以看到更清晰的反映:

在国有企业家触犯的 33 个罪名中,分布于第三章的罪名占 45.5%;而民营企业家触犯的 70 个罪名中,分布于第三章的占 55.7%。再从触犯的频率看,国有企业家触犯频率最高的罪名并不属于"破坏社会主义市场经济秩序罪"(只占犯罪总数的 9.6%)的范围,而是《刑法》分则第八章的"贪污贿赂罪",此类犯罪总数占了国有企业家实际犯罪总数的 78.2%;而民营企业家的犯罪总数中,58.7% 都属于"破坏社会主义市场经济秩序罪"。两相对照不难得出结论:《刑法》对市场经济秩序的规制,针对的主要是民营企业家。

同时,一些立法上针对所有市场主体的罪名,实践中几乎沦为民营企业家的专属罪名,如非法吸收公众存款罪、集资诈骗罪、非法经营罪、拒不支付劳动报酬罪,甚至污染环境罪等。这也可以看出,戴在民营企业家头上的"紧箍咒"比国有企业家多。

2. 刑事干预的随意化、扩大化倾向,导致一些涉及民营企业或民营企业家的经济纠纷或一般违法行为,容易被当做犯罪处理

这集中表现在实践中涉及经济纠纷与经济犯罪、企业正当融资与非法集资以及民营企业参与国有企业兼并重组中涉及的经济纠纷与恶意侵占国有资产的界限不清晰时,立案比较草率,把关不严,疑罪从无、禁止类推原则贯彻不彻底。

3.对涉嫌犯罪的民营企业和民营企业家的合法财产保护力度不够

大量案例分析表明,在案件处理过程中,诸如不严格区分个人财产和企业法人财产,超范围、超期限采取查封、扣押、冻结措施;不严格按照法定程序处置涉案财物等现象的客观存在。因查处一人倒闭一个企业的现象也时有发生。

正是由于上述问题的存在,刑法及其运行在激发民营企业家活力、促进公平竞争、提高资源配置效率以及促进经济高质量发展方面的功能难以充分发挥。

三

面对新时代、新经济的内在要求,刑法要充分发挥保障和服务民营经济持续健康发展的功能,最重要的不是在具体制度上的修修补补,而是要着力提升保护观念和创新保护制度。

(一)切实增强民营经济刑法平等保护观念

要克服长期以来计划经济养成的"官尊民卑"的思维习惯,走出"国进民退"与"民进国退"的观念误区,确立经济发展新时代只有国有经济与民营经济优势互补、携手并行,才能实现共同发展的保护意识。

中国经济40年发展的成功经验表明,国有经济和民营经济是我国国民经济中不可或缺的组成部分,它们各有所长,只有通过全方位的平等保护,尤其是来自刑法层面的强力平等保护,才利于民营企业与国有企业在竞争中相互促进、在合作中优势互补,从而推动发展方式转变、经济结构优化与增长动力升级,早日建成我国现代化经济体系,早圆民族复兴之梦。

(二)刑法调整市场经济秩序必须更加注重体现包容理性

在所有法律部门中,刑法不仅刚性十足、损害甚烈,而且保守性与滞后性特征十分突出,最容易与作为真正市场主体的天生具有冒险性和活跃性的民营企业家产生剧烈冲突。

要加强和完善民营经济的刑法保护,就必须从制度设计和机制保障上严格控制刑法干预市场经济活动的边界,最大限度地排除将民营企业家的创新经营行为、改革行为、社会危害性不大的行为作为犯罪处理的可能性。尤其在民营企业家所涉民事经济纠纷与犯罪的界限不清晰时,必须坚决将疑罪从无、禁止类推的法治原则贯彻到底。即使民营企业家涉嫌犯罪,也必须充分发挥司法的能动性,保护好企业家的合法权益,避免对企业造成二次伤害。唯有如此,才能充分释放和激发民营企业家的潜能,更好地服务民营企业的发展,增进社会的和谐与稳定。

在这方面,国家在进行刑事制度改革的配套改革时应当强化前置性法治保障的力度,提高非刑事法律的保护效率,以此降低动用刑法维护市场经济秩序的社会期待,减轻刑法的现实压力,为实现刑法对市场经济活动的包容性干预创造条件。

(三)创新刑事制度,充分发挥刑法对市场主体合规合法经营的强力引导与推动功能

传统刑法对市场经济秩序的维护,主要是通过事后惩罚来实现的。这种消极威慑模式不仅负面效应太大、社会成本太高,而且无助于推动民营企业治理水平的提升。

晚近以来,基于减轻刑事处罚的副作用、促进企业合规管理水平的提升、保障经济平稳发展的刑事政策考量,国际社会有关企业和企业家犯罪的立法观念与司法实践已发生重大变化。这种变化的基本方向表现为:通过刑事制度创新,将企业建立合规经营体系、主动预防企业内部违法犯罪的社会义务升格为刑事义务,同时配套设置相应的刑事激励政策(如对注重合规管理、能主动查找员工违法犯罪以及积极配合司法调查的企业,即使发生了犯罪,在进行责任追究时,也可以获得各种优待,如予以暂缓或免于起诉、减免罚金,以及缩小追责范围等),以此增强合规合法经营企业的优越感与满足感,促使企业家在经营理念上由过去的"要我预防犯罪"升级转变为"我要预防犯罪"。

这一刑事政策改革趋势极富建设性,值得我国理论界、企业界以及立法机关高度重视。因为这体现了预防为主、"国家—企业"共同治理理念的刑事制度创新,不仅可以减少企业和企业家犯罪现象,而且可以大力推动市场主体积极构建合规经营体系,增强企业可持续发展能力,促进社会经济平稳发展。

(四)加强民营经济的刑法保护,除了国家和社会层面的努力外,民营企业家也应积极参与,积极履行服务社会的责任

加强民营经济的刑法保护这一方面很容易被人们所忽视。事实上,非公经济的健康发展,离不开非公经济人士自身的健康发展。从权利与义务对等的角度看,民营企业在法律上享受平等保护,就应当与包括国有企业在内的其他社会组织一起共同履行社会责任,努力为满足人民群众对美好生活的向往而多做贡献。

在全面推进依法治国的时代语境下,在日益注重发展质量的新时代,企业家作为社会的财富精英,也到了应当努力修炼现代企业家精神的时候了。什么是新时代所需要的企业家精神?对此,党中央已指明了方向:一要爱国敬业、遵纪守法、艰苦奋斗;二要创新发展、专注品质、追求卓越;三要履行责任、服务社会。

唯有如此,企业家才能远离犯罪风险,得以行稳致远;也只有在企业家精神的引领下,民营企业才能保有持续健康发展的旺盛生命力,民营经济也才能因此不断发展壮大。

呈现在读者面前的,是我们编制的《2016 中国企业家犯罪分析报告》,以及北京师范大学中国企业家犯罪预防研究中心与最高人民检察院原职务犯罪预防厅、原反贪总局三局联合创设的"企业家刑事风险防控与促进经济发展高端论坛"第五届论坛会议论文精选的合编。本研究报告秉持了"揭示企业家刑事风险现状,推动刑事风险防控实践,助力企业家持续健康发展,促进市场经济法治进步"的宗旨,并在数据采集、分析以及编写上有进一步的改进和完善。

不当之处,敬请读者批评指正。

是为序。

张远煌

2018年5月15日于北京师范大学后主楼

目 录

第一编　2016中国企业家犯罪分析报告

中国企业家犯罪预防研究中心课题组　　1
前言　　3
第一部分　企业家犯罪概况　　5
第二部分　企业家刑事风险高发指数分析　　18
第三部分　企业家腐败犯罪分析　　56
第四部分　企业家犯罪年度十大案例　　72

第二编　论文精选　　83

民营经济刑法平等保护面临的三大问题　　赵秉志　左坚卫　85
企业家精神在民营企业职务犯罪预防中的功能、作用及限制
　　　　　　　　　　　　　　　　　　张远煌　龚红卫　92
论非公有制经济财产权的刑法平等保护　　梅传强　张永强　99
反腐败国际公约视野下私营部门腐败的防治　　王秀梅　宋玥婵　111
预防公司、企业职务犯罪的若干问题研究　　韩轶　121
外资企业刑事法律风险防控　　李晓明　靳娜　127
犯罪成本对职务犯罪的影响性因素分析　　丛梅　146
论民营企业(家)犯罪涉案财物的处置
　　——基于"实体与程序"的双重视角　　王志祥　柯明　155
民营企业家的融资困境及刑事被害风险　　叶良芳　张勤　176
当前非公经济领域犯罪基本特点、成因及治理对策
　　——以浙江省义乌市人民检察院办理案件为视角
　　　　　　　　　　　　　　　　　　傅跃建　张晓东　186
美国控制腐败刑事法治的历史演变与发展机理　　赵赤　196

单位行贿案件量刑实证研究
——以 827 份裁判文书为样本的分析 …………………… 周振杰 218
民营企业家犯罪治理的宽严之道
——基于 2016 统计年度若干典型案例及部分统计数据
……………………………………………………………… 赵 军 222
论刑法对非公有制经济的不平等保护 ………………………… 万志鹏 231
民营企业家融资类犯罪问题研究 …………………… 尹 宁 潘星容 238
新型政商关系视角下民营企业家腐败犯罪的预防走向 ……… 操宏均 248
探索科学的企业权力运行机制对预防民营企业常见职务犯罪的作用
……………………………………………………… 郭 斌 王 艺 262
企业应尽快建立刑事风险防控体系保障企业行稳致远
……………………………………………………… 郭 斌 杨炜林 268
我国跨国商业贿赂犯罪研究报告 …………………… 赵 卿 苗 宏 273
浅论知识产权公司区块链技术应用中的法律问题 …………… 郑旭江 301
职务侵占罪疑难问题的司法认定
——以刑事裁判典型案例为视角 ……………………… 郭越鸣 303
论商业贿赂的法律规制
——以《反不正当竞争法》的修订为契机 ……… 徐 洁 陈志嘉 323
互联网金融时代律师业务研究
——以 P2P 网络借贷平台刑事法律风险防控为视角
……………………………………………………… 季慧雯 谌波平 331
国有企业以"奖金"名义发放单位钱款的行为定性 ………… 黄玲林 340
自贸区单位经济犯罪的刑法规制研究 ………………………… 王 潜 344
非公企业预防犯罪工作南通模式基本路径及升级版 ………… 季吉如 355
浅谈构建我国企业刑事风险防控机制 ………………………… 张亚光 363

第三编　高端论坛观点荟萃　　　　　　　　　　　　　　371

贿赂罪的司法认定及对企业家的建议 ………………………… 王晓东 373
企业合规与刑事风险防控 ……………………………………… 郭卫华 375
评议《2016 中国企业家犯罪分析报告》……………………… 皮艺军 378
推动非公预防升级　优化法治营商环境
——关于民营企业职务犯罪预防的实践与思考 ……… 张佳鑫 379

民营经济刑法平等保护检视:问题、成因与对策	王文华	383
互联网金融行业刑事法律风险的特点、成因及对策	王文生	385
互联网金融的风险与法律间的平衡	郭宇航	388
企业家对象身份下外部刑事风险防控	郭 斌 李云峰	390
全球视野下的合规制度现状与发展趋势	陈立彤	392
证券市场的刑事风险控制	谢 杰	394

第一编

2016中国企业家犯罪分析报告[*]

中国企业家犯罪预防研究中心课题组

---

[*] 报告支持单位:北京师范大学中国企业家刑事风险防控山东中心;北京师范大学中国企业家刑事风险防控北京中心;北京师范大学中国企业家刑事风险防控上海中心。引用报告数据请注明版权单位:"北京师范大学中国企业家犯罪预防研究中心"。

前　言

一、报告宗旨与术语

报告宗旨：本报告旨在揭示我国企业家所面临的刑事风险现状，阐明企业家在企业经营管理过程中引发刑事风险的规律与特征，在此基础上提出应对的思路与策略，助力企业与企业家在财富道路上健康成长，并为完善市场经济法治建设提供事实依据和决策参考。

企业家：本报告中的企业家，作为统计概念，是指企业的高级管理人员。综合我国各类企业的实际情况，报告所统计的企业家范围包括八类人员：①主要负责人（董事长、总经理或法定代表人）；②实际控制人、股东；③党群负责人；④董事；⑤监事；⑥财务负责人；⑦技术负责人；⑧负责销售、采购及其他业务的高级管理人员。

企业家犯罪：本报告中的企业家犯罪，是指企业家在经营管理过程中，其行为被认定为触犯刑法规定的各种情形。如果犯罪行为与企业的经营管理活动无关，则不在本报告统计之列。

企业：本报告中所涉及的企业，从规模上看主要为中大型以上企业，不包括微型企业和个体工商户。

二、样本收集与数据处理

本报告主要以"中国裁判文书网"上传的刑事案件判决书、裁定书为检索对象，对2015年12月1日至2016年11月30日这一统计年度内，公开发布的所有刑事案件判决书、裁定书，按照设定的统计变量进行系统检索，共搜集企业家犯罪有效案件1 458例，作为本报告的分析样本。

为了准确描述企业家刑事风险的产生和分布，本报告从行为特征、个人特征和刑法适用特征三个方面，共设定60项统计指标。主要统计指标包括：涉案企业家的性别、年龄、受教育程度、企业职务、涉案人数、主从犯；涉案企业性质、企业规模、产业类型、发案地域、案发原因、初犯时间、潜伏期、涉案金额、犯罪所得；所涉罪名数量、种类、结构、触犯频率，以及共犯关系、主刑与附加刑适用的比例与结构等。

根据上述统计指标对所收集的案例进行逐案解析，并通过SPSS统计软件将所有案例数据进行汇总，建立了"2016年企业家犯罪案件数据库"作为本报告统计分析的依据。

三、报告的基本结构

本报告共分四部分,共计56 000字。
第一部分　企业家犯罪概况
第二部分　企业家刑事风险高发指数分析
第三部分　企业家腐败犯罪分析
第四部分　企业家犯罪年度十大案例

四、报告主持人与发布人

张远煌　北京师范大学刑事法律科学研究院教授
　　　　北京师范大学中国企业家犯罪预防研究中心主任

五、报告写作与案例收集、数据统计人员

周振杰　博　士　北京师范大学刑事法律科学研究院教授
赵　军　博士后　北京师范大学刑事法律科学研究院副教授
贺　丹　博　士　北京师范大学法学院副教授
黄　石　北京师范大学刑事法律科学研究院博士后,湖北警官学院副教授
彭德才　北京师范大学刑事法律科学研究院博士研究生
万　方　北京师范大学刑事法律科学研究院博士研究生
龚红卫　北京师范大学刑事法律科学研究院博士研究生
顾滋民　北京师范大学法学院硕士研究生
侯蔚林　北京师范大学法学院硕士研究生
王志鹏　北京师范大学法学院硕士研究生
李凤杰　北京师范大学法学院硕士研究生
孟　一　北京师范大学法学院硕士研究生
徐俊勇　北京师范大学法学院硕士研究生
马　婕　北京师范大学法学院硕士研究生
金　清　北京师范大学法学院硕士研究生
黄　丹　北京师范大学法学院硕士研究生
张亚光　北京师范大学法学院硕士研究生

第一部分 企业家犯罪概况

一、企业家犯罪的总体数量与结构

在 2015 年 12 月 1 日至 2016 年 11 月 30 日这一统计年度内,本报告共收集企业家犯罪案件 1 458 例。其中,国有企业家犯罪案件 203 例,占案件总数的 13.9%;民营企业家犯罪案件 1 255 例,占案件总数的 86.1%。在本年度 1 458 例企业家犯罪案件中,共涉及犯罪企业家 1 827 人。其中,犯罪的国有企业家共 236 人,占犯罪企业家总人数的 12.9%;犯罪的民营企业家共 1 591 人,占犯罪企业家总人数的 87.1%。

表 1 涉案企业性质和企业家性质分布

国有企业		民营企业		合计	国有企业家		民营企业家		合计
数量(例)	百分比	数量(例)	百分比	1 458 例	数量(人)	百分比	数量(人)	百分比	1 827 人
203	13.9	1 255	86.1		236	12.9	1 591	87.1	

二、犯罪企业家的身份特征

(一)性别

在 1 827 名犯罪企业家中,性别明确的有 1 107 人。其中,男性共 933 人,占 84.3%,包括 133 名国有企业家和 800 名民营企业家;女性共 174 人,占 15.7%,包括 13 名国有企业家和 161 名民营企业家。

表 2 犯罪企业家性别分布

性别 \ 企业性质	国有企业		民营企业		合计	
	数量(名)	百分比	数量(名)	百分比	数量(名)	百分比
男性	133	91.1	800	83.2	933	84.3
女性	13	8.9	161	16.8	174	15.7
合计	146	100.0	961	100.0	1 107	100.0

从表 2 的数据对比可以看出,不论国有企业还是民营企业,企业家犯罪男性所占比例均远高于女性。

(二)年龄

在1 827名犯罪企业家中,年龄明确的有848人。其中,最小年龄为22岁,最大年龄为81岁,平均年龄为45.9岁。从年龄段分布看,40~49岁的犯罪企业家人数最多,共309人,占36.4%;其次为50~59岁的,共230人,占27.1%;再次为30~39岁的,共198人,占约23.4%;60~69岁和20~29岁的人数较少,分别为68人和36人,占约8.0%和4.3%;70~79岁和80~89岁的人数稀少,分别为6人和1人,占0.7%和0.1%。

在236名犯罪的国有企业家中,有117人的年龄明确。其中,最小年龄为28岁,最大年龄为67岁,平均年龄为51岁。从年龄段分布看,50~59岁的国有企业家犯罪人数最多,共53人,占45.3%;其次为40~49岁的,共35人,占29.9%;再次为60~69岁的,共20人,占17.1%;人数较少的是30~39岁和20~29岁的,分别为7人和2人,占6.0%和1.7%。

在1 591名犯罪的民营企业家中,有731人的年龄明确。其中,最小年龄为22岁,最大年龄为81岁,平均年龄为45岁。从年龄段分布来看,40~49岁的犯罪人数最多,共274人,占37.5%;其次为30~39岁的,共191人,占26.1%;再次为50~59岁的,共177人,占24.2%;60~69岁和20~29岁的分别为48人和34人,占6.6%和4.7%;70~79岁和80~89岁的人数稀少,分别为6人和1人,占0.8%和0.1%。

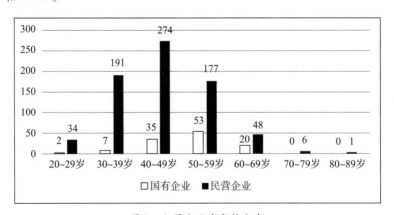

图1 犯罪企业家年龄分布

从图1可以看出,民营企业家犯罪的高发年龄段是40~49岁,次高发年龄段为30~39岁和50~59岁;国有企业家犯罪的高发年龄段为50~59岁,次高发年龄段为40~49岁;同时,民营企业家在30~59岁犯罪的比例要明显高于国有企业家。

(三)学历

在1 827名犯罪企业家中,学历明确的有609人。其中,大学(大专)及以上学历的有243人,占39.9%;高中(中专)学历的有178人,占29.2%;初中学历的有

154人,占25.3%;小学及以下学历的有34人,占5.6%。

在236名犯罪国有企业家中,有77人的学历明确。其中,大学(大专)及以上学历的有59人,占76.6%;高中(中专)学历的有12人,占15.6%;初中学历的有6人,占7.8%;小学及以下学历的有0人。

在1 591名犯罪民营企业家中,有532人的学历明确。其中,大学(大专)及以上学历的有184人,占34.6%;高中(中专)学历的有166人,占31.2%;初中学历的有148人,占27.8%;小学及以下学历的有34人,占6.4%。

表3 犯罪企业家学历分布

企业性质 受教育程度	国有企业		民营企业		合计	
	数量(人)	百分比	数量(人)	百分比	数量(人)	百分比
小学及以下	0	0.0	34	6.4	34	5.6
初中	6	7.8	148	27.8	154	25.3
高中(中专)	12	15.6	166	31.2	178	29.2
大学(大专)及以上	59	76.6	184	34.6	243	39.9
合计	77	100.0	532	100.0	609	100.0

从表3的数据对比可以看出,国有企业犯罪企业家绝大部分是大学(大专)及以上学历;而民营企业犯罪企业家学历分布较均匀,以大学(大专)及以上学历、高中(中专)学历以及初中学历为主。总体来说,犯罪企业家的学历水平是国有企业高于民营企业。

(四)职务

在1 827名犯罪企业家中,企业内部职务明确的有1 704人。其中,企业主要负责人(包括法定代表人、董事长、经理、厂长、矿长等正职和副职,下同)共1 156人,占67.8%;实际控制人、股东共165人,占9.7%;党群负责人共7人,占0.4%;董事共3人,占0.2%;监事共7人,占0.4%;财务负责人共104人,占6.1%;技术负责人共19人,占1.1%;销售(采购)负责人共85人,占5.0%;其他核心部门负责人共158人,占9.3%。

在236名犯罪国有企业家中,有225人的企业内部职务明确。其中,企业主要负责人共141人,占62.7%;实际控制人、股东共4人,占1.8%;党群负责人共4人,占1.8%;董事共0人,占0.0%;监事共2人,占0.9%;财务负责人共23人,占10.2%;技术负责人共8人,占约3.5%;销售(采购)负责人共17人,占7.6%;其他核心部门负责人共26人,占约11.5%。

在1 591名犯罪民营企业家中,有1 479人的企业内部职务明确。其中,企业主要负责人共1 015人,占68.6%;实际控制人、股东共161人,占10.9%;党群负责人共3人,占0.2%;董事共3人,占0.2%;监事共5人,占0.3%;财务负责人共81人,占5.5%;技术负责人共11人,占约0.8%;销售(采购)负责人共68人,占

4.6%;其他核心部门负责人共132人,占8.9%。

表4 犯罪企业家职务分布

企业性质 职务	国有企业		民营企业		合计	
	数量(人)	百分比	数量(人)	百分比	数量(人)	百分比
企业主要负责人	141	62.7	1015	68.6	1156	67.8
实际控制人、股东	4	1.8	161	10.9	165	9.7
党群负责人	4	1.8	3	0.2	7	0.4
董事	0	0.0	3	0.2	3	0.2
监事	2	0.9	5	0.3	7	0.4
财务负责人	23	10.2	81	5.5	104	6.1
技术负责人	8	3.5	11	0.8	19	1.1
销售(采购)负责人	17	7.6	68	4.6	85	5.0
其他核心部门负责人	26	11.5	132	8.9	158	9.3
合计	225	100.0	1479	100.0	1704	100.0

从表4的数据对比可以看出,不论是国有企业还是民营企业,犯罪企业家的职务中企业主要负责人所占比例均最高,且相对于国有企业,民营企业中的这个比例分布要更为突出。

(五)基本结论

第一,在性别方面,犯罪企业家男性所占比例始终远远高于女性。

第二,在年龄方面,40~49岁和50~59岁是两个高发年龄段。

第三,在学历方面,总体来说,犯罪企业家的学历水平是国有企业高于民营企业。

第四,在职务方面,犯罪人群主要集中在企业主要负责人这一职位。

第五,以上结论与2015年完全一致。

三、企业家犯罪的罪种结构特征

(一)企业家触犯的罪名数与罪名结构

企业家犯罪的频次总计2 009次,其中,国有企业家犯罪频次共计293次,民营企业家犯罪的频次总计1 716次。共涉及77个具体罪名,其中,国有企业家共涉及33个具体罪名,民营企业家共涉及70个具体罪名。77个罪名分属于《中华人民共和国刑法》(以下简称《刑法》)第二章、第三章、第四章、第五章、第六章、第八章和第九章。企业家犯罪的罪种和罪名结构分布、触犯频次及其比例见表5,表中标示为加粗字体的罪名为2015年统计数据中未出现的罪名。

表5 企业家犯罪的罪种和罪名结构分布

章	节	具体罪名
第二章 危害公共安全罪(4个罪名,5.2%)(31次,1.5%)		非法买卖爆炸物罪(2次) **危险物品肇事罪(1次)** 重大劳动安全事故罪(2次) 重大责任事故罪(26次)
第三章 破坏社会主义市场经济秩序罪(44个罪名,57.1%)(1035次,51.5%)	第一节 生产、销售伪劣商品罪(4个罪名)	生产、销售不符合安全标准的食品罪(2次) 生产、销售伪劣产品罪(16次) 生产、销售有毒、有害食品罪(2次) 销售假药罪(5次)
	第二节 走私罪(3个罪名)	走私废物罪(1次) **走私国家禁止进出口的货物、物品罪(2次)** 走私普通货物、物品罪(86次)
	第三节 妨害对公司、企业的管理秩序罪(8个罪名)	对非国家工作人员行贿罪(11次) 非国家工作人员受贿罪(48次) **国有公司、企业、事业单位人员滥用职权罪(3次)** 国有公司、企业、事业单位人员失职罪(3次) **签订、履行合同失职被骗罪(1次)** 虚报注册资本罪(5次) 虚假出资、抽逃出资罪(2次) 隐匿、故意销毁会计凭证、会计账簿、财务会计报告罪(3次)
	第四节 破坏金融管理秩序罪(9个罪名)	非法吸收公众存款罪(232次,11.5%) **高利转贷罪(1次)** **利用未公开信息交易罪(1次)** 骗取贷款、票据承兑、金融票证罪(62次) 违法发放贷款罪(1次) **伪造、变造国家有价证券罪(1次)** **伪造、变造金融票证罪(1次)** **吸收客户资金不入账罪(1次)** 洗钱罪(1次)
	第五节 金融诈骗罪(5个罪名)	**保险诈骗罪(1次)** **贷款诈骗罪(3次)** 集资诈骗罪(46次) 票据诈骗罪(5次) 信用卡诈骗罪(8次)

(续表)

章	节	具体罪名
第三章 破坏社会主义市场经济秩序罪(44个罪名,57.1%)(1035次,51.5%)	第六节 危害税收征管罪(6个罪名)	持有伪造的发票罪(1次) 骗取出口退税罪(3次) 逃避追缴欠税罪(1次) 逃税罪(12次) 虚开发票罪(15次) 虚开增值税专用发票、用于骗取出口退税、抵扣税款发票罪(280次)
	第七节 侵犯知识产权罪(3个罪名)	非法制造注册商标标识罪(3次) 假冒注册商标罪(14次) 销售假冒注册商标的商品罪(12次)
	第八节 扰乱市场秩序罪(6个罪名)	串通投标罪(4次) 非法经营罪(20次) 合同诈骗罪(109次) 强迫交易罪(1次) 虚假广告罪(2次) 组织、领导传销活动罪(4次)
第四章 侵犯公民人身权利、民主权利罪(2个罪名,2.6%)(3次,0.1%)		侵犯公民个人信息罪(2次) 故意伤害罪(1次)
第五章 侵犯财产罪(7个罪名,9.1%)(439次,21.9%)		盗窃罪(1次) 拒不支付劳动报酬罪(60次) 挪用资金罪(104次) 敲诈勒索罪(1次) 侵占罪(1次) 诈骗罪(50次) 职务侵占罪(222次)
第六章 妨害社会管理秩序罪(9个罪名,11.7%)(93次,4.6%)	第一节 扰乱公共秩序罪(2个罪名)	伪造、变造、买卖国家机关公文、证件、印章罪(5次) 伪造公司、企业、事业单位、人民团体印章罪(11次)
	第二节 妨害司法罪(3个罪名)	妨害作证罪(1次) 拒不执行判决、裁定罪(5次) 掩饰、隐瞒犯罪所得、犯罪所得收益罪(1次)
	第六节 破坏环境资源保护罪(4个罪名)	非法采矿罪(4次) 非法占用农用地罪(23次) 滥伐林木罪(6次) 污染环境罪(37次)

(续表)

章	节	具体罪名
第八章　贪污贿赂罪 (10个罪名,13.0%) (399次,19.9%)		**单位受贿罪(7次)** 单位行贿罪(89次) 对单位行贿罪(3次) **介绍贿赂罪(2次)** 巨额财产来源不明罪(2次) 挪用公款罪(38次) 受贿罪(112次) 私分国有资产罪(13次) 贪污罪(81次) 行贿罪(52次)
第九章　渎职罪(1个罪名,1.3%)(9次,0.5%)		滥用职权罪(9次)

(二)国有企业家犯罪的罪种和罪名结构分布

国有企业家犯罪的频次总计293次,共涉及33个具体罪名,分属于《刑法》第二章、第三章、第五章、第六章、第八章和第九章。国有企业家犯罪的罪种和罪名结构分布、触犯频次及其比例见表6,表中标示为加粗字体的罪名为2015年统计数据中未出现的罪名。

表6　国有企业家犯罪的罪种和罪名结构分布

章	节	具体罪名
第二章　危害公共安全罪(1个罪名,3.0%)(1次,0.3%)		重大责任事故罪(1次)
第三章　破坏社会主义市场经济秩序罪(15个罪名,约45.5%)(28次,9.6%)	第一节　生产、销售伪劣商品罪(1个罪名)	**生产、销售伪劣产品罪(1次)**
	第二节　走私罪(1个罪名)	**走私普通货物、物品罪(5次)**
	第三节　妨害对公司、企业的管理秩序罪(6个罪名)	非国家工作人员受贿罪(3次) **国有公司、企业、事业单位人员滥用职权罪(3次)** 国有公司、企业、事业单位人员失职罪(3次) **签订、履行合同失职被骗罪(1次)** **虚报注册资本罪(1次)** **隐匿、故意销毁会计凭证、会计账簿、财务会计报告罪(1次)**
	第四节　破坏金融管理秩序罪(1个罪名)	骗取贷款、票据承兑、金融票证罪(1次)

（续表）

章	节	具体罪名
第三章 破坏社会主义市场经济秩序罪（15个罪名，45.5%）（28次，9.6%）	第五节 金融诈骗罪（2个罪名）	**保险诈骗罪(1次)** 集资诈骗罪(1次)
	第六节 危害税收征管罪（2个罪名）	虚开发票罪(2次) 虚开增值税专用发票、用于骗取出口退税、抵扣税款发票罪(1次)
	第八节 扰乱市场秩序罪（2个罪名）	合同诈骗罪(2次) 虚假广告罪(2次)
第五章 侵犯财产罪（3个罪名，9.1%）（22次，7.5%）		挪用资金罪(8次) **诈骗罪(3次)** 职务侵占罪(11次)
第六章 妨害社会管理秩序罪（3个罪名，9.1%）（5次，1.7%）	第一节 扰乱公共秩序罪（1个罪名）	**伪造公司、企业、事业单位、人民团体印章罪(2次)**
	第六节 破坏环境资源保护罪（2个罪名）	**非法占用农用地罪(1次)** 滥伐林木罪(2次)
第八章 贪污贿赂罪（10个罪名，30.3%）（229次，78.2%）		**单位受贿罪(3次)** 单位行贿罪(1次) **对单位行贿罪(1次)** **介绍贿赂罪(1次)** 巨额财产来源不明罪(2次) 挪用公款罪(27次) 受贿罪(102次) 私分国有资产罪(13次) 贪污罪(76次) 行贿罪(3次)
第九章 渎职罪（1个罪名，3.0%）（8次，2.7%）		滥用职权罪(8次)

（三）民营企业家犯罪的罪种和罪名结构分布

民营企业家犯罪的频次总计1 716次，共涉及70个具体罪名，分属于《刑法》第二章、第三章、第四章、第五章、第六章、第八章和第九章。民营企业家犯罪的罪种和罪名结构分布、触犯频次及其比例见表7，表中标示为加粗字体的罪名为2015年统计数据中未出现的罪名。

表7 民营企业家犯罪的罪种和罪名结构分布

章	节	具体罪名
第二章 危害公共安全罪（4个罪名，5.7%）（30次，1.7%）		非法买卖爆炸物罪(2次) **危险物品肇事罪(1次)** 重大劳动安全事故罪(2次) 重大责任事故罪(25次)

(续表)

章	节	具体罪名
第三章 破坏社会主义市场经济秩序罪(39个罪名,55.7%)(1007次,58.7%)	第一节 生产、销售伪劣商品罪(4个罪名)	生产、销售不符合安全标准的食品罪(2次) 生产、销售伪劣产品罪(15次) 生产、销售有毒、有害食品罪(2次) 销售假药罪(5次)
	第二节 走私罪(3个罪名)	走私废物罪(1次) **走私国家禁止进出口的货物、物品罪(2次)** 走私普通货物、物品罪(81次)
	第三节 妨害对公司、企业的管理秩序罪(5个罪名)	对非国家工作人员行贿罪(11次) 非国家工作人员受贿罪(45次) 虚报注册资本罪(4次) 虚假出资、抽逃出资罪(2次) 隐匿、故意销毁会计凭证、会计账簿、财务会计报告罪(2次)
	第四节 破坏金融管理秩序罪(9个罪名)	非法吸收公众存款罪(232次) **高利转贷罪(1次)** **利用未公开信息交易罪(1次,0.1%)** 骗取贷款、票据承兑、金融票证罪(61次) **违法发放贷款罪(1次)** **伪造、变造国家有价证券罪(1次)** **伪造、变造金融票证罪(1次)** **吸收客户资金不入账罪(1次)** **洗钱罪(1次)**
	第五节 金融诈骗罪(4个罪名)	**贷款诈骗罪(3次)** 集资诈骗罪(45次) 票据诈骗罪(5次) 信用卡诈骗罪(8次)
	第六节 危害税收征管罪(6个罪名)	**持有伪造的发票罪(1次)** 骗取出口退税罪(3次) **逃避追缴欠税罪(1次)** 逃税罪(12次) 虚开发票罪(13次) 虚开增值税专用发票、用于骗取出口退税、抵扣税款发票罪(279次)
	第七节 侵犯知识产权罪(3个罪名)	非法制造注册商标标识罪(3次) 假冒注册商标罪(14次) 销售假冒注册商标的商品罪(12次)
	第八节 扰乱市场秩序罪(5个罪名)	串通投标罪(4次) 非法经营罪(20次) 合同诈骗罪(107次) **强迫交易罪(1次)** 组织、领导传销活动罪(4次)
第四章 侵犯公民人身权利、民主权利罪(2个罪名,2.9%)(3次,0.2%)		侵犯公民个人信息罪(2次) 故意伤害罪(1次)

(续表)

章	节	具体罪名
第五章 侵犯财产罪 (7个罪名,10%)(417次,24.3%)		盗窃罪(1次) 拒不支付劳动报酬罪(60次) 挪用资金罪(96次) **敲诈勒索罪(1次)** **侵占罪(1次)** 诈骗罪(47次) 职务侵占罪(211次)
第六章 妨害社会管理秩序罪(9个罪名,12.9%)(88次,5.1%)	第一节 扰乱公共秩序罪(2个罪名)	伪造、变造、买卖国家机关公文、证件、印章罪(5次) 伪造公司、企业、事业单位、人民团体印章罪(9次)
	第二节 妨害司法罪(3个罪名)	**妨害作证罪(1次)** **拒不执行判决、裁定罪(5次)** **掩饰、隐瞒犯罪所得、犯罪所得收益罪(1次)**
	第六节 破坏环境资源保护罪(4个罪名)	**非法采矿罪(4次)** 非法占用农用地罪(22次) **滥伐林木罪(4次)** 污染环境罪(37次)
第八章 贪污贿赂罪(8个罪名,11.4%)(170次,9.9%)		**单位受贿罪(4次)** 单位行贿罪(88次) 对单位行贿罪(2次) **介绍贿赂罪(1次)** 挪用公款罪(11次) 受贿罪(10次) **贪污罪(5次)** 行贿罪(49次)
第九章 渎职罪(1个罪名,1.4%)(1次,0.1%)		滥用职权罪(1次)

(四)基本结论

总体上,企业家触犯最多的罪种是"破坏社会主义市场经济秩序罪",有1 035次,占51.5%;其次是"侵犯财产罪",有439次,占21.9%;再次是"贪污贿赂罪",有399次,占19.9%。而2015年的统计结论是:企业家触犯最多的罪种是"破坏社会主义市场经济秩序罪",有416次,占41.6%;其次是"贪污贿赂罪",有316次,占31.6%;再次是"侵犯财产罪",有226次,占22.6%。

可见,"破坏社会主义市场经济秩序罪"是近两年企业家触犯最多的罪种,且与2015年相比,2016年企业家触犯"破坏社会主义市场经济秩序罪"的占比上升较明显,触犯"贪污贿赂罪"的占比下降较明显。

国有企业家触犯最多的罪种是"贪污贿赂罪",有229次,占78.2%;其次是"破坏社会主义市场经济秩序罪",有28次,占9.6%;再次是"侵犯财产罪",有22次,占7.5%。而2015年的统计结论是:国有企业家涉及最多的罪种为"贪污贿赂罪",有

196次,占90.3%,其次为"破坏社会主义市场经济秩序罪",有13次,占6.0%。

"贪污贿赂罪"是国有企业家触犯最多的罪种,但与2015年相比,2016年国有企业家触犯"贪污贿赂罪"的所占比例有下降趋势。

民营企业家触犯最多的罪种是"破坏社会主义市场经济秩序罪",有1 007次,占58.7%;其次是"侵犯财产罪",有417次,占24.3%;再次是"贪污贿赂罪",有170次,占9.9%。2015年的相关统计结论是:民营企业家触犯最多的罪种是"破坏社会主义市场经济秩序罪",有403次,占51.5%,其次为"侵犯财产罪",有220次,占28.1%,再次是"贪污贿赂罪",有120次,占15.3%。

"破坏社会主义市场经济秩序罪"是民营企业家触犯最多的罪种,其次是"侵犯财产罪",再次是"贪污贿赂罪"。与2015年相比,民营企业家触犯"破坏社会主义市场经济秩序罪"的占比有所上升,触犯"侵犯财产罪"以及"贪污贿赂罪"的占比均有所下降。

四、企业家犯罪的刑罚适用特征

(一)企业家犯罪刑罚适用综述

2016年度1 827名犯罪企业家所适用的刑种包括管制、拘役、有期徒刑、无期徒刑、死刑五种主刑以及罚金、没收财产、剥夺政治权利、驱逐出境四种附加刑。

1 827名犯罪企业家的刑罚适用情况如下:

65名犯罪企业家免予刑事处罚的(国有企业的有12人,民营企业的有53人),占犯罪企业家总数的3.6%;2名犯罪企业家被判处管制(国有企业的有0人,民营企业的有2人),占犯罪企业家总数的0.1%;93名犯罪企业家被判处拘役(国有企业的有7人,民营企业的有86人),占犯罪企业家总数的5.1%,其中75人被判处缓刑(国有企业的有7人,民营企业的有68人);1 603名犯罪企业家被判处有期徒刑(国有企业的有213人,民营企业的有1 390人),占犯罪企业家总数的87.7%,其中627名被判处缓刑(国有企业的有61人,民营企业的有566人);38名犯罪企业家被判处无期徒刑(国有企业的有2人,民营企业的有36人),占犯罪企业家总数的2.1%;1名犯罪企业家被判处死缓(国有企业的有1人,民营企业的有0人),占犯罪企业家总数的0.1%。

在1 603名被判处有期徒刑的犯罪企业家中,1 169人被判处5年以下有期徒刑(国有企业的有136人,民营企业的有1 033人),占犯罪企业家总数的64.0%;221人被判处5年以上10年以下有期徒刑(国有企业的有37人,民营企业的有184人),占犯罪企业家总数的12.1%;213人被判处10年以上有期徒刑(国有企业的有40人,民营企业的有173人),约占犯罪企业家总数的11.6%。①

968名犯罪企业家被判处罚金刑(国有企业的有113人,民营企业的有855人),占犯罪企业家总数的53.0%,罚金数额最低为1 000元,最高为2 850万元,

---

① 此处"以下"不包括本数,"以上"包括本数,下同。

其中24人被单处罚金刑(国有企业的有1人,民营企业的有23人),占犯罪企业家总数的1.3%;78名犯罪企业家被判处没收财产(国有企业的有31人,民营企业的有47人),占犯罪企业家总数的4.3%,其中30人被判处没收全部财产(国有企业的有3人,民营企业的有27人),占犯罪企业家总数的1.6%;54名犯罪企业家被判处剥夺政治权利(国有企业的有6人,民营企业的有48人),占犯罪企业家总数的3.0%,其中34人被判处剥夺政治权利终身(国有企业的有3人,民营企业的有31人),占犯罪企业家总数的1.9%;1名犯罪企业家被判处驱逐出境(国有企业的有0人,民营企业的有1人),占犯罪企业家总数的0.1%。

1 827名犯罪企业家中免予刑事处罚和主刑适用特征以及犯罪企业家附加刑适用特征见表8和表9。

表8 犯罪企业家中免予刑事处罚和主刑适用特征(%)

免予刑事处罚	管制	拘役	有期徒刑				无期徒刑	死缓
			5年以下	5年以上10年以下	10年以上	总比例		
3.6	0.1	5.1	64.0	12.1	11.6	87.7	2.1	0.1

表9 犯罪企业家附加刑适用特征

罚金刑				没收财产		剥夺政治权利		驱逐出境
单处罚金	最低	最高	总比例	没收全部财产	总比例	剥夺政治权利终身	总比例	
1.3%	1 000元	2 850万元	53.0%	1.6%	4.3%	1.9%	3.0%	0.1%

(二)国有企业家犯罪的刑罚适用特征

236名犯罪的国有企业家的刑罚适用情况如下:

12名免予刑事处罚,占5.1%;0名被判处管制;7名被判处拘役,占3.0%,均判处缓刑;213名被判处有期徒刑,占90.3%,其中61名被判处缓刑;2名被判处无期徒刑,占0.8%;1名被判处死缓,占0.4%。

在213名被判处有期徒刑的犯罪国有企业家中,136名被判处5年以下有期徒刑,占57.6%;37名被判处5年以上10年以下有期徒刑,占15.7%;40名被判处10年以上有期徒刑,约占17.0%。

113名犯罪国有企业家被判处罚金刑,占47.9%,罚金数额最低为5 000元,最高为360万元,其中1名被单处罚金刑,占0.4%;31名被判处没收财产,占13.1%,其中3人被判处没收全部财产,占1.3%;6名被判处剥夺政治权利,占2.5%,其中3人被判处剥夺政治权利终身,占1.3%;0名被判处驱逐出境。

(三)民营企业家犯罪的刑罚适用特征

1 591名犯罪民营企业家的刑罚适用情况如下:

53 名免予刑事处罚,占 3.3%;2 名被判处管制,占 0.1%;86 名被判处拘役,占 5.4%,其中 68 名被判处缓刑;1 390 名被判处有期徒刑,占 87.4%,其中 566 名被判处缓刑;36 名被判处无期徒刑,占 2.3%;0 名被判处死缓。

在 1 390 名被判处有期徒刑的犯罪民营企业家中,1 033 名被判处 5 年以下有期徒刑,占 64.9%;184 名被判处 5 年以上 10 年以下有期徒刑,占 11.6%;173 名被判处 10 年以上有期徒刑,占 10.9%。

855 名犯罪民营企业家被判处罚金刑,占 53.7%,罚金数额最低为 1 000 元,最高为 2 850 万元,其中 23 名被单处罚金刑,占 1.4%;47 名被判处没收财产,占 3.0%,其中 27 人被判处没收全部财产,占 1.7%;48 名被判处剥夺政治权利,占 3.0%,其中 31 人被判处剥夺政治权利终身,占 1.9%;1 名被判处驱逐出境,占 0.1%。

国有企业家和民营企业家犯罪刑罚适用特征对比见表 10 和表 11。

表 10 国有企业家与民营企业家犯罪中免予刑事处罚和主刑适用特征对比(%)

刑罚性质	免予刑事处罚	管制	拘役	有期徒刑				无期徒刑	死缓
				5 年以下	5 年以上 10 年以下	10 年以上	总比例		
国企	5.1	0.0	3.0	57.6	15.7	17.0	90.3	0.8	0.4
民企	3.3	0.1	5.4	64.9	11.6	10.9	87.4	2.3	0.0

表 11 国有企业家与民营企业家犯罪附加刑适用特征对比

刑罚性质	罚金刑				没收财产		剥夺政治权利		驱逐出境
	单处罚金	最低	最高	总比例	没收全部财产	总比例	剥夺政治权利终身	总比例	
国企	0.4%	5 000 元	360 万元	47.9%	1.3%	13.1%	1.3%	2.5%	0.0%
民企	1.4%	1 000 元	2 850 万元	53.7%	1.7%	3.0%	1.9%	3.0%	0.1%

(四)基本结论

在免予刑事处罚的适用比例方面,国有企业家的比例高于民营企业家;在无期徒刑的适用比例上,民营企业家的比例高于国有企业家;在有期徒刑的分布方面,民营企业家 5 年以下短期刑的适用比例高于国有企业家,但国有企业家 10 年以上长期刑的适用比例高于民营企业家;在附加刑方面,国有企业家适用没收财产的比例明显高于民营企业家;以上结论与 2015 年报告结论相一致。

在附加刑方面,国有企业家适用罚金刑的比例低于民营企业家;以上结论与 2015 年报告结论相反。

第二部分 企业家刑事风险高发指数分析

一、企业家刑事风险高发空间

(一) 涉案企业地域分布

在2 009次企业家犯罪中,有1 991次犯罪的企业所在地可以确定,共涉及全国32个省(直辖市、自治区或特别行政区)。各省份企业家犯罪数量从多到少依次为:浙江省206次,江苏省195次,上海市143次,山东省135次,河北省128次,安徽省119次,广东省118次,北京市117次,河南省101次,湖北省84次,黑龙江省82次,辽宁省65次,吉林省52次,福建省50次,山西省50次,湖南省49次,四川省42次,江西省41次,内蒙古自治区35次,陕西省33次,云南省27次,贵州省19次,重庆市19次,天津市18次,甘肃省14次,新疆维吾尔自治区14次,广西壮族自治区10次,青海省10次,宁夏回族自治区8次,海南省3次,香港特别行政区3次,西藏自治区1次。

在293次国有企业家犯罪中,有291次犯罪的企业所在省份明确。各省份国有企业家犯罪数量从多到少依次为:北京市26次,河北省26次,江苏省25次,黑龙江省19次,山东省19次,河南省17次,山西省16次,浙江省16次,安徽省14次,福建省13次,上海市13次,湖北省11次,四川省11次,湖南省10次,吉林省9次,辽宁省7次,云南省6次,天津市5次,新疆维吾尔自治区5次,广西壮族自治区4次,甘肃省3次,江西省3次,内蒙古自治区3次,陕西省3次,广东省2次,青海省2次,贵州省1次,海南省1次,重庆市1次。

在1 716次民营企业家犯罪中,有1 700次犯罪的企业所在省份明确。各省份民营企业家犯罪数量从多到少依次为:浙江省190次,江苏省170次,上海市130次,广东省116次,山东省116次,安徽省105次,河北省102次,北京市91次,河南省84次,湖北省73次,黑龙江省63次,辽宁省58次,吉林省43次,湖南省39次,江西省38次,福建省37次,山西省34次,内蒙古自治区32次,四川省31次,陕西省30次,云南省21次,贵州省18次,重庆市18次,天津市13次,甘肃省11次,新疆维吾尔自治区9次,宁夏回族自治区8次,青海省8次,广西壮族自治区6次,香港特别行政区3次,海南省2次,西藏自治区1次。

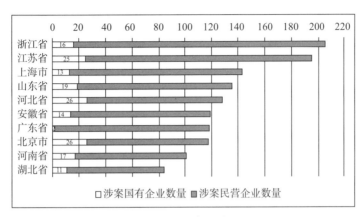

图 2　涉案企业所在地前十省份

(二)涉案企业所在城市经济发展程度

在 2 009 次企业家犯罪中,有 1 959 次犯罪的企业所在城市明确。其中,位于一线城市的有 350 次,占 17.9%;位于二线城市的有 592 次,占 30.2%;位于三线城市的有 377 次,占 19.2%;位于四线及以下城市的有 640 次,占 32.7%。

在 293 次国有企业家犯罪中,有 288 次犯罪的企业所在城市明确。其中,位于一线城市的有 46 次,占 16.0%;位于二线城市的有 91 次,占 31.6%;位于三线城市的有 59 次,占 20.5%;位于四线及以下城市的有 92 次,占 31.9%。

在 1 716 次民营企业家犯罪中,有 1 671 次犯罪的企业所在城市明确。其中,位于一线城市的有 304 次,占 18.2%;位于二线城市的有 501 次,占 30.0%;位于三线城市的有 318 次,占 19.0%;位于四线及以下城市的有 548 次,占 32.8%。

表12　涉案企业所在城市经济发展程度分布(%)

企业性质	一线城市	二线城市	三线城市	四线及以下城市
国有企业	16.0	31.6	20.5	31.9
民营企业	18.2	30.0	19.0	32.8

从表12的数据对比可以看出,不论国有企业还是民营企业,一线城市涉案企业数目最少,其次是三线城市,二线和四线及以下城市涉案企业数目居多。

(三)涉案企业产业类型

在 2 009 次企业家犯罪中,有 1 644 次犯罪的企业产业类型明确。各产业类型中企业家犯罪数量从多到少依次为:制造业(556 次,占 33.8%);批发和零售业(206 次,占 12.5%);建筑业(146 次,占 8.9%);金融、保险业(138 次,占 8.4%);房地产业(98 次,占 6.0%);交通运输、仓储业和邮政业(94 次,5.7%);租赁和商务服务业(76 次,4.6%);采矿业(54 次,3.3%);农、林、牧、渔业(51 次,占 3.1%);电力、热力、燃气及水的生产和供应业(40 次,占 2.4%);信息传输、计算机服务和软件业(39次、2.4%);文化、体育、娱乐业(35次,2.1%);居民服务和其他服务业(28次,1.7%);科学研究、技术服务和地质勘查业(21次,1.3%);住宿、餐饮业(17次,1.0%);卫生、社会保障和社会服务业(17次,1.0%);环境和公共设施管理业(13次,0.8%);水利、环境和公共设施管理业(11次,0.7%);教育业(4次,0.3%)。

在293次国有企业家犯罪中,有261次犯罪的企业产业类型明确。数量最多的10种产业类型为:制造业(71次,占27.2%);建筑业(41次,占15.7%);交通运输、仓储业和邮政业(32次,12.3%);金融、保险业(19次,占7.3%);采矿业(16次,6.1%);房地产业(14次,5.4%);农、林、牧、渔业(13次,占5.0%);电力、热力、燃气及水的生产和供应业(12次,占4.6%);批发和零售业(9次,占3.4%);信息传输、计算机服务和软件业(6次,占2.3%);文化、体育、娱乐业(6次,占2.3%)。

在1 716次民营企业家犯罪中,有1 383次犯罪的企业产业类型明确。数量最多的10种产业类型为:制造业(485次,占35.1%);批发和零售业(197次,占14.2%);金融、保险业(119次,占8.6%);建筑业(105次,占7.6%);房地产业(84次,占6.1%);租赁和商务服务业(73次,占5.3%);交通运输、仓储业和邮政业(62次,占4.5%);采矿业(38次,占2.7%);农、林、牧、渔业(38次,占2.7%);信息传输、计算机服务和软件业(33次,占2.4%)。

(四)涉案企业高发省份与罪名触犯频次交叉分析

在2 009次企业家犯罪中,有1 991次犯罪的企业所在地可以确定,其中企业家犯罪数量最多的10个省份分别是:浙江省206次,江苏省195次,上海市143次,山东省135次,河北省128次,安徽省119次,广东省118次,北京市117次,河南省101次,湖北省84次,共计1 346次,占总数的67.6%。

对以上省份企业产业类型与触犯高频罪名交叉分析如下:

浙江省企业家犯罪数量最多的五种产业类型为:①制造业,共93次,均为民营企业,触犯最多的罪名是虚开增值税专用发票、用于骗取出口退税、抵扣税款发票罪,职务侵占罪,污染环境罪和拒不支付劳动报酬罪;②批发和零售业,共28次,均为民营企业,触犯最多的罪名是虚开增值税专用发票、用于骗取出口退税、抵扣税款发票罪;③建筑业,共18次,其中国企有企业7次,触犯最多的罪名是受贿罪,民营企业11次,触犯最多的罪名是虚开发票罪;④交通运输、仓储业和邮政业,共7次,其中国企有企业2次,触犯私分国有资产罪和贪污罪,民营企业5次,触犯最多的罪名是挪用资金罪;⑤金融、保险业,共6次,其中国有企业1次,触犯受贿罪,民营企业5次,触犯最多的罪名是非法经营罪。

江苏省企业家犯罪数量最多的五种产业类型为:①制造业,共88次,其中国有企业19次,触犯最多的罪名是贪污罪和挪用公款罪,民营企业69次,触犯最多的罪名是虚开增值税专用发票、用于骗取出口退税、抵扣税款发票罪和职务侵占罪;②批发和零售业,共24次,均为民营企业,触犯最多的罪名是虚开增值税专用发票、用于骗取出口退税、抵扣税款发票罪和走私普通货物、物品罪;③建筑业,共12次,其中国有企业1次,触犯受贿罪,民企11次,触犯最多的罪名是拒不支付劳动报酬罪;④金融、保险业,共9次,其中国有企业1次,触犯诈骗罪,民营企业8次,触犯最多的罪名是非法吸收公众存款罪;⑤交通运输、仓储业和邮政业,共8次,其中国有企业1次,触犯贪污罪,民营企业7次,触犯最多的罪名是职务侵占罪。

上海市企业家犯罪数量最多的五种产业类型为:①制造业,共46次,其中国有企业3次,触犯贪污罪、受贿罪,民营企业43次,触犯最多的罪名是虚开增值税专用发票、用于骗取出口退税、抵扣税款发票罪;②批发和零售业,共27次,其中国有企业1次,触犯受贿罪,民营企业26次,触犯最多的罪名是虚开增值税专用发票、用于骗取出口退税、抵扣税款发票罪和走私普通货物、物品罪;③租赁和商务服务业,共7次,均为民营企业,触犯最多的罪名是走私普通货物、物品罪和虚开增值税专用发票、用于骗取出口退税、抵扣税款发票罪;④交通运输、仓储业和邮政业,共7次,其中国有企业1次,触犯贪污罪,民营企业6次,触犯最多的罪名是虚开增值税专用发票、用于骗取出口退税、抵扣税款发票罪;⑤文化、体育、娱乐业,共6次,其中国有企业2次,触犯受贿罪和虚开发票罪,民营企业4次,触犯最多的罪名是虚开增值税专用发票、用于骗取出口退税、抵扣税款发票罪和走私普通货物、物品罪。

山东省企业家犯罪数量最多的五种产业类型为:①制造业,共38次,其中国有企业2次,触犯受贿罪、重大责任事故罪,民营企业36次,触犯最多的罪名是虚开增值税专用发票、用于骗取出口退税、抵扣税款发票罪、单位行贿罪;②批发和零售业,共11次,均为民营企业,触犯最多的罪名是虚开增值税专用发票、用于骗取出口退税、抵扣税款发票罪;③房地产业,共10次,其中国有企业5次,触犯最多的罪名是贪污罪和受贿罪,民营企业5次,触犯拒不执行判决、裁定罪,非国家工作人员受贿罪,职务侵占罪,伪造金融票证罪,骗取贷款罪;④交通运输、仓储业和邮政业,共8次,均为民营企业,触犯罪名最多的是单位行贿罪、合同诈骗罪、挪用资金罪;⑤信息传输、计算机服务和软件业,共6次,其中国有企业4次,触犯私分国有资产罪,民营企业2次,触犯集资诈骗罪和非法吸收公众存款罪。

河北省企业家犯罪数量最多的五种产业类型为:①制造业,共36次,其中国有企业6次,触犯最多的罪名是贪污罪,民营企业30次,触犯最多的罪名是污染环境罪和虚开增值税专用发票、用于骗取出口退税、抵扣税款发票罪;②房地产业,共13次,均为民营企业,触犯最多的罪名是非法吸收公众存款罪;③建筑业,共9次,其中国有企业1次,触犯受贿罪,民企8次,触犯最多的罪名是串通投标罪和单位行贿罪;④交通运输、仓储业和邮政业,共8次,其中国有企业6次,触犯最多的罪名是滥用职权罪,民营企业2次,触犯职务侵占罪;⑤批发和零售业,共6次,其中国有企业2次,触犯隐匿会计凭证、会计账簿罪,职务侵占罪,民营企业4次,触犯职务侵占罪、挪用资金罪、非法吸收公众存款罪、销售假药罪。

安徽省企业家犯罪数量最多的五种产业类型为:①制造业,共23次,其中国有企业1次,触犯受贿罪,民营企业22次,触犯最多的罪名是非法吸收公众存款罪;②金融、保险业,共22次,其中国有企业5次,触犯诈骗罪、职务侵占罪、伪造公司印章罪、受贿罪、签订、履行合同失职被骗罪,民营企业17次,触犯最多的罪名是集资诈骗罪;③建筑业,共17次,其中国有企业3次,触犯最多的罪名是受贿罪,民营企业14次,触犯最多的罪名是单位行贿罪、行贿罪;④批发和零售业,共13次,其中国有企业1次,触犯贪污罪,民营企业12次,触犯最多的罪名是虚开增值税专用发票、用于骗取出口退税、抵扣税款发票罪;⑤房地产业,共10次,其中国有企业1次,触犯受贿罪,民营企业9次,触犯最多的罪名是非法吸收公众存款罪。

广东省企业家犯罪数量最多的五种产业类型为:①制造业,共32次,均为民营企业,触犯最多的罪名是走私普通货物、物品罪和虚开增值税专用发票、用于骗取出口退税、抵扣税款发票罪;②金融、保险业,共11次,均为民营企业,触犯最多的罪名是非法吸收公众存款罪和走私普通货物罪;③批发和零售业,共8次,均为民营企业,触犯最多的罪名是走私普通货物、物品罪;④建筑业,共5次,均为民营企业,触犯最多的罪名是职务侵占罪;⑤房地产业,共4次,均为民营企业,触犯洗钱罪、对非国家工作人员行贿罪,逃税罪,虚开增值税专用发票、用于骗取出口退税、抵扣税款发票罪。

北京市企业家犯罪数量最多的五种产业类型为:①制造业,共14次,其中国有企业7次,触犯最多的罪名是私分国有资产罪,民营企业7次,触犯最多的罪名是骗取贷款罪;②金融、保险业,共14次,其中国有企业2次,触犯保险诈骗罪、挪用资金罪,民营企业12次,触犯最多的罪名是非法吸收公众存款罪;③建筑业,共11次,其中国有企业4次,触犯最多的罪名是受贿罪,民营企业7次,触犯最多的罪名是单位行贿罪和合同诈骗罪;④批发和零售业,共10次,均为民营企业,触犯最多的罪名是非法经营罪、职务侵占罪、生产、销售伪劣产品罪;⑤租赁和商务服务业,共7次,其中国有企业1次,触犯受贿罪,民营企业6次,触犯最多的罪名是合同诈骗罪。

河南省企业家犯罪数量最多的五种产业类型为:①制造业,共27次,其中国有企业9次,触犯最多的罪名是贪污罪和受贿罪,民营企业18次,触犯最多的罪名是拒不支付劳动报酬罪;②金融、保险业,共14次,其中国有企业2次,触犯的罪名是受贿罪和挪用资金罪,民营企业12次,触犯最多的罪名是非法吸收公众存款罪;③租赁和商务服务业,共13次,均为民营企业,触犯最多的罪名是非法吸收公众存款罪和对非国家工作人员行贿罪;④批发和零售业,共8次,其中国有企业1次,触犯挪用公款罪,民营企业7次,触犯最多罪名是非法吸收公众存款罪;⑤科学研究、技术服务和地质勘查业,共7次,均为民营企业,触犯最多罪名是集资诈骗罪。

湖北省企业家犯罪数量最多的五种产业类型为:①制造业,共27次,其中国有企业8次,触犯最多罪名是受贿罪,民营企业19次,触犯最多的罪名是虚开增值税专用发票、用于骗取出口退税、抵扣税款发票罪和生产、销售伪劣产品罪;②批发和零售业,共15次,均为民营企业,触犯最多罪名是虚开增值税专用发票、用于骗取出口退税、抵扣税款发票罪;③金融、保险业,共 11 次,均为民营企业,触犯最多的罪名是非法吸收公众存款罪;④交通运输、仓储业和邮政业,共 6 次,其中国有企业 2 次,触犯非国家工作人员受贿罪、挪用公款罪,民营企业 4 次,触犯最多罪名是单位行贿罪;⑤住宿、餐饮业,共 6 次,均为民营企业,触犯重大责任事故罪。

10 个省份中涉案国有企业和民营企业高发的五个产业类型及其对应的高频罪名,如表 13 所示。

表 13 10 个省份中涉案国有企业和民营企业高发的产业类型及高频罪名

涉案国有企业			涉案民营企业		
产业类型	数量	高频罪名	产业类型	数量	高频罪名
制造业	55 次	贪污罪 20 次 受贿罪 11 次 挪用公款罪 7 次 私分国有资产罪 6 次	制造业	369 次	虚开增值税专用发票、用于骗取出口退税、抵扣税款发票罪 108 次 职务侵占罪 39 次 污染环境罪 30 次 非法吸收公众存款罪 21 次 拒不支付劳动报酬罪 20 次 走私普通货物、物品罪 18 次 合同诈骗罪 16 次 挪用资金罪 15 次 骗取贷款罪 15 次
建筑业	19 次	受贿罪 13 次 贪污罪 3 次	批发和零售业	145 次	虚开增值税专用发票、用于骗取出口退税、抵扣税款发票罪 53 次 走私普通货物、物品罪 16 次 非法吸收公众存款罪 10 次 职务侵占罪 10 次
交通运输、仓储业和邮政业	14 次	贪污罪 6 次 滥用职权罪 2 次 私分国有资产罪 2 次	金融、保险业	82 次	非法吸收公众存款罪 46 次 集资诈骗罪 9 次
金融、保险业	14 次	受贿罪 3 次 滥用职权罪 2 次 挪用资金罪 2 次 诈骗罪 2 次	建筑业	67 次	单位行贿罪 11 次 拒不支付劳动报酬罪 9 次 职务侵占罪 8 次 行贿罪 6 次
房地产业	10 次	受贿罪 5 次 挪用公款罪 3 次 贪污罪 2 次	房地产业	50 次	非法吸收公众存款罪 10 次 职务侵占罪 8 次 非国家工作人员受贿罪 5 次 单位行贿罪 4 次

二、企业家刑事风险高发环节

(一)企业家刑事风险各高发环节统计特征

在2 009次企业家犯罪中,有1 947次犯罪的案发环节明确。其分布情况为:日常经营环节(916次,47.0%)、财务管理环节(415次,21.3%)、融资环节(268次,约13.7%)、工程承揽环节(116次,6.0%)、产品生产环节(76次,3.9%)、贸易环节(71次,3.6%)、薪资管理环节(50次,2.6%)、物资采购环节(17次,0.9%)、公司设立变更环节(17次,0.9%)、人事变动环节(1次,0.1%)。

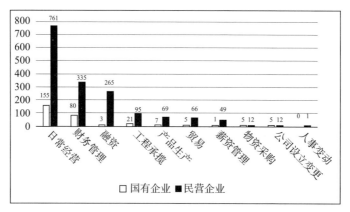

图3 企业家犯罪案发环节分布

在293次国有企业家犯罪中,有282次犯罪的案发环节明确。其分布情况为:日常经营环节(155次,55.0%)、财务管理环节(80次,28.4%)、工程承揽环节(21次,约7.5%)、产品生产环节(7次,2.5%)、贸易环节(5次,1.8%)、物资采购环节(5次,约1.7%)、公司设立变更环节(5次,约1.7%)、融资环节(3次,1.1%)、薪资管理环节(1次,0.4%)、人事变动环节(0次,0.0%)。

表14 国有企业家犯罪案例的案发环节分布(%)

日常经营	财物管理	工程承揽	产品生产	贸易	物资采购	公司设立变更	融资	薪资管理	人事变动
55.0	28.4	7.5	2.5	1.7	1.7	1.8	1.1	0.4	0.0

在1 716次民营企业家犯罪中,有1 665次犯罪的案发环节明确。其分布情况为:日常经营环节(761次,45.7%)、财务管理环节(335次,20.1%)、融资环节(265次,15.9%)、工程承揽环节(95次,5.7%)、产品生产环节(69次,约4.2%)、贸易环节(66次,4.0%)、薪资管理环节(49次,2.9%)、物资采购环节(12次,0.7%)、公司设立变更环节(12次,0.7%)、人事变动环节(1次,0.1%)。

表15 民营企业家犯罪案例的案发环节分布(%)

日常经营	财物管理	融资	工程承揽	产品生产	贸易	薪资管理	物资采购	公司设立变更	人事变动
45.7	20.1	15.9	5.7	4.2	4.0	2.9	0.7	0.7	0.1

(二)企业家犯罪高发环节与企业产业类型、企业家职务交叉分析

1. 日常经营

通过交叉变量分析企业日常经营环节与企业产业类型、人员职务之间的关系发现:有724次产业类型明确的企业家犯罪是在日常经营环节案发,主要集中在制造业(231次,占31.9%),批发和零售业(74次,占10.2%),金融、保险业(70次,占9.7%),交通运输、仓储业和邮政业(60次,占8.3%),建筑业(55次,占7.6%);有847次职务明确的企业家犯罪是在日常经营环节案发,主要集中于企业主要负责人(581次,占68.6%),其他核心部门负责人(114次,占13.5%),实际控制人、股东(57次,占6.7%),财务负责人(36次,占4.3%),销售(采购)负责人(36次,占4.3%)。

2. 财务管理

通过交叉变量分析企业财务管理环节与企业产业类型、人员职务之间的关系发现:有366次产业类型明确的企业家犯罪是在财务管理环节案发,主要集中在制造业(148次,占40.4%),批发和零售业(78次,占21.3%),交通运输、仓储业和邮政业(22次,占6.0%),建筑业(19次,占5.2%),房地产业(18次,占4.9%);有398次职务明确的企业家犯罪是在财务管理环节案发,主要集中于企业主要负责人(238次,占59.8%),财务负责人(58次,占14.6%),实际控制人、股东(49次,占12.3%),销售(采购)负责人(29次,占7.3%),其他核心部门负责人(20次,占5.0%)。

3. 产品生产

通过交叉变量分析企业产品生产环节与企业产业类型、人员职务之间的关系发现:有71次产业类型明确的企业家犯罪是在产品生产环节案发,主要集中在制造业(51次,占71.8%),建筑业(8次,占11.3%),采矿业(5次,占7.0%),批发和零售业(5次,占7.0%);有73次职务明确的企业家犯罪是在产品生产环节案发,主要集中于企业主要负责人(43次,占58.9%),实际控制人、股东(11次,占15.1%),其他核心部门负责人(8次,占11.0%),销售(采购)负责人(7次,占9.6%)。

4. 贸易

通过交叉变量分析企业贸易环节与企业产业类型、人员职务之间的关系发现:有60次产业类型明确的企业家犯罪是在贸易环节案发,主要集中在制造业(27次,占45.0%),批发和零售业(14次,占23.3%),租赁和商务服务业(5次,占8.3%);有68次职务明确的企业家犯罪是在贸易环节案发,主要集中于企业主要

负责人(45次,占66.2%),实际控制人、股东(8次,占11.8%),销售(采购)负责人(7次,占10.3%),其他核心部门负责人(6次,占8.8%)。

5. 融资

通过交叉变量分析企业融资环节与企业产业类型、人员职务之间的关系发现:有211次产业类型明确的企业家犯罪是在融资环节案发,主要集中在金融、保险业(52次,占24.6%),制造业(47次,占22.3%),批发和零售业(27次,占12.8%),租赁和商务服务业(19次,占9.0%),房地产业(12次,占5.7%);有256次职务明确的企业家犯罪是在融资环节案发,主要集中于企业主要负责人(194次,占75.8%),实际控制人、股东(39次,占15.2%)。

6. 薪资管理

通过交叉变量分析企业薪资管理环节与企业产业类型、人员职务之间的关系发现:有47次产业类型明确的企业家犯罪是在薪资管理环节案发,主要集中在制造业(23次,占48.9%),建筑业(7次,占14.9%);有49次职务明确的企业家犯罪是在薪资管理环节案发,主要集中于企业主要负责人(38次,占77.6%),实际控制人、股东(5次,占10.2%)。

7. 工程承揽

通过交叉变量分析企业工程承揽环节与企业产业类型、人员职务之间的关系发现:有110次产业类型明确的企业家犯罪是在工程承揽环节案发,主要集中在建筑业(43次,占39.1%),房地产业(32次,占29.1%),制造业(6次,占5.5%),电力、热力、燃气及水的生产和供应业(6次,占5.5%);有108次职务明确的企业家犯罪是在工程承揽环节案发,主要集中于企业主要负责人(90次,占83.3%),实际控制人、股东(8次,占7.4%)。

8. 物资采购

通过交叉变量分析企业物资采购环节与企业产业类型、人员职务之间的关系发现:有14次产业类型明确的企业家犯罪是在物资采购环节案发,主要集中在制造业(7次,占50.0%);有16次职务明确的企业家犯罪是在物资采购环节案发,主要集中于企业主要负责人(6次,占37.5%),销售(采购)负责人(5次,占31.2%)。

9. 公司设立变更

通过交叉变量分析企业公司设立变更环节与企业产业类型、人员职务之间的关系发现:有16次产业类型明确的企业家犯罪是在公司设立变更环节案发,主要集中在制造业(7次,占43.8%),电力、热力、燃气及水的生产和供应业(3次,占18.8%);有17次职务明确的企业家犯罪是在公司设立变更环节案发,主要集中于企业主要负责人(11次,占64.7%),实际控制人、股东(4次,占23.5%)。

10. 人事变动

通过交叉变量分析企业人事变动环节与企业产业类型、人员职务之间的关系发现:有0次产业类型明确的企业家犯罪是在人事变动环节案发;有1次职务明确的企业家犯罪是在人事变动环节案发,职位为企业主要负责人。

(三)涉案企业高发环节与罪名触犯频次交叉分析

1. 日常经营

该环节的高发罪名有:①职务侵占罪,共128次,其中国有企业家触犯2次,民营企业家触犯126次;②虚开增值税专用发票、用于骗取出口退税、抵扣税款发票罪,共95次,均为民营企业家触犯;③受贿罪,共71次,其中国有企业家触犯65次,民营企业家触犯6次;④合同诈骗罪,共64次,其中国有企业家触犯2次,民营企业家触犯62次;⑤非法吸收公众存款罪,共58次,均为民营企业家触犯;⑥挪用资金罪,共44次,其中国有企业家触犯3次,民营企业家触犯41次;⑦单位行贿罪,共43次,其中国有企业家触犯1次,民营企业家触犯42次;⑧贪污罪,共40次,其中国有企业家触犯36次,民营企业家触犯4次;⑨非国家工作人员受贿罪,共37次,其中国有企业家触犯2次,民营企业家触犯35次;⑩走私普通货物、物品罪,共36次,均为民营企业家触犯;⑪行贿罪,共34次,其中国有企业家触犯3次,民营企业家触犯31次。

表16　日常经营环节的高发罪名触犯频次分布

高发罪名	国有企业家触犯频次	民营企业家触犯频次	合计
职务侵占罪	2次	126次	128次
虚开增值税专用发票、用于骗取出口退税、抵扣税款发票罪	0次	95次	95次
受贿罪	65次	6次	71次
合同诈骗罪	2次	62次	64次
非法吸收公众存款罪	0次	58次	58次
挪用资金罪	3次	41次	44次
单位行贿罪	1次	42次	43次
贪污罪	36次	4次	40次
非国家工作人员受贿罪	2次	35次	37次
走私普通货物、物品罪	0次	36次	36次
行贿罪	3次	31次	34次

2. 财务管理

该环节的高发罪名有:①虚开增值税专用发票、用于骗取出口退税、抵扣税款发票罪,共160次,其中国有企业家触犯1次,民营企业家触犯159次;②职务侵占罪,共64次,其中国有企业家触犯7次,民营企业家触犯57次;③挪用资金罪,共48次,其中国有企业家触犯5次,民营企业家触犯43次;④贪污罪,共33次,均为国有企业家触犯;⑤挪用公款罪,共15次,其中国有企业家触犯11次,民营企业家触犯4次;⑥受贿罪,共13次,其中国有企业家触犯12次,民营企业家触犯1次;⑦非法吸收公众存款罪,共12次,均为民营企业家触犯。

表17 财务管理环节的高发罪名触犯频次分布

高发罪名	国有企业家触犯频次	民营企业家触犯频次	合计
虚开增值税专用发票、用于骗取出口退税、抵扣税款发票罪	1次	159次	160次
职务侵占罪	7次	57次	64次
挪用资金罪	5次	43次	48次
贪污罪	33次	0次	33次
挪用公款罪	11次	4次	15次
受贿罪	12次	1次	13次
非法吸收公众存款罪	0次	12次	12次

3. 产品生产

该环节的高发罪名有：①污染环境罪，共22次，均为民营企业家触犯；②职务侵占罪，共10次，均为民营企业家触犯；③生产、销售伪劣产品罪，共7次，其中国有企业家触犯1次，民营企业家触犯6次；④非法占用农用地罪，共7次，其中国有企业家触犯1次，民营企业家触犯6次；⑤虚开增值税专用发票、用于骗取出口退税、抵扣税款发票罪，共6次，均为民营企业家触犯。

表18 产品生产环节的高发罪名触犯频次分布

高发罪名	国有企业家触犯频次	民营企业家触犯频次	合计
污染环境罪	0次	22次	22次
职务侵占罪	0次	10次	10次
生产、销售伪劣产品罪	1次	6次	7次
非法占用农用地罪	1次	6次	7次
虚开增值税专用发票、用于骗取出口退税、抵扣税款发票罪	0次	6次	6次

4. 贸易

该环节的高发罪名有：①走私普通货物、物品罪，共18次，均为民营企业家触犯；②虚开增值税专用发票、用于骗取出口退税、抵扣税款发票罪，共12次，均为民营企业家触犯；③合同诈骗罪，共11次，均为民营企业家触犯；④职务侵占罪，共6次，均为民营企业家触犯。

表19 贸易环节的高发罪名触犯频次分布

高发罪名	国有企业家触犯频次	民营企业家触犯频次	合计
走私普通货物、物品罪	0次	18次	18次
虚开增值税专用发票、用于骗取出口退税、抵扣税款发票罪	0次	12次	12次

(续表)

高发罪名	国有企业家触犯频次	民营企业家触犯频次	合计
合同诈骗罪	0次	11次	11次
职务侵占罪	0次	6次	6次

5. 融资

该环节的高发罪名有：①非法吸收公众存款罪，共152次，均为民营企业家触犯；②集资诈骗罪，共35次，其中国有企业家触犯1次，民营企业家触犯34次；③骗取贷款、票据承兑、金融票证罪，共33次，均为民营企业家触犯；④合同诈骗罪，共16次，均为民营企业家触犯；⑤诈骗罪，共11次，均为民营企业家触犯。

表20 融资环节的高发罪名触犯频次分布

高发罪名	国有企业家触犯频次	民营企业家触犯频次	合计
非法吸收公众存款罪	0次	152次	152次
集资诈骗罪	1次	34次	35次
骗取贷款、票据承兑、金融票证罪	0次	33次	33次
合同诈骗罪	0次	16次	16次
诈骗罪	0次	11次	11次

6. 薪资管理

该环节的高发罪名有：①拒不支付劳动报酬罪，共39次，均为民营企业家触犯；②职务侵占罪，共6次，均为民营企业家触犯。

表21 薪资管理环节的高发罪名触犯频次分布

高发罪名	国有企业家触犯频次	民营企业家触犯频次	合计
拒不支付劳动报酬罪	0次	39次	39次
职务侵占罪	0次	6次	6次

7. 工程承揽

该环节的高发罪名有：①单位行贿罪，共35次，均为民营企业家触犯；②受贿罪，共19次，其中国有企业家触犯18次，民营企业家触犯1次；③行贿罪，共14次，均为民营企业家触犯；④合同诈骗罪，共8次，均为民营企业家触犯；⑤非法占用农用地罪，共8次，均为民营企业家触犯；⑥非国家工作人员受贿罪，共7次，其中国有企业家触犯1次，民营企业家触犯6次。

表22 工程承揽环节的高发罪名触犯频次分布

高发罪名	国有企业家触犯频次	民营企业家触犯频次	合计
单位行贿罪	0次	35次	35次
受贿罪	18次	1次	19次

（续表）

高发罪名	国有企业家触犯频次	民营企业家触犯频次	合计
行贿罪	0次	14次	14次
合同诈骗罪	0次	8次	8次
非法占用农用地罪	0次	8次	8次
非国家工作人员受贿罪	1次	6次	7次

8. 物资采购

该环节的高发罪名有：①职务侵占罪，共5次，其中国有企业家触犯1次，民营企业家触犯4次；②受贿罪，共3次，其中国有企业家触犯1次，民营企业家触犯2次；③贪污罪，共2次，均为国有企业家触犯。

表23　物资采购环节的高发罪名触犯频次分布

高发罪名	国有企业家触犯频次	民营企业家触犯频次	合计
职务侵占罪	1次	4次	5次
受贿罪	1次	2次	3次
贪污罪	2次	0次	2次

9. 公司设立变更

该环节的高发罪名有：①贪污罪，共3次，均为国有企业家触犯；②单位行贿罪，共2次，均为民营企业家触犯；③虚报注册资本罪，共2次，均为民营企业家触犯；④虚开增值税专用发票、用于骗取出口退税、抵扣税款发票罪，共2次，均为民营企业家触犯。

表24　公司设立变更环节的高发罪名触犯频次分布

高发罪名	国有企业家触犯频次	民营企业家触犯频次	合计
贪污罪	3次	0次	3次
单位行贿罪	0次	2次	2次
虚报注册资本罪	0次	2次	2次
虚开增值税专用发票、用于骗取出口退税、抵扣税款发票罪	0次	2次	2次

10. 人事变动

该环节的高发罪名有：诈骗罪1次，为民营企业家触犯。

三、企业家犯罪高频罪名

（一）企业家犯罪的罪名触犯频率综述

国有和民营企业家共涉及77个具体罪名，触犯频数共计2 009次。

企业家犯罪的高频罪名为：虚开增值税专用发票、用于骗取出口退税、抵扣税款发票罪(280次,13.9%);非法吸收公众存款罪(232次,11.5%);职务侵占罪(222次,11.1%);受贿罪(112次,5.6%);合同诈骗罪(109次,5.4%);挪用资金罪(104次,5.2%);单位行贿罪(89次,4.4%);走私普通货物、物品罪(86次,4.3%);贪污罪(81次,4.0%);骗取贷款、票据承兑、金融票证罪(62次,3.1%);拒不支付劳动报酬罪(60次,3.0%);行贿罪(52次,2.6%);诈骗罪(50次,2.5%);非国家工作人员受贿罪(48次,2.4%);集资诈骗罪(46次,2.3%);挪用公款罪(38次,1.9%);污染环境罪(37次,1.8%)。

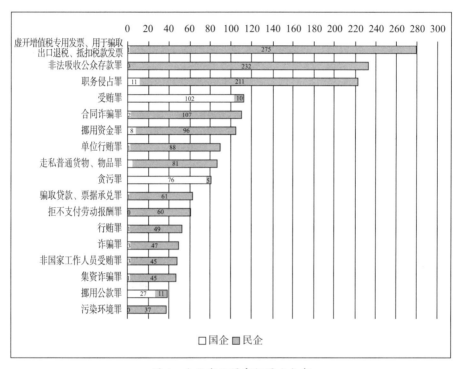

图4 企业家犯罪高频罪名分布

(二)国有企业家犯罪的罪名触犯频率

国有企业家共涉及33个具体罪名,触犯频数共计293次。

高频率罪名:受贿罪(102次,34.8%),贪污罪(76次,25.9%),挪用公款罪(27次,9.2%)。

较高频率罪名:私分国有资产罪(13次,4.4%),职务侵占罪(11次,3.8%),挪用资金罪(8次,2.7%),滥用职权罪(8次,2.7%),走私普通货物、物品罪(5次,1.7%)。

较低频率罪名:单位受贿罪,非国家工作人员受贿罪,国有公司、企业、事业单位人员滥用职权罪,国有公司、企业、事业单位人员失职罪,行贿罪,诈骗罪均为3次,各自均占1.0%;合同诈骗罪,巨额财产来源不明罪,滥伐林木罪,伪造公司、企业、事业单位、人民团体印章罪,虚假广告罪,虚开发票罪均为 2 次,各自均占 0.7%。

低频率罪名:保险诈骗罪,单位行贿罪,对单位行贿罪,非法占用农用地罪,集资诈骗罪,介绍贿赂罪,骗取贷款、票据承兑、金融票证罪,签订、履行合同失职被骗罪,生产、销售伪劣产品罪,虚报注册资本罪,虚开增值税专用发票、用于骗取出口退税、抵扣税款发票罪,隐匿、故意销毁会计凭证、会计账簿、财务会计报告罪,重大责任事故罪均为 1 次,各自均占 0.3%。

(三)国有企业家犯罪高频(较高频)罪名与刑罚对应关系

表25 国有企业家高频(较高频)罪名适用刑罚分布(%)

高频罪名	免予刑事处罚	拘役	有期				无期	死缓
			5年以下	5年以上10年以下	10年以上	总比例		
受贿罪	7.8	2.9	54.9	14.7	19.6	89.2	0.0	0.0
贪污罪	1.3	1.3	51.3	21.1	22.4	94.7	1.3	1.3
挪用公款罪	7.4	3.7	63.0	14.8	11.1	88.9	0.0	0.0
私分国有资产罪	15.4	30.8	53.8	0.0	0.0	53.8	0.0	0.0
职务侵占罪	0.0	0.0	72.7	18.2	9.1	100.0	0.0	0.0
挪用资金罪	12.5	0.0	75.0	12.5	0.0	87.5	0.0	0.0
滥用职权罪	0.0	0.0	100.0	0.0	0.0	100.0	0.0	0.0
走私普通货物、物品罪	0.0	0.0	20.0	40.0	40.0	100.0	0.0	0.0

从犯罪国有企业家高频(较高频)罪名适用刑罚分布看,大多数罪名被判处的刑罚集中在 5 年以下有期徒刑。

(四)民营企业家犯罪的罪名触犯频率

民营企业家共涉及 70 个具体罪名,触犯频数共计 1 716 次。

高频率罪名:虚开增值税专用发票、用于骗取出口退税、抵扣税款发票罪(279次,16.3%);非法吸收公众存款罪(232 次,13.5%);职务侵占罪(211 次,12.3%);合同诈骗罪(107 次,6.2%);挪用资金罪(96 次,5.6%);单位行贿罪(88 次,5.1%);走私普通货物、物品罪(81 次,4.7%);骗取贷款、票据承兑、金融票证罪(61 次,3.6%);拒不支付劳动报酬罪(60 次,3.5%);行贿罪(49 次,2.9%);诈骗罪(47 次,2.7%);非国家工作人员受贿罪(45 次,2.6%);集资诈骗罪(45 次,2.6%)。

较高频率罪名:污染环境罪(37 次,2.2%);重大责任事故罪(25 次,1.5%);非法占用农用地罪(22 次,1.3%);非法经营罪(20 次,1.2%);生产、销售伪劣产品罪(15 次,0.9%);假冒注册商标罪(14 次,0.8%);虚开发票罪(13 次,0.8%);逃税罪(12 次,0.7%);销售假冒注册商标的商品罪(12 次,0.7%);挪用公款罪(11 次,0.6%);对非国家工作人员行贿罪(11 次,0.6%);受贿罪(10 次,0.6%)。

较低频率罪名:伪造公司、企业、事业单位、人民团体印章罪(9 次,占 0.5%);

信用卡诈骗罪(8次,占0.5%);拒不执行判决、裁定罪,票据诈骗罪,贪污罪,伪造、变造、买卖国家机关公文、证件、印章罪,销售假药罪均为5次,各自均占0.3%;串通投标罪,单位受贿罪,非法采矿罪,滥伐林木罪,虚报注册资本罪,组织、领导传销活动罪为4次,各自均占0.2%;贷款诈骗罪、非法制造注册商标标识罪、骗取出口退税罪均为3次,各自均占0.2%。

低频率罪名:对单位行贿罪,侵犯公民个人信息罪,非法买卖爆炸物罪,生产、销售不符合安全标准的食品罪,生产、销售有毒、有害食品罪,虚假出资、抽逃出资罪,隐匿、故意销毁会计凭证、会计账簿、财务会计报告罪,重大劳动安全事故罪,走私国家禁止进出口的货物、物品罪均为2次,各自均占0.1%;持有伪造的发票罪,盗窃罪,妨害作证罪,高利转贷罪,故意伤害罪,介绍贿赂罪,滥用职权罪,利用未公开信息交易罪,强迫交易罪,敲诈勒索罪,侵占罪,逃避追缴欠税罪,危险物品肇事罪,违法发放贷款罪,伪造、变造国家有价证券罪,伪造、变造金融票证罪,吸收客户资金不入账罪,洗钱罪,掩饰、隐瞒犯罪所得、犯罪所得收益罪,走私废物罪均为1次,各自均占0.1%。

(五)民营企业家犯罪高频罪名与刑罚对应关系

表26 民营企业家高频罪名适用刑罚分布(%)

高频罪名	免予刑事处罚	单处罚金	驱逐出境	拘役	有期				无期
					5年以下	5年以上10年以下	10年以上	总比例	
虚开增值税专用发票、用于骗取出口退税、抵扣税款发票罪	1.4	1.8	0.0	9.3	67.4	6.5	11.8	85.7	1.8
非法吸收公众存款罪	1.7	0.9	0.0	0.4	70.3	25.0	1.7	97.0	0.0
职务侵占罪	0.9	0.0	0.0	5.7	66.8	20.9	5.7	93.4	0.0
合同诈骗罪	0.9	1.9	0.0	0.0	25.2	15.9	43.0	84.1	13.1
挪用资金罪	1.0	0.0	0.0	5.2	76.0	17.7	0.0	93.8	0.0
单位行贿罪	23.9	5.7	0.0	8.0	62.5	0.0	0.0	62.5	0.0
走私普通货物、物品罪	1.2	0.0	1.2	6.2	72.8	7.4	11.1	91.4	0.0
骗取贷款、票据承兑、金融票证罪	0.0	3.3	0.0	1.6	80.3	14.8	0.0	95.1	0.0
拒不支付劳动报酬罪	1.7	11.7	0.0	16.7	70.0	0.0	0.0	70.0	0.0
行贿罪	8.2	0.0	0.0	2.0	81.6	6.1	2.0	89.8	0.0
诈骗罪	0.0	0.0	0.0	27.7	14.9	36.2	0.0	51.1	21.3
非国家工作人员受贿罪	4.4	0.0	0.0	11.1	77.8	4.4	2.2	84.4	0.0
集资诈骗罪	0.0	0.0	0.0	2.2	8.9	66.7	0.0	75.6	22.2

从犯罪的民营企业家触犯的高频罪名适用刑罚分布看,大多数罪名被判处的

刑罚集中在 5 年以下有期徒刑,但合同诈骗罪、诈骗罪、集资诈骗罪的处刑较重,较多集中在 5 年以上有期徒刑以及无期徒刑。

(六)企业家犯罪高频罪名、身份特征及犯罪特征交叉分析

企业家犯罪的前十个高频罪名分别是:虚开增值税专用发票、用于骗取出口退税、抵扣税款发票罪,非法吸收公众存款罪,职务侵占罪,受贿罪,合同诈骗罪,挪用资金罪,单位行贿罪,走私普通货物、物品罪,贪污罪,骗取贷款、票据承兑、金融票证罪。

1. 虚开增值税专用发票、用于骗取出口退税、抵扣税款发票罪

企业家触犯虚开增值税专用发票、用于骗取出口退税、抵扣税款发票罪共计 280 次,其中,国有企业家触犯 1 次,民营企业家触犯 279 次。在性别方面,男性犯罪远高于女性;在年龄段方面,30~59 岁是高发年龄段;在学历方面,初中以上学历的占大多数;在职务上,主要集中于企业主要负责人以及实际控制人、股东;在企业所在市经济发展程度方面,一线、二线、三线、四线城市占比分布较均匀;在发案环节上,主要集中于财务管理以及日常经营活动;在犯罪潜伏期方面,以 5 年以下最多,其次是 5 年以上 10 年以下。

表 27　虚开增值税专用发票罪、用于骗取出口退税、抵扣税款发票罪
与企业性质、性别的交叉列表

企业性质	性别	男	女	总计
国有企业	数量(人)	1	0	1
	企业性质内占比	100.0%	0.0%	100.0%
民营企业	数量(人)	108	22	130
	企业性质内占比	83.1%	16.9%	100.0%
总计	数量(人)	109	22	131
	企业性质内占比	83.2%	16.8%	100.0%

表 28　虚开增值税专用发票、用于骗取出口退税、抵扣税款发票罪
与企业性质、年龄段的交叉列表

企业性质	年龄段	20~29 岁	30~39 岁	40~49 岁	50~59 岁	60~69 岁	总计
民营企业	数量(人)	1	24	38	26	8	97
	企业性质内占比	1.0%	24.7%	39.2%	26.8%	8.3%	100.0%
总计	数量(人)	1	24	38	26	8	97
	企业性质内占比	1.0%	24.7%	39.2%	26.8%	8.3%	100.0%

表29 虚开增值税专用发票、用于骗取出口退税、抵扣税款发票罪与
企业性质、学历的交叉列表

企业性质	学历	小学及以下	初中	高中(中专)	大学(大专)及以上	总计
民营企业	数量(人)	4	27	20	16	67
	企业性质内占比	6.0%	40.3%	29.8%	23.9%	100.0%
总计	数量(人)	4	27	20	16	67
	企业性质内占比	6.0%	40.3%	29.8%	23.9%	100.0%

表30 虚开增值税专用发票、用于骗取出口退税、抵扣税款发票罪
与企业性质、职务的交叉列表

企业性质	职务	企业主要负责人	实际控制人、股东	财务负责人	销售(采购)负责人	其他核心部门负责人	总计
国有企业	数量(人)	1	0	0	0	0	1
	企业性质内占比	100.0%	0.0%	0.0%	0.0%	0.0%	100.0%
民营企业	数量(人)	178	46	17	7	3	251
	企业性质内占比	70.9%	18.3%	6.8%	2.8%	1.2%	100.0%
总计	数量(人)	179	46	17	7	3	252
	企业性质内占比	71.0%	18.3%	6.7%	2.8%	1.2%	100.0%

表31 虚开增值税专用发票、用于骗取出口退税、抵扣税款发票罪与
企业性质、企业所在市经济发展程度的交叉列表

企业性质	企业所在市经济发展程度	一线	二线	三线	四线及以下	总计
国有企业	数量(人)	0	0	0	1	1
	企业性质内占比	0.0%	0.0%	0.0%	100.0%	100.0%
民营企业	数量(人)	67	72	55	74	268
	企业性质内占比	25.0%	26.9%	20.5%	27.6%	100.0%
总计	数量(人)	67	72	55	75	269
	企业性质内占比	24.9%	26.8%	20.4%	27.9%	100.0%

表32 虚开增值税专用发票、用于骗取出口退税、抵扣税款发票罪
与企业性质、发案环节的交叉列表

企业性质	发案环节	日常经营活动	财务管理	产品生产	贸易活动	融资活动	物资采购	公司设立变更	总计
国有企业	数量(人)	0	1	0	0	0	0	0	1
	企业性质内占比	0.0%	100.0%	0.0%	0.0%	0.0%	0.0%	0.0%	100.0%

(续表)

企业性质	发案环节	日常经营活动	财务管理	产品生产	贸易活动	融资活动	物资采购	公司设立变更	总计
民营企业	数量（人）	95	159	6	12	2	1	2	277
	企业性质内占比	34.3%	57.4%	2.2%	4.3%	0.7%	0.4%	0.7%	100.0%
总计	数量（人）	95	160	6	12	2	1	2	278
	企业性质内占比	34.2%	57.6%	2.2%	4.3%	0.7%	0.3%	0.7%	100.0%

表33 虚开增值税专用发票、用于骗取出口退税、抵扣税款发票罪与企业性质、犯罪潜伏期的交叉列表

企业性质	犯罪潜伏期	5年以下	5年以上10年以下	10年以上15年以下	总计
国有企业	数量（人）	0	0	1	1
	企业性质内占比	0.0%	0.0%	100.0%	100.0%
民营企业	数量（人）	180	72	5	257
	企业性质内占比	70.1%	28.0%	1.9%	100.0%
总计	数量（人）	180	72	6	258
	企业性质内占比	69.8%	27.9%	2.3%	100.0%

2. 非法吸收公众存款罪

企业家触犯非法吸收公众存款罪共计232次，均为民营企业家触犯。在性别方面，男性犯罪远高于女性；在年龄段方面，30～59岁是高发年龄段；在学历方面，初中以上学历的占大多数；在职务上，主要集中于企业主要负责人以及实际控制人、股东；在企业所在市经济发展程度方面，二线、四线及以下城市居多；在发案环节上，主要集中于融资活动以及日常经营活动；在犯罪潜伏期方面，以10年以下居多。

表34 非法吸收公众存款罪与企业性质、性别的交叉列表

企业性质	性别	男	女	总计
民营企业	数量（人）	107	37	144
	企业性质内占比	74.3%	25.7%	100.0%
总计	数量（人）	107	37	144
	企业性质内占比	74.3%	25.7%	100.0%

表35 非法吸收公众存款罪与企业性质、年龄段的交叉列表

企业性质	年龄段	20~29岁	30~39岁	40~49岁	50~59岁	60~69岁	70~79岁	80~89岁	总计
民营企业	数量（人）	9	35	33	27	7	1	1	113
	企业性质内占比	7.9%	31.0%	29.2%	23.9%	6.2%	0.9%	0.9%	100.0%
总计	数量（人）	9	35	33	27	7	1	1	113
	企业性质内占比	7.9%	31.0%	29.2%	23.9%	6.2%	0.9%	0.9%	100.0%

表36 非法吸收公众存款罪与企业性质、学历的交叉列表

企业性质	学历	小学及以下	初中	高中（中专）	大学（大专）及以上	总计
民营企业	数量（人）	1	22	19	22	64
	企业性质内占比	1.5%	34.4%	29.7%	34.4%	100.0%
总计	数量（人）	1	22	19	22	64
	企业性质内占比	1.5%	34.4%	29.7%	34.4%	100.0%

表37 非法吸收公众存款罪与企业性质、职务的交叉列表

企业性质	职务	企业主要负责人	实际控制人、股东	董事	监事	财务负责人	销售（采购）负责人	其他核心部门负责人	总计
民营企业	数量（人）	148	31	1	2	10	2	19	213
	企业性质内占比	69.5%	14.6%	0.5%	0.9%	4.7%	0.9%	8.9%	100.0%
总计	数量（人）	148	31	1	2	10	2	19	213
	企业性质内占比	69.5%	14.6%	0.5%	0.9%	4.7%	0.9%	8.9%	100.0%

表38 非法吸收公众存款罪与企业性质、企业所在市经济发展程度的交叉列表

企业性质	企业所在市经济发展程度	一线	二线	三线	四线及以下	总计
民营企业	数量（人）	27	93	37	75	232
	企业性质内占比	11.6%	40.1%	15.9%	32.4%	100.0%
总计	数量（人）	27	93	37	75	232
	企业性质内占比	11.6%	40.1%	15.9%	32.4%	100.0%

表39 非法吸收公众存款罪与企业性质、发案环节的交叉列表

企业性质	发案环节	日常经营活动	财务管理	融资活动	薪资管理	总计
民营企业	数量（人）	58	12	152	1	223
	企业性质内占比	26.0%	5.4%	68.2%	0.4%	100.0%

(续表)

企业性质	发案环节	日常经营活动	财务管理	融资活动	薪资管理	总计
总计	数量(人)	58	12	152	1	223
	企业性质内占比	26.0%	5.4%	68.2%	0.4%	100.0%

表40 非法吸收公众存款罪与企业性质、犯罪潜伏期的交叉列表

企业性质	犯罪潜伏期	5年以下	5年以上10年以下	10年以上15年以下	15年以上20年以下	总计
民营企业	数量(人)	104	97	21	2	224
	企业性质内占比	46.4%	43.3%	9.4%	0.9%	100.0%
总计	数量(人)	104	97	21	2	224
	企业性质内占比	46.4%	43.3%	9.4%	0.9%	100.0%

3. 职务侵占罪

企业家触犯职务侵占罪共计222次,其中,国有企业家触犯11次,民营企业家触犯211次。在性别方面,男性犯罪高于女性;在年龄段方面,30～59岁是高发年龄段;在学历方面,初中以上学历的占大多数;在职务上,主要集中于企业主要负责人以及其他核心部门负责人;在企业所在市经济发展程度方面,二线、四线及以下城市居多;在发案环节上,主要集中于日常经营活动以及财务管理;在犯罪潜伏期方面,以5年以下最多,其次是5年以上10年以下。

表41 职务侵占罪与企业性质、性别的交叉列表

企业性质	性别	男	女	总计
国有企业	数量(人)	4	1	5
	企业性质内占比	80.0%	20.0%	100.0%
民营企业	数量(人)	97	25	122
	企业性质内占比	79.5%	20.5%	100.0%
总计	数量(人)	101	26	127
	企业性质内占比	79.5%	20.5%	100.0%

表42 职务侵占罪与企业性质、年龄段的交叉列表

企业性质	年龄段	20～29岁	30～39岁	40～49岁	50～59岁	60～69岁	总计
国有企业	数量(人)	1	0	2	1	0	4
	企业性质内占比	25.0%	0.0%	50.0%	25.0%	0.0%	100.0%

（续表）

企业性质	年龄段	20~29岁	30~39岁	40~49岁	50~59岁	60~69岁	总计
民营企业	数量(人)	7	23	31	15	3	79
	企业性质内占比	8.9%	29.1%	39.2%	19.0%	3.8%	100.0%
总计	数量(人)	8	23	33	16	3	83
	企业性质内占比	9.6%	27.7%	39.8%	19.3%	3.6%	100.0%

表43　职务侵占罪与企业性质、学历的交叉列表

企业性质	学历	小学及以下	初中	高中(中专)	大学(大专)及以上	总计
民营企业	数量(人)	3	11	24	30	68
	企业性质内占比	4.4%	16.2%	35.3%	44.1%	100.0%
总计	数量(人)	3	11	24	30	68
	企业性质内占比	4.4%	16.2%	35.3%	44.1%	100.0%

表44　职务侵占罪与企业性质、职务的交叉列表

企业性质	职务	企业主要负责人	实际控制人、股东	董事	监事	财务负责人	技术负责人	销售(采购)负责人	其他核心部门负责人	总计
国有企业	数量(人)	0	0	0	0	4	0	2	5	11
	企业性质内占比	0.0%	0.0%	0.0%	0.0%	36.4%	0.0%	18.2%	45.4%	100.0%
民营企业	数量(人)	86	7	1	2	26	4	16	59	201
	企业性质内占比	42.8%	3.5%	0.5%	1.0%	12.9%	2.0%	8.0%	29.3%	100.0%
总计	数量(人)	86	7	1	2	30	4	18	64	212
	企业性质内占比	40.6%	3.3%	0.5%	0.9%	14.1%	1.9%	8.5%	30.2%	100.0%

表45　职务侵占罪与企业性质、企业所在市经济发展程度的交叉列表

企业性质	企业所在市经济发展程度	一线	二线	三线	四线及以下	总计
国有企业	数量(人)	1	2	3	4	10
	企业性质内占比	10.0%	20.0%	30.0%	40.0%	100.0%
民营企业	数量(人)	36	72	32	65	205
	企业性质内占比	17.6%	35.1%	15.6%	31.7%	100.0%
总计	数量(人)	37	74	35	69	215
	企业性质内占比	17.2%	34.4%	16.3%	32.1%	100.0%

表46 职务侵占罪与企业性质、发案环节的交叉列表

企业性质	发案环节	日常经营活动	财务管理	产品生产	贸易活动	薪资管理	工程承揽	物资采购	总计
国有企业	数量(人)	2	7	1	0	0	0	1	11
	企业性质内占比	18.2%	63.6%	9.1%	0.0%	0.0%	0.0%	9.1%	100.0%
民营企业	数量(人)	126	57	9	6	6	1	4	209
	企业性质内占比	60.3%	27.3%	4.3%	2.9%	2.9%	0.4%	1.9%	100.0%
总计	数量(人)	128	64	10	6	6	1	5	220
	企业性质内占比	58.2%	29.1%	4.5%	2.7%	2.7%	0.5%	2.3%	100.0%

表47 职务侵占罪与企业性质、犯罪潜伏期的交叉列表

企业性质	犯罪潜伏期	5年以下	5年以上10年以下	10年以上15年以下	15年以上20年以下	总计
国有企业	数量(人)	6	5	0	0	11
	企业性质内占比	54.5%	45.5%	0.0%	0.0%	100.0%
民营企业	数量(人)	159	38	12	1	210
	企业性质内占比	75.7%	18.1%	5.7%	0.5%	100.0%
总计	数量(人)	165	43	12	1	221
	企业性质内占比	74.7%	19.4%	5.4%	0.5%	100.0%

4. 受贿罪

企业家触犯受贿罪共计112次,其中,国有企业家触犯102次,民营企业家触犯10次。在性别方面,男性犯罪远高于女性;在年龄段方面,40~69岁是高发年龄段;在学历方面,大学(大专)以上学历的占大多数;在职务上,主要集中于企业主要负责人;在企业所在市经济发展程度方面,二线、四线及以下城市居多;在发案环节上,主要集中于日常经营活动;在犯罪潜伏期方面,以5年以上10年以下最多,其次是5年以下、10年以上15年以下。

表48 受贿罪与企业性质、性别的交叉列表

企业性质	性别	男	女	总计
国有企业	数量(人)	68	1	69
	企业性质内占比	98.6%	1.4%	100.0%
民营企业	数量(人)	7	0	7
	企业性质内占比	100.0%	0.0%	100.0%
总计	数量(人)	75	1	76
	企业性质内占比	98.7%	1.3%	100.0%

表49 受贿罪与企业性质、年龄段的交叉列表

企业性质	年龄段	30～39岁	40～49岁	50～59岁	60～69岁	总计
国有企业	数量(人)	2	16	27	15	60
	企业性质内占比	3.3%	26.7%	45.0%	25.0%	100.0%
民营企业	数量(人)	2	1	2	1	6
	企业性质内占比	33.3%	16.7%	33.3%	16.7%	100.0%
总计	数量(人)	4	17	29	16	66
	企业性质内占比	6.1%	25.8%	43.9%	24.2%	100.0%

表50 受贿罪与企业性质、学历的交叉列表

企业性质	学历	初中	高中(中专)	大学(大专)及以上	总计
国有企业	数量(人)	3	2	36	41
	企业性质内占比	7.3%	4.9%	87.8%	100.0%
民营企业	数量(人)	0	0	4	4
	企业性质内占比	0.0%	0.0%	100.0%	100.0%
总计	数量(人)	3	2	40	45
	企业性质内占比	6.7%	4.4%	88.9%	100.0%

表51 受贿罪与企业性质、职务的交叉列表

企业性质	职务	企业主要负责人	实际控制人、股东	党群负责人	监事	财务负责人	技术负责人	销售(采购)负责人	其他核心部门负责人	总计
国有企业	数量(人)	70	3	2	2	2	6	8	7	100
	企业性质内占比	70.0%	3.0%	2.0%	2.0%	2.0%	6.0%	8.0%	7.0%	100.0%
民营企业	数量(人)	8	1	0	0	0	0	1	0	10
	企业性质内占比	80.0%	10.0%	0.0%	0.0%	0.0%	0.0%	10.0%	0.0%	100.0%
总计	数量(人)	78	4	2	2	2	6	9	7	110
	企业性质内占比	70.9%	3.6%	1.8%	1.8%	1.8%	5.5%	8.2%	6.4%	100.0%

表52 受贿罪与企业性质、企业所在市经济发展程度的交叉列表

企业性质	企业所在市经济发展程度	一线	二线	三线	四线及以下	总计
国有企业	数量(人)	15	35	18	33	101
	企业性质内占比	14.8%	34.7%	17.8%	32.7%	100.0%

(续表)

企业性质	企业所在市经济发展程度	一线	二线	三线	四线及以下	总计
民营企业	数量(人)	3	1	1	3	8
	企业性质内占比	37.5%	12.5%	12.5%	37.5%	100.0%
总计	数量(人)	18	36	19	36	109
	企业性质内占比	16.5%	33.0%	17.5%	33.0%	100.0%

表53 受贿罪与企业性质、发案环节的交叉列表

企业性质	发案环节	日常经营活动	财务管理	产品生产	工程承揽	物资采购	总计
国有企业	数量(人)	65	12	2	18	1	98
	企业性质内占比	66.3%	12.3%	2.0%	18.4%	1.0%	100.0%
民营企业	数量(人)	6	1	0	1	2	10
	企业性质内占比	60.0%	10.0%	0.0%	10.0%	20.0%	100.0%
总计	数量(人)	71	13	2	19	3	108
	企业性质内占比	65.7%	12.0%	1.9%	17.6%	2.8%	100.0%

表54 受贿罪与企业性质、犯罪潜伏期的交叉列表

企业性质	犯罪潜伏期	5年以下	5年以上10年以下	10年以上15年以下	15年以上20年以下	20年以上25年以下	总计
国有企业	数量(人)	22	51	23	3	1	100
	企业性质内占比	22.0%	51.0%	23.0%	3.0%	1.0%	100.0%
民营企业	数量(人)	5	3	2	0	0	10
	企业性质内占比	50.0%	30.0%	20.0%	0.0%	0.0%	100.0%
总计	数量(人)	27	54	25	3	1	110
	企业性质内占比	24.6%	49.1%	22.7%	2.7%	0.9%	100.0%

5. 合同诈骗罪

企业家触犯合同诈骗罪共计109次,其中,国有企业家触犯2次,民营企业家触犯107次。在性别方面,男性犯罪高于女性;在年龄段方面,30～59岁是高发年龄段;在学历方面,初中以上学历的占大多数;在职务上,主要集中于企业主要负责人;在企业所在市经济发展程度方面,二线、三线、四线及以下城市居多;在发案环节上,主要集中于日常经营活动;在犯罪潜伏期方面,以5年以下最多,其次是5年以上10年以下。

表55　合同诈骗罪与企业性质、性别的交叉列表

企业性质	性别	男	女	总计
国有企业	数量（人）	0	1	1
	企业性质内占比	0.0%	100.0%	100.0%
民营企业	数量（人）	68	7	75
	企业性质内占比	90.7%	9.3%	100.0%
总计	数量（人）	68	8	76
	企业性质内占比	89.5%	10.5%	100.0%

表56　合同诈骗罪与企业性质、年龄段的交叉列表

企业性质	年龄段	20～29岁	30～39岁	40～49岁	50～59岁	60～69岁	总计
国有企业	数量（人）	0	0	0	1	0	1
	企业性质内占比	0.0%	0.0%	0.0%	100.0%	0.0%	100.0%
民营企业	数量（人）	2	12	18	19	9	60
	企业性质内占比	3.3%	20.0%	30.0%	31.7%	15.0%	100.0%
总计	数量（人）	2	12	18	20	9	61
	企业性质内占比	3.3%	19.7%	29.5%	32.8%	14.7%	100.0%

表57　合同诈骗罪与企业性质、学历的交叉列表

企业性质	学历	小学及以下	初中	高中（中专）	大学（大专）及以上	总计
国有企业	数量（人）	0	0	1	0	1
	企业性质内占比	0.0%	0.0%	100.0%	0.0%	100.0%
民营企业	数量（人）	4	18	18	11	51
	企业性质内占比	7.8%	35.3%	35.3%	21.6%	100.0%
总计	数量（人）	4	18	19	11	52
	企业性质内占比	7.7%	34.6%	36.5%	21.2%	100.0%

表58　合同诈骗罪与企业性质、职务的交叉列表

企业性质	职务	企业主要负责人	实际控制人、股东	董事	财务负责人	销售（采购）负责人	其他核心部门负责人	总计
国有企业	数量（人）	1	0	0	0	1	0	2
	企业性质内占比	50.0%	0.0%	0.0%	0.0%	50.0%	0.0%	100.0%

(续表)

企业性质	职务	企业主要负责人	实际控制人、股东	董事	财务负责人	销售(采购)负责人	其他核心部门负责人	总计
民营企业	数量(人)	76	10	1	2	2	7	98
	企业性质内占比	77.6%	10.2%	1.0%	2.0%	2.0%	7.2%	100.0%
总计	数量(人)	77	10	1	2	3	7	100
	企业性质内占比	77.0%	10.0%	1.0%	2.0%	3.0%	7.0%	100.0%

表59 合同诈骗罪与企业性质、企业所在市经济发展程度的交叉列表

企业性质	企业所在市经济发展程度	一线	二线	三线	四线及以下	总计
国有企业	数量(人)	0	0	1	1	2
	企业性质内占比	0.0%	0.0%	50.0%	50.0%	100.0%
民营企业	数量(人)	18	36	25	26	105
	企业性质内占比	17.1%	34.3%	23.8%	24.8%	100.0%
总计	数量(人)	18	36	26	27	107
	企业性质内占比	16.8%	33.7%	24.3%	25.2%	100.0%

表60 合同诈骗罪与企业性质、发案环节的交叉列表

企业性质	发案环节	日常经营活动	财务管理	产品生产	贸易活动	融资活动	薪资管理	工程承揽	物资采购	总计
国有企业	数量(人)	2	0	0	0	0	0	0	0	2
	企业性质内占比	100.0%	0.0%	0.0%	0.0%	0.0%	0.0%	0.0%	0.0%	100.0%
民营企业	数量(人)	62	3	1	11	16	1	8	1	103
	企业性质内占比	60.2%	2.9%	1.0%	10.7%	15.5%	1.0%	7.7%	1.0%	100.0%
总计	数量(人)	64	3	1	11	16	1	8	1	105
	企业性质内占比	60.9%	2.8%	1.0%	10.5%	15.2%	1.0%	7.6%	1.0%	100.0%

表61 合同诈骗罪与企业性质、犯罪潜伏期的交叉列表

企业性质	犯罪潜伏期	5年以下	5年以上10年以下	10年以上15年以下	15年以上20年以下	总计
国有企业	数量(人)	1	1	0	0	2
	企业性质内占比	50.0%	50.0%	0.0%	0.0%	100.0%
民营企业	数量(人)	66	29	1	1	97
	企业性质内占比	68.1%	29.9%	1.0%	1.0%	100.0%
总计	数量(人)	67	30	1	1	99
	企业性质内占比	67.7%	30.3%	1.0%	1.0%	100.0%

6. 挪用资金罪

企业家触犯挪用资金罪共计 104 次,其中,国有企业家触犯 8 次,民营企业家触犯 96 次。在性别方面,男性犯罪高于女性;在年龄段方面,30～59 岁是高发年龄段;在学历方面,初中以上学历的占大多数;在职务上,主要集中于企业主要负责人以及财务负责人;在企业所在市经济发展程度方面,四线及以下城市最多;在发案环节上,主要集中于日常经营活动以及财务管理;在犯罪潜伏期方面,以 5 年以下最多,其次是 5 年以上 10 年以下。

表62 挪用资金罪与企业性质、性别的交叉列表

企业性质	性别	男	女	总计
国有企业	数量(人)	3	1	4
	企业性质内占比	75.0%	25.0%	100.0%
民营企业	数量(人)	54	6	60
	企业性质内占比	90.0%	10.0%	100.0%
总计	数量(人)	57	7	64
	企业性质内占比	89.1%	10.9%	100.0%

表63 挪用资金罪与企业性质、年龄段的交叉列表

企业性质	年龄段	20～29岁	30～39岁	40～49岁	50～59岁	60～69岁	总计
国有企业	数量(人)	0	0	0	1	0	1
	企业性质内占比	0.0%	0.0%	0.0%	100.0%	0.0%	100.0%
民营企业	数量(人)	2	21	12	12	1	48
	企业性质内占比	4.2%	43.7%	25.0%	25.0%	2.1%	100.0%
总计	数量(人)	2	21	12	13	1	49
	企业性质内占比	4.1%	42.9%	24.5%	26.5%	2.0%	100.0%

表64 挪用资金罪与企业性质、学历的交叉列表

企业性质	学历	小学及以下	初中	高中(中专)	大学(大专)及以上	总计
国有企业	数量(人)	0	0	0	1	1
	企业性质内占比	0.0%	0.0%	0.0%	100.0%	100.0%
民营企业	数量(人)	2	7	10	16	35
	企业性质内占比	5.7%	20.0%	28.6%	45.7%	100.0%
总计	数量(人)	2	7	10	17	36
	企业性质内占比	5.6%	19.4%	27.8%	47.2%	100.0%

表65 挪用资金罪与企业性质、职务的交叉列表

企业性质	职务	企业主要负责人	实际控制人、股东	党群负责人	财务负责人	技术负责人	销售(采购)负责人	其他核心部门负责人	总计
国有企业	数量(人)	3	0	0	4	0	1	0	8
	企业性质内占比	37.5%	0.0%	0.0%	50.0%	0.0%	12.5%	0.0%	100.0%
民营企业	数量(人)	47	2	1	13	1	14	15	93
	企业性质内占比	50.5%	2.2%	1.1%	14.0%	1.1%	15.0%	16.1%	100.0%
总计	数量(人)	50	2	1	17	1	15	15	101
	企业性质内占比	49.5%	1.9%	1.0%	16.8%	1.0%	14.9%	14.9%	100.0%

表66 挪用资金罪与企业性质、企业所在市经济发展程度的交叉列表

企业性质	企业所在市经济发展程度	一线	二线	三线	四线及以下	总计
国有企业	数量(人)	1	0	3	4	8
	企业性质内占比	12.5%	0.0%	37.5%	50.0%	100.0%
民营企业	数量(人)	17	22	19	36	94
	企业性质内占比	18.1%	23.4%	20.2%	38.3%	100.0%
总计	数量(人)	18	22	22	40	102
	企业性质内占比	17.6%	21.6%	21.6%	39.2%	100.0%

表67 挪用资金罪与企业性质、发案环节的交叉列表

企业性质	发案环节	日常经营活动	财务管理	贸易活动	融资活动	薪资管理	工程承揽	物资采购	公司设立变更	总计
国有企业	数量(人)	3	5	0	0	0	0	0	0	8
	企业性质内占比	37.5%	62.5%	0.0%	0.0%	0.0%	0.0%	0.0%	0.0%	100.0%
民营企业	数量(人)	41	44	2	3	1	1	1	1	94
	企业性质内占比	43.6%	46.8%	2.1%	3.1%	1.1%	1.1%	1.1%	1.1%	100.0%
总计	数量(人)	44	49	2	3	1	1	1	1	102
	企业性质内占比	43.1%	48.0%	2.0%	2.9%	1.0%	1.0%	1.0%	1.0%	100.0%

表68 挪用资金罪与企业性质、犯罪潜伏期的交叉列表

企业性质	犯罪潜伏期	5年以下	5年以上10年以下	10年以上15年以下	总计
国有企业	数量(人)	6	1	1	8
	企业性质内占比	75.0%	12.5%	12.5%	100.0%

（续表）

企业性质	犯罪潜伏期	5年以下	5年以上10年以下	10年以上15年以下	总计
民营企业	数量（人）	64	21	8	93
	企业性质内占比	68.8%	22.6%	8.6%	100.0%
总计	数量（人）	70	22	9	101
	企业性质内占比	69.3%	21.8%	8.9%	100.0%

7. 单位行贿罪

企业家触犯单位行贿罪共计89次，其中，国有企业家触犯1次，民营企业家触犯88次。在性别方面，男性犯罪高于女性；在年龄段方面，40～59岁是高发年龄段；在学历方面，高中以上学历的占大多数；在职务上，主要集中于企业主要负责人；在企业所在市经济发展程度方面，二线、四线及以下城市居多；在发案环节上，主要集中于日常经营活动以及工程承揽；在犯罪潜伏期方面，5年以上10年以下最多，其次是5年以下。

表69 单位行贿罪与企业性质、性别的交叉列表

企业性质	性别	男	女	总计
国有企业	数量（人）	1	0	1
	企业性质内占比	100.0%	0.0%	100.0%
民营企业	数量（人）	53	9	62
	企业性质内占比	85.5%	14.5%	100.0%
总计	数量（人）	54	9	63
	企业性质内占比	85.7%	14.3%	100.0%

表70 单位行贿罪与企业性质、年龄段的交叉列表

企业性质	年龄段	20～29岁	30～39岁	40～49岁	50～59岁	60～69岁	70～79岁	总计
国有企业	数量（人）	0	0	1	0	0	0	1
	企业性质内占比	0.0%	0.0%	100.0%	0.0%	0.0%	0.0%	100.0%
民营企业	数量（人）	1	3	27	12	3	2	48
	企业性质内占比	2.1%	6.2%	56.3%	25.0%	6.3%	4.1%	100.0%
总计	数量（人）	1	3	28	12	3	2	49
	企业性质内占比	2.0%	6.1%	57.2%	24.5%	6.1%	4.1%	100.0%

表71 单位行贿罪与企业性质、学历的交叉列表

企业性质	学历	小学及以下	初中	高中(中专)	大学(大专)及以上	总计
国有企业	数量(人)	0	0	0	1	1
	企业性质内占比	0.0%	0.0%	0.0%	100.0%	100.0%
民营企业	数量(人)	3	4	11	23	41
	企业性质内占比	7.3%	9.8%	26.8%	56.1%	100.0%
总计	数量(人)	3	4	11	24	42
	企业性质内占比	7.2%	9.5%	26.2%	57.1%	100.0%

表72 单位行贿罪与企业性质、职务的交叉列表

企业性质	职务	企业主要负责人	实际控制人、股东	财务负责人	销售(采购)负责人	其他核心部门负责人	总计
国有企业	数量(人)	1	0	0	0	0	1
	企业性质内占比	100.0%	0.0%	0.0%	0.0%	0.0%	100.0%
民营企业	数量(人)	67	8	1	3	2	81
	企业性质内占比	82.7%	9.9%	1.2%	3.7%	2.5%	100.0%
总计	数量(人)	68	8	1	3	2	82
	企业性质内占比	82.9%	9.8%	1.2%	3.7%	2.4%	100.0%

表73 单位行贿罪与企业性质、企业所在市经济发展程度的交叉列表

企业性质	企业所在市经济发展程度	一线	二线	三线	四线及以下	总计
国有企业	数量(人)	0	1	0	0	1
	企业性质内占比	0.0%	100.0%	0.0%	0.0%	100.0%
民营企业	数量(人)	10	26	17	28	81
	企业性质内占比	12.3%	32.1%	21.0%	34.6%	100.0%
总计	数量(人)	10	27	17	28	82
	企业性质内占比	12.2%	32.9%	20.7%	34.2%	100.0%

表74 单位行贿罪与企业性质、发案环节的交叉列表

企业性质	发案环节	日常经营活动	财务管理	产品生产	贸易活动	融资活动	工程承揽	公司设立变更	总计
国有企业	数量(人)	0	1	0	0	0	0	0	1
	企业性质内占比	0.0%	100.0%	0.0%	0.0%	0.0%	0.0%	0.0%	100.0%

(续表)

企业性质	发案环节	日常经营活动	财务管理	产品生产	贸易活动	融资活动	工程承揽	公司设立变更	总计
民营企业	数量（人）	43	0	3	3	1	35	2	87
	企业性质内占比	49.4%	0.0%	3.5%	3.5%	1.1%	40.2%	2.3%	100.0%
总计	数量（人）	43	1	3	3	1	35	2	88
	企业性质内占比	48.9%	1.1%	3.4%	3.4%	1.1%	39.8%	2.3%	100.0%

表75 单位行贿罪与企业性质、犯罪潜伏期的交叉列表

企业性质	犯罪潜伏期	5年以下	5年以上10年以下	10年以上15年以下	总计
国有企业	数量（人）	1	0	0	1
	企业性质内占比	100.0%	0.0%	0.0%	100.0%
民营企业	数量（人）	30	47	11	88
	企业性质内占比	34.1%	53.4%	12.5%	100.0%
总计	数量（人）	31	47	11	89
	企业性质内占比	34.8%	52.8%	12.4%	100.0%

8. 走私普通货物、物品罪

企业家触犯走私普通货物、物品罪共计86次，其中，国有企业家触犯5次，民营企业家触犯81次。在性别方面，男性犯罪高于女性；在年龄段方面，30～49岁是高发年龄段；在学历方面，高中以上学历的占大多数；在职务上，主要集中于企业主要负责人；在企业所在市经济发展程度方面，一线城市最多；在发案环节上，主要集中于日常经营活动以及贸易活动；在犯罪潜伏期方面，以10年以下居多。

表76 走私普通货物、物品罪与企业性质、性别的交叉列表

企业性质	性别	男	女	总计
国有企业	数量（人）	44	19	63
	企业性质内占比	69.8%	30.2%	100.0%
总计	数量（人）	44	19	63
	企业性质内占比	69.8%	30.2%	100.0%

表77 走私普通货物、物品罪与企业性质、年龄段的交叉列表

企业性质	年龄段	20～29岁	30～39岁	40～49岁	50～59岁	60～69岁	70～79岁	总计
民营企业	数量（人）	1	17	18	4	2	2	44
	企业性质内占比	2.3%	38.7%	40.9%	9.1%	4.5%	4.5%	100.0%

(续表)

企业性质	年龄段	20~29岁	30~39岁	40~49岁	50~59岁	60~69岁	70~79岁	总计
总计	数量(人)	1	17	18	4	2	2	44
	企业性质内占比	2.3%	38.7%	40.9%	9.1%	4.5%	4.5%	100.0%

表78 走私普通货物、物品罪与企业性质、学历的交叉列表

企业性质	学历	小学及以下	初中	高中(中专)	大学(大专)及以上	总计
民营企业	数量(人)	2	1	8	9	20
	企业性质内占比	10.0%	5.0%	40.0%	45.0%	100.0%
总计	数量(人)	2	1	8	9	20
	企业性质内占比	10.0%	5.0%	40.0%	45.0%	100.0%

表79 走私普通货物、物品罪与企业性质、职务的交叉列表

企业性质	职务	企业主要负责人	实际控制人、股东	财务负责人	销售(采购)负责人	其他核心部门负责人	总计
民营企业	数量(人)	43	4	2	7	2	58
	企业性质内占比	74.2%	6.9%	3.4%	12.1%	3.4%	100.0%
总计	数量(人)	43	4	2	7	2	58
	企业性质内占比	74.2%	6.9%	3.4%	12.1%	3.4%	100.0%

表80 走私普通货物、物品罪与企业性质、企业所在市经济发展程度的交叉列表

企业性质	企业所在市经济发展程度	一线	二线	三线	四线及以下	总计
国有企业	数量(人)	2	0	0	3	5
	企业性质内占比	40.0%	0.0%	0.0%	60.0%	100.0%
民营企业	数量(人)	53	13	6	5	77
	企业性质内占比	68.8%	16.9%	7.8%	6.5%	100.0%
总计	数量(人)	55	13	6	8	82
	企业性质内占比	67.1%	15.9%	7.3%	9.7%	100.0%

表81 走私普通货物、物品罪与企业性质、发案环节的交叉列表

企业性质	发案环节	日常经营活动	财务管理	贸易活动	物资采购	总计
民营企业	数量(人)	36	5	19	1	61
	企业性质内占比	59.0%	8.2%	31.2%	1.6%	100.0%

(续表)

企业性质	发案环节	日常经营活动	财务管理	贸易活动	物资采购	总计
总计	数量（人）	36	5	19	1	61
	企业性质内占比	59.0%	8.2%	31.2%	1.6%	100.0%

表82 走私普通货物、物品罪与企业性质、犯罪潜伏期的交叉列表

企业性质	犯罪潜伏期	5年以下	5年以上10年以下	10年以上15年以下	总计
国有企业	数量（人）	0	5	0	5
	企业性质内占比	0.0%	100.0%	0.0%	100.0%
民营企业	数量（人）	29	27	7	63
	企业性质内占比	46.0%	42.9%	11.1%	100.0%
总计	数量（人）	29	32	7	68
	企业性质内占比	42.6%	47.1%	10.3%	100.0%

9. 贪污罪

企业家触犯贪污罪共计81次，其中，国有企业家触犯76次，民营企业家触犯5次。在性别方面，男性犯罪高于女性；在年龄段方面，40～59岁是高发年龄段；在学历方面，大学（大专）以上学历的最多，其次是高中（中专）学历的；在职务上，主要集中于企业主要负责人；在企业所在市经济发展程度方面，四线及以下城市最多，其次是二线城市；在发案环节上，主要集中于日常经营活动以及财务管理；在犯罪潜伏期方面，5年以上10年以下最多，其次是10年以上15年以下和5年以下。

表83 贪污罪与企业性质、性别的交叉列表

企业性质	性别	男	女	总计
国有企业	数量（人）	41	6	47
	企业性质内占比	87.2%	12.8%	100.0%
民营企业	数量（人）	3	2	5
	企业性质内占比	60.0%	40.0%	100.0%
总计	数量（人）	44	8	52
	企业性质内占比	84.6%	15.4%	100.0%

表84 贪污罪与企业性质、年龄段的交叉列表

企业性质	年龄段	20～29岁	30～39岁	40～49岁	50～59岁	60～69岁	总计
国有企业	数量(人)	1	1	12	14	3	31
	企业性质内占比	3.2%	3.2%	38.7%	45.2%	9.7%	100.0%
民企	数量(人)	0	1	1	1	0	3
	企业性质内占比	0.0%	33.3%	33.3%	33.3%	0.0%	100.0%
总计	数量(人)	1	2	13	15	3	34
	企业性质内占比	2.9%	5.9%	38.3%	44.1%	8.8%	100.0%

表85 贪污罪与企业性质、学历的交叉列表

企业性质	学历	初中	高中(中专)	大学(大专)及以上	总计
国有企业	数量(人)	2	8	14	24
	企业性质内占比	8.4%	33.3%	58.3%	100.0%
民营企业	数量(人)	0	2	3	5
	企业性质内占比	0.0%	40.0%	60.0%	100.0%
总计	数量(人)	2	10	17	29
	企业性质内占比	6.9%	34.5%	58.6%	100.0%

表86 贪污罪与企业性质、职务的交叉列表

企业性质	职务	企业主要负责人	实际控制人、股东	党群负责人	财务负责人	技术负责人	销售(采购)负责人	其他核心部门负责人	总计
国有企业	数量(人)	52	3	1	8	4	3	3	74
	企业性质内占比	70.2%	4.1%	1.3%	10.8%	5.4%	4.1%	4.1%	100.0%
民营企业	数量(人)	2	1	0	2	0	0	0	5
	企业性质内占比	40.0%	20.0%	0.0%	40.0%	0.0%	0.0%	0.0%	100.0%
总计	数量(人)	54	4	1	10	4	3	3	79
	企业性质内占比	68.4%	5.1%	1.2%	12.6%	5.1%	3.8%	3.8%	100.0%

表87 贪污罪与企业性质、企业所在市经济发展程度的交叉列表

企业性质	企业所在市经济发展程度	一线	二线	三线	四线及以下	总计
国有企业	数量(人)	11	24	16	25	76
	企业性质内占比	14.5%	31.6%	21.0%	32.9%	100.0%

(续表)

企业性质	企业所在市经济发展程度	一线	二线	三线	四线及以下	总计
民营企业	数量（人）	1	0	0	4	5
	企业性质内占比	20.0%	0.0%	0.0%	80.0%	100.0%
总计	数量（人）	12	24	16	29	81
	企业性质内占比	14.8%	29.6%	19.8%	35.8%	100.0%

表88 贪污罪与企业性质、发案环节的交叉列表

企业性质	发案环节	日常经营活动	财务管理	薪资管理	工程承揽	物资采购	公司设立变更	总计
国有企业	数量（人）	36	33	1	0	2	3	75
	企业性质内占比	48.0%	44.0%	1.3%	0.0%	2.7%	4.0%	100.0%
民营企业	数量（人）	4	0	0	1	0	0	5
	企业性质内占比	80.0%	0.0%	0.0%	20.0%	0.0%	0.0%	100.0%
总计	数量（人）	40	33	1	1	2	3	80
	企业性质内占比	50.0%	41.2%	1.3%	1.3%	2.5%	3.7%	100.0%

表89 贪污罪与企业性质、犯罪潜伏期的交叉列表

企业性质	犯罪潜伏期	5年以下	5年以上10年以下	10年以上15年以下	15年以上20年以下	20年以上25年以下	总计
国有企业	数量（人）	16	38	17	1	2	74
	企业性质内占比	21.6%	51.4%	23.0%	1.3%	2.7%	100.0%
民营企业	数量（人）	1	3	1	0	0	5
	企业性质内占比	20.0%	60.0%	20.0%	0.0%	0.0%	100.0%
总计	数量（人）	17	41	18	1	2	79
	企业性质内占比	21.5%	51.9%	22.8%	1.3%	2.5%	100.0%

10. 骗取贷款、票据承兑、金融票证罪

企业家触犯骗取贷款、票据承兑、金融票证罪共计62次，其中，国有企业家触犯1次，民营企业家触犯61次。在性别方面，男性犯罪高于女性；在年龄段方面，30～59岁是高发年龄段；在学历方面，高中（中专）学历的最多，其次是初中、大学（大专）及以上学历的；在职务上，主要集中于企业主要负责人以及实际控制人、股东；在企业所在市经济发展程度方面，二线城市最多，其次是四线及以下城市；在发案环节上，主要集中于融资活动以及日常经营活动；在犯罪潜伏期方面，5年以下最多，其次是5年以上10年以下。

表90 骗取贷款、票据承兑、金融票证罪与企业性质、性别的交叉列表

企业性质	性别	男	女	总计
民营企业	数量(人)	39	6	45
	企业性质内占比	86.7%	13.3%	100.0%
总计	数量(人)	39	6	45
	企业性质内占比	86.7%	13.3%	100.0%

表91 骗取贷款、票据承兑、金融票证罪与企业性质、年龄段的交叉列表

企业性质	年龄段	30~39岁	40~49岁	50~59岁	总计
民营企业	数量(人)	12	12	11	35
	企业性质内占比	34.3%	34.3%	31.4%	100.0%
总计	数量(人)	12	12	11	35
	企业性质内占比	34.3%	34.3%	31.4%	100.0%

表92 骗取贷款、票据承兑、金融票证罪与企业性质、学历的交叉列表

企业性质	学历	小学及以下	初中	高中(中专)	大学(大专)及以上	总计
民营企业	数量(人)	1	5	11	5	22
	企业性质内占比	4.6%	22.7%	50.0%	22.7%	100.0%
总计	数量(人)	1	5	11	5	22
	企业性质内占比	4.6%	22.7%	50.0%	22.7%	100.0%

表93 骗取贷款、票据承兑、金融票证罪与企业性质、职务的交叉列表

企业性质	职务	企业主要负责人	实际控制人、股东	党群负责人	财务负责人	销售(采购)负责人	其他核心部门负责人	总计
民营企业	数量(人)	44	12	1	1	1	1	60
	企业性质内占比	73.2%	20.0%	1.7%	1.7%	1.7%	1.7%	100.0%
总计	数量(人)	44	12	1	1	1	1	60
	企业性质内占比	73.2%	20.0%	1.7%	1.7%	1.7%	1.7%	100.0%

表94 骗取贷款、票据承兑、金融票证罪与企业性质、企业所在市经济发展程度的交叉列表

企业性质	企业所在市经济发展程度	一线	二线	三线	四线及以下	总计
国有企业	数量(人)	0	1	0	0	1
	企业性质内占比	0.0%	100.0%	0.0%	0.0%	100.0%

(续表)

企业性质	企业所在市经济发展程度	一线	二线	三线	四线及以下	总计
民营企业	数量(人)	5	24	9	23	61
	企业性质内占比	8.2%	39.3%	14.8%	37.7%	100.0%
总计	数量(人)	5	25	9	23	62
	企业性质内占比	8.1%	40.3%	14.5%	37.1%	100.0%

表95 骗取贷款、票据承兑、金融票证罪与企业性质、发案环节的交叉列表

企业性质	案发环节	日常经营活动	财务管理	贸易活动	融资活动	工程承揽	公司设立变更	总计
国有企业	数量(人)	1	0	0	0	0	0	1
	企业性质内占比	100.0%	0.0%	0.0%	0.0%	0.0%	0.0%	100.0%
民营企业	数量(人)	15	9	1	33	2	1	61
	企业性质内占比	24.6%	14.8%	1.6%	54.1%	3.3%	1.6%	100.0%
总计	数量(人)	16	9	1	33	2	1	62
	企业性质内占比	25.8%	14.5%	1.6%	53.3%	3.2%	1.6%	100.0%

表96 骗取贷款、票据承兑、金融票证罪与企业性质、犯罪潜伏期的交叉列表

企业性质	犯罪潜伏期	5年以下	5年以上10年以下	10年以上15年以下	总计
国有企业	数量(人)	1	0	0	1
	企业性质内占比	100.0%	0.0%	0.0%	100.0%
民营企业	数量(人)	38	17	2	57
	企业性质内占比	66.7%	29.8%	3.5%	100.0%
总计	数量(人)	39	17	2	58
	企业性质内占比	67.3%	29.3%	3.4%	100.0%

第三部分 企业家腐败犯罪分析

北京师范大学中国企业家犯罪预防研究中心(以下简称"中心")自2012年起开始对企业家犯罪相关数据进行统计研究。限于当时的条件,2012—2013年度研究报告的样本为当年媒体公开报道的企业家犯罪案例。从理论上讲,这种样本所反映的只是"媒体关注了什么"而不是"现实发生了什么",与实际的企业家犯罪状况存在较大偏差。

自2014年起,中心将抽样调整为从中国裁判文书网公布的刑事判决案例中检索到的企业家犯罪案件,较好地解决了样本的权威性与可靠性问题。基于样本来源的一致性,本部分的分析以2014—2016年具有可比性的年度统计数据为依据。

一、企业家腐败犯罪概况

国有企业涉及的腐败犯罪包括10个罪名:贪污罪、挪用公款罪、受贿罪、单位受贿罪、行贿罪、单位行贿罪、对单位行贿罪、介绍贿赂罪、巨额财产来源不明罪、私分国有资产罪。

民营企业涉及的腐败犯罪包括9个罪名:行贿罪,单位行贿罪,对单位行贿罪,介绍贿赂罪,挪用资金罪,非国家工作人员受贿罪,对非国家工作人员行贿罪,对外国公职人员、国际公共组织官员行贿罪,职务侵占罪。

表97 企业家腐败犯罪的概况对比

年份	企业性质	腐败犯罪企业家数	同性质的犯罪企业家总数(比例1)	本年度涉案企业家总数(比例2)	腐败犯罪案件数	同性质的企业犯罪案件总数(比例3)	本年度案件总数(比例4)
2014年	国有企业	147人	205人(71.7%)	1 099人(13.4%)	134件	181件(74.0%)	902件(14.9%)
	民营企业	240人	894人(26.8%)	1 099人(21.8%)	211件	721件(29.3%)	902件(23.4%)
2015年	国有企业	145人	170人(85.3%)	921人(15.7%)	121件	143件(84.6%)	793件(15.3%)
	民营企业	273人	751人(36.4%)	921人(29.6%)	262件	650件(40.3%)	793件(33.0%)

（续表）

年份	企业性质	腐败犯罪企业家数	同性质的犯罪企业家总数（比例1）	本年度涉案企业家总数（比例2）	腐败犯罪案件数	同性质的企业犯罪案件总数（比例3）	本年度案件总数（比例4）
2016年	国有企业	199人	236人（84.3%）	1 827人（10.9%）	167件	203件（82.3%）	1 458件（11.5%）
	民营企业	516人	1 591人（32.4%）	1 827人（28.2%）	442件	1 255件（35.2%）	1 458件（30.3%）

注：
①比例1＝腐败犯罪企业家人数/同性质的犯罪企业家总人数；
②比例2＝腐败犯罪企业家人数/本年度涉案企业家总人数；
③比例3＝腐败犯罪案件数/同性质的企业犯罪案件总数；
④比例4＝腐败犯罪案件数/本年度案件总数。

2014年企业家犯罪案件总数为902件，其中国有企业家犯罪案件为181件，民营企业家犯罪案件721件。2014年企业家犯罪案件中涉及腐败犯罪的案件总数为345件，其中国有企业家腐败案件数为134件，占国有企业家犯罪案件总数的74.0%，占本年度企业家犯罪案件总数的14.9%；民营企业家腐败案件数为211件，占民营企业家犯罪案件总数的29.3%，占本年度企业家犯罪案件总数的23.4%。

2014年企业家犯罪案件中涉案企业家共计1 099人，其中国有企业家205人，民营企业家894人。涉及腐败犯罪的企业家犯罪人数387人，其中国有企业家147人，占国有企业家本年度犯罪总人数的71.7%，占本年度涉案企业家总人数的13.4%；民营企业家240人，占民营企业家本年度犯罪总人数的26.8%，占本年度涉案企业家总人数的21.8%。

2015年企业家犯罪案件总数为793件，其中国有企业家犯罪案件为143件，民营企业家犯罪案件650件；涉及腐败犯罪的案件总数为383件，其中国有企业家腐败案件数为121件，占国有企业家犯罪案件总数的84.6%，占本年度企业家犯罪案件总数的15.3%；民营企业家腐败案件数为262件，占民营企业家犯罪案件总数的40.3%，占本年度企业家犯罪案件总数的33.0%。

2015年企业家犯罪案件中涉案企业家共计921人，其中国有企业家170人，民营企业家751人。涉及腐败犯罪的企业家犯罪人数418人，其中国有企业家145人，占国有企业家本年度犯罪总人数的85.3%，占本年度涉案企业家总人数的15.7%；民营企业家273人，占民营企业家本年度犯罪总人数的36.4%，占本年度涉案企业家总人数的29.6%。

2016年企业家犯罪案件总数为1 458件，其中国有企业家犯罪案件为203件，民营企业家犯罪案件1 255件；腐败犯罪的案件总数为609件，其中国有企业家腐败案件数为167件，占国有企业家犯罪案件总数的82.27%，占本年度企业家犯罪案件总数的11.5%；民营企业家腐败案件数为442件，占民营企业家犯罪案件总数的35.2%,占本年度企业家犯罪案件总数的30.3%。

2016年企业家犯罪案件中涉案企业家共计1 827人,其中国有企业家236人,民营企业家1 591人;涉及腐败犯罪的企业家犯罪人数为715人,其中国有企业家199人,占国有企业家本年度犯罪总人数的84.3%,占本年度涉案企业家总人数的10.9%;民营企业家516人,占民营企业家本年度犯罪总人数的32.4%,占本年度涉案企业家总人数的28.2%。

通过对2014—2016年的数据对比分析可以看出:

(1)企业家腐败犯罪案件三年来呈连年上升趋势,涉及腐败犯罪的企业家人数占涉案企业家总数的比例也呈逐年递增趋势,这说明企业家腐败犯罪规模越来越大。

(2)国有企业家涉案人数虽然总体上少于民营企业家,但国有企业家腐败犯罪占其犯罪总数的比率却远高于民营企业家腐败犯罪占其犯罪总数中的比率,这说明国有企业家相对于民营企业家更易触犯腐败罪名。

(3)就三年间企业家腐败犯罪案件的增长趋势而言,国有企业家呈现小幅度波动,而民营企业家腐败犯罪案件出现连年递增趋势。

二、国有企业家腐败犯罪统计数据对比

(一)国有企业家腐败犯罪各罪名触犯频次和占比

表98 国有企业家腐败犯罪各罪名触犯频次和占比

2014年	2015年	2016年
触犯罪名总次数:241次	触犯罪名总次数:206次	触犯罪名总次数:293次
受贿罪(95次,39.4%)	受贿罪(89次,43.2%)	受贿罪(102次,34.8%)
贪污罪(51次,21.2%)	贪污罪(57次,27.7%)	贪污罪(76次,25.9%)
挪用公款罪(23次,9.5%)	私分国有资产罪(16次,7.8%)	挪用公款罪(27次,9.2%)
职务侵占罪(12次,5.0%)	挪用公款罪(15次,7.3%)	私分国有资产罪(13次,4.4%)
单位行贿罪(6次,2.5%)	行贿罪(5次,2.4%)	职务侵占罪(11次,3.8%)
非国家工作人员受贿罪(5次,2.1%)	非国家工作人员受贿罪(3次,1.5%)	挪用资金罪(8次,2.7%)
私分国有资产罪(5次,2.1%)	职务侵占罪(3次,1.5%)	非国家工作人员受贿罪(3次,1.0%)
挪用资金罪(3次,1.2%)	单位行贿罪(3次,1.5%)	单位受贿罪(3次,1.0%)
巨额财产来源不明罪(2次,0.8%)	挪用资金罪(2次,1.0%)	巨额财产来源不明罪(2次,0.7%)
介绍贿赂罪(1次,0.4%)	巨额财产来源不明罪(2次,1.0%)	单位行贿罪(1次,0.3%)
行贿罪(1次,0.4%)		对单位行贿罪(1次,0.3%)
		介绍贿赂罪(1次,0.3%)

2014—2016年国有企业家腐败犯罪总次数在200到300次之间,呈现先减少

后增多的起伏态势。2016 年比 2015 年多出 87 次,增长近 50%,但与 2015 年相比,2016 年国有企业家触犯"贪污贿赂罪"所占比例有下降趋势。

进一步观察国有企业家腐败犯罪各罪名触犯频次和占比,2014—2016 三年中受贿罪、贪污罪始终稳定排在前两位,共占当年腐败犯罪总数的 60% 到 70%;挪用公款罪虽然在 2015 年出现的频次和占比相较于 2014、2016 年较为稳定的前三名有少许回落和波动,但幅度不大,仍属高频罪名;职务侵占罪则呈现"高—低—高"的特点;单位行贿罪在 2014 年中触发次数较多,而后逐年减少,由高频罪名降为较高频罪名,最后成为最低频罪名;相反,私分国有资产罪在 2014 年中触发次数较少,而后两年则持续走高。

(二)国有企业家腐败犯罪高频罪名适用刑罚分布对比

表 99　2014 年国有企业家腐败犯罪高频罪名适用刑罚分布(%)

高频腐败犯罪罪名	免予刑事处罚	拘役	有期				无期
			5 年以下	5 年以上10 年以下	10 年以上	总比例	
受贿罪	5.3	0.0	35.7	27.4	31.6	94.7	0.0
贪污罪	3.9	0.0	33.3	29.4	31.4	94.1	2.0
挪用公款罪	4.5	0.0	68.3	22.7	4.5	95.5	0.0
职务侵占罪	0.0	8.3	50.0	33.3	8.4	91.7	0.0
单位行贿罪	16.7	16.6	66.7	0.0	0.0	66.7	0.0

2014 年国有企业家腐败犯罪前五位的高频罪名是受贿罪、贪污罪、挪用公款罪、职务侵占罪、单位行贿罪。对高频犯罪企业家所适用的刑罚,包括拘役、有期徒刑、无期徒刑三种主刑。

在刑罚适用中,判处 5 年以下有期徒刑的比例最高,没有犯罪企业家被判处死刑(包括死刑立即执行和死刑缓期两年执行)。这彰显了司法机关慎重和严格适用死刑的刑事政策。受贿罪、贪污罪、挪用公款罪、单位行贿罪都有免予刑事处罚的案例;而贪污罪是唯一有被判处无期徒刑案例的罪名;单位行贿罪的量刑在高频犯罪中整体最轻,其次是挪用公款罪。

表 100　2015 年国有企业家腐败犯罪高频罪名适用刑罚分布(%)

高频腐败犯罪罪名	免予刑事处罚	单处罚金刑	拘役	有期				无期	死刑
				5 年以下	5 年以上10 年以下	10 年以上	总比例		
受贿罪	4.4	0.0	0.0	26.7	33.3	33.3	93.3	1.2	1.1
贪污罪	7.5	0.0	0.0	40.7	25.9	25.9	92.5	0.0	0.0
私分国有资产罪	14.3	35.7	14.3	0.0	35.7	0.0	35.7	0.0	0.0
挪用公款罪	0.6	0.0	4.6	63.6	18.2	0.0	81.8	0.0	0.0
单位行贿罪	0.0	0.0	0.0	100.0	0.0	0.0	100.0	0.0	0.0

2015年国有企业家腐败犯罪前五位的高频罪名是受贿罪、贪污罪、私分国有资产罪、挪用公款罪、行贿罪,但为了对三年中单位行贿罪的刑罚适用进行对比,此处将较高频罪名"单位行贿罪"的刑罚适用分布予以考察,行贿罪刑罚适用由于这三年不具可对比性在此不予考察。五个罪名所适用的刑罚包括拘役、有期徒刑、无期徒刑、死刑四种主刑,以及单处罚金刑一种附加刑。

在刑罚适用中,不仅是5年以下的有期徒刑比例居高,5年以上10年以下有期徒刑的比例也较高。其中,受贿罪、贪污罪、私分国有资产罪均有免予刑事处罚的案例,挪用公款罪也存在少量免予刑事处罚案例。私分国有资产罪的案例中,免予刑事处罚、单处罚金刑和拘役三者占了该罪名适用刑罚总量的64.3%,有期徒刑只占35.7%。单位行贿罪全部适用了5年以下有期徒刑。受贿罪是2015年适用刑罚最重的罪名,也是唯一适用了无期徒刑与死刑的罪名。

表101　2016年国有企业家腐败犯罪高频罪名适用刑罚分布(%)

高频腐败犯罪罪名	免予刑事处罚	拘役	有期				无期	死刑
			5年以下	5年以上10年以下	10年以上	总比例		
受贿罪	7.9	2.9	54.9	14.7	19.6	89.2	0.0	0.0
贪污罪	1.3	1.3	51.3	21.1	22.4	94.8	1.3	1.3
挪用公款罪	7.4	3.7	63.0	14.8	11.1	88.9	0.0	0.0
私分国有资产罪	15.4	30.8	53.8	0.0	0.0	53.8		
职务侵占罪	0.0	0.0	72.7	18.2	9.1	100.0		
单位行贿罪	0.0	0.0	100.0	0.0	100.0	0.0	0.0	

2016年国有企业家腐败犯罪前五位的高频罪名是受贿罪、贪污罪、挪用公款罪、私分国有资产罪、职务侵占罪。所适用的刑罚包括拘役、有期徒刑、无期徒刑、死刑四种主刑。

贪污罪刑罚适用了无期徒刑和死刑;职务侵占罪全部为有期徒刑,其中5年以下有期徒刑占比72.7%;私分国有资产罪近半数判处了免予刑事处罚或者拘役,其余的案例则适用了5年以下有期徒刑。2016年国有企业家腐败犯罪中单位行贿罪已降为最低频罪名。

2014—2016年,国有企业家腐败犯罪的高频罪名基本相同,近三年位居前列的六个罪名分别为:受贿罪、贪污罪、挪用公款罪、职务侵占罪、单位行贿罪、私分国有资产罪。

从适用刑罚分布看,死刑和无期徒刑适用的次数极少,绝大多数为有期徒刑。有期徒刑中,又以5年以下有期徒刑为主。尤其是2016年,适用刑罚的量刑较前两年偏轻,不能排除《中华人民共和国刑法修正案(九)》[以下简称《刑法修正案(九)》]对贪腐犯罪起刑点及量刑标准的影响。

特别值得注意的是,对于单位行贿罪的刑罚适用呈逐年加重的趋势,这也意味着反腐司法实践中注重加大对行贿行为的处罚力度。

(三)国有企业家腐败犯罪高频罪名的潜伏期分布对比

表102 2014年国有企业家腐败犯罪高频罪名的潜伏期分布

犯罪罪名	犯罪潜伏期	5年以下	5年以上10年以下	10年以上15年以下	15年以上20年以下	20年以上25年以下	总计
受贿罪	数量(人)	40	33	6	0	0	79
	百分比	50.6	41.8	7.6	0.0	0.0	100.0
贪污罪	数量(人)	19	9	7	0	0	35
	百分比	54.3	25.7	20.0	0.0	0.0	100.0
挪用公款罪	数量(人)	6	6	3	1	0	16
	百分比	37.5	37.5	18.7	6.3	0.0	100.0
职务侵占罪	数量(人)	8	1	0	0	0	9
	百分比	88.9	11.1	0.0	0.0	0.0	100.0
单位行贿罪	数量(人)	0	4	1	0	0	5
	百分比	0.0	80.0	20.0	0.0	0.0	100.0

2014年国有企业家腐败犯罪高频罪名的潜伏期除了一起挪用公款案件在15到20年间,其余均在15年以下,又以10年以下为主。其中职务侵占罪的潜伏期最短,近九成案例的潜伏期在五年以下;挪用公款罪的潜伏期最长,可达15到20年。单位行贿罪的潜伏期全部分布在5—15年之间。整体而言,潜伏期在5年以下的比重最大,其次为5—10年。

表103 2015年国有企业家腐败犯罪高频罪名的潜伏期分布

犯罪罪名	犯罪潜伏期	5年以下	5年以上10年以下	10年以上15年以下	15年以上20年以下	20年以上25年以下	总计
受贿罪	数量(人)	24	54	7	4	0	89
	百分比	26.9	60.7	7.9	4.5	0.0	100.0
贪污罪	数量(人)	23	25	4	0	0	52
	百分比	44.2	48.1	7.7	0.0	0.0	100.0
私分国有资产罪	数量(人)	4	8	4	0	0	16
	百分比	25.0	50.0	25.0	0.0	0.0	100.0
挪用公款罪	数量(人)	8	3	3	1	0	15
	百分比	53.3	20.0	20.0	6.7	0.0	100.0
单位行贿罪	数量(人)	3	0	0	0	0	3
	百分比	100.0	0.0	0.0	0.0	0.0	100.0

2015年国有企业家腐败犯罪高频罪名的潜伏期比2014年明显延长,主要集中于5—10年之间,其次是5年以下。其中,又以受贿罪和挪用公款罪的潜伏期最长,15—20年的潜伏期也占有一定比例。

表104　2016年国有企业家腐败犯罪高频罪名的潜伏期分布

犯罪罪名	犯罪潜伏期	5年以下	5年以上10年以下	10年以上15年以下	15年以上20年以下	20年以上25年以下	总计
受贿罪	数量(人)	22	51	23	3	1	100
	百分比	22.0	51.0	23.0	3.0	1.0	100.0
贪污罪	数量(人)	16	38	17	1	2	74
	百分比	21.6	51.4	23.0	1.3	2.7	100.0
挪用公款罪	数量(人)	11	7	7	1	1	27
	百分比	40.8	25.9	25.9	3.7	3.7	100.0
私分国有资产罪	数量(人)	4	9	0	0	0	13
	百分比	30.8	69.2	0.0	0.0	0.0	100.0
职务侵占罪	数量(人)	6	5	0	0	0	11
	百分比	54.5	45.5	0.0	0.0	0.0	100.0
单位行贿罪	数量(人)	1	0	0	0	0	1
	百分比	100.0	0.0	0.0	0.0	0.0	100.0

2016年国有企业家腐败犯罪高频罪名的潜伏期呈现继续延长趋势,尤其是受贿罪、贪污罪和挪用公款罪的潜伏期,在10—15年之间的比例分别达到了23%、23%和25.9%,20年以上的也占一定比例。

总体来看,国有企业家高频罪名犯罪的潜伏期较长。尤其是受贿罪、贪污罪、挪用公款罪出现了15年以上甚至20年以上的"超长潜伏期"。这暴露出反腐工作中要注重建立、健全腐败案件的发现机制。

(四)国有企业家腐败犯罪高频罪名的案发环节分布对比

表105　2014年国有企业家腐败犯罪高频罪名的案发环节分布

犯罪罪名	案发环节	日常经营活动	财务管理	产品生产	贸易活动	融资活动	薪资管理	工程承揽	物资采购	公司设立变更	人事变动	总计
受贿罪	数量(人)	40	3	6	3	1	0	20	12	1	2	88
	百分比	45.5	3.4	6.8	3.4	1.1	0.0	22.7	13.7	1.1	2.3	100.0
贪污罪	数量(人)	9	28	0	3	0	0	1	0	0	2	43
	百分比	20.9	65.1	0.0	7.0	0.0	0.0	2.3	0.0	0.0	4.7	100.0
挪用公款罪	数量(人)	3	18	0	0	0	0	0	0	0	0	21
	百分比	14.3	85.7	0.0	0.0	0.0	0.0	0.0	0.0	0.0	0.0	100.0

(续表)

犯罪罪名	案发环节	日常经营活动	财务管理	产品生产	贸易活动	融资活动	薪资管理	工程承揽	物资采购	公司设立变更	人事变动	总计
职务侵占罪	数量(人)	3	5	0	1	0	0	0	0	1	0	10
	百分比	30.0	50.0	0.0	10.0	0.0	0.0	0.0	0.0	10.0	0.0	100.0
单位行贿罪	数量(人)	3	0	0	0	0	0	3	0	0	0	6
	百分比	50.0	0.0	0.0	0.0	0.0	0.0	50.0	0.0	0.0	0.0	100.0

2014年国有企业家腐败犯罪高频罪名的案发环节主要分布在日常经营活动、财务管理、产品生产、贸易活动、融资活动、工程承揽、物资采购、公司设立变更和人事变动9个环节上,高频腐败犯罪案发环节不涉及薪资管理环节,其中受贿罪案发涉及全部的9个环节。整体来看,日常经营活动、财务管理和工程承揽是主要案发环节,日常经营活动数量最多,财务管理在同种罪名中所占比重最大。

表106 2015年国有企业家腐败犯罪高频罪名的案发环节分布

犯罪罪名	发案环节	日常经营活动	财务管理	产品生产	贸易活动	融资活动	薪资管理	工程承揽	物资采购	公司设立变更	人事变动	总计
受贿罪	数量(人)	53	6	0	4	1	0	11	5	0	2	82
	百分比	64.7	7.3	0.0	4.9	1.2	0.0	13.4	6.1	0.0	2.4	100.0
贪污罪	数量(人)	20	23	0	0	1	0	2	1	0	2	49
	百分比	40.8	47.0	0.0	0.0	2.0	0.0	4.1	2.0	0.0	4.1	100.0
私分国有资产罪	数量(人)	1	2	0	1	0	0	0	0	2	0	6
	百分比	16.7	33.3	0.0	16.7	0.0	0.0	0.0	0.0	33.3	0.0	100.0
挪用公款罪	数量(人)	8	8	0	1	0	0	1	0	0	0	18
	百分比	44.4	44.4	0.0	5.6	0.0	0.0	5.6	0.0	0.0	0.0	100.0
单位行贿罪	数量(人)	3	0	0	0	0	0	0	0	0	0	3
	百分比	100.0	0.0	0.0	0.0	0.0	0.0	0.0	0.0	0.0	0.0	100.0

2015年国有企业家腐败犯罪高频罪名案发环节分布与2014年基本相同,没有涉及产品生产和薪资管理环节。主要案发环节为日常经营活动、财务管理和工程承揽。受贿罪的案发环节分布最广。日常经营活动成为总数量最多和同种罪名中占比重最大的案发环节。

表107 2016年国有企业家腐败犯罪高频罪名的案发环节分布

犯罪罪名	发案环节	日常经营活动	财务管理	产品生产	贸易活动	融资活动	薪资管理	工程承揽	物资采购	公司设立变更	人事变动	总计
受贿罪	数量(人)	65	12	2	0	0	0	18	1	0	0	98
	百分比	66.3	12.2	2.1	0.0	0.0	0.0	18.4	1.0	0.0	0.0	100.0

(续表)

犯罪罪名	发案环节	日常经营活动	财务管理	产品生产	贸易活动	融资活动	薪资管理	工程承揽	物资采购	公司设立变更	人事变动	总计
贪污罪	数量(人)	36	33	0	0	0	1	0	2	3	0	75
	百分比	48.0	44.0	0.0	0.0	0.0	1.3	0.0	2.7	4.0	0.0	100.0
挪用公款罪	数量(人)	13	11	0	1	0	0	1	1	0	0	27
	百分比	48.1	40.8	0.0	3.7	0.0	0.0	3.7	3.7	0.0	0.0	100.0
私分国有资产罪	数量(人)	6	6	0	0	0	0	0	0	1	0	13
	百分比	46.2	46.2	0.0	0.0	0.0	0.0	0.0	0.0	7.6	0.0	100.0
职务侵占罪	数量(人)	2	7	1	0	0	0	0	1	0	0	11
	百分比	18.2	63.6	9.1	0.0	0.0	0.0	0.0	9.1	0.0	0.0	100.0
单位行贿罪	数量(人)	0	1	0	0	0	0	0	0	0	0	1
	百分比	0.0	100.0	0.0	0.0	0.0	0.0	0.0	0.0	0.0	0.0	100.0

2016年国有企业家腐败犯罪高频罪名案发环节的分布,除了融资活动和人事变动以外的剩余8个环节均有涉及。受贿罪和挪用公款罪的案发环节分布最广。日常经营活动的数量最多,同种罪名中所占比重最大。本年度只有1例的最低频罪名,即单位行贿罪的案发环节发生在财务管理过程中。

2014—2016年,国有企业家腐败犯罪高频罪名的案发环节,主要分布在日常经营活动、财务管理和工程承揽环节,以日常经营活动为最多。受贿罪的案发环节分布最广,其余罪名的案发环节较为集中。这样的分布特点主要与罪名的行为特点相关。需要注意的是,单位行贿罪在2014、2015年属于高频罪名,其案发环节主要集中在日常经营活动中,2016年转为低频罪名,其案发环节发生在财务管理过程中,这也提示今后国有企业预防单位行贿罪的新风险点要关注财务管理环节。

三、民营企业家腐败犯罪统计数据对比

(一)民营企业家腐败犯罪各罪名触犯频次和占比

表108 2014—2016年民营企业家腐败犯罪各罪名触犯频次和占比

2014年	2015年	2016年
触犯罪名总次数:993次	触犯罪名总次数:732次	触犯罪名总次数:1 716次
职务侵占罪(132次,13.3%)	职务侵占罪(92次,12.6%)	职务侵占罪(211次,12.3%)
非国家工作人员受贿罪(61次,6.1%)	行贿罪(59次,8.1%)	挪用资金罪(96次,5.6%)
挪用资金罪(51次,5.1%)	挪用资金罪(45次,6.2%)	单位行贿罪(88次,5.1%)
行贿罪(20次,2.0%)	单位行贿罪(43次,5.9%)	行贿罪(49次,2.9%)

(续表)

2014 年	2015 年	2016 年
单位行贿罪(13 次,1.3%)	非国家工作人员受贿罪(34 次,4.6%)	非国家工作人员受贿罪(45 次,2.6%)
对非国家工作人员行贿罪(3 次,0.3%)	挪用公款罪(9 次,1.2%)	对非国家工作人员行贿罪(11 次,0.6%)
私分国有资产罪(2 次,0.2%)	对非国家工作人员行贿罪(2 次,0.3%)	挪用公款罪(11 次,0.6%)
介绍贿赂罪(1 次,0.1%)	对单位行贿罪(2 次,0.3%)	受贿罪(10 次,0.6%)
		贪污罪(5 次,0.3%)
		单位受贿罪(4 次,0.2%)
		对单位行贿罪(2 次,0.1%)
		介绍贿赂罪(1 次,0.1%)

2014—2016 年民营企业家腐败犯罪年度总次数分别为 993 次、732 次、1 716 次，差别较大，呈现先减少后急剧增多的起伏态势。2016 年比 2015 年多 984 次，增长约 134%，这说明 2016 年的案发数量和审结数量出现爆发式的增长。进一步观察民营企业家腐败犯罪各罪名触发频次和占比，2014—2016 年职务侵占罪稳居第一名，虽然案件数量不同，但是占总案件数的比例稳定保持在 12%～13%。非国家工作人员受贿罪的比重呈现连年下降的趋势，单位行贿罪的比重和数量均呈现连年上升的趋势。挪用资金罪稳定保持在前三的位置，出现过轻微起伏，可以忽略不计。行贿罪也是主要触发罪名之一，2015 年上升至高频发第二，2016 年又回落至第四。可以看到 2016 年民营企业家腐败犯罪触发的罪名数量增加，民营企业家作为共犯涉嫌受贿罪、贪污罪等罪名。

(二)民营企业家腐败犯罪高频罪名适用刑罚分布对比

表 109　2014 年民营企业家腐败犯罪高频罪名适用刑罚分布(%)

| 高频腐败犯罪罪名 | 免予刑事处罚 | 拘役 | 有期 | | | | 无期 |
			5 年以下	5 年以上 10 年以下	10 年以上	总比例	
职务侵占罪	0.0	0.8	58.8	35.9	3.8	98.5	0.7
非国家工作人员受贿罪	3.2	1.7	59.0	32.8	3.3	95.1	0.0
挪用资金罪	3.9	2.0	70.6	23.5	0.0	94.1	0.0
行贿罪	5.0	5.0	80.0	5.0	5.0	90.0	0.0
单位行贿罪	0.0	7.7	92.3	0.0	0.0	92.3	0.0

2014 年民营企业家腐败犯罪高频罪名为职务侵占罪、非国家工作人员受贿罪、挪用资金罪、行贿罪和单位行贿罪。所适用的刑罚种类为拘役、有期徒刑和无

期徒刑三种主刑。非国家工作人员受贿罪、挪用资金罪和行贿罪有少部分案例免予刑事处罚,职务侵占罪中有少量案例在刑罚裁量中适用了无期徒刑,整体所适用的主要刑罚仍为有期徒刑,尤其是5年以下有期徒刑。

表110　2015年民营企业家腐败犯罪高频罪名适用刑罚分布(%)

高频腐败犯罪罪名	免予刑事处罚	单处罚金刑	拘役	有期				无期
				5年以下	5年以上10年以下	10年以上	总比例	
职务侵占罪	0	0	1.0	50.5	33.4	14.1	98.0	1.0
行贿罪	4.8	0	0	77.5	14.5	3.2	95.2	0
挪用资金罪	0	0	4.2	79.1	14.6	2.1	95.8	0
单位行贿罪	24.4	0	11.2	64.4	0	0	64.4	0
非国家工作人员受贿罪	0	0	6.5	74.2	19.3	0	93.5	0

2015年民营企业家腐败犯罪高频罪名为职务侵占罪、行贿罪、挪用资金罪、单位行贿罪和非国家工作人员受贿罪。所适用的刑罚有拘役、有期徒刑和无期徒刑三种主刑。行贿罪和单位行贿罪有部分免予刑事处罚。职务侵占罪中有少量案例在刑罚裁量中适用了无期徒刑,且整体刑罚分布较重,短期徒刑、中期徒刑、长期徒刑均有涉及。单位行贿罪整体量刑较轻。

表111　2016年民营企业家腐败犯罪高频罪名适用刑罚分布(%)

高频腐败犯罪罪名	免予刑事处罚	单处罚金刑	拘役	有期				无期
				5年以下	5年以上10年以下	10年以上	总比例	
职务侵占罪	0.9	0.0	5.7	66.8	20.9	5.7	93.4	0.0
挪用资金罪	1.0	0.0	5.2	76.0	17.8	0.0	93.8	0.0
单位行贿罪	23.8	5.7	8.0	62.5	0.0	0.0	62.5	0.0
行贿罪	8.2	0.0	2.0	81.7	6.1	2.0	89.8	0.0
非国家工作人员受贿罪	4.4	0.0	11.2	77.8	4.4	2.2	84.4	0.0

2016年民营企业家腐败犯罪高频罪名为职务侵占罪、挪用资金罪、单位行贿罪、行贿罪和非国家工作人员受贿罪。适用的刑罚除拘役、有期徒刑两种主刑外,还有单位行贿罪单处罚金刑的案例,这与《刑法修正案(九)》对《刑法》第393条的修正有关。五项高频罪名都有不同比重的案例免予刑事处罚,整体上以有期徒刑为主,其中又以5年以下的有期徒刑为主,占据60%以上。

2014—2016年民营企业家腐败犯罪高频罪名适用刑罚整体呈现量刑越来越轻的趋势,2016年虽然案件总量成倍增多,但是并没有适用无期徒刑的案例,并且免予刑事处罚等案件所占比重明显增加。这与我国宽严相济的刑事政策以及非公领域反腐关注制度成因和预防职务犯罪有一定关联。职务侵占罪所适用的刑罚一直最重,这与该犯罪行为的社会危害性及法定刑有密切联系,也在一定程度上说明了职务侵占罪的实际触发频率较高。

(三)民营企业家腐败犯罪高频罪名的潜伏期分布对比

表112　2014年民营企业家腐败犯罪高频罪名的潜伏期分布

犯罪罪名	犯罪潜伏期	5年以下	5年以上10年以下	10年以上15年以下	15年以上20年以下	总计
职务侵占罪	数量(人)	90	17	5	1	113
	百分比	79.6	15.1	4.4	0.9	100.0
非国家工作人员受贿罪	数量(人)	34	8	6	0	48
	百分比	70.8	16.7	12.5	0.0	100.0
挪用资金罪	数量(人)	29	12	2	0	43
	百分比	67.4	27.9	4.7	0.0	100.0
行贿罪	数量(人)	7	9	1	1	18
	百分比	38.8	50.0	5.6	5.6	100.0
单位行贿罪	数量(人)	4	5	2	1	12
	百分比	33.3	41.7	16.7	8.3	100.0

2014年民营企业家腐败犯罪高频罪名潜伏期中,五项高频罪名潜伏期在10年以下的占比75%以上。职务侵占罪、非国家工作人员受贿罪、挪用资金罪主要分布在5年以下,占比67.4%～79.6%。职务侵占罪、行贿罪、单位行贿罪的潜伏期较长,0—20年间均有涉及。非国家工作人员受贿罪、挪用资金罪的潜伏期在0—15年间。行贿罪、单位行贿罪的潜伏期主要分布在0—10年之间,占比75%以上。

表113　2015年民营企业家腐败犯罪高频罪名的潜伏期分布

犯罪罪名	犯罪潜伏期	5年以下	5年以上10年以下	10年以上15年以下	15年以上20年以下	总计
职务侵占罪	数量(人)	72	15	5	0	92
	百分比	78.3	16.3	5.4	0.0	100.0
行贿罪	数量(人)	26	24	6	1	57
	百分比	45.6	42.1	10.5	1.8	100.0
挪用资金罪	数量(人)	26	16	1	0	43
	百分比	60.5	37.2	2.3	0.0	100.0
单位行贿罪	数量(人)	13	25	3	0	41
	百分比	31.7	61.0	7.3	0.0	100.0
非国家工作人员受贿罪	数量(人)	21	9	1	1	32
	百分比	65.7	28.1	3.1	3.1	100.0

2015年民营企业家腐败犯罪高频罪名潜伏期中,五项高频罪名潜伏期在10年以下的占比87.7%以上。职务侵占罪、挪用资金罪的潜伏期一般为5年以下,占半数以上。单位行贿罪的潜伏期主要分布在5—10年之间,占比61.0%;非国家工作人员受贿罪的潜伏期一般在5年以下,占比65.7%。行贿罪的潜伏期主要分布在10年以下,占比87.7%。职务侵占罪、挪用资金罪、单位行贿罪的潜伏期都在15年以下,行贿罪、非国家工作人员受贿罪的潜伏期分布较广,0到20年间均有涉及。

表114　2016年民营企业家腐败犯罪高频罪名的潜伏期分布

犯罪罪名	犯罪潜伏期	5年以下	5年以上10年以下	10年以上15年以下	15年以上20年以下	总计
职务侵占罪	数量(人)	159	38	12	1	210
	百分比	75.7	18.1	5.7	0.5	100.0
挪用资金罪	数量(人)	64	21	8	0	93
	百分比	68.8	22.6	8.6	0.0	100.0
单位行贿罪	数量(人)	30	47	11	0	88
	百分比	34.1	53.4	12.5	0.0	100.0
行贿罪	数量(人)	7	26	11	4	48
	百分比	14.6	54.2	22.9	8.3	100.0
非国家工作人员受贿罪	计数	24	20	0	0	44
	百分比	54.5	45.5	0.0	0.0	100.0

2016年民营企业家腐败犯罪高频罪名潜伏期中,五项高频罪名的潜伏期在5—10年的占比68.8%以上。职务侵占罪、挪用资金罪的潜伏期一般在5年以下,分别占75.7%、68.8%。单位行贿罪、行贿罪的潜伏期一般在5—10年之间,分别占比53.4%、54.2%;非国家工作人员受贿罪的潜伏期一般在5—10年之间,10年以上的没有。职务侵占罪、行贿罪的潜伏期5—20年间均有;挪用资金罪、单位行贿罪的潜伏期一般在5—15年之间,15年以上的没有。

2014—2016年民营企业家腐败犯罪高频罪名潜伏期中,五项高频罪名潜伏期在5到10年的占比较高,潜伏期较长,说明我们发现腐败犯罪的机制还需要完善和增强。职务侵占罪、行贿罪的潜伏期呈现出越来越长的趋势,甚至出现了"15年以上20年以下"的超长潜伏期,说明这类犯罪存在案发和查处难度更大的情况,这也提示反腐工作中要注重建立、健全腐败案件的发现机制。同时,因为行贿罪与政府官员的腐败犯罪有着伴生关系,这也提示反腐工作中要加强非公领域的腐败犯罪预防和治理,充分发挥民营企业在预防腐败犯罪中的积极作用。

(四)民营企业家腐败犯罪高频罪名的案发环节分布对比

表115 2014年民营企业家腐败犯罪高频罪名的案发环节分布

犯罪罪名	发案环节	日常经营活动	财务管理	产品生产	贸易活动	融资活动	薪资管理	工程承揽	物资采购	公司设立变更	人事变动	总计
职务侵占罪	数量(人)	37	66	7	13	0	0	1	3	0	0	127
	百分比	29.1	52.0	5.5	10.2	0.0	0.0	0.8	2.4	0.0	0.0	100.0
非国家工作人员受贿罪	数量(人)	21	2	7	7	0	1	10	6	0	0	54
	百分比	38.9	3.7	13.0	13.0	0.0	1.8	18.5	11.1	0.0	0.0	100.0
挪用资金罪	数量(人)	11	34	0	1	1	0	0	0	1	0	48
	百分比	22.9	70.8	0.0	2.1	2.1	0.0	0.0	0.0	2.1	0.0	100.0
行贿罪	数量(人)	10	1	0	0	1	0	2	1	0	2	17
	百分比	58.7	5.9	0.0	0.0	5.9	0.0	11.8	5.9	0.0	11.8	100.0
单位行贿罪	数量(人)	10	0	0	1	0	0	2	0	0	0	13
	百分比	76.9	0.0	0.0	7.7	0.0	0.0	15.4	0.0	0.0	0.0	100.0

2014年民营企业家腐败犯罪高频罪名涉及案发环节中的10个环节。其中职务侵占罪主要分布在日常经营活动、财务管理、贸易活动、产品生产、物资采购、工程承揽环节;非国家工作人员受贿罪主要分布在日常经营活动、工程承揽、贸易活动、产品生产、物资采购、财务管理、薪资管理环节;挪用资金罪主要分布在财务管理、日常经营活动、贸易活动、融资活动、公司设立变更环节;行贿罪主要分布在日常经营活动、工程承揽、人事变动、物资采购、融资活动、财务管理环节;单位行贿罪主要分布在日常经营活动、工程承揽、贸易活动环节。

表116 2015年民营企业家高频腐败犯罪罪名与发案环节的交叉列表

犯罪罪名	发案环节	日常经营活动	财务管理	产品生产	贸易活动	融资活动	薪资管理	工程承揽	物资采购	公司设立变更	人事变动	总计
职务侵占罪	数量(人)	40	32	1	7	5	4	2	1	0	0	92
	百分比	43.5	34.8	1.1	7.6	5.4	4.3	2.2	1.1	0.0	0.0	100.0
行贿罪	数量(人)	30	1	0	1	1	0	22	1	0	0	56
	百分比	53.5	1.8	0.0	1.8	1.8	0.0	39.3	1.8	0.0	0.0	100.0
挪用资金罪	数量(人)	17	22	0	1	1	1	1	0	2	0	45
	百分比	37.8	48.9	0.0	2.2	2.2	2.2	2.2	0.0	4.5	0.0	100.0
单位行贿罪	数量(人)	22	0	0	3	1	0	11	1	2	0	40
	百分比	55.0	0.0	0.0	7.5	2.5	0.0	27.5	2.5	5.0	0.0	100.0
非国家工作人员受贿罪	数量(人)	19	1	1	0	0	0	5	2	0	0	28
	百分比	67.8	3.6	3.6	0.0	0.0	0.0	17.9	7.1	0.0	0.0	100.0

2015年民营企业家腐败犯罪高频罪名涉及案发环节中的10个环节。其中职务侵占罪主要分布在日常经营活动、财务管理、贸易活动、融资活动、薪资管理、工程承揽、产品生产、物资采购环节;行贿罪主要分布在日常经营活动、工程承揽、物资采购、融资活动、贸易活动、财务管理环节;挪用资金罪主要分布在日常经营活动、财务管理、贸易活动、融资活动、公司设立变更、薪资管理、工程承揽环节;单位行贿罪主要分布在日常经营活动、工程承揽、贸易活动、融资活动、人事变动、物资采购环节;非国家工作人员受贿罪主要分布在日常经营活动、工程承揽、物资采购、产品生产、财务管理环节。

表117　2016年民营企业家高频腐败犯罪罪名与发案环节的交叉列表

犯罪罪名	发案环节	日常经营活动	财务管理	产品生产	贸易活动	融资活动	薪资管理	工程承揽	物资采购	公司设立变更	总计
职务侵占罪	数量(人)	126	57	9	6	0	6	1	4	0	209
	百分比	60.3	27.3	4.3	2.9	0.0	2.9	0.4	1.9	0.0	100.0
挪用资金罪	数量(人)	41	44	0	2	3	1	1	1	1	94
	百分比	43.6	46.8	0.0	2.1	3.1	1.1	1.1	1.1	1.1	100.0
单位行贿罪	数量(人)	43	0	3	3	1	0	35	0	2	87
	百分比	49.4	0.0	3.5	3.5	1.1	0.0	40.2	0.0	2.3	100.0
行贿罪	数量(人)	31	0	0	0	1	0	14	1	1	48
	百分比	64.6	0.0	0.0	0.0	2.1	0.0	29.1	2.1	2.1	100.0
非国家工作人员受贿罪	数量(人)	35	2	0	1	0	0	6	1	0	45
	百分比	77.8	4.5	0.0	2.2	0.0	0.0	13.3	2.2	0.0	100.0

2016年民营企业家腐败犯罪高频罪名的案发环节中除了人事变动这一环节不再存在外,其他9个环节均有涉及。其中职务侵占罪主要分布在日常经营活动、财务管理、产品生产、贸易活动、薪资管理、物资采购、工程承揽环节;挪用资金罪主要分布在日常经营活动、财务管理、贸易活动、融资活动、公司设立变更、薪资管理、工程承揽、物资采购环节;单位行贿罪主要分布在日常经营活动、工程承揽、贸易活动、产品生产、融资活动、公司设立变更环节;行贿罪主要分布在日常经营活动、工程承揽、物资采购、融资活动、公司设立变更环节;非国家工作人员受贿罪主要分布在日常经营活动、工程承揽、贸易活动、财务管理、物资采购环节。

2014—2016年民营企业家腐败犯罪高频罪名的案发环节整体趋于稳定,除了2016年人事变动这一环节不再存在外,其他环节仍有涉及。职务侵占罪案发环节主要集中于日常经营活动和财务管理过程中,并且呈现出逐年增多的趋势,这与罪名性质和民营企业家职务犯罪的特点是有关联的。单位行贿罪的案发环节呈现出逐年增多的趋势,这提示预防民营企业家职务犯罪中要注意新的风险点,即除注意日常经营活动、工程承揽、贸易活动环节外,还要关注产品生产、融资活动、公司设立变更、人事变动、物资采购等其他环节的风险点。挪用资金罪的案发环节也呈现出逐年增多的趋势,提示预防民营企业家职务犯罪中除了注意日常经营活动和财务管理这两大高发环节外,随着科技的进步也要多关注其他环节的风险点。

通过国有企业家腐败犯罪与民营企业家腐败犯罪的数据对比,可以看出一些较为确定的趋势:

(1)就近三年腐败犯罪的规模而言,无论国有企业家还是民营企业家,腐败犯罪总体上是上升趋势。

(2)国有企业家最主要的犯罪类型为腐败犯罪。三年间,国有企业家的腐败罪名占其触犯的罪名总数的比例约为80%。就高发罪名看,又以受贿罪、贪污罪和挪用公款罪所占比重最大,同时私分国有资产罪所占比重明显上升。

(3)民营企业家腐败犯罪也处于高位运行。三年间,民营企业家犯罪腐败罪名占其触犯的罪名总数的比例达到了31.8%。

(4)无论国有企业还是民营企业,企业家腐败犯罪的发案环节分布都比较广泛,尤其集中于企业的日常经营活动、财务管理、物资采购与工程承揽环节。

(5)国有企业和民营企业在单位行贿罪中的表现不同,国有企业单位行贿罪逐渐成为低频罪名,而民营企业单位行贿罪依旧属于高频罪名。这与国家对国有企业、民营企业的不同态度和经济政策不无关系,民营企业在经营过程中为寻求扶持铤而走险,对公权力进行行贿,冒着触犯刑事法律的风险寻求政治保护伞,这体现出了制度上的缺陷。

(6)高频罪名的潜伏期,国有企业家5至10年的较多,民营企业家5年以下的较多。国有企业家腐败犯罪的潜伏期,为什么会明显长于民营企业家,其中的原因值得进一步研究。

(7)我国企业家面临刑事风险高发期,防范意识和防控能力亟待提高。尤其是在全面守法以及国家反腐政策呈现持续高压的态势下,企业家触发刑事风险的规模趋于持续增加之势。

第四部分 企业家犯罪年度十大案例

一、快播网络传播淫秽物品案

案情概要

2016年9月13日,北京市海淀区人民法院对被告单位深圳市快播科技有限公司(以下简称"快播公司"),被告人王欣、吴铭、张克东、牛文举传播淫秽物品牟利案作出一审判决,快播公司犯传播淫秽物品牟利罪,判处罚金人民币1 000万元;王欣犯传播淫秽物品牟利罪,判处有期徒刑3年6个月,罚金100万元;张克东犯传播淫秽物品牟利罪,判处有期徒刑3年3个月,罚金50万元;吴铭犯传播淫秽物品牟利罪,判处有期徒刑3年3个月,罚金30万元;牛文举犯传播淫秽物品牟利罪,判处有期徒刑3年,罚金20万元。同年12月15日,北京市第一中级人民法院对该案进行二审公开宣判。法庭裁定驳回上诉人吴铭的上诉,维持原判。

经查,快播公司通过网络系统中的大量缓存服务器介入淫秽视频传播而拒不履行安全管理义务,间接获取巨额非法利益。快播公司直接负责的主管人员王欣、吴铭、张克东、牛文举,在明知快播公司擅自从事互联网视听节目服务、提供的视听节目含有色情等内容的情况下,未履行监管职责,放任淫秽视频在快播公司控制和管理的缓存服务器存储并被下载,导致大量淫秽视频在网上传播。

法院认为,被告单位及各被告人通过网络系统中的大量缓存服务器介入淫秽视频传播并且拒不履行安全管理义务,间接获取巨额非法利益,社会危害性大,但鉴于快播公司及各被告人能自愿认罪,故可对其酌予从轻处罚。

推荐理由

(1)该案是我国影响和争议较大的网络传播淫秽物品案,被许多评论者视为我国法治进程的标志性案件。

(2)在刑法技术上,该案突破或重新定义了传统刑法理论对一些问题的理解。譬如,目的犯通常以直接故意为必要,但在该案中,牟利目的与放任淫秽视频传播的间接故意相结合,同样构成传播淫秽物品牟利罪。

(3)该案的判决为法学理论提出了一些新问题。譬如,传播淫秽物品牟利罪究竟是作为犯还是不作为犯?该罪与拒不履行信息网络安全管理义务罪如何区分?等等。

(4)信息技术是当代科技进步和经济发展的重要引擎,如何把握该领域技术进步、模式创新与社会规范、法律规制的平衡,是企业家与社会管理者都不能回避的重大问题。

二、孙兆学受贿、巨额财产来源不明案

案情概要

2016年12月27日,辽宁省铁岭市中级人民法院公开宣判中国铝业股份有限公司山西分公司原总经理孙兆学受贿、巨额财产来源不明案,对被告人孙兆学以受贿罪判处有期徒刑15年,并处没收个人财产人民币350万元,以巨额财产来源不明罪,判处有期徒刑5年,决定执行有期徒刑16年,并处没收个人财产人民币350万元;对孙兆学受贿所得财物和来源不明财产及其孳息予以追缴,上缴国库。

审理查明:2003年至2013年,被告人孙兆学利用其担任中国铝业股份有限公司山西分公司总经理、中国黄金集团公司总经理、中金黄金股份有限公司董事长职务上的便利,为他人在工程承揽、职务提拔等事项上提供帮助。2005年至2014年,孙兆学直接或者通过其妻子非法收受他人财物,共计折合人民币3 881.584 4万元。截至案发前,孙兆学家庭财产、支出明显超过合法收入,其对共计折合人民币968.631 268万元的财产不能说明来源。

法院认为,被告人孙兆学的行为构成受贿罪、巨额财产来源不明罪,应依法数罪并罚。鉴于孙兆学到案后如实供述自己的罪行,主动交代办案机关尚未掌握的大部分受贿犯罪事实;认罪悔罪,积极退赃,赃款赃物已全部追缴,具有法定、酌定从轻处罚情节,依法可以从轻处罚。

推荐理由

(1)孙兆学先后坐镇两大央企,在中国铝业股份有限公司内部属绝对是重量级人物,也是2016年落马宣判的级别最高的国有企业领导。孙兆学的落马折射出大型国有企业在权力运行与治理结构方面存在漏洞。

(2)孙兆学所涉犯罪及其具体手法,与政府官员通常实施的贪腐犯罪极为相似,这反映出国有企业较强的官僚化倾向,这一不良倾向与中国铝业股份有限公司近年来业绩不佳是否存在关联,值得探讨。

(3)作为一名从基层干起、业务能力强、综合素质高、工作业绩突出的国有企业家,孙兆学在职业生涯的黄金期落马,教训深刻。

三、福喜生产、销售不合格食品案

案情概要

2016年2月1日,上海市嘉定区人民法院依法对上海福喜食品有限公司

(以下简称"上海福喜")、福喜食品有限公司(以下简称"河北福喜"),被告人杨立群、贺业政等犯生产、销售伪劣产品罪一案进行了一审公开宣判。法院以生产、销售伪劣产品罪,分别判处两家福喜公司罚金人民币 120 万元;澳大利亚籍被告人杨立群被判处有期徒刑 3 年,并处罚金人民币 10 万元,驱逐出境;贺业政等 9 人被判处有期徒刑 2 年 8 个月至 1 年 7 个月不等,并处罚金 8 万元至 3 万元不等。上述 9 人中有 4 人适用缓刑。

审理查明:2013 年 3 月至 2014 年 7 月间,两家福喜生产、销售的部分食品因不符合百胜咨询(上海)有限公司(以下简称"百胜公司")的工艺和原料要求,被退货或终止订单,造成相关产品大量积压。杨立群等人为挽回经济损失,经商议决定并下达指令,沿用原处理方案,将上述产品重新加工包装后继续销售或作为原料进行生产,致使部分不合格产品流入市场。在长达 1 年多的时间内,两家公司先后将百胜公司退回或库存超过保质期的烟熏风味肉饼、冷冻香煎鸡排、灯影牛肉丝等,采用拆除包装、再加工并重新标注生产日期和保质期的方法予以生产、销售。

2014 年 5 月下旬,上海福喜向案外公司采购冰鲜鸡皮、鸡胸肉,同年 6 月 2 日因生产计划变化,经胡骏默许,遂沿用冰鲜转冰冻的方式,将上述食品放入冷冻库保存,并将冰鲜原料代码改为冻品代码,更改保质期为 1 至 3 个月不等。同年 6 月中旬至 7 月中旬,由刘立杰安排生产,上海福喜将该批超过冰鲜保质期的原料加工成麦乐鸡等食品并部分予以销售。

推荐理由

(1)该案折射出我国食品安全整体状况堪忧。福喜集团是全球最大的肉类及蔬菜加工企业,所供产品的安全性得到众多国际知名食品企业的信赖。该案的发生,反映了福喜集团对中国市场食品安全的忽视,这与中国食品安全法律体系不完备、实际监管力度不足以及整个食品行业对食品安全的重视程度有关。

(2)案发过程凸显职能部门监管不力。分散的食品消费者相对生产者、销售者居于天然的劣势,食品安全主要依靠政府监管部门的强力介入。该案案发是由媒体曝出,监管部门的失职显而易见,政府对食品安全的治理力度亟待强化。

(3)2015 年新修订的《中华人民共和国食品安全法》,以预防为主、风险管理、全程控制、社会共治为基本原则,严格食品安全的防控工作,强化违法犯罪者的责任追究,旨在为人民群众营造稳定、和谐、健康的生活环境。食品安全无小事,对食品安全问题的任何忽视,都有可能导致食品企业的彻底溃败。

四、徐翔等操纵证券市场案

案情概要

2016 年 11 月 10 日,青岛市人民检察院依法对上海泽熙投资管理有限公司法定代表人、总经理徐翔等人以及相关上市公司董事长、实际控制人涉嫌操纵证券市场系列案,向青岛市中级人民法院提起公诉。该案一审判决徐翔犯操纵证券市场罪,判处有期徒刑5年6个月、罚金110亿元。

审理查明:2010年至2015年,被告人徐翔单独或伙同被告人王巍、竺勇,先后与13家上市公司的董事长或实际控制人(均另案处理)合谋控制上市公司,择机发布"高送转"方案、引入热点题材等利好消息;徐翔、王巍基于上述信息优势,使用基金产品及其控制的证券账户,在二级市场进行涉案公司股票的连续买卖,拉抬股价;徐翔以大宗交易的方式,接盘上述公司股东减持的股票;上述公司股东将大宗交易减持的股票获利部分,按照约定的比例与徐翔等人分成;或者双方在共同认购涉案公司非公开发行的股票后,以上述方式拉抬股价,抛售股票获利,或实现股票增值。其中,徐翔组织实施了全部13期证券交易操纵行为,王巍积极参与8起证券交易操纵行为,竺勇参与5起证券交易操纵行为,从中非法获得巨额利益。

法院认为,被告人徐翔、王巍、竺勇为谋取非法利益,与他人合谋,利用信息优势连续买卖,操纵证券交易价格和交易量。犯罪数额及违法所得数额特别巨大,情节特别严重,严重破坏了国家对证券交易的管理制度和正常的证券交易秩序,其行为均构成操纵证券市场罪。

推荐理由

(1)"私募一哥"一案的查处,显现国家对证券违法犯罪打击力度正在加大。中国证券监督管理委员会2015年针对证券违法行为实施行政处罚的案件有98件,2016年增至139件。中国证券市场的各种乱象,正倒逼主管部门下重手予以整治。

(2)该案110亿元的巨额罚金,体现了以经济惩罚手段打击经济犯罪的司法理念。同时,巨额罚金的执行及其去向,是否会导致实质意义的"以罚代刑"等问题,也引发了社会关注。

(3)徐翔操纵证券市场的手段并不复杂,规制这些犯罪行为的法律却较少适用。与之相对的现实状况是:股市乱象,普通投资人利益受损,证券市场配置资源的应然功能难以发挥。如何进一步强化日常监管,亟待破题。

五、邦家公司非法集资案

案情概要

2016年2月29日,广州市中级人民法院对广东邦家公司集资诈骗案24名被告人作出一审宣判。判决蒋洪伟犯集资诈骗罪,判处无期徒刑,并处没收个人全部财产;其余23人被以非法吸收公众存款罪或者集资诈骗罪判处有期徒刑3年缓刑4年至有期徒刑14年不等,并处相应的罚金;法院还判决违法所得、财物按比例发还各被害人。

审理查明:蒋洪伟于2002年12月至2010年8月,在广州先后注册成立广东邦家公司等四家公司,并相继在全国16个省、直辖市设立了64家分公司及24家子公司。蒋洪伟等人以上述公司的汽车等实物租赁、保健品和有机食品销售等业务为掩护,在未取得政府部门融资行政许可的情况下,采用推销会员制消费、区域合作及人民币资金借款等方法,在全国范围内向社会公众非法集资。经司法会计鉴定,广东邦家公司等四家公司在2002年12月至2012年5月期间非法集资金额为99.53亿元,受害的社会公众人数多达23万余人次。

法院认为,被告人蒋洪伟等7人以非法占有为目的,使用诈骗方法集资诈骗,数额特别巨大,构成集资诈骗罪。被告人周文凤等17人在同案人蒋洪伟的指使下,违反国家有关规定,变相吸收公众存款,扰乱金融秩序,数额巨大或情节严重,构成非法吸收公众存款罪。

推荐理由

(1)该案由公安部挂牌督办,是审判当时全国规模最大、涉案金额最高、受害群众最多的金融犯罪案件,社会危害性极为严重。在《中华人民共和国刑法修正案(九)》取消集资诈骗罪死刑的情况下,法院对蒋洪伟顶格判处无期徒刑。

(2)2016年,全国检察机关公诉部门共受理非法集资案件9 500余件。其中,非法吸收公众存款案8 200余件、集资诈骗案1 200余件。其中有些案件的涉案金额已大大超过该案("e租宝"涉案近600亿元),集资类犯罪形势依然严峻。

(3)集资类案件,尤其是波及范围甚广的涉众型集资案件,往往会对被害人造成特别巨大的财产损失。除了加大打击力度,这一问题的解决还需从增强普通民众的被害防范意识、疏通闲置资金保值增值渠道、优化民营企业融资环境等方面狠下工夫。

六、天津港爆炸案

案情概要

2016年11月,天津市第二中级人民法院和9家基层法院对天津港"8·12"特大火灾爆炸事故所涉被告单位及24名直接责任人员和25名相关职务犯罪被告人进行了公开宣判。瑞海国际物流有限公司(以下简称"瑞海公司")董事长于学伟构成非法储存危险物质罪、非法经营罪、危险物品肇事罪、行贿罪,予以数罪并罚,依法判处死刑缓期二年执行,并处罚金人民币70万元;瑞海公司副董事长董社轩、总经理只峰等5人构成非法储存危险物质罪、非法经营罪、危险物品肇事罪,分别被判处无期徒刑到15年有期徒刑不等的刑罚;瑞海公司其他7名直接责任人员分别被判处有期徒刑10年到3年不等的刑罚。天津中滨海盛卫生安全评价监测有限公司(以下简称"中滨安评公司")犯提供虚假证明文件罪,依法判处罚金25万元：中滨安评公司董事长、总经理赵伯扬等11名直接责任人员分别被判处4年到1年6个月不等的有期徒刑。天津市交通运输委员会主任武岱等25名国家机关工作人员分别被以玩忽职守罪或滥用职权罪判处3年到7年不等的有期徒刑，其中李志刚等8人同时犯受贿罪，予以数罪并罚。

审理查明：2015年8月12日22时52分许，位于天津市滨海新区天津港的天津东疆保税港区瑞海公司的危险品仓库发生火灾爆炸事故，造成165人遇难、8人失踪，798人受伤住院治疗，304幢建筑物、12 428辆商品汽车、7 533个集装箱受损。截至2015年12月10日，事故造成直接经济损失人民币68.66亿元。

瑞海公司严重违反天津市城市总体规划和滨海新区控制性详细规划，违法建设危险货物堆场，违法经营、违规储存危险货物，安全管理极其混乱，安全隐患长期存在。同时，中滨安评公司作为中介及技术服务机构，弄虚作假、违法违规进行安全审查、评价和验收，提供虚假证明文件，使得瑞海公司取得危险品经营资质，并在继续经营过程中造成"8·12"特大火灾爆炸事故的重大人员、财产损失。

天津市交通、港口、海关、安检、规划、海事等单位的相关工作部门及具体工作人员，未认真贯彻落实有关法律法规，违法违规进行行政许可和项目审查，日常监管严重缺失；相关部门负责人和工作人员存在玩忽职守、滥用职权等失职渎职和受贿问题，最终导致了"8·12"特大火灾爆炸事故重大人员及财产损失。被告人瑞海公司董事长于学伟归案后主动供述其为瑞海公司违规办理港口危化品经营资质，多次向时任天津市交通运输和港口管理局副局长李志刚、港口管理处处长冯刚请托，送给李志刚、冯刚财物共计15.75万元。

推荐理由

（1）该案的直接起因，仅仅只是瑞海公司一个集装箱内湿润剂散失（引发自燃及爆炸），最终却造成了近年来人员伤亡、财产损失最为惨重的灾难性安全事故。科技进步和工商业的迅猛发展，有可能导致各种安全风险呈几何级数地增大，企业在运营过程中应牢固树立"收益＝利润＋安全"的观念，一旦安全出现问题，一切收益都可能被即刻清零。

（2）除了安全生产主体责任单位瑞海公司违法建设危险货物堆场，违法经营、违规储存危险货物，安全管理极其混乱之外，天津市交通、港口、海关、安监、规划和国土、市场和质检、海事、公安以及滨海新区环保、行政审批等部门单位，未认真贯彻落实有关法律法规，未认真履行职责，违法违规进行行政许可和项目审查，日常监管严重缺失；有关中介及技术服务机构弄虚作假，违法违规进行安全审查、评价和验收。所有这些都是导致这一特大事故的原因，如果这些环节中的任何一环能严格把关尽职，悲剧就有可能避免。

（3）该案49人受审判刑，瑞海公司董事长于学伟以非法储存危险物质罪判处死缓，表明了国家在公共安全领域的刑事政策进一步趋严的立场，相关职能部门和企业对这一趋向应有清醒认识。

七、广州 8.8 亿元特大逃税案

案情概要

据 2016 年 5 月 17 日广州市国家税务局通报,广州市公安局刑侦支队在查办增城区某犯罪团伙案件的过程中,发现两家主营混凝土的企业存在巨额逃税嫌疑,遂按照税警协作工作机制,向广州市国家税务局东区稽查局发函,请税务机关对两公司税收情况予以协查,该起特大逃税案由此案发。广州市国家税务局依法对两家涉案企业作出补税、加收滞纳金并处罚款共 1.59 亿元的税务处理决定,依法强制执行入库税款 2 400 多万元,并将案件移送司法机关。最终,涉案人员李某等 24 人因犯组织、领导黑社会性质组织罪,强迫交易罪及逃税罪等,依法被判处有期徒刑并处罚金。

审理查明:涉案企业均为以生产混凝土为主业的公司,其上游企业为水泥、沙石和添加剂等原料供应商,个体户居多,经营中不提供发票;混凝土产品主要提供给进行道路施工、市政工程和建筑工程的施工队,下游企业也不需要卖方提供发票。利用这样的便利条件,两公司委托记账公司代理做账业务,仅对少量业务正常纳税申报,营造企业经营规模较小的假象。同时,两公司私下另设财务核算办公场所,另行设立账目、聘请财务核算人员,建立起整套业务核算流程,并用未向税务机关报备的银行账户和私人账户收取货款。自 2010 年 3 月至案发,两公司通过账外经营隐瞒 8.8 亿元的销售收入,已申报纳税的收入只占其总收入的 10%左右。

推荐理由

(1)该案案发具有一定的偶然性,并非税务机关通过日常稽查、监管主动发现,其最初线索源于公安机关对其他刑事案件的侦查,目前的税收征管、稽查机制尚有改进余地。

(2)案发前,涉案企业在长达 6 年的时间里,采取并不复杂的方式大规模、长期逃税,并未引起税务机关的察觉,这反映出我国逃税行为的实际查处率较低。尽管我国对涉税犯罪的刑罚设置较重,但因惩罚的确定性不高,税法对某些企业的威慑力较为有限。

(3)与低查处率相对应,是所谓"死亡税率"问题。无论这一概念是否严谨,我国企业接近 40%的实际税费负担率,对除新兴行业及金融等领域外的大多数企业而言,的确是一个十分沉重的负担。一方面要通过减税等措施使企业税负趋于合理,另一方面也要通过完善税收征管机制、加大逃税查处力度、增加涉税犯罪的难度及法律风险成本。

八、昌平房地产开发总公司原总经理贪污案

案情概要

2016年8月,曾任北京市昌平房地产开发总公司(以下简称"昌房公司")党委书记、总经理,北京铭嘉房地产开发有限公司(以下简称"铭嘉公司")董事长、总经理,北京市昌平区百善镇委员会党委书记、回龙观镇委员会党委书记的郭向东,被北京市第二中级人民法院以受贿罪、贪污罪判处有期徒刑16年,并处罚金120万。

审理查明:2004年至2007年间,郭向东利用担任昌房公司党委书记、总经理的职务便利,伙同北京浴龙温泉有限责任公司(以下简称"浴龙公司")法定代表人裴某(另案处理),在昌房公司向北京龙鑫房地产开发有限公司转让某小区项目的过程中,虚构项目转让系浴龙公司介绍并促成的事实,以支付浴龙公司中介费的名义,骗取昌房公司2 000万元后予以侵吞。郭向东在办案机关调查其受贿问题的过程中,主动交代办案机关尚未掌握的以上贪污犯罪事实。在法院审理期间,赃款已全部被追缴。

2004年至2014年间,郭向东先后利用在昌房公司、铭嘉公司以及北京市昌平区百善镇、回龙观镇担任领导干部,全面负责昌房公司、铭嘉公司经营管理,主持百善镇、回龙观镇工作的职务便利,为他人谋取利益,多次收受他人给予的财物折合人民币共计1 413万余元。

法院认为,郭向东身为国有公司从事公务的人员,利用管理、经营国有资产的职务便利,伙同他人骗取国有财产,数额特别巨大,其行为已构成贪污罪;郭向东分别利用在国有公司、国有控股公司或国家机关从事公务的职务便利,非法收受他人财物,为他人谋取利益,数额特别巨大,其行为已构成受贿罪。

推荐理由

(1)《中华人民共和国刑法修正案(九)》及配套司法解释对贪污及受贿犯罪的定罪量刑标准作出了重大调整,该案的量刑尺度明显轻于此前同类案件的裁量结果,贪腐类犯罪案的刑罚裁量趋于理性。

(2)郭向东集镇政府一把手及国有企业一把手大权于一身,这为政商利益输送提供了极大便利。该状况的形成除体制原因外,与郭向东和原昌平区委书记佟根柱之间的特殊关系也有关联。

(3)在房地产处于上升通道的过程中,政府官员与不法房地产商结盟,甚至通过政府旗下企业亲自上阵套现获利的案件并不罕见。政府及其官员在市场中的角色定位问题,仍未得到根本解决。

九、万达、万科行贿案

案情概要

2016年9月,河北省唐山市路北区人民法院(2016)冀0203刑初84号刑事判决书中认定,2011年4、5月份,被告人马爱在担任唐山市工商行政管理局副局长期间,伙同唐山市工商行政管理局企业监督管理处处长王锦莉(另案处理),在办理唐山万科房地产开发有限公司、唐山和泓房地产开发有限公司、唐山万达投资置业有限公司2010年度企业年检业务过程中,非法收受上述三公司给予的好处费人民币30万元后,严重不负责任,未对三公司可能存在的抽逃出资行为进行调查,致使国家损失人民币1 155万元罚款。事后,被告人马爱分得好处费人民币15万元。案发后,经唐山市工商行政管理局认定,唐山万科房地产开发有限公司、唐山和泓房地产开发有限公司、唐山万达投资置业有限公司在2010年度均存在抽逃出资的行为。

在原大连市市委常委、大连长兴岛经济技术开发区党工委原书记、管委会原主任金程受贿案中,金程在2007年至2009年前后利用职务便利为大连万达房地产有限公司在企业改制、经营发展方面提供帮助。时任大连万达房地产有限公司经理的冷某某为向金程表示感谢,于2008年、2009年先后从公司财务账上取出30万元送给金程。

推荐理由

(1)万达、万科作为中国成功的集团企业,拥有行业内严苛的内部管理制度。王健林、王石两位中国商界领袖,均在不同场合放出过"从不行贿"的豪言。万达、万科不行贿的"神话"遭到司法判决的否定,凸显了企业家理想、情怀与现实之间的巨大落差。在现实利害面前,企业要做到不行贿,仅仅依靠企业自身的文化营造和内部看似严格的监管,恐怕还远远不够。

(2)从已被司法程序确认的事实不难看出,万达、万科两公司的行贿均出于各自不正当的利益诉求。除行贿行为本身,还涉及抽逃出资等违法甚至犯罪行为。这表明,即便如万达、万科这样的优秀企业,在企业合规管理上仍有较大不足。

(3)万达、万科行贿行为人的"另案处理",显现出我国行贿犯罪刑事政策的"左右为难"。一方面,为重点打击受贿,将行贿方转化为"污点证人"不失为一项实用而有效的策略选项。与此同时,司法实践也不得不考虑行贿人在具体情境中"适法行为期待可能性"的高低。另一方面,大量行贿犯罪人在司法程序中"全身而退",必然会对贪腐犯罪的整体社会治理造成极为负面的影响。

十、全椒圣国机械有限公司污染环境案

案情概要

2016年9月26日,全椒县人民法院以污染环境罪判处全椒圣国机械有限公司罚金5万元;范某某有期徒刑1年,缓刑2年,并处罚金1万元。

审理查明:全椒圣国机械有限公司成立于2011年6月22日,法定代表人范某某,经营范围为机械加工、销售。自2013年起,被告单位超出经营范围,擅自从事电镀生产,并将电镀生产过程中所产生的含有重金属铬的污水违规排放、处置。2014年2月10日,全椒县环境保护局向被告单位下达环境监察意见书,责令其立即停止生产,限期1个月内自行拆除镀锌生产设备。但被告单位在限期整改期间,仍违反国家规定排放、处置有毒物质。2015年5月4日,全椒县人民政府向被告单位作出行政处罚决定,责令其关闭电镀生产线。全椒县环境监测站于2015年4月7日作出监测报告:全椒圣国机械有限公司车间废水沉淀池所检测的项目中六价铬含量为3.42mg/L,超标16倍;车间废水排放口的六价铬含量为123mg/L,超标615倍。安徽省环境保护厅于2015年6月17日出具确认函,对该监测报告予以认可。

法院认为,被告单位全椒圣国机械有限公司违反国家规定,排放、处置有毒物质,严重污染环境,其行为已构成污染环境罪。被告人范某某作为被告单位直接负责的主管人员,严重不负责任导致单位违反国家规定排放、处置有毒物质,严重污染环境,应当以污染环境罪追究其刑事责任。

推荐理由

(1)《中华人民共和国刑法修正案(八)》将"重大环境污染事故罪"修改为"污染环境罪",降低了犯罪门槛,体现了从严规制环境犯罪的政策导向。企业对这一变化应高度敏感,及时转变观念,处理好经济效益与环境保护的关系。

(2)环境保护主管部门、司法机关对此类违法犯罪行为的实际打击力度较为有限。一方面,因污染环境被追究刑事责任的案件相对较少,与相关行为的实际发生率存在一定反差;另一方面,环境类案件的量刑明显轻于其他刑事案件的通常裁量尺度。

(3)随着民众对环境问题关注度的提高,整个社会观念正在发生深刻变化。在互联网的助力下,环境问题极易引发激烈的社会对抗。无论是政府还是企业,对事关环境安全的问题都不能掉以轻心。

第二编

论文精选

民营经济刑法平等保护面临的三大问题

赵秉志[*] 左坚卫[**]

对民营经济给予和国有经济同等的刑法保护,或者说对非公有制经济给予和公有制经济同等的刑法保护,这一命题早在十多年前就已经提出。这一命题的提出是以我国加入世界贸易组织(以下简称 WTO)为时代背景的,应当说当时在理论上已经达成了共识。然而,十多年过去了,在给予民营经济刑法平等保护方面基本上没得到推进。在这期间,理论上出现了不宜对民营经济给予平等保护的观点,刑法中歧视民营经济的内容没有得到修改,刑事司法实务中歧视民营企业的情况屡见不鲜。这是很不正常的现象,需要进行反思和检讨。

一、民营经济刑法平等保护的理论误区

对民营经济给予平等的刑法保护有着充分的法律和政策依据。2001 年,我国加入了 WTO。非歧视原则是 WTO 各项协定、协议中最重要的原则,该原则要求各成员国平等对待外国和本国的贸易活动主体和客体,实施非歧视待遇。既然对国外贸易主体都要平等对待,对国内包括民营经济在内的经济活动主体更应当平等对待。国务院 2005 年 2 月 19 日发布的《关于鼓励支持和引导个体私营等非公有制经济发展的若干意见》(即著名的"非公经济 36 条")也明确规定,要"消除影响非公有制经济发展的体制性障碍,确立平等的市场主体地位,实现公平竞争"。这一规定蕴含的精神显然是我国计划经济时代遗留下来的歧视非公有制经济的政策将彻底转向,非公有制经济主体可以与公有制经济主体站在同一起跑线上,成为我国市场经济的公平竞争的主体。正是在这一政策背景下,我国刑法学界掀起了一股关于非公有制经济刑法保护的研究热潮。学者们得出了几乎一致的研究结论:在我国已经加入 WTO 且确定要走市场经济之路的情况下,刑法应当对非公

---

[*] 中国刑法学研究会会长,北京师范大学法学院暨刑事法律科学研究院教授、博士生导师。
[**] 北京师范大学法学院暨刑事法律科学研究院教授、博士生导师。

有制经济和公有制经济予以平等保护。①

现在看来,当时的论证还是不够充分的。当时刑法理论界普遍认为,在我国已经加入 WTO 的情况下,对国有企业与民营企业给予平等的刑法保护已经成为一件顺理成章的事情,因而关注的重点不在对这一结论的合理性的理论论证上。学者们更多的是分析现行刑法对国有企业与民营企业的保护存在的缺陷,以及刑法对公有制经济和非公有制经济的差别性保护的不合理性及由此带来的消极影响。理论准备的不足导致后来理论界出现了公开支持对公有制经济和非公有制经济应当区别保护的观点。这种观点认为,无论是现行宪法的规定,还是现行刑法中对侵害公有制经济和非公有制经济行为的出入罪标准的设定来看,对公有制经济和非公有制经济都应当实行不平等保护,这是由这两种行为的社会危害性大小有所不同决定的。② 对二者区别保护既是罪刑均衡原则的要求,又反映了人民群众的利益和价值取向,因而是合理的。③

此后,学者们加强了对民营经济应当给予刑法上的平等保护的论证。学者们从市场经济的要求、宪法规定、刑法规定和价值追求、WTO 的规定、私营企业的地位、与国际接轨等方面,较为全面地阐述了对民营企业给予平等的刑法保护的合理性和必要性。④ 认为现行刑法在维护不同性质企业的权益时实行差别待遇、不平等的保护,既缺乏理论根据,又有违宪之嫌,且无法满足其他部门法对刑法提出的要求。⑤ 而与此同时,另有学者则坚持认为,我国宪法对于公有制经济和非公有制经济的基本态度是区别保护,刑法区别对待公有制经济和非公有制经济具有合理性。⑥ 还有学者在肯定刑法对非公有制经济应坚持平等保护原则的基础上,认为平等保护并不是对侵害不同类型经济的相同行为规定相同罪名、不加区别地予以犯罪化。具体而言,对非法经营同类营业、为亲友非法牟利等六种行为,应当不分国有非国有,均予以犯罪化,并设置相同罪名,而对于不同所有制经济主体的工作人员利用职务之便实施的非法占有单位财物、受贿、挪用公款(资金)行为,则应

---

① 参见李希慧:《刑法应平等保护非公有制经济》,载《人民检察》2006 年第 23 期;李邦友:《对非公有制经济刑法平等保护的思考》,载《人民检察》2006 年第 23 期;张蓉:《非公有经济的刑法平等保护——以贪污罪立法为视角》,载《现代法学》2006 年第 4 期;朱效平:《平等原则下混合所有制企业国有资产的刑法保护》,载《政法论丛》2007 年第 6 期。

② 参见王晓明:《为刑法中的公有制、非公有制经济不平等保护正名》,载《湖南科技学院学报》2010 年第 5 期。

③ 参见林卫星、李丽:《我国刑法对非公有制经济区别保护的原因探析——兼评平等保护观》,载《政法论丛》2007 年第 2 期。

④ 参见李永升、叶静:《国有与私营企业刑法平等保护论纲》,载《经济研究导刊》2012 年第19 期。

⑤ 参见赖早兴、熊春明:《平等保护:刑法中的国有企业与非国有企业》,载《商业研究》2006 年第 8 期。

⑥ 参见黄利红、王成明:《对公有和非公有经济刑法平等保护的再思考》,载《黄石理工学院学报(人文社会科学版)》2011 年第 2 期。

异罪异罚,私分非国有经济单位资产的行为则无需犯罪化。⑦

理论的混乱导致其对实践的指导作用大大弱化。笔者认为,已有的关于刑法应当平等保护民营经济的研究成果存在以下几个误区:第一,认为我国宪法已经确立了平等保护非公有制经济的立场。第二,认为我国刑法的基本原则要求对非公有制经济给予平等保护。第三,认为私营企业地位的提升是刑法对其给予平等保护的理由。第四,认为侵害民营企业和国有企业的相同法益(如财产所用权)的同种类型的行为,可以甚至应当异罪异罚。事实上,民营企业的刑法平等保护并不是根据现行宪法和刑法的规定能够得出的结论,恰恰是它们需要作出的突破。民营企业的地位相比以往再怎么提高,与国有企业在国民经济中的地位还是存在差距的,因而地位提高也无法成为刑法平等保护的理由。认为应当以社会危害性为标准,对侵害民营企业和国有企业的相同法益(如财产所有权)的同种类型的行为,可以甚至应当异罪异罚的观点,没有认识到这些行为的社会危害性已经随着经济体制的改革而发生变化,仍然在用旧的眼光看待新的事物,也是不妥的。民营企业应当给予刑法平等保护的根据来源于以下三个方面:第一,市场经济的要求。为什么美国、欧盟、日本等世界主要发达国家都不承认我们的市场经济地位?就是因为我们没有落实对不同所有制经济主体的平等保护,没有实现公平竞争。第二,WTO 的规定。第三,国务院《关于鼓励支持和引导个体私营等非公有制经济发展的若干意见》的规定。后两个根据的具体内容前文已经介绍,在此不赘述。

二、民营经济刑法平等保护的法律障碍

对民营企业给予刑法平等保护的法律障碍,首先来自宪法。宪法对公有制经济和非公有制经济并没有采取一视同仁的态度。有关条文的措辞就有所体现。对于公有制经济和非公有制经济的地位,《中华人民共和国宪法》(以下简称《宪法》)的表述分别是:"第七条 国有经济,即社会主义全民所有制经济,是国民经济中的主导力量。国家保障国有经济的巩固和发展。""第十一条 在法律规定范围内的个体经济、私营经济等非公有制经济,是社会主义市场经济的重要组成部分。国家保护个体经济、私营经济等非公有制经济的合法的权利和利益。国家鼓励、支持和引导非公有制经济的发展,并对非公有制经济依法实行监督和管理。"对于二者的保护,《宪法》的表述分别是:"第十二条 社会主义的公共财产神圣不可侵犯。国家保护社会主义的公共财产。禁止任何组织或者个人用任何手段侵占或者破坏国家的和集体的财产。""第十三条 公民的合法的私有财产不受侵犯。国家依照法律规定保护公民的私有财产权和继承权。国家为了公共利益的需要,可以依照法律规定对公民的私有财产实行征收或者征用并给予补偿。"《宪法》对公有制经济和非公有制经济厚此薄彼的态度一目了然。在这样的宪法内容

---

⑦ 参见莫洪宪、郭玉川:《论刑法对非国有经济的保护——谈平等保护与区别保护的冲突与协调》,载《湖北社会科学》2008 年第 2 期。

的指导下,刑法对国有经济和民营经济实行有差别的保护也就顺理成章了。

(一)民营经济刑法保护的立法现状

发展市场经济的决策、加入WTO和颁布"非公经济36条"三项工作的完成,表明了国家和中央政府对民营企业与公有制企业一视同仁,实行同等待遇的态度。基于上述要求,宪法和刑法显然应当对公有制经济与非公有制经济给予平等保护。近年来,我国刑法确实也通过多种形式,不断加强对包括民营企业财产在内的非公有财产的保护,具体可以概括为以下几个方面:第一,在《中华人民共和国刑法》(以下简称《刑法》)总则中明确规定了保护非公有财产的内容。例如,《刑法》第2条规定了刑法的任务之一是保护公民私人所有的财产;第92条对公民私人所有的财产进行了详细规定。第二,在《刑法》分则侵犯财产罪一章中设置了许多对公私财产予以同等保护的罪名。如抢劫罪、盗窃罪、诈骗罪、抢夺罪的犯罪对象就不分公私,同等对待。第三,在《刑法》分则中增设了不少旨在保护包括民营企业财产在内的非公有财产的罪名。例如,1997年《刑法》在侵犯财产罪一章中增设了侵占罪、职务侵占罪、挪用资金罪,这些罪名都是1979年《刑法》没有的,主要保护对象都是非公有财产,包括民营企业财产。在破坏社会主义市场经济秩序罪一章中,还增设一节规定了侵犯知识产权的犯罪,重点之一也在于保护民营企业。在陆续颁布的多个刑法修正案中,也增设了若干旨在保护非公有财产的罪名。如隐匿、故意销毁会计凭证、会计账簿、财务会计报告罪,背信运用受托财产罪,背信运用资金罪,拒不支付劳动报酬罪。第四,修改了某些罪名,对非公有财产与公有财产进行同等保护。例如,将原来的破坏集体生产罪修改为破坏生产经营罪,将破坏不同所有制企业或者个人的生产经营行为均纳入惩治范围。第五,通过发布刑法立法及司法解释,加强对非公有财产的保护。例如,全国人民代表大会常务委员会法制工作委员会曾专门就隐匿、故意销毁会计凭证、会计账簿、财务会计报告罪的主体范围进行解释,明确指出包括任何单位、个人,从而实现了对不同所有制主体的平等保护。最高人民法院、最高人民检察院更是发布了大量惩治经济犯罪方面的司法解释,切实加强对非公有财产的刑法保护。

(二)对民营企业刑法保护存在的问题

尽管刑法对民营企业非公有财产给予多方面的保护,但是,保护效果尚不尽如人意。目前,刑法立法上对非公有财产的保护存在的主要问题,是对国有企业和民营企业财产的保护不平等的问题。

这种立法上的不平等主要体现在三个方面:第一,立法缺失。例如,《刑法》第165条到第169条规定的非法经营同类营业罪,为亲友非法牟利罪,签订、履行合同失职被骗罪,国有公司、企业、事业单位人员失职罪,国有公司、企业、事业单位人员滥用职权罪,徇私舞弊低价折股、出售国有资产罪,都旨在保护国有公司、企业、事业单位的财产和利益,非国有单位这方面的利益,则得不到刑法保护。又如,集体私分国有资产的行为会被定罪处罚,集体私分非国有资产的行为,却得不到刑法的制裁。在对非公有债权保护方面,《刑法》仅规定了拒不支付劳动报酬罪,对恶意逃债行为完全缺乏刑法规制。第二,立法不明。例如,对抢劫、盗窃、诈骗等传统侵财犯罪的犯罪对象是否包括不动产缺乏规定,对公民主要的不动产——房屋的刑法保护不够明确。第三,区别对待。对于性质相同的危害行为,刑法有时仅仅因为侵害的对象存在公有和非公有之分,就规定为不同的罪名,在刑罚的配置上也给予明显的区别对待,体现出对公有财产和非公有财产的不平等保护,存在明显的对非公有财产的歧视。例如,贪污罪与职务侵占罪、挪用公款罪与挪用资金罪、受贿罪与非国家工作人员受贿罪等立法,都存在这方面的问题。

显然,要想实现对民营经济的刑法平等保护,修改宪法对公有制经济和非公有制经济的有关规定,以及修改或者废除刑法中对非公有财产不平等保护的规定,补充完善保护非公有财产的规定势在必行。如果我们继续坚持社会主义社会的本质决定了宪法对公有制经济和非公有制经济地位和保护政策必须采取不同表述的立场,那么,在刑法上就不可能实现对公有制经济和非公有制经济的平等保护。

三、民营经济刑法平等保护的司法困境

理论的混乱、立法的缺陷以及观念的滞后,必然给刑事司法中落实对民营经济的刑法平等保护带来阻碍。近年来,民营经济在刑事司法中不但没有得到平等保护,反而受到歧视。在刑事诉讼中对国有企业和民营企业区别对待,利用公权力滥用刑事手段侵害民营企业的产权,违法查封、扣押、冻结民营企业财产等违法犯罪现象时有发生。这些违法犯罪现象挫伤了非公有制经济发展的积极性,阻碍了我国经济的正常发展,甚至引发民营资本向海外转移,破坏了国家鼓励、支持及引导非公有制经济发展的大政方针。具体而言,表现为以下几种情况:

(一)有案不立,推诿搪塞

在刑事司法实务中,经常出现非公有财产的受害人报案不予受理、受理后无人负责、案件一拖再拖、最后不了了之的情况。例如,有一家房地产开发公司的两个股东因利润分配问题产生纠纷。控股股东兼公司董事长和总经理甲在将房屋全部销售一空后,竟然告诉另一股东乙,说经营亏损没有利润可分。而乙所担任的公司财务总监所拥有的查账职权早已被甲非法剥夺,连公司的大门都无法进入,更不用说查账了。在这种情况下,乙先是打民事官司,要求核账,法院不予受理。乙想尽办法好不容易收集了甲虚报工程成本,隐瞒房屋销售收入的证据,向公安机关控告甲涉嫌职务侵占罪,公安机关却以证据不足、事实不存在为理由拒绝立案。致使乙只能眼睁睁地看着房屋销售一空,自己却一无所获。

(二)违法立案和追诉民营企业负责人

一方面是有案不立,另一方面则是违法立案,利用公权力介入经济纠纷,非法追究民营企业负责人的刑事责任。近年来,违法采用刑法手段追诉民营企业所有人、投资人、管理人的情况时有发生,甚至产生了一些这方面的冤错案件。某大型家具制造企业,早期由冯某借款340万元组建而成。后来,该公司成为股份制试点

企业,经过向社会公开发行社会公众股和增资扩股,总股本不断增加,最后公司重组成立集团家具股份有限公司,在深圳证券交易所挂牌上市。从该公司的最初资金来源,以及此后增资扩股的资金来源就可以清楚地看到,该企业实际上并不存在国有股份。然而,当地政府和司法机关却认定,冯某在未经有关部门许可,也没有进行资产评估的情况下,串通个别人,非法将集团公司所有制性质由国有变更为集体,然后通过采取挂名股东的方式,将各企业股权经多次转让,非法将有效资产的控股权变更到个人控股公司名下。最终认定冯某贪污国有控股公司股权合7.9 亿元,伙同他人共同贪污国有控股公司股权合 7 988 万余元,贪污公司财产 1 100 余万元,以犯贪污罪,判处冯某死刑缓期二年执行,并没收个人全部财产。非法对民营企业负责人进行刑事追诉,在某些时候、某些地方,甚至形成了一种势头,大量民营企业家受到追诉或者威胁,弄得民营企业人人自危!

(三)在刑事诉讼中非法占有、处置、毁坏民营企业的财产

在刑事诉讼中,有关司法机关对其查封、扣押、冻结的财产应当妥善保管,不得查封、扣押、冻结与案件无关的财产,这都有法律明确规定。然而,司法实践中,公安机关等办案单位非法或者超范围查封、扣押、冻结民营企业的财产,非法占有、处置、毁坏被查封、扣押、冻结的民营企业的财产的情况屡见不鲜。例如,吉林商人于润龙于 2002 年因携带黄金被吉林市公安局拦截,46 公斤黄金上缴罚没。此后不久,国家政策调整,个人收购、买卖黄金的行为不再构成非法经营罪,检察机关也认定其行为不构成犯罪。然而,他被扣押的黄金却不知所踪,多次讨要均未果。更有甚者,2012 年 8 月,于润龙又因"非法经营罪"再度被抓,2013 年 7 月被判决无罪。其间,他被查扣的黄金始终未能退还给他。直至 2015 年 5 月 19 日,于润龙才在银行完成国家赔偿交接手续,取回 45 860 克黄金。⑧ 于润龙还算是幸运的,虽然历经 13 年,毕竟被扣的黄金最终还是退还给他了。很多的民营企业就没有这么幸运了。他们被非法查封、扣押、冻结的财产常常不翼而飞,直到案件彻底结束,人也刑满释放,这些财产都没有返还。例如,北京某大型连锁商业控股集团,因为某种原因卷入刑事诉讼,1 000 多万元的资金被直接从关联公司账上划走,不知所踪,这笔钱在案卷中根本没有得到体现。

(四)在刑事诉讼中只追究民营企业,放纵国有企业的违法犯罪活动

由于国家长期以来都对国有经济予以特殊保护,加之宪法对公有制经济和非公有制经济也采取区别对待的态度,政府部门领导及司法人员几乎从未形成过对非公有财产要给予平等保护的观念,相反,多少都存在对非公有制经济的歧视心态。在这种心态的影响下,具体的刑事诉讼活动中时常出现只追究民营企业的刑事责任,放纵国有企业的相同行为的不正常现象。例如,在严厉打击虚开增值税专用发票和骗取出口退税犯罪的过程中,有的司法机关明明已经查到了国有企业

---

⑧ 参见《吉林商人 92 斤黄金被警方没收追讨 13 年终获赔》,载东北网(http://legal.dbw.cn/system/2015/05/25/056528724.shtml),访问日期:2017 年 4 月 6 日。

参与犯罪的事实,却视而不见,根本不纳入立案侦查范围。而对于民营企业虚开增值税专用发票的行为,即便不是以骗取税款为目的,也是照抓不误,根本不考虑行为是否具有实质上的社会危害性。由此导致出现这样的怪现象:一方面,将民营企业的某些不具有社会危害性的虚开增值税专用发票行为不适当地纳入了刑法打击的范围,对民营经济的发展造成不必要的伤害;另一方面,又放纵了某些国有企业具有实质社会危害性的虚开增值税专用发票行为。在查处骗取出口退税罪的过程中,也存在类似情形。例如,同样是购买小微企业制造的服装,以本公司的名义对外出口,然后向国家税务机关申请出口退税,对于民营企业,以虚开增值税专用发票、骗取出口退税、抵扣税款发票罪定罪处罚;而对于国有企业,却不闻不问。

鉴于民营企业屡屡遭受歧视甚至非法刑事追究,民营经济的产权经常遭受非法侵犯,民营企业家的发展信心遭到严重挫伤,中央全面深化改革领导小组第二十七次会议于 2016 年 8 月 30 日召开,会议审议通过了《关于完善产权保护制度依法保护产权的意见》,对完善产权保护制度、推进产权保护法治化有关工作进行了全面部署。该意见明确提出要加大对非公有财产的刑法保护力度。我们相信,对中国民营经济的刑法平等保护原则在历经挫折后,必将建立起来。

企业家精神在民营企业职务犯罪预防中的功能、作用及限制

张远煌[*] 龚红卫[**]

北京师范大学中国企业家犯罪预防研究中心2012—2015年连续发布的四年的《中国企业家犯罪分析报告》中,对于企业家刑事风险的高发罪名、领域和环节的描述性统计显示,违背企业家应有的信义义务的行为如侵占挪用、滥用职权、制假售假、信息欺诈、内幕交易等不在少数,即背信犯罪大量存在。这就表明,当企业家实施背信犯罪时,就是违背了其作为受托人管理企业资产的基本责任与义务,违背了诚信原则,从而折射出当下企业家群体中企业家精神与背信犯罪之间是存在呈反比例的负相关关系的。这些背信犯罪基本囊括了所有的职务犯罪所包含的窃取骗取型、侵占型和挪用型三种方式,故而很有必要研究一下企业家精神与民营企业职务犯罪之间的关系,探讨企业家精神在民营企业职务犯罪预防中的功能和作用,进而期待其能在民营企业职务犯罪预防中发挥相应的积极作用。

一、企业家精神与企业文化的关系

企业家精神不等同于企业家,企业家在社会变革中发挥了重要作用,而企业家所特有的价值观态度,即企业家精神。笔者认为,现代企业中的企业家是指在公司及企业中从事经营管理活动,需要承担一定的风险并且具有一定决策权的管理者。基于此,现代企业中的企业家概念,是一个群体性的概念。具体来说,企业家不仅指在企业经营管理中掌握实际控制权的个人,也可以是一个完整的经营团队,并不只限于单独的个人。其外延指实际控制企业经营活动的个人或团体,包括董事长、经理、财务总监、人力资源总监等在内的企业高级管理人员。对应的企业家精神也不是个人的、具体的概念,它所表现的是一类人的思想,而不能集中到具体的某个人身上。单个具体的企业家行为是不可预测和判断的,然而他们作为

---

[*] 北京师范大学刑事法律科学研究院教授、博士生导师,北京师范大学中国企业家犯罪预防研究中心主任。
[**] 北京师范大学刑事法律科学研究院博士研究生。

一个整体的行为却是可以抽象和预测的。因此企业家精神就其实质来说,应当是一种社会行为而不是个性,是一种理念而不是直观。① 从经济学的视角来讲,企业家精神就是指某类群体所共有的价值观和特质,它与创新能力、发现商机的敏锐能力和对风险的认识密切相关,企业家精神不仅体现于生产活动中,在生产活动之外也大量存在。② 有人将企业家精神总结为创新和创业。犯罪学者更多的是将企业家精神的核心内涵概括为创新、诚信和责任。③ 企业家精神是经济增长的主要因素,企业家通过改进技术、优化资源配置和淘汰高成本的生产方式等途径提高经济效益,并成为经济增长的重要动力。

企业文化是一个企业所创造的具有本企业特点的经营哲学、价值观念、精神风貌以及与此相适应的组织和活动。企业文化既是一种文化现象,也是一种管理理论。有研究表明,要达到企业内部预防犯罪的目标,企业文化建设必须从精神文化、经营管理文化、物质文化三个层面将预防犯罪纳入其价值体系之中。而精神文化的内容就包括企业精神、价值观念、经营思想、管理哲学、法律意识、伦理道德、审美情趣、心理习惯等诸方面的观念形态。④ 这其中最主要集中体现的还是企业价值观、企业精神和企业伦理道德,而这些都是靠企业家精神引领的,归根结底受企业家精神影响的程度很大。所以,企业文化的形成与企业家精神之间存在着千丝万缕的联系,企业文化的最终形成离不开企业家精神的导向性引导,企业文化中渗透着企业家精神的内核。

二、企业家精神在民营企业职务犯罪预防中的功能

任何事物都有其两面性,就如同刑法之于犯罪生成一样,刑法是把双刃剑,同时兼具正负功能。刑法意义上的犯罪,本质上是客观危害行为的存在或发生与刑法的规定和司法评价相互作用的结果。一方面,社会中的犯罪规模很大程度上是由刑法规定所决定的,刑法发挥着惩罚与预防犯罪的正向功能。另一方面,刑法也可能促进犯罪,司法认定在决定犯罪的现实规模与结构的同时,也时常发挥着诱发甚至制造犯罪的负功能。刑法内生性的负功能决定了它只能是预防犯罪的迫不得已的最后手段。⑤

同样,企业家精神渗透于企业文化之中,而文化作为影响犯罪的深层次因素,它对犯罪的影响具有超越一定时空范围的效力。有学者将当今中国社会的价值观现状概括为"红黄蓝"三位一体的状态。"红"即社会主义政治制度所塑造的价

---

① 参见高良谋、郑萍:《企业家理论的困惑》,载《学习与探索》1997 年第 4 期。
② See Wennekers, S. and Thurik, R., "Linking Enterpreneurship and Economic Growth", *Small Business Economics*, 1999(13), pp. 27–55.
③ 参见张远煌、张逸:《从企业家犯罪的罪名结构透视企业家犯罪的制度性成因——以 245 起案例统计为基础》,载《河南警察学院学报》2014 年第 1 期。
④ 参见吕善强:《企业文化建设与企业内部预防犯罪》,载《山东社会科学》2002 年第 3 期。
⑤ 参见张远煌:《论刑法调整与犯罪生成》,载《法学》2004 年第 1 期。

值理念的政党文化,"黄"即已碎片化但仍然弥漫于社会生活底层的传统私德观念的黄土地本土文化,"蓝"即在30多年商品经济活动中形成或习传的新生的、现代的商业伦理和价值观念。[6] 企业家精神一方面将其创新、创业以及诚信、责任等内核蕴含于企业文化之中,可以发挥预防职务犯罪的正向功能。在上述三种文化博弈过程中,创新、创业、诚信和责任等企业家精神所体现出的新生的、蓝色的商业伦理一旦获得压倒性优势时,其预防职务犯罪的正向功能就会显性地发挥出来。笔者所在的课题组对A市a企业进行调研时,发现其已经将本企业的精神进行了凝练,并进行了宣传和践行,取得了积极成效,促进了企业凝聚力工程建设和企业文化建设。还有就是该企业的自我约束机制很健全,集团公司的所有决议都需要经过董事会的讨论,企业管理层对企业职务犯罪风险防控认识很深刻,"预防职务犯罪出生产力"的观念已经深入领导层人心,发现问题之后绝不护短,没有"家丑不可外扬"的心理。事实证明,这种做法效果也是很明显的,2015年整个集团企业违规受通报的仅3人,涉嫌职务犯罪的为0。

但是,在企业家精神中如果含有压制或是忽略商业伦理的成长,比如党政不分和行政权滥用的黄色本土文化及红色政党文化大量存在的话,就会导致企业文化中的刚愎自用,这样会助长不良风气的存在,最终可能会促使企业职务犯罪的发生,形成"一人堂"的局面。笔者所在的课题组在A市b企业调研时,就发现了这样的问题。该企业建章立制都很完善,但是企业老总决策权太大,一把手果敢强势,这一方面是企业经营成功的一个重要原因,但同时也存在一定的风险,就是这个企业的企业家精神基本上就等同于企业家个人的精神,如果今后一把手退居二线了,接替者很难在影响力和人格魅力上超越前任,这样的企业在一定时期内的发展就会出现困境。最后导致的局面就是,如果企业家一人涉嫌职务犯罪,整个企业就会垮掉。企业和企业家个人的命脉捆绑得如此紧密牢固,是值得我们深思的。同时,企业过分崇尚企业家精神,员工就缺少了自我创新精神,在岗位上很难恪尽职守、安守本分,缺乏职业操守和职业担当,一切都寄希望于企业家,在发现、惩处和预防职务犯罪的积极性方面也会大打折扣。所以,另一方面企业家精神如果不和现代企业管理制度结合起来,不树立起依法治企、立纲治本的观念,很可能将"官本位"这套亚文化思想蕴含于企业经营和管理之中,不能做好廉政文化建设,这样最终反而会促使职务犯罪的发生,这就是企业家精神用之失当,在预防职务犯罪中的负功能。

三、企业家精神在民营企业职务犯罪预防中的作用

正向的企业家精神有助于形成良好的企业文化,通过从精神文化、经营管理文化建设方面着手,可以达到预防民营企业职务犯罪的目的。根据犯罪原因的

---

[6] 参见皮艺军:《中国企业家犯罪的文化进路——历史性抑商情结的现实展开》,载《河南警察学院学报》2014年第1期。

"亚文化"理论,如果一种小范围内的亚文化是一种对立的文化或违反主流的文化,往往会导致犯罪行为的发生。亚文化群体之间持有相同的思想和价值观念,往往经济地位、社会地位等处境也十分相似。他们经常聚集在一起,相互支持,相互保护,并一起寻求一种与正统社会价值观不同的,但能够使自己感到有价值的生活方式,这种生活方式就包括犯罪行为。⑦ 从某种程度上说,犯罪的本质就是文化的产物。树立积极向上的企业家精神和企业价值观,倡导有中国文化传统的企业伦理道德,形成有利于预防犯罪、有利于社会安定的"亚文化"。在价值观念上,企业家精神要引导全体员工保持一致,既注重经济效益,又体现社会担当,不能"见利忘义",一味追求利润。在伦理道德上,企业家精神要引领企业及员工继承中华民族优良的传统道德,吸取"忠""仁""信""义"的有益内容,以增强企业的道德风尚。笔者所在的课题组在进行相关课题的调研中,A 市 a 企业的董事长 C 就说了一句话,用来分析民营企业职务犯罪者的心理很贴切,"他们都不是贪钱而是贪心"。这显示出民营企业职务犯罪中犯罪人人格层面和制度层面的缺陷和漏洞,可见价值观念的引导和传统伦理道德的灌输在预防职务犯罪中的作用还是非常重要的。

犯罪学研究成果中有犯罪社会学范式中的模仿理论,即犯罪是可以习得的,个体是由所处环境中被普遍认同的生活习惯塑造的。⑧ 同理,良好的企业运行氛围也是可以影响企业员工的。这就需要利用模仿效应,树立典范进行良性引导。模仿是个体受他人的行为刺激,自觉地使自己的行为与他人相仿的社会现象。模范人物是企业员工的重要模仿对象,企业家应大力表彰治安积极分子、劳动模范、见义勇为的英雄,使他们的先进事迹及其体现的主流文化精神深入人心,以弘扬企业精神、伦理道德与价值观念,鼓励员工积极参与对企业职务犯罪的检举揭发,鼓励员工与犯罪行为作斗争,防止消极因素在员工中散布,减少员工产生犯罪动机的机会,增大其犯罪的成本,避免其萌发犯罪动机。民营企业家按其生成情况来看,大致可分为四种类型:资本积累型、承包人转化型、改制型和职业型。⑨ 笔者所在的课题组调研 A 市的多家民营企业大多属于资本积累型和改制型。他们在预防企业职务犯罪方面的最大特点和亮点,是将党建与现代企业制度相结合,重点保证关键党员干部的廉洁性,将对员工的诚信守法教育与发扬党员先进性教育紧密结合,完善并落实公司的规章制度与党规党纪相结合。这也是重点落实党员干部人格层面上的主流文化精神,使其发挥模范先锋带头作用,起到被企业员工模仿的标杆作用。

作为企业家要正确处理好创新与创业、责任、诚信的关系,这两者之间不是二律背反的关系,而应该是良性互动和相互促进的。企业家在创新与创业过程中,注重关心社会公益事业,在潜移默化中增强员工的社会责任感。企业家精神的正

---

⑦ 参见张杰、傅跃建:《萨瑟兰与犯罪学》,法律出版社 2010 年版,第 106 页。
⑧ 参见张远煌:《犯罪学原理》,法律出版社 2008 年版,第 122 页。
⑨ 参见陈才庚:《民营企业家生成研究》,载《求实》2001 年第 6 期。

向弘扬可以促进企业避免赤裸裸地以经济利益为单纯的目标,有利于防止"拜金主义",有利于防止员工产生"为了经济利益什么都可以做"的思想。笔者所在的课题组在调研 A 市 a 企业时发现,该企业的企业文化、公司的核心文化、目标使命、道德质量等八大理念已经建构起来,各部门根据本部门的实际情况都有相应的部门文化。整个体系建立起来后,要朝着一个方向走,即诚信和守法。同时,该企业也树立起了"富而思源,富而思进"的回报社会的企业追求。在这种理念和企业文化的促进下,该企业的业绩越来越好,社会知名度越来越高,美誉也越来越多,诚信与责任担当造就了企业的辉煌业绩,同时有更好的业绩时企业也能更好地回报社会,这是一种唇齿相依的良性互动。在这种充满主流文化的企业中,每一个员工都有着职业认同感和存在感,就会真正将企业的命运与个人的命运联系起来,企业职务犯罪的动机、机会和成本都会制约此种犯罪的发生,最终达到预防职务犯罪的目的。

四、企业家精神在民营企业职务犯罪预防中的限制

企业家精神在民营企业职务犯罪预防中有着正负功能,在预防职务犯罪过程中需要积极发挥其正向功能,极力规避其负功能,这样才能发挥出企业家精神在预防职务犯罪中的最大作用。如何规避其负功能即是回答企业家精神在民营企业职务犯罪预防中的限制问题,如能最大限度地发挥企业家精神的正向功能,就是发挥了企业自身在预防职务犯罪中的积极作用,有利于国家—社会预防民营企业职务犯罪合作模式的形成。

民营企业职务犯罪的生成离不开犯罪人、犯罪情境和社会反应三个必备要素。企业家精神在这三个犯罪生成要素的预防中都会发挥一定的作用,同时也可能产生负功能,生成职务犯罪。那么,需要对企业家精神引导企业文化方面从犯罪人人格预防、犯罪情境预防、社会反应预防方面着手加以限制。笔者根据课题组在 A 市多家有代表性的民营企业的调研总结得出,要发挥好企业家精神在企业职务犯罪预防中的积极作用,需要从两个大的方面加以限制:一是构建现代企业管理制度;二是树立依法治企的观念,加强守法文化建设和廉政文化建设。

一方面,构建现代企业管理制度,立纲治本。民营企业职务犯罪生成的情境因素众多,通过强化企业内部监督、完善企业内部激励机制、健全职务犯罪发现机制、改善制度环境等手段多管齐下,彻底打破滋生犯罪的情景,进而通过优化员工所处的环境,构造出客观上犯罪难度大、犯罪回报率低、犯罪被发现风险大的情景,从而达到预防职务犯罪的目的。现代企业管理制度有一套股东大会、董事会、监事会与经理层相互制衡的公司治理结构;具有正确的经营思想和能适应企业内外环境变化、推动企业发展的经营战略;建立适应现代化生产要求的领导制度;拥有熟练掌握现代管理知识与技能的管理人才和具有良好素质的职工队伍;在生产经营各个主要环节普遍地、有效地使用现代化管理方法和手段;建设以企业精神、企业形象、企业规范等内容为中心的企业文化,培育良好的企业精神和企业集体

意识。企业家精神不能沦为某个具体个人的精神和意旨,即要破除企业治理结构的虚化,加强监事会对董事会的监督和制衡。有学者提出要推行"职业经理人"制度⑩,但是其也存在两大弊端:一是这种代理关系中的心理落差因为缺乏有效的内部监督,可能导致其利用职务便利追求自身利益的最大化;二是即使大企业有相应的监督措施,但其代理成本包括监督费用、保证金以及可能遭受的隐性损失,成本过大,在我国民营企业中,所有者通常不予考虑此项监督措施,最终职业代理人制度也难以落地生根。故而应该通过构建现代企业管理制度来解决企业治理结构虚化的问题,以防止出现"一言堂"的状况,导致决策缺乏科学性,或者出现"人在业在,人走业垮"的状况,导致企业发展对于个人的过度依赖。在董事会方面,优化董事会决策机制,提高董事会会议的效率和效果;建立董事会考核和退出机制;加强董事会监督控制经理的内部机制(如选拔与评价、报酬激励等)。在监事会方面,引入"独立监事制度",通过立法对独立监事制度作出明确规定,要求公司监事会的组成除职工代表、股东代表外,还要有一定比例的独立监事;明确独立监事除了满足系公司外部人这一条件外,还需确保其与公司的关系不会影响其独立判断能力;对于独立监事的人选,为避免独立监事的人选被控股股东完全主导,采取累积投票制,赋予中小股东选举独立监事的机会。在经理制度方面,除加强股东会、董事会、监事会对经理的监督外,还需要强化经理信息披露机制。⑪ 最终将制度建设和基层管理放在保障企业发展的基础地位,用制度使决策层和管理层进行自我约束,并且切实重视股东大会的作用,防止决策盲目化。

另一方面,树立依法治企的观念,加强守法文化建设和廉政文化建设。北京师范大学中国企业家犯罪预防研究中心连续四年发布的《中国企业家犯罪分析报告》显示,民营企业家与政府官员腐败犯罪之间的伴生现象突出。有学者指出,在政府官员贪腐犯罪的背后,往往存在企业家利益输送的推波助澜;而在企业家腐败犯罪的背后,往往潜藏着政府官员滥用权力的支撑与庇护。⑫ 所以树立依法治企的观念,不能单靠开展法律培训和聘请法律专家进行宣讲,首先需要净化市场环境,破除权力寻租,逐步养成依靠法律来解决企业发展和经营中遇到的问题的思维习惯。其次,加强反不正当竞争法律体系的执法力度,严厉打击借助行业潜规则和地方保护主义的不正当竞争行为。最后,重视企业守法文化和廉政文化建设。企业文化影响着企业员工的思维方法和行为方式,"守法"文化能够促使民营企业家及员工排斥对违法手段的使用,"廉政"文化能够促使民营企业家及员工对腐败行为的排斥和零容忍。唯有如此,才能破除诚信经营、合法经营的企业家为了开拓市场、提升竞争、满足企业及自身的利益,转而寻求不正当手段或者寻求权

---

⑩ 参见〔美〕迈克尔·詹森、威廉·梅格林:《企业理论:管理理论、代理成本与所有权结构》,转引自陈郁:《所有权、控制权与激励:代理经济学文选》,上海人民出版社2006年版,第5—6页。

⑪ 参见曹巍:《公司法人治理结构研究》,知识产权出版社2010年版,第173页。

⑫ 参见张远煌:《民营企业家腐败犯罪的现状、危害与治理立场》,载《河南大学学报(社会科学版)》2014年第6期。

力庇护的观念;才能将窃取骗取型、侵占型和挪用型的职务犯罪排除于企业正常运营之外,从而促进企业经济的良性发展。这种文化遵循所付出的成本给企业和员工带来美誉和经济上的利益远远超过其进行职务犯罪的收益时,且守法成本相较于职务犯罪所带来的刑事风险更小且更容易为其接受时,就不会有人愿意去触碰法律的警戒线,自然就达到了企业预防职务犯罪的目的。

论非公有制经济财产权的刑法平等保护

梅传强[*]　　张永强[**]

2016年11月4日,中共中央、国务院发布的《关于完善产权保护制度依法保护产权的意见》明确了产权保护的十大任务[①],并强调"公有制经济财产权不可侵犯,非公有制经济财产权同样不可侵犯",要求"加大对非公有财产的刑法保护力度"。这是继中共中央《关于全面推进依法治国若干重大问题的决定》提出"健全以公平为核心原则的产权保护制度"目标之后,我国出台的关于产权保护的顶层制度设计。无疑,该意见的出台对于推进产权保护法治化,平等保护各种所有制经济产权具有里程碑式的意义。刑法作为"后盾法"与"保障法",在产权保护方面发挥着不可替代的作用,加大刑法对非公有制经济财产权平等保护的力度,是完善产权保护制度的应有之意。然而,从我国现行刑法规范体系来看,由于受"半统制半市场化"经济体制[②]的影响,我国刑法长期以来在不同所有制经济财产权保护方面存在差别对待的问题,"厚公薄私"的现象比较明显,倾向于对公有制经济财产权的重点保护,而相对忽视了对非公有制经济财产权的平等保护。鉴于此,在完善产权保护制度之际,有必要从平等保护的视角重新审视和检讨我国刑法对非公有制经济财产权保护的相关规定,在提升刑法条文及规范体系自身科学性的同时,为产权保护制度的完善增添助力。

一、非公有制经济财产权刑法保护之演进

非公有制经济财产权的刑法保护,深受我国经济体制发展与转型的影响。从

---

[*] 西南政法大学法学院教授、博士生导师。
[**] 西南政法大学法学院2015级刑法学专业博士研究生。
[①] 这十大任务具体包括:加强各种所有制经济产权保护、完善平等保护产权的法律制度、妥善处理历史形成的产权案件、严格规范涉案财产处置的法律程序、审慎把握处理产权和经济纠纷的司法政策、完善政府守信践诺机制、完善财产征收征用制度、加大知识产权保护力度、健全增加城乡居民财产性收入的各项制度、营造全社会重视和支持产权保护的良好环境。
[②] 参见吴敬琏:《直面大转型时代:吴敬琏谈全面深化改革》,生活·读书·新知三联书店2014年版,第7—8页。

纵向的时间维度来看,中华人民共和国成立至今,非公有制经济财产权的刑法保护整体上经历了一个从无到有、从弱到强的过程。以改革开放为时间节点,可以将这一过程分为前后两个阶段。

第一阶段(即改革开放之前),由于我国确立并施行的是计划经济体制,强调国家在生产管理、资源分配以及产品消费等方面的控制和支配,所以在整个国民经济中公有制经济占据绝对的主导地位,虽然在这一阶段的后期国家出台了相关的政策鼓励广大人民群众创办私营企业,但受制于体制、资源、观念等多方面的束缚,无论是规模还是数量,以私营企业为代表的非公有制经济成分在整个国民经济中所占的比重仍然是微乎其微的,无法与公有制经济相提并论。另外,这一阶段由于受"文化大革命"等特殊历史事件的影响,我国的法治进程发展得相对缓慢,法制体系也不健全,刑法也在艰难的酝酿当中。因此,可以说这一阶段非公有制经济财产权至少在成文刑法上的保护是阙如的。

第二阶段(即改革开放之后),1978年改革开放政策的出台,使我国非公有制经济的发展迎来了机遇,尤其是我国经济体制开始从政府主导的计划经济向市场主导的市场经济转型,使私营企业、个体工商户等非公有制经济成分在政策、资源、保障等方面获得更大的发展空间,非公有制经济成分在整个国民经济中所占的比重较前一阶段有了质的飞跃。然而,由于1979年颁布的第一部《中华人民共和国刑法》(以下简称《刑法》)酝酿和成形于改革开放之前的计划经济时期,受这一时期"重公轻私"观念的直接影响,1979年《刑法》中并未出现有关非公有制经济财产权保护的直接规定,相反,其中规定的"投机倒把罪"却对公民的自主经营权进行了极大的限制,这说明公民通过自主经营获得的财产不但不受刑法保护,相应的自主经营行为还要受到刑法的制裁。另外,从1979年《刑法》第82条规定的"公民私人所有的财产"的范围来看,其仅将"公民的合法收入、储蓄、房屋和其他生活资料"和"依法归个人、家庭所有或者使用的自留地、自留畜、自留树等生产资料"纳入公民私人所有的财产,并未将属于私营企业等非公有制经济成分的财产纳入其中。这说明,1979年《刑法》承认并保护的财产权范围,仅限于公民个人或家庭所有的生产、生活资料,而不包括私营企业、公司等非公有制经济主体所有的财产权。由此可见,在改革开放之初,虽然中华人民共和国的第一部《刑法》已经颁布,改变了以往无成文刑法的局面,但从财产权的保护方面来看,非公有制经济财产权的刑法保护仍然是缺位的。

此后,从1992年中国共产党第十四次全国代表大会首次提出"建立社会主义市场经济体制"的改革目标到1993年《中华人民共和国宪法修正案》(以下简称《宪法修正案》)在宪法上确认社会主义市场经济的地位,再到中国共产党第十四届中央委员会第三次全体会议通过的《中共中央关于建立社会主义市场经济体制若干问题的决定》,标志着我国社会主义市场经济体制的正式确立。经济体制上的这一重大改革和转变,为国民经济的发展带来了新机遇,尤其是这一改革和转变使公民的自主经营权从束缚中得到了解放,公民可以有条件地自主参与市场交易活动,非公有制经济主体也开始在经济活动中出现,无论是数量还是规模,私营企业、个体工商户等非公有制经济主体都保持着增长趋势。出于对这种新型经济秩序的维护和非公有制经济主体权益的保护,1995年2月28日中华人民共和国第八届全国人民代表大会常务委员会第十二次会议审议通过了《关于惩治违反公司法的犯罪的决定》(以下简称《决定》),其中明确将公司股东、董事、监事、职工等人员实施的虚假出资、抽逃出资、利用职务上的便利索贿受贿、利用职务上的便利侵占或挪用公司资金等行为作为犯罪处理。这是非公有制经济财产权首次进入我国刑法保护的范畴,由此也拉开了我国刑法对非公有制经济财产权保护的序幕。

1997年中华人民共和国第八届全国人民代表大会第五次会议对《刑法》进行修改时,充分吸收了《决定》的相关精神和内容,不仅针对侵犯非公有制经济财产权的行为规定了职务侵占罪、挪用资金罪及公司、企业人员受贿罪等罪名,而且在1979年《刑法》第82条规定的基础上,将"个体户和私营企业的合法财产""依法归个人所有的股份、股票、债券和其他财产"补充规定为公民私人所有的财产;同时,在《刑法》总则中明确将"保护国有财产和劳动群众集体所有的财产,保护公民私人所有的财产"作为刑法的任务之一。由此可见,相较于1979年的《刑法》,无论是保护范围还是保护力度,1997年修订后的《刑法》对非公有制经济财产权的保护都有了极大的进步,使私营企业等非公有制经济主体的财产权的保护真正实现了有法可依,不再是"空置"状态。③

1997年《刑法》修订后,针对市场经济活动中出现的一些侵犯非公有制经济财产权的行为和现象,我国立法机关对刑法进行了相应的修改和补充。例如,针对市场经济活动中较为多发的采取隐匿财产、承担虚构债务、非法转移分配财产等方式损害债权人权益及企业财产权的虚假破产行为,上市公司董事、监事、高级管理人员、控股股东等人员采取不正当关联交易等非法手段侵占上市公司资产的行为,商业银行、证券交易所、期货交易所、证券公司等金融机构违背受托义务,擅自运用客户资金或者其他委托、信托的财产的行为,以及市场经济活动中的商业贿赂行为等,2006年6月29日中华人民共和国第十届全国人民代表大会常务委员会第二十二次会议通过的《中华人民共和国刑法修正案(六)》[以下简称《刑法修正案(六)》]新增了虚假破产罪、背信损害上市公司利益罪、背信运用受托财产罪及违法运用资金罪等对上述行为进行规制,同时还将1997年《刑法》中规定的"公司、企业人员受贿罪"修改为"非国家工作人员受贿罪",旨在进一步扩大商业贿赂的刑法规制范围。《刑法修正案(六)》所作的上述修改,直接或者间接地对非公有制经济财产权的刑法保护起到了促进作用。

综合前述分析来看,我国非公有制经济财产权的刑法保护与我国经济体制的

---

③ 参见尹宁、张永强:《论刑法对私营企业财产权的平等保护》,载《西南政法大学学报》2016年第2期。

改革与发展密切相关,计划经济向市场经济的转变,让非公有制经济财产权的刑法保护实现了从无到有的突破,而市场经济改革与发展的进一步深化,让非公有制经济财产权的刑法保护在力度上得到了不断增强。显然,纵向上非公有制经济财产权刑法保护的方向和趋势无疑是正确的,应该继续坚持,尤其是在强调"让市场在资源配置中起决定性作用"的当下,非公有制经济主体在市场经济中的地位、作用及贡献将会进一步凸显。在依法治国的总体战略布局下,应该进一步加大对非公有制经济财产权刑法保护的范围和力度。不过,从静态的横向比较来看,我国刑法在非公有制经济财产权和公有制经济财产权保护方面仍存在区别对待的现象,无论是保护范围还是保护力度,非公有制经济都不及公有制经济。因此,有必要进一步检视现行刑法规范,找出其中存在的问题,并通过修改相关条文、调整罪名体系、完善刑罚制度等措施来实现对非公有制经济财产权的平等保护,并为我国市场经济的法治化发展提供法律保障。

二、非公有制经济财产权刑法平等保护之检视

从我国现行《刑法》的规定来看,对非公有制经济财产权的保护并未采取集中规定的模式,而是采取分散规定的模式,即非公有制经济财产权的保护散见于《刑法》总则和分则条文之中。从条文的分布来看,《刑法》总则中有关非公有制经济财产权保护的规定有单位犯罪④、"私人所有财产"等概括性的规定,分则中直接或间接涉及非公有制经济财产权刑法保护的罪名主要有非国家工作人员受贿罪、对非国家工作人员行贿罪、背信损害上市公司利益罪、假冒注册商标罪、假冒专利罪、侵犯商业秘密罪、合同诈骗罪、抢劫罪、盗窃罪、诈骗罪、抢夺罪、聚众哄抢罪、职务侵占罪、挪用资金罪、敲诈勒索罪、故意毁坏财物罪、破坏生产经营罪等。

以上相关条文构成了我国非公有制经济财产权刑法保护的基本框架,不过其中的部分罪名同时对侵犯自然人属性上的公民个人财产权和公有制经济财产权的行为可以适用。这说明,我国现行《刑法》对非公有制经济财产权的保护并不纯粹,尚未建立起系统的保护体系。另外,从整个法制体系的规范水平及刑法体系内部的规定来看,非公有制经济财产权的刑法保护仍存在诸多有待改进的地方。其中,平等性的不足是刑法层面非公有制经济财产权保护存在的最大问题。如前所述,由于1979年《刑法》酝酿、成形于计划经济时期,而且非公有制经济成分在经济体制改革过程中经历了从否定到相对肯定再到积极肯定的过程,所以"重公轻私"的观念在刑法立法时并未被完全摒弃,"厚公薄私"的现象在现行《刑法》条

---

④ 1997年《刑法》中,并未说明单位犯罪的主体是否包括非公有制经济性质的私营企业,实践中也是将私营企业实施的犯罪行为按照自然人犯罪处理的。直到1999年,最高人民法院出台的《关于审理单位犯罪案件具体应用法律有关问题的解释》,才明确了私营企业可以成为单位犯罪的主体,其第1条明确规定:"刑法第三十条规定的公司、企业、事业单位,既包括国有、集体所有的公司、企业、事业单位,也包括依法设定的合资经营、合作经营企业和具有法人资格的独资、私营等公司、企业、事业单位。"

文(尤其是不同所有制经济财产权保护相关的条文)中依稀可见。

(一)罪与非罪上的差异体现出的不平等

从我国刑法目前的规定来看,即使犯罪行为的性质以及侵犯的法益相同,但却因为所侵犯的财产权所属的主体性质不同而存在罪与非罪的区别。例如,无论是对国有公司、企业而言,还是对私营企业而言,为亲友非法牟利的行为,非法经营同类营业的行为,失职行为,签订、履行合同失职被骗的行为以及徇私舞弊低价折股、出售资产的行为等都会在各类公司、企业的运营管理以及交易过程中发生,而且都会对公司、企业的财产权造成严重的损害。因此,考虑到上述行为严重的社会危害性以及在市场经济活动中的多发性,刑法应该对它们不加区别地予以规制,但从我国现行《刑法》的规定来看,却因为这些行为所侵犯的财产权的主体不同而采取了区别对待的做法。具体而言,如果这些行为侵犯的是代表公有制经济的国有公司、企业的财产权,就构成相应的为亲友非法牟利罪,非法经营同类营业罪,国有公司、企业人员失职罪,签订、履行合同失职被骗罪,私分国有资产罪以及徇私舞弊低价折股、出售国有资产罪。相反,如果这些行为侵犯的是代表非公有制经济的私营企业的财产权,则根据罪刑法定原则不构成犯罪。由此可见,我国刑法在保护不同所有制经济的财产权时,在罪与非罪上存在区别对待,倾向于对公有制经济财产权的刑法保护,而忽视了对非公有制经济财产权的保护。

(二)罪名设置上的差异体现出的不平等

从我国《刑法》目前的规定来看,虽然不论是公有制经济主体还是非公有制经济主体,某些侵犯公司、企业财产权的行为被规定为犯罪,但是却因为财产权所属主体存在差异,我国《刑法》规定了不同的罪名。例如,同样是利用职务之便实施侵吞、窃取、骗取公司、企业财产的行为,如果行为人是国有公司、企业从事公务的工作人员,所侵犯的法益是国有公司、企业的财产权,则构成贪污罪;相反,如果行为人是私营企业的工作人员,所侵犯的法益是私营企业的财产权,则构成职务侵占罪。再如,同样是利用职务之便索取他人财物或者非法收受他人财物为他人谋取利益的行为,如果行为人是国有公司、企业从事公务的工作人员,所侵犯的法益是国有公司、企业的财产权,则构成受贿罪;相反,如果行为人是私营企业的工作人员,所侵犯的法益是私营企业的财产权,则构成非国家工作人员受贿罪。还如,同样是利用职务之便挪用单位资金的行为,如果行为人是国有公司、企业从事公务的工作人员,所侵犯的法益是国有公司、企业的财产权,则构成挪用公款罪;相反,如果行为人是私营企业的工作人员,所侵犯的法益是私营企业的财产权,则构成挪用资金罪。由此可见,我国刑法在保护不同所有制经济的财产权时,在此罪与彼罪上存在区别对待,虽然单纯从字面上比较罪名上的差异并无实际意义,但不同罪名背后构成要件上的差异却直接代表着不同所有制经济财产权的刑法保护范围的大小和力度的强弱。

(三)刑罚设置上的差异体现出的不平等

就刑罚设置上的差异而言,其与罪名设置上的差异是密切相关的,具体而言,即使是相同的行为,却因为所侵犯的财产权在所有制属性上不同而出现了差异。例如,同样是利用职务之便侵吞、窃取、骗取公司财产的行为,对构成贪污罪的公有制经济主体成员而言,法定最高刑可以达到死刑,而且还可以适用终身监禁;相反,对构成职务侵占罪的非公有制经济主体成员而言,法定最高刑则仅有 15 年有期徒刑。再如,同样是利用职务之便收受贿赂的行为,对构成受贿罪的公有制经济主体成员而言,其法定最高刑也可以达到死刑;相反,对构成非国家工作人员受贿罪的非公有制经济主体成员而言,其法定最高刑也仅有 15 年有期徒刑。还如,同样是利用职务之便挪用资金的行为,对构成挪用公款罪的公有制经济主体成员而言,其法定最高刑可以达到无期徒刑;相反,对构成挪用资金罪的非公有制经济主体成员而言,其法定最高刑则仅有 10 年有期徒刑。由此可见,我国刑法对侵犯不同所有制经济主体财产权的行为人处罚上的差异是非常明显的,对侵犯公有制经济主体财产权的行为人的处罚整体上要重于侵犯非公有制经济主体财产权的行为人,这说明在刑法对公有制经济财产权的保护力度要强于对非公有制经济财产权的保护力度。

三、非公有制经济财产权刑法平等保护之根基

如前所述,罪与非罪、此罪与彼罪及刑罚设置上的差异,都显示出我国刑法在保护不同所有制经济财产权时出现了不平等的现象,即对公有制经济财产权的保护范围和保护力度要大于非公有制经济。虽然这种现象的出现在特定的历史阶段具有必然性和相对合理性,但从当前我国市场经济建设及法治发展的水平来看,这种现象都已丧失存在的土壤,亟待改变。事实上,无论是从宪法法律、国家政策还是从非公有制经济自身发展来看,刑法对非公有制经济财产权进行平等保护都有充分的现实根基。

(一)宪法法律层面的刑法平等保护之根基

从我国整个法制体系的发展进程来看,随着非公有制经济在整个国民经济中的贡献不断增强,以及非公有制经济主体在市场经济活动中的作用愈发不可替代,我国宪法法律通过不断地修改,对非公有制经济主体的地位进行了进一步的确认,并要求对其合法权益进行平等保护。

从宪法层面来讲,1993 年的《宪法修正案》从根本大法的角度对个体经济、私营经济等非公有制经济给予了充分的肯定,此后,1999 年的《宪法修正案》和 2004 年的《宪法修正案》又进一步对非公有制经济的地位进行了重申和确认。例如,1999 年《宪法修正案》明确规定非公有制经济是我国"社会主义市场经济的重要组成部分",2004 年《宪法修正案》更是进一步将《宪法》第 11 条第 2 款修改为"国家保护个体经济、私营经济等非公有制经济的合法的权利和利益。国家鼓励、支持和引导非公有制经济的发展,并对非公有制经济依法实行监督和管理"。从物权法层面来讲,2007 年通过的《中华人民共和国物权法》(以下简称《物权法》),更是注重对市场经济活动中一切市场参与主体合法物权的平等保护。例如,《物权

法》第 3 条明确规定:"国家在社会主义初级阶段,坚持公有制为主体、多种所有制经济共同发展的基本经济制度。国家巩固和发展公有制经济,鼓励、支持和引导非公有制经济的发展。国家实行社会主义市场经济,保障一切市场主体的平等法律地位和发展权利。"从民法层面来讲,2017 年 3 月 15 日中华人民共和国第十二届全国人民代表大会第五次会议通过的《中华人民共和国民法总则》(以下简称《民法总则》),同样重申和强调非公有制经济主体作为民事主体在市场经济活动中地位的平等性以及其合法权利应受到法律的保护。例如,《民法总则》第 3 条规定:"民事主体的人身权利、财产权利以及其他合法权益受法律保护,任何组织或者个人不得侵犯。"第 4 条规定:"民事主体在民事活动中的法律地位一律平等。"从刑法层面来讲,我国现行《刑法》更是将"适用刑法人人平等原则"作为一项基本原则规定在总则中,要求:"对任何人犯罪,在适用法律上一律平等。不允许任何人有超越法律的特权。"

由此可见,无论是作为母法的宪法,还是作为下位法的民法、物权法及刑法,都突出强调对非公有制经济市场地位的确认和对非公有制经济主体合法财产权的平等保护。申言之,对非公有制经济财产权进行平等保护,已成为我国法治建设的共识,在法治体系内部建立一套完备的非公有制经济财产权平等保护体系,是当前最紧迫的任务。因此,从刑法上加大非公有制经济财产权的平等保护,宪法法律层面达成的现有共识和规定,已为其打下了坚实的根基。

(二)国家政策层面刑法平等保护之根基

公有制为主体、多种所有制经济共同发展是我国社会主义初级阶段的基本经济制度。改革开放以来,我国的非公有制经济不断发展壮大,取得了举世瞩目的成就,其已成为我国社会主义市场经济的重要组成部分和促进社会生产力发展的重要力量。鼓励和支持非公有制经济的健康发展,是我国市场经济建设进程中必须坚持的方向。

早在 2004 年,中国共产党第十六次全国代表大会就明确提出,要"毫不动摇地巩固和发展公有制经济"和"毫不动摇地鼓励、支持和引导非公有制经济发展"。2005 年 2 月 19 日,国务院出台的首部以促进非公有制经济发展为主题的中央政府文件《关于鼓励支持和引导个体私营等非公有制经济发展的若干意见》(简称"非公经济 36 条")明确指出,要"完善私有财产保护制度"⑤"依法保护非公有制企业和职工的合法权益"。2010 年 5 月 13 日,国务院又发布了《关于鼓励和引导民间投资健康发展的若干意见》(简称"新 36 条"),提出要"进一步鼓励和引导民间投资","推动各种所有制经济平等竞争、共同发展"。2014 年 10 月 23 日,中国

---

⑤ 国务院《关于鼓励支持和引导个体私营等非公有制经济发展的若干意见》第 20 条规定:"完善私有财产保护制度。要严格执行保护合法私有财产的法律法规和行政规章,任何单位和个人不得侵犯非公有制企业的合法财产,不得非法改变非公有制企业财产的权属关系。按照宪法修正案规定,加快清理、修订和完善与保护合法私有财产有关的法律法规和行政规章。"

共产党第十八届中央委员会第四次全体会议审议通过的《中共中央关于全面推进依法治国若干重大问题的决定》明确提出:"健全以公平为核心原则的产权保护制度,加强对各种所有制经济组织和自然人财产权的保护,清理有违公平的法律法规条款。创新适应公有制多种实现形式的产权保护制度,加强对国有、集体资产所有权、经营权和各类企业法人财产权的保护。"2016 年 11 月 4 日,中共中央、国务院出台的《关于完善产权保护制度依法保护产权的意见》进一步明确了产权保护的十大任务,并强调"公有制经济财产权不可侵犯,非公有制经济财产权同样不可侵犯",要求"加大对非公有财产的刑法保护力度"。

从党中央、国务院出台的上述一系列政策可以看出,鼓励、支持和引导非公有制经济发展,平等保护非公有制经济财产权,既是社会主义初级阶段我国市场经济发展的必然要求,也是当前全面推进依法治国战略的重要任务。同时,上述一系列政策也为我国在刑法层面通过立、改、废、释来清理有违公平的相关条款,加大非公有制经济财产权的平等保护打下了根基。

(三)非公有制经济发展层面刑法平等保护之根基

从我国目前市场经济的发展情况来看,公有制经济"一枝独大"的局面已经扭转,非公有制经济已成为市场经济不可或缺的部分,并已成为混合所有制经济建设的重要支柱。改革开放以来,个体户、私营企业等非公有制经济主体不仅在国民经济发展、社会财富积累以及社会就业问题解决等方面发挥了重要作用,而且成为当下带动我国市场经济发展、激发市场经济活力、提升市场经济创新的"生力军"。

据国家统计局 2015、2016 年公布的数据显示,2015 年以后的统计年鉴将"按地区和登记注册类型分企业法人单位数"的统计纳入"第一综合"项下,其中就包括了私营企业的项目,更加凸显了对私营企业各项指标的系统化、科学化收集的重视。2014 年我国企业单位总数为 10 617 154 个,其中,私营企业总数为 7 266 188 个,私营企业总数占企业单位总数的比例为 68.44%;2015 年我国企业单位总数为 12 593 254 个,其中私营企业总数为 8 656 494 个,私营企业总数占企业单位总数的比例为 68.74%。由此可见,不论是私营企业单位总数还是其在企业单位总数中的占比,2015 年都比 2014 年要高,这说明以私营企业为代表的非公有制经济主体数量依旧保持上升趋势。从结构较优的规模以上工业企业[⑥]角度来看,2013 年至 2015 年规模以上工业企业的个数分别为 369 813 个、377 888 个、383 148 个,其中规模以上私营工业企业有 208 409 个、213 789 个、216 506 个,规模以上私营工业企业三年的占比分别为 56.36%、56.57%、56.51%。[⑦] 中华全国工商联合会最新公布的

[⑥] 全国规模以上工业企业为在 2011 年及以后年份主营业务收入在 2 000 万元及以上的工业企业。

[⑦] 数据来源于《中国统计年鉴(2014)》《中国统计年鉴(2015)》《中国统计年鉴(2016)》,载国家统计局网站(http://www.stats.gov.cn/tjsj/ndsj/),访问日期:2017 年 4 月 3 日。

数据显示,在国家"大众创业、万众创新"扶持政策的大力推动下,新注册企业呈快速增长趋势。截至 2016 年 6 月底,全国共有企业 2 447.7 万户,比 2015 年年底增加 261.9 万户,增长率 12.0%,其中全国私营企业 2 156.1 万户,比 2015 年年底增加 247.9 万户,增长 13.0%,同时私营企业在所有企业总数中的占比从 2015 年年底的 87.3% 增长至 88.1%,增幅达到了 0.8%。⑧

由此可见,无论是从所有企业中的占比来看,还是从增长速度来看,私营企业这一非公有制经济主体目前都保持着相当的增量,已经远远超过国有公司、企业等公有制经济主体。这说明,非公有制经济主体已经成为市场经济中最为重要的参与主体,通过加强资金引导、税收减免、融资担保、信息共享等方面的政策扶持,以及完善企业设立、资本登记、运营监管、利润分配、财产保护等方面的法律法规,为非公有制经济主体的成长与发展创造更加宽松、活跃、平等、自由的制度环境和市场空间,成为我国当下以及未来一段时间市场经济发展中的重要任务。其中,加大非公有制经济财产权的平等保护,是这一系列重要任务中的重中之重。

四、非公有制经济财产权刑法平等保护之完善

刑法对非公有制经济不平等保护的现象,不仅影响了刑法规范体系自身的科学性,而且与我国鼓励、支持和引导非公有制经济发展的政策相违背。因此,在党和国家明确要求立法要实现"科学化""民主化"的当下,加大刑法对非公有制经济财产权的平等保护力度,是完善产权保护制度、依法保护产权的重要举措。

(一)树立产权平等保护的观念

何为平等?这不仅是法理学、法哲学、法社会学思考的抽象问题,而且是每一个部门法立法和适法过程中必须面对的现实问题。关于"平等"的具体内涵,学界产生过激烈的争论,目前仍未达成共识,《辞海》将其解释为"人人能享有相同的权利"⑨,《中国大百科全书·法学》将其解释为"人们在社会上处于同等地位,享有同等的经济、政治等权利并负有同等的义务"⑩。法国学者皮埃尔·勒鲁则将平等视为"一种原则、一种信条、一种信仰、一种宗教"⑪,我国也有学者将平等视为是"同人类共始终的一个永恒观念"⑫。由此可见,"平等"一词在法治语境中被人们赋予了极高的期望,其代表了法治社会中公民对法律的最高期许。这或许也是任何一个法治国家将平等作为法律首要原则的原因,因为平等在一定程度上代表的

---

⑧ 数据来源于中华全国工商联合会公布的《2016 年上半年关于会员和组织发展情况的通报》,载中华全国工商联合会网(http://www.acfic.org.cn/web/c_0000000100030001000030003/d_47010.htm),访问日期:2017 年 4 月 4 日。

⑨ 《辞海》编辑委员会编:《辞海》,上海辞书出版社 1989 年版,第 115 页。

⑩ 《中国大百科全书》总编辑委员会编:《中国大百科全书·法学》(修订版),中国大百科全书出版社 2006 年版,第 386 页。

⑪ 〔法〕皮埃尔·勒鲁:《论平等》,王允道译,商务印书馆 1988 年版,第 20 页。

⑫ 曾云燕:《平等原则研究》,吉林大学 2014 年博士学位论文,第 15 页。

是一种尊重,一种"不考虑人们的社会地位而平等地给予所有人的"[13]尊重。事实上,这种对所有人平等的尊重,也是法治社会得以运转的根基。正如有学者所言:"如果规则、法律和政策的确按所说的由一个特定的社会所共享,那么其形成必然植根于平等。"[14]

不过,平等不能仅仅作为观念宣示性地存在,"平等只有通过权利展现出来"[15]才能发挥其在法治实践中根基性的作用。因此,在对财产的法律保护中,必须通过对财产权的平等保护来实现对财产的保护。众所周知,"有恒产者有恒心,无恒产者无恒心"[16]。财产是个人、家庭、组织乃至整个社会和国家赖以存在的根本,产权在物质激励、行为约束、资源配置、关系协调等方面发挥着不可替代的作用;同时,财产权也已被现代法治国家确立为一项神圣不可侵犯的权利。所以,对财产权进行平等保护已经成为法治国家的共识。然而,如前所述,由于受计划经济时期"重公轻私"观念的影响,我国刑法在对非公有制经济财产权进行保护时,不仅在立法上出现了不平等的区别对待现象,而且在司法实践中也存在对个体工商户、私营企业等非公有制经济主体财产随意罚没、不当罚没等现象。从后果来看,这种乱象不仅会使个体工商户、私营企业等非公有制经济主体的财产被侵占、破坏,而且使非公有制经济主体对参与市场竞争、扩大再生产、承担社会责任等方面失去信心;不仅会阻碍市场经济的发展与繁荣,而且会损害法治国家建设中的法治权威和司法公信力。

因此,对非公有制经济财产权的保护,不论是立法者、司法者还是社会公众,首先需要转变计划经济时期残留的"重公轻私"观念,树立产权平等保护的观念,培养产权平等保护的社会意识。同时,必须清晰地认识到,产权在法治建设和国家现代化治理中承担着重要的任务,可以说"未来中国经济与社会稳定的基础就是保护产权"[17]。产权并无"公"与"私"的差别,即使是非公有制经济主体,只要是其合法拥有的财产,就应当在法律上给予平等保护。

(二)贯彻产权平等保护的原则

完善产权保护制度,有赖于从宪法到民法再到刑法乃至整个法律制度体系以及法治实践中贯彻平等保护原则。休谟曾言:"人身安全、财产保障以及契约责任被视为文明社会的基石。"[18]所以,市场主体拥有的合法财产是否在法律上得到了平等保护,在一定程度上反映着法治建设的水平。"平等"作为最基本的道德准则

---

[13] 〔美〕罗纳德·德沃金:《认真对待权利》,信春鹰、吴玉章译,中国大百科全书出版社1998年版,第23页。

[14] Kevin Olson, *Reflexive Democracy: Political Equality and the Welfare State*, Massachusetts: The MIT Press, 2006, p.95.

[15] 张永和:《中国大众平等观念评析》,载《中国法学》2015年第4期。

[16] 《孟子·滕文公上》。

[17] 魏杰:《对中国未来十年的经济发展与改革的判断》,载《学术月刊》2013年第8期。

[18] 〔英〕休谟:《人性论》,关文运译,商务印书馆1980年版,第526页。

和最普遍的法律原则,是现代法治国家立法和司法所坚持的首要原则。申言之,不仅应当将平等原则贯穿在所有的法律规范之中,而且在司法实践中,也应当毫不保留地坚持法律面前人人平等的原则。我国的市场经济是法治经济,也是民主经济,本身就蕴藏着平等的理念和价值,即在遵守市场经济发展规律、不违反相关法律法规的前提下,所有的市场主体都可以平等地参与市场交易与竞争,同时,法律平等地保护所有市场参与主体的合法权利。

显然,我国刑事立法和司法中有意强化对国有公司、企业等公有制经济主体财产权的保护,而相对削弱对私营企业等非公有制经济主体财产权保护的做法,是与平等保护公民合法财产的宪法精神相违背的,且已经不符合时代发展的要求,尤其是随着我国社会主义市场经济的多元化发展,私营企业等非公有制经济主体日益成为市场经济发展新动力的背景下,刑法对非公有制经济财产权不平等的保护,会阻碍和影响非公有制经济的发展,会挫败个体工商户、私营企业家的积极性。正如有学者所言:"在当前社会主义市场经济高度开放的体制下,非公有制经济已与公有制经济紧密相连、融为一体,刑法的不平衡保护势必会阻碍非公有制经济的健康发展,也会影响到现代企业制度的健全和完善,特别是不利于培养中小型私营企业抵御各种金融风险的能力。"[19]因此,在非公有制经济财产权保护方面,不论是立法、执法还是司法,都需贯彻平等保护的原则,不再根据财产所属主体的性质进行区别对待,而是根据财产所受到的侵害程度对各种所有制经济的财产权进行平等保护。

(三)完善平等保护的规范

如前文所述,非公有制经济财产权刑法保护方面,存在罪名相对零散,同行为不同罪、同行为不同罚等缺陷,导致非公有制经济财产权的刑法保护力度不及公有制经济。因此,有必要在未来刑法修改过程中,通过调整、修改及补充相关条款的方式,完善非公有制经济刑法平等保护的规范体系。

首先,在刑法的任务中明确保护非公有制经济财产权的内容,并从市场经济的角度对"公私财产"重新作出解释性规定。一方面,虽然我国《刑法》第2条规定的"刑法的任务"中有"保护公民私人所有的财产"的内容,但从现代公司制度来看,私营企业与私人不能等同,私营企业所有的财产也不能与单纯私人所有的财产相混同。因此,为了进一步明确刑法对私营企业财产权的平等保护,建议在《刑法》第2条中加入"保护私营企业等非公有制经济主体的财产"的内容。另一方面,《刑法》第91条和第92条关于公私财产含义的解释性规定,计划经济时代"非公即私"的特征非常明显,建议将这两条予以合并,并按照财产的性质及所属主体的市场身份,重新进行分类和解释。

其次,删除《刑法》第93条第2款关于"准国家工作人员"的规定,突出国有公

---

[19] 张瑞军:《企业法人财产权刑法保护疑难问题探究》,载《内蒙古师范大学学报(哲学社会科学版)》2012年第5期。

司、企业、事业单位、人民团体的市场经济主体地位,回归"准国家工作人员"在市场经济中"公司、企业工作人员"的真正身份,并将国家工作人员的范围仅仅限定在"国家机关中从事公务的人员"。同时,将以往由"准国家工作人员"构成且与职务相关的罪名,与公司、企业工作人员构成的相应罪名进行合并,重新设置法定刑,并统一在《刑法》分则第三章"破坏社会主义市场经济秩序罪"中进行系统规定。例如,可以将《刑法》第163条、第184条中规定的"受贿罪"与"非国家工作人员受贿罪",《刑法》第183条、第271条中规定的"贪污罪"与"职务侵占罪",《刑法》第185条、第272条中规定的"挪用公款罪"与"挪用资金罪"分别合并为一条,并按照后者确定罪名,即分别为"非国家工作人员受贿罪""职务侵占罪"和"挪用资金罪",具体刑罚可以参照《刑法》第383条和第384条的规定设置。

再次,将在非公有制经济领域发生的非法经营同类营业的行为,为亲友非法牟利的行为,失职行为,签订、履行合同失职被骗的行为,私分公司资产的行为进行犯罪化规定,不再根据公司、企业的性质在罪与非罪上区别对待。具体做法就是,将《刑法》第165条规定的"非法经营同类营业罪",第166条规定的"为亲友非法牟利罪",第167条规定的"签订、履行合同失职被骗罪",第168条规定的"国有公司、企业、事业单位人员失职罪"和"国有公司、企业、事业单位人员滥用职权罪",以及第169条规定的"徇私舞弊低价折股、出售国有资产罪"中"国有"一词删除,在主体上不再进行限制,同时,相应地将各条款中的"国家利益"修改为"公司、企业利益"或者"社会利益"。

五、结语

非公有制经济既是我国市场经济的重要组成部分,也是我国"大众创业,万众创新"的主要驱动力。积极发展个体、私营等非公有制经济,既有利于繁荣城乡经济、增加财政收入、扩大社会就业、改善人民生活,也有利于优化经济结构、促进经济发展、推动经济创新,对全面建成小康社会具有重要的战略意义。这说明,我们不能再以传统"重公轻私"的观念来看待非公有制经济,无论是立法、执法还是司法,都应当对非公有制经济树立平等保护的观念、营造平等保护的环境、完善平等保护的法律制度体系。财产权是非公有制经济创新发展的根基和保障,对非公有制经济财产权在法律上给予平等保护,既是非公有制经济自身平稳发展所需,也是依法治国方针的应有内涵。我国刑法在保护不同所有制经济财产权方面存在的不平等缺陷,不利于非公有制经济财产权的保护,应该对相关条文进行检讨,通过调整、修改及补充相关条款的方式完善非公有制经济平等保护的刑法规范体系。

反腐败国际公约视野下私营部门腐败的防治

王秀梅* 宋玥婵**

腐败问题是世界范围内共同面对的一个难题,无论是在发达国家还是发展中国家,这一问题都大量存在。政府和公职人员的腐败损害了公权力的权威和公共利益,其违法性和不道德性毋庸置疑。因此,世界各国法律都明确将此类腐败规定为犯罪,并予以严厉打击。随着世界反腐败行动的深入和扩大,进入21世纪以来,企业贿赂丑闻接连曝光,私营部门腐败问题越来越受到世界各国的重视,人们逐渐意识到此类腐败与公共部门腐败同样是严重危害社会的毒瘤。2005年联合国历史上通过的第一个指导国际反腐败斗争的法律文件——《联合国反腐败公约》(以下简称《公约》)构建了一系列综合性反腐败措施,其中针对私营部门腐败的规定,更是为各缔约国防治私营部门腐败提供了指导和依据。随后,一些国际组织和国家纷纷在制度上加以探索,防治私营部门腐败的措施现已初见成效,但是,客观来讲,世界各国在私营部门反腐败领域仍然面临着许多挑战。

一、私营部门腐败的典型案例及其危害

(一)强生"花钱消灾"揭医药市场腐败成灾

美国强生(Johnson & Johnson)公司成立于1886年,是世界上规模最大的医疗卫生保健品公司,其产品畅销175个国家和地区。然而,2010年至2011年间,这个百年企业的良好信誉受到了腐败丑闻和召回门的双重打击。

2010年1月8日,美国司法部(U. S. Department of Justice)接到举报,指控强生公司违法向美国最大的老年医药服务提供商全户公司(Omnicare)销售"利培酮"(Risperdal)。美国食品及药物管理局(U. S. Food and Drug Administration, FDA)曾警告强生公司禁止向老年病人推销"利培酮",但是强生公司不顾警告仍然通过支付全户公司数千万美元回扣的手段,依托该公司出售这种已被证实会提高老年人

---

* 北京师范大学刑事法律科学研究院教授、博士生导师,G20反腐败追逃追赃研究中心执行主任,国际刑法学协会副秘书长暨中国分会秘书长。

** 北京师范大学刑事法律科学研究院刑法专业硕士研究生。

死亡风险的药物。强生公司因此最终缴纳了 22 亿美元的罚款。①

随后,2011 年 4 月 8 日,美国证券交易委员会(U. S. Securities and Exchange Commission,SEC)和美国司法部联合指控强生公司涉嫌在海外多国凭借贿赂、回扣等手段换取签订售药合同,指控文件长达 21 页。根据美国证券交易委员会的指控,1998 年至 2006 年年初,强生旗下子公司 DePuy,通过希腊当地一家分销代理机构,以支付该代理机构佣金的形式向希腊医生行贿,换取医生们选用强生生产的外科植入物,如人造膝盖、人造腿等。2000 年至 2006 年间,强生公司通过假合同伪造差旅费等手段,向波兰医生和主管机构行贿以换取医疗合同,获利 77.5 万美元。2002 年至 2007 年间,强生公司在罗马尼亚,也是向医生行贿,换取医生开出包含强生药品的处方。2000 年至 2003 年间,强生公司通过向黎巴嫩一家代理机构支付佣金的形式,向伊拉克有关人员支付回扣 85.5 万美元,获得了 19 份价值 900 万美元的石油换食品计划项下的合同,获利 610.622 5 万美元。并在账户中记录,该笔贿赂款为合法代理机构的佣金。最终,百年企业制药巨头强生公司付出高达 7 000 万美金的罚款进行和解。

一系列的腐败丑闻已经让强生公司遭受重创,然而在 2010 年到 2011 年间的 15 个月内,强生公司接连召回 50 多种产品。其中包括 DePuy 生产的外科植入物,部分患者因此遭受着终身难以治愈的痛苦。英国严重欺诈办公室(Serious Fraud Office)随即展开了对强生公司的调查。美国证券交易委员会负责人罗伯特·胡扎米表示,"强生公司凌驾于法律之上,通过私人公司进行贿赂","同时,还使用虚假合同、离岸公司以及行贿基金掩饰违法活动",但是,"任何通过腐败(途径)获取的竞争优势都是幻想"。②

一石激起千层浪,除了强生公司以外,医疗公司的腐败行为比比皆是。2012 年 7 月,英国制药业巨头葛兰素史克公司同时惹上了几桩官司,包括违规销售药品、向医生支付回扣以及骗取医疗补助金。2012 年 8 月,美国证券交易委员会披露,辉瑞公司在包括中国、保加利亚、克罗地亚、意大利等 8 个国家,向当地官员以及医生等人员行贿。③

(二)私营部门腐败的危害

对于私营部门来讲,腐败必然会增加企业的成本。强生公司为了将付给伊拉克的回扣消解掉,通过提高合同价款 10% 的方式将成本转嫁,又通过虚假合同、子公司做假账合法化贿赂款项。这一过程导致市场竞争的不公平和市场秩序的混乱,也使会计制度和审计制度遭到破坏。企业的行贿手段使资源流向肯支付"回

---

① 参见 Johnson & Johnson,载维基百科(https://en.wikipedia.org/wiki/Johnson_&_Johnson#Foreign_bribery),访问日期:2017 年 3 月 29 日。
② 《强生涉嫌多国行贿遭起诉》,载新浪财经(http://finance.sina.com.cn/focus/qsxhzqx/),访问日期:2017 年 3 月 29 日。
③ 参见《强生因贿赂医生在美被罚 22 亿美元》,载东方网(http://news.eastday.com/eastday/13news/node2/n4/n7/u7ai97234_K4.html),访问日期:2017 年 3 月 23 日。

扣"和"好处费"的公司,这必将导致市场资源配置出现问题。长此以往,中小型企业也将出现大范围倒闭的后果,以致生产效率低下,经济市场萧条。私营企业的贿赂行为虽然隐蔽,但终究难逃败露的结果,腐败丑闻一经曝光将导致企业信誉受损,触发信任危机,就如强生公司百年经营的口碑,如今已难以恢复到原先的状态。

透过一系列医药公司的腐败案件可见,行业众多的经济市场,私营部门腐败行为正在侵蚀着公平自由的市场秩序。透明国际的调查显示,商界紧跟公共部门和政界成为人们普遍认为极具腐败倾向的领域。④ 经济学中认为,外部性是指"一种行为产生的后果不仅是私人的,而且具有社会性,因此不可能不影响到社会秩序和其他公民的生活"⑤。私营企业是国家经济的重要组成部分,一方面,其活跃的商业行为起着促进经济发展的作用;另一方面,其不正当行为也产生了外部性的影响,"无视这种外部性,就是一种腐败"⑥。私营企业腐败对于商业和国家的损害更为巨大。2003 年,纽约市审计办公室公布的报告称,企业腐败造成纽约经济损失 290 亿美元、税收损失 10 亿美元;2006 年控制风险组报告显示,在过去的 5 年内,1/4 的英国公司因为腐败而生意衰败。⑦

二、《联合国反腐败公约》中对于私营部门腐败的定义及相关条款

(一)《联合国反腐败公约》对于私营部门腐败的定义

《公约》没有直接定义腐败的概念,而是将腐败问题分为公共部门(public sector)和私营部门(private sector)两个部分作出具体的规定。公共部门(public sector)是指,一国中立法、行政、行政管理或者司法部门,以及依照一国法律履行公共职能、提供公共服务的部门,特殊的还包括国际公共组织和外国立法、行政、行政管理或者司法部门、履行公共职能或提供公共服务的部门。私营部门(private sector)是指,除以上公共部门之外,其他从事经济、金融或商业活动的部门。

腐败作为一个双向选择的过程,"可以在供应和需求的框架下描述腐败"⑧,即存在贿赂的供应方和贿赂的需求方。涉及私营部门的腐败是指,这种腐败的双方关系中的一方或双方为私营部门,具体可以分为"私对公的腐败"(private-to-public

---

④ See C. Gopinath,"Recognizing and Justifying Private Corruption",*Journal of Business Ethics*,82(3),2008,p.747.
⑤ 郭松民:《私企老板就不腐败吗?》,载《国企》2014 第 7 期。
⑥ 郭松民:《私企老板就不腐败吗?》,载《国企》2014 第 7 期。
⑦ 参见 Victoria Jennett,"Incentives for the Private Sector to Refrain From Corruption",载 U4 Anti-corruption Resource Centre (http://www.u4.no/publications/incentives-for-the-private-sector-to-refrain-from-corruption/),访问日期:2017 年 3 月 23 日。
⑧ 〔美〕博瑞斯·马尼科夫、杨晶、黄旭江:《打击腐败:私营部门的观点和解决方案》,载《经济社会体制比较》2009 年第 3 期。

corruption)和"私对私的腐败"(private-to-private corruption)[9],前者涵盖范围较广,主要是指私人部门给付好处"以利用公职谋取私利"[10],后者则是本文探讨的对象,称之为私营部门腐败,即包括在经济、金融、商业活动中非公共部门组织内部所发生的,"当经理或雇员在行使私人组织或公司职能、任务或责任履行具有一定的权力或影响力时发生的腐败类型"[11]。由于"私对公的腐败"对经济效益和经济增长的损害和对社会政治、道德的影响极大,因而被广泛研究;但在"私对私的腐败"方面的研究相对较少,近些年才走入公众视野。

(二)《联合国反腐败公约》中有关私营部门腐败条款

《公约》把私营部门中最普遍的腐败形式定为犯罪,在第三章"定罪和执法"中具体规定的私营部门腐败犯罪类型有:私营部门内的贿赂(第21条[12])、私营部门内的侵吞财产(第22条[13])。

私营部门内的贿赂在经济、金融、商业活动中的表现形式多种多样,概括地讲,包括以现金、礼品、疏通费等形式进行的行贿、受贿,以及收受对方提供的礼物、旅游、报销旅费等好处;利用裙带关系雇佣、晋升;非法交易公司内幕信息;索贿等。具体地讲,有学者列出了以下表现形式:①给予制造商、进口商、批发商或经销商的经理或雇员好处(或其他类型的报酬),以获得分销协议、许可证或特许经营权;②给予金融机构管理人员好处,以便在交易中获得贷款或确保更有利的条件(例如,以保证发行股票的安排);③给予好处为获得可能导致公司股票价格变动的公司交易的内幕信息(内幕信息的销售);④给予人事部门主管好处,以确保有特殊关系的雇员或主管被雇佣或者晋升;⑤给予专业人士好处(会计人员、审计人员、咨询人员、经济分析师等),促使其违背职业职责;等等。[14] 私营部门内的侵吞财产在实际中的表现形式主要有非法挪用公司财产、将公司财产据为己有

---

[9] See Antonio Argandoña, "Private-to-private corruption", *Journal of Business Ethics*, 47(3), 2003, p.255.

[10] C. Gopinath, "Recognizing and Justifying Private Corruption", *Journal of Business Ethics*, 82(3), 2008, p.747.

[11] Antonio Argandoña, "Private-to-private corruption", *Journal of Business Ethics*, 47(3), 2003, p.255.

[12] 《联合国反腐败公约》第三章第21条"私营部门内的贿赂"规定:"各缔约国均当考虑采取必要的立法和其他措施,将经济、金融或者商业活动过程中下列故意实施的行为规定为犯罪:(a)直接或间接向以任何身份领导私营部门实体或者为该实体工作的任何人许诺给予、提议给予或者实际给予该人本人或者他人不正当好处,以使该人违背职责作为或者不作为;(b)以任何身份领导私营部门实体或者为该实体工作的任何人为其本人或者他人直接或间接索取或者收受不正当好处,以作为其违背职责作为或者不作为的条件。"

[13] 《联合国反腐败公约》第三章第22条"私营部门内的侵吞财产"规定:"各缔约国均应当考虑采取必要的立法和其他措施,将经济、金融或者商业活动中下述故意实施的行为规定为犯罪:以任何身份领导私营部门实体或者在该实体中工作的人员侵吞其因职务而受托的任何财产、私人资金、私人证券或者其他任何贵重物品。"

[14] See Antonio Argandoña, "Private-to-private corruption", *Journal of Business Ethics*, 47(3), 2003, p.256.

等。这种行为对公司的损害较为明显而直接,反而是前述的私营部门内的贿赂在实际中情况较为复杂。

《公约》提出了一整套全面的标准、措施和准则,各国可用来加强其反腐败的法律和规章制度。《公约》要求采取预防措施,第12条⑮明确提出了各缔约国要防止涉及私营部门的腐败,加强私营部门的会计和审计标准,规定有效、适度且具有警戒性的民事、行政或刑事处罚。除此之外,《公约》第13条规定了社会参与,第33条规定了保护举报人,第39条规定了国家机关与私营部门之间的合作等条款,为的是促使各缔约国建立起监督与举报、执法与惩罚、教育与宣传相互结合联动的反腐败机制,以《公约》为最低限度,各缔约国有义务对腐败问题采取措施。

三、防治私营部门腐败的国际经验

《公约》针对私营部门腐败的规定,为各缔约国建立综合措施提供了指导。私营部门腐败的防治需要建立一系列综合措施,这些综合措施需要国家、企业、民众的积极参与,既要完善刑事立法以及其他相关法规,又要发挥社会监管的作用;既要促使企业制定道德规章,又要建设透明的信息公开平台和严格的会计审计制度,单独依靠刑事立法规定或是企业自身自律都是难以起到有效作用的。在一个有效的反私营部门腐败机制中,企业作为腐败产生的源头,其内部制度是规范雇员行为的重要准则,刑事及相关立法是基础的措施,国际组织在反私营部门腐败领域起到了促进作用。

---

⑮ 《联合国反腐败公约》第二章第12条"私营部门"规定:"1. 各缔约国均应当根据本国法律的基本原则采取措施,防止涉及私营部门的腐败,加强私营部门的会计和审计标准,并酌情对不遵守措施的行为规定有效、适度而且具有警戒性的民事、行政或者刑事处罚。2. 为达到这些目的而采取的措施可以包括下列内容:(a)促进执法机构与有关私营实体之间的合作;(b)促进制订各种旨在维护有关私营实体操守的标准和程序,其中既包括正确、诚实和妥善从事商业活动和所有相关职业活动并防止利益冲突的行为守则,也包括在企业之间以及企业与国家的合同关系中促进良好商业惯例的采用的行为守则;(c)增进私营实体透明度,包括酌情采取措施鉴定参与公司的设立和管理的法人和自然人的身份;(d)防止滥用对私营实体的管理程序,包括公共机关对商业活动给予补贴和颁发许可证的程序;(e)在合理的期限内,对原公职人员的职业活动或者对公职人员辞职或者退休后在私营部门的任职进行适当的限制,以防止利益冲突,只要这种活动或者任职同这些公职人员任期内曾经担任或者监管的职能直接有关;(f)确保私营企业其结构和规模实行有助于预防和发现腐败的充分内部审计控制,并确保这种私营企业的账目和必要的财务报表符合适当的审计和核证程序。3. 为了预防腐败,各缔约国均应当根据本国关于账簿和记录保存、财务报表披露以及会计和审计标准的法律法规采取必要措施,禁止为实施根据本公约确立的任何犯罪而从事下列行为:(a)设立账外账户;(b)进行账外交易或者账实不符的交易;(c)虚列支出;(d)登录负债账目时谎报用途;(e)使用虚假单据;(f)故意在法律规定的期限前销毁账簿。4. 鉴于贿赂是依照本公约第十五条和第十六条确立的犯罪构成要素之一,各缔约国均应当拒绝对贿赂构成的费用实行税款扣减,并在适用情况下拒绝对促成腐败行为所支付的其他费用实行税款扣减。"

(一) 企业内部防治腐败的有效措施

国际民营企业中心(CIPE)提出:"私营企业积极投身于反腐败斗争中是打击腐败胜利的关键,虽然一些公司短期内会从腐败的交易中受益,但是贿赂会导致更多的公司长期地承担更高的成本,处于更加不安全的环境中,导致冷淡的商业环境。公司有理由加入到这场战争中,并采取政府不能采取的补充措施。"[16]这种补充措施,就是指企业内部的防治措施。"在私营部门领域很难区别道德和不道德,这是一个很难界定的界限。于是需要通过教育和制定道德守则的方式进行培训。"[17]贿赂导致的私企腐败经常仍需要企业自己去解决。一些公司已经意识到了企业腐败的毒害,建立起公司内部的道德规章,并进行相关的培训项目;针对收受礼品和接受旅游、吃饭、帮助、门票等形式的好处进行了企业内部的划定。较为成功的经验就有阿里巴巴公司。

阿里巴巴致力于打造公开、透明、开放的新商业文明,并以此为理念建立了廉正举报系统(https://jubao.alibaba.com/)。通过该系统,阿里巴巴廉正合规部受理以下涉及员工违纪的举报:①索取、收受贿赂,违规收受礼品或款待;②违规投资、就职于阿里巴巴供应商、商家、合作伙伴等;③泄露公司保密信息等;④利用职权谋取私利;⑤其他违反法律法规的行为。[18] 并且,阿里巴巴通过廉正举报系统公开招募"廉正监督员",在阿里巴巴电商平台经营1年以上的淘宝、天猫商家或TP商(TaoBao Partner)熟悉相关规定的都可以报名。

"淘宝小二"是阿里巴巴内部及淘宝商家对淘宝系工作人员的统称,具有刷信誉、删差评、参加各类促销活动等权限。2015年3月,廉正监督员举报有"淘宝小二"接受商家钱款,经核查消息属实,阿里巴巴遂将涉案"淘宝小二"辞退并移送司法机关,并于3月24日发布《处罚公告(公开信)》(以下简称《公告》),对26家违规店铺作出永久关店的处罚。《公告》原文重申了阿里巴巴反腐的决心并承诺:"将不计代价、持续不断地进行制度完善和员工规束","阿里巴巴的会员规则明确规定:会员采用不正当手段谋取利益的,如向阿里巴巴工作人员及(或)其关联人士提供财物、消费、款待或商业机会等;或者通过其他手段谋取不正当利益的,无论是否获得利益,都将永久不向其提供或接受其提供的任何产品或服务。如违反国家规定,还将移交工商、公安等执法机关处理。"阿里巴巴强调说,任何违背诚信经营原则,或试图通过"潜规则"甚至违法犯罪手段谋求不正当利益的商家,阿里

---

[16] Center for International Private Enterprise, "Combating Corruption: A Private Sector Approach", 载 U4 Anti-corruption Resource Centre (http://www.u4.no/recommended-reading/combating-corruption-a-private-sector-approach/),访问日期:2017年3月24日。

[17] C. Gopinath, "Recognizing and Justifying Private Corruption", *Journal of Business Ethics*, 82(3), 2008, p.747.

[18] 参见阿里巴巴廉正举报(https://jubao.alibaba.com/internet/readme.htm.),访问日期:2017年3月30日。

巴巴都将坚决摒除其于阿里电商的生态圈之外,永不合作。⑲

(二)国家反私营部门腐败立法

除了阿里巴巴以外,众多的大型企业都建立起公司内部的道德规章,例如波音、西门子等。企业内部的自我规制是在源头上控制私营部门腐败的有效方法,而与此同时,各国相关立法的完善发挥着基础性的作用,近些年新出台的国家立法就有被称为"史上最严"的《英国反贿赂法案》和搁置多年终于出台的新《巴西反腐败法》。

1.《英国反贿赂法案》(The Bribery Act)

《英国反贿赂法案》从 2011 年 7 月 1 日正式生效。《英国反贿赂法案》被认为是"最严厉的反腐败法案","因为几乎所有与'英国'有关联的个人或者公司都在该法案的约束之下":在英国注册的公司自然包含其中;对于非在英国注册的公司,只要其在英国设有分支机构、在英国经营业务、在英国的某个证券交易所上市,甚至或者仅仅聘请了英国居民,都将受到该法案的约束。该法案还促使企业建立起合规计划,"如果企业的高层管理人员,雇员或者第三方以贿赂的形式为保留业务或者获得业务上的便利,企业有可能需要承担法律责任。但是,如果企业为预防贿赂而采取了'充足的程序',诉讼方可因此获得充分辩护"。除此之外,《英国反贿赂法案》的处罚力度也是空前的,犯有行贿、受贿或贿赂公职人员罪的个人可能被处以最高达 10 年的监禁和罚款;而公司则要处以无限额罚款。⑳

2. 新《巴西反腐败法》(Lei Anticorrupção "BACL")

巴西的腐败严重,导致了经济的衰退和社会的动荡。新《巴西反腐败法》被搁置多年,终于在国会的推动下通过,于 2014 年 1 月 29 日正式生效。与先前的法律相比,新法对腐败行为的惩处更加严厉。先前的法律规定,企业如果行贿或搞腐败活动,接受审判的只有其法人代表。新法则更加严厉,总经理和涉案的其他人也将受到惩罚,而且涉及范围也已延伸至在国外实施的犯罪。新法还规定,将行贿缴纳罚款的最高限额提高至企业年毛收入的 20%,或者是 6 000 万雷亚尔(约合 1.5 亿元人民币)。

(三)国际组织防治私营企业腐败的倡议

国际组织在反私营部门腐败领域也作出了很多探索,包括在促进企业内部制度建设和公司信息公开等方面。

1. 世界银行协会

世界银行协会(The World Bank Institute)启动私人企业开放协作倡议(the Open and Collaboration Private Sector Initiative)以促进私人部门在反腐败领域和发

---

⑲ 参见《阿里巴巴宣布对 26 家违规店铺作出永久关店处罚(公告全文)》,载中商情报网(http://www.askci.com/news/chanye/2015/03/24/22129gpzn.shtml),访问日期:2017 年 3 月 24 日。

⑳ 参见 Bribery Act 2010,载维基百科(https://en.wikipedia.org/wiki/Bribery_Act_2010.),访问日期:2017 年 3 月 22 日。

展工作中的影响。[21] 该倡议以提高私营部门净收入和提高发展影响力为目标,在2010年建立了"Opencorporates"网站(www.opencorporates.com),致力于将全世界公司的信息网罗于此。通过这个新的索引数据库可以查询公司的实际所有权、公司的经营内容等,还可以对于公司的竞争力进行深入分析。任何人都可以通过这个网站轻而易举地查出公司之间的联系,既包括有直接附属关系的公司,也包括公司的合作伙伴,这对于私营部门反腐败工作有显著的意义。[22]

2. 世界经济论坛反腐败倡议

世界经济论坛反腐败倡议(The World Economic Forum's Partnering Against Corruption Initiative,PACI)2004年成立时聚集了大约150位来自主要企业的CEO公开承诺,将提高企业的合规性、进行高水平的对话以及实施一系列反腐败的措施。世界经济论坛反腐败倡议在反腐败和信息公开上已经成为商业界的领先声音,它创造了一个企业的领导者、国际组织、政府部门共同商讨处理腐败问题、信息公开问题和新兴市场的风险问题的效果显著的日程设定平台。

3. 联合国全球契约

2000年7月,联合国总部正式启动《联合国全球契约》(United Nations Global Compact,UNGC),作为对全世界企业的呼吁,最初契约只有9条原则。2004年6月12日,在第一次全球契约领导人峰会上,联合国秘书长安南提出添加第10条反腐败原则:"企业应反对各种形式的贪污,包括敲诈、勒索和行贿受贿",以适应《公约》的适用。《联合国全球契约》是世界上最大的企业可持续发展(即企业社会责任)计划,共有13 000个企业参与者和170多个国家的其他利益相关者。[23]《联合国全球契约》奖励这些成员制定反腐败标准,涉及与其政府合作,制定具体政策以维护这些标准,并为供应链中的人员制定标准,其中包括培训员工以减少责任风险。2010年,《联合国全球契约》针对跨国公司发布了指导方针,即"供应链中的反腐败:对客户和供应商的指导"(Fighting Corruption in the Supply Chain:A Guide for Customers and Suppliers)。[24]

---

[21] 参见"Removing the Corruption Tax on the Private Sector",载CSIS(https://www.csis.org/analysis/removing-corruption-tax-private-sector),访问日期:2017年3月23日。

[22] 参见Benjamin Herzberg,"Solving the G8 Transparency Equation for Businesses:Bottom Line + Development Impact = Open and Collaborative Private Sector Initiative",载THE WORLD BANK(http://blogs.worldbank.org/voices/solving-g8-transparency-equation-businesses-bottom-line-development-impact-open-and-collaborative.),访问日期:2017年3月22日。

[23] 参见United Nations Global Compact,载维基百科(https://en.wikipedia.org/wiki/United_Nations_Global_Compact#The_Ten_Principles.),访问日期:2017年3月24日。

[24] 参见Fighting Corruption in the Supply Chain:A Guide for Customers and Suppliers,文件地址(https://www.unglobalcompact.org/docs/issues_doc/Anti-Corruption/Fighting_Corruption_Supply_Chain.pdf),访问日期:2017年3月26日。

四、防治私营部门腐败面临的挑战及其应对

随着经济全球化下各国经济的高速发展,跨国企业不断融资的同时,新兴互联网经济日新月异,私营部门在规模上一边向"大而广"发展,一边向"小而精"集聚。私营部门在不同国家的法律规定下,有不同的注册标准和运营规则,整体而言,市场氛围都较为活跃、市场政策都较为宽松。《公约》体现了先进的反腐败理念和理想的反腐败制度设计,但是,各国在履约时不得不考虑自己国家的情况,兼顾各种利益冲突,使得《公约》在实践时有所折损。国际组织倡议和企业内部制度的反腐败效果各有所长,但也有不可避免的问题。防治私营部门腐败仍面临着艰巨的挑战。

(一)防治私营部门腐败的成本巨大

防治私营部门腐败,需要建立起公司的信息公开平台和严格的会计审计制度以及企业内部的管理制度,这必然需要政策成本的投入。企业需要意识到腐败的危害性从而投入建设制度的成本,但是对于中小型企业来讲,这部分成本投入负担较为沉重。若是将这部分责任交给市场自发组织,其号召力又十分有限。所以,依靠企业自发地投入成本进行反腐败工作难免动力不足。

《公约》规定国家机关与私营部门之间要建立合作关系,要采取措施提高国家机构对打击私营部门腐败的重要性的认识。[25] 会计、审计制度的建立,企业信息公开的推进和腐败行为的查处都需要国家机关的介入。也就是说,国家有义务承担起建立私营部门腐败防治体系的成本,使检察机关在私营部门反腐败中发挥作用,发挥国家机构在反私营部门腐败方面的作用。

(二)趋利心理导致企业坚持铤而走险

腐败行为,都是为了通过给予好处的行为获得更大的好处,企业行贿往往是为了在竞争中取得优势,获得经销合同、许可证等市场优势。所以,同最终收获的利益、利润相比,"贿赂"成本不值一提。企业以此为出发点的心理状态,使私营部门腐败的防治存在极大的困难。就算其行为被曝光,受到法律的惩罚,基本上可以通过罚金了事,大多数也只受到道德上的谴责。面对市场经济不同风险的企业,在考量得失计算风险后,宁可突破底线在巨额利润面前作出超越边界的选择。在防治私营部门腐败的过程中,如何使机制可以更加合理,以制衡腐败成本与违法成本的关系极为重要。

解决这个问题,仅依靠立法完善和处罚严厉远远不够,要从企业观念入手。各缔约国在履约过程中建立起国内反私营部门腐败立法,而立法施行还需要配合其他手段,尤其是宣传和教育,才能使法律更好地被遵守,才能使企业的诚信意识

---

[25] 参见"A Resource Guide on State Measures for Strengthening Corporate Integrity",文件地址(http://www.unodc.org/documents/corruption/Publications/2013/Resource_Guide_on_State_Measures_for_Strengthening_Corporate_Integrity.pdf),访问日期:2017年3月26日。

更高。立法本身说明哪些行为被法律所禁止以及因此会受到的惩罚后果,但是从企业经理和雇员的角度来讲,虽然可以辨别行贿其他企业获得合同的行为是腐败行为,但是一些利用裙带关系、给付好处获得许可证的行为也属于腐败行为就不是那么显而易见,人尽皆知了。所以,需要通过教育和培训来学习和区分,使企业意识到腐败的危害,而绝不只看到眼前的短浅利益。《英国反贿赂法案》颁布之后,随之发布了《反贿赂法案指导》(The Bribery Act Guidance),以供企业了解法律规定的内容和防止其人员腐败的具体适用措施。这种类型的指导,有利于私营部门提高自身的防范意识,加强商业活动中的企业诚信度,也是法律实施的重要辅助,值得学习和借鉴。

(三)贿赂行为依旧隐蔽于自由市场

市场的商业行为存在极高的自由度,商业交易的过程也有极强的自主性,私营部门腐败隐藏在市场经济的手段之下,隐蔽性极强。会计审计、信息公开以及国家部门的每一个环节都有可能成为私营部门腐败的对象,所以防治私营部门腐败的一个不可忽视的环节,就是发挥社会参与的重要性。

推动公共部门以外的个人和团体参与到反腐败的过程中,也是《公约》所提倡的。《公约》中涉及的这些团体包括民间团体、非政府组织和社区组织等。这种参与既有利于腐败问题的解决,也可以提高公众对腐败的严重性的认识。透明国际(墨西哥)就出版了一份公民参与的详细指南(A New Role for Citizens in Public Procurement)。社会参与主要通过公共教育、宣传和监督来实现。例如,公民个人有责任了解自身的权利,举报私营部门的腐败现象,甚至可以要求政府部门对企业的腐败进行治理。媒体和宣传组织也可以通过传播关于政策进展的信息,发挥重要的监督作用。

五、结语

世界各国在反腐败问题上的共同努力,体现了当代社会对于腐败"零容忍"的共识。《公约》中一系列针对私营部门腐败的综合措施规定,为各缔约国提供了防治私营部门腐败的指导和依据。防治私营部门腐败需要各缔约国国家机关、企业和民众的共同努力。在世界各国、国际组织、企业的努力下,防治私营部门腐败已经取得了一些成效。相信在已有的经验之下,防治私营部门腐败的机制将更加完善。

预防公司、企业职务犯罪的若干问题研究

韩 轶[*]

伴随着我国改革开放的不断深入以及社会主义市场经济建设的快速发展,公司、企业已经逐步成为社会主义市场经济的主体。但与此同时,经济犯罪特别是大要案呈大幅上升趋势,经济犯罪的种类不断增多,新型的经济犯罪也不断出现。在这些经济类犯罪中,公司、企业职务犯罪案件的数量占据较大比例,对改革发展的稳定以及整个社会的正常运转都具有较大的危害。而且随着我国企业体制改革的不断深入,这一类型的犯罪在今后相当长的时期内仍然会呈不断上升的趋势。因此,如何预防公司、企业职务犯罪,时下已成为所有公司、企业乃至整个社会都不得不面对的一个重要问题。笔者将以公司、企业职务犯罪的预防为研究对象,主要探讨这一职务犯罪的界定、具体类型、产生原因以及现实危害等基本问题,并提出预防这一犯罪的相关对策,以期对理论与实务部门有所裨益。

一、公司、企业职务犯罪的界定

公司、企业职务犯罪,在刑法学层面也被称为非国有或非集体所有公司、企业工作人员职务犯罪,其犯罪主体属于特殊主体,即公司、企业的工作人员,包括领导人员、职员和工人。职务犯罪是指具有特定身份的人员实施的与其职务相关联的犯罪。职务犯罪有广义和狭义之分,广义的职务犯罪包括一切与职务有关的犯罪,指国家工作人员和其他在社会团体、企业、事业单位中依照法律、法规或者组织章程等从事公务的人员在履行职责过程中,利用职务上的便利条件,或滥用职权,或者不正确履行职权,所实施的那些违背职责要求,并且依照刑法规定应受刑法处罚的行为的总称。狭义的职务犯罪,即国家工作人员实施的职务犯罪。本文所探讨的公司、企业职务犯罪即属于广义的职务犯罪,是指公司、企业人员在履行职责过程中,利用职务上的便利实施的犯罪行为。

现阶段,公司、企业职务犯罪具有如下两个主要特征:其一,犯罪主体的智能性。此类犯罪的主体主要为公司的董事、监事、经理、财务人员及其他从事管理工

---

[*] 中央民族大学法学院副院长、教授、博士生导师。

作的人员,同时还可能涉及承担资产评估、验资、验证、审计职责的单位和自然人。他们大多数文化程度较高并且具有经济、法律、财务、贸易、财会等方面的专门知识和技能,而且谙熟国家的政策、法律及管理方面的漏洞和薄弱环节。因此,在某种意义上,公司、企业职务犯罪是智力型的犯罪,具有高智商的犯罪能力,能够全面、深入地观察国家法律、政策的变化,精通相关经济学与法学知识。其二,犯罪行为的隐蔽性。公司、企业职务犯罪侵害的客体是国家对公司、企业的管理秩序及有关的经济秩序,并不被普通民众所关注。犯罪主体所实施的犯罪行为大多数是利用职务上的便利,即在合法的职务行为的掩盖下进行的,具有形式上的合法性。因此,此类犯罪是很难被人们所察觉的。加之公司、企业职务犯罪的现场是隐性现场,更是难以被侦查人员发现。当然,除此之外,该犯罪行为能够给公司、企业的生产经营带来极大危害,同样也是该犯罪的特征之一。

二、公司、企业职务犯罪的类型

在司法实践中,公司、企业职务犯罪主要有如下四种类型:

(一)职务侵占罪

职务侵占罪是指公司、企业或者其他单位的人员,利用职务上的便利,将本单位财物非法占为己有,数额较大的行为。根据《中华人民共和国刑法》(以下简称《刑法》)第271条的规定,数额巨大的,可判处5年以上有期徒刑。公司、企业职务侵占罪一直位居经济犯罪的榜首,且不断涌现新的特征,案发率也在呈逐年上升的趋势。具体而言,职务侵占罪具有如下构成要素:其一,本罪的行为主体是公司、企业或者其他单位的人员,村民委员会等基层组织人员,国有资本控股、参股的股份有限公司中从事管理工作的人员。对本罪行为主体的认定,不能采取身份说,只要行为人事实上从事公司、企业或者其他单位的员工所从事的事务,原则上就应认定为本罪的行为主体。其二,本罪的行为内容为利用职务上的便利,将数额较大的单位财物非法占为己有的行为。即行为人必须利用了职务上的便利,例如利用自己主管、管理、经营、经手单位财物的便利条件,并且实施了将单位财物非法占为己有的行为。上述内容是区分本罪与他罪的主要标准。

(二)挪用资金罪

挪用资金罪是指公司、企业或者其他单位的工作人员,利用职务上的便利,挪用本单位资金归个人使用或者借贷给他人,数额较大、超过3个月未还的,或者虽未超过3个月,但数额较大、进行营利活动的,或者进行非法活动的行为。根据《刑法》第272条的规定,本罪最高可判处10年有期徒刑。本罪构成要件的内容为公司、企业或者其他单位的工作人员,利用职务上的便利,挪用本单位资金归个人使用或者借贷给他人使用。首先,行为主体是公司、企业或者其他单位的工作人员(与职务侵占罪的行为主体相同)。但根据相关司法解释的规定,对于受国家机关、国有公司、企业、事业单位、人民团体委托,管理、经营国有财产的非国家工作人员,利用职务上的便利,挪用国有资金归个人使用构成犯罪的,应当以挪用资金罪定罪处罚。其次,行为对象是单位资金。再次,行为内容为利用职务上的便利,挪用本单位资金归个人使用或者借贷给他人。最后,责任形式为故意,行为人必须明知是单位的资金而非法占有、使用。这里的非法占有、使用的故意,是指暂时占有、使用单位资金的故意,如果行为人以非法占有为目的,则成立职务侵占罪。

(三)侵犯商业秘密罪

公司、企业要生存和发展,除了搞好现有的经营、生产之外,一般还从事产品或技术的研发,以达到企业日益完善和壮大的目的。而在研发或生产过程中的一些商业秘密即成为公司重点保护的对象,也成为其他企业觊觎的对象。一些企业为了不劳而获,不惜铤而走险,通过各种手段获取他人的商业秘密,给其他企业造成了不可估量的严重影响。侵犯商业秘密罪是指以盗窃、利诱、胁迫、披露、擅自使用等不正当手段,侵犯商业秘密,给商业秘密的权利人造成重大损失的行为。根据《刑法》第219条的规定,触犯本罪并造成特别严重后果的,最高可以判处7年有期徒刑。本罪的构成要件内容为实施侵犯商业秘密的行为,并且给权利人造成了重大损失。首先,行为对象为商业秘密,是指那些不为公众所知,能为权利人带来经济利益,具有实用性并经权利人采取保密措施的技术信息和经营信息。其次,行为内容包括以盗窃、利诱、胁迫或者其他不正当手段获取权利人的商业秘密,披露、使用或者允许他人使用上述第一种手段获取的权利人的商业秘密,以及违反约定或者违反权利人有关保守商业秘密的要求,披露、使用或者允许他人使用其所掌握的商业秘密。再次,结果上为权利人造成了重大损失。最后,责任形式为故意,即行为人明知自己的行为侵犯了他人的商业秘密,会给权利人造成重大损失,并且希望或者放任这种结果的发生。

(四)非国家工作人员受贿罪

非国家工作人员受贿罪是指公司、企业或者其他单位的工作人员利用职务上的便利,索取他人财物或者非法收受他人财物,为他人谋取利益,数额较大的行为。根据《刑法》第163条的规定,在受贿数额巨大的情况下,本罪可判处5年以上有期徒刑。就本罪的构成要件内容而言,首先,本罪的行为主体必须是公司、企业或者其他单位的工作人员。其次,行为内容为利用职务上的便利,索取或者非法收受他人数额较大的财物,为他人谋取利益的行为。最后,本罪的责任形式为故意,行为人明知自己索取、收受贿赂的行为会发生侵犯职务行为不可收买性的结果,并且希望或者放任这种结果的发生。

三、公司、企业职务犯罪的成因

笔者认为,公司、企业职务犯罪之所以形成,主要有如下原因:

(1)在一些公司、企业中,不同程度地存在重业务、轻政治、缺法治教育的现象。他们普遍认为,企业发展好坏的标准主要在于经济指标,大都将政治学习流于形式。政治觉悟的肤浅,直接导致把握国家法律、政策的不准,对企业发展方向不明确,企业中的少数人受不良社会风气的影响和腐朽思想的侵蚀,思想变质、心理失衡,利用手中的职权搞钱权交易、谋私利,特别是对于以好处费、劳务费等名义收受的财物,认为只是隐性收入,并将其作为维系生活水平和相对心理平衡的支撑。

(2)一些单位或商家为了一己私利,不惜采用各种手段拉拢、腐蚀企业系统的相关人员,以好处费等名义大肆行贿,难免发生钱权交易,有的甚至发展到明目张胆地索贿,以致陷入犯罪的泥潭。

(3)随着我国公司、企业系统体制改革的进一步推进,系统内部在工程建设、设备物资采购等方面拥有的自主权越来越多,领导干部和各职能部门的权力也越来越大。但与之配套的法律规范、权力监督机制却没有及时有效地跟进,在权力监督管理上存在规范缺失的情况。

(4)企业财务管理混乱、财务制度不健全、制度执行不力、缺乏监督是企业职务犯罪多发的根本原因。主要表现在:私设小金库,致使单位资金监管失控;有些企业违反财务管理制度,对一些预算外收入或自主收费项目不入账,逃避财政监管和审计监督。财务管理漏洞较多:有些企业会计、出纳岗位职责混淆,相互缺乏监督,不能及时发现问题;有人身兼数职,既管钱又管账,财务管理不规范、不严密,使公款轻而易举地被截留、侵吞。权力的监督制约不力:贿赂犯罪多发生在单位负责人等人身上,其原因就在于权力过分集中而又缺乏必要的监督。从实践中的案件情况来看,由于企业内部制度不健全,存在管理者个人决策专断等弊病,加之内部监督形同虚设,上级监督又鞭长莫及,致使暗箱操作、私下交易的现象严重。

四、公司、企业职务犯罪的危害

公司、企业职务犯罪严重危害国家经济健康发展、社会公平正义,给公私财产造成严重损失,甚至危及人民群众的生命安全。职务犯罪具有严重的社会危害性,由于其犯罪主体的特殊性——一般具有一定职务、掌握一定权力而表现出其比一般犯罪更为严重的社会危害性的显著特征,具体表现如下:

(一)危害公共安全

职务意味着相应的责任,其面对多人,如果行为人不负责任,不履行或不正确履行职责,很可能会危害公共安全。如有关主管领导或负责人严重不负责任,不按相关规定履行职责,或收受贿赂,就会造成豆腐渣工程、安全生产事故等问题的发生,从而导致工程不能用或者发生安全生产事故,造成人员伤亡等危害公共安全的情况发生。

(二)造成公司财产的大量流失

职务侵占、挪用资金等职务犯罪严重违反了社会经济秩序及企业内部规章制度,往往造成公司财产的大量流失,损害公司及股东的利益。由于行为人一般握有一定职权,掌握一定数额的财产支配权,如果他们不择手段地违反公司的规章制度,从事挪用资金、职务侵占等,势必造成公司财产的大量流失,这样将给公司造成比抢劫、盗窃、诈骗等其他犯罪行为更为严重的财产损失。公司一般以盈利为目的,而公司财产大量流失对公司而言无疑会是致命的打击。

(三)危害公司、企业的健康发展,破坏市场经济建设

公司、企业是社会主义市场经济发展的重要组成部分,市场中很多企业是通过创始人、老股东的原始积累及苦心经营开始并不断发展起来的,而职务侵占、挪用资金等职务犯罪,不仅严重损害民营企业的资产和管理者建设公司的夙愿,干扰了民营企业或者其他单位的正常管理活动,而且破坏了民营企业文化建设,削弱了民营企业的竞争力,也侵犯了社会主义公平竞争的交易秩序,最终破坏社会主义市场经济建设。

五、预防公司、企业职务犯罪的对策

为了预防公司、企业职务犯罪,笔者认为,具体对策应从以下三个方面展开。

(一)事前预防

在事前预防方面,应当建立合法有效且切合实际的企业规章制度,完善企业风险防范体系。职务犯罪相当一部分来源于公司、企业内部管理制度的漏洞。合法有效、切实可行的规章制度对于企业预防职务犯罪而言至关重要,而事前预防的重点即在此。公司、企业应建立能够有效避免企业承担经济损失并预防员工职务犯罪的一系列规章制度,并不断对各项规章制度进行完善,对全体员工的职务行为加以指引、规范和约束,尽量把企业的经济活动更多地纳入法制化、规范化的轨道。制度是企业的基本行为规范,企业及员工行为都应在制度下进行。在实行规范化管理的同时,应根据企业实际情况,所处行业的特点等因素制定具有特色的相关文件。最好可以全面合同化,将合同引入企业内部管理,上下级之间、上下位部门之间以合同的形式协商、确定相互间的权利义务关系,权责分明。相对于制度化而言,合同化更明确、更人性化、更易接受和执行,使得制度更容易落到实处。

此外,应当依法管理,构建规范有序的企业内部管理机制。促进企业依法决策、依法经营管理是依法治企的两个重要方面。推进企业从严管理、规范管理,重在加强制度建设和法治教育,建立和完善规范权力运行的各项制度。领导班子要严格执行集体领导和分工负责制度,建立健全议事规则和决策程序,重要问题和重大决策必须充分发扬民主,做到科学决策、民主决策。针对行政审批、工程建设、设备采购等容易滋生腐败的薄弱环节,完善制度设计、强化管理。要结合实际,把预防腐败融入各项业务、寓于各项政策措施之中,从源头预防和治理腐败。

在有条件的情况下,还应当建立培训机制,加强宣传和教育,强化员工的法律风险意识。对于新入职的员工,进行严格的岗前培训,并加大职务犯罪惩处的宣传力度,强化公司、企业及员工的法律风险意识,进而能够及时识别风险、防范风险。公司、企业全体员工应当树立法律风险防范意识,在实际工作中依法决策、依

法经营管理、依法进行各项业务活动。尤其是公司、企业的主要负责人,应清醒地认识到法律风险对民营企业生存、发展及自身的重要影响。加强理想信念教育,筑牢思想道德防线。坚定的理想信念是加强思想道德建设的灵魂,也是使干部做到不敢腐、不想腐的思想保障。同时,要深入开展预防宣传和警示教育,通过以案释法加强管理,使干部职工充分认识到职务犯罪的危害,树立遵纪守法观念,增强拒腐防变的廉政意识,使之自觉遵守各种法律规范,运用法律来约束自己的行为,维护法律尊严,切实做到学法、知法、懂法、守法,防止思想上的蜕变,构筑法律的高压线。通过人生观、价值观、荣辱观教育,确立具有符合时代精神和特征的社会心理和风尚。

(二)事中预防

在事中预防方面,公司、企业应制定定期检查的相关制度,并由特定部门例如审计监察部、法务部等部门联合区域总经理等进行定期、不定期检查,一方面对预谋犯罪的员工起到震慑作用进而预防员工职务犯罪的发生,另一方面能够及时排查发现职务犯罪,并及时进行处理,减小对公司、企业财产的损害。另外,公司、企业应成立专门的监督部门,负责对员工职务犯罪进行监督、检查、处理。该部门应直属于董事会或者总经理,确保其独立于其他部门进行工作,不受其他部门的干预。该部门可对任何部门的员工进行定期、不定期的检查,发现问题后直接向董事会或者总经理汇报,或者在其权限范围内第一时间予以处理。此外,还应当在公司、企业内部制定并运行舆论监督制度,如发现同事有职务犯罪行为,可向监督部门实名或者匿名举报。实名举报的,如果查证属实,给予奖励。培养公司、企业员工监督职务犯罪的意识和责任感,进而达到公司、企业全员监督职务犯罪的效果。

(三)事后处理

在事后处理方面,企业一旦发现职务犯罪行为,必须第一时间进行处理,例如停止该员工的关键性工作,防止其进一步犯罪,避免扩大给公司、企业造成的损失。且应立即展开调查,保全证据,防止犯罪嫌疑人毁灭罪证,例如毁坏财物账簿、藏匿印章等。此外,需注意谨慎处理,尽量做到不枉不纵。对于经法院判决的员工职务犯罪典型案例,及时进行总结,寻找制度的漏洞,进行弥补,完善相关规章制度,并制作成民营企业培训案例,对民营企业员工进行警示宣传,以儆效尤。

此外,还应当强化和预防职务犯罪工作中的联系配合。检察机关应加大企业内部职务犯罪的打击力度,积极查办发生在行业、企业系统的职务犯罪案件,在不影响企业正常工作秩序的情况下,有案必查、依法办案,做到有法必依、执法必严、违法必究。同时,坚持"标本兼治、综合治理、惩防并举、注重预防"的方针,切实做好各行业、企业系统职务犯罪的预防工作,从而有效遏制重点环节职务犯罪易发、多发的势头。

外资企业刑事法律风险防控

李晓明* 靳 娜**

改革开放三十余年,外国资本投资中国的规模持续、稳定、快速增长,中国逐渐成为世界上最大的外国资本输入国。根据商务部关于中国吸收外商直接投资情况的数据显示,2015年1—12月,全国新批设立的外资企业[①]有26 575家,同比增长11.8%;实际使用外资金额1 262.7亿美元,同比增长6.4%。[②] 然而,随着外资企业资本和数量的不断增加,外资企业在我国的犯罪问题日益突出。一方面,在美国次贷金融危机引发的国际金融风暴的背景下,我国大量外资非正常撤离。[③] 根据山东省对外贸易经济合作厅的统计数据,青岛市2003年至2007年非正常撤离韩企达206家,涉及工人2.6万人,拖欠工资1.6亿元人民币,拖欠银行贷款近7亿元。[④] 外资企业不履行法定清算程序非法逃离,不仅牵涉拖欠工资、拖欠银行贷款等民事经济纠纷,而且常常牵涉抽逃出资、逃税、诈骗、走私、腐败犯罪等刑事责任。另一方面,在经济全球化背景下,跨国公司犯罪爆发式增长。资本的逐利性使得跨国公司竭力谋求经济利益最大化的同时,不惜违反投资目的国的法律法规,通过犯罪手段抢占市场份额、攫取巨额利润。外资企业实施偷税漏税、金融诈骗、商业贿赂、商业间谍、环境污染等犯罪不仅扰乱社会经济秩序、损害自然环境和公民财产利益甚至危及我国的国家安全。基于此,认真研究我国外资企业的犯罪现象,并开始注意控制其法律风险尤其是刑事法律风险,不仅具有理论意义,而

---

* 苏州大学王健法学院教授,博士生导师,法学博士。
** 苏州大学王健法学院硕士研究生。
① 外商投资企业形式包括:中外合资经营企业、中外合作经营企业、外商独资企业及外商投资股份制等。
② 参见《2015年中国实际使用外资金额同比增6.4%》,载新华网(http://www.xinhuanet.com/fortune/2016-01/14/c_1117780507.htm),访问日期:2016年1月14日。
③ 外资非正常撤离是指不履行正常清算义务的外资企业,在没有清算财产、了结债权债务和申报企业破产的情况下,不按合法程序而突然撤离投资地区的行为。对这些投资人,通常称为"半夜逃逸者"。参见沈四宝、欧阳振远:《外资非正常撤离的法律特征及其对策》,载《河北法学》2009年第10期。
④ 参见肖晓芬:《青岛206家韩资企业非正常撤离》,载《每日经济新闻》2008年12月25日。

且具有救活外资企业和健康经营以及维护经济秩序与促进社会发展的现实价值。

一、外资企业及其人员涉嫌犯罪的现状

近年来,常常有外资企业尤其是大型跨国公司犯罪的案件被媒体曝光。于志刚教授对网络、期刊、报纸等媒体重点关注的相关案例进行了随机的数据搜集,整理了 2002 年到 2011 年具有轰动效应的 100 个外国公司在华犯罪的案例。而这些见诸报端的仅仅是造成社会影响较大的大型跨国公司犯罪,可预见的是未引起媒体关注的一般的外资企业涉嫌违法犯罪行为的数量之多。⑤ 这里,笔者对外资企业及其人员主要涉嫌的犯罪类型梳理如下:

(一)涉嫌商业贿赂犯罪

外资企业在华商业贿赂犯罪日渐增多。国内民间经济分析机构安邦集团的一份研究报告显示:跨国企业在华行贿事件一直呈上升趋势,中国在 10 年内至少调查了 50 万件腐败事件,其中 64% 与国际贸易和外商有关。⑥ 外资企业在华行贿呈现手段多样化和隐秘性的特点,在方式上表现为利用子公司、分支机构及第三人进行贿赂,手段上除直接的权钱交易外,还出现了安排领导干部子女到国外留学、为相对人安排出国旅游、聘请高薪顾问等新的形式。有学者根据格雷欣定律充分揭示了商业贿赂在发展中国家多发的社会现实。⑦ 我国作为世界上最大的发展中国家,反商业贿赂法制又较为薄弱,已成为滋生外资企业商业贿赂犯罪的沃土。例如,天津德普诊断产品有限公司在 1991 年到 2002 年间,向中国国有医院医生行贿 162.3 万美元的现金,用来换取这些医疗机构购买 DPC 公司的产品。⑧ 再比如,德国西门子公司在 2003 年到 2007 年间,向中国 5 家国有医院行贿 2 340 万美元,通过贿赂中国部分官员获得超过 20 亿美元的项目。⑨ 尤其是 2013 年,跨国药企葛兰素史克(GSK)部分高级管理人员涉嫌严重商业贿赂和涉税犯罪,涉案金额高达 30 亿元人民币。⑩ 此外还有 IBM、家乐福、雅芳、可口可乐、戴姆勒等知名跨国公司涉嫌在华商业贿赂犯罪。外资企业在华贿赂犯罪已呈常态化趋势,严重扰乱了正常的商业秩序和竞争秩序,必须进行刑法控制和企业运营的刑事风险防控。

---

⑤ 参见于志刚:《在华外国公司犯罪的规律分析与应对策略》,载《中国法学》2012 年第 5 期。

⑥ 参见张锐:《商业贿赂:谁让跨国公司疯狂》,载《中国青年报》2009 年 8 月 3 日。

⑦ 格雷欣定律又被称为"劣币驱逐良币",指的是如果两种实际价值不同而名义价值相同的货币同时流通,实际价值较高的货币(即良币)必然退出流通,实际价值较低的货币(即劣币)则充斥市场。应用到市场竞争领域,与正当竞争手段竞争效果相当的贿赂手段其成本往往大大低于前者,如果法制对于商业贿赂行为不加禁止或者禁止措施不得力而使其留有生存空间,那就会使得商家更倾向于使用低成本的竞争手段。参见程宝库、孙佳颖:《跨国反商业贿赂法制缺陷的根源及完善》,载《法学》2010 年第 7 期。

⑧ 参见胡梅娟:《德普"回扣门"事件说明了什么?》,载《市场报》2005 年 6 月 14 日。

⑨ 参见戴远程:《2008 西门子在华巨额商业贿赂案告结》,载《南方日报》2009 年 8 月 3 日。

⑩ 参见张敏:《葛兰素史克涉嫌严重经济犯罪 部分高管被立案侦查》,载《证券日报》2013 年 7 月 12 日。

(二)涉嫌侵犯国家秘密、商业秘密犯罪

随着对外开放程度的不断扩大,国际商业往来日益频繁,市场竞争日益激烈,在华外资企业窃取我国企业商业秘密的犯罪不断增加。商业秘密不仅是企业参与竞争的利器,也关系到国家经济领域以及重要先进技术的控制力,尤其是国有企业及企业集团存在大量关系国家经济安全的特殊商业秘密。在国际企业并购及铁矿石、石油等大宗商品价格谈判中,中资企业的商业秘密保护成为急需解决的问题。⑪ 外资企业为取得市场竞争优势,谋取商业利润,通过不正当手段获取中资企业尤其是国有企业的商业秘密,为境外企业在中国进行不公平竞争提供条件,不仅损害商业秘密权利人的经济利益、破坏市场经济秩序甚至威胁到国家安全和经济安全,尤其是钢铁、能源等牵涉国家命脉的行业领域。2009年澳大利亚力拓公司中国代表处的主要负责人员,在中外进出口铁矿石谈判期间,通过不正当手段收买国内钢铁生产单位内部人员,获取我国钢铁行业大量情报数据,对中国经济安全和利益造成重大损害。⑫ 据不完全估计,该公司经济间谍6年来拉拢收买、刺探情报,迫使中国钢铁企业在近乎讹诈的进口铁矿石价格上多付出7 000多亿元人民币的沉重代价。⑬ 实际上该案仅揭示了众多商业秘密犯罪的冰山一角,有必要加强对外资企业侵犯商业秘密犯罪的刑法控制。

(三)涉嫌合同诈骗、金融诈骗犯罪

我国经济发展初期为引进外资,对外资企业实行宽松的经济政策。各地政府盲目引资,对外资缺少必要的资信审查,加之民众对外资疏于防范,在华外资企业合同诈骗、金融诈骗犯罪曾爆发式增长。外资企业诈骗类犯罪的手段包括假借合资名义骗取经营利润,虚假融资实施集资诈骗,签订虚假合同骗取保证金利益,伪造、变造、作废的信用证实施信用证诈骗等。早在1992年,我国就曾发生过美国亚联集团诈骗中国农业银行衡水支行100亿美元信用证的特大金融诈骗案。近年来更是频频曝光多起外资诈骗案,如2002年四川一家外资企业采取伪造银行印章、账号,虚开资金,伪造外汇管理局公文,以虚设大型建筑工程为诱饵,骗取15家公司的100余万元保证金。⑭ 再如2005年义乌发生系列外商合同诈骗案,发案数达20余起,牵涉市场经营户680余人,涉案金额达2 380万元。⑮ 还如2008年北京16家境外公司驻华代表处通过发布虚假融资信息等方式从事融资诈骗,骗取600

---

⑪ 参见徐铭勋:《侵犯国家秘密犯罪与侵犯商业秘密犯罪的区分——以国家经济安全为视角》,载《比较法研究》2012年第1期。

⑫ 参见苏米:《力拓"间谍门":从法律缺位到商业伦理重构》,载《第一财经日报》2009年8月7日。

⑬ 参见蒋汝勤:《力拓案件折射出什么》,载新浪财经网(http://finance.sina.com.cn/review/yjfx/20090808/19546591085.shtml),访问日期:2017年3月8日。

⑭ 参见陈荣:《四川一外企打着美联储幌子诈骗百万保证金》,载《绵阳晚报》2002年11月27日。

⑮ 参见宋菁:《跨国诈骗重创义乌资金链》,载《民营经济报》2005年1月24日。

余家中小企业资金达数千万元人民币。⑯ 从近年查获的外资企业金融犯罪案件看,呈现境外人员主谋、涉案金额巨大、煽动性和蛊惑性强、赃款难以追回等特点。⑰ 必须加强对外资企业诈骗类犯罪的刑事法律控制,净化市场环境,维护经济秩序,为公司企业保驾护航。

(四)涉嫌偷逃税款犯罪

我国外资企业偷逃税款以及外企高级管理人员利用外籍身份逃税事件已不罕见。据中国人民大学中国财政金融政策研究中心安体富教授分析,我国外资企业偷逃税面是60%。⑱ 2008年经济普查数据显示,全国规模以上企业的亏损面为15.3%,而同期外资企业的亏损面却达到了26.7%,是全国水平的1.74倍。⑲ 外资企业的超常亏损现象凸显了其偷逃税款问题的严重性。外资企业通常偷逃税款方式包括滥用转移定价、虚假立账、虚增成本、乱摊费用、隐瞒应税项目和应税收入,利用跨境的关联交易转移财产、收入和利润,采用资本弱化的手段汇出债务利息或者通过破产欺诈等。2008年《中华人民共和国企业所得税法》及其实施条例统一了内外资企业的税收待遇。为减轻突然产生的高额税负,在华外资企业纷纷采取各种方式逃税,2008年的外企所得税逃避规模达到1 415.39亿元的高值,与2007年相比,增加超过两倍。从媒体曝光的外企逃税案件可见,涉案金额巨大,2003年美资外企宝洁公司被查出漏报应纳税所得额共5.96亿元,并补缴企业所得税8 149万元。⑳ 2005年索尼(中国)瞒报18亿元销售额。㉑ 2009年联合利华在进口原料过程中"偷梁换柱",6年时间里偷逃税款317万元。㉒ 外资企业肆无忌惮的逃税造成我国应收税款大量流失,破坏社会主义市场经济秩序,应加以刑法控制。

(五)涉嫌走私犯罪

我国加入WTO后,走私犯罪呈现新的发展趋势,在华外资企业为利用关税优惠政策规避赋税,使用多种形式进行走私犯罪活动。2004年年底的统计显示,外资企业走私违规案占广州市走私违规案总数的60%。㉓ 在华外资企业走私手段多

---

⑯ 参见刘建军、胡俊华:《假融资16家外企驻华代表处诈骗数千万元》,载《每日经济新闻》2008年9月24日。

⑰ 参见杨金志:《盯住境外机构金融犯罪》,载《瞭望》2010年第1期。

⑱ 参见安体富、王海勇:《激励理论与税收不遵从行为研究》,载《中国人民大学学报》2004年第3期。

⑲ 参见侯敬雯、毛程连:《在华外资企业逃避税行为的福利效应研究》,载《上海财经大学学报》2012年第3期。

⑳ 参见杨海燕、庄序莹:《在华外资企业逃避税规模及特征——基于地上经济和地下经济的宏观数据》,载《财贸经济》2014年第10期。

㉑ 参见韩娜:《索尼瞒报18亿元销售额,经济普查报假被罚3万元》,载《北京晨报》2005年12月23日。

㉒ 参见卢曦:《联合利华陷"走私门",逃税317万进口原料"偷梁换柱"》,载《每日经济新闻》2009年11月3日。

㉓ 参见《跨国公司成了走私大鳄》,载《中国乡镇企业》2006年第Z1期。

样,包括低报价格、伪报品名规格数量和商品原产地、漏报特许权费、"洗单""洗货"等。㉔ 尤其是一些跨国公司利用新的管理规则、交易方式、经济关系等以更隐蔽的手法进行走私,如利用特殊关系转移定价以转售收益、特许权使用费偷逃进口税收。外资企业走私犯罪频发,涉嫌偷漏税款数额巨大,百事可乐公司2005年至2007年一直沿用错误编码,进口可乐果提取物B一万余吨,涉嫌走私普通货物物品入境,偷逃税款111万元。㉕"动力煤油走私案",涉案的新加坡嘉能可资源公司仅在2010年8月到12月间就走私成品油80万吨左右,涉案金额达数十亿元,仅偷漏燃油消费税即达近10亿元。㉖ 大量外资企业走私严重破坏了市场经济秩序,危害国民经济安全,同时给国家税收造成重大损失,必须加强对外资企业走私违法行为的刑法控制。

(六)涉嫌垄断犯罪

自20世纪末开始,尤其是在我国加入WTO以后,境外投资的原有模式发生了巨大转变,由早期绿地投资为主逐渐形成绿地投资和并购投资并重的新局面。㉗ 许多外资企业尤其是大型跨国企业,借助对行业龙头企业和知名品牌的大肆收购,以较低的成本在众多行业快速形成市场垄断态势。国务院发展研究中心的研究报告显示,在中国已开放的产业中,排名前5位的企业几乎都由外资控制;中国28个主要产业中,外资已在21个产业拥有控制权。㉘ 近年来,外资并购的方式更加的隐蔽化和多样化,比如联合持股,通过国内企业间接持股,甚至还可以通过成立诸多的中小公司进行化整为零的蚕食并购等。㉙ 随着外资并购潮的高涨,外资垄断性并购问题日益突出。外资并购逐渐向公共产品部门、新能源、钢铁矿产资源、金融服务等涉及国家安全领域发展,威胁国家安全和经济安全,并购过程中还会使用商业贿赂、非法融资、欺诈舞弊等不正当手段,涉嫌相关犯罪。《中华人民共和国反垄断法》(以下简称《反垄断法》)仅对垄断违法行为规定了较轻的行政罚款,现行《中华人民共和国刑法》(以下简称《刑法》)针对垄断行为仅规定了强制交易罪和串通投标罪两项罪名,难以适应对激增的外资恶意并购、非法垄断犯罪行为的规制需要,应通过完善相关立法,形成对外资企业相关垄断犯罪行为有力的刑法控制。

㉔ "洗单"指直接开具低价格、低规格的单证、发票,或另外再制作一套低价格、低规格的单证、发票。"洗货"指更改货物的规格标签。参见陈磊:《商业瞒骗走私犯罪刑法规制研究》,吉林大学2005年法学硕士论文。

㉕ 参见曹晶晶:《百事可乐改商品编码逃税111万元,被控走私》,载《新快报》2010年3月25日。

㉖ 参见何清:《两跨国巨头涉嫌近十年最大石油走私案》,载《21世纪经济报道》2011年3月25日。

㉗ 绿地投资或称创建投资模式,即境外投资者依照我国法律并在我国境内设立的、部分或全部资产归境外投资者所有的企业。并购投资是绿地投资的对称,主要指境外投资者按照我国法律规定的条件和程序,取得我国境内现有企业的全部或部分资产所有权和控制决策权的方式。参见叶林:《转型中的外商投资企业法》,载《扬州大学学报(人文社会科学版)》2012年第3期。

㉘ 参见尚前名:《用发展的眼光看待经济安全》,载《瞭望》2008年第Z1期。

㉙ 参见谢红霞:《防范外资"垄断性"并购国内上市公司的立法构想》,载《法学》2007年第10期。

(七)涉嫌环境污染犯罪

经济合作与发展组织(OECD)的研究表明,二三十年来对环境有害的工业尤其是那些资源依赖型企业不断向低环保水平、低收入国家转移。更为严重的是,跨国公司在发展中国家采取的是比在发达国家同行业低得多的环境和社会责任标准。结果是,因跨国公司引起的环境污染和破坏事件在发展中国家频频发生。[30] 因国内长期以来盲目追求 GDP 的增长,对外资利用重量不重质,外资通常被引向资源消耗量高、环境污染严重的行业或部门。我国环境保护标准偏低,对在华外资企业环境责任方面的法制不完善,为外资企业转嫁污染打开了方便之门。2006 年曾有人士根据我国各地环保局公布的违反我国环境保护法律的企业信息整理了一份违规企业环保黑名单,其中列有 33 家知名跨国公司,包括松下、百事可乐、雀巢、3M 等在内。[31] 2011 年康菲中国石油公司在渤海开采石油过程中发生严重漏油事件,造成严重后果,不仅造成了严重的经济损失,而且海洋污染要 30 年后才会自动消失。[32] 由外资企业所造成的环境污染,已对中国经济的可持续发展构成了严重的威胁,有必要在完善相关环境法律制度的同时,加强刑法控制,加大环境污染违法惩处,对在华外资企业形成一定的威慑力。

综上所述,与公司贪利性特征相符的外资企业犯罪多涉及"破坏社会主义市场经济秩序罪"和"妨害社会管理秩序罪"两大类。当然,上述只是外资企业具体犯罪类型中的一小部分,此外如虚假出资、抽逃出资犯罪,妨害清算犯罪,隐匿、故意销毁会计凭证、会计账簿、财务会计报告犯罪,拒不支付劳动报酬犯罪,生产、销售伪劣产品犯罪等,也是外资企业犯罪可能触犯的罪名。因此,在华外资企业刑事风险防控应该引起社会的广泛关注。

二、外资企业及其人员涉嫌犯罪的因素分析

实事求是地讲,外资企业及其人员犯罪问题严重存在诸多方面的原因。尤其是长期以来在追求利用外资数量、增加 GDP 为根本的偏激性外资政策导向下,各地政府出于地方利益和政绩考量异化了招商引资政策,盲目引资而疏于监管,甚至对外资企业的违法活动放任不管。各地政府为外资企业营造的"特殊"市场环境,宠坏了外资企业,其社会责任日渐缺失[33],违法犯罪有恃无恐,甚至有的外资企业将中国的市场环境作为其违法犯罪的托词。以下从立法、执法、司法三个层面

---

[30] 参见胡敏飞:《环境损害事件中跨国公司的责任》,载《中国企业报》2008 年 2 月 18 日。

[31] 参见马昌博、徐楠:《跨国公司在华污染调查:环保黑名单牵出 33 家企业》,载《南方周末》2006 年 10 月 26 日。

[32] 参见原金:《康菲漏油事件续:赔款 10 亿元无渔民参与协商》,载凤凰网(http://news.ifeng.com/gundong/detail_2012_04/17/13947236_0.shtml),访问日期:2017 年 3 月 6 日。

[33] 中国社科院发布的 2011 年《中国企业社会责任报告》(蓝皮书)显示,中国企业社会责任整体水平 0 分以下"负分"的超过七成竟然是外资企业。参见王永生:《0 分以下,超七成为外资企业》,载《法制晚报》2011 年 11 月 8 日。

系统分析我国对外资企业犯罪管控存在的问题。

(一) 外资企业法律制度方面存在防控犯罪的诸多缺陷

改革开放初期,我国许多立法处于空白状态,在缺乏民商、经济立法的情况下为适应引进外资、促进经济发展的需求,我国先行制定了以《中华人民共和国中外合资经营企业法》《中华人民共和国中外合作经营企业法》《中华人民共和国外资企业法》(以下简称"三资企业法")及其实施细则为核心的外商投资企业法,这些法律在促进投资、发展经济等方面发挥了积极作用,但随着市场经济的发展,我国外商投资企业法逐渐暴露出其规范的不足之处。法律对外资企业规范作用的不足在一定程度上导致了外资企业犯罪的潜在风险。

1. 立法体系不完善、规则简单粗略,对外资企业犯罪管控存在疏漏

我国外资立法在改革开放的进程中逐步发展起来,缺乏系统、完整的立法思路。[34] 从立法权看,除全国人民代表大会及国务院可对外资立法外,各省、直辖市、自治区直至被授权的经济特区,都可依其职权制定利用外资的地方性法规和规章。[35] 中央到地方多层次立法架构导致立法权限不明、越权立法、规范不统一、内容交叉重复、不协调甚至相互矛盾的问题。[36] 立法权分散、法出多门造成法与法之间的横向失调,而分散立法以及有关部门的越权立法更导致了法律之间的纵向失调,削弱了外资立法的总体效应[37],难以对外资企业起到良好的规范作用。此外,我国外资立法存在技术上的明显不足,规则简单粗略缺乏操作性。包括三资企业法在内的多部外商投资企业法都存在共同的缺陷,即条文少。就目前规制外资并购的两部主要法律而言,其中《反垄断法》只有 57 个条文,规则过于原则性,缺乏切实可行的操作程序和具体的实施细则。[38] 国务院《关于经营者集中申报标准的规定》仅有 5 个条文,且简单地以合并公司的年销售额多少为申报标准而未对合并企业市场份额达到多少必须申报作出规定,使得一些涉及并购市场份额较大但年销售额达不到反垄断法标准的合并逃脱监管。[39] 如此粗略的立法显然难以适应市场形势对大量外资并购行为的规范需求,对于可能存在的垄断犯罪更无法有效规制。相关立法的不完善导致对外资企业犯罪防控的疏漏。

2. 地方立法权力过大且缺乏监管,制度漏洞和权力寻租易滋生犯罪

我国外资立法中地方立法的数量远超国家立法。从外资立法的层级看,直接由全国人民代表大会及其常务委员会发布的法律远少于国务院颁布的法规、规定,而地方性法规更是数量庞大。各省除有自己的外资法之外,在省级行政区划以下还有城市性立法,如上海市人民代表大会、政府制定的地方性法规、政府规章

---

[34] 参见陈丽华:《论中国外资立法的不足及其完善》,载《广州社会主义学院学报》2009 年第 1 期。
[35] 参见段威:《我国外商投资企业法律制度的立法思考》,载《社会科学》2012 年第 9 期。
[36] 参见高涵琇:《我国外资立法探究》,载《天府新论》2008 年第 S2 期。
[37] 参见曹建明主编:《国际经济法概论》,法律出版社 1995 年版,第 256 页。
[38] 参见谢红霞:《防范外资"垄断性"并购国内上市公司的立法构想》,载《法学》2007 年第 10 期。
[39] 参见杜仲霞:《反垄断法视野下的外资并购》,载《法治研究》2010 年第 2 期。

及规范性文件就有80多件。㊵ 由于地方外资立法权限界定不清,各地方性法规、规章形式五花八门,甚至存在大量非公开的内部文件、行政指示、通知、批文的形式,造成行政权力对立法权的严重侵蚀。立法权的下放实际上使得地方政府在市场经济中掌握了过多的决定权和裁量权,控制了外资企业在市场准入、土地使用、税收优惠、信用贷款等多方面的重要资源。行政权力不断扩张形成了极大的权力寻租空间,外资企业为获得政策支持、争取更大的市场和更丰厚的利润,必然有求于政府。政府巨大的权力未得到仔细界定,权力行使过程也未受到有效控制,权力行使带有极大的随意性。在这种情况下,企业倾向于行贿官员,官员则对贿赂来者不拒。㊶ 行贿以后,个别地方政府往往为外资企业大开绿灯放行,或者"睁一只眼、闭一只眼",外资企业取得入门证、拿项目、随意定价、逃税、制假贩假、任意排污、恶意兼并、欺诈、泄露商业泄密等便无人追究。㊷

3. 横向、纵向立法相互间缺乏衔接,导致规制空白和刑事法律风险

我国外资立法的多层次立法,造成立法横向和纵向上的失调,相关规范之间存在诸多不协调和不衔接之处。由于立法分散,同一类或同一项外资问题的内容分散在不同的法律、法规中,使得各项规范间的关系和调整的范围模糊不清。如我国三资企业法、商务部《关于外国投资者并购境内企业规定》《商务部实施外国投资者并购境内企业安全审查制度的规定》及《反垄断法》都规定了准入审批,由此带来了一系列外资立法急需解决的问题,包括如何确定外资准入、产业监管以及国家安全审查三者间的关系?如何根据各自的立法目的确认审查对象和范围?如何划分和平衡各部门之间在监管上的职能分工?等等。㊸ 立法的失调造成规范间的模糊不清,使得我国目前对外资并购中的非法垄断行为以及可能涵盖某些犯罪因素的危害国家安全的并购行为难以进行有效管制。此外,我国外资立法效力层级过低,某些重要的制度如外资并购制度、产业准入条件等,都由规章规定,法律威信不高,一些地方性法规和规章无须与之保持一致或者不怕与之不一致。㊹ 而各地政府也往往出于地方利益考量,越权立法,制定比国家统一规定更为优惠的政策,有的地方颁布的外资企业法律甚至明显与国家立法冲突。虽然国家统一了内外资的企业所得税的税收标准,但各地仍然通过高新技术开发区、经济技术开发区税收优惠的办法给予外资企业优惠政策。㊺ 国务院《关于企业职工养老保险制度改革的决定》明确规定了企业社会保险制度,但有的地方政府竟然仍明目

㊵ 参见唐民皓主编:《WTO 与地方行政管理制度研究》,上海人民出版社 2000 年版,第 111 页。

㊶ 参见秋风:《跨国公司贿赂案的前因后果》,载《南方都市报》2009 年 8 月 23 日。

㊷ 参见王文华:《打击跨国贿赂犯罪的刑事政策研究》,载《法治研究》2013 年第 7 期。

㊸ 参见曹珍:《我国外商投资法律体系反思与重构》,载《常州大学学报(社会科学版)》2015 年第 5 期。

㊹ 参见刘辉荣:《论中国外商投资企业立法的完善》,载《合作经济与科技》2014 年第 6 期。

㊺ 参见何芳、张景:《论地方性外资法的调整及其路径依赖——以 WTO-TRIMs 为基点》,载《湖北经济学院学报(人文社会科学版)》2011 年第 3 期。

张胆地以不用为工人买保险作为吸引外资的优惠条件。㊻ 林林总总的外资优惠政策,不仅与国家立法缺乏衔接,更形成了一些政策漏洞,形成外资企业税务犯罪、针对劳工犯罪等刑事法律风险。

我国外资立法存在诸多问题,不仅造成法律法规实际操作和适用的困难,增加外资企业守法成本,而且产生一定的权力寻租和政策漏洞,导致外资企业的刑事法律风险。只有在完善法律规范机制的前提下,外资企业才会合法经营,因此应当在新的经济背景下,对外资企业法律进行系统的梳理,以适应复杂多变的市场经济对外资企业规制的需求,对外资企业刑事法律风险进行预先防控。

(二)对外资企业管理机制不完善导致的刑事法律风险

长期以来,我国存在对外资企业"重审批,轻管理"的严重问题,个别地方政府在过度的外资情结以及为追求地方经济发展的政绩中,往往忽视或放弃了对外资企业的严格监管。尤其在过度逐利的市场经济中,外资企业在经济利益目标驱动下,淡化和放松了社会责任,加之监管缺位,最终导致行贿、逃税、诈骗、垄断、危害环境、侵害劳工利益等犯罪愈加严重。表现在以下方面:

1. 外资企业市场准入机制存在的缺陷

我国外资企业市场准入政策宽松,最新修订的《外商投资产业指导目录》,在370多个产业目录中,允许外资企业独资的产业占整个产业目录的88%。㊼ 外资企业可在多数领域无障碍进入。我国法律对于外资企业准入审批事项的规定过于粗疏,外资企业审批权限下放地方,产生审批标准和内容不统一的问题。由于缺乏统一标准的外资企业准入文件导致外资企业随意进入。㊽ 在"以政绩为导向"的招商引资政策下,个别地方政府对外资企业准入的审批又往往流于形式,引进外资重数量而轻质量,忽视对外资企业的资质考核、资金审查、信用评估、环境污染指标控制等的审查,导致一些不合格外资企业进入我国市场。事实上确实存在一些外资企业设立空壳公司实施集资诈骗、合同诈骗等犯罪行为,也有诸多高污染企业在我国轻易落户,造成对环境的严重破坏。市场准入制度的缺陷从源头上即埋下了外资企业犯罪多发的隐患。

2. "以审代管"对外资企业经营监管不力

我国对外资企业设立后缺乏充分有效的监管。一方面,我国现有的法律法规及规章对外资企业设立后运作情况的监管缺乏规定。另一方面,我国采用的是以企业设立监管为主、兼顾企业经营监管的混合监管体制,在理论上,政府监管企业经营应当在企业经营活动中实施,而不应在企业经营前实施,但在混合监管体制

㊻ 参见刘以宾:《对外资优惠别伤了国家利益》,载腾讯新闻(https://news.qq.com/a/20050121/000073.htm),访问日期:2017年3月6日。

㊼ 参见谢晓彬:《应对外资恶意并购国内上市公司的法律环境分析》,载《政治与法律》2009年第3期。

㊽ 参见杨文升、张世玉:《外资非正常撤离法律责任体系完善研究》,载《辽宁师范大学学报(社会科学版)》2015年第3期。

下,政府监管已将事后监管变成了事先监管。⑭ 在已弱化的企业经营监管中,个别地方政府又在"鼓励引进外资"的惯性思维下对外资企业采取消极和纵容的监管态度。外资企业设立后只要不出现大的问题,各地行政部门不会主动对外资企业的经营管理状况进行监督检查。对外资企业的监督涉及工商、税务、商务、外汇、海关、环保、质检和劳动等多个部门,在"多头"监管体制下,机构重叠臃肿,职能交叉严重,监管职责缺乏确定具体的规定,实际运作中导致职能错位、缺位、越位,难以形成协调配合、运转高效的管理体制,影响了对外资企业执法监管的效果。⑮ 对外资企业经营监管的不力导致对外资企业可能涉嫌的违法犯罪活动无法及时布控,由此给外资企业犯罪留下了缝隙。

3. 退出机制不畅通使外资企业无法正常撤离

近年来,外资企业非正常撤离的现象严重,引发了一系列民事纠纷和刑事责任问题。除国际金融环境和企业自身产业落后等原因外,我国对外资企业市场退出机制的不畅通也是影响外资企业非正常撤离的一项重要因素。根据我国现行法律的规定,外资企业如果按照正常程序清算撤离,若资大于债,需 65 天到 130 天,若资小于债,则需 135 天到 165 天。法律规定的清算机制耗时长、效率低、成本高,这在很大程度上直接影响了外资企业的正常退出。⑯ 此外,外资企业在解散和清算之前,被要求履行两道前置审批程序:一是企业解散需要审批机关(对外贸易经济合作部门)批准,二是在清算程序、原则和人选方面须经审批机关批准。⑰ 由于各地方对外贸易经济合作部门囿于地方税收、就业考量,对于拟解散撤资的外资企业态度消极,导致外商"有来无回",或者被"困住拖死",最后干脆悄悄转移资产"一走了之"。⑱ 外资企业非正常撤离常常牵涉一系列犯罪问题,因而我国市场退出机制对外资企业正常撤离的阻力,间接增加了我国外资企业的刑事法律风险。

在华外资企业犯罪的高发态势,虽然部分是源于外资企业本身逐利性的诱使,但更应该看到由于我国宽容的经济政策和失当的政府管理引起市场经济环境的恶化和市场竞争秩序的扭曲对外资企业犯罪的推高作用,必须作出调整以减少外资企业的刑事法律风险。

(三) 刑事司法的过度礼遇也最终导致打击力度相对薄弱

由于受到异化的招商引资经济政策的影响,我国在刑事政策领域也形成了对外资的"超国民待遇"。我国对在华外资企业犯罪的刑事治理体系存在刑事政策

---

⑭ 参见叶林:《转型中的外商投资企业法》,载《扬州大学学报(人文社会科学版)》2012 年第 3 期。
⑮ 参见左剑君:《论我国外资立法存在的问题及完善对策》,载《中国外资》2012 年第 11 期。
⑯ 参见杨文升、张虎:《防范外资非正常撤离的国际合作法律机制研究》,载《辽宁师范大学学报(社会科学版)》2013 年第 4 期。
⑰ 参见《中华人民共和国外资企业法实施细则》第 70 条、第 71 条规定。
⑱ 参见王金堂:《外资企业非正常撤离法律问题研究》,载《青岛科技大学学报(社会科学版)》2009 第 4 期。

宽纵化、罪刑失衡、自我放弃主权等诸多问题。(54) 由此降低了外资企业的犯罪成本,放纵了外资企业的犯罪行为。

1. 由于刑事司法长期基于政策考量,在打击外资企业犯罪方面呈"软骨病"

我国对在华外资企业犯罪的打击力度相对薄弱。首先,我国司法机关介入外资企业犯罪案件的主动性不够,诸多案件往往是在国外司法机构或证券委员会披露或审查后经由媒体传播到国内时,我国的司法机关才介入调查。"朗讯门"事件、德普公司贿赂案以及中国建设银行原董事长张恩照受贿案,都是经美国司法部的查处而反馈到中国的。(55)其次,我国在对外资企业的犯罪制裁方面往往出现"自我放弃司法主权"的现象,在少数进入刑事司法程序的外资企业犯罪案件中,仅我国的涉案人员和企业受到刑罚,而相关外资企业却很少受到刑事制裁,多数是以行政处罚了事或者直接不了了之。经过对外国企业在华犯罪案件的统计发现,尽管涉嫌犯罪或者已决刑事案件的外国公司很大一部分属于大型跨国公司或者全球500强企业(约为54%),但这些500强企业在最终被中国司法机关定罪的公司中仅占约8%。(56) 从曝光的一些大型跨国公司商业贿赂案件可见,其中仅有少数几个案件的中方涉案人员被判处刑罚,而大量的涉案跨国公司如沃尔玛、日立、IBM、朗讯、德普、西门子、雅芳、戴姆勒等均未受到我国法律的任何制裁。与之形成对比的是,这些涉案跨国公司却在美国受到严厉处罚,如德普公司和西门子公司在华行贿行为被美国司法和证券部门分别判处479万美元和13亿美元的罚金。相较于国外较大的打击和制裁力度,以及高昂的违法成本,我国对外资企业犯罪的打击力度尤为不足。刑事司法领域对外资企业犯罪的放任,降低了外资企业犯罪成本,变相鼓励了外资企业犯罪。

2. 现行立法对单位犯罪防治体系滞后,最终导致惩戒性和威慑性的弱化

我国现行立法对单位犯罪防治体系的整体偏差和滞后,在整体上导致中国防治外国公司犯罪的刑事法律体系过度滞后于现实。(57) 首先,总体上我国司法对单位犯罪的认定采取了极为谨慎的态度,从上海市《单位犯罪研究》课题组的实证研究数据可以看出:187个研究样本,有34.7%的单位(企业)犯罪案件没有将单位列为被告(58),在对单位犯罪制裁的整体偏差下,对外资企业犯罪行为的惩治更显为难。其次,现行立法采用单位犯罪和自然人犯罪的两元立法体制,对单位犯罪的规制存在空白,有些犯罪刑法只规定了自然人犯罪,如贷款诈骗罪,而实际上外资企业涉嫌贷款诈骗的情况很多,导致外资企业的相关犯罪可能脱漏法网。此外,

---

(54) 参见黄耀文:《外国公司经济犯罪刑事治理体系的完善》,载《江西社会科学》2014年第12期。

(55) 参见李翔:《从朗讯到张恩照———反海外贿赂法撞击中国》,载《经济观察报》2005年4月10日。

(56) 参见李本灿:《企业犯罪预防中合规计划制度的借鉴》,载《中国法学》2015年第5期。

(57) 参见于志刚:《在华外国公司犯罪的规律分析与应对策略》,载《中国法学》2012年第5期。

(58) 参见《单位犯罪研究》课题组:《上海法院系统审理单位犯罪情况调查分析》,载《华东刑事司法评论》2003年第2期。

刑法对单位犯罪的刑罚种类过于单一,仅规定了罚金刑一种,且设置的罚金刑数额普遍偏低,难以体现罪刑均衡。相较于我国单一的罚金制,美国对公司犯罪在罚金刑外还设置了赔偿、缓刑等刑罚制度,而《美国模范刑法典》则更详细地规定了类似于自然人自由、生命刑的"公司营业资格的取消"和"对公司营业活动的限制"的资格刑设置。[59] 此外,美国对公司犯罪的处罚严厉,例如《美国反海外腐败法》规定,对于在美国犯罪的公司和其他商业实体,可处以最高200万美元的罚金;自然人则会被处以最高10万美元罚金和5年以下的监禁。[60] 而我国立法对商业贿赂犯罪的惩罚远轻于美国,在我国商业贿赂行为多数被作为一般违法处理,适用《中华人民共和国反不正当竞争法》(以下简称《反不正当竞争法》)规定由监督检查部门根据情节处以1万元以上20万元以下的罚款。我国刑法对环境污染犯罪的刑罚处罚力度也偏轻,对重大环境污染事故的最高法定刑只有7年,而我国台湾地区对于结果加重犯则配置了无期徒刑。[61] 刑罚设置畸轻难以对外资企业犯罪形成有效的惩戒和威慑效力,使得其在华犯罪有恃无恐。

3. 由于缺乏国际司法协助和司法担当,致使许多外国人犯罪后逃之夭夭

外资企业犯罪,尤其是经济犯罪和贿赂犯罪具有跨国性和跨地区性的特点,在对涉案外资企业及其相关人员进行犯罪责任追究时,会涉及不同国家间通知送达、人员移交、调查取证、犯罪资产分享、民商事裁决承认和执行、刑事诉讼移转、被判刑人移管、境外缉捕和追赃、引渡等问题,往往需要寻求国际司法协助予以解决。但是目前我国在国际民商事司法协助以及刑事司法协助领域都存在不足之处,导致对外资企业及其人员的责任追究出现障碍。为对恶意撤离的外资企业进行跨国追责,2008年我国商务部等四部委联合发布了《外资非正常撤离中国相关利益方跨国追究与诉讼工作指引》(以下简称"指引"),该指引规定:"外资非正常撤离事件发生后,中方当事人要及时向有关司法主管部门(法院或侦查机关)申请民商事或刑事案件立案。根据案件具体情况,各主管部门可根据各自系统内工作程序及我国和相应国家签订的《民商事司法协助条约》或《刑事司法协助条约》,通过条约规定的中央机关在本国向外方提出司法协助请求。"指引援引的大多是双边条约,然而我国缔结和参加的双边司法协助条约的覆盖面还不广,目前我国仅与24个国家签订了《民事司法协助条约》,但美国、英国、德国和日本等主要贸易国家并不在其列。[62] 我国已缔结双边引渡条约的39个国家,大多是亚非拉国家,美国、加拿大等发达国家也是在华犯罪的外资企业主要的来源国,却并未与我国订立引渡条约。此外,我国目前国际刑事协助存在协助范围过窄和司法担当不足

---

[59] 参见美国法学会编:《美国模范刑法典及其评注》,王祎等译,法律出版社2005年版,第91—92页。

[60] 参见张卫彬:《跨国公司商业贿赂法律规制的实践模式及借鉴》,载《法学》2014年第9期。

[61] 参见李本灿:《企业犯罪预防中合规计划制度的借鉴》,载《中国法学》2015年第5期。

[62] 参见杨文升、张虎:《防范外资非正常撤离的国际合作法律机制研究》,载《辽宁师范大学学报(社会科学版)》2013年第4期。

的问题。至2014年,我国与52个国家缔结了双边刑事司法协助条约(协定)[63],但这些条约所规定的国际刑事司法协助的范围较窄,仅限于刑事司法文书的送达、刑事调查取证以及信息通报等,而对于近年来国际刑事司法协助中非常重要的几项内容,比如引渡、移管被判刑人和犯罪资产分享等内容并没有涉及[64]。我国司法对国际刑事合作条约利用率不高,根据我国司法部司法协助与外事司的一项统计,自2003年至2013年,我国司法部共接受外国向我国提出的刑事司法协助请求1 200余件,而司法部代表我国办案机关向外国提出的刑事司法协助请求则不足100件。[65] 由于国际司法协助的缺失以及司法担当的不足,导致许多外资企业及其人员犯罪后,相关刑事责任无法追究,对于外资企业的刑事法律风险防控极为不利。

目前我国在外资企业立法、行政机构执法、刑事司法制裁三个主要层面都存在对外资企业犯罪管控的不足,不但应有的管制作用未发挥,反而助长了外资企业的犯罪行为。对此,应在深入分析相关政策及制度缺陷的基础上作出相应的调整,以切实防控外资企业犯罪的风险。

三、外资企业刑事法律风险防控的基本策略

为防控外资企业刑事法律风险,首先应当顺应市场经济的发展以及我国国际经济角色的转变,改变经济领域对外资的宽松政策,确立正确的引资理念,继而在立法、执法、司法方面作出相应调整,完善相关立法、加强行政监管,借鉴国外对外国公司犯罪制裁的成功经验,调整刑事政策,打破对外资过度礼遇的司法惯性,加强对外资企业犯罪的打击和惩处力度,扩大国际司法协助范围,积极参与国际打击跨国犯罪的合作和交流,以切实有效地防范外资企业的刑事法律风险。

(一)完善外商投资企业的基础立法

为适应新的经济形势,有必要重构我国的外资企业法律制度,落实法律对外资企业基础管理的作用,对外资企业刑事法律风险形成预先防控。第一,明确立法权限,改变立法分散、法出多门的不合理架构。我国个别地方政府立法权力膨胀且缺乏规制,应明确地方立法权限,加强对地方立法的指导,避免各地方超越立法权限制定外资优惠政策,减小权力寻租空间。第二,积极清理有关外商投资的法律、法规,修改法律、法规之间存在互相重复和互相矛盾冲突的地方,避免法律间的不协调,确保法的统一实施。第三,改进立法技术,细化有关规定,增强法律条文的严密性和准确性,清楚界定法规中很多重要的概念和审查标准,增强法律的操作性。第四,提高立法效力层级,增加法律的权威和普遍适用性,避免横向和

---

[63] 参见黄风:《建立境外追逃追赃长效机制的几个法律问题》,载《法学》2015年第3期。

[64] 参见张坚:《论我国国际刑事司法协助制度的立法完善》,载《北华大学学报(社会科学版)》2014年第3期。

[65] 参见《司法部:变相引渡仍为我国海外追逃主要方式》,载《法制日报》2014年11月5日。

纵向上的立法失调,增强法律的衔接性。我国加入 WTO 后,"国民待遇""透明性"等原则对我们改进外资企业立法提出要求。可喜的是,我国统一内外资企业立法已提上日程,并已制定《中华人民共和国外国投资法(草案征求意见稿)》,新法生效前后,料将开展全面的法规清理,修改或废止与新法不一致的下位法或规范性文件。⑥ 内外资企业的统一立法将对外资企业发挥更好的基础规范作用,进而提高对外资企业刑事法律风险的预先防控效果。

(二)建立政府、社会二元化的规制体制

对于外资企业犯罪问题上要形成政府与社会双重管理的二元结构,以实现对外资企业犯罪的前期防范。第一,强化政府对外资企业的监管,减少犯罪空隙。首先明确对外资企业实施管理的各机构、部门的职责,避免职能交叉低效。其次强调工商、税务、外汇、海关、商检、外经贸部等行政执法机关和部门依法履行职能,加强对外商企业的资格准入、登记注册、项目审批、经营管理、税收征管、产品质保以及报赋税等方面的监管⑥,并建立包括公安、检察及司法部门在内的多部门协作机制,互换和共享信息,密切掌握外资企业信息,及时了解外资企业的资金动态和经营状况,加强对外资企业的监督管理,对外资企业可能的犯罪行为进行预先布控。第二,创新社会管理,发挥非政府组织的监督作用。鼓励行业协会发展,充分发挥商会组织、环保组织、律师事务所和会计师事务所的作用,与政府一起建立交流协作机制,搭建一个有政府监管部门、司法部门和社会经济团体参加的信息交流平台。鼓励公众对外资企业犯罪的揭发检举,建立外资企业犯罪知情举报人保护与奖励制度,对外资企业犯罪形成全方位的监督和制约。

(三)加快对外资企业刑事政策的重新制定

为了应对外资企业犯罪日益严重的影响和挑战,有必要重新思考、确立符合中国社会现状和国际地位的外资企业犯罪的刑事政策。第一,要确立严厉制裁和全面预防外资企业犯罪的刑事司法理念。随着我国经济的快速发展和国际经济地位的转变,我国在经济领域开始逐步取消外资企业在税收、土地、物资、外汇等方面的优惠政策。从依靠市场和政策的优势吸引外资到依靠法律驱动转变,发挥法制在促进外资引进上的作用。⑧ 刑事政策领域也应随之转变对外资企业犯罪宽容和放纵的态度,取消对外资企业犯罪的"超国民待遇",改变刑事司法对外资企业犯罪的司法礼遇制度和思维惯性,完善相关刑事立法体系,加强对外资企业犯罪的打击和制裁力度。第二,坚定刑事管辖原则的立场。我国刑法确立了以属地管辖原则为主,以属人管辖原则为第一补充的刑事管辖原则。我国司法机关对外资企业在华犯罪具有绝对的管辖权。外国司法部门依据属人管辖原则对一些在

---

⑥ 参见任清:《〈外国投资法(草案)〉中的三个关键词》,载《中国法律评论》2015 年第 1 期。
⑦ 参见叶林华:《入世后外商单位犯罪的预防与惩治》,载《犯罪研究》2004 年第 2 期。
⑧ 参见叶林:《转型中的外商投资企业法》,载《扬州大学学报(人文社会科学版)》2012 年第 3 期。

华犯罪的外资企业进行调查和制裁不能废弃中国司法机关基于属地管辖这一基本原则所确立的刑事管辖权。我国应在涉及双重管辖规则的情况下,坚持中国的刑事管辖原则的立场,改变司法中"自我放弃司法主权"的现状,依法追究外资企业犯罪的刑事责任。

(四)加大对外资企业刑事风险的宣传力度

刑事法律风险从司法层面讲就是刑事违法性或应受刑罚惩罚性。[69] 刑事制裁具有严厉性,一旦形成会给企业的商誉和经营带来重大的影响。外资企业面临的刑事法律风险具有广泛性,存在于企业设立、经营和清算的各个环节,虽然多数外资企业内部配有法律人员或聘请律师进行企业经营的风险控制,但是,一方面,所谓的风险控制更多的在于防控经营中的民商事法律风险,而很少涉及刑事法律风险的防控;另一方面,对于很多潜在的刑事法律风险,外资企业并不能及时发现,诸如在企业经营中流行的"税务筹划""合理避税"的做法,实际上已涉嫌刑事犯罪而企业并不知情。政府有关法制部门应加强对外资企业刑事法律基础知识的教育和宣传,注意与法律专家、律师事务所等专业力量的合作,加强有针对性的刑事法律培训,使外资企业管理人员对商业活动中刑事法律风险的基本特点、发生规律以及与企业自身利益的关系有基本了解,纠正部分外资企业为追求经济利益"铤而走险"的错误经营理念以及对刑事制裁心存侥幸的心理,提高外资企业管理人员的刑事风险防范意识与防范能力。

(五)建议外资企业普遍设立刑事法律顾问

公司的法律顾问制度已是现代公司制度的重要组成部分,随着经济的发展和法制建设的不断完善,在日益激烈的市场竞争中,外资企业面临的刑事法律风险越来越多且更加复杂多变,有必要建立专门的刑事法律顾问制度,发挥刑事法律顾问在企业决策经营、管理、预防和处理各种刑事法律风险方面的作用。刑事法律顾问可在防控外资企业刑事法律风险方面发挥以下几方面作用:第一,刑事法律顾问可利用专业知识对企业的重大经济行为和决定进行监管以有效避开刑事犯罪风险。第二,通过刑事法律顾问的指导,可以在企业内部形成刑事风险防控机制。例如设立和健全会计账簿,按照规定如实投送会计报表,接受工商、财政和税务等行政主管部门的检查和监督,避免伪造账目,防止偷税漏税行为的发生。[70] 第三,刑事法律顾问可以帮助外资企业分析企业在经营的各个阶段可能发生的刑事法律风险,结合自身经营特点有针对性地建立防范制度。例如高科技研发的外资企业可以重点防范侵犯知识产权犯罪的刑事风险;在企业的融资阶段重点防范非法吸收公众存款犯罪、集资诈骗犯罪等刑事风险。[71] 第四,刑事法律顾问可以更

---

[69] 参见李晓明:《P2P网络借贷刑事法律风险防控再研究——以刑事一体化为视角》,载《中国政法大学学报》2015年第4期。

[70] 参见曹伟龙:《担任外资企业法律顾问工作初探》,载《中国法学》1987年01期。

[71] 参见赵雪华:《企业家在经济活动中的刑事法律风险防范》,载《上海商业》2007年第11期。

好地协调与政府行政管理部门、公安、检察及司法部门的关系,配合相关部门的工作,关注相关政策变动,传达和落实政策要求,谨防碰触法律红线。

(六)加强国际刑事司法协助制度的打造

外资企业尤其是大型跨国公司具有复杂的内部结构,娴熟的交易技巧,巨大的经济实力,跨越国界的经济和管理,仅依靠传统的控制犯罪的措施和一国自己的力量很难有效控制其犯罪活动。[72] 在 WTO 规则下,外资企业常常利用 WTO 的争端解决机制,由其母国公司充当其代言人和保护者。[73]加入 WTO 的发展中国家对外资企业的行政管理和刑事制裁常有所顾忌,因而也需要母国、东道国和国际相关组织共同加以规制。第一,建立打击外国公司犯罪信息共享和调查执行合作机制。在相当多的案件中,美国司法部门公布的本国公司的海外犯罪案件的信息,成为我国司法部门发现在华外资企业犯罪的重要线索渠道。外资企业犯罪涉及管辖权、证据收集与交换、执行等一系列难题,应注重加强国际合作,开展更加紧密的互涉案件代为调查取证、追缴犯罪所得、相互委托检查、鉴定、搜查和扣押、相互移交书证和物证以及送达文书、国际通缉、刑事诉讼移转管辖、引渡、裁判执行等国际刑事司法合作活动。[74] 第二,拓展国际刑事司法合作范围,与更多的国家签订多边或双边的刑事司法协助协定和引渡条约。我国已对外缔结 39 项引渡条约和 52 项刑事司法协助条约。[75] 在已达成协议的基础上,进一步深入与协议国相关部门的合作,并继续拓展刑事司法合作领域,与更多的国家达成合作协议,在此之前,加强与非协议国就引渡和遣返相关犯罪嫌疑人、追回涉案赃款等方面的沟通和协助,以提升我国应对外资企业犯罪刑事治理的实效性。

四、外资企业刑事法律风险防控可能涉及的罪名体系

1997 年修订《刑法》时,在华外资企业犯罪数量极少,刑法对外资企业犯罪问题很少予以专门关注。然而随着改革开放的深入,近些年外资企业在华犯罪呈高发态势,每年因此倒掉的企业和企业家也在逐年上升。因此,我们应加强针对外资企业的罪名体系研究,并借鉴外国立法经验,完善刑罚体系,以加强对外资企业刑事风险的防控和警示作用。

(一)关于垄断型罪名体系的研究

现行《刑法》针对垄断行为仅规定了强制交易罪和串通投标罪两项罪名,并无专门的垄断犯罪规定。我国《反垄断法》仅规定了两个刑事责任条款,即第 52 条

---

[72] 参见邵沙平:《国际法治的新课题:国家控制跨国公司犯罪的权责探析》,载《暨南学报(哲学社会科学版)》2012 年第 10 期。
[73] 参见张瑞萍:《WTO 规则下跨国公司行为规制方式分析》,载《现代法学》2005 年第 3 期。
[74] 参见于冲:《简评美国打击海外商业贿赂犯罪的司法实践》,载《中国检察官》2011 年第 22 期。
[75] 参见梁淋淋、侯丽军:《外交部:中国已对外缔结 39 项引渡条约 52 项刑事司法协助条约》,载国际在线(http://news.cri.cn/gb/42071/2014/11/26/6351s4780851.htm),访问日期:2017 年 3 月 6 日。

对阻碍、拒绝反垄断法调查的妨害公务行为以及第54条对反垄断法执法机构工作人员渎职和侵犯商业秘密行为的刑事责任规定,但并没有对各种反垄断违法行为如垄断协议、滥用市场支配地位、经营者集中等的刑事责任。⑯ 对于垄断行为本身,我国现行法律仅规定了行政责任,《反垄断法》第46条第1款规定:"经营者违反本法规定,达成并实施垄断协议的,由反垄断执法机构责令停止违法行为,没收违法所得,并处上一年度销售额百分之一以上百分之十以下的罚款;尚未实施所达成的垄断协议的,可以处五十万元以下的罚款。"如此轻微的行政处罚显然难以适应我国当前对外资企业严重垄断行为规制的需要。刑事制裁是有效制止垄断行为的必要法律手段,当前垄断行为犯罪化已是国际反垄断立法的一大趋势。⑰ 我国可以借鉴相关国家立法,增加相关垄断犯罪罪名,列入《刑法》第三章"破坏社会主义市场经济秩序罪",对于垄断犯罪的主体、客体、犯罪造成的损害大小及应受到的刑罚作出明确规定。⑱

(二)关于商业贿赂罪名体系的研究

我国反商业贿赂的规定分散,刑事立法上对相关犯罪缺乏统一的规定。我国《刑法》关于商业贿赂犯罪的制裁体系包括9个罪名⑲,基本涵盖了《联合国反腐败公约》中关于"贿赂犯罪"罪名体系的内容。但是,从我国商业贿赂犯罪的罪名设置来看,现行《刑法》中并没有关于商业贿赂犯罪的具体罪名,对商业贿赂的内涵也缺乏统一、权威的立法规定和司法解释,导致目前商业贿赂犯罪罪名体系严重失衡。由于商业贿赂犯罪与一般的贿赂犯罪在概念、罪质以及构成要件等方面均存在较大差异,将其附属于一般贿赂犯罪罪名体系中愈发显得不合适。⑳ 因此有学者建议在刑法中增加"商业受贿罪""商业行贿罪"的罪名设置㉑,明确"商业贿赂概念",针对外资企业商业贿赂犯罪统一适用。在罪名体系完善前,有必要对现行贿赂罪中的不适当的附加条件作出调整以适应打击外资企业商业贿赂犯罪的需要。①把"贿赂"范围从"财物"扩大到"财物或者财产性利益",以应对外资企业给付多样化财产利益的贿赂行为。②某些行贿犯罪构成要件的"为了谋取不正当利益"修改为"为了谋取利益或者排挤竞争对手,使有关人员滥用职权或者违背

---

⑯ 参见尹德元:《我国反垄断法刑事责任规定的合理性分析》,载《法制与社会》2008年第11期。

⑰ 《美国谢尔曼法》《美国反托拉斯刑事制裁强化与改革法》;《英国企业法》;《加拿大竞争法》;《日本禁止私人垄断及确保公正交易法》;《韩国规制垄断与公平交易法》均有相关垄断犯罪刑事制裁的规定。参见王致远、陈鸣:《垄断行为的"罪与罚"——垄断犯罪的法理剖析与现实考察》,载《法制与社会》2009年第30期。

⑱ 参见杜仲霞:《我国反垄断法刑事责任之重构》,载《法治研究》2013年第5期。

⑲ 《刑法》对贿赂犯罪的9个罪名包括:非国家工作人员受贿罪、对非国家工作人员行贿罪、受贿罪、单位受贿罪、行贿罪、对单位行贿罪、介绍贿赂罪、单位行贿罪、对外国公职人员或者国际公共组织官员行贿罪。

⑳ 参见于冲:《在华外国公司商业贿赂犯罪的实证研究与刑法规制》,载《犯罪研究》2013年第1期。

㉑ 参见张立:《陈文华委员:建议单独设立商业贿赂罪》,载《检察日报》2007年3月6日。

职责"⑧,以应对外资企业为谋取正当利益进行的贿赂行为。

(三)关于侵犯商业秘密罪名体系的研究

我国刑法为保护国家秘密、商业秘密设置了"为境外窃取、刺探、收买、非法提供国家秘密、情报罪""故意、过失泄露国家秘密罪"与"侵犯商业秘密罪"3个罪名。"力拓案"引起了我国对国际间商业间谍犯罪的重视,该案涉案人员为境外窃取、刺探、收买、非法提供我国钢铁行业的情报数据,该情报信息未达到国家秘密的标准,因而最终以"侵犯商业秘密罪"定罪处罚,对此案定性的争议反映了我国侵犯商业秘密罪罪名体系的缺陷。主要表现在:①我国刑法将"侵犯商业秘密罪"规定为结果犯,以对权利人造成重大损失为构成要件,因此实践中,许多外资企业侵犯了我国本国企业的商业秘密但未造成重大损失的都无法进入刑事司法程序,只能依据《反不正当竞争法》处以1万元到20万元的处罚。②"侵犯商业秘密罪"法定刑为"三年以下有期徒刑或者拘役,并处或者单处罚金;造成特别严重后果的,处三年以上七年以下有期徒刑,并处罚金",刑罚幅度过低,对于诸如"力拓案"造成了我国7000多亿元损失的案件显然存在罪责刑不相适应的问题。因而有必要在我国侵犯商业秘密罪的罪名体系中增设"为境外窃取、刺探、收买、非法提供商业秘密罪"⑧,借鉴《美国经济间谍法》的有关规定,构成要件上不以"造成重大损害"为限,并设置与罪名相适应的刑罚标准。

外资企业犯罪触犯的刑法罪名并非都具有独特性,许多犯罪与我国本国企业犯罪并无二致。对于外资企业犯罪的罪名体系的研究,一方面,要着眼于外资企业犯罪的特有特点补充设置相应罪名,另一方面,也要加强对现有单位犯罪罪名的研究,修改相关罪名不适当的犯罪构成要件,形成对单位犯罪缜密的控制。

另外,单位犯罪与自然人犯罪分而治之的立法模式使得企业犯罪的规制面狭窄,个别犯罪刑罚设置偏低,从而难以有效规制企业犯罪;个别危害公司治理的行为缺乏相应的刑法规制等问题。⑧ 为对外资企业犯罪进行有效规则,除了在转变刑事司法理念和加强刑事司法执法力度上下工夫外,还应该在立法上严密对单位犯罪规制的刑事法网。在这些方面,《中华人民共和国刑法修正案(九)》进行了艰苦的努力,增加了大量的单位犯罪。甚至还有学者主张逐步统一单位犯罪和自然人犯罪的立法,解决分立模式对单位犯罪规制的空隙问题以及某些单位犯罪入罪门槛和刑罚设置失当等问题。但统一立法模式不是一蹴而就的,在当前立法模式下仍然可以对现行规定作出一些调整。主要表现在:一是对《刑法》分则各罪名包括单位犯罪涉及的"数额""情节""后果"的条款,尚未解释的应尽快作出具体明

---

⑧ 参见赵秉志:《国际社会惩治商业贿赂犯罪的立法经验及借鉴》,载《华东政法学院学报》2007年第1期。

⑧ 参见陈龙鑫:《侵犯商业秘密犯罪现状与立法完善——以力拓案为切入点》,载《犯罪研究》2009年第5期。

⑧ 参见李本灿:《企业犯罪预防中合规计划制度的借鉴》,载《中国法学》2015年第5期。

确的规定,确保司法实践中对犯罪的准确定性和处罚。⑧⑤ 二是调整个别罪名刑罚的设置,加大单位犯罪财产刑处罚力度,提高个别单位犯罪中直接负责的主管人员和其他直接责任人员的法定刑,体现罪罚平衡以对外资企业犯罪进行有效的规制和威慑。三是填补法律漏洞,完善罪名体系,针对外资企业尤其是跨国公司的商业贿赂和恶意并购行为缺乏相关贿赂犯罪和垄断犯罪罪名,应尽快予以补充。四是增加资格刑为单位犯罪的刑罚种类。

五、余论

改革开放三十多年来,我国的经济发展取得巨大进步,科研能力和技术水平明显提高,在特殊社会条件和时代背景下产生的引进外资政策已逐渐不适应市场经济的发展和全球化竞争的要求。随着经济政策的调整,我国的法律体系、司法理念和惯性也需要同步转换。国际资本流动的历史表明,投资者往往更愿意把资金投放在一个虽然没有明显优惠待遇,但有很高的政策、法律透明度并获得公平待遇的地区,而不是投向一个看起来待遇优惠,却充满着"内部规定"和歧视待遇的地区。⑧⑥ 为适应国际经济的发展形势,我国不仅要在经济政策上实现内外资的平等对待,也应在刑事政策上遵循平等原则和罪责刑相称原则来规制内外资企业犯罪,通过法律保障和公平的市场环境吸引外资,这也是防范外资企业刑事法律风险的治本之策。

---

⑧⑤ 参见叶林华:《入世后外商单位犯罪的预防与惩治》,载《犯罪研究》2004 年第 2 期。
⑧⑥ 参见杨泽伟、苏彩霞:《对外国人待遇问题的反思》,载《中央政法管理干部学院学报》1998 年第 3 期。

犯罪成本对职务犯罪的影响性因素分析

丛 梅[*]

一、研究背景

伴随着我国城市化、工业化的快速发展,社会经济领域异常活跃,由于发展过程中的不平衡,以及对职务犯罪监管的松懈,现行法律制度不够完善等原因,职务犯罪没有得到有效遏制,呈现蔓延之势。据统计,改革开放之初的1978年至1982年,全国检察机关立案侦查职务犯罪98 225件;1983年至1987年,全国检察机关立案侦查职务犯罪增至15.5万余件。在此期间,邓小平曾于1986年尖锐指出:官场腐败之风如果坏下去,就会形成贪污、盗窃、贿赂横行的世界。[①] 因为1986年正值改革开放以来全国检察机关查处贪污犯罪的第二次高峰期,立案的贪污案件比1985年猛增了70.5%。[②] 此后,1988年至1992年,全国检察机关立案侦查贪污贿赂案件继续上升,为214 318件。1993年至1997年,全国检察机关立案侦查的职务犯罪增至387 352件。[③] 改革开放三十年后的2008年,全国检察机关查处的职务犯罪是1978年的19.5倍。一个国家的官场腐败能够持续蔓延30余年而不得遏制,其累积效果是什么?不言自明。

另据最高人民法院2010年工作报告显示,2009年全国各级法院审结贪污、贿赂、渎职案件25 912件。到2015年,全国各级法院审结的贪污、贿赂等职务犯罪案件已经飙升至3.4万余件,也就是现在1年的职务犯罪总数相当于改革开放之初5年甚至10年的总和。职务犯罪问题已经成为当今社会的顽疾,越来越受到全社会的高度关注。对此,习近平总书记在中国共产党第十八届中央政治局第一次集体学习讲话时郑重地提出警示:"大量事实告诉我们,腐败问题越演越烈,最终

---

[*] 天津社会科学院社会学研究所、天津社会科学院社会治理与公共政策研究中心研究员。
[①] 参见《邓小平文选》(第三卷),人民出版社1993年版,第154页。
[②] 参见何秉松主编:《职务犯罪的预防与惩治》,中国方正出版社1999年版,第30页。
[③] 参见何秉松主编:《职务犯罪的预防与惩治》,中国方正出版社1999年版,第27页。

必然会亡党亡国！我们要警醒啊！"④

职务犯罪的危害主要有三大类：人身伤害、经济损失、社会道德风气的溃败。职务犯罪的蔓延对社会的危害将使民众对法律、制度以及政府的公信力逐渐丧失信心。可以说职务犯罪的危害丝毫不亚于恐怖犯罪、毒品犯罪、暴力犯罪等传统严重刑事犯罪。如不有效遏制，将败坏社会风气，危及党的执政基础和国家的长治久安。

在犯罪学理论中，犯罪成本研究是将经济学中的成本—收益分析引入犯罪学的研究过程。经济学为我们提供了另一个审视职务犯罪的新视角，这就是在确定职务犯罪人全部为"理性犯罪人"的基础上，利用犯罪成本理论对职务犯罪人的犯罪动机、犯罪心理以及犯罪行为进行全面分析。简单地说，在理性状态下，如果犯罪人认为其犯罪的总收益大于犯罪成本，其所追逐的某种效用得到了最大的满足，就会选择实施犯罪。

目前，有关"犯罪成本"的实证研究相对较少。笔者正是基于这一现象，立足于天津市犯罪调查科研数据库⑤的统计分析，结合当前有关犯罪成本的理论研究，对犯罪直接成本、犯罪机会成本、犯罪风险成本与职务犯罪心理和行为的形成进行实证性研究。

二、理性预期与职务犯罪心理的形成

1992 年诺贝尔经济学奖得主，美国著名经济学家加里·S. 贝克尔对犯罪动机的研究，突出体现了"理性犯罪人"这一重要特点。人是十分复杂的，它可能既是社会性的，又是理性的。⑥ "理性犯罪人"在实施犯罪前一定对犯罪所得或犯罪结果存有理性预期，理性预期是理性选择理论中的一个重要环节，理性预期认为目的外生于决策过程，强调行为与目的的一致性。犯罪人的理性预期遵循功利和利益最大化原则。但是，这一理论还有三点值得关注的条件：①将决策者的效用作为追求目标；②行为选择限定在能够实现效用最大化的行为上，决策者需比较不同行动方案产生的不同效用水平；③引入了不确定性，要求决策者比较不同概率分布下不同可选方案之间的预期效用。⑦ 在理性预期中，各种信息及由此产生的各种方案、不确定性和概率成为改变理性预期的最主要的因素。

将此概念运用到职务犯罪的研究中，发现职务犯罪人在犯罪前是通过所掌握的各种信息和概率，对犯罪后的总收益作出估计的。也就是职务犯罪人实施犯罪

---

④ 《习近平在十八届中共中央政治局第一次集体学习时讲话》，载《人民日报》2012 年 11 月 20 日，第 1 版。

⑤ 本资料来自"天津市犯罪调查科研数据库"，该调查历时十余年，调查对象为监狱在押人员，累计 2 万余名，调查是由天津社会科学院法学研究所、天津市社会治安综合治理委员会办公室和天津市监狱局联合进行的。笔者参与了调查的具体实施和数据库的建立工作。

⑥ 参见曹立群、任昕主编：《犯罪学》，中国人民大学出版社 2008 年版，第 242 页。

⑦ 参见魏建：《理性选择理论与法经济学的发展》，载《中国社会科学》2002 年第 1 期。

是在一种理性的心理状态下,追求犯罪效用最大化的行为。尽管有时信息和概率发生了变化,犯罪人的预期也会随之发生变化。但总体来讲,职务犯罪的低成本、低风险和高收益,使得职务犯罪人对其犯罪行为的预期收益是远大于犯罪成本的。这也是职务犯罪人明知其行为的违法性还要实施犯罪的动机。他们普遍具有较强的侥幸心理,因此,虽然知道事情败露可能会受到刑法惩罚,但是仍然铤而走险实施犯罪。针对这一点,在调查中问道:"你在犯罪前,想过可能出现的刑罚后果吗?"回答的结果共设四个指标项:①没想;②想过,但没想到处理这么严重;③想过,与处理结果差不多;④想过,比此次处罚还严重。第①个指标表明罪犯无预期惩罚成本;第②个指标表明罪犯有较低的预期惩罚成本;第③指标表明罪犯有与其犯罪行为相一致的预期惩罚成本;第④个指标表明罪犯有较高的预期惩罚成本。⑧ 按照这种分类方法将犯罪调查的结果进行统计分析(见表1)。

表1 职务犯罪人对犯罪行为后果的预期   单位:%

年度	无预期惩罚成本	有较低的预期惩罚成本	有相一致的预期惩罚成本	有较高的预期惩罚成本	合计
2002	74.6	24.2	0.6	0.6	100
2005	49.8	36.2	13.5	0.5	100

2002年和2005年的统计结果一致表明,回答"无预期惩罚成本"和"有较低的预期惩罚成本"的职务犯罪人所占比重之和达到90%左右,充分说明职务犯罪人是在犯罪收益高且预期惩罚成本低的心理状态下实施犯罪行为的,比较符合经济学中的成本—收益原则。即便2005年有13.5%的职务犯罪人表示,明知与其犯罪行为相一致的预期惩罚成本,仍然决定铤而走险实施犯罪,可见,职务犯罪的犯罪收益是巨大的,对犯罪人具有极强的诱惑力。

另外,不同犯罪类型的犯罪人对犯罪行为后果的预期是不同的,如性犯罪的犯罪人无预期成本的比重相对较高。职务犯罪人在实施犯罪前不仅有了明确的犯罪目标和强烈的犯罪动机,而且,经过仔细认真的盘算和思考,实施的犯罪行为是理性且有准备的(见表2)。

表2 职务犯罪人对犯罪惩罚成本的预期   单位:%

犯罪类型 预期情况	无预期惩罚成本	有较低的预期惩罚成本	有相一致的预期惩罚成本	有较高的预期惩罚成本	合计
财产犯罪	62.0	35.7	1.1	1.2	100
杀伤犯罪	66.8	30.4	1.2	1.6	100
性犯罪	72.7	27.3	— —	— —	100
经济犯罪	68.7	30.2	0.9	0.2	100

统计中经济犯罪包括职务犯罪,在职务犯罪中,无预期惩罚成本的比重较高,

---

⑧ 参见周路主编:《当代实证犯罪学》,天津社会科学院出版社1995年版,第176页。

说明这部分犯罪人相信手中的权力,相信其利用权力苦心经营的人脉网络和"小圈子",并且相信"权力"和"圈子"可以帮助他们逃避法律惩处,这就是为什么职务犯罪普遍具有极强的侥幸心理和盲目自信心理的根本原因。

职务犯罪较其他类型犯罪在实施犯罪前理性预期要高,犯罪心理结构稳固,犯罪动机和犯罪目的明确。例如:当一个人思想中产生了不良心理意识后,犯罪动机逐渐形成,犯罪目的逐渐明确。此时,犯罪动机和目的往往会通过不良的思想观念、言论和行为表现出来,如果这些不良言行没有得到及时的纠正和制止,那么这些不良信息反馈到大脑中,对其不良的心理意识会起到强化作用。犯罪心理的形成就是个体原有的不良心理意识得到强化的结果。⑨ 职务犯罪正是在权力失去有效监督、制度、法规不健全,"圈子文化"盛行的情况下,不良心理得到强化的结果。

三、犯罪成本与职务犯罪行为

对于犯罪成本的概念界定,犯罪学界有着很多不同观点,有的观点认为犯罪成本是惩罚成本,有的观点认为犯罪成本应包括来自家庭、单位等各种社会成本,等等。综合分析关于犯罪成本的各种观点,笔者认为,所谓"犯罪成本",是指犯罪人在进行犯罪决策、犯罪实施以及承担犯罪后果这一过程中,所要支付的全部成本和代价。

犯罪成本是犯罪人形成犯罪心理、实施犯罪行为的重要因素,即犯罪人认为犯罪的收益比付出的代价要高时,才会实施犯罪行为。犯罪人对犯罪成本的估计,受自身思想意识、对犯罪惩处的心理感受和周围情境因素的共同影响。职务犯罪一般以经济获利为主要目的,犯罪人应该更加精于计算。

(一)犯罪成本的构成

根据对犯罪成本的定义,犯罪成本的构成可以用如下公式来表示:

犯罪成本 = 犯罪直接成本 + 犯罪机会成本 + 犯罪风险成本

(其中:犯罪风险成本 = 犯罪惩罚成本 × 破案率)

犯罪直接成本:包括犯罪人在犯罪准备阶段和犯罪实施过程中采用各种工具和手段而支付的成本,如准备作案工具、犯罪后逃跑、销赃和规避抓获风险等付出的代价。

犯罪机会成本:犯罪人在一定的时间、利用某种机会从事犯罪活动,从而放弃了用这部分时间或利用某种机会从事合法经济活动或其他合法活动所带来的收益,这部分收益就是犯罪的机会成本。如:工业企业的职务犯罪多是利用物资采购及大额资金划拨等机会谋取非法经济利益。

犯罪风险成本:是指犯罪人从事犯罪活动而承担的风险代价或为犯罪后果而支付的成本,主要指公安机关逮捕、法院定罪,以及丧失现任公职、社会地位、家人

---

⑨ 参见张保平、李世虎编著:《犯罪心理学》(第4版),中国人民公安大学出版社2006年,第85页。

尊敬等,这些都会给犯罪人带来包括经济上、人身和家庭上、精神上的损失等。

(二)犯罪直接成本与职务犯罪行为

犯罪直接成本涉及的方面很多,如犯罪人作案前的准备活动和实施犯罪中使用的交通和通讯工具,以及观察、踩点所消耗的时间等。不同的犯罪类型对应不同的犯罪直接成本。由于职务犯罪较盗窃、抢劫等犯罪行为存在很大不同,因此,不能简单地用踩点、准备作案工具等指标进行分析。在此,职务犯罪直接成本主要指犯罪人的职务权限,以及犯罪人在利用职务之便实施犯罪时的直观感受(如:作案难度等)。由于犯罪人的职务权限是不同的,因此,假借职务之便实施犯罪所导致作案顺利与否的感受也是不一样的。在天津市犯罪调查科研数据库中就有职务犯罪人对作案是否顺利进行评价的指标(见表3)。

表3 职务犯罪人对作案难度的认识 单位:%

年度	很顺利	较为顺利	不太顺利	很困难	合计
2002	10.9	73.2	15.1	0.8	100
2005	16.7	79.2	4.1	— —	100

在对作案是否顺利的主观感受调查中,2005年认为作案"很顺利"的职务犯罪人比2002年上升了5.7个百分点,认为作案"较为顺利"的职务犯罪人比2002年上升了6个百分点,认为"很顺利"和"较为顺利"的职务犯罪人已经超过2/3。认为"不太顺利"的职务犯罪人,2005年比2002年下降了11个百分点,甚至2005年的统计结果中没有认为职务犯罪行为"很困难"的,这暴露出法律制度对职务犯罪的监管存在漏洞,职务犯罪行为的难度降低,付出的直接成本越来越低。

(三)犯罪机会成本与职务犯罪行为

犯罪机会成本与人们的日常活动联系紧密,日常生活通过微妙的暗示向有动机的罪犯传达诱惑和犯罪机会。⑩ 犯罪机会成本对职务犯罪的诱惑力是巨大的,机会和动机紧密相连,有什么样的犯罪动机就会寻找相应的犯罪机会。调查显示,有46.5%的职务犯罪人表示其犯罪动机是"追求享乐",有30.8%的职务犯罪人表示其犯罪动机是"筹资赚钱",还有15.6%的职务犯罪人表示其犯罪动机是过去"生活困难",想借此机会大赚一笔。此外,还有为了偿还赌债等原因。有了强烈的犯罪动机,便会逐渐形成明确的犯罪目的(见表4)。

表4 职务犯罪人的犯罪目的 单位:%

年份	为了报复	为了钱财	为了性满足	为了朋友	为了政治目的	其他目的	合计
2002年	—	91.1	0.8	7.3	—	0.8	100
2005年	—	96.2	—	3.4	—	0.4	100

---

⑩ 参见曹立群、任昕主编:《犯罪学》,中国人民大学出版社2008年版,第238页。

对犯罪目标的早已确定也说明职务犯罪人的理性预期偏高,并且,职务犯罪人的犯罪目的很明确,绝大多数就是为了钱财。

虽然犯罪机会成本具有复杂性和不稳定性,但是几乎所有的职务犯罪人,在犯罪机会成本面前无一例外地选择非法机会,放弃合法机会。一方面因为这一非法犯罪机会成本带来的犯罪收益远远大于合法机会带来的收益。另一方面因为每个犯罪人对于犯罪给他们带来的效用的认识是不一样的。因此,机会成本的影响力呈现多样性。天津市犯罪调查科研数据库中通过"假如这次未被抓获,你有什么想法?"的假设,来分析职务犯罪人对犯罪机会成本的认识情况(见表5)。

表5 职务犯罪人对机会成本的认识情况　　　　　　　单位:%

年度	继续这样干	再往大处干	一次捞够再也不干了	太害怕,洗手不干	合计
1999	67.1	4.6	10.4	17.9	100
2002	29.3	6.1	2.6	62.0	100
2005	52.9	1.5	14.6	31.0	100

纵观1996年至2005年这10年的职务犯罪行为统计结果,发现表示"继续这样干"和"再往大处干"的百分比出现波动,这也印证了犯罪机会成本的影响力呈现多样性的结论。1999年这两项合计71.7%,2002年降为35.4%,到2005年又上升至54.4%。表示"一次捞够再也不干了"的在2005年最高占14.6%,说明部分职务犯罪人更注重机会成本,且具有强烈的赌博心理。2002年的统计结果显示有62%的职务犯罪人表示"太害怕,洗手不干了",这一结果反映出职务犯罪人认为选择犯罪机会成本太冒险了,可能会招致犯罪风险成本的到来。但总体上看,职务犯罪人面对犯罪机会,普遍存在"机不可失"的心理。

(四)犯罪风险成本与职务犯罪行为

犯罪风险成本主要由犯罪人对犯罪惩罚成本的认识和破案率两大主要因素构成。对于犯罪惩罚成本,由于其具有相对固定性,所以犯罪人可以对犯罪行为所产生的犯罪惩罚成本进行预期,因此就有了预期惩罚成本。而破案率是体现风险程度的一个变量,它的变化直接关系到惩罚成本对犯罪威慑作用的大小。破案率越高则犯罪风险程度越高,惩罚成本也就越能对犯罪起到威慑作用,从而使得犯罪风险成本对犯罪行为起到抑制作用;反之,破案率低则犯罪风险程度低,惩罚成本就会大打折扣,就不能起到应有的威慑和抑制作用。

犯罪风险成本对职务犯罪人意味着某种不确定性。犯罪风险的大小对于职务犯罪人来说主要是破案率的高低(或是抓获几率的高低)。由于犯罪惩罚成本在客观上是相对稳定的,所以犯罪风险成本的大小主要取决于职务犯罪人对风险程度的认知状况。在天津市犯罪调查科研数据库中对此类问题进行了调查和统计分析,数据库中的问题是这样问的:"如果你预见到会出现的刑罚后果,为何还实施犯罪?"共设有6个指标项:①不怕;②怕,但机会难得;③怕,但合算;④怕,但认为抓不住自己;⑤怕,但更怕同伙;⑥怕,但一时冲动。这6个指标项能显示出罪犯对犯罪风险程度的认知情况。第①个指标表明罪犯属于风险偏重性,愿意承担一切风险;第②、③个指标表明罪犯在风险与机会、收益等方面进行了比较,其收益能抵消风险,即属于风险抵消型;第④个指标表明罪犯有一定的风险意识,但认为风险不大,属于风险偏轻型;第⑤、⑥个指标表明罪犯虽有一定的风险意识,但风险对其犯罪行为不起作用,属于风险无关型。按照这种分类方法对犯罪调查进行统计,就可以发现有犯罪惩罚成本预期的犯罪人对风险的认知和愿意承担风险的状况(见表6)。

表6　职务犯罪人对犯罪风险的认知情况　　　　　　单位:%

年度	风险偏重	风险抵消	风险偏轻	风险无关	合计
2002	3.1	16.3	32.0	48.6	100
2005	21.3	20.1	39.5	19.1	100

从统计结果看出,认为犯罪风险偏重的职务犯罪人所占比重在2005年急剧上升,这表明在2005年有21.3%的职务犯罪人是愿意承担一切风险的,他们对将要出现的刑罚后果坦言不怕,一方面表现出他们对刑罚惩处的藐视心理,另一方面也反映出刑法对职务犯罪的惩处不够严厉,不能阻止其实施犯罪活动。风险抵消型职务犯罪人所占比重虽有上升,但涨幅不大,在他们内心认为犯罪所得收益与得到的惩罚之间相比,犯罪所得的收益更合算。此外,心存侥幸心理的职务犯罪人所占比重还是比较高的。

在天津市犯罪调查科研数据库中,我们在职务犯罪人实施犯罪后,对其犯罪成本与收益的计算和评价情况进行了调查(见表7)。

表7　职务犯罪人对其犯罪成本的评价情况　　　　　　单位:%

年份	认为其犯罪行为"合算"	认为其犯罪行为"不合算"	认为"说不清"
1999年	2.3	49.7	48.0
2002年	1.8	65.4	32.8
2005年	4.0	23.9	72.1

研究表明,罚不当罪会使犯罪人产生"犯罪合算"的观念,从而强化其冒险心理和违法犯罪心理。从1996年至2005年的调查中可以发现,职务犯罪人对犯罪成本投入的认知程度大大提高了,在对其犯罪成本投入和获得非法收益之间进行比较和计算后,认为其实施的职务犯罪行为"合算"的是极少数,多数职务犯罪人认为作案后被公安机关抓获并"不合算"。之所以得出这样的判断,一方面是由于他们的利益补偿心理还没有得到充分满足就被公安机关抓获;另一方面是他们认为还没有达到预期的犯罪目的便被抓获,的确"不合算"。回答"说不清"的所占比重在2005年大幅升高,说明职务犯罪人对其犯罪行为的认知模糊,难以判断犯罪成本投入和获得非法收益之间哪个更重要。

总之,在三类犯罪成本中,犯罪风险成本对职务犯罪人的心理和行为的影响是最大的。对于职务犯罪人来讲,犯罪风险成本源自对风险的认知情况,比如:犯罪风险程度和预期惩罚成本。犯罪风险对于职务犯罪人来讲是最为重要的因素,因为风险的大小关系到刑事审判和刑罚的执行结果,也就是犯罪惩罚成本能有多大可能性实现。事实上,风险的存在本身就说明犯罪不可能被完全消灭,政府在制定相关的刑事政策时应充分考虑成本收益原则,提高职务犯罪的风险成本,有效控制机会成本,将职务犯罪尽量降至有限的范围和数量以内,这也是政府在打击和预防职务犯罪方面较为合理的政策目标。

四、提高犯罪成本,有效预防职务犯罪构想

(一)增加犯罪难度,加大职务犯罪直接成本

犯罪直接成本对犯罪人的犯罪行为所产生的影响,主要体现在犯罪的难度上。因此,增加职务犯罪实施过程的难度,防止其有作案容易和顺利的主观感受,可以加大职务犯罪的直接成本,将对预防职务犯罪具有一定效果。如:完善监督制约机制和监督体系,提高全体公民的道德水平和法律素养,做好全民法治宣传教育,重塑良好社会风气,发挥新闻媒体和网络舆论的监督作用,继续完善群众监督等措施,加大职务犯罪的直接成本,使之不敢腐,也不能腐。

(二)完善各项法律制度,加强廉政建设,有效控制职务犯罪机会成本

法治废弛必然导致腐败丛生,中国要走一条制度反腐的新路,必然要建立一套系统完善的法律制度,将各种权力置于法律法规的规范和约束之下,真正实现依法治国。中国共产党第十八届中央委员会第三次全体会议提出了两个改革新思想:国家治理体系和治理能力现代化。这就要求体制改革应该从法治化入手,规范政府的权力,健全各项监督制约机制。为此,改革的重点应当是合理而准确地界定政府职能,从制度层面对政府与各实践部门、单位之间的权责利关系进行调整,不断推进规范化、程序化、法治化管理,这也是今后我国法律制度不断完善的立足点之一。

加强廉政建设,完善国家公务人员选拔和任用体制,在实践中落实好《党政领导干部选拔任用工作条例》,建立科学的职务考核晋升办法,加强专业培训,不断提高专业能力和政治素质。建立职务犯罪信息情报体系,健全网络举报和线索受理,充分发挥网络监督的作用,形成责任与权力的相互制衡。除此之外,加强检察机关对职务犯罪执行阶段的监督,防止重罪轻判、滥用缓刑、减刑条件过宽等问题,维护司法公正,防止职务犯罪执行阶段轻刑化。建立受到刑罚处罚的公职人员职业资格剥夺制度,禁止其从事某一类职业等处置方式,增加职务犯罪机会成本。

(三)完善立法,有法必依,执法必严,增加职务犯罪风险成本

犯罪风险成本对犯罪人的犯罪行为影响是最大的。增加职务犯罪的惩罚成本,建立健全惩罚性法律机制和经济处罚机制,提高职务犯罪破案率,是增加职务犯罪风险成本的必要措施。我们要提高腐败的惩罚成本,就必须做到不断完善立

法,有法必依,有纪必依,违法必处,绝不姑息。通过严密的法网,提高职务犯罪的风险性,让腐败分子在政治上、生活上都为自己的腐败行为付出应有的代价,让他们彻底打消侥幸心理、贪婪心理和从众心理,做到"不敢贪、不能贪、不想贪"。同时,通过彻底追缴非法所得,对贪污受贿腐败者处以罚款、判刑等措施来加大腐败预期成本,缩小预期收益与预期成本的差额,使握有实权的领导干部权衡腐败行为的成本与收益时发现无利可图,从而让领导干部望腐却步,不敢以身试法,自觉做到"常怀亲民志,永葆清廉身"。

论民营企业(家)犯罪涉案财物的处置
——基于"实体与程序"的双重视角*

王志祥** 柯 明*****

自2016年以来,中共中央、国务院、最高人民法院、最高人民检察院在相继出台的多个文件中强调要完善产权保护制度、依法保护产权。① 其中,依法保护产权的关键在于推进产权保护的法治化,即既从立法、司法、执法等多个环节予以保护,也针对公有制经济和非公有制经济等多种所有制经济进行保护。而从上述文件所体现的精神可以看出,充分发挥对非公有制经济财产权的立法和司法保护,尤其受到强调和重视。应当说,这与我国对非公有制经济财产权法律保护不足的实践状况密切相关。具体而言,在我国,仅从对民营企业(家)犯罪涉案财物的刑事保护②来看,如"利用公权力侵害私有产权、违法查封扣押冻结民营企业财产等现象时有发生"③,不区分个人财产与企业法人财产、个人财产与家庭成员财产、违

---

* 本文系教育部"新世纪优秀人才支持计划"资助项目(编号:NCET-13-0062)及中央高校基本科研业务费专项资金资助重点项目"风险社会视野下的刑法修改宏观问题研究"(编号:2012WZD11)的阶段性成果。

** 北京师范大学刑事法律科学研究院外国刑法与比较刑法研究所所长、教授、博士生导师,法学博士。

*** 北京师范大学刑事法律科学研究院博士研究生。

① 这些文件包括:2016年2月19日最高人民检察院发布的《关于充分发挥检察职能依法保障和促进非公有制经济健康发展的意见》,2016年11月4日中共中央、国务院发布的《关于完善产权保护制度依法保护产权的意见》,2016年11月28日最高人民法院发布的《关于充分发挥审判职能作用切实加强产权司法保护的意见》,2016年11月28日最高人民法院发布的《关于依法妥善处理历史形成的产权案件工作实施意见》,2017年1月6日最高人民检察院发布的《关于充分履行检察职能加强产权司法保护的意见》。在此之前,2014年12月17日最高人民法院发布的《关于依法平等保护非公有制经济促进非公有制经济健康发展的意见》,要求各级人民法院充分发挥司法审判的职能作用,为非公有制经济健康发展提供有力的司法保障。

② 这里的民营企业(家)犯罪涉案财物的刑事保护是指对涉案民营企业家个人合法财产、民营企业合法财产以及民营企业家家庭成员合法财产的刑事保护。

③ 《关于完善产权保护制度依法保护产权的意见》。

法所得与合法财产而违法处置涉案财物的问题,已严重造成对非公有制经济财产权的破坏,特别是对民营企业家和民营企业财产权的破坏。

正如《关于完善产权保护制度依法保护产权的意见》(以下简称《意见》)所言,"有恒产者有恒心,经济主体财产权的有效保障和实现是经济社会持续健康发展的基础"。尤其是对于作为社会主义市场经济重要组成部分的民营企业来说④,保障民营企业和民营企业家的财产权,能够充分激发企业活力与创新动力,增强企业家的信心与安全感。对民营企业和民营企业家财产权的保护,不仅体现在民营企业正常运行过程中对企业和企业家的保护,更为重要的是,还要体现在民营企业和民营企业家因涉嫌犯罪受到追究时对其财产权的保护。

另外,与对民营企业(家)犯罪涉案财物的刑法保护相比,我国对国有企业(家)犯罪涉案财物的刑法保护则明显要强得多。一方面,"保护国企,国企不能受损失"的观念普遍存在,这就导致国有企业犯罪或者国有企业的企业家犯罪时,国有企业的财产往往不会被违法随意处置。另一方面,国有企业的财产与国有企业家的财产归属相对清晰,使处置国有企业合法财物的现象很少出现。⑤ 因此,从注重对民营企业(家)犯罪涉案财物的刑事保护入手,有利于强化对民营企业产权的保护观念,进而实现对公有制经济财产权和非公有制经济财产权的平等保护。基于此,笔者从民营企业(家)犯罪涉案财物处置问题切入,梳理当前民营企业(家)犯罪涉案财物处置过程中存在的问题,并提出针对性建议,以期对民营企业(家)财产权的刑法保护有所助益。

一、民营企业(家)犯罪涉案财物处置过程中存在的问题

(一)不当扩大查封、扣押、冻结的适用范围,"一扣到底"的现象严重

2012年修正的《中华人民共和国刑事诉讼法》(以下简称《刑事诉讼法》)第139条第1款,2012年12月13日公安部发布的修订后的《公安机关办理刑事案件程序规定》第222条第1款,2015年3月6日最高人民检察院发布的《人民检察院刑事诉讼涉案财物管理规定》第4条第1款,均规定了与案件无关的财物、文件,不得查封、扣押、冻结。⑥ 但是,在司法实践中,对与案件无关的财物进行查封、扣押、冻结的情况较为严重。有学者在调查后发现,占被调查警察总人数64.2%的

---

④ 根据国家统计局的统计数据,2015年我国企业法人单位12 593 254个,其中,私人控股企业法人单位10 677 612个,占比84.79%。参见国家统计局网站(http://data.stats.gov.cn/easyquery.htm?cn=C01),访问日期:2017年3月16日。2012年民营经济占我国GDP的比重已超过60%。参见潘跃:《民营经济占GDP比重超60%》,载《人民日报》2013年2月3日,第1版。

⑤ 当然,"红帽子"企业的财产归属往往不明,但"红帽子"企业是一个历史现象,需要用历史的眼光来看待,且"红帽子"企业产权认定问题与本文所述内容无关,在此不再赘述。

⑥ 需要说明的是,在2012年《刑事诉讼法》实施之前,1996年修正的《刑事诉讼法》第114条和2010年5月9日最高人民检察院发布的《人民检察院扣押、冻结涉案款物工作规定》第4条也规定了不得扣押、冻结与案件无关的财物、文件。

人在司法实践中会为了防止犯罪嫌疑人转移财产,在侦查前期先对犯罪嫌疑人的现有财产进行查封、扣押、冻结,对有证据表明财产属于合法财产的,再解除查封、扣押、冻结。⑦ 换言之,有一半以上的警察会在不区分犯罪嫌疑人合法财产与非法财产、与案件有关的财产和与案件无关的财产的情况下,对犯罪嫌疑人立案时的所有财产先进行查封、扣押、冻结。这就意味着当民营企业家涉嫌犯罪时,与其所涉嫌犯罪无关的个人合法财产、企业法人财产和家庭成员财产均会先被一律查封、扣押、冻结。而对于民营企业来说,诸如企业公章、账册、办公场所、正在投入运营的设备、资金、技术资料等财产,一旦被查封、扣押、冻结,将严重影响企业的正常经营,造成企业的重大损失。譬如,在"孙长松案"中,神羊公司马来西亚投资方马某以孙长松在共同合资成立"沈阳神羊游乐园有限公司"并建设神羊游乐园项目过程中涉嫌合同诈骗为由,向当地公安机关报案。当地公安机关在对孙长松立案的同时,将孙长松占10%股份、马来西亚投资方占90%股份的神羊公司查封,导致已建设起来的50万平方米的巨大游乐园项目变成了沈阳最大的烂尾工程。⑧

更为关键的是,对于已被查封、扣押、冻结的与案件无关的财产,司法机关在发现不属于与案件有关的财物后,很少会主动、立即解除查封、扣押、冻结措施,将财产返还所有人,往往是"一扣到底"。据学者调查,60.5%的受访警察承认自己很少、基本没有或者从来没有主动对"与本案无关的财产"解除查封、扣押;对于退赔被害人和追缴没收后仍查封、扣押、冻结在案的被告人合法财产,35.8%的受访警察表示不会立即、主动解除查封、扣押、冻结措施。⑨ 另外,有学者在对392个集资诈骗罪判决进行统计分析后发现,这392起案件均涉及在审前处置了涉案财产,而法院对审前的涉案财物处置结果直接予以承认并作出判决的有334个⑩,比例达到85.64%。这意味着,对于审前查封、扣押、冻结的民营企业(家)财产,不论该财产是否属于与案件有关的财产,法院大部分都直接予以承认并执行,而不会对该财产是否属于与案件有关的财产进行审查,返还与案件无关的被告人的合法财产也就无从谈起。⑪ 以"牟洋案"为例,牟洋及其企业在2005年因偷税罪⑫、虚开增值税专用发票罪被判处罚金250万元,并且在罚金刑执行完毕后,并未收到公安机关和检察机关应予返还的剩余扣押款。公安机关在逮捕时扣押的与案件无关

---

⑦ 参见向燕:《刑事涉案财物处置的实证考察》,载《江苏行政学院学报》2015年第6期。
⑧ 参见李远方:《辽宁孙长松案获评"2016年度十大无罪辩护经典案例"》,载中国商网(http://news.zgswcn.com/2017/0216/763102.shtml),访问日期:2017年3月20日。
⑨ 参见向燕:《刑事涉案财物处置的实证考察》,载《江苏行政学院学报》2015年第6期。
⑩ 参见陈醇:《非法集资刑事案件涉案财产处置程序的商法之维》,载《法学研究》2015年第5期。
⑪ 集资诈骗罪是民营企业家易触犯的较高频率罪名,触犯该罪的主体绝大多数是民营企业家。参见北京师范大学中国企业家犯罪预防研究中心课题组:《2015中国企业家刑事风险报告》,载《河南警察学院学报》2016年第3期;北京师范大学中国企业家犯罪预防研究中心课题组:《2014中国企业家犯罪报告》,载《河南警察学院学报》2015年第1期。因此,对该类案件涉案财物的处置情况能够在一定程度上反映对民营企业(家)犯罪涉案财物的处置状况。
⑫ 《中华人民共和国刑法修正案(七)》已经将"偷税罪"改为"逃税罪"。

的2 020万元未随案移送,且以罚没的形式上缴到吉林省财政厅的罚没账户,2016年最高人民法院作出国家赔偿决定后才得以进入返还程序。检察机关也是在2011年纪委作出认定后,才将应予退还但未退还的46.2万元扣押款返还给牟洋。而牟洋的企业早在2007年年底就因巨额资产被扣押而彻底倒闭。⑬ 在司法实践中,类似这种案件不在少数,众多大企业往往因此而遭遇经营困难甚至面临破产。⑭

(二)未经定罪以行政处罚程序处置涉案财物

2012年《刑事诉讼法》第234条对1996年《刑事诉讼法》第198条作出了修改,明确了在判决生效以后,"有关机关"应当根据判决对涉案财物及其孳息进行处理。

但是,从司法实践来看,无论是在2012年《刑事诉讼法》公布实施之前还是之后,民营企业(家)犯罪涉案财物在处置时间和处置主体方面均存在问题。1996年《刑事诉讼法》第198条第3款规定:"人民法院作出的判决生效以后,对被扣押、冻结的赃款赃物及其孳息,除依法返还被害人的以外,一律没收,上缴国库。"由该规定可以看出,对于涉案财物应由哪一机关处理,并未予以明确,这就造成一些民营企业(家)的财产未经司法程序而是通过行政程序就被处置。譬如,黄金英拥有房屋所有权的新世纪鞋城第二、三层,在黄金英被以行贿罪判处有期徒刑7年,并处没收财产3 000万元之前,就由长春市宽城区政府以维稳为由强制接管。在接管过程中,长春市宽城区政府未向黄金英及其家属出具任何法律文书。⑮ 重庆"打黑"过程中,彭治民持有的重庆庆隆屋业和重庆众诚物业等八家公司,在其一审被判处无期徒刑、剥夺政治权利终身、没收个人全部财产之前,就被重庆市政府先后托管给拥有重庆国资背景的重庆国际信托有限公司和重庆国地资产经营管理有限公司。在托管期间,彭治民的家人和公司其他股东均被排斥在外。2013年,重

---

⑬ 参见王和岩:《公安多扣押的2 000万去哪儿了》,载《财新周刊》2014年第22期;方远:《吉林一商人两千余万被扣押十余年,最高法要求省公安厅返还》,载澎湃新闻(http://www.thepaper.cn/newsDetail_forward_1522824),访问日期:2017年3月23日。

⑭ 参见周远征:《重庆"打黑"千亿资产处置问题凸显》,载《中国经营报》2012年12月10日,第A09版;周远征:《重庆涉黑富豪陈明亮资产"蒸发"记》,载《中国经营报》2012年12月17日,第A09版;周远征:《重庆"涉黑资产"归途坎坷》,载《中国经营报》2013年10月14日,第A09版;章涛、谢海涛:《重庆打黑中的民企资产处置微露转机》,载财新网(http://china.caixin.com/2013-10-13/100591346.html),访问日期:2017年3月21日;邹佳铭:《对民营企业的保护已经刻不容缓》,载京都律师微信公众号(http://mp.weixin.qq.com/s?__biz=MzA4Mzg2MTkwNg==&mid=2649947792&idx=3&sn=b362c56dadb2a7da7e5cf7762a9954c9&chksm=87f6566db081df7b745630256f7ea1562b017634096d2e843ea993e1cfbcc9acefc45774eeed&scene=21#wechat_redirect),访问日期:2017年3月21日;等等。

⑮ 参见《完善附加刑的适用及服刑人员财产保护制度研讨会——以吉林"鞋王"黄金英案中法院超额查封、政府非法侵占为例》,载法制网(http://www.legaldaily.com.cn/zt/node_84381.htm),访问日期:2017年3月15日。

庆市政府解除托管时,上述八家公司的负债相比托管前已增加了20多亿元。[16] 在重庆"打黑"过程中,包括陈明亮的重庆江州实业有限公司在内的100多家被托管企业的合法财产大多遭遇了上述同样的状况。[17] 在这些案件中,均系在法院一审判决生效前,由行政机关对涉案企业财产进行处置,最终的结果也往往造成了对涉案企业合法财产、涉案人家庭成员财产以及债权人财产的破坏。

虽然2012年《刑事诉讼法》规定了"有关机关"应当对涉案财物及其孳息进行处理,但处理过程仍存在争议。最高人民法院法官贺小荣曾撰文指出,在执法实践中,有的案件未经人民法院终局裁判,产权存在重大争议,罪与非罪尚未确定,就何为"赃物"而言尚未确认,涉案财物就被执法机关提前拍卖处理,导致终审判决后财产无法回转和返还。[18] 以"吴英案"为例,吴英方一直对公安机关在吴英刚被逮捕时就将其部分财产进行拍卖感到不满,认为公安机关不具备处置主体资格,吴英的资产被贱卖。[19] 而直到现在,吴英的资产处置工作也一直未取得实质性进展的原因,除了案件本身债权债务关系复杂之外,另一个关键因素就在于东阳市政府的处置资格备受质疑。现在,由东阳市政府牵头各部门成立的资产处置小组希望金华市中级人民法院能够让其以后者的名义进行财物处置,但后者认为"吴英案"涉案财物并未随案移交,应由资产处置小组处置。[20]

(三)特别没收在刑事判决中的适用混乱

1997年修订的《中华人民共和国刑法》(以下简称《刑法》)第64条是关于特别没收的规定。根据该规定,第一,犯罪分子违法所得的一切财物,应当予以追缴或者责令退赔;第二,对被害人的合法财产,应当及时返还;第三,违禁品和供犯罪所用的本人财物,应当予以没收;第四,没收的财物和罚金,一律上缴国库,不得挪用和自行处理。从表面上看,该规定明确了特别没收的对象是违法所得、违禁品、供犯罪所用的本人财物,也针对上述对象规定了追缴、责令退赔、返还、没收等强制处理涉案财物的方法。但实际上,由于该规定过于概括、语义不清,导致理论和实践中面临诸多问题。譬如,违法所得如何认定?违法所得与违禁品存在重合时如何处理?在违法所得已经部分或者全部与其他合法财产混同的情况下如

---

[16] 参见周远征:《重庆"涉黑资产"归途坎坷》,载《中国经营报》2013年10月14日,第A09版;周远征:《重庆高院裁定部分返还"涉黑资产"》,载《中国经营报》2013年11月4日,第A11版;周远征:《重庆涉黑资产处置利益链》,载《中国经营报》2012年12月17日,第A10版。

[17] 参见周远征:《重庆涉黑富豪陈明亮资产"蒸发"记》,载《中国经营报》2012年12月17日,第A09版;周远征:《重庆"涉黑资产"归途坎坷》,载《中国经营报》2013年10月14日,第A09版;周远征:《重庆涉黑资产处置利益链》,载《中国经营报》2012年12月17日,第A10版;章涛、谢海涛:《重庆打黑中的民企资产处置微露转机》,载财新网(http://china.caixin.com/2013-10-13/100591346.html),访问日期:2017年3月16日。

[18] 参见贺小荣:《保护产权是依法治国重要标尺》,载《人民日报》2016年11月21日,第005版。

[19] 参见郭芳、邹坚贞:《吴英资产之谜》,载《中国经济周刊》2014年第28期。

[20] 参见郭芳:《谁来负责吴英案资产处置?》,载《中国经济周刊》2015年第19期;陈锋:《吴英案十年:刀下留人后数亿资产仍处冰冻中》,载《华夏时报》2017年2月13日,第004版。

何追缴？追缴与责令退赔之间是什么关系？追缴与没收之间又是什么关系？等等。

在民营企业和民营企业家涉嫌犯罪时，上述问题就表现得更为突出：由于民营企业家的财产与其企业的财产长期混同，难以区分哪些是违法所得，哪些是合法经营所得，哪些应当追缴，哪些应当返还，哪些又应当没收。不确定追缴和没收之间的区别，导致法院概括地适用没收；相应地，违法所得和合法经营所得之间的界限也十分模糊，甚至不予以区别。对此，在司法实践中，法院的一种做法是进行概括没收，即在判决中不判明违法所得、违禁品和供犯罪所用的本人财物的具体内容，如种类、名称、数量，而是笼统写明对犯罪所得予以追缴或者责令退赔，对违禁品、供犯罪所用的本人财物予以没收；或者仅概括列明追缴、没收的数额，而不列明具体内容。还有一种做法是在判处罚金刑和没收财产刑后，对违法所得是否判决予以追缴或退赔不重视。有学者对111名法官进行问卷调查后的结果显示，38.7%的法官承认，对于应当没收犯罪所得，同时也应适用罚金刑（包括无限额罚金刑）的案件，实践中只适用罚金刑；50%的法官认为无限额罚金刑可用以没收犯罪所得及收益。[21] 之所以出现上述做法，是因为：第一，人民法院若在判决中明确违法所得的本人财物的具体内容，就意味着需要说明违法所得与犯罪行为之间的实质性联系，但这显然并非易事。而通过概括没收的方式作出判决，能避免判决上的困难，并将该问题转嫁给执行部门，由执行部门承担。第二，对于被告人被判处没收全部财产的刑罚的，一些法院认为再判决对违法所得的追缴、对违禁品和供犯罪所用的本人财物的没收，已没有实际意义。[22] 也就是说，法院认为判处没收被告人全部财产后，被告人的合法财产和非法财产均已经得以没收，没有必要再特别列明追缴违法所得。第三，罚金刑是判处犯罪分子向国家缴纳一定数额金钱的刑罚方法，不需要证明罚金与犯罪行为之间的实质性联系，只要是犯罪分子的财产均可以用于执行。尤其是《刑法》中关于无限额罚金刑的规定，意味着对被告人判处罚金不需要以一定的倍数、比例或者具体数额为限，只要罚金数额与被告人行为的社会危害性、被告人的人身危险性相适应，就可以判处任意数额的罚金。这就同样可以规避适用追缴、特别没收导致的困难，并且，还可以将无法确定是属于被告人违法所得还是合法财产的财物折合计算入罚金数额中。但上述做法造成的问题就是执法部门执法随意性大，且缺乏程序上的监督；没收财产刑的适用对象与特别没收的适用对象产生重合，特别没收的规定被虚置；对无法确定是属于被告人违法所得还是合法财产的财物，按照罚金计算，可能造成对被告人合法财产的侵害。

---

[21] 参见向燕：《刑事涉案财物处置的实证考察》，载《江苏行政学院学报》2015年第6期。
[22] 参见何帆：《刑事没收研究——国际法与比较法的视角》，法律出版社2007年版，第242页。

二、民营企业（家）犯罪涉案财物处置制度的程序性完善

（一）对查封、扣押、冻结财物是否与案件有关的审查

根据 2012 年 11 月 22 日最高人民检察院发布的《人民检察院刑事诉讼规则（试行）》第 234 条第 2 款的规定，不能立即查明是否与案件有关的可疑的财物和文件，亦可以查封或者扣押，但应当及时审查。根据该规定，对于无法确定是否与案件有关的财物、文件，可以先行查封、扣押，但在查封、扣押后，应当及时审查。至于审查的具体内容、程序及期限等，该司法解释及其他司法解释均未作出规定。最高人民检察院《关于充分履行检察职能加强产权司法保护的意见》中要求，"加强查封、扣押、冻结涉案财产甄别审查工作，最大限度缩短甄别审查期限，确保合法财产不受牵连"。但除此之外，该司法文件也并未作出其他具体规定。笔者认为，之所以出现合法财产被查封、扣押、冻结的情况，一个很重要的原因就在于对是否属于"与案件有关的财物、文件"的审查认定规定不明。

在我国，查封、扣押、冻结作为侦查行为，既具有证据保全的功能㉓，又具有财产保全的功能㉔。那么，从查封、扣押、冻结的范围来看，能够证明是否构成犯罪、罪轻、罪重的财物、文件以及可能被转移、损毁的涉案财物、文件均属于查封、扣

㉓ 根据 2012 年《刑事诉讼法》第 139 条的规定，查封、扣押的范围限于"在侦查活动中发现的可用以证明犯罪嫌疑人有罪或者无罪的各种财物、文件"，其中的"证明犯罪嫌疑人有罪或者无罪"明确地表明了查封、扣押所具有的证据保全功能。《人民检察院刑事诉讼涉案财物管理规定》第 5 条第 1 款规定："……立案之前发现涉嫌犯罪的财物，符合立案条件的，应当及时立案，并采取查封、扣押、冻结措施，以保全证据和防止涉案财物转移、损毁。"该规定表明冻结也具有证据保全功能。

㉔ 《人民检察院刑事诉讼涉案财物管理规定》第 5 条第 1 款规定："……立案之前发现涉嫌犯罪的财物，符合立案条件的，应当及时立案，并采取查封、扣押、冻结措施，以保全证据和防止涉案财物转移、损毁。" 2015 年 7 月 22 日公安部修订的《公安机关涉案财物管理若干规定》第 2 条则将 2010 年的《公安机关涉案财物管理若干规定》第 2 条关于涉案财物规定中"作为证据使用的物品和文件"的表述替换为"与案件有关的物品、文件和款项"，即不再仅强调查封、扣押、冻结的证据保全功能。综合上述规定可以看出，查封、扣押、冻结不仅具有证据保全功能，还具有财产保全的功能。这里需要对 2014 年 10 月 30 日最高人民法院发布的《关于刑事裁判涉财产部分执行的若干规定》第 4 条的规定予以特别说明。依据该条的规定，人民法院刑事审判中可能判处被告人财产刑、责令退赔的，发现可能隐匿、转移财产的，应当及时查封、扣押、冻结其相应财产。根据该规定，为了刑事裁判涉财产部分的执行而查封、扣押、冻结，不需要以涉案财产为限，只要是被告人的财产即可。笔者认为，该规定与《刑事诉讼法》第 139 条的规定之间并不存在冲突，因为前一规定旨在规范刑事裁判涉财产部分的执行，维护当事人合法权益，而并非在侦查活动中保全证据和财产。只要是发生法律效力的刑事裁判主文确定的罚金、没收财产、责令退赔、处置随案移送的赃款赃物、没收随案移送的供犯罪所用本人财物等事项，法院就可以为了执行判决而查封、扣押、冻结被告人的财产，且不以是否与案件有关为限。当然，这并不意味着法院可以为了执行判决而查封、扣押、冻结被告人的任意数额的财产。2004 年 11 月 4 日最高人民法院颁布的《关于人民法院民事执行中查封、扣押、冻结财产的规定》第 21 条规定："查封、扣押、冻结被执行人的财产，以其价额足以清偿法律文书确定的债权额及执行费用为限，不得明显超标的额查封、扣押、冻结。发现超标的额查封、扣押、冻结的，人民法院应当根据被执行人的申请或者依职权，及时解除对超标的额部分财产的查封、扣押、冻结，但该财产为不可分物且被执行人无其他可供执行的财产或者其他财产不足以清偿债务的除外。"

押、冻结的对象,除此之外的财物和文件与案件无关。但应当看到的是,仅依据这一范围来审查是否"与案件无关",仍不明确。笔者认为,在审查查封、扣押、冻结的财物"是否与案件有关"时,可以参照以下三个标准进行:其一,专门性,即查封、扣押、冻结的财物应当是专门用于犯罪的,既不包括实施犯罪过程中偶然存在的相关财物,也不包括财物本身即为犯罪成立前提的相关财物。譬如,在某人的行为涉嫌构成合同诈骗罪时,诈骗合同以及为了签订诈骗合同而专门用于证明其履约能力的相关财物、文件均应当被查封、扣押、冻结。但是,在前述"孙长松案"中,如果孙长松的房产等不是专门用于证明其履约能力,而只是在犯罪过程中出现过的财物,则由于不具有专门性而不得查封。再如,在民营企业家易触犯的高频罪名职务侵占罪中[25],被侵占的财物是职务侵占罪成立的前提;没有被侵占财物的存在,职务侵占罪就不具备成立的可能。因此,被侵占的财物即为犯罪成立前提的相关财物,不具备专门性。其二,目的性,即查封、扣押、冻结的财物应当是犯罪嫌疑人通过犯罪所获得的财物,典型的就是违法所得。职务侵占罪的犯罪嫌疑人之所以要实施侵占行为,就是为了将被侵占的财物据为己有,因此,上述被侵占的财物属于违法所得,具备目的性,应当在查封、扣押、冻结的范围内。其三,同一事实性,即查封、扣押、冻结的财物应当是基于同一犯罪事实的财物,而不能将与该犯罪事实无关的犯罪嫌疑人的其他财物予以查封、扣押、冻结。在前述"孙长松案"中,当地公安机关将与合同诈骗事实无关的神羊公司办公楼予以查封,就违背了同一事实性。总而言之,依照上述标准进行审查后,查封、扣押、冻结的财物、文件不具备以上任何一个标准的,就应当解除查封、扣押、冻结,予以退还。

此外,笔者认为,对于及时审查的规定还应再予以细化。一方面,对于确实与案件无关的财物,根据2012年《刑事诉讼法》第143条的规定,可以看到,财物所有人或其他权利人是具有申请审查的权利的。[26] 这是因为,从2012年《刑事诉讼法》第143条规定的"经查明确实与案件无关"来看,"查明"理应存在主动查明和被动查明两种,不能仅依靠查封、扣押、冻结机关自身去主动查明,还应当通过财物所有人或其他权利人的申请,促使查封、扣押、冻结机关进行审查。因此,财物所有人或其他权利人对于认为属于与案件无关的被查封、扣押、冻结的财物,应当有权申请审查。另外,对于确实与案件无关的财物,侦查机关以外的司法机关(检察机关、审判机关)具有解除查封、扣押、冻结的权力。2012年《刑事诉讼法》第168条关于人民检察院审查起诉内容的规定中,其中一项就是要求人民检察院审查案件的时候必须查明"侦查活动是否合法",而查封、扣押、冻结系侦查活动中的一项措施,人民检察院当然可以对查封、扣押、冻结是否合法进行审查。根据《人

---

[25] 参见北京师范大学中国企业家犯罪预防研究中心课题组:《2015中国企业家刑事风险报告》,载《河南警察学院学报》2016年第3期。

[26] 《刑事诉讼法》第143条规定:"对查封、扣押的财物、文件、邮件、电报或者冻结的存款、汇款、债券、股票、基金份额等财产,经查明确实与案件无关的,应当在三日以内解除查封、扣押、冻结,予以退还。"

民检察院刑事诉讼规则(试行)》第363条第(十二)项的规定,人民检察院审查移送起诉的案件,应当查明涉案款物是否查封、扣押、冻结。这就意味着,对于不应当查封、扣押、冻结的财物,不得查封、扣押、冻结,人民检察院在审查查明后可以解除查封、扣押、冻结。根据最高人民法院《关于刑事裁判涉财产部分执行的若干规定》第5条第2款的规定,对侦查机关查封、扣押、冻结的财产,人民法院执行中可以直接裁定予以处置,而无需侦查机关出具解除手续。也就是说,法院作为审判机关,在审理过程中发现查封、扣押、冻结的财物与案件无关的,可以直接解除查封、扣押、冻结的财物。另一方面,最高司法机关在司法解释中应明确及时审查的期限和方式,否则,对于查封、扣押、冻结机关拖延解除的情形,便无法予以救济。根据2012年《刑事诉讼法》第169条第1款的规定,审查起诉的期限为1个月以内,重大、复杂的案件可以延长半个月,而对查封、扣押、冻结物是否属于与本案有关的审查,相对于审查起诉而言更为容易,因此,在司法解释中审查申请的期限可规定为1个月以内。同时,应作出规定,被申请机关应当在审查后向申请人出具是否同意申请的决定书,以保证申请人和被申请人均能够以文书证明自身的行为。

(二)对"经查明确实与案件无关"的后果的理解

根据2012年《刑事诉讼法》第143条的规定,对于查封、扣押、冻结的财产,经查明确实与案件无关的,应当在3日以内解除查封、扣押、冻结,予以退还。根据立法工作机构的解释,"三日以内解除查封、扣押、冻结,予以退还",是指自确定该查封、扣押物、冻结款项、债券、股票、基金份额等与犯罪行为无关之日起3日以内应当解除查封、扣押、冻结。"予以退还"是指将被查封、扣押的财物、文件交还包括犯罪嫌疑人在内的财物、文件所有人。不得以任何借口留置或者拖延退还、解冻。[27] 换言之,"三日以内解除查封、扣押、冻结,予以退还"这句话中的"解除查封、扣押、冻结"是与前面的"三日以内"相搭配,强调的是解除上述措施的期限应当在3日以内;"予以退还"不要求在"三日以内",但应当作为最终的处理方法,即应当在解除上述措施后,将财物退还所有人,而不得再作出其他处理。但根据《人民检察院刑事诉讼规则(试行)》第234条第2款的规定,经查明确实与案件无关的,应当在3日以内"解除查封或者予以退还"。根据该规定,解除查封与退还之间是选择关系,人民检察院可以仅解除查封但并不退还,也可以解除查封后予以退还。根据《公安机关涉案财物管理若干规定》第6条的规定,对与本案无关,但有证据证明涉及其他违纪、违法、犯罪行为的财物,应当连同有关线索直接移送有管辖权的部门处理,而不退还财物所有人。

笔者认为,立法工作机关的上述解释较为合理。2012年《刑事诉讼法》第143条之所以特别规定对与案件无关的查封、扣押、冻结物应当解除查封、扣押、冻结,

---

[27] 参见全国人大常委会法制工作委员会刑法室编著:《〈中华人民共和国刑事诉讼法〉释义及实用指南》,中国民主法制出版社2012年版,第295—296页。

予以返还,正是为了保障自然人和单位的财产权利,避免有权机关滥用权力而侵害财产。基于此,一旦解除了查封、扣押、冻结措施,查封、扣押、冻结机关理应将上述财物返还财物所有人,以实现对财物所有人财产权的保护。即使上述财物涉嫌其他违纪、违法、犯罪情况,也应当在退还财物所有人后再由相关机关进行处理,而不能直接移送,从而避免直接移送所导致的财物所有人不知道向何处寻求返还以及寻求返还时各机关之间相互推诿的情况的出现。可行的方法是比照《人民检察院刑事诉讼涉案财物管理规定》第 4 条第 2 款㉘的规定对财物与案件无关但涉嫌其他违纪、违法、犯罪情况的,在退还财物所有人的同时,可以通知有关机关处理,但并不直接移送。

另外,虽然根据《公安机关办理刑事案件程序规定》第 228 条的规定,原主不明确的,应当采取公告方式告知原主认领,在通知原主或者公告后 6 个月以内无人认领的,按照无主财物处理,登记后上缴国库,但是,并未规定当上缴国库后有人认领时如何处理。对此,笔者认为,应当参照《人民检察院刑事诉讼涉案财物管理规定》第 26 条的规定和 2012 年 12 月 20 日公布的最高人民法院《关于适用〈中华人民共和国刑事诉讼法〉的解释》(以下简称《刑事诉讼法解释》)第 366 条第 2 款关于判决返还被害人涉案财物且无人认领时的规定作出了补充,要求在所有人申请且查证属实的情况下退还财物,原物已经拍卖、变卖的,返还价款,以维护财物所有人的财产权。㉙

(三)查封、扣押、冻结中比例原则的贯彻

笔者认为,即使对于与本案有关的财物、文件,也不能一律予以查封、扣押、冻结,而应当坚持比例原则。所谓比例原则,主要包含三个原则:一是适当性原则,即国家采取的方法有助于目的的实现;二是必要性原则,即在实现法律目的的各种方法中,采取对利害关系人权利侵害最小的方法;三是相当性原则,即采取的方法所造成的损害不得与所欲实现的公共利益间明显失均衡。㉚ 查封、扣押、冻结通过保全证据证明犯罪嫌疑人、被告人是否有罪,通过保全违法所得、违禁品等对犯罪嫌疑人、被告人进行追缴、没收,但同时应当注意的是,这种保全不应对犯罪嫌疑人的权利造成过度侵害,使公共利益遭受相比较而言更大的损失。特别是对民营

㉘ 《人民检察院刑事诉讼涉案财物管理规定》第 4 条第 2 款规定:"……对涉案单位违规的账外资金但与案件无关的,不得查封、扣押、冻结,可以通知有关主管机关或者其上级单位处理。"

㉙ 《人民检察院刑事诉讼涉案财物管理规定》第 26 条规定:"对于应当返还被害人的查封、扣押、冻结涉案财物,无人认领的,应当公告通知。公告满六个月无人认领的,依法上缴国库。上缴国库后有人认领,经查证属实的,人民检察院应当向人民政府财政部门申请退库予以返还。原物已经拍卖、变卖的,应当退回价款。"《刑事诉讼法解释》第 366 条第 2 款规定:"判决返还被害人的涉案财物,应当通知被害人认领;无人认领的,应当公告通知;公告满三个月无人认领的,应当上缴国库;上缴国库后有人认领,经查证属实的,应当申请退库予以返还;原物已经拍卖、变卖的,应当返还价款。"

㉚ 参见杨登峰:《从合理原则走向统一的比例原则》,载《中国法学》2016 年第 3 期;林明锵:《比例原则之功能与危机》,载《月旦法学杂志》第 231 期。

企业(家)犯罪而言,一个企业往往涉及众多人员、大量资金,不能仅仅因为民营企业家或民营企业涉嫌犯罪,就将公司、房产、土地、车辆、财务账册、公章、股权等一律查封、扣押、冻结,使企业及其员工遭受重大损失。在前述"黄金英案"中,黄金英的可以分割的新世界鞋城一、二层均被查封,便违背了比例原则。实际上,只要对其中的部分楼层进行查封,就能够实现对涉案财产的保全。

具体而言,在查封、扣押、冻结民营企业家和民营企业财产过程中,坚持比例原则,减少对涉案单位正常办公、生产、经营等活动的影响,应当做到以下几个方面:①不轻易查封企业账册、扣押企业财物。②对于涉案企业正在投入生产运营或者正在用于科技创新、产品研发的设备、资金和技术资料等,原则上不予查封、扣押、冻结,确需提取犯罪证据的,可以采取拍照、复制等方式提取。③除依法需责令关闭企业的情形外,在条件允许的情况下可以为企业预留必要的流动资金和往来账户。④严格区分违法所得和合法财产、涉案人员的个人财产和家庭成员财产;在股东、企业经营管理者等自然人涉嫌犯罪的场合,在查封、扣押、冻结其个人财产时不任意牵连企业法人财产;在企业涉嫌违法的场合,在查封、扣押、冻结企业法人财产时不任意牵连股东、企业经营管理者个人合法财产。必要时,可以将被查封的财物交持有人或者其近亲属保管,并书面告知保管人对被查封的财物应当妥善保管,不得转移、变卖、毁损、出租、抵押、赠与等。扣押财物、文件可能严重影响正常生产经营的,应当经县级以上侦查机关负责人批准,制作扣押决定书。㉛

(四)对"一扣到底"问题的纠正

对于已被查封、扣押、冻结的与案件有关财物,笔者认为,财物所有人或其他权利人同样具有申请撤销的权利。但与申请审查查封、扣押、冻结财物是否与案件有关不同的是,申请撤销查封、扣押、冻结应当仅限于财产保全性查封、扣押、冻结。这是因为,证据保全性查封、扣押、冻结是为了证明是否涉嫌犯罪,因此,如果撤销对这些财物的查封、扣押、冻结,将会直接影响到对罪与非罪的判断。那么,为了保证侦查、起诉、审判活动的正常进行,对于确与案件有关且是为了证明犯罪嫌疑人有罪或者无罪的被查封、冻结的财物,一般不得申请撤销。而财产保全性查封、扣押、冻结主要是为了防止隐匿、转移涉案财产,这些被查封、扣押、冻结的涉案财产并非一定能够用于证明犯罪,因此,只要财物所有人或其他权利人提出申请并交纳一定的保证金,在审查后认为适当的,就可以允许将查封、扣押、冻结的财物先予返还财物所有人或其他权利人。这对于民营企业(家)犯罪而言尤为重要,可以保证民营企业的合法、正常经营活动以及其他权利人的财产权行使不因违法犯罪行为而遭受重大影响。另外,对申请撤销查封、扣押、冻结的期限

㉛ 参见《公安机关办理刑事案件程序规定》第223条第1款、《人民检察院刑事诉讼规则(试行)》第237条第2款、《人民检察院刑事诉讼涉案财物管理规定》第4条第3款、最高人民检察院《关于充分发挥检察职能依法保障和促进非公有制经济健康发展的意见》第9条、《关于完善产权保护制度依法保护产权的意见》第5条。

和程序也应细化规定,如要求被申请撤销机关自接到申请后 1 个月以内向申请人作出决定书。

案款提留制度是导致"一扣到底"的另一个重要原因,对其应当予以改革。所谓案款提留制度,是指办案机关的办案经费与其办理案件的赃款赃物、罚没收入[32]挂钩的财政制度。根据现有规定,我国财政对罚没收入实行收支两条线管理,办案机关将罚没收入上缴地方财政,其财政支出则由地方政府财政拨付,罚没收入与财政支出不相挂钩。[33] 但从实践来看,特别是在北京、上海、广州、深圳等经济较发达城市及地区以外,"收支两条线"实行之后,罚没收入基本上还是按照原方式进行,只不过现在是执法机关先将罚没收入上缴当地财政部门,再由财政部门扣除一定比例之后下发给原执法机关。[34] 也正是基于此,查封、扣押、冻结机关往往一旦采取这些措施后,不会主动解除,尽量确保查封、扣押、冻结的财物最终被判决执行。这就容易造成办案机关为了获得部门利益而动用公权力侵害私权利。笔者认为,就案款提留制度改革而言,可行的方法是,对罚没收入建立专门的管理基金,用于社会教育和社会赔偿,真正避免罚没收入与财政支出挂钩,实现公检法机关的财政拨款完全由罚没收入以外的财政收入下拨。另外,应当严格建立和执行中央政法机关交办案件涉案财物上缴中央国库制度和办案经费安排制度。按照 2015 年 1 月 24 日中共中央办公厅、国务院办公厅印发的《关于进一步规范刑事诉讼涉案财物处置工作的意见》的规定,对于最高人民检察院、公安部立案或者由其指定地方异地查办的重特大案件,涉案财物除依法返还被害人外,一律通过中央财政汇缴专户缴入中央国库,后由中央政法委员会会同中央政法机关对承办案件单位办案经费提出安排意见,财政部通过转移支付及时核拨地方财政,地方财政部门则将经费按实际支出拨付承办案件单位。

在"牟洋案"中,牟洋的 2 020 万元之所以一直未予退还,正是因为这 2 020 万元早已被当作罚没收入上缴国库。并且,即使这 2 020 万元当时未上缴,牟洋、检察院、法院也不具备申请撤销或者解除扣押的权利(力),只能等待公安机关自行纠正。笔者认为,一旦赋予财物所有人或其他权利人申请撤销的权利,赋予检察机关、审判机关解除查封、扣押、冻结的权力,以及改革案款提留制度,在牟洋案中类似的情形将在最大程度上得以避免。

(五)涉案财物处置时间与处置主体的确定

从处置时间来看,2012 年《刑事诉讼法》第 234 条并未对 1996 年《刑事诉讼法》的规定作出修改,一直要求的是在法院作出生效判决之后才能够对涉案财物

---

[32] 以下统称"罚没收入"。

[33] 参见 1986 年 12 月 3 日财政部发布的《罚没财物和追回赃款赃物管理办法》,1985 年 4 月 3 日财政部发布的《关于重申国家罚没收入一律上缴国库的通知》,1998 年 12 月 3 日财政部、国家发展计划委员会、监察部、公安部、最高人民检察院、最高人民法院、国家工商行政管理局发布的《关于加强公安、检察院、法院和工商行政管理部门行政性收费和罚没收入收支两条线管理工作的规定》等。

[34] 参见赵海益:《财政分权体制下中国地方政府罚没收入诱因研究》,载《现代财经》2014 年第 3 期。

进行处理。但2012年《刑事诉讼法》之后新公布的司法解释与相关规范文件规定了以下三种例外情形，明确了可以先行返还或者先行变卖、拍卖的情形：其一，对于被害人的合法财产，权属明确的，应当及时返还，即可以在人民法院作出的判决生效之前作出处理。㉟ 其二，对于权利人申请出卖被扣押、冻结的债券、股票、基金份额等财产，或者扣押、冻结的汇票、本票、支票的有效期即将届满的，经审查同意后，可以在人民法院作出的判决生效之前依法出售或者变现，所得价款由审查批准机关保管，并及时告知当事人或者其近亲属。㊱ 其三，易损毁、灭失、变质等不宜长期保存的物品，易贬值的汽车、船艇等物品，经权利人同意或者申请，并经批准，可以在人民法院作出的判决生效之前，及时委托有关部门先行变卖、拍卖，所得款项存入唯一合规账户。㊲ 应当看到，在上述三种情形中，第一种情形属于在法院作出生效判决之前对涉案财物进行处理。而之所以如此规定，是为了尽快弥补被害人的损失，维护被害人的利益，避免造成不良影响。尤其是在民营企业（家）涉嫌非法集资类案件时，由于参与群众多，财产损失大，如果不能妥善解决被害人合法财产的返还问题，便可能引发群体性事件，甚至会导致极端过激事件的发生，影响社会稳定。但需要强调的是，即便如此，法院作出生效判决之前返还的被害人合法财产，也应当以权属明确为标准；对于权属不明的，不得在法院作出生效判决之前返还。第二、三种情形则不属于在法院作出生效判决之前对涉案财物进行处理，充其量只是采取的一种保管措施，而并未进行实质上的处理。这是因为，对于第二、三种情形所涉及的财物先行变卖、拍卖，从目的上看，是为了避免涉案财物的贬值和损毁；从结果上看，仍然属于人民法院判决时对涉案财物进行处理的一

㉟ 《公安机关涉案财物管理若干规定》第19条规定："有关违法犯罪事实查证属实后，对于有证据证明权属明确且无争议的被害人、被侵害人合法财产及其孳息，凡返还不损害其他被害人、被侵害人或者利害关系人的利益，不影响案件正常办理的，应当在登记、拍照或者录像和估价后，报经县级以上公安机关负责人批准，开具发还清单并返还被害人、被侵害人……"《人民检察院刑事诉讼涉案财物管理规定》第22条、《刑事诉讼法解释》第360条也作出了相关规定。

㊱ 2013年1月1日起施行的最高人民法院、最高人民检察院、公安部、国家安全部、司法部、全国人民代表大会常务委员会法制工作委员会《关于实施刑事诉讼法若干问题的规定》"36"规定："……对于被扣押、冻结的债券、股票、基金份额等财产，在扣押、冻结期间权利人申请出售，经扣押、冻结机关审查，不损害国家利益、被害人利益，不影响诉讼正常进行的，以及扣押、冻结的汇票、本票、支票的有效期即将届满的，可以在判决生效前依法出售或者变现，所得价款由扣押、冻结机关保管，并及时告知当事人或者其近亲属。"《人民检察院刑事诉讼规则（试行）》第244条、《刑事诉讼法解释》第361条也作出了相关规定。

㊲ 《公安机关涉案财物管理若干规定》第21条第1款规定："对于因自身材质原因易损毁、灭失、腐烂、变质而不宜长期保存的食品、药品及其原材料等物品，长期不使用容易导致机械性能下降、价值贬损的车辆、船舶等物品，市场价格波动大的债券、股票、基金份额等财产和有效期即将届满的汇票、本票、支票等，权利人明确的，经其本人书面同意或者申请，并经县级以上公安机关主要负责人批准，可以依法变卖、拍卖，所得款项存入本单位唯一合规账户……"《人民检察院刑事诉讼涉案财物管理规定》第12条第1款第（五）项规定："易损毁、灭失、变质等不宜长期保存的物品，易贬值的汽车、船艇等物品，经权利人同意或者申请，并经检察长批准，可以及时委托有关部门先行变卖、拍卖，所得款项存入唯一合规账户……"

部分,而并未因为变卖和拍卖导致该部分财产判决时不予处理。当然,也正是因为这种措施对涉案财物形式上进行了"处理",且发生在法院判决生效前,可能造成对被害人、犯罪嫌疑人、被告人、国家等主体的利益的损害。上述规定均要求,"处理"既需要经过有关机关负责人的审查同意,又需要经过本人的同意或及时告知当事人或者其近亲属。总而言之,未经一审生效判决,原则上不得处置涉案财物。

从处置机关来看,如上文所述,2012 年《刑事诉讼法》第 234 条对 1996 年《刑事诉讼法》第 198 条作出了修改,明确"有关机关"应当对涉案财物进行处置。另外,《刑事诉讼法解释》第 367 条细化了 2012 年《刑事诉讼法》第 234 条,作出如下规定:随案移送的或者由人民法院查封、扣押的财物及其孳息,由第一审法院在判决生效后负责处理。涉案财物未随案移送的,人民法院应当在判决生效后 10 日内,将判决书、裁定书送达查封、扣押机关,并告知其在 1 个月内将执行回单送回。也就是说,除随案移送的或由法院查封、扣押的财物及其孳息由一审法院处理之外,对涉案未移送的情形均由查封、扣押机关处理。由此可见,2012 年《刑事诉讼法》第 234 条的"有关机关"就应当是指一审法院和查封、扣押机关。而根据 2012 年《刑事诉讼法》第 234 条的规定,查封、扣押的财物、文件要求是在侦查活动中发现的,那么,侦查活动的主体即公安机关或者检察机关就应当是查封、扣押的主体,属于查封、扣押机关。这里需要说明的是,金融机构虽然在收到法院送达的判决书、裁定书后,可直接依法上缴国库,看似也属于"有关机关",但是,金融机构在此只是被通知执行的协助机关,并不具有决定权,因此,不属于有关机关。㊳

但依据 2008 年 9 月 27 日处置非法集资部际联席会议处印发的《处置非法集资工作操作流程(试行)》的规定,省级人民政府负责非法集资案件的处置,其他的处置单位也绝大多数是行政机关,法院和检察机关的排名居倒数后两位。这就意味着,根据该规定,非法集资案件的处置过程由行政机关主导,而处置的内容包括了对涉案财物的处置。这显然与 2012 年《刑事诉讼法》及相关司法解释的规定相冲突,不仅赋予了行政机关处置查封、扣押、冻结财物的权力,还使得行政机关可以在判决生效前就对涉案财物进行处理。对此,有学者认为,行政处置程序在处置机构及其人员的选任、组成与监督方面存在严重的缺陷;缺少债权人参与制度;重资产处置而轻资产管理,造成债务人财产的重大损失;奉行先偿先得、剩余财产均分原则,无法保障债权人的公平受偿;涉案财产变价程序忽视了债权人的监督和程序的中立性;对涉案财产的确定随意;取缔程序不适当被延伸;人民法院的参

㊳ 从《公安机关办理刑事案件程序规定》第 232 条、《人民检察院刑事诉讼规则(试行)》第 242 条的规定可以看出,金融机构只是协助公安机关和检察机关冻结,属于被通知执行,而非请求执行。2016 年 8 月 4 日中国银行业监督管理委员会、公安部发布的《电信网络新型违法犯罪案件冻结资金返还若干规定》第 2 条第 2 款也明确规定了冻结资金是指公安机关依照法律规定对特定银行账户实施冻结措施,并由银行业金融机构协助执行的资金,银行业金融机构属于协助执行机关。之所以通知金融机构执行,也是因为存款、债券、股票、基金等金融资产的特殊性由金融机构执行更为安全、便捷。

与使得审判权被巧妙地让渡与行政机关,使被告人、被害人等的权利救济变得特别困难。㊴

笔者认同上述观点,且认为《处置非法集资工作操作流程(试行)》明显与2012年《刑事诉讼法》的规定相违背,应当按照2012年《刑事诉讼法》的相关规定对相关财物进行处置。但笔者并不认同该学者所提出的以商法清算程序处置的观点,因为其所提出的过渡性方案已经解决了行政处置程序会导致的问题,且避免了刑事诉讼程序不够系统、缺乏效率的弊端,完全没有必要再以商法清算程序完全取代刑事诉讼程序。该学者提出的过渡性方案主要包括:法院不再参加部际联席会议;将处置涉案财产的权力归于法院,但法院委托行政机关成立涉案财产处置小组,行使类似于管理人的权利,参照商法清算程序对涉案财产进行清算,包括债权人会议制度、财产管理与变价制度、撤销权制度、分配顺序制度等,法院根据清算制度对清算过程与结果进行监督。㊵依照这一程序,由行政机关依靠其强大的行政权力,在判决生效前按照商法清算程序对上文所述的三种例外情形的财物进行处理,实现对被害人损失的最小化;在判决生效后,按照商法清算程序对涉案财物进行处理。同时,法院作为决定和监督机关,最大限度地控制和监督行政机关在涉案财产处置过程中权力的行使,保证处置的公平与公正。就吴英案的现有资产处置而言,可行的办法是由金华市中级人民法院向东阳市政府出具委托书,由东阳市政府领导的资产处置小组具体进行涉案财产处置;金华市中级人民法院作为涉案财物处置的权力机关,充分发挥其决定权和监督权。

三、民营企业(家)犯罪涉案财物处置制度的实体性完善

对于废除没收财产刑和无限额罚金制,许多学者阐明了其立场与理由,笔者对此深表赞同。㊶但与此同时,在当前我国刑法仍保留没收财产刑和无限额罚金制的背景下,厘清《刑法》第64条关于特别没收的规定,明确违法所得的认定、违法所得已经部分或者全部与其他合法财产混同下的追缴以及追缴与责令退赔、没收之间的关系等问题,是在刑事实体方面解决涉案财物处置、特别是民营企业(家)犯罪涉案财物处置问题的关键。

(一)违法所得的认定

笔者认为,就对民营企业(家)犯罪违法所得的认定而言,应当理清以下几个

㊴ 参见陈醇:《非法集资刑事案件涉案财产处置程序的商法之维》,载《法学研究》2015年第5期。
㊵ 参见陈醇:《非法集资刑事案件涉案财产处置程序的商法之维》,载《法学研究》2015年第5期。
㊶ 关于废除没收财产刑的理由,具体可参见万志鹏:《没收财产刑研究》,西南政法大学2010年博士学位论文;姚贝:《没收财产刑研究》,中国政法大学2009年博士学位论文;黄风:《论"没收个人全部财产"刑罚的废止——以追缴犯罪资产的国际合作为视角》,载《法商研究》2014年第1期;向燕:《刑事涉案财物处置的实证考察》,载《江苏行政学院学报》2015年第6期;等等。关于废除无限额罚金制的理由,具体可参见向燕:《刑事涉案财物处置的实证考察》,载《江苏行政学院学报》2015年第6期。

问题:

1. 犯罪所得的范围应当包括原物、原物的替代物、财产上的利益、原物或替代物所产生的孳息[42]。

就民营企业(家)犯罪而言,原物是直接因犯罪所取得的物,如非法吸收的存款、非法集资款、合同诈骗所得款等;原物的替代物是以原物转换得来的利益,如利用非法经营、骗取贷款所得购买的财物等;财产上的利益则包括积极利益和消极利益,积极利益如利用行贿款换得的利益、非国家工作人员免费使用他人提供的房屋等,消极利益如逃税而少缴的税款、为建设排污设施而减少的费用等;原物或替代物所产生的孳息,如非法集资款、非法吸收存款所产生的利息,以及租金、股息等。

2. 不能将间接地通过犯罪而产生或获得的任何财产认定为民营企业(家)犯罪违法所得

根据 2017 年 1 月 4 日最高人民法院、最高人民检察院发布的《关于适用犯罪嫌疑人、被告人逃匿、死亡案件违法所得没收程序若干问题的规定》第 6 条的规定,对贪污贿赂犯罪、恐怖活动犯罪、危害国家安全犯罪、走私犯罪、洗钱犯罪、金融诈骗犯罪、黑社会性质组织犯罪、毒品犯罪、电信诈骗犯罪、网络诈骗犯罪适用犯罪嫌疑人、被告人逃匿、死亡案件违法所得没收程序时,违法所得包括以下三种:①通过实施犯罪直接或者间接产生、获得的任何财产;②违法所得已经部分或者全部转变、转化为其他财产的,转变、转化后的财产;③来自违法所得转变、转化后的财产收益,或者来自已经与违法所得相混合财产中违法所得相应部分的收益。根据该规定,通过犯罪而产生或获得的任何财产都属于违法所得,应当予以追缴。但笔者认为,应当以是否具备直接关联性认定是否属于违法所得,不能将任何通过犯罪而产生或获得的财产都认定为违法所得。一般而言,具有直接关联性的违法所得包括三类:一是因违法行为所取得的报酬;二是因违法行为所产生之物;三是产自于违法行为的直接利益。如果将直接或间接地通过犯罪而产生或获得的任何财产均认定为违法所得,很容易造成对犯罪嫌疑人、被告人财产权的破坏。譬如,在"石某群抢劫案"中,1999 年,石某群与其他 4 名犯罪嫌疑人持枪抢劫了郑州市一家银行的 208 万元现金,后石某群分得 120 万元。2000 年,石某群用抢劫来的 40 万元和银行贷款在驻马店投资建设一栋居民楼,但未能卖出。之后,石某群用挣来的钱又投资建楼,也未卖出。2004 年,石某群与其他 2 名犯罪嫌疑人又抢劫了信阳市一家银行,但未能成功,除石某群之外的 2 名犯罪嫌疑人被抓获并判刑。在同伙被抓后,石某群变卖了之前投资的办公楼的两间门面房,又贷款并拿出全部的积蓄建了 6 栋居民楼。至此,石某群的生意得以起步,到他被

---

[42] 参见王皇玉:《2015 年"刑事法"发展回顾:刑事没收制度之变革》,载《台大法学论丛》2016 年第 45 卷,第 1635 页。

抓获归案时,已经实际控制着7家公司、资产达上亿元。[43] 如果认为通过犯罪而产生或获得的任何财产都属于违法所得,就意味着石某群现有的财产均应当按照违法所得予以收缴,因为其现有的资产是通过抢劫银行得来的赃款投资产生的,这些资产与犯罪行为存在着关联。但这种理解显然难以令人接受。在该案中,与120万元赃款直接关联的财产,最多仅限于2000年至2004年石某群先后投资建设的居民楼,且由于建设居民楼的投资既包含赃款又包含合法财产,应当依照120万元赃款所占的投资比例计算产生的收益,予以追缴。

之所以对于混合财产及其收益按照上述方式计算,是因为对于已经与违法所得相混合的财产,以及已经与违法所得相混合财产的收益而言,应当坚持比例原则。如前文所述,比例原则包含适当性原则、必要性原则和相当性原则,但对于混合财产的分割主要应适用狭义比例原则,即相当性原则。一方面,不得因难以分割而将混合财产全部予以追缴,而不考虑合法财产。《人民检察院刑事诉讼规则(试行)》第239条第3款规定:"对犯罪嫌疑人使用违法所得与合法收入共同购置的不可分割的财产,可以先行查封、扣押、冻结。对无法分割退还的财产,应当在结案后予以拍卖、变卖,对不属于违法所得的部分予以退还。"根据该规定,对于混同的财产应当进行分割,只对违法所得予以追缴,合法财产应当返还。另一方面,也不得将已经与违法所得相混合财产的收益全部追缴。根据最高人民法院、最高人民检察院《关于适用犯罪嫌疑人、被告人逃匿、死亡案件违法所得没收程序若干问题的规定》第6条第3款的规定,对于已经与违法所得相混合财产的收益,应当将混合财产中违法所得相应部分的收益予以追缴,不得将混合财产所产生的收益全部追缴。

3. 对民营企业(家)犯罪违法所得的追缴应以犯罪嫌疑人、被告人[44]的犯罪所得为限;对第三人取得犯罪所得的,只在特定场合下予以追缴

犯罪所得是犯罪嫌疑人因违法行为而取得的财物或者财产性利益,基于"任何人不得因犯罪获益"的法理,应当对犯罪嫌疑人的违法所得予以追缴。但是,对于第三人取得的犯罪所得而言,由于第三人(如民营企业家的家庭成员、民营企业)并未参与违法行为,只是因特定方式而取得了犯罪所得,因此,只有在以下情况下才决定予以追缴:其一,对于第三人在取得违法所得时明知是民营企业(家)的犯罪所得的,应当予以追缴。在这种情况下,第三人如果在取得违法所得时明知是违法所得而仍然将其据为己有,即使支付了对价,也说明第三人具备恶意,因此,应当予以追缴。譬如,犯罪嫌疑人的家庭成员与犯罪嫌疑人设立的公司签订假合同,将一部分货物交由该公司,而该公司将生产、销售伪劣产品所得款转账给该家庭成员,后者对此明确知道,则对该笔款项应当予以追缴。其二,第三人以无

---

[43] 参见张维:《从银行劫匪到地产大亨:石某群的多面人生》,载《新京报》2015年11月9日,第A16、A17版;张玉甫、潘志贤:《"我知道这一天早晚都得来"——对话郑州"12·5"特大持枪抢劫银行案主要犯罪嫌疑人石某群》,载《中国青年报》2015年11月13日,第6版。

[44] 以下统称"犯罪嫌疑人"。

偿或者不相当的对价而取得犯罪所得的,应当予以追缴。在这种情形下,第三人不属于民法上的善意第三人,未支付对价,因此,只要能够证明第三人取得了违法所得,应当予以追缴。譬如,民营企业家将非法经营所得全部存放在家庭成员的银行账户内,且该家庭成员未支付任何对价的,该笔款项属于民营企业家为了掩饰犯罪收益而为,应当予以追缴。其三,犯罪嫌疑人实施犯罪是为了第三人,在实施了违法行为后,直接将违法所得转移至第三人的,应当对第三人的这一部分财物进行追缴。如一个股份有限公司董事会的董事长以造假报告申请在建厂房,成功为该公司获利100万元的,应当将这100万元予以追缴。

4. 对民营企业(家)犯罪违法所得的追缴不应扣除犯罪成本

依据犯罪所得计算过程中是否扣除犯罪成本,可以分为净额原则(Nettoprinzip)和总额原则(Bruttoprinzip)。㊺ 德国在1992年之前采取净额原则,认为对犯罪成本的追缴无异于刑罚,以剥夺犯罪行为人的财产权作为惩罚的内容,违反了罪责原则,但1992年德国修法后又改为总额原则。㊻ 除此之外,日本、美国、英国等国家现在也都采用总额原则。㊼ 笔者认为,其一,我国《刑法》将违法所得的追缴规定在"刑罚的具体运用"一章中,与德国刑法将违法所得的追缴作为保安处分存在本质上的不同,对违法所得的追缴仍具有惩罚的功能,因此,采用总额原则不会违反罪责原则。其二,如果在追缴违法所得时扣除成本,就是在向潜在的犯罪人宣示:犯罪是一种投资行为,如果犯罪未被发现,能够从中获得利益;如果被发现,也能够留有犯罪的成本。这显然是难以让人接受的。其三,从刑事诉讼证明的角度来看,若追缴违法所得时需要扣除犯罪成本,将增加犯罪所得证明的困难,使该项事实的证明变得极为复杂。特别是对于民营企业(家)犯罪而言,一方面,这类犯罪大多都是为了获取利益,如果扣除了犯罪成本,将使得利益诱惑更大,更容易导致犯罪;另一方面,这类犯罪往往财产关系复杂,欲证明犯罪成本十分困难,为了减轻司法机关的负担,提高诉讼效率,也应当采取总额原则。

5. 对违法所得的追缴应坚持过苛调整原则

2015年,我国台湾地区"刑法"对没收进行了修正,其中的一项重大修正就是增加了"减免没收"条款。该条规定,"宣告前二条('没收物'和'没收犯罪所得'的规定,笔者注)之没收或追征,有过苛之虞、欠缺刑法上之重要性、犯罪所得价值低微,或为维持受宣告人生活条件之必要者,得不宣告或酌减之"。增订这一条款的理由是:"为符合比例原则,兼顾诉讼经济,援参考德国刑法第七十三c条及德国刑事诉讼法第四百三十条第一项之规定,增订过苛调节条款,于宣告没收或追

㊺ 参见王皇玉:《2015年"刑事法"发展回顾:刑事没收制度之变革》,载《台大法学论丛》2016年第45卷,第1641页。

㊻ 参见王皇玉:《2015年"刑事法"发展回顾:刑事没收制度之变革》,载《台大法学论丛》2016年第45卷,第1641页。

㊼ 参见何帆:《刑事没收研究——国际法与比较法的视角》,法律出版社2007年版,第98—99、127—128页。

征于个案有过苛之虞、欠刑法上之重要性或犯罪所得价值低微之情形,得不予宣告没收或追征,以节省法院之不必要之劳费,并调节没收之严苛性。""考量义务没收对于被没收人之最低限度生活产生影响,允由法院以个案情形不予宣告没收或酌减之,以保障人权。"[48]但是,通过与德国刑法进行对比,可以发现,我国台湾地区"刑法"的"减免没收"与德国刑法的规定并不相同。《德国刑法典》第73c条(1)规定,"不法所得没收对于被没收人过苛者,不予没收。不法所得之价值于宣告时不复存在被没收人之财产,或不法所得之价值轻微者,得不予没收"。根据该规定,减免没收条款仅适用于违法所得的情形。之所以如此规定,是因为德国刑法对违法所得采取必科没收和追征,《德国刑法典》第73条第1项规定,"倘正犯或共犯实行刑事违法行为,并为了实行该行为或自该行为而有所得时,法院应对之命令没收";第73a条对追征作出规定,"倘若特定标的因其实存状态或因其他事由而不能没收,或无法依前条第2项第2句没收替代客体时,法院应下令没收与不法所得价值相当之替代价额。若不法所得价值贬低,致未达原先所得之价值时,法院除下令没收特定客体外,亦应下令没收替代价额"[49]。而规定减免没收条款符合比例原则,可以避免没收过于严苛。[50]《刑法》第64条规定对违法所得应当追缴或者责令退赔,这与德国刑法的规定基本一致。《刑法》第64条与《德国刑法典》第73a条均是在违法所得的原物不存在时,要求被告人支付与违法所得相当之价款。从这一点上来看,我国《刑法》规定的责令退赔与德国刑法规定的追征本质上相同。同时,《刑法》第64条与《德国刑法典》第73a条均要求对于违法所得应当予以没收。因此,笔者认为,鉴于我国当前违法所得追缴过程中出现的过度侵犯自然人和法人财产权的状况,在对违法所得进行追缴时,应坚持过苛调整原则,如果认为有过度侵害犯罪嫌疑人财产权之嫌,应当酌减、调整追缴的数额。当然,从长远来看,可以在《刑法》第64条增加一款,规定"追缴违法所得有过于苛刻之嫌的,应当酌减追缴的数额",以更好地符合比例原则。

(二)供犯罪所用之物的认定

在认定供犯罪所用之物时,如同认定查封、扣押、冻结的财物是否与案件有关一样,并非可以将所有与犯罪有关的财物均认定为供犯罪所用之物。笔者认为,供犯罪所用之物的认定应当以直接关联性为标准。所谓直接关联性,是指专门用于犯罪,且与犯罪具有实质的关联。从相关判例来看,美国联邦法院对《美国法典》第18章第982条[51]中的牵涉(Involvedin)适用的一种标准就包括实质关联标准

---

[48] 薛智仁:《评析减免没收条款》,载《月旦法学杂志》2016年第252期。

[49] 陈重言:《第三人利得没收之立法必要及其基础轮廓——源自德国法规范与实务之启发》,载《月旦法学杂志》2015年第238期。

[50] 参见薛智仁:《评析减免没收条款》,载《月旦法学杂志》2016年第252期。

[51] 该条规定涵盖了对洗钱罪、伪造罪、走私罪、诈骗罪、侵占罪、贪污贿赂犯罪等犯罪的刑事没收,允许对牵涉洗钱罪等罪名的交易或预备用于该交易的财产予以刑事没收。参见向燕:《刑事经济性处分研究——以被追诉人财产权保障为视角》,经营管理出版社2012年版,第137页。

(Substantial Connection),即控方必须证明被没收的财产与指控的犯罪具有实质的关系,这里的关联性不应是偶然的联系,须证明在犯罪中大量应用了该财产。㊾ 这一标准可以避免对于供犯罪所用之物的认定过于扩大,值得借鉴。在对民营企业(家)犯罪中供犯罪所用之物进行没收时,应当将其中不专门用于犯罪、未大量使用的财物排除在外。

对于属于第三人的供犯罪所用之物,也应根据不同情况决定是否予以没收,不能仅从表面上的权属来进行判断。其一,对于第三人无正当理由提供供犯罪所用之物的,应当予以没收,因为这些财物在被犯罪嫌疑人占有时,已经事实上成为犯罪嫌疑人的本人财物。如果不认定属于供犯罪所用之物,就可能导致纵容犯罪。例如,企业将其资质、证明主动提供给犯罪嫌疑人,之后犯罪嫌疑人利用该资质、证明进行非法集资,对于该企业资质、证明所涉及的财产可以认定为供犯罪所用之物。其二,对于第三人无正当理由取得的供犯罪所用之物,应当予以没收。这里的无正当理由取得主要是指以无偿或不相当对价取得。在这种情况下,财物在犯罪时属于犯罪嫌疑人的本人财物,而第三人取得该财物时被推断存在恶意,因此不应当受到刑法的保护。如犯罪嫌疑人将非法经营的烟草赠送给第三人,这些烟草就属于无正当理由取得的供犯罪所用之物,应予没收。

(三)追缴的性质

关于追缴的性质,有观点认为,追缴是指将犯罪分子的违法所得强制收归国有,同时,在刑事诉讼过程中,对犯罪分子的违法所得也可以进行追缴。㊿ 根据该观点,追缴既属于对违法所得的程序性处分措施,也属于实体性处分措施。还有观点认为,追缴强调的是对涉案财物的追回过程,是对涉案财物的实际控制,但不涉及财物权利归属的变化,是一种程序性处分,查封、扣押、冻结等都属于追缴。㊾ 如果认为追缴包含实体性处分的性质,则意味着对违禁品和供犯罪所用的本人财物完全可以使用"追缴"一词,而不必使用"没收",因为此时"追缴"能够实现实体性处分的功能;更不必再专门强调对于"没收的财物和罚金""一律上缴国库",因为此时"追缴"也包括了"上缴"的含义。㊿

笔者赞同上述第二、三种观点,并认为,追缴强调的是对违法所得随时可以追查的一种状态,无论是在侦查阶段、审查起诉阶段、审判阶段还是执行阶段,只要发现属于违法所得,就可以随时予以追查。在这里,追缴的语义相当于追查(Tracing)。2000年11月15日第55届联合国大会审议通过的《联合国打击跨国有组织犯罪公约》第12条和2003年10月31日第58届联合国大会审议通过的《联合国反腐败公约》第31条均规定了对违法所得的追查,并且均规定追查后的犯罪所得

㊾ 参见向燕:《刑事经济性处分研究——以被追诉人财产权保障为视角》,经营管理出版社2012年版,第137页。
㊿ 参见胡康生、郎胜主编:《中华人民共和国刑法释义》(第2版),法律出版社2004年版,第62页。
㊾ 参见贾佳:《〈刑法〉第六十四条刑事没收制度的理解与适用》,载《刑法论丛》2015年第4卷。
㊿ 参见张磊:《〈刑法〉第64条财物处理措施的反思与完善》,载《现代法学》2016年第6期。

最终应当予以没收。笔者认为,《刑法》第 64 条的追缴与没收之间的关系与上述公约中追查与没收的关系相同,追缴是作为返还和没收的前置程序性处分而存在,在追缴后仍需要通过返还和没收才能实现对被追缴财物的最终实体性处分。另外,从追缴与责令退赔之间的关系也可以看出,追缴属于程序性处分措施。从字面含义看,责令退赔由"责令"和"退赔"两部分组成,但责令退赔的重心是"责令"而不是"退赔",责令退赔本质上是一种口头训诫措施,虽然其目的是实现已经挥霍、损毁财物的"退赔",但重点在于"责令",即司法机关工作人员对被告人口头上的责成与命令。[56] 此外,责令退赔并不意味着必然退赔,是否能够退赔不仅取决于行为人的经济实力,而且取决于其主观上退赔的意愿,既然责令退赔不等于必然退赔,也不可能是对财物的实体处分。[57] 因此,责令退赔属于程序性处分措施。而追缴与责令退赔之间虽然是选择关系,但可以看出二者是同一性质、同一层面上的概念,那么,在责令退赔属于程序性处分措施的情况下,追缴的性质与其相同,同样属于程序性处分措施。

---

[56] 参见张磊:《〈刑法〉第 64 条财物处理措施的反思与完善》,载《现代法学》2016 年第 6 期。
[57] 参见张磊:《〈刑法〉第 64 条财物处理措施的反思与完善》,载《现代法学》2016 年第 6 期。

民营企业家的融资困境及刑事被害风险

叶良芳[*]　张　勤[**]

一、引言

民营企业作为中国经济的重要组成部分，在国民经济中占据重要地位。目前，民营企业在中国的企业中仍属于弱势群体，处于成长期，有待于在社会主义现代化建设中壮大和发展。近年来，资金状况紧张、融资渠道不畅成为制约民营企业发展的重要因素。不少民营企业家为顺利经营，使企业摆脱困境而寻求高利融资渠道，以致将自己置于巨大的刑事被害风险中。2016年备受各大媒体热议的"于欢案"将中小民营企业的融资难题以及禁而不绝的民间高利贷黑幕赤裸裸地呈现了出来。

于欢，1994年出生，其母苏银霞系山东源大工贸有限公司（以下简称"源大工贸"）法定代表人及主要负责人。源大工贸是一家民营实体企业，2009年5月18日登记成立，注册资本为1亿元人民币，主要生产汽车刹车片。2014年至2015年间，因公司资金困难，苏银霞两次向山东冠县泰和房地产开发有限公司法人代表吴学占借款100万元和35万元，双方约定利息为月息10%。据苏银霞本人提供的数据，截至2016年4月，其已还款184万元，并将一套价值70万元的房子过户抵债，剩余17万元欠款实在无法归还。2016年4月14日，于欢及苏银霞遭杜志浩等11名催债人上门暴力催债。在目睹催债人对其母苏银霞进行长时间极端侮辱之后，于欢持尖刀刺向杜志浩等人，致1名被害人死亡、2名被害人重伤、1名被害人轻伤。法院一审判决于欢犯故意伤害罪，判处无期徒刑，剥夺政治权利终身。

本案中，民营企业负责人苏银霞在面临经营危机时，无法通过正规渠道获取资金，只能转向民间高利贷，最后遭遇暴力讨债和凌辱。这类事件对中小企业家来说并不罕见。可见，"融资难"滋生的暴力讨债不仅侵害了民营企业家自身的人身财产安全，而且也破坏了整个市场的经济秩序。因此，有必要重新审视中国民

---

[*]　浙江大学光华法学院教授、博士生导师。
[**]　浙江大学光华法学院硕士研究生。

营企业的融资困境,分析民营企业遭遇的刑事被害风险,寻求预防和规避此类风险的有效途径与对策。

二、民营企业的自救途径:民间高利贷

在我国目前的市场环境下,民营企业要在市场竞争中保持竞争力,往往需要改进生产方式、扩大生产规模。因此,民营企业需要一条快捷、稳定、灵活的融资渠道以满足其生存与发展的巨大融资需求。然而,当前中国的资本市场仍不完善,正规的融资渠道主要包括以股票、企业债券为代表的直接融资和以银行为代表的间接融资。大部分民营企业不具备发行股票和企业债券等直接融资的硬性条件,同时不少民营企业因资信水平低、财务状况差,无法获得银行信贷等间接融资。此外,因银行、证券等正规融资渠道的制度和管理的限制极多,致使其较难取得资金,因而只能被迫转向门槛较低、手续便捷的民间高利贷。

(一)民营企业难以取得正规融资

民营企业先天存在的诸多问题,是其难以通过正规途径实现融资的根本原因。民营企业往往规模普遍偏小,资金匮乏,市场竞争力较弱,不具备股票、债权发行及公司上市的硬性条件及银行发放信贷的申请资格;企业往往还不重视资信建设和经营管理,以致信贷风险提升,正规金融机构不愿向其提供信贷;民营企业的经营管理也存在诸多不足。

1. 民营企业不重视资信经营,财务信息不透明、不真实

民营企业无法获得银行信贷的最根本原因,是其资产抵押能力不足,没有令人信服的信用记录,使得银行投资民营企业的风险被扩大,都不愿意对其提供资金扶持。此外,一些民营企业为了获得银行融资,往往会过度粉饰其财务报表和资信记录,甚至不惜财务造假。一些中小民营企业一旦遇到经营困境,就常常以"金蝉脱壳"等方式逃避债务,转移风险。这些行为让民营企业整体的社会评价降低,导致金融机构对其偏见日益加重,以至于民营企业更难通过正规融资渠道获得资金支持。

2. 民营企业的管理模式存在缺陷

有的民营企业尽管注册为股份有限公司或者有限责任公司,但其管理模式仍是家庭式或合伙制。少数民营企业虽然已经引入现代企业管理模式,建立了现代企业管理制度,但由于受领导层自身管理知识水平和素质所限,先进的管理制度并没有得到落实,其实际管理效能大打折扣。在考虑融资渠道的过程中,民营企业家只重视融资获得的硬性条件的满足,而忽视企业内部的管理和企业文化的塑造,使其再次与正规融资擦肩而过。

3. 民营企业的发展前景有限

民营企业大多数为劳动密集型企业,主要通过自我积累创业发展。然而随着经济转型,民营企业要想继续生存,仅仅通过融资扩大生产规模是不够的,还需要不断地改善经营、创新技术甚至升级产业,才能提高自身抵抗风险的能力。目前,

很多民营企业都无法做到这一点,安于企业发展初期粗犷的"良好"形势,遇到发展瓶颈转向衰败时才试图通过各种渠道寻求融资,继续粗劣地经营,使企业陷入经营不善与债务累积的恶性循环中,最后企业经营日渐衰败,深陷债务危机的泥潭而无法自拔。民营企业关、停、并、转现象频繁,这更增加了其融资的难度和复杂程度,加大了投资者对民营企业实施有效的债务跟踪监管的难度。

(二)正规融资制度与管理的缺陷

尽管国家与地方政府为了促进当地经济发展,加大了扶持中小民营企业的力度,但整体扶持力度仍显不足。最直接的体现是银行、证券等正规融资渠道对民营企业的硬性要求繁多,民营企业往往难以满足。

1. 民营企业难以通过股票、债券发行和公司上市进行融资

我国的股票市场,一直以来采取严格的准入制度。根据《中华人民共和国证券法》第16条的规定,公司要发行证券,股份有限公司的净资产不低于人民币3 000万元,有限责任公司的净资产不低于人民币6 000万元。这对于多数民营企业来说,是一个难以逾越的门槛。多数民营中小企业自身规模小,所拥有的注册资本和资本总额决定了其无法进入股票市场。尽管2009年以来,国家推出了门槛较低的创业板,给部分具有良好发展前景的民营企业确实带来了帮助。但是通过创业板上市要求民营企业的准入标准为"创新+成长",二者缺一不可,并且证券监督管理委员会会对申请人的资格进行严格审查,同时手续繁冗、周期长、评估费用高等,这又让大多数民营企业望而却步,因而仍无法切实解决中小民营企业融资难的问题。

2. 民营企业通过银行信贷融资困难重重

与大多数发展中国家一样,中国长期以来实行金融抑制政策,即"实行严格的汇率、利率管制和定向信贷配给"[1]。占我国市场份额最大的国有银行其产权属于国家所有,占国内金融市场份额80%的国有商业银行长期以来肩负着政府的延伸职责,具有某种程度的行政职能。银行在选择贷款对象时,会对企业的所有制和所属行业有选择性,而非单纯考虑企业的效益和项目的前景。[2] 此外,正规的金融机构往往还需考虑资金的安全问题,强调信贷资产的安全性,执行严格的贷款责任追究制。民营企业的经营状况、资产状况等基本信息难以收集,且存在运作规范性不高,抗风险能力差,获利能力相对较弱等不足。在发放信贷收益相同的情况下,银行倾向于贷款给国有企业、中央企业、上市公司等而不是民营企业。据中华全国工商联合会发布的《我国中小企业发展调查报告》显示,90%以上受调查的民营中小企业表示,实际上无法从银行获得贷款,全国民营企业和家族企业在过去三年中有62.3%的融资来自民间借贷。[3] 同时,国家统计局的抽样调查也显示,

---

[1] 尹希果、许岩:《中国金融抑制问题的政治经济学》,载《当代经济科学》2011年第5期。
[2] 参见谢秉法:《民营企业融资困难及对策探讨》,载《当代经济》2011年第20期。
[3] 参见周小苑:《金融资源如何消弭贫富不均》,载《人民日报(海外版)》2012年4月18日,第2版。

全国 3.8 万家小型微型工业企业经营状况表明,仅 15.5% 的小微企业能获得银行贷款。④ 此外,银行信贷申报手续繁杂,需要进行较长时间的审核,无法满足民营企业迫切的融资需求。

综上所述,缺乏资金来源的中小民营企业无法从银行、证券等融资渠道获取资金,而资金充裕的国有企业、中央企业及上市公司却因信用良好,物资充足,能够轻易地获取信贷。显然,在这种融资垄断制度下,民营企业只能艰难前行。

(三)民间高利贷兴盛

民营企业有旺盛的资金需求,但是无法通过正规融资渠道获取贷款,于是只能转向非金融机构进行借贷,其中民间高利贷最为常见。根据 2015 年 9 月 1 日起施行的最高人民法院《关于审理民间借贷案件适用法律若干问题的规定》第 26 条的规定,人民法院予以支持的利息为未超过年利率 24% 的部分;借贷双方约定利率超过年利率 36% 的,超过部分的利息约定无效,且借款人可请求出借人返还已支付的过限利息。据此,超过年利率 36% 的应当归于民间高利贷的范畴。尽管高利贷以其高风险与高利率著称,但是因通过高利贷融资快捷、便利、高效,与民营企业对资金的及时持续需求极为契合,高利贷成为民营企业融资的救命稻草。民间高利贷也因此迎来了"黄金时代"。

1. "暴利"的诱惑让越来越多的人愿意投资高利贷

改革开放以来,市场经济格局被打破,城乡居民收入加速增长,民间闲散资金越来越多,在高利贷暴利的驱使下,一些人将一些富余资金用来发放高利贷。在一些地区,甚至出现"全民借贷"的风气,许多普通民众甚至国家机关工作人员成为高利贷的放贷人。部分民众甚至认为这是一种民间投资,以此为业。

2. 法律法规对高利贷管制缺位

目前,我国的民法、刑法、行政法均未对高利贷作出具体的规定。虽然早在 20 世纪 80 年代末 90 年代初,我国刑法学界就有关于高利贷犯罪的社会危害性并将高利贷行为独立设罪之构想。⑤ 在论述高利贷行为的严重社会危害性时,有学者会提及因高利贷而发生的催债容易引发绑架、抢劫、杀人等恶性刑事案件,危害社会治安。⑥ 但是也有一部分学者认为,高利贷首先应当由民法、行政法进行认定,刑法应当作为最后的救济手段,当暴力催贷滋生犯罪之后,才应当由刑法进行管制,即应坚持"非刑事法律为基础、刑事法律为补充"之原则。⑦

3. 对民间高利贷的管制不能过于严苛

"融资难"对于民营企业来说由来已久,许多民营企业要想经营下去,通过民间高利贷融资是其唯一的途径。如果绝对杜绝高利贷而正规融资途径却不开放,

---

④ 参见黄烨:《让民间金融行走在阳光下》,载《国际金融报》2012 年 3 月 14 日,第 6 版。
⑤ 参见陈兴良:《论发放高利贷罪及其刑事责任》,载《政法学刊》1990 年第 2 期。
⑥ 参见郑孟状、薛志才:《论放高利贷行为》,载《中外法学》1992 年第 3 期。
⑦ 参见张建、俞小海:《强索高利贷行为的刑法分析》,载《中国刑事法杂志》2012 年第 8 期。

反而会阻断民营企业的融资途径,以至于无法生存发展。另外,民间高利贷中大量的贷款资金实际来源于公民个人的合法财产,一旦出现损失或者将其取缔,这部分公民的财产将会受到严重影响。基于对经济发展的考虑,目前国家对高利贷打击的力度较小,只要不触及刑事犯罪,一般"睁一只眼,闭一只眼"。

综上,民营企业巨大的融资需求助长了高利贷的暴利,诱导了城乡居民裹挟着大量资金参与到民间融资中,而我国的立法和相关政策对高利贷的规范管控不足,于是以高利贷为代表的民间融资方式在兴盛了民间融资市场的同时,其本身亦具有相当的风险。

三、民营企业家在民间高利贷中的刑事被害风险

民营企业在通过民间融资渠道获取融资后,一旦经营不利导致资金链断裂而无法还款或迟延还款时,不可避免地将遭遇私力讨债,甚至暴力催债。一方面,在我国目前的刑事法律中,关于融资方面的犯罪规定较为含糊,罪与罪之间的界限并非泾渭分明,仍然存在灰色地带,这将使得民营企业自身存在触犯刑法的风险;另一方面,由于公安机关一般不被允许干预经济纠纷,陷入债务危机的经营者在遭受私力追讨债务时,人身财产安全易遭受过当的讨债行为的侵害。更为可怕的是,民营企业在整个借贷环节中明显处于劣势,极易陷入某些犯罪分子的圈套。同时,民营企业不仅要承担高利,在还款不能时,还将深陷暴力催讨引发的刑事被害风险中,成为刑事被害人。可见,民间高利贷在满足民营企业融资需求的同时,也可能会给企业的发展埋下祸根。正如"于欢案"中,于欢母子正是因为无力偿还高利贷,以致成为讨债者非法拘禁及侮辱威胁的对象。由此可见,因高利贷引发的非法讨债会让民营企业经营者的人身和财产遭受到巨大威胁。

(一)被害风险的原因分析

1. 民间高利贷利率高,债权人无法通过诉讼途径实现其与贷款者约定的收益

一般而言,民间高利贷的利率远远高于法律规定的年利率36%。当债务到期无法清偿时,放贷者不能通过合法的诉讼途径来兑现当初约定的利息,便寻求私力救济途径催讨债务,即在没有第三方以中立名义介入纠纷解决的情形下,不通过国家机关和法定程序,而是依靠自身或私人力量,解决纠纷,实现权利。[8] 于是,民间讨债应运而生。债权人更愿意选择私力救济途径,原因主要是:一是现行法律是一种不利于债权人而相对更有利于债务人的机制;二是债务人还可能利用法律漏洞和司法过程的不确定性争取胜诉,可能通过隐匿等手段使债权人的胜诉判决无法执行;三是一旦进入诉讼程序后,双方将失去合作的动机,不仅因为首先选择合作的当事人在博弈中更可能处于劣势,还因为双方已投入成本开始"战斗"。[9] 因此,债权人更愿意雇用民间的"职业讨债人"实现其权利,而其与讨债人往往仅

---

[8] 参见徐昕:《论私力救济》,中国政法大学出版社2005年版,第38页。
[9] 参见徐昕:《论私力救济》,中国政法大学出版社2005年版,第205—208页。

仅约定债务利益分成,对讨债人的讨债手段不加也无力加以约束。对于讨债人采取的极端讨债行为,债权人往往"睁一只眼,闭一只眼",只要能够取回借款,取款方式是否非法并不在意。

2. 国家对非法讨债的界定不明,相关法律保护缺位

国家并未明确禁止私力讨债。2000年6月15日国家经济贸易委员会、公安部、国家工商行政管理局联合发布的《关于取缔各类讨债公司严厉打击非法讨债活动的通知》强调,禁止非法讨债。但事实上,国家对于私力讨债是采取一种"默示的共谋"态度的,即只要不采取组织的形式使用暴力等非法手段,破坏社会秩序,国家就不干预。1989年公安部下发的《关于公安机关不得非法越权干预经济纠纷案件处理的通知》,严令各地公安机关不得插手经济纠纷案件,更不得从中牟利。然而,民法、刑法等法律却未对非法讨债进行具体的界定。由此可见,国家对私力讨债并不禁止,而仅是为其设定了一个边界。然而,在债权人雇用讨债人进行收债时,双方往往是约定高返佣制度。讨债者根据自身能力和风险判断来确定其是否能收回借款。于是,讨债人与债务人之间因利益产生的矛盾加剧,在利益的驱动下且未有明确的法律对非法讨债行为进行威慑时,讨债人极易为逐利铤而走险,不断试探法律的边缘和底线。在某些地区,非法讨债早已习以为常,甚至出现官民勾结、高利放贷以赚取利润的现象。

3. 民营企业内部管理失当,法定代表人与公司人格混同,导致债权不明

许多民营企业的管理模式和经营方式不规范,财务账目不清晰,法定代表人与公司人格混同。在民间高利贷借贷中,由于所处地位不明确,无法判定该笔借款是否为公司经营所需而以公司名义借款或是经营者自身借款。同时,讨债人也不区分公司与个人的债务,一律找企业经营者个人承担。以至于即使为公司债务,民营企业家也无法以其认缴的出资额或者认购的股份为限承担责任。另外,一旦投资失败,这些民营企业的经营者往往不愿申请破产,不断借新还旧,最终负债累累,对于上门纠缠的讨债者以及种种极端的催债行为也只能无奈忍受。

(二)刑事被害风险种类

一般而言,在民间高利贷中,企业经营者主要面临两类刑事被害风险:一是陷入非法融资犯罪分子的圈套成为非法融资犯罪的被害人;二是直接成为非法讨债犯罪的被害人。这两类犯罪不仅侵害了市场经济秩序等公共法益,而且也对民营企业家的人身和财产造成巨大损害。

1. 成为非法融资犯罪的被害人

在此类刑事被害风险中,民营企业经营者深陷其中往往是因为被高额利润的承诺所蒙蔽,有时自身既是犯罪者又是被害者。这类犯罪相当容易涉及非法吸收公众存款罪、贷款诈骗罪,以及具有兜底性质的非法经营罪。这类犯罪一般的成因是民间高利贷业务的扩张和借贷链条的逐渐拉大,最上层的放贷者难以看清钱

款的真实用途和最终流向。⑩ 这类犯罪的被害人本身很可能也是高利放贷者,甚至可能也是非法融资罪的犯罪人。2012 年巨鑫联盈科贸公司案⑪就是一个例子。北京巨鑫联盈科贸有限公司(以下简称"巨鑫联盈公司")假借销售商品之名,通过网络宣传、推介会等途径,向社会公开宣传"联合加盟方案",采取宣讲巨鑫联盈公司以往的公司业绩,模拟营业额增长比例等方式,使社会公众认为加盟巨鑫联盈公司后,可以通过领取运营补贴、招商补贴、顾问费、精英奖、排名奖等方式获取高额回报,变相吸收公众存款共计人民币 26 亿余元。其中被骗的"加盟商"也不乏中小民营企业,甚至有些加盟商并不认为自己是受害者,在法院外举牌声援。该案反映了民营企业目前存在经营、监管不规范等缺陷,并具有只重视眼前利益而忽视长久发展等特点。由此,其极易成为非法融资犯罪的受害者。⑫

2. 成为非法讨债犯罪的被害人

此类被害风险主要体现在对民间讨债监管的不规范及边界确定不明确上。我国目前的法律并不评价限度内的私力讨债,但是对于非法讨债只要侵犯了相关的法益,触犯了相关的罪名,就应该由《中华人民共和国刑法》(以下简称《刑法》)进行评价和惩罚。而高利放贷极易滋生暴力催收行为,进而导致无力还款的民营企业家受到人身、财产等损害。通过中国裁判文书网检索发现,在 2014 至 2016 年三年间,该网共收录与高利贷相关的刑事判决 411 例,所涉罪名涵盖了开设赌场罪、非法拘禁罪、诈骗罪、故意伤害罪等多个罪名。开设赌场罪和非法拘禁罪成为由高利贷引发的数量最大的两个罪名。其中,开设赌场罪 98 例,非法拘禁罪 108 例。引发命案的案例共有 4 起,造成 4 人死亡。高利放贷人为追讨债务,对借款人的人身自由进行限制,其间伴随着不同程度的暴力行为。在"于欢案"中,于欢及其母亲苏银霞被追款人关在接待室,限制其自由,其间还对苏银霞有侮辱猥亵等恶行。可见,在一些地区暴力催讨早已习以为常,而孤立无援的民营企业家只能一味地忍受。此外,高利放贷者或多或少都会涉及黑社会犯罪。"于欢案"中,高利放贷者吴学占所雇用的讨债人就是黑社会性质组织的成员,其本人已因涉黑被聊城警方控制。

(三)民营企业陷入刑事被害风险的社会危害

民营企业家借贷高利贷的同时深陷刑事被害风险中,不仅直接危害企业家的人身、财产安全,而且将对整个社会经济秩序产生重大影响。

(1)存在资金不足压力的大量民营企业自身可能存在有各种各样的问题,相

---

⑩ 参见刘鑫:《民间融资犯罪问题研究》,上海人民出版社 2015 年版,第 17 页。

⑪ 参见"倪志恩等非法吸收公众存款罪二审刑事裁定书"[最高人民法院(2014)高刑终字第 399 号刑事裁定书],载中国裁判文书网(http://wenshu.court.gov.cn/content/content? DocID = d4233dec-c18c-4205-ba15-fec6f23facdf&KeyWord = % E5% B7% A8% E9% 91% AB% E8% 81% 94% E7% 9B% 88),访问日期:2017 年 4 月 3 日。

⑫ 参见李建明:《民营企业融资中的刑事法律风险防范》,载《武汉公安干部学院学报》2014 年第 4 期。

较经过严格审查的正规融资渠道,借贷高利贷的民营企业具有更高的风险。高利贷帮助企业缓解融资困境,但是也加重了企业的债务负担。从长远来看,这不利于企业的发展。如果借贷后企业仍然经营失败,那么就会出现债务无法偿还或者投资付之东流的情况。经营者只能不断地借高利贷来弥补亏空,从而陷入恶性循环之中。长期的非法讨债、暴力讨债也将对国家的法治秩序产生不良影响,并削弱司法权威。

(2)市场经济复杂多变,民间高利贷一般呈现扩张的链式甚至网络化的模式,许多民营企业不仅是借贷者,而且是放贷者。其中一家企业的经营失败可能引发链式的甚至大面积的企业经营危机。这导致非法讨债现象会在某个地区大规模集中发生,最后发展成为大规模的恶性事件。这不仅会损害当地的经济秩序,而且也会损害当地的社会公共秩序。

(3)现行法律法规和经济制度对于高利贷未有一个成熟全面的规范管理制度。借高利贷还款不能的民营企业经营者,在遭受暴力催债后,因其自身违约在先,自觉理亏,尽管遭受到不法对待,但不敢通过公权力维护自身合法利益,只能默默忍受。可见,高利贷引发的暴力讨债具有隐秘性,对其引发的刑事被害风险既不能实施有效管制,也不能完全准确地将其形势反映出来。在国家对其进行立法考量时难以对其规制合理有效的救济途径,最后难免在讨债者的私权利滥用时,而无法对其进行制约。

四、民营企业家刑事被害风险的预防对策

长期以来,民营企业"融资难"的问题一直未得到解决,而民间高利贷却反而日益猖獗,因此引发的犯罪及暴力讨债事件不断发生。如何预防刑事被害风险,是当今民营企业在融资过程中应当考虑的重要问题。笔者认为,首先民营企业应当提高自身融资能力,严格审核民间高利贷者资质;其次要拓宽融资渠道,鼓励正规渠道融资;最后要规范民间融资环境,杜绝暴力催债。

(一)提高民营企业融资能力,慎用民间高利贷

1. 民营企业应当完善自身建设,以取得正规渠道的融资资质

建立现代企业制度,提高民营企业家自身素质是民营企业解决"融资难"的根本方法。企业的治理结构关系到整个企业的正常生产运营,良好的企业治理结构是能够吸引投资的重要因素,更是企业长期稳定发展的坚实基础。民营企业要想避免融资过程中的刑事被害风险,提高自身的融资能力是根本的解决途径。这就要求企业健全治理结构,提高企业抗风险能力,并在经济交往中提升企业信誉,通过优良的业绩与发展前景获得正规渠道的融资及政府的支持,提高融资能力和市场竞争力。

2. 在选择民间融资时坚持审慎的态度

这要求经营者在缺乏资金的情况下保持清醒的头脑,辨别资金来源是否可靠,而不是只为眼前利益,让不法分子有可乘之机。许多情况下民间借贷仍然"主

要存在于熟人社会,基于一定的血缘、地缘、业缘而发生"[13],即一般通过熟人借贷。借贷双方即使不认识,也会对对方的所作所为有所耳闻。民营企业家在需求借贷之时,不要贪图一时之利,而选择恶名远扬的民间高利放贷者,尤其应当杜绝向涉黑放贷者借款。

(二)拓宽融资渠道,促进正规渠道融资

要解决民营企业"融资难"问题,避免高利贷成为第一选择,甚至是唯一选择,政府及有关部门一方面应当立足创新,寻求新的融资渠道,另一方面应当设计新方案使银行、证券等渠道对民营企业,特别是中小微企业更为开放、包容。

(1)政府及有关部门可以采取行动,帮助民营企业从正规渠道融资。可以借鉴西方发达国家的做法,通过建立专门的政策性机构和政府性金融机构鼓励和支持中小企业的发展。比如,针对民营企业组织金融及法律方面的专家成立顾问机构,一方面针对企业现有问题进行针对性整治,帮助其申请银行贷款或申报上市以尽快取得融资,确保企业生存;另一方面要求并协助民营企业规范企业治理结构,改善生产经营方式,提高长期发展的能力。此外,政府可以通过其掌握的企业基本信息,对民营企业进行有效审核,为其提供信用担保,降低银行等金融机构的审核成本和贷款风险。

(2)掌握正规融资渠道的金融机构应当多开发适合中小民营企业的金融产品,提供多样性的银行申贷途径。

(3)消除市场准入歧视,降低民营企业进入金融市场的标准,积极支持风险投资基金的发展。政府及有关部门着重支持创业板资本市场的发展,促进符合标准的民营企业进入资本市场。民营企业的兴盛能促进整个市场的繁荣,这也有利于金融机构的生存与发展。

(三)规范民间融资环境,杜绝暴力催债

我国法律虽然不保护利率过限的民间借贷,但也不禁止高利贷放贷者的私力讨债行为。《刑法》只为二者设立了行为底线,只要未涉及犯罪,法律对其并没有明确的规范,大有听之任之的态度。正因为国家和法律对高利贷及私力讨债采取了一种"默示"的态度,近年来,高利贷和私力讨债行为愈演愈烈。显然,对于民间融资引起的高利贷需要法律法规的明确规范,这不仅是社会秩序的需要,也是经济秩序的需要。笔者认为,应当尽快制定相关法律法规对民间融资衍生的可能具有社会危害性的行为加以规制,以防范暴力催债行为继续酿造悲剧。

严格地说,民法只对未超出年利率24%的本息加以保护,放贷者对其高额利息的"救济"只能诉诸私力,由此引发的恶性事件不断。然而,现有的法律法规对私力救济的手段、方式、界限等都没有明确的规定。当民营企业经营者在遭受暴力催债时,一来囿于"欠债还钱,天经地义"的朴素道德观念,二来没有法律对私力救济行为的明确规定,不仅其人身与财产安全不能得到保障,甚至其采取私力救

---

[13] 刘鑫:《民间融资犯罪问题研究》,上海人民出版社2015年版,第16页。

济维护自身权利的合理性与合法性也都受到质疑。因此需要对私力救济加以明确规定,使得双方的私力救济行为都得到有效规制。私力救济的正当性标准必须遵守合比例原则:一是不构成违法犯罪;二是手段相当;三是不损害社会秩序和公共利益。[14] 这意味着只要讨债人的行为超过了合比例原则,尽管债务人已经存在违约或者侵权责任,其使用私力救济手段来维护自己的合法权利将受到法律的认可,但其所使用的私力救济手段必须符合合比例原则,否则亦应受到法律的否定评价。

因此,为防止民营企业经营者因还不上高利贷而身陷刑事被害风险,一方面需要通过法律对私力救济行为加以规范,另一方面需要鼓励民众寻求公权力的保护,从而既能有效保护经营者的合法权益,也能维护好社会秩序。

五、结语

综上所述,民营企业是国民经济的重要组成部分,作用不可或缺。然而近十年来,"融资难"成为制约中小民营企业发展的首要原因。在中国当前的金融市场环境下,民营企业无法通过正规融资途径获得资金扶持时,就只能转向民间高利贷进行融资。尽管民间高利贷高度契合了民营企业的融资需求,但是其高风险、高利率的特点易使民营企业经营者深陷刑事被害风险之中,这不仅危害到经营者个人的人身和财产安全,同时也会危害正常的市场经济秩序,威胁社会公共秩序。因此,要解决这样的困境、规避被害风险,首先要求民营企业家提高自身融资能力,严格审核民间高利贷者的资质;其次国家政府和有关部门应当拓宽融资渠道,鼓励民营企业家通过正规渠道融资;最后应当完善相关法律法规以规范民间融资环境,避免暴力催债行为及其引发的悲剧。

---

[14] 参见许宗力:《法与国家权力》,元照出版公司1999年版,第32—33页。

当前非公经济领域犯罪基本特点、成因及治理对策
——以浙江省义乌市人民检察院办理案件为视角

傅跃建[*] **张晓东**[**]

非公经济主要包括个体经济、私营经济、外资经济等。从全国来看,"非公有制企业提供了80%以上的就业岗位,在拉动经济增长、提供就业岗位、增加国家税收、促进市场繁荣、维护社会稳定方面发挥了重要作用"[①]。改革开放以来,浙江省非公经济发展迅猛,为浙江省贡献了60%的税收、70%的GDP、80%的出口和90%的就业,对全省发展起到了至关重要的作用。非公经济的价值和意义对于个体和私营经济发达的义乌市尤其重大,目前义乌全市在册企业总数达59 363户,较去年增长43.8%[②],其中绝大部分为非公企业。义乌市非公经济占比已远超九成,可以说非公经济决定了地方发展的前景和未来。然而,伴随非公经济的长足发展和近年经济下行压力增大,非公经济领域(企业)人员违法犯罪问题也日益突出,既不利于社会安定,也给企业发展转型带来掣肘。笔者以义乌市人民检察院近年来特别是2016年1—8月份审查起诉的涉及非公企业人员犯罪案件为样本,通过分析该领域罪案发生的主客观原因,就如何支持和引导非公企业防控经营风险,以切实维护非公企业的合法权益,营造法治化营商环境,提出建设性和实效性的解决方案。

一、当前非公经济领域犯罪案件的基本特点

(一)犯罪总量居高不下,投机性心理加剧

据统计,2013年以来,义乌市人民检察院公诉部门共受理移送审查起诉的涉

---

[*] 浙江省金华市人民警察学校教授,中国犯罪学学会副秘书长,中国法学会刑法学研究会理事。
[**] 张晓东,浙江省义乌市人民检察院法律政策研究室副主任,四级高级检察官。
[①] 王仁贵:《推动非公经济在法治轨道运行——专访全国政协副主席、全国工商联主席王钦敏》,载《瞭望》2015年第10期。
[②] 参见刘哲、李丽梅:《义乌市场主体总量突破30万户》,载《义商》2016年7月号。

罪非公经济领域人员762人。其中,2103—2015年年均196人;2016年1—8月共180人,已接近最近三年此类案件的年均受案数。2016年1—8月,义乌市人民检察院公诉部门共起诉涉罪非公企业人员163人,占同期起诉总人数的6.2%,其中,破坏社会主义市场经济秩序案66人,占同期起诉同类案件总人数的29.8%;侵犯财产案94人,占起诉同类案件总人数7%;妨害社会管理秩序案3人,占起诉同类案件总人数0.6%。2016年1—8月,依法对涉罪非公企业人员作出不起诉处理的17人,其中,破坏社会主义市场经济秩序案6人,侵犯财产案10人,妨害社会管理秩序案1人,分别占同期同类案件不起诉总人数的13.6%、7.8%、1.9%。由于涉罪非公犯罪主体多为中小企业人员,发案环节多处于企业生产经营阶段,主观上往往表现为投机取巧、见利忘义,客观上多表现为妨害市场经营秩序、侵犯公私财产权。值得注意的有以下两个方面:一是侵犯知识产权犯罪比例较高,受理涉嫌此类犯罪的有11人。如私营网商苗某于2013年5月至2015年11月间,向丁某、周某购买假冒"浪莎"牌棉袜在网店进行销售,非法获利10余万元。二是非国家工作人员受贿犯罪比重较大,受理移送起诉涉嫌此类犯罪18人。如赵某等5人非国家工作人员受贿案中,赵某作为苹果手机维修分公司的店长,纠集店内员工伪造电脑数据,通过向经销商收取苹果手机以旧换新好处费的方式中饱私囊。

(二)涉嫌罪名相对集中,贪利性动因突出

从罪名分布看,当前非公企业人员涉嫌的罪名,主要集中于各类贪利性犯罪。一是非法占有型案件多发。2016年以来起诉的非公人员涉嫌职务侵占罪的有49人,涉嫌挪用资金罪的有32人,两罪共计81人,占据起诉的非公人员总数的"半壁江山"。从行为人身份看,此类案件绝大多数的犯罪主体为非公企业中层管理人员或销售人员。如义乌市万方交通有限公司财务科副科长胡某,利用负责保管公司财物章和法人章并负责各季度对账之便,在3年内多次挪用公司资金累计2000余万元。二是骗取型犯罪突出。2016年1—8月,受理涉嫌危害税收征管秩序、骗取税款的非公企业犯罪案件21起,妨害金融管理秩序、骗取银行贷款的非公企业犯罪案件9起,涉嫌利用经济合同骗取公民法人财物的诈骗犯罪案件4起。涉嫌以上"三骗"的犯罪人数合占起诉的非公人员总数的13.3%。如义乌市吉飞贸易公司经营者黄某,本身不具备获取银行信贷的条件,在经营过程中,非法冒用他人的营业执照,虚构购销合同,骗取银行贷款170余万元。有的企业主骗贷后为逃避追责携带赃款"蒸发""跑路",将银行贷款作为生活挥霍的主要来源。如义乌市某钢丝厂经营者吴某,2011年以来虚构投资房产的事实,以月息2.5分至7分不等的利息回报为诱饵,骗得王某等人"借款"1亿余元,用于炒卖期货、购置房产,期货亏损1.2亿元,导致资金链断裂后携带余款逃匿,至今批捕在逃。据统计,2016年以来受理审查起诉的180名非公企业人员犯罪,造成银行等被害方蒙受财产损失逾10亿元。

(三)共同犯罪比重较大,勾连性结构稳定

2016年1—8月移送审查起诉的180名非公企业人员中,涉嫌共同犯罪的有126人,占70%。勾连型特征主要表现为以下五种情形:一是企业管理层与企业主形成勾连,导致出现法人犯罪。2016年以来起诉此类犯罪案件22起,在审判环节均适用了"双罚制"。二是企业内部人员之间相勾连,此类犯罪案件有18起。这种情形在具有分支机构的企业中表现得尤为突出。三是企业内部员工与外部人员相勾连。如梦娜袜业公司员工魏某,伙同其丈夫刘某,从不法人员刘某处非法印制大量假冒的"梦娜"注册商标标志,嫁接在从袜子市场购进的大量劣质袜子裸胚上以假充真在市场上销售。四是非公企业人员与外国人员相勾连,此类犯罪案件有2起,均为侵犯知识产权犯罪。如外籍客商"Any"与义乌市某化妆品有限公司经营者朱某取得联系,双方约定由"Any"提供假冒的国际品牌香水注册商标"Bondno. 9 NEW YORK""WHISKY"及生产香水的原料、瓶子等,由朱某负责加工。朱某在明知对方提供的是假冒注册商标的商品配件情况下,为获取每瓶0.8元加工费,仍予生产加工,后被工商部门查获。五是不同非公企业主之间互相勾连。如某水暖有限公司法定代表人傅某伙同某塑胶科技有限公司法定代表人何某、某管业有限公司法定代表人金某,通过三家公司相互担保联保,编造用于流动资金周转的贷款用途,伪造购销合同等申请贷款资料,分别从浙江稠州商业银行骗得贷款500万元。案发后,傅某、何某归案,金某负案在逃。

(四)犯罪持续时间较长,隐蔽性程度较高

非公企业涉嫌的金融领域犯罪,如集资诈骗、非法吸收公众存款等非法集资行为,常常表现为一个渐进、隐秘的过程,通常表现为犯罪嫌疑人以返还高利息为诱饵,通过亲朋好友向社会不特定对象吸收资金,采用隐瞒经营权限、夸大自身实力和经营效益等"障眼法",并以对先期投资者及时足额兑现高息承诺来引诱投资者继续扩大投资,而被害人与犯罪嫌疑人之间并无书面协议,仅基于信赖或朋友介绍等关系口头约定,除非资金链断裂,犯罪嫌疑人"失踪",无法追回本金和利息时,被害人才会选择报警。此外,有的非公企业非法集资则通过互联网进行。由于计算机本身有安全系统的保障及软件资料形态的多元化,一般人不易觉察到内部软件资料上发生的变化。等到发现被骗时,犯罪行为人通常已经将程序数据加以变更或销毁③,这同样使此类案件呈现相当长的持续性和隐蔽性,加大了破案的难度。

(五)被害对象波及面广,涉众性态势显著

从2016年以来受理的案件看,涉众性态势主要表现在两个方面:一是涉众性经济犯罪突出。涉众性经济犯罪通常以非法牟取巨额钱财为目的,以高额回报等虚假信息为诱饵,向众多不特定受害群体集资敛财,因无力或无意偿还,给群众财产安全、金融运行秩序、社会安定造成极大危害。2016年以来,受理审查起诉的180名非公企业人员犯罪中,涉嫌非法吸收公众存款犯罪的有7人,虽然看似体量不大,但其所实施的非法吸存行为涉及的被害人(单位)却多达万余人(家),而且涉案数额巨大。如义乌市较大的两个P2P网络平台"义乌贷""15贷"涉嫌非法吸

---

③ 参见应培礼主编:《犯罪学通论》,法律出版社2016年版,第312页。

收公众存款数亿元,涉及全国各地被吸存对象数千人。被吸存的受害人以经济状况并不富裕的老年人、离退休人员、无业人员等社会弱势群体人员为主,这些被害人原本只是想通过"民间借贷"赚取高于银行存款利率的利息,结果却因为落入吸存陷阱,轻则血本无归,重则倾家荡产。二是涉众性破坏环境犯罪出现,此类案件同样具有体量小、危害大的特点。2016年1—8月起诉的2起非公企业实施的污染环境案件,均给案发地广大群众的正常生产生活带来了严重的负面影响,社会反映比较强烈。

二、当前非公经济领域犯罪频发的内在原因

(一)就历史渊源看,非公企业大多脱胎于小农经济,与机器大工业缺乏"血缘"联系,极易罹患自私、狭隘、专断等"小企业病"

诚如有学者指出:"我国的个私经济基本是以农民经济为主体,这在一定程度上从客观、主观层面都导致民营经济规模化以后会出现相应的'小企业病'。从产权上讲,单个家庭的经济组织决策权都是在家长和家庭成员手中,这是农民经济发展工商业时的特点和优点,但在规模化以后,这一特点可能就成为'劣势'或者是缺陷,甚至有可能是致命的。"④义乌市的非公企业也不例外。就规模化以后的非公企业整体而言,一个不争的事实是,"国家并没有从法律上约束民营经济组织的产权归属,尤其是对于民营经济组织的财产权与普通家庭的私有财产并无明确的区分,所以导致企业主个人在生产管理和财产决策上基本上以个人的想法为决定因素,而民营企业主的'能力限制和文化限制'不利于给规模化之后的民营企业持续发展提供基础和动力"⑤。这既表现为非公经济对建立现代企业制度、引入先进管理理念缺乏热情,也体现在不少企业主对安全生产投入不足,对经营风险估计不足、防范不力,甚至不惜转嫁经营风险上。一般而言,"资方或企业管理层向普通产业工人或农民工转嫁经营、投资等各类企业风险,方式主要有:最低化投资成本,最大限度降低劳动保护开支。为了节省投资,规避各种非生产性投入,包括安全投入和劳动卫生投入,导致工伤事故、职业中毒和职业病频繁发生"⑥,以及因肆意排放生产加工所形成的污染物导致的污染环境事件发生。此外,非公企业存在对自身发展定位比较盲目,急于做大或热衷于短期高额回报的产业,涉足房地产开发等跨行产业或高利转贷,这种舍本逐末的做法,无形中提高了企业的经营风险。

(二)就现实情境看,近年来非公企业内部存在诚信文化缺失、管理制度虚置等内在隐患

义乌市在历史上素有诚信文化传统。"在商业贸易当中,义乌的多数工商业

---

④ 刘成斌:《义乌:市场变迁中的分化与整合》,人民出版社2015年版,第130页。
⑤ 刘成斌:《义乌:市场变迁中的分化与整合》,人民出版社2015年版,第131页。
⑥ 李迎生等:《中国社会政策的改革与创新》,中国人民大学出版社2015年版,第36页。

经营者能够形成信义主导的商业文化,这种商业文化的形成与行商时期'走遍千山万水、道尽千言万语、想尽千方百计、吃尽千辛万苦'的创业经历存在着渊源与秉承关系。"[7]然而,不可否认,随着市场化的推进,老一代行商人逐渐淡出,在一切向钱看、极端功利主义不良风气的影响下,一些未曾经历创业艰辛的后继企业家逐渐淡忘了前辈们"勤耕好学、刚正勇为、诚信包容"的"初心",浮躁、趋利、投机心态严重,一味把目光盯在周期短、见效快、风险大的跟风炒作型经营上,诚信缺失问题日益显现。诚如有论者所言:"市场经济如同剑的双刃——一方面,它确实是一种将社会资源合理配置的最佳机制,能够促使市场主体按照市场经济规律来组织生产和交换,并将经济效益与市场主体的物质利益紧密联系,充分调动市场主体的积极性与创造性;另一方面,它本身固有的消极因素和负面影响,对传统的价值观念和思想造成巨大的冲击,促使一些市场主体为追逐利润而不择手段,甚至走上违法犯罪的道路。"[8]同时,由于法治意识淡薄,甚至无视法律约束,缺乏与经营现代企业相适应的法律知识和风险防控意识,有的企业主遇到经营困难时很容易表现出"无知者无畏"的随意性,滋生各种违规经营问题。由于家族式企业自身存在用人外向度不足、理念更新缓慢等弊端,在向集团化和国际化迈进的过程中,难免出现股权结构单一、管理混乱、"拍脑袋"决策等问题。而家长制的传统客观导致非公企业经营管理容易出现"一言堂",内部监督制约机制不够健全,包括一些外资企业,同样存在只顾抓效益、抓利润,财务管理制度虚置,公司收支不规范,规章制度不健全、不落实等问题。此外,对人员结构复杂、流动性很强的企业员工队伍如何做到管理到位,不少企业普遍缺乏行之有效的办法,客观上也为违法犯罪的滋生提供了土壤和空间。

三、当前非公企业法律风险突出的形成原因

(一)法律政策宣传缺乏针对性和实效性,非公企业犯罪预防效果欠缺

从有关方面对非公企业、商户的日常法制宣传看,存在"三多三少"问题,即一般宣传多,个性宣传少;宏观宣传多,微观宣传少;对内(商)宣传多,对外(商)宣传少。有资料显示,部分久居义乌市经商的外企人员,对本地推行的改革举措及相关政策法规缺乏了解。比如,已在义乌市生活8年、来自乌克兰的外商Orolov,在被参加社会实践的大学生问及"您对当地的政策了解多少"时回答:"我知道的政策不是很多。"[9]在义乌市开设一家服装店,经商9个年头的埃及商人Bouda,在被问及政府的优惠政策是否让其从中受益时坦言:"我不怎么和政府打交道。"[10]2009年起在义乌市经商的日本商人佐藤,在被问及"您知道义乌当地政府从2011年3月开始实行全面的贸易改革来促进义乌的国际贸易发展吗"的问题时明确表示:

---

[7] 刘成斌:《义乌:市场变迁中的分化与整合》,人民出版社2015年版,第262页。
[8] 应培礼主编:《犯罪学通论》,法律出版社2016年版,第312页。
[9] 蔡亮主编:《用声音叙事:义乌,我来了》,浙江大学出版社2014年版,第123页。
[10] 蔡亮主编:《用声音叙事:义乌,我来了》,浙江大学出版社2014年版,第195页。

"不知道,我不太清楚。"⑪这说明,对外商开展政策宣传存在不够到位的短板。即使是对"内商",相关法律政策的普及宣传也应扩大,特别是对非公企业如何防范经营风险,应避免进行笼统、蜻蜓点水式的一般性普法宣传。比如,公诉部门受理的一批市场商户经营红珊瑚制品案件,系在"专项行动"中被突击侦破的案件。侦查机关以非法收购、出售珍贵、濒危野生动物制品罪,将多年来在国际商贸城、农贸城、财富大厦、长春饰品街等几大商场经营红珊瑚制品的36家商户先后移送审查起诉。经审查,这批案件的涉案主体多为长期经营珠宝、饰品、古玩生意的市场经营户,涉案红珊瑚制品来自广州的荔湾市场或杭州的珠宝展销会,进货时均明码实价买卖或拍卖,经营户多年来未有得知红珊瑚制品不得随意买卖的公告,他们从外地电视购物节目中甚至也看到有公开售卖红珊瑚的广告,更是很难令其认识到红珊瑚制品系国家禁止售卖的珍稀野生动物制品。这些案件的发生,固然有经营户学法守法用法主动性积极性不强的问题,但法制宣传教育工作不到位,没有结合市场特点对相关法律法规进行细化宣传,向市场经营户普及相关生态环境保护方面的常识性知识,使商户明晰法律政策界限;管理部门平时疏于监督,对违法经营的苗头未能做到早发现、早规范、早制止,同样存在一定的疏漏。

(二)行政执法与刑事司法之间"无缝对接"有待落细落实

众所周知,行政违法与刑事司法之间往往存在一个临界点,而不论是行政执法机关依据的行政法规还是普适性的刑法,对于临界点的规定均较为模糊,从而给行政执法机关带来了很大的困扰。⑫ 如《中华人民共和国刑法》第338条"污染环境罪"中的"严重污染环境"的表述如何细化理解,尽管司法解释中有明确规定,但由于行政执法人员对相关司法解释的内容不甚了解,"隔行如隔山",通常只能凭经验决定是否以犯罪线索来移送。与此同时,国家和地方发展理念和政策调整,有关企业没有及时跟上,也是导致违法犯罪不容忽视的诱因。我国正在经历由以计划经济为基础的"管制型"治理模式向以市场经济为基础的"服务型"治理模式转型的过程。从政府角色的纵向维度来看,一方面,对旧体制存在"惯性""路径依赖";另一方面,新体制在形成的过程中并不完善。社会转型时期的新旧体制交替作用,政治、经济和社会生活呈现了暂时或局部的衔接问题。⑬ 以污水排放问题为例,义乌市作为浙江省19个总量控制制度改革创新示范点之一,对污染物排放实行的是总量控制制度,根据从义乌市环保局了解的情况来看,目前义乌市重金属水污染物排污总量已基本饱和,因此,即使是具备相关污水处理设备的企业,也较难通过环保部门的审批取得排污许可证。如朱某某污染环境案中,朱某某经营的正章饰品厂具有配套的污水处理设备,自2013年开始,朱某某多次向环保部

---

⑪ 蔡亮主编:《用声音叙事:义乌,我来了》,浙江大学出版社2014年版,第344页。

⑫ 参见田伟、严秀芳:《检察机关行政执法与刑事司法衔接的实践分析》,载《法制与经济》(下旬刊)2011年第10期。

⑬ 参见李迎生等:《中国社会政策的改革与创新》,中国人民大学出版社2015年版,第29页。

门申请排污许可证,但一直未获得环保部门的批准。⑭ 在此情形下,朱某某仍按照以往"先上车,后补票"的做法开工作业,结果触犯了刑律。

(三)非公企业融资难、融资贵的"瓶颈"有待破解,对新金融业态的监管有待加强

现实中,一些小微型非公企业,由于并非新兴产业,无法得到国家相关优惠贷款政策的扶持,而多年来各家银行对非公企业贷款不仅额度有限,且还款周期短(一般为6个月或1年),致使一些非公企业为筹集资金不得不把目光投向民间借贷,从而面临更大的风险压力。"'钱荒'的根源是由大量的国家投资以及贷款不配套造成的。银行将大部分贷款给了国有企业,民营企业尤其是小微企业,很少能够获得贷款。"⑮全国人民代表大会常务委员会委员辜胜阻在2014年发表的一份调研报告中亦直言:"当前,中小企业生存环境不容乐观,主要面临着融资贵、用工难和税负重问题。我们在浙江的调研也表明,80%以上的小微企业不得不通过民间融资解决资金需求,而该省民间借贷的平均利率在30%左右,使许多企业面临'不借等死,借钱找死'的两难境地。"⑯传统金融的欠缺在制约国家经济软实力的同时,也催生了以互联网金融为代表的新金融业态。但互联网金融在发展初期仍面临诸多问题,如缺乏风险识别、控制与定价能力。浙江大学互联网金融研究院最近的一项研究显示,目前国内43.2%的P2P已成为问题平台(出现提现困难、停业清盘、跑路、诈骗等非正常运营现象),风险体系和征信系统较不完善,客户风控能力和自身抗风险能力均有待提高。⑰ 2016年8月26日中国银行业监督管理委员会出台的《网络借贷信息中介机构业务活动管理暂行办法》,进一步明确了P2P平台的中介性质,但具体的监管操作规则仍有待细化。在倡导"大众创业、万众创新"的当下,对P2P平台进行规范管理,既要优先适用经济、行政等规制手段,促使问题平台"良性退出"⑱,又要依法坚决打击假借平台进行恶意圈钱的自融行为,避免"劣币驱逐良币"效应,从而有效维护P2P金融健康、稳定发展。

四、预防和减少非公经济领域违法犯罪的应对之策

(一)非公企业应抓住转型发展战略契机,加快建立现代企业制度

非公经济是我国社会主义市场经济的重要组成部分,已成为我国国民经济中一支不可缺少的力量。义乌市要打造世界"小商品之都",成为全球小商品贸易的集散地,小商品创意设计研发短板需补齐,从中低端到中高端制造转化加快,电商

---

⑭ 参见孟红艳:《当前环境污染案件办理难点及对策》,载《检察工作实践与理论研究》2016年第1期。

⑮ 厉以宁:《谈当前经济形势的几个前沿问题》,载《北京日报》2014年10月27日,第18版。

⑯ 辜胜阻:《中小企业的成长烦恼》,载《求是》2014年第2期。

⑰ 参见吴敬琏、厉以宁、郑永年:《读懂供给侧改革》,中信出版社2016年版,第169页。

⑱ 参见网贷之家联合盈灿咨询发布的《2016年中国P2P网贷行业半年报》,载网贷之家(http://m.wdzj.com/news/baogao/30277.html),访问日期:2016年12月9日。

集聚步伐也要加快。但企业要发展壮大,单靠简单地压缩非生产性资金、扩大生产规模这种"摊煎饼"的传统做法在大数据、全球化时代已然难以行通,只有树立新的发展理念,建立健全内部规章制度,使企业在法治的轨道上健康运行。必须看到,企业仅仅有资金,没有核心技术和市场需求,并不足以支持长远发展。目前非公企业面临的发展瓶颈之一就是产权不完善,企业家族化特征明显,阻碍产业资本的融合。为此,非公企业一方面要进一步解放思想,增强忧患意识、危机意识,苦练内功,利用市场淘汰机制的倒逼压力,变被动为主动,通过转型实现突围;另一方面要树立创新发展理念,围绕产业链高端,走"专精特新"发展之路,努力实现"三个转变",即由市场驱动向创新驱动转变,由家族化管理向科学化管理转变,由盲目追逐自身利益向主动承担社会责任转变。

(二)政府部门应通过进一步深化行政管理体制改革,努力实现由"干预型"向"协调型"、由"管制型"向"服务型"的职能转变

主管部门应立足于营造公平竞争的市场环境,进一步深入落实国务院《关于鼓励支持和引导个体私营等非公经济发展的若干意见》的要求和中央"两个毫不动摇"方针,进一步转变政府职能,引导和支持非公企业实现转型升级。一是深化"四张清单一张网"改革,推进简政放权、放管结合、优化服务。应采取有效措施,鼓励引导民间资本进入法律法规未明确禁止准入的行业和领域,创造公平竞争、平等准入的市场环境;支持民营企业的产品和服务进入政府采购目录,落实民间投资的平等待遇,破解非公企业特别是中小企业融资遭遇的"玻璃门""弹簧门"问题,在资源占有、要素使用、市场准入以及财产权保护等方面,给予非公企业平等待遇和适当倾斜。二是深入推进信用体系建设。2015年7月,国家发展和改革委员会、中国人民银行函复同意义乌市等11个城市创建社会信用体系建设示范城市工作方案,标志着义乌市正式列入国家首批创建社会信用体系建设示范城市名单,成为全国唯一入选的县级市。2016年以来,义乌市委市政府高度重视信用体系建设,先后出台《社会法人守信激励和失信惩戒管理办法》《义乌市在行政管理事项中使用信用记录和信用产品的实施办法》《社会法人"黑名单"曝光实施细则》等一系列制度,市委全面深化改革领导小组专门研究并督查推进,倒排计划,努力在信用体系建设上创出新亮点、彰显新成效。下一步,应以"国家信用示范城市"建设为契机,围绕政务诚信、商务诚信、社会诚信、司法公信,全面推进社会信用体系建设,联合银行建立非公企业信用档案;落实国家工商行政管理总局《严重违法失信企业名单管理暂行办法》,建立企业用资信用进阶制,激励用资企业守信用贷,巩固完善守信联合激励和失信联合惩戒制度,形成失信联合惩戒机制,增加企业的失信成本,使失信企业"一处违法,处处受限"。三是结合"低小散乱"行业整治提升,发展特色小微企业创业群,坚持堵疏并举,聚焦模具加工、饰品加工、印刷包装等行业污染治理,在严格执法的同时,更加注重维护非公企业生产经营的连续性,确保办案法律效果、社会效果与政治效果的有机统一。

(三)银行等金融机构应坚持"风物长宜放眼量",进一步增强全局意识和服务意识,为非公企业转型发展营造开放包容的金融环境

维护金融秩序,化解金融风险,需要政府、银行和企业共同发力。银行等金融机构应切实贯彻义乌市《关于加大金融支持实体经济发展的实施意见》,开展差异化、专业化的金融服务。诚然,当前改革正步入深水区、攻坚期,各种不确定因素增多,企业投资风险逐渐加大,银行也有自己的苦衷,一般只能择优地支持非公投资。然而,为规避坏账风险,不加区分地断掉金融支持,看不到一些非公企业只是面临一时的困难,不实施必要的补救措施,帮助企业把握住转型升级的机会,结果可能会更糟糕。特别是贷款到期后仍有融资需求,又暂时存在资金困难的企业,银行不应简单地"一抽了之",对仍符合贷款条件的应尽量续贷、"放水养鱼"。为切实解决中小企业融资难问题,应充分发挥已有的商城集团贷款平台的作用,并借鉴湖北省探索开展的"金融服务网格化"[19]的做法,在缓解非公企业特别是小微企业融资难问题的同时,有效规避非法吸收公众存款的法律风险。为丰富融资渠道及对信贷风险进行一定分散,2008年中国银行业监督管理委员会、中国人民银行出台《关于小额贷款公司试点的指导意见》,规定小额贷款公司从银行业金融机构获得融入资金的余额,不得超过资本净额的50%。这一规定在实践中事实上严重制约了小额贷款公司的发展。因为这种类型的民间借贷经营者如果想长期发展,必须依靠适度的负债融资来支持,仅靠资本金来运作,会造成严重的财务资源浪费。

(四)司法办案环节应坚持"轻拿轻放",妥善处理涉及非公企业的违法犯罪案件

毋庸讳言,中国的 GDP 居于全球第二,但"人类发展指数"排名却是第 101 位。[20] 公平正义是我们这个社会最基本的需求。正如格力空调的董事长董明珠所说:"我们现在企业需要的不是政府扶持,我们需要公平正义。"[21]非公经济的持续发展不仅离不开国家政策的体恤扶持,更离不开公平正义的法治环境和安定有序的社会环境。要看到,依法保障和促进非公经济持续健康发展,不仅是一个法律问题,更是一个政治问题。首先,行政执法机关和司法机关应立足于规范执法、司法行为,克服选择性执法、运动化司法的惯性思维和路径依赖,以此为基础不断深化"两法衔接"。行政执法部门应切实避免平时不作为、慢作为,对轻微违法问题

---

[19] 所谓"金融服务网格化",根据湖北银监局局长赖秀福向《瞭望》新闻周刊记者介绍,"其灵感来源于社会综治部门的网格化管理模式,具体做法是银监部门引导银行与地方政府综治办等有关部门合作,将全省每一个乡镇、街道、社区、村组划分成若干网格,每个网格落实责任银行,依托综治部门的网格信息平台,对网格内的居民提供有效的金融服务"。参见沈翀等:《金融网格化精准"输血"小微企业》,载《瞭望》2015年第46期。

[20] 参见联合国开发计划署:《2013年人类发展报告——南方的崛起:多元化世界中的人类进步》。

[21] 孙立平:《理解新一轮改革的四条基本线索》,转引自吴敬琏等:《国家命运:中国未来经济转型与改革发展》,中央编译出版社2015年版,第38页。

放任自流,到上级部署专项治理行动时"运动式执法",给非公企业生产经营带来负面冲击。具体而言,行政执法应坚持"严而不厉",能动构筑规范企业生产经营的"第一道防线",通过与刑事司法的衔接,使涉嫌犯罪的行为在行政权体系和司法权体系之间平稳有序地过渡。㉒ 司法机关应注意通过完善"两法衔接",切实解决联而不合、通而不畅、商而不定等制约两法无缝衔接的难点问题。及时纠正行政执法部门对于涉嫌犯罪案件息于移交的情况,防止以罚代刑、放纵犯罪,有效制约行政权力天然的扩张性,使行政权与刑罚权无缝对接,构建严密的预防非公领域违法犯罪的网络。其次,公安、检察、审判机关在办理涉及非公企业犯罪案件中,应围绕构建"三个机制",盘活司法资源,提升服务水平。一是构建"经济违法案件防控体系"。坚持打、防、管、控、建"五位一体",发挥银行、银监、公安、检察部门之间业已建立的金融领域联动工作机制的作用,构建预防金融犯罪体系。二是构建"涉企案件风险评估机制"。对办案可能导致企业正常生产经营困难甚至停产,造成涉案企业商业秘密、重大信息泄露,引发涉案企业职工集体上访等群体性事件等社会矛盾,严重影响社会稳定等情形,逐级提交"一把手"或领导班子决定;属于情况重大、紧急,对当地经济发展可能有较大影响的风险事项,第一时间报告地方党委政府和上级机关,并通报相关部门。三是构建"联席会议和联动工作机制"。公安、检察、审判机关与市场监管、国税等部门,应立足于合理平衡法治权威与维护社会稳定之间的关系,惩治破坏市场秩序的行为,健全完善信息共享和工作联动平台建设;深入剖析典型案件和发案规律,通过司法建议帮助非公企业建章立制,堵塞漏洞,努力为改革发展营造良好环境。再次,检察机关作为法律监督专门机关,应增强服务意识、担当意识,按照地方党委关于"勇打旗帜当标兵,补齐短板走前列"的决策部署,严格执行最高人民检察院《关于充分发挥检察职能依法保障和促进非公有制经济健康发展的意见》,充分发挥"检察建议""督察台账"和"服务档案"对于服务非公经济的建设性、保障性作用,把结合办案服务非公企业纳入工作绩效考核,严格落实专人办理、专人指导、刑民统筹、检察一体,遵循平等保护、适当照顾的原则;对非公企业涉嫌犯罪的案件,妥善把握政策法律界线,坚持"能不定的不定,能不捕的不捕,能不诉的不诉",努力当好"司法店小二"和"企业贴心人"。

㉒ 参见张道许:《知识产权保护中"两法衔接"机制研究》,载《行政法学研究》2012 年第 2 期。

美国控制腐败刑事法治的历史演变与发展机理

赵 赤[*]

2015年10月召开的中国共产党第十八届中央委员会第五次全体会议首次确立了"创新、协调、绿色、开放、共享"的五大发展理念。不言而喻,上述以"创新"为首的五大发展理念将指导、引领我国今后相当长时期的社会变革和经济发展,从而有着重大的现实意义和深远的历史意义。[①] 毫无疑问,以上述发展理念为指导深入开展廉政建设及反腐斗争,就要求不断推进我国反腐刑事法治的创新完善。着眼于我国反腐刑事法治的创新完善,学术层面上拓展及深化惩治腐败刑事法治的域外研究及比较研究颇为必要。笔者拟就美国惩治腐败刑事法治的历史演变进行发展性和多视角的考察分析,由此揭示其经验教训和启示借鉴,主要是基于如下两个理由:

一是基于比较刑事法学研究的独特价值及拓展尝试。深化比较刑事法学研究十分有益于我国刑事法学的繁荣发展。正如我国著名刑法学家高铭暄教授所言:"繁荣比较研究,尤其是重视基础理论问题的比较研究,对于我国刑法学而言,可谓至关重要……如果我们注意在基础理论问题上繁荣和深化比较研究,则必将使我们的刑法学获益良多。"[②]虽然近年来我国刑法学界日益重视比较刑事法学研究,然而由于基础研究相对薄弱以及研究历练不够,研究质量和水平有待提升。比如,较多的学者习惯于不同国家法律制度或者法条之间的比对分析,超越法条对比或者静态考察的法治要素背景性或者历时动态性考察分析颇为少见。正如学者所言:"我国也有比较刑法这一分支学科,但水平很低,对刑法的比较上局限

---

[*] 常州大学史良法学院教授,法学博士,主要从事犯罪学、刑法学研究。本文为作者主持的2015年度国家社科基金西部项目"中外惩治腐败刑事法治比较研究"(课题编号 NS150022)的阶段性成果之一。

[①] 《中国共产党第十八届中央委员会第五次全体会议公报》指出,要"坚持创新发展,必须把创新摆在国家发展全局的核心位置,不断推进理论创新、制度创新、科技创新、文化创新等各方面创新,让创新贯穿党和国家一切工作,让创新在全社会蔚然成风"。

[②] 高铭暄、赵秉志主编:《犯罪总论比较研究》,北京大学出版社2008年版,"前言"。

在刑法条文的比较,而没有深入到刑法条文背后的进行更有深度的理论考察。"③

二是基于美国在全球反腐学术研究及法治发展的重要地位及标本意义。一方面,美国的犯罪学研究颇为扎实,成果丰富,其中就包括反腐领域的犯罪学研究。比如,美国早在20世纪40年代末就涌现出埃德温·萨瑟兰(Edwin Sutherland)的《白领犯罪》这样专门研究腐败犯罪的学术巨著,此后涌现的相关著作不断增多。另一方面,美国参与了联合国以及国际或地区组织的多个反腐国际公约,并在其中发挥了重要作用。例如,美国作为非成员国参与了2002年7月1日正式生效的欧洲委员会部长委员会《反腐败刑法公约》的起草工作。④ 关于美国在全球反腐法治发展中的积极作用,国外学者倍感自豪。如有国外学者放言:"美国以其在推进全球反腐中的翘楚地位而自豪。"⑤

一、美国控制腐败刑事法治的历史演变

从19世纪70年代至今,美国的惩治腐败刑事法治已有一个半世纪的发展历史。如何就这一法治发展历史进行阶段划分,国内学界至今没有相关述评,国外的专门研究也为数不多。有美国学者将美国控制公共腐败的政策发展划分为四个时期,即"反任免权运动"时期、"发展"时期、"科学管理"时期和"全面推进"时期。⑥ 笔者借鉴以上阶段划分并以此为分析框架整合法治发展之中的若干要素,进而展开关于美国惩治腐败刑事法治发展之轨迹特点与经验教训的考察分析。

(一)美国控制腐败刑事法治的孕育:反任免权运动时期(1870—1900)

众所周知,诸如贿赂、欺诈以及影响力交易等职务性违法犯罪行为自始至终就伴随着有记录的人类社会。早在19世纪70年代的美国,一批为数众多的积极分子(尤其是那些在国内战争时期参加废奴运动的积极分子)就开始呼吁针对诸如政府岗位入职、执法和教育等政府决策和事务执行中的弊端进行改革。当时的情况是,包括教育、工程、执法和公共健康等领域的公职人员在内,欠缺合法资格的受聘人员在工作中滥竽充数甚至贪污渎职等违法现象大量存在。例如,从公务员制度规范上说,在1883年通过《联邦公务员法》之前,通过礼品或者服务等不规

---

③ 〔德〕乌尔里希·齐白:《全球化风险社会与信息社会中的刑法》,周遵友、江溯等译,中国法制出版社2012年版,"序言"第5页。

④ 欧洲委员会部长委员会《反腐败刑法公约》于1998年11月定稿,随后于1999年1月27日开始开放签订。该公约不但对欧洲委员会成员国签字生效,而且对参与到该公约起草的非成员国如美国、加拿大、日本、墨西哥等国开放签字。

⑤ Colin Nicholls, *Corruption and Misuse of Public Office*, Second Edition, Oxford University Press, 2011. p. 568.

⑥ 该学者将美国控制公共腐败的政策发展划分为四个时期:"反任免权运动"时期(The Anti-Patronage movement,1870—1900)、"发展"时期(The Progressive Period,1900—1933)、"科学管理"(The Scientific Administration,1933—1969)时期和"全面推进"时期(The Pantopic Period,1970—)。关于以上阶段划分及相关内容参见 Hank J. Brightman, Lindsey W. Howard, *Today's White-collar Crime*, *Legal*, *Investigative and Theoretical Perspectives*, Routledge, New York,2009. pp. 78—92.

范方式支付报酬的情形在很多监狱或地方性城市的公职岗位聘任中相当普遍。此外,从实际效果上看,那些受雇于从事食品与药品安全监管的公职人员往往未能有效保护公众健康,危害公民健康的事件时有发生。面对以上种种弊端,不少有识之士纷纷予以揭露并呼吁采取改进措施。例如,学者约瑟夫·卢(Joseph Rue)于1897年撰写《关于33 000名学生的拼写能力的比较研究》一文,其宗旨就是为了对受聘担任公立学校教师的岗位工作业绩进行评估,以便甄别真正优秀的教师并改进教师管理工作。再如,作为作家和社会活动积极分子的厄普顿·辛克莱(Upton Sinclair)曾于1906年写了一篇名为《屠场》的文章,揭露肉类产品加工中广泛存在的违法现象。辛克莱揭露的真相令人震惊:许多肉类产品的加工和包装设施位于芝加哥的一些养猪场附近,这样使得老鼠咬过的废弃物、动物毛发、昆虫以及变质和得病的猪肉添加到了诸如香肠、冷冻食品之类的加工食品当中。辛克莱还揭露了其他的食品安全问题,如职员经常在食品加工中受伤,同时人体的头发、汗水等也经常掉到食品原料当中。有鉴于此,美国社会中要求对公职人员任免使用制度中的种种乱象加以规范的呼声日益高涨,由此形成作家弗兰克·安列查理科(Frank Anechairico)和 詹姆斯·B. 雅各布斯(James B. Jacobs)所称的腐败控制之"反任免权视角"。在"反任免权运动"的声势推动下,纽约市随后开始实施了一项旨在"根据专长和工作业绩来决定个人的选拔和职业升迁以及根据工作能力和工作的稳定性来决定工作条件和薪酬"的公务员制度(这也是美国首次实行该制度)。"反任免权运动"时期历时30年,堪称美国惩治腐败法治发展的肇始。

就美国惩治腐败刑事法治发展的整个背景看,"反任免权运动"的特点十分分明显:一方面,"反任免权运动"实质上不过是一次自发形成的要求纠正公务岗位制度及运作之时弊的民间运动,尚未形成针对上层社会腐败现象的社会整体性关注;另一方面,这一时期尚未出现旨在预防和惩治腐败行为的专门立法和执法。有鉴于此,笔者将这一时期称为美国控制腐败刑事法治发展的孕育阶段。

(二)美国控制腐败刑事法治的探索:发展时期(1900—1933)

1900年至1933年的30余年时间为美国惩治腐败刑事法治的"发展时期"。总的来看,与此前的孕育阶段相比,这一阶段的反腐法治进步明显,在社会舆情以及立法执法等方面开始呈现新的突破,尽管该突破还不够到位,颇具过渡阶段特点。这一阶段的两个主要特点分述如下:

1. 开始揭露上层社会的各种丑恶现象,但是尚未形成将上述行为予以犯罪化的主流观念

这一时期,美国社会各界越来越多的有识之士开始关注并揭露上层社会的各种丑恶现象。例如,1907年学者爱德华·罗斯(Edward Ross)在发表于美国《大西洋月刊》的一篇论文中就借用了意大利犯罪学家龙勃罗梭(Lombroso)所称的"有犯罪倾向的人"(criminaloids)一语,并将其解释为"是指那些通过卑鄙手段获得成功的人"。罗斯锋芒所指的正是那些醉心于成功但却没有在道义上采取妥当方法

的所谓"成功人士"。⑦ 此外还值得一提的是,作为萨瑟兰之恩师的美国政治经济学家索斯藤·范勃伦⑧(Thorsten Veblen)的学术思想对美国著名犯罪学家萨瑟兰的白领犯罪研究有着重要影响。与其他一些学者一样,范勃伦关注的是美国中上阶层人群的奢侈生活方式及其影响。他在自己的著作《有闲阶级论》(The Theory of the Leisure Class)中提出了著名的"炫耀式消费"(conspicuous consumption)概念,即将个人的贪婪归因于更为广泛的社会结构,也即消费至上主义。范勃伦指出:"就人类生活所需的商品或者服务而言,炫耀式消费观念的整个形成过程的明显含义就是:为了有效提高消费者的良好声誉,必须进行奢侈性消费,对生活必需品的消费并无值得炫耀之处,为了博得名声就必须奢侈(Veblen,1912,p.60)。"范勃伦关于美国中上阶层消费观念的论述有助于理解消费至上主义的经济学及社会学意义,而范勃伦的《有闲阶级论》实际上就是萨瑟兰白领犯罪理论的思想先驱和研究模范。⑨ 然而遗憾的是,"这些揭露性作品在理论上没有什么建树,没有把上层社会的这些丑恶现象看成犯罪"⑩。可见,这一时期美国社会各界针对上层社会的各种丑恶现象注重的只是从事实上进行披露并从道义上给予责难,尚未跃升为从法律上予以犯罪化评价的社会观念。

2. 开始出现反腐立法和执法,但是尚未形成系统的腐败控制机制和政策主导的法律制度

美国控制腐败的法制建设当中,政府的作为至为关键。此一时期历任的五位美国总统⑪当中,当以西奥多·罗斯福政府在腐败控制法治建设当中最有作为,最具代表性。立法方面,为了回应前述辛克莱在《屠场》一文中所揭露的肉类产品加工中广泛存在的违法现象,罗斯福政府推动国会于1906年通过了《清洁食品和药品法》。该法的关键条款包括:一是在各州销售的任何肉类制品都必须由联邦管理机构进行检验;二是建立一个对食品和药品的健康和安全进行评估的机构[现在的机构叫做食品和药品管理局(FDA)];三是具体的药品和化学制品只能凭处方供应,同时任何新的药品在取得生产和出售许可证之前都必须由联邦食品和药

---

⑦ See Frank E. Hagan, *Introduction to Criminology: Theories, Methods and Criiminal Behavior*. Sage, 2011, p.296.

⑧ 索斯藤·范勃伦(Thorsten Veblen,1857—1929),美国著名学者,先后担任芝加哥大学、斯坦福大学和密苏里大学的政治经济学教授,同时也是著名犯罪学家萨瑟兰的恩师。范勃伦的成名作就是首次发表于1899年的著作《有闲阶级论》(*The Theory of the Leisure Class*)。See Hank J. Brightman, Lindsey W. Howard, *Today's White-collar Crime, Legal, Investigative and Theoretical Perspectives*, Routledge, New York, 2009, p.179.

⑨ See Hank J. Brightman, Lindsey W. Howard, *Today's White-collar Crime, Legal, Investigative and Theoretical Perspectives*, Routledge, New York, 2009, p.179.

⑩ 〔美〕埃德温·萨瑟兰等:《犯罪学原理》(第11版),吴宗宪等译,中国人民公安大学出版社2009年版,第25页。

⑪ 也即西奥多·罗斯福(任期1901—1909年),霍华德·塔夫脱(任期1909—1913年),伍德罗·威尔逊(任期1913—1921年),沃伦·G.哈定(任期1921—1923年)和卡尔文·柯立芝(任期1923—1929年)。

品管理局进行大量的测试和分析。执法方面,罗斯福政府依据《谢尔曼反垄断法》针对美国铁路系统的两家主要经营商也即美国钢铁公司和标准石油公司采取了严厉的执法制裁行动。该成功的执法行动不仅维护了公正的经营秩序和公众的经济利益,而且也有力地打击了大企业的垄断行为。罗斯福政府在立法和执法方面的努力有力地促进了美国腐败控制的法治发展,也为其继任者打下了控制腐败的良好基础。此后,塔夫脱总统和威尔逊总统均在自己的任内继续致力于推进罗斯福开创的反腐进程。例如,塔夫脱政府曾经提起了超过80例的反垄断执法行动,其中影响较大的执法行动是于1911年认定美国烟草公司存在垄断行为。遗憾的是,罗斯福、塔夫脱和威尔逊三届总统任期内的反腐败势头在臭名昭著的哈定总统任期和不温不火的柯立芝总统任期戛然而止。

总的来看,与此前的孕育阶段相比,虽然这一时期美国在政府管理、立法和执法等方面推进了惩治腐败的法治进程,但从法治要素看还存在如下两个有待突破或完善的方面:一是基础研究方面尚未出现有关中上阶层违法犯罪的系统性研究,甚至也未能明确提出"白领犯罪"这一基本概念;二是指导思想方面尚未清晰地形成某种价值取向的反腐刑事政策观念(如预防性或惩罚性政策),也就遑论在这一政策观念指导下制定较为系统的法律制度。[12] 有鉴于此,笔者将这一时期称为美国惩治腐败刑事法治的探索阶段。

(三)美国控制腐败刑事法治的雏形:科学管理时期(1933—1969)

1933年至1969年为美国腐败控制的"科学管理"时期。就法治要素而言,这一时期美国惩治腐败刑事法治的主要特点表现为如下三个方面:

1. 首次提出"白领犯罪"这一核心概念,为惩治腐败刑事法治发展奠定理论基石

1939年,美国著名犯罪学家埃德温·萨瑟兰在美国社会学协会的一次演讲中首次提出"白领犯罪"(white-collar criminality)这一概念。[13] 萨瑟兰所称的"白领犯罪",是指那些受到尊敬以及职业生涯中社会地位高的人士所实施的犯罪。不仅如此,萨瑟兰还指出了白领犯罪所包含的几种行为类型:违反反垄断法的行为,虚假广告行为,侵犯专利、商标和著作权的行为,违反劳动法的行为以及各种违背信任的行为。[14] 实际上,萨瑟兰提出"白领犯罪"旨在质疑关于犯罪的传统观念和理论。一方面,萨瑟兰的研究拓展了关于犯罪人身份的传统认识。这是因为:犯罪现象当时通常被认为是来自于缺陷家庭或者堕落的邻居的问题少年所为;与此不同,萨瑟兰提出白领犯罪则旨在关注那些有权和有钱的人所实施的违法行为。另一方面,萨瑟兰还就白领犯罪的执法现状和危害性认识等

---

[12] 本文后续部分将阐述美国在第三个时期也即科学管理时期开始形成明确的预防性反腐刑事政策观念,并基于这一政策观念构建较为系统的反腐法律制度。

[13] 该演讲稿于次年也即1940年以《白领犯罪》的论文名发表于《美国社会学评论》杂志上。

[14] See Edwin H. Sutherland, *White Collar Crime*, New York: Holt, Rinehart and Winston, 1961, pp. 9–10.

提出了独到的见解。萨瑟兰认为,白领犯罪常常由法院民庭处理了事,因为其受害一方往往在意的是损害赔偿而不是坚持让行为人受到刑法处罚。此外,萨瑟兰还认为,白领犯罪的危害性质要甚于普通的街头犯罪,这是因为"与街头犯罪不同的是,白领犯罪会导致针对经济和社会体制的不信任感,损害公共道德以及蚕食针对商业和政府的信赖"⑮。萨瑟兰还相信,白领犯罪中的多数并未成为犯罪学研究的关注对象。

萨瑟兰首次提出白领犯罪这一核心概念的法治意义是全方位的,它不但为美国乃至国际社会的白领犯罪学术研究奠定了理论基石,同时也为美国乃至国际社会惩治腐败刑事法治的未来发展开辟了新的前景,具有里程碑意义。正如学者所言:"萨瑟兰论证了白领犯罪的犯罪性质,改变了传统的犯罪学主要研究下层阶级的个人所犯罪行的倾向,促使犯罪学家以及刑法学家们注意那些由中产阶级和上流社会的成员们实施的经济犯罪,注意那些有权势、有金钱的体面人士在其合法的职业活动中冠冕堂皇地进行的不法行为,使得犯罪学以及刑法学研究的视野更加广阔,研究的对象和内容更加全面。"⑯

2. 白领犯罪学术研究实现现代转型,为惩治腐败刑事法治发展提供科学支持

这一时期,美国学界关于白领犯罪的学术研究逐渐孕育并实现了研究路径或范式的重要转变,也即从对犯罪人的特点进行归纳转变为对其犯罪行为进行解释。对此,可以从社会背景和研究成果两个方面予以分析。

(1)社会背景方面,"二战"之后美国的犯罪学研究遇到了新的时代背景和发展契机。此时的美国社会,包括雷达系统、微波技术和航天飞机等在内的新技术大量涌现,由此滋生了一种新的社会思潮,也即似乎所有的社会问题都可以通过科学方法加以解决。此后随着计算机系统和原子弹的出现,人们对科学技术的推崇更加强烈。面对此种社会背景,德国著名社会学家和思想家马克斯·韦伯如此感慨:"很显然,今天我们正在走向一个新的各方面类似古埃及王国那样的变革时代,唯一不同的只是它奠基于新的基础,也即更为完美的技术、更多的理性以及更为机械化的基础。"⑰这个前所未有的科学时代也深刻地影响了美国的白领犯罪学术研究。众所周知,一直以来的犯罪学研究以研究行为人的主体及人格特点为主要旨趣,对白领犯罪而言同样如此。"二战"之后,随着科学方法(如实证研究方法)向社会科学领域的渗透以及多领域学科的交叉研究(如系统方法、管理学方法等与犯罪学研究的融合)的崛起,白领犯罪的犯罪学研究逐步转变为以犯罪行为为研究重心。例如,运用组织理论以及下文中阐述的博弈论(game theory)和纳什平衡点(Nash's equilibrium)理论来研究白领犯罪就是典型范例。

---

⑮ Edwin H. Sutherland, "White-Collar Criminality", *American Sociological Review*, 5, 1940, pp. 2–10.

⑯ 〔美〕埃德温·萨瑟兰等:《犯罪学原理》(第11版),吴宗宪等译,中国人民公安大学出版社2009年版,第28页。

⑰ 转引自 Hank J. Brightman, Lindsey W. Howard, *Today's White-collar Crime, Legal, Investigative and Theoretical Perspectives*, Routledge, New York, 2009, p. 88.

(2)研究成果方面,"二战"之后美国的白领犯罪研究范式的转变带来了丰硕的研究成果,由此为惩治腐败刑事法治发展提供了强大的知识和理论支持。尤其是,系统论和管理学等新兴科学方法和白领犯罪研究的交叉融合催生了以博弈论和纳什平衡点理论为代表的科学研究成果,由此为腐败控制的制度设计(主要是政府管理制度和组织内部管理制度)提供了新的科学理论。博弈论(game theory)和纳什平衡点(Nash's equilibrium)理论是美国兰德公司[18]致力于预防腐败等应用性研究而于1950年推出的代表性研究成果。[19] 博弈论和纳什平衡点理论的最初提出旨在评估军事行业和执法系统的腐败情况。这一时期,美国预防腐败的系统管理制度最初试行于军事工业企业,随后才延伸至政府系统。博弈论和纳什平衡点理论等学术研究成果生动地揭示了腐败发生的机理规律,由此找到了遏制腐败的关键环节和制度要领。以下以博弈论和纳什平衡点理论来分析一则典型腐败案件,由此揭示该理论对于腐败控制的启示意义。

在这里介绍一个典型案例[20]:洛里是一位职业黑客,他喜欢进入联邦执法机构的内部网站窃取敏感的案件材料并利用这一技术与潜在的客户做交易。洛里声称,如果对方愿意支付高昂的费用就可以从相关的执法机关的网站中消掉该当事人的案卷数据。与洛里不同,丽莎是美国基础设施保护中心(NIPC)的一名职业情报分析师,擅长于技术风险评估以及发现未经许可的系统黑客。表面上看,如果以上俩人都各自做好自己的本职工作的话,那么俩人之间的工作正好彼此抵消。也就是说,如果洛里侵入该系统而丽莎发现了洛里的侵入行为,此时丽莎只需简单地对洛里的侵入行为予以阻止就算了事。这就是博弈论中所谓的零和博弈(Zero-sum game)。可是,如果我们就此种博弈进行深入分析,也即如果丽莎因为没有技能或者懒惰而未能发觉洛里的非法进入行为的话,情况又该如何?答案是,洛里获得了大量的经济收入而丽莎则可能被解雇。或者,如果洛里第一次未能进入信息系统该如何呢?此时洛里未能获得经济收益,而丽莎的利益也相应减少,因为如果单位的信息系统没有发生过遭到黑客攻击的事件,那么该单位怎么会花钱雇用丽莎呢?现在我们将纳什平衡点原理运用到该案的分析当中:一方面,丽莎认识到一旦没有了针对该系统的攻击事件,那么自己将失去相应的工作岗位;另一方面,洛里也意识到如果非法进入该单位的信息系统就能获得丰厚收入而变得富有。于是,洛里和丽莎彼此达成共识:洛里在12月份非法进入丽莎所在单位的系统四次,其中前三次行动不成功,由此丽莎就可以对单位说自己尽到了保护单位系统的责任,而在第四次行动中,洛里由于得到了丽莎给的账号和密

---

[18] 兰德公司是设在美国加利福尼亚州的一家智库机构,专为政府特别是空军作战情报分析研究提供服务。

[19] 纳什平衡点理论的提出影响重大,以致该理论的研究人员约翰·纳什因此获得了1994年的诺贝尔奖。

[20] See Hank J. Brightman, Lindsey W. Howard, *Today's White-collar Crime*, *Legal*, *Investigative and Theoretical Perspectives*, Routledge, New York, 2009. p. 90.

码从而轻而易举地进入该系统,下载了自己需要的信息并应客户的要求将该信息予以删除,同时收下了客户的可观费用并与丽莎分享。显然,洛里和丽莎都可以通过参与上述共谋来获得最佳利益。

总之,运用纳什平衡点理论分析以上典型案件可得出如下结论:如果一个群体的每个成员也从其他成员的最佳利益考虑来选择自己的反应方式,那么彼此都能获得最佳的共同利益。此外,上述案件的博弈论分析还表明:一是要防止腐败的发生,关键的是丽莎的岗位,而不是洛里的角色,也就是说腐败控制当中确保公务员职责的纯洁格外重要;二是官员腐败现象直接降低发案率和查处犯罪的概率,由此对刑罚的功能造成负面影响。就博弈论和纳什平衡点理论对于腐败控制的启示意义而言,学者马里特和石(Marjit and Shi,1998)在研究后得出如下结论:"即便所宣称的惩罚犯罪的刑罚非常严厉,控制犯罪依然困难,因为发现犯罪的概率会受到腐败官员之作为的影响。"[21]可见,博弈论和纳什平衡点理论对于腐败控制而言有着多方面的启示意义。

综上,美国的白领犯罪学术研究在"二战"之后孕育并实现了所谓的研究范式转型,也即从对犯罪人的特点进行归纳转变为对犯罪行为进行解释。这种研究范式转变的学术意义和法治意义是如此重要,以致有美国学者称之为"白领犯罪学术研究的现代转型"[22]。

3. 初步形成预防主旨的刑事政策,为惩治腐败刑事法治发展提供政策导向

这一时期历任的几届美国政府当中[23],在腐败控制方面最有作为和影响的当属富兰克林·D. 罗斯福政府和约翰逊政府。1933 年,富兰克林·D. 罗斯福担任总统之后随即制定并实施了简称"新政"(New Deal)的大规模改革计划。"新政"主要包括旨在预防和惩处腐败犯罪的政府管理改革和颁布新法。政府管理改革方面,主要是通过制定实施《国家复兴法案》(the National Recovery Act)和《联邦证券法》(Federal Securities Act)等法律以及设立公共工程署(Public Works Administration)和美国联邦存款保险公司(Federal Deposit Insurance Corporation)等政府管理和服务机构来实现政府对私营行业的有效管理和监督。立法方面,富兰克林·D. 罗斯福在任期内于 1939 年推动通过了旨在禁止联邦公职人员参与政党选举的《哈奇法案》(the Hatch Act of 1939)(也称为《清洁政治法案》)。需要指出的是,富兰克林·D. 罗斯福宏大的政府管理改革计划的出台有着特定的科学研究背景,也即与这一时期自然和社会科学领域的研究发展紧密关联。例如,社会科学

---

[21] Hank J. Brightman, Lindsey W. Howard, *Today's White-collar Crime, Legal, Investigative and Theoretical Perspectives*, Routledge, New York, 2009. p. 90.

[22] Hank J. Brightman, Lindsey W. Howard, *Today's White-collar Crime, Legal, Investigative and Theoretical Perspectives*, Routledge, New York, 2009. p. 186.

[23] 也即富兰克林·D. 罗斯福(任期 1933—1945 年),哈利·S. 杜鲁门(任期 1945—1953 年),德怀特·D. 艾森豪威尔(任期 1953—1961 年),约翰·F. 肯尼迪(任期 1961—1963 年)和林登·约翰逊(任期 1963—1969 年)。

领域中以德国著名学者马克斯·韦伯(Max Weber)的"综合性科层化理论"为代表的新兴理论成就为罗斯福的改革计划提供了重要的理论支撑。20 世纪 60 年代,约翰逊总统以"向贫困宣战"(War on Poverty,1964 年提出)为口号继续推动政府管理改革计划。该计划包含了涉及联邦健康、住房、就业、服务整合、社区规划、城市改造、福利、家庭计划等领域的大规模公共支出项目。实际上,约翰逊的改革计划可以看成是罗斯福"新政"的继续发展。为此,国会通过立法要求对这些庞大公共支出项目的实施效率进行评估,由此开辟了一条以项目评估为内容和特色的腐败控制新路径。约翰逊政府的项目评估有两个特点:一是实现了评估手段的方法创新。在此之前,美国审计总署(GAO)在反腐中采取的是综合性会计方法,此时采取的评估方法是向分析性活动和调查性活动拓展。二是约翰逊执政时期还注重发挥研究人员在各种评估中的作用。项目评估在这一时期得以大张旗鼓地展开且效果显著,以至于美国学者认为项目评估堪称美国历史上腐败控制的雏形和先驱。[24] 可见,就政府作为而言,这一阶段美国反腐法治发展的基本轨迹是:富兰克林·D. 罗斯福政府于 20 世纪三四十年代借助现代科学理论初步建构了预防导向且较为系统的反腐制度;而约翰逊政府于 20 世纪 60 年代实现了以政府公共支出项目评估为内容和特色的腐败控制机制创新。

综上,这一时期美国惩治腐败犯罪的政策取向是预防,称为预防导向的刑事政策(美国学者称之为"劝从"政策)。有学者将美国控制白领犯罪的刑事政策区分为"劝从"(compliance)型政策和"威慑"(deterrence)型政策两种类型。[25] 劝从型刑事政策旨在通过行政管理手段来预防违法犯罪的发生,其主要特色在于通过经济刺激来寻求实现企业良好的自我管理以遵守法律,而不是着眼于发觉、追诉和处罚单个的违法犯罪者。美国学者认为,劝从型刑事政策主要依靠经济处罚和民事处罚来控制白领犯罪;实践当中主要采取设立行政机构监管企业的经营活动,如美国证券和交易委员会监管华尔街的金融活动,食品和药品管理局监管药品、化妆品、医疗器械、肉类和其他食品等。[26]

应当指出,美国这一时期采取控制腐败的预防型刑事政策绝不是偶然的,而是有其特定的历史背景和制约因素。笔者认为,主要有两点:一是此时关于白领犯罪的传统观念尚难以支撑起新的惩罚型或威慑型刑事政策。这一时期美国的社会一般观念认为,白领犯罪人大多都是受人尊敬的"社会顶梁柱",因而通常被当作没有危险的犯罪人,对其实施犯罪不能与那些街头犯罪的青少年同样看待。

---

[24] See Hank J. Brightman, Lindsey W. Howard, *Today's White-collar Crime*, *Legal*, *Investigative and Theoretical Perspectives*, Routledge, New York, 2009. p. 92.

[25] 学者阿尔伯特·瑞斯在 1984 年发表的论文中首次将美国控制白领犯罪的政策区分为"劝从"(compliance)型政策和"威慑"(deterrence)型政策两种类型。See Albert Reiss, *Selecting Strategies of Social Control over Organizational Life in Enforcement Regulation*, Boston: Klowver Publications, 1984, pp. 25-37.

[26] See Larry J. Siegel. *Criminology*:*Theories*, *Patterns and Typologies*, Ninth Edition. Thomson Wadsworth, 2007. p. 411.

对他们而言,由于受到查处而导致的公开羞辱被认为已经得到足够的处罚,如果另外再予以监禁处罚就显得过于残忍和多余。此外,相比于社会一般观念,政府官员和法官对白领犯罪人往往更是抱有宽大甚至同情态度。例如,1960 年法官约翰·福特(John Ford)在面对一个白领犯罪案件时说过:"这些人都是虔诚的非常有教养的,且为自己的家庭、团体、社区和国家付出了真诚的贡献……我绝对不能将先生投入监狱。"[27]二是科学研究成果给予预防腐败犯罪的系统性制度以有力的知识支撑。尤其是,科学理论成果与社会管理的深度融合催生了所谓"腐败控制系统"的诞生。对此前面已经予以阐述。

(四)美国控制腐败刑事法治的发展:全面推进时期(1970—2003)

1970 年至 2003 年为美国惩治白领犯罪刑事法治的"全面推进"时期。其特点主要体现在如下几个方面:

1. 几届政府的努力持续推动了惩治腐败刑事法治发展

就腐败控制的政府作为而言,这一时期的历届美国政府[28]当中,几届政府的前后努力持续推动了惩治腐败刑事法治的不断发展。具体而言,几届政府的作用和使命各有不同[29]:尼克松政府的失职行为("水门事件")激活了国家控制腐败的法治发展;卡特、克林顿两届政府主要推进了腐败控制的行政治理。

尼克松政府注重立法修订,主要推动了环境保护和职工安全方面的立法,如《1970 年国家环境政策法》《清洁空气法》和《清洁水法》等。不过在腐败控制方面,尼克松政府最具意义的当属其任内的失职行为也即"水门事件"[30]。"水门事件"成为推动美国惩治腐败刑事法治的新起点。然而,在美国历史上首次对腐败采取全方位控制政策的当属卡特政府。卡特政府的全方位腐败控制政策主要体现在两个方面:一是推动了公共行政改革及腐败控制立法,于 1978 年促使国会通过《1978 年文官制度改革法》这一影响深远的法律。[31] 二是建立了旨在防止政府官员腐败的监督制度,也即通过了《1978 年检察长法》(the Inspector General Act of

---

[27] Larry J. Siegel. *Criminology: Theories, Patterns and Typologies*, Ninth Edition. Thomson Wadsworth, 2007. p. 409.

[28] 也即理查德·尼克松(任期 1969—1974 年),杰拉尔德·福特(任期 1974—1977 年),吉米·卡特(任期 1977—1981 年),罗纳德·里根(任期 1981—1989 年),乔治·布什(任期 1989—1993 年),比尔·克林顿(任期 1993—2001 年)。

[29] See Hank J. Brightman, Lindsey W. Howard, *Today's White-collar Crime*, *Legal*, *Investigative and Theoretical Perspectives*, Routledge, New York, 2009, pp. 86–140.

[30] "水门事件"(Water gate scandal)或称"水门丑闻",是美国历史上最不光彩的政府政治丑闻之一。在 1972 年的总统大选中,为了取得民主党内部竞选策略的情报,以共和党总统候选人尼克松竞选班子中的首席安全问题顾问詹姆斯·麦科德(James W. McCord, Jr.)为首的 5 人于 1972 年 6 月 17 日闯入位于华盛顿水门大厦的民主党全国委员会办公室,在安装窃听器并偷拍有关文件时,当场被捕。由于此事,尼克松于 1974 年 8 月 8 日宣布辞职,从而成为美国历史上首位辞职的总统。

[31] 该法的宗旨主要是:一方面,通过为高级别的公务员提供拓展职业发展机会或者转移到其他岗位等措施提高其工作业绩;另一方面,又使得那些不能胜任岗位要求的公务员个人可以被清除出公务员队伍。

1978),初步建立了便于检察官查处腐败官员的法律制度。[32]

2. 白领犯罪的理解趋于广义规范,由此为反腐刑事法治发展提供科学的基础概念

前一时期也即"科学管理"时期,美国犯罪学家萨瑟兰只是首倡白领犯罪这一概念,此时尚未引起关于白领犯罪之内涵界定的热烈讨论。与此不同,20世纪70年代之后美国学界关于白领犯罪之概念内涵的探讨十分热烈,在此背景下逐步凝练为内涵更加丰富、界定更为规范的新表述:职务犯罪。大致情况是:

(1)概念表述方面

学者们基于不同的学科背景或考察视角先后提出了一些"白领犯罪"的变种概念,白领犯罪的另类表述花样纷呈。[33] 比如,盖斯(Geis)于1974年提出"职业犯罪"(avocational crime);科里纳德和奎尼(Clinard & Quinney)于1986年提出"公司犯罪"(corporate crime),并于1990年提出了"职务犯罪"(professional crime);阿巴尼斯(Albanese)等于1995年前后提出了"上层社会犯罪"(upper world crime);西蒙(D. R. Simon)于1999年前后提出了"精英越轨"(elite deviance)。毫无疑问,关于白领犯罪的不同表述蕴含着论者不同的研究旨趣,也有助于全面、深入地认识白领犯罪这一犯罪类型。

(2)概念内涵方面

越来越多的有识之士相继指出了萨氏所理解之"白领犯罪"的特点与缺陷,由此为白领犯罪的概念重构开辟了路径。一方面,一些学者指出萨氏之白领犯罪界定的模糊性或不确定性,认为应当赋予其概念界定的明确性。如有学者认为,司法部门关于白领犯罪的现行定义是如此模糊,以致犯罪学研究人员很难界定联邦调查局的侦查对象,因为此种定义下的白领犯罪包括涉及传统的欺骗、隐瞒、操弄、违背信任、诡计以及非法规避等几乎所有的违法和非暴力行为。[34] 还有学者指出:"萨氏的定义是如此的不确定,因为它包括了穷人所实施的欺诈行为以及上层阶级所实施的违反反垄断法的行为……唯一确定的是司法部门已经大幅度改变和扩张了此前被学术界和执法界所理解的那种白领犯罪的常规定义。"[35]有鉴于此,美国反腐形势日益需要一种界定规范、内涵适中的白领犯罪概念。例如,1970年前美国司法部犯罪司欺诈处主任赫伯特·埃德赫兹(Herbert Edelhertz)就主

---

[32] 主要的制度包括:明确检察长的职责是就联邦政府经费资助的项目进行监督检查,尤其是查处浪费、欺诈和滥用等违法行为;此外,根据该法的规定,为了更快地查处腐败官员,检察长还可以采取包括法务会计(forensic accounting)、公开的和秘密监控、综合性秘密行动等侦查手段。到20世纪80年代中期,以上侦查措施就在纽约、费城等大城市得以普遍采用。到20世纪90年代,在其他主要城市也得以普及。

[33] See Frank E. Hagan, *Introduction to Criminology*: *Theories*, *Methods and Criiminal Behavior*. Sage, 2011, pp. 296-297.

[34] See Daniel Brandt, "As Criminal Capitalism Replaces Communism: Organized Crime Threatens the New World", *NameBase Newsline* 8, January-March 1995.

[35] Office of International Criminal Justice, Bulletin, Winter 1996, p. 1.

张比较广义的白领犯罪,并阐明了所有白领犯罪的五个共同要件:一是具有实施非法行为或者实现某个不符合法律或公共政策要求之目的的意图;二是隐瞒其目的或意图;三是行为人有赖于被害人的疏忽或者粗心;四是被害人由于相信与行为人之间交易的真实性因而对其予以默认;五是通过如下方式隐瞒犯罪,通过防止被害人认识到自己已经成为被害人,通过借助仅仅很少一部分被害人会对非法行为作出反应,或者通过虚假的文书或者虚假的交易表象来掩盖行为的非法性质。㊱显然,以上关于白领犯罪的反思性认识有助于重构新的白领犯罪概念。

3. 白领犯罪学术研究成果纷呈,为惩治腐败刑事法治完善提供日益丰富的知识支撑

过去很长时间里,美国的白领犯罪学术研究比较沉闷,成果不多。这是因为,与街头犯罪相比,白领犯罪学术研究更为艰难。正如学者所言:职务犯罪的研究人员要遇到如下几个方面的困难:一是高层职务人员采取的是自我管理模式,违法者通常的结局往往不是制裁而是保护和沉默法则。二是许多企业的高级管理人员为了避免丑闻被揭发,往往选择辞职以息事宁人。三是刑事司法部门以及行业协会均没有关于职务犯罪的系统性数据资料。㊲四是外界对职务犯罪的查处通常会遭遇以保密为由的阻碍。㊳然而,20世纪70年代至今,美国的白领犯罪学术研究迎难而上,研究触角日益拓展,研究成果亮点纷呈。主要特点如下:

(1)白领犯罪的研究方法和研究领域日趋丰富

例如,与20世纪60年代的研究特色是以博弈论和纳什平衡点理论为标志性成果的管理学方法不同,20世纪70年代之后,包括以本森为代表的白领犯罪生涯研究和以皮克诺为代表的白领犯罪情景模拟研究在内的众多研究成果精彩纷呈。㊴毫无疑问,这些研究成果不但深化了关于白领犯罪生成特点及规律的认识,而且还有助于更好地审视和优化现行惩治白领犯罪的政策法律。

(2)研究对象由此前对犯罪人一般特征、动机的基础研究转变为职务犯罪的类型研究

随着研究的深入,美国白领犯罪的研究重点由此前的基础研究转变为类型研究。例如,学者埃德赫兹(Edelherts)于1970年提出将白领犯罪分为如下四种类型:一是基于个人运作所实施的犯罪,如收入税违法、信用卡欺诈、破产欺诈等;二是在企业、政府或者其他机构中履行职务的过程中因为违反对雇主或客户的忠诚

㊱ See Herbert Edelhertz, *Nature, Impact and Prosecution of White-Collar Crime*, Washington, D. C.：U. S. Government Printing Office,1970, p. 12.

㊲ 包括西方国家在内的世界上几乎所有国家的主要资料来源如官方统计、被害调查、自我报告等一般而言都不包括关于法人犯罪和高层职务犯罪的资料。

㊳ See Frank E. Hagan, *Introduction to Criminology: Theories, Methods and Criminal Behavior*. Sage, 2011, p. 298.

㊴ 参见曹立群、任昕主编:《犯罪学》,中国人民大学出版社2008年版,第232—233页。

或忠实义务而实施的犯罪,如贪污、雇员偷盗、虚报工资等;三是与企业经营相伴随但又不符合企业目的的犯罪,如反垄断违法、商业贿赂、食品和毒品违法等;四是企业实施的或者属于企业中心业务的犯罪(也叫作"职务犯罪"),如医疗和保健欺诈、预付款欺诈、假冒竞赛等。㊵ 此外,另一种很有影响的研究就是加里·格林(Gary Green)1990年发表的论文《职务犯罪》(*Occupational Crime*)研究了职务犯罪的四种类型:一是组织性的职务犯罪(organizational occupational crime),如针对消费者、工人以及环境的犯罪;二是国家权力的职务犯罪(state authority occupational crime),如种族屠杀、拷问、警察暴力、违反公民权利、受贿等;三是专业性的职务犯罪(professional occupational crime),如发生于医疗、制药、法律等职业领域的职务犯罪;四是个人性的职务犯罪(individual occupational crime),如职员盗窃、消费者欺诈、个人逃税、股票违法等。㊶ 美国学者认为,格林关于职务犯罪的研究聚焦于犯罪类型,也即从更为宽阔的视野来界定白领犯罪,这已经成为过去近40年来白领犯罪研究中的新趋势。㊷ 总之,20世纪70年代之后,广义地理解白领犯罪并将其区分为职务犯罪和公司犯罪两种类型,已经日益成为当代美国学界的通说。㊸

(3)白领犯罪学术研究更加注重问题导向,刑事政策意义更加凸显

以下以白领犯罪生涯研究成果的刑事政策意义为例予以说明。犯罪生涯研究对于审视和评估现行的白领犯罪处罚制度具有意义。正如学者所言:"自从萨瑟兰首创白领犯罪研究以来就存在着关于白领犯罪人避免严厉制裁的关注。到近些年来,已经使得联邦司法机关强化了针对白领犯罪人的刑罚处罚,同时越来越多的白领犯罪分子被处以监禁刑罚。然而,总的来看,上述政策发展是在未能理解这些变化对于被予以制裁的白领犯罪人今后实施犯罪的潜力有着何种影响的基础上实现的。那么,刑事处罚是否减少了白领犯罪人的再犯可能?或者说,刑事处罚是否会反弹,导致犯罪人实施更为严重的犯罪?此外,不同的处罚措施如监禁或者罚金对于被处罚的白领犯罪人的犯罪生涯是否具有不同的影响?"㊹ 显然,对以上问题的解答都需要犯罪生涯研究成果的支撑。有学者将白领犯罪生涯研究的刑事政策意义归纳为如下两个方面㊺:一是政策观念方面将犯罪生涯研究

㊵ See Frank E. Hagan, *Introduction to Criminology: Theories, Methods and Criminal Behavior*. Sage, 2011, p. 298.

㊶ See Hank J. Brightman, Lindsey W. Howard, *Today's White-collar Crime, Legal, Investigative and Theoretical Perspectives*, Routledge, New York, 2009, p. 212.

㊷ See Hank J. Brightman, Lindsey W. Howard, *Today's White-collar Crime, Legal, Investigative and Theoretical Perspectives*, Routledge, New York, 2009, p. 213.

㊸ 弗兰克·E. 哈根(Frank E. Hagan),美国著名犯罪学家,2000年获得刑事司法科学研究院教师奖(the Academy of Criminal Justice Sciences Fellow Award),主要研究领域为研究方法、犯罪学、有组织犯罪、白领犯罪和政治及恐怖主义犯罪。

㊹ David Weisburd, Elin Waring, *White-Collar Crime and Criminal Careers*, Cambridge Press, 2001, p. 7.

㊺ See David Weisburd, Elin Waring, *White-Collar Crime and Criminal Careers*, Cambridge Press, 2001, pp. 153–156.

的刑事政策意义解读为"关于犯罪性的道德剧本"(moral drama of criminality)。所谓"关于犯罪性的道德剧本"是指犯罪人被公众界定为威胁社会及其价值观的"圈外人"(outsiders)这一传统认知。实际上,犯罪造成的威胁以及认为可以轻易区分犯罪人和非犯罪人这一传统固有观念两者结合在一起,往往成为日益明显的刑事惩罚性政策的有力依据。例如,美国近年来对犯罪人日益注重监禁刑的适用就是新的惩罚性刑事政策的体现。此种政策背景下,许多联邦和州的机关均制定了所谓"三振出局"[46]的法律,由此导致监禁人数急剧增加。比如,20世纪90年代美国的监禁人数增加了一倍以上,平均每天有超过180万人被囚在监狱。然而,犯罪生涯研究证明,许多实施犯罪的人与那些没有实施犯罪的人并无明显差别,如白领犯罪。也就是说,在界定犯罪人时需要着力指出的是,所谓的"圈外人"实际上与我们是一样的。不难看出,树立犯罪人和非犯罪人很难截然区分这一基础观念有助于在重新反思近年来得到强化的惩罚性刑事政策的同时更加关注和倚重预防性刑事政策。二是具体制度方面应当更加积极地考虑预防性和替代性的惩罚措施。有学者针对白领犯罪进行生涯研究的成果表明:监禁处罚并不能遏制未来的犯罪,而财产刑却具有该功效;就白领犯罪而言,如果监禁处罚完全替代财产刑,白领犯罪人的重新犯罪率很可能不降反升。总之,白领犯罪生涯研究的刑事政策意义至少体现在两个方面:一是有助于抛弃那种将犯罪人和非犯罪人予以泾渭分明之划分的传统观念;二是有助于决策者和公众在选择惩罚性刑事政策时加以更为谨慎的考量,尤其是需要就目前比较热络的监禁措施进行更为中肯的观察。

4. 基于深刻反思和观念提升,最终确立预防和惩罚并重的惩治腐败刑事政策体系

前面已述,20世纪、21世纪之交是美国白领犯罪刑事政策调整的分水岭:20世纪70年代至20世纪末,美国逐步完善了以政府管理为内容的预防型腐败控制政策;21世纪初期以来,美国着力强化了以严厉刑罚制裁白领犯罪为内容的威慑型腐败控制政策,由此确立了预防和惩罚[47]并重的惩治腐败刑事政策体系。笔者认为,对于以上政策转变,有必要从产生原因和形成机理方面予以深入考察。主要有如下几个方面:

(1)针对过去应对白领犯罪之政策不力的深刻反思有助于全面检讨和完善现行打击腐败犯罪的刑事政策

对于过去几十年以来美国惩治白领犯罪之政策不力,有美国学者总结了如下几个方面的原因[48]:一是许多属于白领犯罪的行为直到20世纪才得以在立法上规

---

[46] 也即 three strikes and you're out,是指在被告人被抓捕几次之后就要处以长期的监禁刑,不管他所犯的是何种性质的犯罪或者是何种情节。

[47] 本文中所说的"惩治"政策,美国学界称之为"威慑"(deterrence)。威慑政策旨在通过刑罚威慑潜在的犯罪人,威慑政策涉及发现犯罪行为、查获犯罪人以及处罚犯罪人,以遏制今后的犯罪。

[48] See Frank E. Hagan, *Introduction to Criminology: Theories, Methods and Criminal Behavior*. Sage, 2011, p. 336.

定为犯罪。比如,许多关于环境和职业方面的立法规定都是"二战"之后规定的。二是美国一直以来的商业伦理是建立在自由放任主义经济(laissez-faire economics)以及买方自谨(caveat empty)的基础之上(政府在商业中奉行不干涉主义政策)。三是公众对于白领犯罪的关注还是最近一些年的事情。一旦发生这种有组织的强烈态度,公众要求强化针对白领犯罪的立法和执法就成为自然。四是以前的白领犯罪并没有为公众广泛知晓,有时拥有媒体的企业自己就是违法犯罪者。此外,担心失去重要的广告收入可能也是原因之一。五是白领犯罪人和立法者、执法者拥有共同的社会经济阶层以及价值观。六是政治性集团往往阻碍有效立法和执法。其中,一些压力性运动的最大赞助者自身就是最大的违法者,比如一些资助资金可能来自以前从事避税、洗钱等违法勾当的企业。七是对于政治家和政府官员而言,集中对付年轻人和下层人群的犯罪更为容易,因为这些人群缺乏政治影响力。八是法人犯罪所具有的长期性质以及法庭拖延使得制裁变得困难。此外,联邦政府管理机构所存在的一个主要问题就是急需犯罪学知识的切入。应当说,以上关于美国过去应对白领犯罪之政策不力的全面分析和深刻检讨本身就蕴含着强化白领犯罪刑事政策的旨趣。

(2)关于白领犯罪之刑罚措施的理性分析有助于完善惩治腐败犯罪的刑罚制度

一方面,如果就白领犯罪所受处罚与街头犯罪所受处罚进行对比,那么适用于白领犯罪的刑罚就显得格外具有讽刺意味。例如,一起案件中,一位新泽西州艾斯拜瑞公园市的男士因为盗窃一付价值2.98美元的太阳镜和一只价值1美元的肥皂盒而被判处4个月监禁;另一起案件中,得克萨斯州达拉斯市的约瑟夫·希尔斯因为盗窃73.1美元而被判处1 000年监禁;此外,许多州将违反毒品法律的罪犯处以5到10年监禁。可是,就白领犯罪而言,当7个电器制造公司的经理们由于涉嫌一宗数额超过10亿美元的价格垄断而每人却只被判处30天监禁。[49] 显然,与穷人因为触犯传统犯罪而被判处的严厉刑罚相比,白领犯罪所受到的处罚要轻微得多。另一方面,关于白领犯罪同样应当适用监禁刑的合理性问题,近年来美国学者进行了深层思考和理性论证。例如,一些犯罪学家认为,针对白领犯罪的处罚应当包含有适用于普通法之犯罪的报应性成分:①白领犯罪究竟也是损害社会价值观并应当予以相称性处罚的不道德行为,其行为人对刑罚处罚的威慑力具有非常明显的敏感度;②对于那些拥有巨额财产的大企业而言,即使是最大数额的罚金,其效果可能还不如轻微的刑罚处罚。[50]

---

[49] See Frank E. Hagan, *Introduction to Criminology: Theories, Methods and Criminal Behavior*. Sage, 2011, p. 335.

[50] See Larry J. Siegel, *Criminology: Theories, Patterns and Typologies*, Ninth Edition, Thomson Wadsworth, 2007, p. 411.

(五) 美国控制腐败刑事法治的完善:要素齐备时期(2003 至今)

1. 弥补量刑制度短板,使得刑事法制度趋于要素齐备完善

此一时期的美国总统是乔治·W. 布什(任期 2001—2009 年)和贝拉克·奥巴马(任期 2009—2017 年)。乔治·W. 布什政府主要强化了白领犯罪的刑罚处罚。奥巴马政府更是将反腐的锋芒指向金融犯罪。此外,遗憾的是里根和乔治·布什两届政府在腐败控制方面基本没有作为。奥巴马政府于 2009 年设立了金融欺诈执法工作组(Financial Fraud Enforcement Task Force)这一跨部门的综合性执法机构,该机构由司法部领导,其主要职责是:"整合已有的旨在打击抵押、股票和公司欺诈,通过加强协调、充分运用政府执法机构和管理组织的资源和专业技能。"金融欺诈执法工作组的三个主要职能分别是:一是就范围广泛的金融犯罪的侦查和起诉向司法部长提出建议;二是就加强联邦、州和地方政府之间的合作事宜向司法部长提出建议;三是就联邦、州和地方执法机构之间的合作事宜向司法部长提出建议。[51]

20 世纪 70 年代以来,美国反腐刑事实体和程序制度日趋严密严厉,然而执法实践中依然存在惩处职务犯罪不力的疲软局面。其中重要的原因是量刑制度的缺陷,尤其是司法人员的量刑自由裁量权过大。有鉴于此,再次运用量刑制度强化白领犯罪的刑罚制裁是美国反腐法治发展的又一亮点。美国这一时期的量刑制度运用可分为三个阶段:1970 年至 1984 年为无量刑指南阶段,1984 年至 2003 年为依据量刑指南阶段,2003 年之后为依据修订的量刑指南阶段。1984 年,美国颁布了《美国联邦量刑指南》,该法案取代了以前的模糊制度,旨在规范和实现公正量刑并减少缓刑项目中广泛存在的量刑偏差。《美国联邦量刑指南》具体通过设置更小的量刑幅度,同时根据一系列相关因素如犯罪类型、被害人和加害人的相关特征以及被告人的犯罪历史等来裁量刑罚。有美国学者认为,20 世纪 90 年代中期之后美国针对白领犯罪采取更为严厉的刑罚制裁主要是基于两个原因[52]:一是《美国联邦量刑指南》要求对经济犯罪进行经济损失计算。《美国联邦量刑指南》要求,检察官对于经济犯罪(如欺诈、贿赂和侵占等)进行指控时都需要进行经济损失方面的计算。所谓损失是指金钱、财产或服务被非法剥夺。政府需要就损失数额承担提出"优势证据"之举证责任,该举证既不需要达到精确程度,但也不能是推测性判断,而是要达到"合理估算"之标准。由于损失数额属于经济犯罪量刑中的重要依据,因而那些造成重大经济损失的白领犯罪往往被处以严厉刑罚。二是司法部于 2003 年 9 月颁布了更为严厉的政策指令。2003 年 9 月,美国司法部长约翰·阿什克罗夫特(John Ashcroft)颁布了一个针对所有检察官的政策指令,

---

[51] See Nicholas Ryder, *Financial Crime in the 21 Century: Law and Policy*, Edward Elgar, USA. 2011, p. 120.

[52] See P. T. Meitl, "Fiercer Than a Tiger: White-collar Offenders Face Harsh Sentencing in a Post Booker World", *Criminal Law Brief*, Spring 2006, p. 33.

该指令要求检察官针对几乎所有的刑事案件在可能的情况下进行最为严厉的控告。该指令明确指出:"检察官务必寻求法律许可范围内最为严厉的量刑,除非具有其他压倒一切的决定性证据。"阿什克罗夫特颁布以上指令实际上废除了20世纪90年代中期司法部长珍妮特·雷诺(Janet Reno)发布的政策指令,该指令授权检察官通过对案件的事实和情节进行"个别化评估"来授予检察官更多的裁量权。正如美国学者所言,《美国联邦量刑指南》的相关规定再加上经济损失的计算,检察官在对白领犯罪进行控告时自由裁量余地很小,只能寻求最为严厉的量刑。㉝

2. 完善执法资源并强化反腐执法,执法效果空前改观

查处白领犯罪的执法资源更趋完善,执法行动更为有力有效。一方面,伴随着反腐法治的不断发展,美国用于反腐的执法资源日趋完备。例如,美国联邦调查局㉞(FBI)于2007年颁布《白领犯罪:战略部署》(White-Collar Crime: Strategic Plan)。该战略部署的两个重点分别是:一是要求有关单位就相关事项进行报告,二是强调金融情报的重要性。该战略部署包括六个战略目标,所有这六个战略目标都指向情报的重要性。例如,其第一个战略目标指出:"第一个优先性行动就是要通过私营部门以及社区延伸等方式扩大情报的基础来源,其重点对象是私营行业职工、政府管理人员和各个层次的执法机构。"㉟另一方面,这一时期美国的反腐执法行动日益频繁,处罚措施空前有力。就刑罚措施而言,这一时期的美国反腐执法表现出这样的特点:21世纪之前表现为财产刑适用的大幅增加;21世纪初以来则表现为监禁刑适用的明显增加。比如,据美国司法部反垄断部门的报告称,1997年至2003年的6年时间里,针对商业违法犯罪者的刑事罚金数额高达20亿美元,这一数额比1890年至1997年的100余年时间里适用《谢尔曼反垄断法》所没收的罚款总额还要高!1987年至1997年的10年期间,美国司法部反垄断部门平均每年没收的刑事罚款为290万美元;到2001年则高达2 800万美元。㊱此外,另据学者研究,在1890年至1997年适用《谢尔曼反垄断法》的100余年时间里,公司职员被判刑投入监狱的仅仅只有3例。㊲关于公司犯罪之刑罚的研究数据也表明,公司犯罪之中仅仅只有2%的案件得到了监禁处罚。㊳长期以来对白领犯罪的刑事处罚是如此少见,以致学者认为:"对企业犯罪而言,只有在存在令人震惊的

㉝ See P. T. Meitl, "Fiercer Than a Tiger: White-collar Offenders Face Harsh Sentencing in a Post Booker World", *Criminal Law Brief*, Spring 2006. p. 33.

㉞ 美国联邦调查局(FBI)的优先职责领域是国家安全和刑事安全,刑事安全当中包括白领犯罪,尤其是欺诈行为。

㉟ Nicholas Ryder, *Financial Crime in the 21 Century: Law and Policy*, Edward Elgar, USA. 2011, p. 122.

㊱ See Larry J. Siegel, *Criminology: Theories, Patterns and Typologies*, Ninth Edition, Thomson Wadsworth, 2007, p. 411.

㊲ See Martin R. Haskell, *Lewis Yablonsky, Criminology: Crime and Criminality*, Houghton Mifflin Company, Boston, U. S. 1983, p. 378.

㊳ See David R. Simon, *Elite Deviance*, Eighth Edition, Pearson Education, Inc. 2006, p. 97.

行为并明显违法的情况下(如限价垄断行为)政府才会寻求刑事追诉。”(59)21 世纪初以来,得益于健全刑事政策的引领以及执法部门的努力,美国对白领犯罪予以的刑事追诉以及适用监禁刑的案件显著增多。比如,2002 年 7 月至 2004 年 5 月,联邦检察官就涉嫌犯企业诈骗对900 名被告人进行指控(其中60 名为企业总裁或者 CEO),法庭最后予以 500 份有罪判决。此外,阿德菲亚通讯公司的掌门人约翰·里格斯曾因为犯银行和股票诈骗罪被处以 15 年监禁;其儿子蒂莫西·里格斯也因为使用公司资金用于恣意挥霍而被处以 20 年监禁。(60) 对于以上变化,美国著名犯罪学家西格尔(61)发出如下感慨:“近些年来越来越多的证据表明,针对白领犯罪的威慑政策已经成为标准和规范。”(62)

综上可见,20 世纪 70 年代之后尤其是 21 世纪初以来,美国逐步构建了以强化犯罪预防制度、犯罪圈设置、刑罚处罚、量刑制度、执法资源和执法行动在内的日益严密的惩治腐败犯罪刑事法律体系。

二、美国控制腐败刑事法治历史发展中的核心机理

就美国控制腐败刑事法治的历史发展进行历时性纵向考察,有助于把握其发展进程中法治要素的作用及其互动情况,继而揭示其法治发展的主要机制也即核心机理。基于前述考察,笔者将美国控制腐败刑事法治发展的主要机理锁定为犯罪调查和学术研究两个方面,其中最为显著的当属腐败犯罪学术研究,笔者称之为核心机理。

(一)调查研究发现腐败犯罪的真实状况是推进反腐刑事法治的事实基础

关于犯罪之观念提升及制度完善是奠基于对犯罪现象的真实揭示和深刻理解。纵观美国惩治白领犯罪刑事法治的历史发展可以发现,社会各界针对白领犯罪之事实真相及其社会危害的持续揭露扮演着十分重要的基础性作用。例如,据美国 21 世纪初期的统一犯罪报告(Uniform Crime Report)估计,财产犯罪如抢劫、盗窃等每年给美国造成的损失约为 90 亿美元,而联邦检察部门估计联邦政府每年仅仅因为欺诈(fraud)一项所造成的损失就高达至少 500 亿美元。(63) 可见,统计数据表明,20 世纪 80 年代初以来白领犯罪所造成的经济损失已经远远超出街头

(59) Christopher M. Brown and Nikhil S. Singhvi, “Antitrust Violations”, *American Crime Law Review*, 35, 1998, p. 501.

(60) See Joseph Savage and Christine Sgarlata Chung, “Trends in Corporate Fraud Enforcement: A Calm During the Storm?” *Business Crime Bulletin* 13, 2005, p. 3.

(61) 拉里·西格尔(Larry J. Siegel, 1947—),美国当代著名犯罪学家,奥尔巴尼纽约州立大学法学博士,主要研究领域为少年犯罪、越轨、犯罪学理论和刑事程序等,现为洛厄尔马萨诸塞大学教授。

(62) Larry J. Siegel, *Criminology: Theories, Patterns and Typologies*, Ninth Edition, Thomson Wadsworth, 2007, p. 412.

(63) See Frank E. Hagan, *Introduction to Criminology: Theories, Methods and Criminal Behavior*, Sage, 2011, p. 335.

犯罪。白领犯罪日益严峻的事实真相及社会危害客观上要求重新检讨关于白领的传统认识,由此为推动防控白领犯罪的刑事政策和法律制度完善提供动力和前景。

(二)学术研究链接并贯通其他法治要素,成为推进反腐刑事法治的关键要素

美国控制腐败刑事法治历经孕育(1870—1900)、探索(1900—1933)、雏形(1933—1969)和发展(1970—2003)四个时期,直到20世纪90年代才迈入反腐刑事法治切实发展的善治阶段,其反腐法治的后期快速发展,其关键性要素在于职务犯罪学术研究对于其他法治要素的联动贯通,由此促进了反腐刑事法治的全面发展。

1. 学术研究链接基础观念,促成腐败犯罪核心概念在研究反思的基础上得以重新凝练

白领犯罪这一说法已经过时,应该被职务犯罪所取代。正如美国学者基普·施莱格尔和大卫·威斯勃德(Kip Schlegel and David Weisburd)所言:"白领犯罪不外乎是任何形式的违法行为,如强奸、破坏和攻击一样,很容易将白领犯罪归入一种说明所有犯罪的产生原因的解释框架。"格林关于职务犯罪的分类聚焦于犯罪类型,也是从更为宽阔的视野来界定组织犯罪,这已经成为过去近40年来白领犯罪研究领域日益被各方面接受的趋势。[64]

2. 学术研究链接犯罪认识,持续深化关于腐败犯罪的危害性认识

正如学者所言,白领犯罪对社会有着巨大的危害,主要是因为:一是造成社会成员以及各级政府的巨大财产损失;二是企业领导人通过与敲诈者或者腐败政府官员达成垄断协议的方式削弱社会制度;三是减弱公民的道德标准以及对法律的尊重,通过证明犯罪可以不受追诉,同时那些已知的违法者如果拥有足够的金钱、权力和影响就可以免于被贴上罪犯的标签。[65] 透明国际(Transparency International)也认为,腐败的危害包括:形成并维系不公平的社会环境;损害自由竞争;贬低人权及人的尊严;扭曲社会发展;摧毁对民主法治的信任;加深社会贫困。[66]

3. 学术研究链接犯罪对策,由此凝练预防与惩治两者相济的刑事政策理念

此方面的一个典范就是美国兰德公司的研究人员约翰·纳什就美国军事行业以及执法系统中的腐败情况进行研究和评估后所获得的研究成果,也即博弈论和纳什平衡点理论。纳什平衡点理论对于腐败发生的意义在于:如果一个群体的成员也从其他成员的最佳利益考虑来选择自己的反应方式,就能获得最佳的共同

---

[64] See Hank J. Brightman, Lindsey W. Howard, *Today's White-collar Crime*, *Legal*, *Investigative and Theoretical Perspectives*, Routledge, New York, 2009, p. 213.

[65] See Martin R. Haskell, Lewis Yablonsky, *Criminology*: *Crime and Criminality*, Houghton Mifflin Company, Boston, U. S. 1983, p. 405.

[66] See Stefano Caneppele, Francesco Calderoni, *Organized Crime*, *Corruption and Crime Prevention*, Springer. 2014, p. 152.

利益。换句话说,腐败犯罪人和腐败监管人可以通过共同共谋参与腐败行为来获得最佳利益。总之,要防止腐败的发生,起着关键作用的是腐败监管人这一岗位,而不是腐败犯罪人这一角色。这就说明,严厉的刑罚对于控制腐败犯罪的效果十分有限,应当转而树立预防与惩治两者兼容相济的刑事政策理念。最近几十年以来,国际社会对惩治腐败犯罪政策理念的认识更为深刻,尤其是关于反腐制度的对称性和特殊性的进一步认识。正如学者所言,国际社会惩治腐败的努力,法理上看旨在妥善处理刑事执法和其他应对违法措施之间的关系。近年来世界上许多地区应对诸如腐败之类犯罪的策略相当程度上已经不同于警方侦查、检方起诉、法庭定罪处罚这一传统的事后处置方法。以上变迁已经导致包括培训与内部制度在内的管理和公司治理崛起成为刑罚严厉制裁这一措施的替代或者补充。从这个意义上说,2010 年《英国反贿赂法案》(The Bribery Act 2010)堪称过去 20 年以来腐败法律之重大变迁的表现之一。从许多方面看,腐败及腐败控制的重要性只能提高。[67]

(三)严密刑事法网并严格执法是推进反腐刑事法治的法律保障

1. 预防导向日益崛起为美国反腐立法的重要内容

例如,美国国会于 2002 年通过了意在打击上市公司欺诈行为的《萨班斯—奥克斯利法案》(The Sarbanes-Oxley Act)(简称"SOX")。SOX 包括 7 个部分,旨在强化投资者对上市公司的信心并防止诸如安然、世界通讯之类的大公司破产。从内容上看,形式多样、内容丰富的违法预防制度是 SOX 的重要特色。比如,该法规定了众多旨在有利于审计师就上市公司的总体经营健康程度进行评估的制度工具,如受到监控的管理项目清单、统一规定的使用软件以及辅助性数据库等。也就是说,SOX 的一个主要内容是要求上市公司在业务经营中使用始终如一的资料管理制度和工作流程。[68] 此外,SOX 在实施当中收到了明显的犯罪预防功效,如在 2003 财政年里,共查处了超过 199 起财务欺诈案件,32 家公司被吊销营业资格,36 起个人或单位的资产被冻结,此外政府还中止了 110 名经理人员在上市公司内从事工作的资格。[69] 可见,21 世纪以来美国惩治腐败犯罪的刑事政策在预防和惩治两个方面都实现了齐头并进。

2. 刑事法网日趋严密成为美国反腐立法的显著趋势

(1)腐败犯罪的犯罪圈设置日趋扩大

例如,1970 年美国国会通过了《反敲诈勒索及腐败组织法》(The Racketeer Influenced and Corrupt Organizations Act,简称 RICO)这一美国惩治腐败犯罪的重要法

---

[67] Jeremy Horder and Peter Alldridge, *Modern Bribery Law*, *Comparative Perspectives*, Cambridge University Press, 2013, pp. 8–9.

[68] See Hank J. Brightman, Lindsey W. Howard, *Today's White-collar Crime*, *Legal*, *Investigative and Theoretical Perspectives*, Routledge, New York, 2009, p. 224.

[69] See Hank J. Brightman, Lindsey W. Howard, *Today's White-collar Crime*, *Legal*, *Investigative and Theoretical Perspectives*, Routledge, New York, 2009, pp. 224–225.

律。RICO 的重要特点之一就是扩大了犯罪圈的范围,也即规定应当处罚通过敲诈或共谋方式参与到组织犯罪⑩之中的行为。而在 RICO 颁布前,联邦刑法并不处罚个人实施与犯罪组织有关的行为,这就使得组织犯罪的头目有机会轻易逃避法律制裁。⑪ 再如,根据 SOX 第 302 条的规定,改动、销毁、篡改、隐匿和伪造财务账簿的,处以最高 20 年监禁;此外,相关的审计和财务检查记录要保留 5 年时间,会计人员未能按上述要求保留记录的要处以最高 10 年监禁。⑫ 可见,SOX 的处罚对象不仅包括违法企业的高级管理人员,还包括应该为保留这些账簿承担责任的单位之外的会计人员,体现了严密法网的立法旨趣。

(2)惩治腐败犯罪的刑罚处罚日益严厉

例如,前述早在 1970 年通过的 RICO 就对有组织犯罪规定了非常严厉的刑罚:对有组织犯罪的被告人可处以最高 20 年的监禁刑,并处最高 25 万美元的罚金;对法人犯罪,可处 50 万美元以下罚金或非法所得或利润 2 倍以下的罚金;被告人违法行为所得的一切收益都可以没收;被害人可以提出损失额最高 3 倍的赔偿请求。美国学者认为,与此前的相关法律比较,RICO 规定的刑罚措施已十分严厉。⑬ 此外,虽然 RICO 锋芒主要指向有组织犯罪,但也同样适用于白领犯罪。也就是说,RICO 同样也是打击白领犯罪的有效工具。实际上,即使在该法通过之时的 1970 年,依据该法认定为"敲诈行为"的联邦犯罪中的 30% 为白领犯罪。⑭ 再如,以《谢尔曼反垄断法》⑮这一重要反腐法律为例,1890 年制定该法之时,对垄断行为的刑罚处罚为最高 1 年监禁以及 5 000 美元的罚金。此后,该刑罚条款在多次修订后日趋严厉:1955 年将该罚金提高到 5 万美元;1974 年,美国刑法将违反《谢尔曼反垄断法》的行为规定为重罪,处以最高 3 年监禁,对违法的个人并处最高 10 万美元的罚金,对违法的公司并处最高 100 万美元的罚金;1984 年又将违法个人的罚金提高到最高 25 万美元;1990 年,对个人的罚金提高到最高 35 万美元,对公司的罚金提高到最高 1 000 万美元;1999 年,美国司法部反垄断处建议将违反《谢尔曼反垄断法》的罚金提高到个人最高 35 万美元或者所获收益的 2 倍或者被害人损失的 2 倍,对个人的监禁提高到最高 3 年,对公司的罚金提高到最高 1 000

---

⑩ 美国学界所称的"组织犯罪"(organizational crime)包括"有组织犯罪"(organized crime)和白领犯罪(white-collar crime)。也就是说,美国的"组织犯罪"包含"白领犯罪"。——笔者注

⑪ See Joseph Wheatley,"The Flexibility of RICO and Its Use on Street Gangs Engaging in Organized Crime in the United States",*Placing*,Vol. 4,2008,p. 83.

⑫ See Hank J. Brightman,Lindsey W. Howard,*Today's White-collar Crime*,*Legal*,*Investigative and Theoretical Perspectives*,Routledge,New York,2009,p. 224.

⑬ See Joseph Wheatley,"The Flexibility of RICO and Its Use on Street Gangs Engaging in Organized Crime in the United States",*Placing*,Vol. 4,2008,p. 82.

⑭ See Pamela Bucy Pierso,"RICO,Corruption and White-collar Crime",*Temple Lawreview*,Vol. 85,2013,p. 538.

⑮ 即"The Sherman Antitrust Act",该法为美国于 1890 年制定的世界上第一部反垄断法律。

万美元。⁷⁶ 此外,美国国会于 2004 年通过的《强化和改善反垄断刑事处罚法》(The Antitrust Criminal Penalty Enhancement and Reform Act of 2004)同样大幅提高了针对相关垄断犯罪行为的刑罚处罚:一是将针对企业的最高罚款额度从原来的 1 000 万美元提高到 1 亿美元;二是将针对个人的最高罚款额度从原来的 35 万美元提高到 100 亿美元;三是将最高监禁刑从原来的 3 年提高到 10 年。以上可见,从 20 世纪 70 年代至今,提高规制白领犯罪的刑罚处罚一直就是美国反腐立法的重要特色。

最后要指出的是,因论文篇幅所限,本文仅就美国控制腐败刑事法治的历史演变与发展机理进行考察探讨。至于后续的中美两国惩治腐败犯罪刑事法治要素(如学术研究、基础观念、政策法律、执法资源等)比较借鉴等,笔者将另文予以研究。

---

⁷⁶ See David R. Simon, *Elite Deviance*, Eighth Edition, Pearson Education, Inc. U. S. 2006, pp. 97–99.

单位行贿案件量刑实证研究
——以 827 份裁判文书为样本的分析

周振杰[*]

虽然没有完整的准确数据,但是近年来在中国发生的美国葛兰素史克公司行贿案、法国赛诺菲公司行贿案、英国阿斯利康公司行贿案等重大案件表明,尽管决策机关付出了巨大努力,但是涉案金额大、影响范围广、持续时间长和预防难度高的单位行贿犯罪并没有得到有效遏制。之前也有调查认为,单位行贿仍然占据了全部行贿犯罪相当大的比重,而且平均数额要比个人行贿高得多。虽然单位行贿犯罪发生的原因是复杂的,但是"刑,期于无刑",把单位行贿行为纳入刑法之中,就是期待用刑罚这一最严厉的手段对之予以预防。单位行贿犯罪的多发,在一定程度上说明单位行贿案件的量刑是存在问题的。

一、单位行贿罪量刑中存在的问题及主要原因

(一)单位行贿罪量刑中存在的问题

通过对中国裁判文书网在 2008 年 1 月 1 日至 2016 年 8 月 30 日之间公布的 827 份有效单位行贿罪的裁判文书,利用 SPSS 软件进行分析,笔者发现,在单位行贿罪的量刑中存在如下问题:

1. 无论是对单位还是对个体犯罪人,刑罚整体都过于轻缓,有悖于罪责刑相适应原则

一方面,在 827 个单位犯罪人中,共有 104 名未被判处罚金,占总数的 12.6%。在被判处罚金的 723 个单位犯罪人中,平均罚金数额为 42.6 万元,而平均行贿数额为 105.8 万元。质而言之,单位罚金的平均数额不到平均行贿数额的 1/2。另一方面,在本文分析的 827 件单位犯罪案件中,共有 819 个自然人作为主管人员或者直接责任人员被认定有罪,但是约有 80% 的个体犯罪人并未受到实际处罚。尤

---

[*] 北京师范大学刑事法律科学研究院教授、法学博士。本文为作者主持的国家社科基金一般项目"单位贿赂犯罪预防模式研究"(15BFX053)与北京市社科基金一般项目"北京市企业贿赂犯罪现状与堵车研究"(16FXB012)的阶段性研究成果。

其应该指出的是,在裁判文书明确指出行贿行为给国家和社会造成了重大损失的11个案件中,有3个单位犯罪人被免予罚金,涉案个体犯罪人并无一人被判处实刑。

2. 公私界限仍然存在,有违背刑法适用平等原则之嫌

一方面,在本文所涉及的827个单位犯罪人中,有802个单位(97%)是私有性质,只有25个(3%)是公有性质。虽然根据现有数据无法分析出单位性质对单位犯罪人量刑结果的影响,但是就单位性质对于个体犯罪人量刑结果的影响可窥一斑。在25个公有单位中,行贿数额在20万以下的只有6个,其余19个行贿数额都在20万以上。但是,在25个公有单位行贿的案件中,个体犯罪人被免予刑事处罚的案件多达17个(68%),而在私有单位行贿的案件中,个体犯罪人被免予刑事处罚的有180个(23%),前者是后者的近3倍。这说明,在公有单位行贿的案件中,个体犯罪人更容易被免予刑事处罚,而且,总体上在行贿对象为公职人员的案件中,单位罚金的数额相对较低。

3. 行贿数额与量刑结果之间存在负相关,有违背罪责刑相适应原则之嫌

一方面,分析表明,在整体上行贿数额越高,被免予罚金的可能性越高;另一方面,从免予刑事处罚与判处实刑的角度来看,行贿数额与个人刑罚之间存在正相关:被免予刑事处罚的个体犯罪人在各档所占比例是依次减少的,而被判处实刑的个体犯罪人的这一比例是依次增加的,这意味着总体而言,行贿数额越高,个人所受刑罚越重。但是,从宣告缓刑的角度来看,结论却是相反的,因为被宣告缓刑的个体犯罪人所占的比例在总体上是上升的,这意味着,总体上个人刑罚并没有随着行贿数额的增加而增加。所以就行贿数额与个人处罚之间是否存在正相关还有争辩的余地。

4. 从宽情节适用缺乏规范性,效力关系不明确

从单位被处以的罚金数额的角度而言,在整体上,具有认罪情节的案件被判处较低数额罚金的可能性与具有自首情节的案件相似。从个体犯罪人的量刑选择上来看,在一定程度上可以说,具有坦白情节的犯罪人被给予相对较严量刑选择的可能性更大。

(二)单位行贿罪的量刑存在问题的主要原因

量刑中存在的上述问题的主要原因可能有如下两个方面:

1. 特定环境的影响

早在规定单位贿赂犯罪之际,立法机关基于当时计划经济的特定环境,对于单位贿赂犯罪的处罚确定了对单位从轻和对公有单位从轻的处罚原则,即对于单位贿赂犯罪的处罚要轻于对个人贿赂犯罪的处罚,对公有单位贿赂犯罪的处罚要轻于对私有单位贿赂犯罪的处罚,因为国家机关、国有企事业单位、人民团体等公有单位行贿都是"为公"谋利,而私有单位行贿行为则是"为私"谋利,所以要处以较重的刑罚。而且,以为单位谋利的目的,尤其是为公有单位谋利的目的为理由减轻个体犯罪人的处罚,也有着有力的理论支持。

2. 量刑缺少规范性

量刑缺少规范性一直是困扰最高司法机关和理论界的难题,尤其是职务犯罪案件的量刑实践中出现的缓刑适用率畸高、死刑的适用几乎被虚置等过度轻缓化现象。虽然近十余年来,最高司法机关将量刑规范化作为当前司法改革的重点之一,并于2013年12月下发了《关于实施量刑规范化工作的通知》(已失效)与《关于常见犯罪的量刑指导意见》,对交通肇事罪、故意伤害罪、强奸罪等常见犯罪的量刑步骤、量刑方法、具体情节的适用等进行了详细规定,但是对于职务犯罪和贿赂犯罪中的相关问题,目前尚无规范化规定,而且量刑规范化试点中的许多突出问题,也还没有得到妥善解决。

二、单位行贿罪量刑中存在的问题所带来的危害

单位行贿案件量刑中存在的问题可能带来的危害主要存在于如下几个方面:

(一)可能严重妨碍刑罚目的的实现

国家规定刑罚的目的在于预防犯罪。而预防目的的实现,取决于刑罚的严厉性、确定性与及时性三个要素。虽然根据现有材料,无法估测实际发生的与受到处罚的单位行贿行为之间的比例,因此无法评价单位行贿刑罚的确定性问题,但是从本文分析的裁判文书样本可以明显看出,在单位行贿案件中,刑罚的严厉性与及时性都是值得怀疑的,这显然不利于刑罚目的的实现。

(二)可能为潜在犯罪人提供规避严厉处罚的合法路径,削弱打击贿赂犯罪的政策效果

自21世纪初,中国决策机关就已经将贿赂犯罪确定为治理的重点。2006年,中共中央办公厅、国务院办公厅联合颁布的《关于开展治理商业贿赂专项工作的意见》明确指出:"商业贿赂在一些行业、领域和单位较为严重,表现形式多种多样,已经成为经济生活中的一个突出问题……要通过开展专项治理,坚决遏制商业贿赂蔓延的势头,使市场秩序逐步规范。"为在刑事法治中贯彻上述意见,最高人民法院、最高人民检察院在2008年11月联合颁布的《关于办理商业贿赂刑事案件适用法律若干问题的意见》中明确了包括单位行贿罪在内的8个商业贿赂的具体罪名。尽管如此,如上所述,在立法层面,对单位行贿案件中的个体犯罪人的处罚都要轻缓得多;在司法层面,几乎到了不罚的程度。如此,其实是相当于在为潜在犯罪人提示规避处罚的合法路径。尤其应该指出的是,2005年修订后的《中华人民共和国公司法》放宽了公司成立的条件,并在第58条第2款规定了一人有限责任公司,即只有一个自然人股东或者法人股东的有限责任公司。在这种情况下,现行关于单位行贿罪的立法规定与司法实践更应该作出回应。

(三)可能不利于发挥自首等从宽情节的政策效应

随着外资和合资企业的增多、组织的复杂化和全球化的深入,企业的行贿行为也呈现出全球化、长期化与隐蔽化的趋势。如此,对于刑事司法机关而言,不但增加了调查取证方面的难度,而且增加了经济成本。因此,发挥自首、坦白、认罪

的政策效应受到了许多国家的重视。但我国的实践表明,在这方面我们还有待于加强。

(四)单位行贿犯罪存在时间长、次数多、对象多的特点

在本文分析的 827 个单位犯罪人中,有 1/5 多(196 个,占 24%)的行贿对象是 3 人或者更多。同时,行贿次数在 3 次以上的(591 个,占总数的 71%)是行贿次数 1 次的(132 个,占 16%)4 倍多,最多的行贿 40 余次。行贿行为持续时间在 2 年以上 5 年以下的(293 个,占 36%)、5 年以下 10 年以下的(139 个,占 17%)相加占了一半以上,而且有 3 个单位犯罪人的行为持续时间超过了 10 年。而我们的量刑并没有针对这些特点作出反应。

基于以上分析,笔者建议在单位行贿犯罪的惩治方面,采纳合作模式,将合规计划纳入刑事立法之中,参考美国的组织量刑原则,秉承量刑指导意见的精神,以行贿数额、行贿事件、企业规模等重要因素为基础,确定单位犯罪量刑的具体程序、计算模式,以预防单位行贿犯罪,减少社会危害。

民营企业家犯罪治理的宽严之道
——基于2016统计年度若干典型案例及部分统计数据

赵 军[*]

北京师范大学中国企业家犯罪预防研究中心发布的《企业家犯罪分析报告》显示,2016统计年度(2015年12月1日至2016年11月30日)中国裁判文书网公布的企业家犯罪案件有1458例,其中民营企业家犯罪案件有1255例。2015统计年度的对应数据是,企业家犯罪案件有793例,其中民营企业家犯罪案件有650例。只要这两个统计年度全国法院系统刑事案件的上网公布率没有显著变化,那就可以肯定,中国的企业家犯罪案件在过去一年中有较大幅度的增长,民营企业家较为稳定地扮演着企业家罪案中更为重要的角色。[①] 显然,如何有效展开民营企业家犯罪的社会治理,是一个关乎中国经济发展的重大问题。

在此问题上,历来存在两种较为对立的观点。一种观点认为,我国针对民营企业家的刑事法网相对较严,司法实践中刑法至上、刑法前置、刑法万能等观念较为有力,加之民营企业家整体上相对"弱质","刑外风险"向"刑内风险"转移以及"刑内风险"放大成为民营企业家犯罪风险增大的重要原因。相应地,从立法到司法都应强化对该群体的法律保护,对民营企业家犯罪应采取慎刑宽缓的治理策略。[②] 与之相对的另一种观点则认为,社会的变革、经济的转型、利益格局的变化、技术的发展、社会观念的转变,必然导致大量的经济越轨行为,这些行为危害极大,将之犯罪

---

[*] 北京师范大学刑事法律科学研究院副教授、犯罪学研究所副所长。

[①] 北京师范大学中国企业家犯罪预防研究中心自2012年开始对企业家犯罪相关数据进行统计,但2012、2013年度研究报告的样本是当年媒体公开报道的企业家犯罪案例。从理论上讲,这种样本所反映的只是"媒体关注了什么"而不是"现实发生了什么",因而与实际发生的企业家犯罪状况可能存在较大偏差。2014年,该研究中心将抽样框调整为最高人民法院在中国裁判文书网上公布的企业家犯罪案件,部分解决了这一问题,但当年的统计数据仍然延续了此前的自然年度,所以本文只引用了2015、2016两个具有可比性的统计年度数据。

[②] 参见梅传强、张永强:《我国民营企业家犯罪的困境与出路》,载张远煌、陈正云、张荆主编:《企业家犯罪分析与刑事风险防控报告》(2014卷),北京大学出版社2014年,第134页。

化是刑事立法及司法对经济越轨行为的必然反应。③ 这也正是近年来执法、司法机关对经济犯罪频频展开严打行动,民营企业家犯罪案件大幅攀升的时代背景。

实际上,上述两种看似对立的观点均有其合理内核,宽与严在民营企业家犯罪治理领域可以、也应该并用,用宽抑或用严取决于具体问题的具体情状。梳理2016统计年度企业家若干典型罪案及相关统计数据不难发现,民营企业家的犯罪治理至少有三个方面当宽,三个方面当严。

一、涉及技术及经营创新的问题当宽

2016 年 9 月 13 日,北京市海淀区人民法院对"快播案"作出一审判决,快播科技有限公司(以下简称"快播公司")犯传播淫秽物品牟利罪,判处罚金人民币1 000万元;王欣犯传播淫秽物品牟利罪,判处有期徒刑 3 年 6 个月,罚金 100 万元。同年 12 月 15 日,该案二审维持原判。在长达两年多的时间里引发持续关注与广泛争议的"快播案"至此落幕,但该案对我国刑事法治的影响将是持久而深远的。一方面,"快播案"突破或重新定义了传统刑法理论对某些问题的理解。譬如,目的犯通常以直接故意为必要,但在"快播案"中,牟利目的与放任淫秽视频传播的间接故意相结合,同样构成了传播淫秽物品牟利罪。另一方面,"快播案"的判决为法学理论留下了一些新问题。譬如,传播淫秽物品牟利罪究竟是作为犯还是不作为犯?该罪与拒不履行信息网络安全管理义务罪如何区分?等等。

然而,该案引发关注与争论的真正原因,并不是这些普通公众不明就里的晦涩理论术语。在这些技术性法学争点的背后,隐含着两个更为根本的问题。第一个根本性问题是,中国民间社会的性观念已发生微妙变化,曾经的"人人喊打"与"众口一词",已演变为一个需要讨论、极具争议的"问题",这一关键"背景变量"显然是司法和执法部门此前并未意识到或者有所忽略的。第二个根本性问题就是,应当如何对待企业(家)的技术或经营创新所引发的法律风险。

快播公司免费提供 QVOD 资源服务器程序和快播播放器程序,为用户提供网络视频服务。用户可通过这些软件发布视频,并观看他人发布的视频。为提高热点视频的下载速度,快播公司搭建了以缓存调度服务器为核心的平台,当视频文件点播次数达到一定标准后,缓存调度服务器即指令处于适当位置的缓存服务器抓取、存储该视频文件。当用户再次点播该视频时,若下载速度慢,缓存调度服务器就会提供最佳路径,供用户建立链接,向缓存服务器调取该视频,以此提高下载速度。④ 显然,无论在技术上还是在经营上,快播公司的流媒体点播系统因显著提升了用户体验而具有相当的创新性。至案发,快播播放器已成为中国用户量最多的视频播放软件,仅 2012 年的用户增长量就超过了 3 亿。

然而,在当下的网络及资讯环境下,淫秽视频的点播、下载需求极为强劲,部

---

③ 参见万国海:《经济领域犯罪化研究》,载《徐州师范大学学报(哲学社会科学版)》2009 年第 1 期。

④ 参见《快播案的案情经过及刑罚适用》,载民主与法制网(http://www.mzyfz.com/index.php/cms/item-view-id-1221475),访问时间:2017 年 3 月 27 日。

分淫秽视频必然因用户的高频点播、下载而被快播公司的缓存服务器自动存储，其缓存服务器也必然会加速淫秽视频的下载与传播。从这个角度看，快播公司的技术及经营创新在中国现实语境下，具有便利淫秽物品传播的高度盖然性，"快播案"案发也因而具有了相当的必然性。事实上，企业的技术创新和经营创新往往会撬动既有利益格局，破坏既有市场秩序，威胁甚至严重损害此前受既有规则较好保护的法益。比如：快播公司的技术和经营创新导致淫秽物品大量传播、侵权作品大量泛滥；互联网金融创新损害传统金融机构利益，导致潜在金融风险上升；网约车蚕食传统出租车市场份额，被指摘为扰乱市场秩序。

但在更为宏观的层面上，企业在技术及经营上的创新是科技进步和经济发展的重要引擎，国家为保持市场及经济运行的活力，必须创造条件尽可能鼓励企业的创新冲动。企业家要想在激烈的市场竞争中生存，也必须持续保有必要的创新能力。如何把握科学技术进步、经营模式创新与社会规范、法律规制以及各种法益之间的平衡，是企业家与社会管理者都无法回避的重大问题。作为一起导致淫秽物品海量传播的重大案件，"快播案"最终被轻判，显然有司法机关在激烈的控辩博弈后平衡各方利益诉求的考量。作为必须在现有法律框架内定罪量刑的审判机关，"快播案"的判决在相当程度上隐含了刑法审慎介入企业创新的价值取向。这一具有积极意义的治理观念，有必要更为自觉、更为全面地贯彻在涉及企业创新的执法、司法和立法活动中。

二、涉及企业税负的问题当宽

2016年，广州市公安局刑侦支队在查办增城区某犯罪团伙的过程中，发现两家主营混凝土的企业存在巨额逃税嫌疑，一起特大逃税案由此案发。涉案企业均为以生产混凝土为主业的公司，其上游企业为水泥、沙石和添加剂等原料供应商，个体户居多，经营中不提供发票；混凝土产品主要提供给进行道路施工、市政工程和建筑工程的施工队，下游企业也不需要卖方提供发票。利用这样的便利条件，两公司委托记账公司代理做账业务，仅对少量业务正常纳税申报，营造企业经营规模较小的假象。同时，两公司私下另设财务核算办公场所，另行设立账目、聘请财务核算人员，建立起整套业务核算流程，并用未向税务机关报备的银行账户和私人账户收取货款。自2010年3月至案发，两公司通过账外经营隐瞒8.8亿元的销售收入，已申报纳税的收入只占总收入的10%左右。最终，两家企业被广州市国家税务局作出补税、加收滞纳金并处罚款共1.59亿元的税务处理决定，依法强制执行入库税款2 400多万元。涉案人员李某等24人则因犯组织、领导黑社会性质组织罪、强迫交易罪及逃税罪等，被判处有期徒刑并处罚金。⑤

涉案企业在长达6年的时间内，采取并不复杂的方式大规模、长期逃税，并未

---

⑤ 参见郑澍：《广州查处一起特大逃税案，两企业隐瞒收入高达8.8亿》，载中国网（http://www.china.com.cn/legal/2016-05/19/content_38487714.htm），访问时间：2017年2月1日。

引起税务机关的察觉,其案发源于公安机关对另外案件的侦办,这在一定程度上反映了我国企业逃税行为实际查处率偏低、税法对企业威慑力较为有限的现实状况。另一方面,我国的企业税负担很重。由曹德旺在美国建厂引发的中国民营企业税负之争,让"死亡税率"问题进入公众视野。⑥ 无论这一概念是否严谨,我国企业接近40%的实际税费负担率,对除新兴及金融等行业以外的大多数企业而言,都是一个极为沉重的负担。老老实实地缴税,企业收益将严重缩水,企业或难以为继;铤而走险实施涉税犯罪,被实际查处的概率又不是太高。两方因素叠加,涉税犯罪居高不下。

2016 统计年度民营企业家犯罪的频次总计 1 716 次,其中,高居类罪名频次"榜首"的正是危害税收征管罪,达 309 次,占年度民营企业家犯罪频次的 18%,这一状况与 2015 统计年度的对应数据大同小异。涉税犯罪作为典型的法定犯,其实际案发率的高低与税制、税种、税率的设定密切相关。民营企业涉税犯罪率高企,除了税收制度安排的某些技术性漏洞以及管理部门执法力度方面的原因外,税负问题不容忽视。过高的税负不仅会刺激涉税罪案的发生,还会萎缩实体经济,阻碍经济增长,最终形成杀鸡取卵、饮鸩止渴的恶性循环。在经济下行压力增大、企业利润空间压缩、实体经济不振、资本外流的严峻形势下,该问题尤具有现实性与紧迫性。

如李斯特所言,最好的社会对策就是最好的刑事政策。一方面要通过减税等措施使企业税负趋于合理,刺激实体经济,扩大税基;另一方面则要通过完善税收征管机制,减少涉税犯罪机会,避免涉税犯罪高发。仅靠严刑峻法应对涉税犯罪危害极大,《中华人民共和国刑法修正案(七)》逃税罪之出罪条款的设计,《中华人民共和国刑法修正案(八)》[以下简称《刑法修正案(八)》]对涉税犯罪死刑的取消,均体现了决策层对此前一味严打涉税犯罪策略的理性回调。下一步,推进民营企业家涉税犯罪对策的体系化、合理化,是当务之急。

三、涉及为正常经营融资的问题当宽

2010 年,郑州广城置业有限公司(以下简称"广城置业")为了承建长葛市长社路的向阳春城小区,未经有关部门批准对外融资。公司通过法定代表人代国钦等人的口头宣传,承诺支付月利率 1% 至 6% 不等的利息,向 100 多名自然人及有关单位借款,累计吸收公众资金 3.88 亿元。这些资金被用于广城置业在长葛市开发建设的向阳春城小区项目,在获嘉县购买土地开发凤凰明城项目,以及支付前期借款的利息与本金。至案发,广城置业已偿还借款本金约 2.11 亿元,实际支付利息约 1.19 亿元。公司法定代表人代国钦被法院以非法吸收公众存款罪判处有期徒刑 8 年,并处罚金人民币 40 万元。广城置业非法吸收资金建筑的房屋、为偿

---

⑥ 参见魏英杰:《评论:中国制造成本优势正丧失,死亡税率不能不正视》,载新浪网(http://finance.sina.com.cn/review/jcgc/2016-12-20/doc-ifxytqaw0022158.shtml),访问时间:2017 年 2 月 28 日。

还债务抵押给债权人的房屋,均被判决由长葛市公安局依法处理。

在我国,民营企业因没有"国字号头衔",在银行贷款等方面往往遭受歧视性待遇。为获得企业经营所需要的资金,许多民营企业只能通过民间渠道融资。同时,大量民间资本在股市持续低迷、风险难控,其他投资渠道又极为有限的情况下,保值、增值需求十分强劲,民间资本的融通刚需客观存在。但为了维护既有金融利益格局,也为了维持必要的金融秩序以控制金融风险,刑法设立了非法吸收公众存款罪。在最高人民法院《关于审理非法集资刑事案件具体应用法律若干问题的解释》中,最高人民法院对"非法吸收公众存款或者变相吸收公众存款"界定了相当广泛的外延,涵盖了"借用合法经营的形式吸收资金""承诺在一定期限内以货币、实物、股权等方式……给付回报"(不限于"还本付息")等具有一定解释空间的行为方式,这导致任何未经批准、面向不特定公众融资的企业行为都可能面临巨大的刑事风险,集资类犯罪由此成为最近几年民营企业家触犯最多的犯罪之一。上述为了开发房地产项目融资而身陷囹圄的案件,在民营企业家罪案中极为普遍。

在2016统计年度民营企业家犯罪案件中,集资类犯罪是仅次于涉税犯罪的高频罪名,计277次,占年度民营企业家犯罪频次的16%。其中,集资诈骗罪有45次,占2.6%,非法吸收公众存款罪有232次,占13.5%。超出企业家犯罪的范畴,2016年全国检察机关公诉部门共受理非法集资案9 500余件,其中非法吸收公众存款案8 200余件,集资诈骗案1 200余件。有些案件的涉案金额非常巨大("e租宝"涉案近600亿元),波及范围非常广泛,给被害人造成了巨额经济损失。[7] 这就形成一个"民间融资怪圈":一方面是那些将所融资金用于正当生产经营活动的民营企业家随时面临不恰当的刑事追究;另一方面则是各种"庞氏骗局"或"准庞氏骗局"以集资诈骗的方式让大量普通民众的资金血本无归。事实上,即便在《中华人民共和国刑法修正案(九)》[以下简称《刑法修正案(九)》]实施之前对集资诈骗罪适用死刑的严打态势下,集资类犯罪也未得到有效控制。围绕民营企业的融资问题,必须改变单向严打的策略,在加大集资诈骗犯罪打击及宣传防范力度的同时,对为解决企业正常生产经营活动的融资则应采取更为宽松的对策。[8] 非但如此,还应当从正面积极疏通民间闲置资金保值增值渠道,出实招优化民营企业的融资环境,以从根本上破解这些年来难以破局的"民间融资怪圈"。

四、涉及生产、食品、环境安全的问题当严

2015年8月12日,位于天津市滨海新区天津港的天津东疆保税港区瑞海国

---

[7] 参见周斌:《公诉部门受理非法集资案件九千五百余件》,载中华人民共和国最高人民检察院官网(http://www.spp.gov.cn/zdgz/201703/t20170302_182823.shtml),访问时间:2017年2月28日。

[8] 最高人民法院《关于审理非法集资刑事案件具体应用法律若干问题的解释》第3条第4款规定:"非法吸收或者变相吸收公众存款,主要用于正常的生产经营活动,能够及时清退所吸收资金,可以免予刑事处罚;情节显著轻微的,不作为犯罪处理。"

际物流有限公司(以下简称"瑞海公司")危险品仓库发生火灾爆炸事故,造成165人遇难、8人失踪、798人受伤住院治疗、304幢建筑物、12 428辆商品汽车、7 533个集装箱受损,直接经济损失人民币68.66亿元。事后查明,瑞海公司严重违反天津市城市总体规划和滨海新区控制性详细规划,违法建设危险货物堆场,违法经营、违规储存危险货物,安全管理极其混乱,安全隐患长期存在。2016年11月,天津港"8·12"特大火灾爆炸事故所涉单位及24名直接责任人员和25名相关职务犯罪人被追究刑事责任。瑞海公司董事长于学伟犯非法储存危险物质罪、非法经营罪、危险物品肇事罪、行贿罪,被判处死刑缓期二年执行,并处罚金人民币70万元。⑨

  该案的直接起因,仅仅只是由于瑞海公司的一个集装箱内湿润剂散失(引发自燃及爆炸),最终却造成了近年来人员伤亡、财产损失最为惨重的灾难性安全事故。科技进步和工商业的迅猛发展,有可能导致各种安全风险呈几何级数增大,国家在事关公共安全的事项上,必须采取更为严厉的刑事对策。该案49人受审判刑,瑞海公司董事长于学伟以非法储存危险物质罪被判处死缓,即体现了公共安全领域刑事政策进一步趋严的立场。由此,企业在运营过程中应牢固树立"收益=利润+安全"的观念,一旦安全出现问题,一切收益都可能被即刻清零。

  相对于生产安全、食品安全类犯罪案件的重判重处,目前对于环境安全类犯罪的监管、查处力度及处罚力度都还有待强化。自2013年起,全椒圣国机械有限公司超出经营范围,擅自从事电镀生产,并将电镀生产过程中所产生的含有重金属铬的污水违规排放、处置。2014年2月10日,全椒县环保局向该公司下达环境监察意见书,责令其立即停止生产,限期一个月内自行拆除镀锌生产设备。期间,该公司仍违规排放、处置有毒物质。2015年5月4日,全椒县人民政府作出行政处罚决定,责令该公司关闭电镀生产线。监测显示:该公司车间废水沉淀池六价铬含量为3.42mg/L,超标16倍;废水排放口的六价铬含量为123mg/L,超标615倍。2016年9月26日,全椒县人民法院以污染环境罪判处全椒圣国机械有限公司罚金5万元;范某某有期徒刑1年,缓刑2年,并处罚金1万元。

  为应对日益恶化的环境问题,《刑法修正案(八)》将重大环境污染事故罪改为污染环境罪,降低了犯罪门槛,体现了从严规制环境犯罪的政策导向。但从现有案例的处理结果及相关统计数据不难看出,环保主管部门、司法机关对此类违法犯罪行为的实际打击力度较为有限。从案件查处数量看,因污染环境被追究刑事责任的案件相对较少(2016统计年度民营企业家触犯污染环境罪的频率为37次,占比2.2%),与相关行为的实际发生率存在一定反差;从案件处理结果看,环境类案件的量刑通常明显轻于其他刑事案件的裁量尺度。随着民众对环境问题关注度的提高,整个社会观念正在发生深刻变化。在互联网的助力下,环境问题极易

---

⑨ 参见李靖、邓中豪等:《天津爆炸案宣判:49人获刑,瑞海董事长被判死缓》,载凤凰网海南(http://hainan.ifeng.com/a/20161109/5134892_0.shtml),访问时间:2017年1月5日。

引发激烈的社会对抗,无论政府还是企业,对事关环境安全的问题都不能掉以轻心,尤其是主管部门的强力监管与严厉规制绝对不能缺位。

五、涉及公平市场秩序的问题当严

2010年至2015年,上海泽熙投资管理有限公司法定代表人、总经理徐翔单独或伙同王巍、竺勇,先后与13家上市公司的董事长或实际控制人(均另案处理),合谋控制上市公司,择机发布"高送转"方案、引入热点题材等利好消息;徐翔、王巍基于上述信息优势,使用基金产品及其控制的证券账户,在二级市场进行涉案公司股票的连续买卖,拉抬股价;徐翔以大宗交易的方式,接盘上述公司股东减持的股票。上述公司股东将大宗交易减持的股票获利部分,按照约定的比例与徐翔等人分成;或者双方在共同认购涉案公司非公开发行的股票后,以上述方式拉抬股价,抛售股票获利或实现股票增值。其中,徐翔组织实施了全部13起证券交易操纵行为,从中非法获得巨额利益。该案一审判决徐翔犯操纵证券市场罪,判处有期徒刑5年零6个月、罚金110亿。⑩

该案的查处以及110亿元的"天价"罚金,显现出国家对证券违法犯罪打击力度的加大。中国证券监督管理委员会在2015年针对证券违法行为实施行政处罚案件98件,2016年增至139件。可以认为,中国证券市场的各种乱象,正倒逼主管部门下重手予以整治。类似操纵证券市场的犯罪手段并不复杂,但不得不承认,规制这类犯罪的法律手段,尤其是刑法手段却很少被适用,大量证券领域的违法犯罪行为并未受到应有追究。即便在该案中,涉案的13家上市公司董事长或实际控制人,也全部被"另案处理"且均处于非关押状态。显然,如果没有这些上市公司的结盟参与,徐翔操纵证券市场的犯罪就无法实施。从长远看,对这些人的"从轻发落"不利于形成健康、有序、法治化的证券市场秩序。

与证券违法犯罪查处率低、打击力度不足相对应,股市乱象导致大量普通投资人利益受损、证券市场资源配置功能难以发挥、上市公司正常融资渠道受阻。事实上,当下中国房地产市场因炒楼而衍生的各种困局,实体经济因投资乏力所导致的下滑与萎缩,均与股市乱象下证券投资风险的急剧放大有关。从这个意义上讲,证券违法犯罪行为不仅是对普通投资人资本的掠夺,更是对中国整体经济发展造成了巨大伤害,具有极大的社会危害性。

类似破坏公平市场秩序的犯罪并非没有被害人,只是被害人处于分散或不明确的状态。然而,正是被害人的分散和不明确,导致遭受类似违法犯罪行为侵害的被害群体难以维护自己的权利,监管部门及司法机关对这类违法犯罪的介入动力相当微弱。正如此,尽管危害极大,这类违法犯罪受到实际追究的概率及严厉程度却很低,这就相当于变相鼓励这类犯罪的发生。因此,必须在刑事政策上明

---

⑩ 参见《徐翔案一审被判有期徒刑五年六个月,徐翔表示服从法院判决》,载新浪网(http://finance.sina.com.cn/roll/2017-01-23/doc-ifxzutkf2391105.shtml),访问时间:2017年3月2日。

确并积极贯彻从严规制破坏公平市场秩序犯罪的执法和司法理念。

六、涉及腐败的问题当严

唐山市路北区人民法院刑事判决书认定,2011年四五月份,马爱在担任唐山市工商行政管理局副局长期间,伙同该局企业监督管理处处长王锦莉,在办理唐山万科房地产开发有限公司、唐山和泓房地产开发有限公司、唐山万达投资置业有限公司2010年度企业年检业务过程中,非法收受上述三公司给予的好处费人民币30万元,未对三公司可能存在的抽逃出资行为进行调查和处罚。事后,马爱分得好处费人民币15万元。案发后,经唐山市工商行政管理局认定,唐山万科房地产开发有限公司、唐山和泓房地产开发有限公司、唐山万达投资置业有限公司在2010年度均存在抽逃出资的行为。

另外,在原大连市市委常委、大连长兴岛经济技术开发区党工委原书记、管委会原主任金程受贿案中,金程在2007至2009年前后利用职务便利为大连万达房地产有限公司在企业改制、经营发展方面提供帮助。时任大连万达房地产有限公司经理的冷某某为向金程表示感谢,于2008、2009年先后从公司财务账上取出30万元送给金程。[11]

万达、万科作为中国最为成功的企业集团,拥有业内最为严苛的内部管理制度。王健林、王石两位商界领袖,均在不同场合放出过"从不行贿"的豪言。但从已被司法机关确认的事实不难看出,万达、万科两公司不仅存在行贿行为,而且,其行贿亦非"被逼无奈",而是出于各自不正当利益诉求主动为之。除行贿行为本身,两企业还涉及抽逃出资等违法甚或犯罪行为。这表明,即便如万达、万科这样的优秀企业,在企业合规管理上仍有较大差距。万达、万科不行贿的"神话"遭司法判决否定,凸显了企业家"理想""情怀"与现实之间的巨大落差。在现实利害面前,企业要做到不行贿,仅靠企业自身的文化营造和内部看似严格的监管,还远远不够,法律的强力介入不可或缺。

上述受贿案件中万达、万科行贿人的"另案处理",显现出我国行贿犯罪刑事政策的"左右为难"。一方面,为重点打击受贿,将行贿方转化为"污点证人"不失为一个实用而有效的策略。与此同时,司法实践也不得不考虑行贿人在某些具体情境中"适法行为期待可能性"的高低。另一方面,大量行贿犯罪人在司法程序中"全身而退",在相当程度上变相鼓励了行贿犯罪,并最终对整个贪腐犯罪的社会治理造成极为负面的影响。为此,《刑法修正案(九)》有限收紧了行贿出罪的法律空间,凸显了从严规制行贿犯罪的政策导向。不过,如何将这种"法律条文之法"进一步转化为实实在在的、作为实际司法结果的"生活实体之法",尚有较大距离。

---

[11] 参见《万达万科行贿 致国家损失逾千万》,载搜狐网(http://business.sohu.com/20161017/n470498672.shtml),访问时间:2017年3月2日。

七、结语

综合看来,民营企业家犯罪的社会治理必须采取具象性的刑事对策,宽与严的选取当以具体犯罪类别在具体社会情境中的不同原因及不同意义而审慎定夺。需要指出的是:①民营企业家犯罪治理的宽严之道并不仅限于笔者所提的"三宽三严",本文考察范围仅限于2016统计年度的若干典型案例及相关数据,并未囊括中国民营企业家犯罪的全貌,该领域所涉其他问题有待进一步发掘;②本文中宽与严是一个相对概念,是针对当下社会及司法实际状况而言的,随着社会情势的变迁,当然需要适时调整;③宽与严在不同层面可以并行不悖。譬如民营企业涉税犯罪的治理,除了减税、审慎入刑这种宽的面向而外,完善税收征管机制、堵塞涉税犯罪漏洞这种严的面向也需大力强化。正因为如此,企业家犯罪问题才需要放在具体的、变化的社会情境中持续研究,并以此为据不断调整与完善。

论刑法对非公有制经济的不平等保护

万志鹏[*]

近年来,非公有制性质的经营实体和个人屡屡陷入刑事风险,被不当剥夺、限制人身、财产权益的事例引起了社会各界的广泛关注。与国有企业相比,非国有企业尤其是国内民营企业具有某种"天然缺陷",抗击刑事风险的能力显著弱于国有企业。其中的缘由,既有实践中公权力机关的不规范执法、社会大众对企业家阶层某些根深蒂固的意识偏见,又有立法上的重要缺陷。企业是创造社会财富的源泉,非公有制企业是我国经济发展的重要力量,如果非公有制经济得不到与公有制经济同样的刑法保护,则会极易形成包括民营企业家在内的广大非公有制经济工作者的不安全感。如果这部分"体制外"的群体时刻感到财产、资格、自由甚至生命都得不到安全保障,必然会迫使一部分精英分子时刻准备将资产或者事业转移出境,或者力图短期内攫取最大利益,"捞一把走人"。"体制外"的经济群体缺乏社会责任感最终损害的将是整个中国社会的发展,从而必将使"体制内"经济的健康发展无以为继。所幸的是,国家高层已经意识到非公有制经济在刑事立法和司法活动中的不平等待遇问题,并作出了积极回应。2016年11月,中共中央、国务院发布的《关于完善产权保护制度依法保护产权的意见》指出:"……公有制经济财产权不可侵犯,非公有制经济财产权同样不可侵犯。"该意见还专门提到,要"加大对非公有财产的刑法保护力度"。然而,我国刑法中依然存在对非公有制经济的不平等保护问题[①],这种"身份立法"的状况并没有随着非公有制经济的日益壮大而彻底改变。

---

[*] 湘潭大学法学院副教授,法学博士。本文是2016年国家社科基金重点研究项目"非公经济组织腐败犯罪统计调查与合作预防模式研究"(16AFX010)的阶段性成果。

[①] 如果严格按照所有制形式来划分,集体所有制经济应当划入公有制经济。但是,目前在刑法中,集体所有制经济并未获得与全民所有制(国有制)经济同等的地位,而其基本处于与私营所有制等非公有制经济相同的地位。这在刑法中屡屡出现"国有"而非"公有"的概念有所明证。而众所周知,"国有"只是"公有"形式之一。是否将来仍然有必要维系全民、集体和其他所有制成分的划分,已超出本文的讨论范围。本文探讨的重心在于,刑法对非公有制经济(包括集体所有制经济)和国有经济的保护在何种程度上不平等。

刑法通过惩罚犯罪而保护法益。刑法对什么行为在什么情况下构成犯罪作出了规定,鲜明反映立法者希望在何种场合动用刑罚遏制这种行为。调整现有经济秩序的行为,如果被立法者认为很严重,就可能被犯罪化而成为经济犯罪。《中华人民共和国刑法》(以下简称《刑法》)关于经济犯罪主要规定在分则第三章"破坏社会主义市场经济秩序罪"中,该章罪名众多(共108个罪名),多数带有法定犯的性质,强烈体现了立法者选择性犯罪化的倾向,其中反映的对公、私所有制经济不均衡保护的色彩明显。当然,由于《刑法》对犯罪的分类并非与犯罪学上的分类相同,在其他章节(如侵犯财产罪、贪污贿赂罪等)中也存在广义的经济犯罪,对非公有制经济的不平等对待在其他章节中也存在。

一、侵犯国有经济利益为罪,侵犯非国有经济利益不为罪

由于行政犯是典型的"国家主导型"立法,道德伦理色彩较弱,因此,在选择何种行为入罪的标准上必然较多地体现了行政理念和行政需要。在执政理念上,由于传统思维惯性,公共利益优先、国家利益至上的观念不可避免地反映到刑法中来。在《刑法》分则中,罪与非罪的区别在国有、非国有制经济中表现得尤为明显。

《刑法》第165条规定的非法经营同类营业罪,仅能由"国有公司、企业的董事、经理"构成。据此,非国有性质的公司、企业(包括所谓集体企业)的董事、经理违背任职忠诚义务,利用职务之便非法经营同类营业从而损害所任职公司、企业利益的,不会被作为犯罪处理,充其量只能依照《中华人民共和国公司法》等商事、经济、行政法律的有关规定追究责任。

《刑法》第166条规定的为亲友非法牟利罪也具有相似问题。该罪的犯罪主体为"国有公司、企业、事业单位的工作人员",虽然主体扩大到了事业单位的工作人员,且不限于领导职务,但单位所有制性质仍然限定为国有,且罪状中明确表示"使国家利益遭受重大损失的"是客观方面的要求,其保护的法益十分鲜明。那么,如果行为人是非国有性质单位的工作人员,采取了《刑法》第166条所描述的三种行为之一[②],损害的只是集体或者其他所有制形式单位经济利益的,不能构成本罪。按照罪刑法定原则,《刑法》中也无其他具体罪名可以规制,只能作为无罪处理,同样只能按照其他法律法规的有关规定追究非刑事责任。

又如,《刑法》第167条规定的签订、履行合同失职被骗罪,法条规定的犯罪主体是"国有公司、企业、事业单位直接负责的主管人员",其犯罪主体范围宽于第165条、窄于第166条,但关键仍然是限定了"国有"性质。换言之,集体的、私营的、中外合资的、中外合作的、外商独资的这些非国有所有制单位的主管人员即使因严重不负责造成单位遭受重大损失,也不是"致使国家利益遭受重大损失",因而不可能构成本罪。这同样反映了立法者如此思维定势:国有企业利益=国家利

---

② 《刑法》第166条规定:"……(一)将本单位的盈利业务交由自己的亲友进行经营的;(二)以明显高于市场的价格向自己的亲友经营管理的单位采购商品或者以明显低于市场的价格向自己的亲友经营管理的单位销售商品的;(三)向自己的亲友经营管理的单位采购不合格商品的。"

益;非国有企业利益≠国家利益。然而这一思维是有问题的。

《刑法》第168条规定了两个彼此相关的罪名:国有公司、企业、事业单位人员失职罪和国有公司、企业、事业单位人员滥用职权罪。这两个罪名,不过是与《刑法》第397条规定的玩忽职守罪和滥用职权罪遥相呼应罢了。分则第九章整体上规定了国家机关工作人员(严格意义上的公务员)的渎职罪行,而把国有公司、企业、事业单位从事公务的人员(准公务员)的渎职罪行置于第三章之中。实际上,所有使国家利益受到损害的公务人员的渎职罪行,其侵犯的法益都是双重法益:一方面是损害了国家经济、政治、名誉等利益,一方面是破坏了公众对公职人员奉公守法、勤勉廉洁的期待。这就表明,《刑法》第168条与渎职罪一章有本质上、内在的联系。如果是非国有性质的公司、企业、事业单位(不存在非国有性质的国家机关)的工作人员玩忽职守或者滥用职权造成本单位破产或者其他严重损失,不可能按照本罪追究刑事责任。这再次表明,立法者仍然认为非国有性质的单位的利益不是国家利益,不值得动用刑法保护。

《刑法》第169条规定的徇私舞弊低价折股、出售国有资产罪所规定的主体也是"国有公司、企业或者其上级主管部门直接负责的主管人员",其身份都是准公务员或者公务员,构成犯罪的前提也是"致使国家利益遭受重大损失的"。该罪设置的主要原因是国有企业改制过程中出现了严重的腐败现象,从而引发了严重社会问题。其腐败表现主要是原国有企业的主要负责人或者主管部门的领导通过将国有资产低价折股、低价出售而损公肥私,使大量国有资产流失。通过刑法设置具体罪名打击此类腐败行为,是党和国家反腐倡廉的要求,从刑事政策上看是值得肯定的。但是,在相反情况下,即在非公有制公司、企业国有化的过程中,如果公务人员徇私舞弊,将本属于私人的、外商的资产低价折股或者出售给国有企业,从而造成私人利益或者外商利益重大损失的,该如何处理?这显然不可能按照《刑法》第169条定罪,也不符合滥用职权罪中"致使公共财产、国家和人民利益遭受重大损失"的要求。③

二、侵犯国有经济利益入罪门槛低,侵犯非国有经济利益入罪门槛高

在立法者设想侵犯国有、非国有经济利益都应当构成犯罪的前提下,对于入罪的"门槛"却设置了高低不同的标准,这从另一个方面反映出立法者希望通过刑法优先保护"国"字号利益,而对非"国"字号的经济利益不平等对待。

比如,在非国家工作人员受贿罪中,《刑法》对客观方面行为的描述是"索取他人财物或者非法收受他人财物,为他人谋取利益,数额较大的",在受贿罪中,《刑

---

③ 该罪中描述的"人民利益"究竟是何种涵义,值得深入研究。"人民"主要是政治用语,与"敌人"相对立。但我国宪法和法律又常常出现"人民"一词,因而何谓"人民利益"关系到法益的确定。笔者认为,刑法中描述的"人民利益",并非指公民个人的利益,也不是一般的单位利益、群体利益,而是与"国家利益"等同的另一种表述。因此,在刑法上,无法将损害民营企业家和外商的利益认定为损害"人民利益",更何况外国人从法律上也不属于我国"人民"的范畴。

法》对客观方面行为的描述是"索取他人财物的,或者非法收受他人财物,为他人谋取利益的",这两种表述存在细微差别,但却是重要差别。刑法理论通常认为,对于非国家工作人员受贿罪,"无论是利用职务上的便利主动索取他人财物,还是被动收受他人财物,都要求有为他人谋取利益的行为,才能构成本罪"④。而在受贿罪中,"索取贿赂只需要利用职务上的便利便成立犯罪,不要求为他人谋取利益"⑤。如此看来,在索贿的情况下,成立受贿罪的门槛明显比成立非国家工作人员受贿罪要低,因为不需要"为他人谋取利益"这一要件。

又比如,在成立非国家工作人员行贿罪中,刑法要求"数额较大",而成立行贿罪却没有数额要求。⑥

三、侵害国有经济利益罪重,侵害非国有经济利益罪轻

某些情况下,刑法对侵害所有类型经济利益、妨害国家对市场经济秩序管理的行为都规定为犯罪,但是对国有与非国有经济利益的侵犯,刑法设置了轻重不同的罪名,体现了保护的差别。

比如,《刑法》第163条第1、2款规定了非国家工作人员受贿罪,第3款却规定:"国有公司、企业或者其他国有单位中从事公务的人员和国有公司、企业或者其他国有单位委派到非国有公司、企业以及其他单位从事公务的人员有前两款行为的,依照本法第三百八十五条、第三百八十六条的规定定罪处罚。"在构成犯罪的客观方面、主观方面完全相同的情况下,人为地根据犯罪的主体身份区别出非国家工作人员受贿罪和受贿罪两个罪名,而这两个罪名的法定刑差异悬殊(前者最高刑为15年有期徒刑,后者最高刑为死刑),明显体现出"身份量刑"的特点。刑法对非国家工作人员受贿行为的处罚远轻于对国家工作人员受贿行为的处罚,一方面可以说是从严治吏的要求,另一方面也反映了对非国有经济利益的轻视。然而,即使是从严治吏的需要也不一定非要通过刑法上设置差别罪名的方式体现,这样只会破坏刑法的平等原则,给刑法的法益保护和人权保障机能之外再增加义务维持的机能,或者使人们感觉犯罪的本质除了侵犯法益之外还有违反义务,特别是徒增了人们对国家利益的义务约束。实际上,刑法一厢情愿地偏重保

---

④ 周光权:《刑法各论》(第3版),中国人民大学出版社2016年版,第237页。

⑤ 周光权:《刑法各论》(第3版),中国人民大学出版社2016年版,第479页。

⑥ 但实际上,司法解释使成立行贿罪不仅要求一定数额,且数额更高。根据2016年4月18日起实施的最高人民法院、最高人民检察院《关于办理贪污贿赂刑事案件适用法律若干问题的解释》第7条规定,成立行贿罪要求行贿数额在3万元以上。在行贿数额在1万元以上不满3万元的,如果满足"向三人以上行贿""将违法所得用于行贿"等六种情形之一的,也应追究刑事责任。而对非国家工作人员行贿罪的行贿数额标准,适用的依然是2010年5月7日最高人民检察院和公安部印发的《关于公安机关管辖的刑事案件立案追诉标准的规定(二)》第11条规定:"……个人行贿数额在一万元以上的,单位行贿数额在二十万元以上的,应予立案追诉。"由此可见,新司法解释的出台使得成立行贿罪的门槛相比非国家工作人员行贿罪而言更高而不是更低了。这一解释是否具有实质合理性,与刑法本身的规定相对比,值得引发更深入研讨。

护国有利益,在实践中并不能贯彻到底,因为中国社会的变革之快早已超出立法者当初的设想,有些人究竟是否属于国家工作人员,以及有些利益是否属于国有利益,已经不是可以简单地判断了。司法解释对非国家工作人员受贿罪的进一步阐述,反映了分清"国有"与"非国有"利益有时候是困难的。⑦

类似的问题,还存在于下列情况:①对非国家工作人员行贿罪与行贿罪的比较:前者最高刑为10年有期徒刑,后者最高刑为无期徒刑。②职务侵占罪与贪污罪的比较:前者最高刑为15年有期徒刑,后者最高刑为死刑。③挪用资金罪与挪用公款罪的比较:前者最高刑为10年有期徒刑,后者最高刑为无期徒刑。

四、侵害国有经济利益从重量刑,侵害非国有经济利益从宽量刑

从重量刑或者从宽量刑,从另一个侧面反映了立法保护的不平等。对于侵害经济利益或者管理秩序的行为,在都构成犯罪的情况下,刑法对侵害国有经济利益的犯罪行为设置了较多从重量刑情节,而对侵害非国有经济利益的犯罪行为设置了较多从宽量刑情节。

刑法在量刑情节上的偏差还反映在同等情节下,对侵犯国有利益犯罪的从宽幅度不及侵犯非国有利益的犯罪。如《刑法》第164条第4款规定:"行贿人在被追诉前主动交代行贿行为的,可以减轻处罚或者免除处罚。"而《刑法》第390条第2款规定:"行贿人在被追诉前主动交代行贿行为的,可以从轻或者减轻处罚。其中,犯罪较轻的,对侦破重大案件起关键作用的,或者有重大立功表现的,可以减轻或者免除处罚。"这表明,在构成对非国家工作人员行贿罪的情况下,行贿人在被追诉前主动交代行贿行为的,原则上都可以减轻或者免除处罚。但是,在构成行贿罪的情况下,由于行贿的对象是国家工作人员,立法者认为侵犯了国家利益,在相同情况下行贿人只能获得"从轻或者减轻处罚"的待遇。只有在"犯罪较轻""对侦破重大案件起关键作用"或者"有重大立功表现"情况下,才可以获得"减轻或者免除处罚"的待遇。由此可见,刑法对行贿罪的从宽把握要求严格得多。

五、其他"公""私"不平等的刑法现象

除上述反映出的刑法对"公""私"区别对待以外,还存在其他值得反思的地方。

为了保护具有历史、艺术、科学价值的各类文物,惩治破坏、盗掘、倒卖文物等

---

⑦ 如2008年11月20日最高人民法院、最高人民检察院发布的《关于办理商业贿赂刑事案件适用法律若干问题的意见》"三"规定:"刑法第一百六十三条、第一百六十四条规定的'公司、企业或者其他单位的工作人员',包括国有公司、企业以及其他国有单位中的非国家工作人员。"可见,侵犯国有单位利益的受贿行为也可能被认定为非国家工作人员受贿罪。该意见"五"规定:"……学校及其他教育机构中的教师,利用教学活动的职务便利,以各种名义非法收受……数额较大的,依照刑法第一百六十三条的规定,以非国家工作人员受贿罪定罪处罚。"可见,具有国家工作人员身份的教师(比如公办学校的编制内教师)实施受贿行为也可能构成非国家工作人员受贿罪。

犯罪行为,《刑法》分则在第六章设"妨害文物管理罪"专节。由于这类犯罪侵犯的法益是国家对文物的管理制度、管理秩序,因而带有较强的法定犯色彩。这其中,存在对"公""私"性质的行为对象区别对待的现象。比如,根据《刑法》第 327 条的规定,国有博物馆、图书馆等单位将文物藏品出售或者私自赠给非国有单位或者个人的,构成非法出售、私赠文物藏品罪。显然,该罪被设置成纯正的特殊的单位犯罪,犯罪主体只能是国有博物馆、图书馆等国有文物收藏单位。该罪是 1997 年《刑法》修订时新增加的罪名,为的是与《中华人民共和国文物保护法》(以下简称《文物保护法》)的相关规定衔接。[8] 但是,一方面,刑法虽然是各部门法的保障法,但刑法也有公认的谦抑原则,完全没必要、也没可能根据各部门法的禁止性事项设置罪名。《文物保护法》虽然禁止国有文物收藏单位向非国有单位和私人出售和赠送文物,但是否有必要制定刑罚法则大可质疑。另一方面,按照现行《刑法》的规定,即使国有博物馆、图书馆等单位将文物出售、赠送给安保措施、管理水平比国有单位有过之而无不及的民间博物馆、图书馆,文物未受任何损失或者威胁,也应当构成犯罪。这是值得质疑的。本罪属于行为犯而非结果犯,对出售、赠送的文物也未作任何数量和级别上的要求。显然这样的规定是对民间文物爱好者、民间文物收藏机构的极端不信任,这是刑法重"公"轻"私"的又一表现。

《刑法》第 329 条也体现了这一点。该条规定了两个罪名:盗窃、抢夺国有档案罪和擅自出卖、转让国有档案罪。两个罪名中,行为对象都是"国家所有的档案"。国有档案固然重要,但非国有档案,譬如私人藏有的文件资料也有可能具有重要的历史研究价值。如果抢夺、窃取国有档案有单独设置罪名的必要,为何抢夺、窃取具有重要历史价值的私人档案不可以单独设置罪名?要知道,在私人档案本身财产价值不大、行为人又不是多次抢夺和盗窃的情况下,抢夺、盗窃行为是难以构成抢夺罪和盗窃罪的。同理,擅自出卖、转让非国有档案,也可能造成具有历史文化价值的文献资料流失、毁灭或者其他无法挽回的损失。若刑法平等保护所有具有历史价值的档案,《刑法》第 329 条就应当体现对国有和非国有档案一视同仁的特殊保护态度。

六、结语

法治的重要内容是良法之治,而是否属于良法,公平正义是核心。正如美国法理学家博登海默所言:"为正义而斗争,在许多情形下都是为了消除一种法律上的或为习惯所赞同的不平等安排而展开的,因为这种不平等安排既没有事实上的基础也缺乏理性。"[9]对非国有经济成分的歧视性刑事立法,既没有尊重非国有经济在财富创造和社会进步方面的重要贡献,也违反法治所要求的平等精神。在我

---

[8] 参见高铭暄:《中华人民共和国刑法的孕育诞生和发展完善》,北京大学出版社 2012 年版,第 552 页。

[9] 〔美〕E.博登海默:《法理学:法律哲学与法律方法》,邓正来译,中国政法大学出版社 1998 年版,第 315 页。

国《刑法》明文将平等原则作为基本原则的情况下,立法上出现的一系列重"公"轻"私"的现象是难以容忍的。我国学者早已指出:"因国有单位与非国有单位性质的差异而在类似罪名法定刑的配置上表现出巨大差别是不合理的,它严重有悖于刑法平等精神。"[10]"刑法面前人人平等原则的内在要求与市场经济的内在需求具有一致性,没有对非公有制经济的平等保护,刑法面前人人平等原则就不完整,这也有违宪法的平等精神。"[11]笔者认为,刑法对非公有制经济的不平等保护,部分根源在于宪法的规定。众所周知,宪法对公有制经济和非公有制经济的规定是有所差别的,或者说,宪法区分"公有""非公有"本身就是一种差别对待。而《刑法》第1条就明文宣告,它是"根据宪法"制定的。若要改变刑法对公有制经济和非公有制经济的不平等对待,首先必须修改宪法的不平等规定,将私有财产和公有财产、私有经济和公有经济置于同等"神圣"的法律地位。

---

[10] 赖早兴:《刑法平等论》,法律出版社2006年版,第170页。
[11] 卢建平、陈宝友:《应加强刑法对非公有制经济的保护》,载《法学家》2005年第3期。

民营企业家融资类犯罪问题研究

尹　宁[*]　潘星容[**]

近年来民营企业家犯罪问题愈发突出，"融资类"犯罪是民营企业家极易触犯的一类犯罪，其中非法吸收公众存款、集资诈骗犯罪较为常见。2009至2014年期间，民营企业家"融资类"犯罪案件共计204例，占770例确罪案件总数的26.49%，且从逐年变化来看，该类犯罪整体呈增长趋势。从银行贷款困难较大、企业间拆借无法律地位及合理融资存在入罪风险是造成民营企业家"融资类"犯罪高发的原因。

一、民营企业家"融资类"犯罪的现状

"融资类"犯罪并非一个具体的行为犯罪，而是指民营企业家在融资过程中所实施的与融资相关的犯罪的总称。从具体的行为类型来看，民营企业家"融资类"犯罪行为主要包括：集资诈骗的行为、非法吸收公众存款的行为、骗取贷款的行为、贷款诈骗的行为等。从《中华人民共和国刑法》（以下简称《刑法》）的规定来看，民营企业家"融资类"犯罪的罪名主要包括：非法吸收公众存款罪（《刑法》第176条）、集资诈骗罪（《刑法》第192条）、贷款诈骗罪（《刑法》第193条）、骗取贷款罪（《刑法》第175条）。笔者将以"融资类"犯罪的非法吸收公众存款罪、集资诈骗罪、贷款诈骗罪为主要分析对象，对2009年至2014年发生的这三类案件进行统计分析。

（一）民营企业家"融资类"犯罪案件的数量统计

根据2009年法院公布和媒体报道的20例民营企业家犯罪确罪案件中，"融资类"犯罪共计12例，占确定罪名案件总数的60%。其中，非法吸收公众存款罪2例、集资诈骗罪5例、贷款诈骗罪5例。2010年的60例确罪案件中，"融资类"犯罪共计12例，占确定罪名案件总数的20%。其中，非法吸收公众存款罪4例、集资诈骗罪5例、贷款诈骗罪3例。2011年的109例确罪案件中，"融资类"犯罪共

---

[*]　广东省高级人民法院法官，博士，研究方向为刑法学。
[**]　广东金融学院法律系副教授，博士，研究方向为经济法。

计28例,占确定罪名案件总数的25.69%。其中,非法吸收公众存款罪10例、集资诈骗罪13例、贷款诈骗罪5例。2012年的158例确罪案件中,"融资类"犯罪共计45例,占确定罪名案件总数的28.48%。其中,非法吸收公众存款罪31例、集资诈骗罪11例、贷款诈骗罪3例。2013年的260例确罪案件中,"融资类"犯罪共计64例,占确定罪名案件总数的24.62%。其中,非法吸收公众存款罪28例、集资诈骗罪27例、贷款诈骗罪9例。2014年的163例确罪案件中,"融资类"犯罪共计43例,占确定罪名案件总数的26.38%。其中,非法吸收公众存款罪28例、集资诈骗罪13例、贷款诈骗罪2例(见表1)。

表1 2009—2014年民营企业家"融资类"犯罪案件统计表(单位/例)

年份	确罪案件总数	非法吸收公众存款罪		集资诈骗罪		贷款诈骗罪		合计	
		案件数	占比	案件数	占比	案件数	占比	案件数	占比
2009	20	2	10.00%	5	25.00%	5	25.00%	12	60.00%
2010	60	4	6.67%	5	8.33%	3	5.00%	12	20.00%
2011	109	10	9.17%	13	11.93%	5	4.59%	28	25.69%
2012	158	31	19.62%	11	6.96%	3	1.90%	45	28.48%
2013	260	28	10.77%	27	10.38%	9	3.46%	64	24.61%
2014	163	28	17.18%	13	7.98%	2	1.23%	43	26.38%
合计	770	103	13.38%	74	9.61%	27	3.50%	204	26.49%

(二)民营企业家"融资类"犯罪案件的变化趋势

从上述数据统计可以看出,我国民营企业家"融资类"犯罪形势异常严重,无论绝对数还是相对数,在民营企业家每年度犯罪的确罪案件中均占有较大比例,且保持着不断攀升的趋势。其中,非法吸收公众存款犯罪、集资诈骗犯罪、贷款诈骗犯罪最为突出。这种趋势一方面说明了当前我国民营企业家犯罪面临的防控压力巨大,另一方面说明了我国民营企业对资金的需求量极为巨大,与之相反的是我国的金融市场发展不畅,导致民营企业的融资需求无法得到满足。

从相关学者对金融市场的研究成果来看,我国的金融市场之所以会出现发展不畅的局面,其重要原因是出现了类似于"堰塞湖"的现象,且集中表现在资金和企业两个方面。在资金方面,自改革开放以来,我国的人均GDP增长了200倍左右,但与此相对的人均储蓄增长了2000倍左右,比较而言,人均储蓄增长倍数是人均GDP增长倍数的10倍。这意味着我国民间隐藏着数额非常巨大的社会资金,投资增值张力非常大。但是,从我国民间资本的实际投资状况来看,由于缺乏有效的政策指导和合理的制度安排,民间资本仍缺乏合理的投资渠道,民众大多都停留在跟风炒房、炒金、炒矿、炒股票、炒期货、炒石油等层面,或者直接将资金投入到地方钱庄、高利贷、地下赌场等,进行不正当的资金增值,尚未形成制度化、理性化、科学化的民间投资氛围。正是这种民间投资没有形成制度化的有效指引和规制,导致我国近年来集资诈骗、非法集资、非法吸收公众存款案件频发,不少民营企业家和民营企业也掺杂其中,无论是作为投资方,还是作为融资方,都面临着巨大的刑事法律风险。因此,如何规范民间投资市场,对民间资本投资进行制度化的科学指引,从根本上改变以往民间投资渠道有限、收益率较低、回报周期不稳定、法律风险高等问题,是预防民营企业家"融资类"犯罪的一个重要途径。

在企业方面,自改革开放以来,我国的民营企业出现了"井喷"式增长,尤其是当前逐渐放宽中小企业注册成立条件后,民营企业的数量更是如雨后春笋般增长。虽然民营企业数量的快速增长在一定程度上反映出我国私营经济发展迈入了快车道,但从反面来看,这些新生的民营企业实际上正在形成一个民营企业"堰塞湖"。因为这些新生的民营企业大多属于中小民营企业,它们普遍存在资金缺乏的短板,为了扩大产能、提高利润,它们往往对资金有着极大的需求。然而,从我国的金融体制和金融服务市场的现实情况来看,长期以来我国实行的是金融管制政策,金融服务供给是极为有限的,虽然近年来国家也在尝试逐步放开金融市场,允许民间金融制度创新,但其供给能力仍然是极为有限的,根本无法满足庞大的民营企业群体对资金的需求。因此,这些新生的民营企业为了求得生存和发展,往往就会求助于民间,进行民间非法借贷或者非法吸收民间资本,近些年来在各地出现的"影子银行"就是这一现象的最好例证。但是,由于我国很多民间融资仍处在法律的"灰色地带",这种行为很容易触发法律风险,在资金需求得到有限满足的同时,伴随而来的就是较高的法律风险。所以,从企业"堰塞湖"的角度来看,预防民营企业家"融资类"犯罪、降低刑事法律风险的另一个有效途径,就是要改善金融服务市场,完善相关制度,使民间金融逐渐走上合法化、合理化、稳定化的轨道。

综上所述,由于民间资本和民营企业"堰塞湖"现象的存在,我国民营企业面临的融资困境尚未得到根本解决,民营企业的融资需求仍然处于无法完全满足的局面,再加上经济转型给民营企业带来的巨大挑战,未来一段时间我国民营企业家"融资类"犯罪仍会出现上升趋势,非法吸收公众存款犯罪、集资诈骗犯罪、贷款诈骗犯罪等仍然是"融资类"犯罪的重点。因此,未来一段时间内在加大打击民营企业家"融资类"犯罪的同时,要抓紧改善民营企业面临的融资环境,通过民间金融创新激活民间金融市场,通过规范、科学、权威的制度设计,以及包括法律在内的一系列保障体系的建构,为民营企业的融资提供良好的制度保障,进而在根本上解决民营企业家"融资类"犯罪高发的难题,为我国私营经济的健康、稳定发展提供助力。

二、民营企业家"融资类"犯罪的原因

从我国金融市场的运行状况来看,我国的金融市场仍存在很多有待进一步完善的地方,而在民营企业这一庞大的群体中,中小民营企业占据了多半份额,再加上多数民营企业内部治理不规范,民营企业要想通过上市发行股票、发行债券以

及从商业银行贷款等融资渠道是非常困难的。① 在可利用的合法融资途径中,既包括覆盖面较广的商业银行贷款,还包括发型债券、股票等融资方式,但对中小民营企业而言,这些可利用的合法融资途径并不能为其所利用。

(一)从银行贷款的困难较大

对我国中小民营企业而言,在现有的金融体制下,银行可供民营企业选择的贷款类型主要有信用贷款、担保贷款及抵押贷款。中小民营企业普遍存在抵押贷款难的问题。因为中小民营企业经营规模不大、存在较大资金缺口,并无太多固定资产,甚至靠租赁取得厂房、设备的中小民营企业通常无法满足银行关于抵押贷款抵押物的要求。根据当前的银行信贷政策,中小民营企业的贷款相对比较严格,需满足一系列条件才有可能贷到相应的资金。具体而言,当前中小民营企业获得银行贷款的条件主要有:①中小民营企业在银行的商业贷款信誉良好,不存在骗取贷款、不按期还款、合同违约等不良记录;②中小民营企业是国家工商行政主管部门依法批准成立的,成立手续合法,具有合法的营业执照,且在年检中达到合格;③中小民营企业所经营的业务符合国家或地区产业、行业发展规划及政策要求,不属于高能耗、高污染类型的企业;④中小民营企业具有比较固定的经营场所,组织机构设置合理,具有相对完善的人事管理制度、财务管理制度及经营管理制度;⑤中小民营企业的盈利状况较好,信贷资产风险较低,具有良好的合同履行能力和债务偿还能力;⑥中小民营企业的企业主个人信誉良好,在银行征信系统中无不良信贷记录,且从业经历已达3年以上;⑦中小民营企业的运营比较稳定,至少连续两年利润为正值,且企业成立年限原则上不少于2年;⑧中小民营企业符合国家出台的建立与小企业业务相关的行业信贷政策;⑨中小民营企业获得贷款后,能够遵守银行的相关贷款规定及国家金融法律法规及政策;⑩拟贷款的中小民营企业在申请行开有基本结算账户或一般结算账户。② 此外,由于在银行系统存在"信贷责任终身制""零风险贷款"等规定,这些规定就像悬在银行信贷人员头上的一把利剑,时时刻刻提醒他们信贷的风险,导致银行的信贷人员也不敢轻易向中小民营企业发放贷款,这也加剧了中小民营企业的融资难问题。

虽然国家在大力发展新型金融机构,对中小民营企业提供资金支持,但是银行自身的性质,决定了其不可能成为风险偏好者,出于对贷款风险、还款周期、边际效益及交易费用等多方面因素的考虑,与中小民营企业相比,商业银行都倾向于与那些资本密集型的大公司签订信贷合同,倾向于开展有规模的信贷业务,相对而言不愿意与经营规模较小、个体资金需求数额不大,且极为分散的中小民营企业建立信贷关系。我国以公有制经济为主体的经济模式,也决定了民营企业等

---

① 参见杜晓:《2012年度报告详解企业家犯罪深层原因》,载《法治日报》2013年1月21日,第004版。

② 参见中小企业贷款,载百度百科(http://baike.baidu.com/link? url = Vq99a7F_AMb3HZundymdtg1aDgunDC2PqD2lqDwIB8PK9bveUFZHeNe2EtR4uJAU8VrDs5J-qpi7iWrVRwDa3q),访问日期:2015年8月10日。

主体只能在国有经济的夹缝中求发展。与国有企业相比,商业银行对中小民营企业的金融支持力度明显偏弱,出现对大企业"争贷"和对小企业"惜贷"的现象。

商业银行苛刻的贷款制度,打消了众多民营企业家的贷款热情,减少了间接融资的机会。现实中四大国有商业银行的利润惊人,商业银行的贷款制度不尽合理。事实上,商业银行的贷款制度对民营企业而言之所以会变得如此苛刻,在一定程度上也与其自身的性质有很大的关联。我国在设立银行时将其功能定位为为国有企业发展提供金融服务,久而久之,这种定位会逐渐让人们形成一种定势思维,即银行服务的对象是国有企业,而不是中小民营企业。正是在这种定势思维的影响下,虽然目前国家非常肯定中小民营企业的市场经济地位及对我国市场经济发展作出的贡献,同时不断强调对中小民营企业发展的政策扶持,但从银行的贷款政策来看,尚未跟上,绝大多数的贷款仍然是向国有企业倾斜,中小民营企业"融资难"的问题并未从根本上得到解决。

除中小民营企业从上述商业银行融资较为困难外,商业银行贷款之外的其他合法机会也在一定程度上被堵塞。以直接融资为例,中小民营企业发行股票的难度非常大,几乎是不可能的,因为根据我国现有的相关法律法规来看,企业在深沪股市上市发行股票融资的门槛是相当高的,一般都会要求企业的净资产达到6 000万元以上,且同时在近3年保持连续盈利,即使是以往比较多见的"借壳上市",现有规定也已经明确禁止。显然,这种高门槛对一般的中小民营企业来说,是很难达到的。可以说,亟需资金支持的中小民营企业,一般情况下难以达到上述发行债券和股票的门槛。总之,对绝大多数中小民营企业而言,通过直接融资渠道融资,可谓是难上加难。就企业留存利润和折旧转化为生产投资资金而言,由于我国中小民营企业传统的家族式管理的弊端,缺乏长期经营的思想,其积累意识不足,也导致分配过程中的留存不足,所以留存利润和折旧可转化的生产投资资金极为有限。正是在这些合法的融资机会并不畅通的情况下,处于融资困境中的中小民营企业不得不寻求合法机会之外的方式进行融资。

(二)企业间拆借无法律地位

在中小民营企业的各类融资行为中,将非法集资进行犯罪化处理并无不当,但是,对中小民营企业家互相拆借以及有正当资金需求的民间借贷行为不加区别地认定为犯罪,确实是不合理的。这种做法既不符合民营企业和国家金融改革发展的方向,也有违常识、常理、常情。众所周知,民营企业之间的互相担保,是一条合法的融资途径,虽然在以往民营企业之间比较盛行,但是由于风险很大,绩优企业已经不愿意为他人的债务承担连带责任。这是中小民营企业在事实层面融资难的一个原因。除此之外,企业间禁止互相借贷也是制约民营企业融资难的一个因素。

从理论上讲,借贷关系是发生在平等主体之间的债权债务关系,只要双方达成协议,一方愿意贷,一方愿意借,就可成立借贷关系,并按此履行,国家不必过多地干涉。但是,基于对国家金融地位的维护以及对企业融资行为的管控,我国法律明确禁止企业间的互相借贷。这虽然对国家而言有助于管控金融风险,防止企业间的无序拆借对国家正统的金融秩序造成冲击,但从鼓励和扶持民营企业发展的视角来看,也不至于对企业间的拆借完全实施禁止。然而,从我国以往的规定来看,对企业间的拆借持否定的态度。例如,1992 年司法部公布的《关于办理民间借贷合同公证的意见》、1996 年中国人民银行颁布的《贷款通则》、1998 年国务院颁布的《非法金融机构和非法金融业务活动取缔办法》,以及 1999 年和 2003 年发布的相关规定③,均不承认非金融机构企业之间借贷合同的效力,认为非金融机构企业之间签订的借贷合同是无效的,国家应该对非金融机构之间签订借贷合同的行为进行规制。因此,在司法实践中,司法机关基本上全部将企业家的借贷合同确认为无效合同,否定企业之间因发生借贷事项而产生的债权债务关系。在具体法律援引上,有的以《民法通则》第 58 条第 1 款规定的"违反法律或者社会公益"为理由确认企业间的借贷合同无效,有的以《合同法》第 52 条第(四)项规定的"损害社会公共利益"为由确认企业间的借贷合同无效,还有的直接模糊处理,不说明具体理由,径直认为企业间的资金拆借合同无效。④

从民营企业发展及企业间资金互补来看,前述禁止企业之间互相借贷的规定极不合理,也不合法。因为,一方面,禁止企业间借贷是计划经济时代的产物,已不适应市场经济的发展,应予以放开。禁止企业之间的借贷,实际上是国家本位的制度设计,虽然特殊的历史条件下对巩固国家对金融秩序的管控具有重要的意义,但是在历经时代变迁的今天,尤其是在倡导市场自由贸易、自主竞争的当下,仍延续这种计划经济时期带有浓厚的管制色彩的制度,是缺乏合理的根据和社会基础的。就目前我国市场经济发展形势来看,为了在资金上给民营企业松绑,促进民营企业的健康发展,尤其是在民营企业充当"大众创业、万众创新"排头兵的时代背景下,应当逐步放开企业间的资金拆借。诚然,放开企业间的资金拆借并不是不进行任何限制,一定程度的限制仍然是必要的,这有助于民营企业间的拆借在合法、有序的轨道上良好运行。例如,不能允许一些企业借助拆借的名义非法进行放贷业务,也不能允许企业借助拆借的名义洗钱。企业间的资金拆借应该限制在利益相关企业之间,并且基于双方长期的友好合作关系来达成,同时这种拆借不能以营利为主要目的,而要作为一种企业间非盈利的互助性行为存在。显然,这种非盈利的互助性资金拆借,不仅对满足民营企业的资金需求有所助益,而且对我国私营经济的快速发展有相当的促进作用。⑤另一方面,逐步放开企业间的资金拆借,必须在法律层面做大文章,改变以往禁止企业间借贷的规定,而是从如何对企业间的资金拆借进行激励性规制层面来进行规定。只有如此,实践

---

③ 例如,1999 年最高人民法院公布的《关于如何确认公民与企业之间借贷行为效力问题的批复》,2003 年中国证券监督管理委员会、国务院国有资产监督管理委员会联合发布的《关于规范上市公司与关联方资金往来及上市公司对外担保若干问题的通知》等。

④ 参见龙翼飞、杨建文:《企业间借贷合同的效力认定及责任承担》,载《现代法学》2008 年第 2 期。

⑤ 参见刘道云、曾于生:《综合立法规制民间借贷研究》,载《河北法学》2013 年第 1 期。

中司法机关在判断拆借合同时才会有法可依,而不是像现在一样直接认定为无效合同。

(三) 合理融资存在入罪风险

从我国近年来的储蓄情况来看,我国城乡居民的资金普遍比较富余,储蓄存款(人民币)一直保持着持续增长的状态。为了最大限度地获取利润,商业银行通常以极低的利率吸收存款,虽然从 2008 年 10 月 9 日起暂免征收个人储蓄存款利息所得的利息税,但公众的利息收入仍在下降。除此之外,整体来看,目前我国的民间投资和民间理财渠道是极为有限的,再加上我国不同地区发展很不均衡,导致民众应有的闲置资金很难通过投资理财的方式为民营企业的发展所用,绝大多数只能是存入银行收取相应的低息收入,同时也不得不忍受通货膨胀和贬值的风险。一些有知识、脑子相对灵活的民众,则可能会将闲置资金投向股市或者楼市,但这仅是发达地区的少部分人,而在欠发达的地区,具备股市投资知识和技能的人并不多,尤其在一些偏远地区,几乎为零。这也说明民众的投资渠道非常有限,在投资张力的驱动下,那些知识要求和技术要求相对较低的民间借贷(如高利贷)就成为民众的最佳选择。正如有学者所言,在现代投资知识(如股市投资、期货投资)、投资信息不对称、投资风险不可控等多种因素的制约下,民众基于趋利的本性,"只能选择具有一定道德约束和信用了解基础的民间借贷"⑥进行投资,以求资金增值。

不过,民间借贷并不是没有风险。民间借贷的成功依赖于资金供给者对资金需求者的信任,一旦超越一定的范围,离开了"熟人社会"的依托,信息不对称问题就会凸显出来,放贷人的风险也将骤然上升。在巨额暴利的诱惑下,一些专门从事借贷交易的个人或者组织,在自身资金不够运转的时候,便会采取虚构贷款事实、伪造贷款材料等不当手段从国家正规的金融机构骗取贷款。等贷款骗到手之后,他们利用这些贷款资金从事高利转贷活动,将这些资金高息转贷给他人。在这种情况下,由于民间高利贷风险较高,借款人无力偿还的案例比比皆是,最终会导致向银行贷款的原始借款人无法偿还银行贷款,这样会使银行信贷资金的风险加大。为了实现对风险的有效控制,通过完善相关法律法规及金融制度对借贷市场进行规制,显得非常有必要。虽然我国现行《刑法》对非法吸收公众存款等融资行为进行严厉打击,并规定了擅自发行股票、公司债券罪,非法吸收公众存款罪,集资诈骗罪等罪名,但是,在司法实践中处理类似案例时,基本上不区分吸收资金的目的,也不区分这种行为造成的后果是否严重以及严重程度如何,而是直接按照模糊处理的方法,笼统地将所有非法集资的行为按照非法吸收公众存款罪定罪量刑。这种不加区分的做法也导致在对集资类犯罪的打击过程中,为了追求"严打",基本上不考虑行为人是否具有融资需求,即使是单纯的普通诈骗行为,也很容易被认定为是集资诈骗罪。显然,这种在惩罚犯罪和保障人权方面出现了的失

---

⑥ 周茂清:《关于我国民间借贷问题的探讨》,载《当代经济管理》2011 年第 10 期。

衡,存在"严打"下的"泛刑化"嫌疑,与现代刑法的精神不符。事实上,非法吸收公众存款罪的处罚范围要进行适当的限制,不宜扩张得太大,应该将所吸收资金的用途纳入考量范围,对于那些将募集的资金用于货币资本经营的行为,在不存在相反证据的情况下,才可以将这种行为按非法吸收公众存款罪定罪处罚。⑦ 事实证明,在处理融资类案件的过程中,一味地"严打"很难为民间融资的合法化提供经验基础,反而会滋生更多的集资监管难题,使集资监管从"堵"到"疏"的转型根本无法实现。⑧ 除此之外,民营企业的有些融资行为,事实上是以正常的营运、贸易、管理、生产等为目的的,如果对此不予区分,而是全部按照非法吸收公众存款罪处罚,显然是有问题的,尤其是对一些出于正当的融资需求的行为,我们将其作为犯罪处理是极为不妥的,不仅无助于民营企业的发展,反而会因刑事处罚而将其直接置于死地。⑨ 从法律制度层面来看,将那些具有正当的生产经营目的的集资行为不按照犯罪处理,并不存在任何障碍,反而能够体现罪刑法定和罪刑相适应原则的要求。⑩

综上可知,大量中小民营企业家涉及融资类犯罪,并非因为他们真正实施了此类犯罪行为,而是因为不恰当地扩大适用法律所导致的后果。前述非法吸收公众存款罪便是最好的例证。对于此种现象,有学者认为,通过刑法上的非法吸收公众存款罪来打击社会上比较普遍的集资现象,会提高将非法吸收公众存款罪的规制范围不当扩大的现实风险,这显然不符合非法吸收公众存款罪在解释学上的解释逻辑,同时,这种做法对于非法集资行为法律规制体系的建构而言,并无多大益处,因为其"未能给民间金融的合法化预留空间"⑪。换言之,具备正当融资需求,本不应该被视为通过非法途径进行融资的行为被"非法化",正是我国中小民营企业家群体融资类犯罪高发的原因。对此,一方面,我们要立足于如何更大程度地满足民营企业对资金的需求的视角,重新检视弊端;另一方面,我国要立足于如何引导民营企业融资走上合法化轨道的视角,对现行法律规定进行检讨,并在此基础上尝试更有弹性的法律规制手段,争取在满足民营企业的资金需求与保护公共利益之间实现平衡。⑫

三、民营企业家融资类犯罪的防控对策

(一)个体层面的防控对策

民营企业家融资类犯罪的防控具有政治、经济和社会根基,建构多维的民营企业家犯罪防控体系,是民营企业家犯罪防控的关键。从个体层面防控民营企

---

⑦ 参见张明楷:《刑法学》(第4版),法律出版社2011年版,第687页。
⑧ 参见刘伟:《非法吸收公众存款罪的扩张与限缩》,载《政治与法律》2012年第11期。
⑨ 参见毛玲玲:《集资行为的刑事管制》,载《政治与法律》2009年第9期。
⑩ 参见刘伟:《非法吸收公众存款罪的扩张与限缩》,载《政治与法律》2012年第11期。
⑪ 彭冰:《非法集资活动的刑法规制》,载《清华法学》2009年第3期。
⑫ 参见彭冰:《非法集资活动的刑法规制》,载《清华法学》2009年第3期。

家犯罪,需要从增强民营企业家学法守法动力、加强风险识别能力和提升法治思维能力多方面来提高民营企业家的犯罪防控能力;同时,需要从完善内部管理制度、建立内部预警机制和落实内部问责机制方面规范民营企业家的市场经济行为。

(二)企业管理层面的防控对策

企业管理是否规范是影响民营企业家融资类犯罪的一个重要因素,因此,从企业管理层面防控民营企业家犯罪势在必行。具体而言,可以通过明确民营企业的产权关系、加快建立职业经理人制度及健全民营企业的财务制度来升级民营企业的现代化管理水平;同时,可以通过减少违规的经营行为、构建科学的决策机制及制定明确的奖惩机制来健全民营企业的规范化运行机制。

(三)制度环境层面的防控对策

民营企业作为市场经济活动中的一个有机体,其运转离不开国家的制度环境,同样,民营企业家融资类犯罪的防控,也可以从制度环境展开。具体而言,可以从拓宽融资渠道、消减制度约束及加强政策扶持方面对民营企业的平稳发展释放利好;从理顺市场与政府的关系,转变"重公轻私"的思维等方面来平等对待民营企业的市场地位;从取消歧视性的政府补贴,减少冗余性的行政审批,放开控制性的政府定价及调整差别性的配套条件方面来降低民营企业的市场准入壁垒。

(四)法律法规层面的防控对策

法律法规是防控民营企业家融资类犯罪的重要手段,也是依法治国的必然要求。具体而言,从法律法规层面防控民营企业家犯罪,需要确立规劝性、威慑性、保护性的刑事政策,进而约束刑法对民营企业及民营企业家市场经济活动的过度干预,并从立法、司法、执法上回归民营企业家犯罪刑法干预的谦抑立场。此外,还需要通过确立平等保护原则、建构系统的罪刑体系及制定统一的追诉标准来完善民营企业家犯罪时刑法干预的罪刑设置。

四、结语

随着法治建设的推进,国家打击犯罪更加规范化,但对某种犯罪的打击不能"头痛医头,脚痛医脚",因此,在当前不断恶化的企业家融资类犯罪现实之下,严厉打击、依法追究其犯罪行为的刑事责任是理所当然的,但更需要落实到民营企业家融资类犯罪的预防上来。关于如何对民营企业家融资类犯罪展开预防的问题,笔者认为一项制度的建构是根治相关乱象的根本之策,如何通过完备的制度建构为民营企业"疏浚"困境、"松绑"压力、"推进"助力,在其有效、充分发展的基础之上实现对其的监督,达到其内部生态健康运行、内外相助的良性循环,最终实现预防和惩治犯罪相结合、发展的活力与监督的制力相统一的目的。特别是,预防和控制民营企业家相关的刑事法律风险,应当有别于一般的自然犯罪,它应实现社会公正、经济公平的统一,失之过宽,则可能妨害公正、公平;失之过严,则可能限制经济活力和动力,削减社会创造财富的功能。因此,防控民营企业家融资类犯罪,应该坚持内外兼修、宏观与微观双管齐下,一方面进一步完善民营企业家的制度环境,为其提供良好、完备的法治发展环境;另一方面要加强其内部修养,强化自制,从内部营造出市场竞争的强大力量。

新型政商关系视角下民营企业家腐败犯罪的预防走向

操宏均[*]

所谓政商关系,即政治市场和经济市场二者之间的互动过程。[①] 一般认为其包括宏观、中观、微观三个层面的具体关系,即政治与经济的关系、政府与市场的关系、官员与商人的关系。考察现代企业制度的演变历程不难发现,尽管企业制度是生产社会化、市场化的必然产物,但是在其整个演进过程中,从企业制度的产生,到发展成熟,再到现代企业制度的形成,在很大程度上都受制于官方推行的经济制度。例如在19世纪美国工业化、城市化迅速发展过程中,整个美国开始由农业国家向工业国转变,西部大开发也在如火如荼地进行,整个社会充满了原始的、粗犷的开创精神,适者生存式的达尔文竞争主义受到追捧,这一时期政经抱合,"经济与政治权力合一的制度比起两者分立的制度,处于更为发达的阶段"[②]。正是因为美国采取这样的经济制度,才让"资本家在社会形态中享有威权"[③]。所以在19世纪,美国的一些企业巨人(如安德鲁·卡耐基、捷·古尔德、J. P. 摩根、约翰·D. 洛克菲勒)都涉及贿赂、欺诈、哄抬价格、股票操纵、剥削劳工等多种不法行为,但是他们大多人并没有被认定为不法。因此,在一定程度上,可以说有什么样的经济制度,就会形成什么样的政商关系,科学合理的制度促使健康政商关系的形成,而欠科学的制度则导致畸形政商关系的形成。只有透过民营企业家腐败犯罪的事实,才能深刻认识当前非正常政商关系的症结所在。

一、当前我国政商关系事实解读:以民营企业家腐败犯罪为视角

当前我国民营企业家腐败犯罪数量呈现增长势头,形势较为严峻,并且这类犯罪中以利益交换为基础的贿赂型腐败犯罪尤为突出,这种犯罪结构直接反映出当前我国的政商关系形态。

---

[*] 国家检察官学院讲师、法学博士。
[①] 参见张琬喻:《政商网络的建立必然使企业获利吗?》,载《管理学报》2005年第2期。
[②] 〔英〕伯特兰·罗素:《权力论:新社会分析》,吴友三译,商务印书馆1991年版,第92页。
[③] 黄仁宇:《现代中国的历程》,中华书局2011年版,第256页。

(一)企业家腐败犯罪的结构差异凸显民营企业处于非公平的市场竞争地位,而向公权力行贿成为民营企业改变这种不平等的捷径

近几年,由张远煌教授带领的全国首家研究企业家犯罪现象的专业学术机构——北京师范大学中国企业家犯罪预防研究中心(以下简称"中心")——连续发布的《2012 中国企业家犯罪分析报告》④(以下简称"2012 年报告")、《2013 中国企业家犯罪分析报告》⑤(以下简称"2013 年报告")、《2014 中国企业家犯罪分析报告》⑥(以下简称"2014 年报告")和《2015 中国企业家犯罪分析报告》⑦(以下简称"2015 年报告")显示,在企业家腐败犯罪结构中,受贿罪连续多年成为国有企业家犯罪的高频罪名,而国有企业家鲜有涉及行贿犯罪的。与之相反,民营企业家几乎"包揽"行贿犯罪。由此可见,这种罪名结构的差异,实际上反映出两种不同所有制经济市场地位的不平等,进而一个由于具有先天的支配优势而通过"出租"手上的权力资源攫取财富,而另一个由于先天弱势而不得不通过四处"寻租"输送利益来换取市场份额,而其"寻租"的对象当然是享有控制市场资源的公权力部门或者个人。

(二)民营企业家与官员腐败犯罪伴生现象突出

几乎被媒体曝光的官员腐败犯罪案件的背后都能找到民营企业家的"身影"。如曾任中纪委案件审理室主任的王和民指出,1998—2003 年 109 件省部级官员违纪违法案件中涉及私人企业的刑事案件比例高达 88.2%。⑧ 诚如有学者指出,在政府官员贪腐犯罪的背后,往往存在企业家利益输送的推波助澜;而在企业家腐败犯罪的背后,往往潜藏着个别政府官员滥用权力的支撑与庇护。⑨ 这种伴生现象反映出权力与资本的不正当结合关系,尤其是在政府与市场的边界不够清晰的情况下,企业家的经营活动极为依赖政府权力。

(三)民营企业家需要花大量时间与官员(政府)打交道

据世界银行发布的年度世界发展指标(World Development Indicators,简称 WDI)显示,在发展中国家,民营企业家与官员打交道的时间(Management time

---

④ 参见张远煌、陈正云主编:《企业家犯罪分析与刑事风险防控(2012—2013 卷)》,北京大学出版社 2013 年版,第 1—63 页。凡是无特别说明的,下文有关 2012 年企业家犯罪的相关数据均来源于此报告。

⑤ 参见张远煌、陈正云、张荆主编:《企业家犯罪分析与刑事风险防控报告(2014 卷)》,北京大学出版社 2014 年版,第 1—56 页。凡是无特别说明的,下文有关 2013 年企业家犯罪的相关数据均来源于此报告。

⑥ 参见张远煌、向泽选主编:《企业家犯罪分析与刑事风险防控报告(2015—2016 卷)》,北京大学出版社 2016 年版,第 1—42 页。凡是无特别说明的,下文有关 2014 年企业家犯罪的相关数据均来源于此报告。

⑦ 参见北京师范大学中国企业家犯罪预防研究中心编制:《2015 中国企业家犯罪分析报告》,载企业家刑事风险防控网(http://www.cecpc.cn/newsshow-22-55-1.html),访问日期:2016 年 4 月 10 日。凡是无特别说明的,下文有关 2015 年企业家犯罪的相关数据均来源于此报告。

⑧ 参见王和民:《从落马高官看官商勾结》,载《瞭望》2004 年第 24 期。

⑨ 参见张远煌:《民营企业家腐败犯罪的现状、危害与治理立场》,载《河南大学学报(社会科学版)》2014 年第 6 期。

dealing with officials)占其管理时间的平均比例高达 19.8%;而在发达国家,这一平均比例仅为 1.91%。由此可见,在企业家与官员打交道的时间上,发展中国家是发达国家的 10 倍。⑩ 具体到国内情形来看,在 2015 年李克强总理主持召开的经济形势座谈会上,财经作家吴晓波指出,当前有些企业家花 50% 的时间做企业,50% 的时间用来和政府磨嘴皮,甚至有些还要用 2/3 的时间来处理与政府的相关事务。⑪ 这种不正常的现象不仅是当前官员腐败与民营企业家腐败伴生现象的一个注脚,更加凸显出民营企业家的腐败犯罪有其深层次的制度原因。诚如布坎南所言:"寻租活动的原因在于制度规则,而不在寻租者个人。"⑫ "只要有利益的地方,就有腐败的空间和可能。"⑬

(四)民营企业家热衷于通过参政议政换取筹码

民营企业家参与政治在当前已经成为一种普遍现象,在欧美、日本、韩国等国家与地区也较为常见,当前我国民营企业家参政议政人数也在日益增多。据统计,自 2002 年中国共产党第十六次全国代表大会首次出现了 7 位民营企业家代表之后,2007 年中国共产党第十七次全国代表大会民营企业家代表人数增至 17 位,2012 年中国共产党第十八次全国代表大会民营企业家代表人数增至 34 位。⑭ 而自 2003 年重庆市民营企业家尹明善当选为重庆市政协副主席,成为中国民营企业家担任省级高官第一人后,越来越多的民营企业家成为各级人大代表、政协委员、工商联合会成员等。中华全国工商联合会 2008 年的调查显示,全国有 205 名民营企业主进入地方各级党政领导机构,其中担任省级党委委员的有 4 人,担任县乡两级政府副职领导的有 61 人。⑮ 有些地方政府甚至为民营企业家参政议政设置了一些量化指标,如广东省阳春市人民政府出台的《关于加大招商引资力度促进民营经济发展的若干规定》⑯直接将民营企业纳税额度作为企业家参政级别的门槛等。

---

⑩ 其中发展中国家包括中国,中国在 2003 年这一比例为 18.3%。参见李晓敏:《为什么中国企业家会"不务正业":基于新制度经济学的视角》,载王振中、胡家勇主编:《政治经济学研究》(2013 卷总第 14 卷),社会科学文献出版社 2013 年版,第 106—107 页。

⑪ 参见穆柏:《李克强:中国经济正处"衔接期"》,载《新京报》2015 年 04 月 15 日,第 A06 版。

⑫ 〔美〕詹姆士·布坎南:《寻求租金和寻求利润》,陈国雄译,载《经济社会体制比较》1988 年第 6 期。

⑬ 〔美〕冯格利特·利瓦伊:《统治与岁入》,周军华译,格致出版社 2010 年版,第 13 页。

⑭ 参见郭芳、赵磊、邹锡兰:《红色企业家:老板们是怎样当选十八大代表的》,载《中国经济周刊》2012 年第 43 期。

⑮ 参见孙荣飞:《民营企业家政治身份扩张路线图》,载《凤凰周刊》2011 年第 32 期。

⑯ 该规定第 9 条就"投资者社会待遇"进行了明确规定:"民营企业的企业家,经市委统战部、市工商联、市公安局、市质监局、市国税局、市地税局、市劳动保障局、市总工会共同确认政治合格(指诚信守法、依法纳税、善待工人等)的,可享受如下社会待遇:(一)一年内实际纳税额(含国税、地税,下同)超过 200 万元(含 200 万元)的民营企业家,符合《代表法》或政协章程有关规定的,可推荐为我市人大代表候选人或政协委员人选。(二)一年内实际纳税额超过 600 万元(含 600 万元)的非阳春籍企业家,由市政府提请市人大常委会授予"阳春市荣誉市民"称号,对于符合《代表法》或政协章程有关规定的阳春籍企业家,可推荐、提名为市级和上一级人大代表候选人和政协委员人选。(三)一年内实际纳税额超过 1 000 万元(含 1 000 万元)的企业家,由市政府聘请为市长经济顾问。"

显然,民营企业家积极参政议政肯定与一些利益相关,因为"人们奋斗所争取的一切,都同他们的利益有关"⑰。尤其是在社会结构处于重大调整时期,民营企业家参政议政的动机更加复杂,目前学界一般认为,民营企业家参政议政的动机主要包括四个方面,即提高个人社会地位、产生有利于企业持续发展的公共政策结果、规避制度风险和履行社会责任。⑱ 大量的研究表明,当前民营企业家参政议政的主要目的是维护其经济利益,寻求反映其利益的渠道和保护其利益的场所。如有学者通过对我国浙江地区115位民营企业家参政动机进行实证分析,发现促进企业发展是目前民营企业家参与政治的最为重要的动机。⑲ 也有学者以民营企业的实际控制人是否当选为人大代表或者政协委员来表示民营企业家的政治身份对浙江地区百强民营企业进行案例研究和计量模型分析,结果表明,拥有这些政治身份的民营企业家的企业往往更加容易获得金融业准入资格。⑳ 还有学者以32个当选为中华人民共和国第十届全国人民代表大会代表或者政协委员的民营企业家经营的企业为样本,采用事件研究法和财务指标法研究民营企业家参政议政对民营企业绩效的影响,均为正相关的关系。㉑ 由此可见,在当前的大环境下,参与政治能够为民营企业带来资源和增强企业的竞争实力等实惠。而民营企业家腐败犯罪中不乏一些拥有这些较高社会身份的人。在理想的状况下,作为市场经济的重要主体,民营企业家只需按照市场经济的基本规则从事经营活动即可,但是一大批民营企业家却热衷于对拥有一些政治身份的追求,其本身就背离了企业家的本质。这在一定程度上进一步折射出当前民营企业家在公平获取相关市场资源上确实存在一定的障碍。

(五)对民营企业家腐败犯罪认识的不足折射出政商关系定位的偏差

自从我国2005年批准加入《联合国反腐败公约》以来,伴随着民营经济的快速发展,人们对于私营部门的腐败犯罪㉒也逐渐有了一定的认识,官方也多次开展治理商业贿赂的专项工作,如2012年4月17日至18日,国家预防腐败局在广州

---

⑰ 《马克思恩格斯全集》(第1卷),人民出版社1976年版,第82页。
⑱ 参见高子平:《民营企业家人力资本形成研究》,上海社会科学院出版社2010年版,第95页。
⑲ 参见邬爱其、金宝敏:《个人地位、企业发展、社会责任与制度风险:中国民营企业家政治参与动机的研究》,载《中国工业经济》2008年第7期。
⑳ 参见胡旭阳:《民营企业家的政治身份与民营企业的融资便利——以浙江省民营百强企业为例管理世界》,载《管理世界》2006年第5期。
㉑ 参见罗英光:《民营企业家参政议政与企业绩效》,汕头大学2008年硕士学位论文。
㉒ 在国际上,通常用"私营部门腐败犯罪"指代发生在私营领域的腐败犯罪(corruption in the private sector),与公职人员腐败犯罪相对。但是在我国相关文献中,研究人员根据自己的研究偏好和重点,对于这一类腐败犯罪的表述形式较多元化,如非公有制领域职务犯罪、非公企业腐败犯罪、私营企业腐败犯罪、民营企业腐败犯罪、私营领域商业贿赂犯罪等。应该说它们在外延上并不完全一致,但是主要内容都相差无几,本文无心陷入这些纷争,涉及国际层面的,笔者统一采用"私营部门腐败犯罪"的表述;其他无特别说明的,笔者一律采用"民营企业家腐败犯罪"的表述。

市召开了全国"非公有制企业防治腐败座谈会"。㉓ 2006年2月8日,中共中央办公厅、国务院办公厅印发了《关于开展治理商业贿赂专项工作的意见》,对治理商业贿赂作出了总体部署。公安部也成立了"打击商业贿赂犯罪专项工作领导小组办公室"。公安部经济犯罪侦查局刘冬副局长介绍:"2001—2008年,全国公安机关共查办商业贿赂案件6 400起(其中对非国家工作人员行贿案1 401起,非国家工作人员受贿案4 999起,涉案金额8.97亿余元)。2009年上半年,共查办532起(其中对非国家工作人员行贿案145起,非国家工作人员受贿案387起),较上年同期增加2.7%。"㉔然而,就现有已经开展的私营部门反腐实践来看,在整个反腐败体系中,人们还是比较多地停留在将私营部门腐败犯罪定位为公职人员腐败犯罪、公权领域腐败犯罪的附属位置的观念上。换句话说,尽管我们已经开展了一些私营领域的反腐工作,但是这些工作更多的是为了配合或者推动反公权领域的腐败工作,进而导致人们更加倾向于将其定位为"拉拢、腐蚀、滋生"公权领域腐败的境地。这种"戴着有色眼镜"来看待两个领域腐败犯罪的做法,其潜意识里无不折射出人们对于两种腐败主体的差异化对待,其根源还是长期以来我们对于两种不同所有制经济保护的不平等。尽管在宪法上我国民营经济(非公有制经济)地位不断得以强化㉕,但是,我国刑法对不同所有制经济"一体保护"的法意还没有形成,并没有充分体现宪法修正案对非公有制经济地位、作用加以重新定位后的基本精神和要求㉖。而无论是民营企业家腐败犯罪,还是官员腐败犯罪,对其行为进行差异化评价的基础应该是行为本身的社会危害性,而不是主体的身份,因为"衡

㉓ 参见粤纪宣:《非公有制企业防治腐败座谈会在广州召开》,载《中国纪检监察报》2012年4月19日,第1版。

㉔ 刘冬:《内地公安机关在治理私营机构腐败工作中打击商业贿赂犯罪情况及对策》,载中华人民共和国监察部、澳门廉政公署、香港廉政公署编:《"私营领域防治腐败的现状与前瞻"三地专题研讨会文集》,会议时间:2009年11月9日,第99—100页。

㉕ 自我国1982年《中华人民共和国宪法》(以下简称《宪法》)颁布实施以来,从1988年到现在先后颁布了五个宪法修正案,其中有三个都是针对《宪法》第11条进行的重要修正。1982年《宪法》第11条规定:"在法律规定范围内的城乡劳动者个体经济,是社会主义公有制经济的补充。国家保护个体经济的合法的权利和利益。国家通过行政管理,指导、帮助和监督个体经济。"1988年《中华人民共和国宪法修正案》(以下简称《宪法修正案》)第1条规定:"宪法第十一条增加规定:'国家允许私营经济在法律规定的范围内存在和发展。私营经济是社会主义公有制经济的补充。国家保护私营经济的合法权利和利益,对私营经济实行引导、监督和管理。'"1999年《宪法修正案》第16条规定:"宪法第十一条……修改为:'在法律规定范围内的个体经济、私营经济等非公有制经济,是社会主义市场经济的重要组成部分。''国家保护个体经济、私营经济的合法的权利和利益。国家对个体经济、私营经济实行引导、监督和管理。'"2004年《宪法修正案》第21条规定:"宪法第十一条第二款……修改为:'国家保护个体经济、私营经济等非公有制经济的合法的权利和利益。国家鼓励、支持和引导非公有制经济的发展,并对非公有制经济依法实行监督和管理。'"这三次重要修正,一次比一次更明确、更开放、更具有根本性,非公有制经济在国家经济体系中的地位不断提高。

㉖ 参见张军:《非公有制经济刑法规制与保护论纲》,中国人民公安大学出版社2007年版,第45页。

量犯罪的唯一和真正的标尺是对国家造成的损害"[27]。显然,对民营企业家腐败犯罪的认识,在高度上还不够,与当前建立健全惩治和预防腐败体系并不相适应。

因此可见,当前这种非健康的政商关系所反映出的深层体制性或制度性问题值得深思。

二、诱发非健康的政商关系形成的制度原因解读

考察中国的民营经济,更应该放在国有经济、计划经济改革的大背景下进行分析。因为中国企业制度的建立是以改组国有企业为基础的,在很大程度上是为了满足国有企业的改革和脱困,在一定程度上民营经济是这一改革的衍生物,因此,民营经济(当然包括民营企业家)的发展在很大程度上受制于国家所确立的经济制度。尽管我国市场经济体系已取得长足进展,国家干预经济已经从全面直接介入(计划经济时期),转变到直接干预与间接干预相结合(计划经济与市场经济相结合时期,以中国共产党第十三次全国代表大会为标志),再到市场经济过渡时期的以宏观调控、间接干预为主的模式,但是,有些方面的市场化程度仍然不高。具体到本文,笔者认为主要是以下几个方面促使这种非健康政商关系的形成的:

(一)行政垄断催生权力出租与寻租

市场经济是为民营企业量身定制的,是符合经济规律的,过度调控反而制约其发展。目前国家对于经济活动的干预,在政治生态中表现为行政垄断,它诞生于计划经济,其目的不在于谋取利润,也不在于促进市场竞争,而在于对经济实行有效的控制,利用行政手段干预行业进入、产品定价、流通和分配。行政垄断表面上是对市场资源的垄断,本质上是对权力的垄断。[28] 据有关统计显示,在经济转型过程中,政府控制……造成中国租金总量占GDP的比重在20%以上。[29] 这种巨额租金的存在,直接诱导一些民营企业家积极进行寻租活动。显然,在这种制度安排下,民营企业实际上处于一种高度管控的市场环境中,为了适应这种环境,必然出现权钱交易、以权谋私等腐败行为。

(二)地方激励机制

以GDP为核心的地方激励机制,使得一些民营企业能够"一美遮百丑",为民营企业家腐败犯罪的形成提供了土壤。三十多年来,我国地方政府激励机制主要有两大块:一是财政激励,二是政治激励。在这种激励机制下,GDP的增长始终处于第一位,于是一些地方政府就会想方设法通过招商引资来实现经济发展,那么个别政府在招商过程中可能会不择手段,给企业家的很多优惠政策是违背国家法

---

[27] 〔意〕切萨雷·贝卡里亚:《论犯罪与刑罚》,黄风译,北京大学出版社2008年版,第20页。

[28] 参见皮艺军:《民企参政与越轨行为》,载张远煌、陈正云、张荆主编:《企业家犯罪分析与刑事风险防控报告(2014卷)》,北京大学出版社2014年版,第286页。

[29] 参见李晓敏:《为什么中国企业家会"不务正业":基于新制度经济学的视角》,载王振中、胡家勇主编:《政治经济学研究》(2013卷,总第14卷),社会科学文献出版社2013年版,第107页。

律的,甚至在某些情况下会默许或支持民营企业违法。[30]"在以 GDP 为核心的考核机制下,地方政府就会在一定程度上依赖对当地财政收入有重大贡献的企业。因此,当这些企业或者企业负责人有违法行为之际,就会通过各种途径对其予以'保护'。"[31]这样由于受政绩和个人经济利益驱动,一些官员往往对参与资源配置有强烈的兴趣,甚至直接干预经济活动。[32] 这势必为官商之间进行利益输送创造条件,进一步促使腐败犯罪的产生。

(三) 我国市场经济的非自发形成

我国市场经济是以公有制为基础,伴随国家干预而非自发形成,直接导致国有经济与非国有经济在制度上存在差异。"以私有制为基础的市场经济在某些国家已有成功先例,而以公有制为基础的市场经济却史无前例,公有制与市场经济可否相容至今未得到证实,这给我国经济立法提出了许多特殊课题。"[33]"我国市场在建立市场经济的过程中就是以公有制为基础,由计划经济转化而来的市场经济,是发展中大国压缩发展阶段的市场经济。"[34]于是实践中,这种"以公有制为基础"的经济制度就决定了民营经济在整个经济体系中处于从属被支配地位,发展空间逼仄,必将处于仰人鼻息的境地。同样,"压缩发展阶段"则意味着人为地将原本需要一定历史积淀[35]而发展演变过来的市场经济被压缩在二三十年内完成,于是就会出现应当先形成的因素尚未成熟,而应当后出现的因素却已早产的情况。所以在这种经济制度安排下,民营经济实际上处于非充分竞争的市场环境中,于是,现实中,与国有经济相比存在诸多不公平:政策不公平、追责不公平、信息不对称、评优不公平、科研经费不公平、政治地位不公平。[36] 可想而知,在这种经济生态下,民营企业为了求得生存,就会通过寻租交租等途径来获取市场"大蛋糕"的一部分。

三、新型政商关系对民营企业家腐败犯罪走向的影响表现

所谓新型政商关系,即习近平总书记在 2016 年 3 月 4 日看望参加中国人民政

---

[30] 参见邱格屏:《民营企业家的犯罪生态》,载张远煌、陈正云、张荆主编:《企业家犯罪分析与刑事风险防控报告(2014 卷)》,北京大学出版社 2014 年版,第 290 页。

[31] 周振杰:《GDP 考核对企业家犯罪预防的消极作用》,载张远煌、陈正云、张荆主编:《企业家犯罪分析与刑事风险防控报告(2014 卷)》,北京大学出版社 2014 年版,第 323 页。

[32] 参见杨兰兰:《中国行政垄断问题研究》,经济科学出版社 2006 年版,第 147—149 页。

[33] 王兴全:《经济法基础理论专题研究》,中国检察出版社 2002 年版,第 91—98 页。

[34] 郭哲:《政府与市场》,湖南大学出版社 2010 年版,第 178 页。

[35] 一般来讲,西方国家的市场经济有漫长的发展过程,其中经历了物商品化(生活资料商品化→生产资料商品化)→劳动力商品化→产权商品化→信息商品化等若干阶段,一般是在前一阶段完成的基础上进入后一阶段,循序渐进,顺其自然。而在我国,计划经济中断了历史上以私有制为基础的商品经济的延续,计划经济转向市场经济的经济体制改革则要求将市场经济的不同发展阶段压缩在二三十年内完成。参见郭哲:《政府与市场》,湖南大学出版社 2010 年版,第 179 页。

[36] 参见皮艺军:《民企参政与越轨行为》,载张远煌、陈正云、张荆主编:《企业家犯罪分析与刑事风险防控报告(2014 卷)》,北京大学出版社 2014 年版,第 285 页。

治协商会议第十二届全国委员会第四次会议的中国民主建国会、工商联合会委员时首次提出以"亲""清"为核心内容的政商关系。申言之,新型政商关系,是指建立在制度化、法治化基础上的平等、独立、合作和互补的民营企业与政府之间的关系,与完善的市场经济相适应,具有鲜明的非人格化特征。与之相反,传统的政商关系是建立在非正式的人际关系基础上的,尤其是建立在官商个人利益基础上的政商关系,依存于不完善的市场经济,具有浓厚的人格化特征。㊲ 显然,这是就"新旧"对比对照层面展开的思考,回到"亲""清"上,有学者围绕政商关系中的两个具体对象,即官员与民营企业家,进一步指出,所谓"亲",对领导干部而言,就是要坦荡真诚地同民营企业接触交往,特别是在民营企业遇到困难和问题的情况下,更要积极作为,对非公有制经济人士多关注、多谈心、多引导,帮助其解决实际困难。所谓"清",就是领导干部同民营企业家的关系要清白、纯洁,不能有贪心、私心,不能以权谋私,不能搞权钱交易。对民营企业家而言,所谓"亲",就是积极主动地同各级党委和政府及部门多沟通、多交流,讲真话、说实情、建诤言,满腔热情支持地方发展。所谓"清",就是要洁身自好、走正道,做到遵纪守法办企业、光明正大搞经营。㊳ 应该说,正是基于这种新型政商关系的定位,在协调推进"四个全面"战略布局和"五位一体"总体布局的总体引领下,尤其是在更加强调"使市场在资源配置中起决定性作用"和"法治"的语境下,民营经济的发展环境正在面临着深刻的变革,此时民营企业家也必须顺应时代的变革要求,摒弃企图通过"政商联姻"而获取资本的老路。具体而言,新型政商关系必然会影响既有的民营企业家腐败犯罪生态,表现为以下几方面:

(一)政策上:持续推进简政放权,优化政府和市场之间的关系

围绕处理好政府和市场之间的关系这一经济体制改革的核心问题,针对民营企业长期以来面临的税收较高、行业准入门槛高、融资贷款困难、政府干预过多、市场地位不平等等较为突出的问题,政府紧紧围绕"使市场在资源配置中起决定性作用"这一要求,不断厘清政府和市场的边界,严格按照市场经济规律,最大限度减少政府对市场的干预,进一步激发市场活力。按照经济学界的共识,市场经济国家地位的市场化指数临界值为6.0,即市场化指数达到6.0,即可认为该国具备市场经济地位。㊴ 有学者研究表明,我国经济体制市场化进程指数不断提升,从1978年的0.74逐年递增,到2003年,这一指数就已经达到8.20。㊵ 从近几年的《政府工作报告》中不难发现,简政放权力度不断加大,商事制度不断完善,凡是能

㊲ 参见孙丽丽:《关于构建新型政商关系的思考》,载《经济问题》2016年第2期。
㊳ 参见竺乾威:《什么样的政商关系才算既"亲"又"清"》,载《人民论坛》2016年第28期。
㊴ See The World Bank, "The Chinese Economy: Fighting Inflation", *Deepening Reforms.* Vol1, Report No. 15288-CAN. Washington. D. C. :World Bank,1996.
㊵ 张宗益等在前人研究的基础上,以四个方面、十三个二级指标为基础构造了改革开放以来我国经济体制市场化进程的市场化指数。参见张宗益、康继军、罗本德:《中国经济体制市场化进程测度研究》,载《经济体制改革》2006年第3期。

够用市场解决的问题一律留给市场解决,尤其是在大众创业、万众创新("双创")驱动下全社会创业创新热情日益高涨的当下。

(二)制度上:建章立制,突出规则意识,强化腐败零容忍

1. 通过《刑法修正案(九)》破除"重受贿、轻行贿"的误区

长期以来,受贪污贿赂犯罪设置影响,《中华人民共和国刑法》(以下简称《刑法》)第164条也设置了行贿犯罪的"特别自首制度",即"行贿人在被追诉前主动交代行贿行为的,可以减轻处罚或者免除处罚"。这在实践中助长了"重受贿、轻行贿"的不良思想,导致行贿犯罪处于一种被放纵状态,不利于反腐败的开展。[41] 立足于当前反腐败实践,2015年通过的《中华人民共和国刑法修正案(九)》[以下简称《刑法修正案(九)》]"四十五"将"特别自首制度"修改为"行贿人在被追诉前主动交代行贿行为的,可以从轻或者减轻处罚。其中,犯罪较轻的,对侦破重大案件起关键作用的,或者有重大立功表现的,可以减轻或者免除处罚"。同时,严密惩治行贿犯罪的法网,增加对有影响力的人行贿罪的惩处力度。这些直接为有力打击行贿犯罪提供了法制保障。

2. 通过完善贪污贿赂犯罪的刑法规制和建立健全党内相关法规,强化党政干部的廉洁风险防控

《刑法修正案(九)》和最高人民法院、最高人民检察院《关于办理贪污贿赂刑事案件适用法律若干问题的解释》,进一步强化腐败零容忍,对重大贪污贿赂犯罪设立了终身监禁制度,对贪污受贿犯罪的定罪量刑标准不再规定具体数额。此外,还完善了预防性措施的规定,即对因利用职业便利实施犯罪,或者实施违背职业要求的特定义务的犯罪被判处刑罚的,设立了职业禁止等资格刑。同样,为了强化党风廉政建设和深入推进反腐败工作,近年来,党中央先后制定出台《中国共产党党内监督条例》《关于新形势下党内政治生活的若干准则》《中国共产党纪律处分条例》《中国共产党廉洁自律准则》等一系列党内法规,为党员领导干部依法依规从政划定了"红线",敲响了廉洁从政的"警钟"。正是通过严格党纪国法,进一步明确了党政干部廉洁风险,让领导干部知畏、知止,权力寻租空间不断被压缩,为引导其正确处理与民营企业家的关系划定界线。

(三)实践中:坚持腐败犯罪系统治理,促进良性政商关系建立

1. 加大对民营企业家行贿犯罪查处力度,切断腐败犯罪源头

随着国家反腐败力度的加大,以及中国共产党第十八次全国代表大会的报告、《建立健全惩治和预防腐败体系2013—2017年工作规划》等中央文件明确提出要"加大对行贿行为的惩处力度"的要求后,国家对行贿犯罪的惩治力度也在不断提升,如自2010年起最高人民检察院在其工作报告中开始披露查办的行贿人数,2010年5月7日最高人民检察院印发了《关于进一步加大查办严重行贿犯罪

---

[41] 关于行贿犯罪的特别自首制度的弊端的具体分析,请参见刘仁文、黄云波:《建议取消行贿犯罪特别自首制度》,载《检察日报》2014年4月30日,第3版。

力度的通知》,2014年最高人民检察院为扭转"重受贿、轻行贿"局面就重点查办行贿犯罪工作连续召开几次会议进行部署安排㊷,等等。正是通过对行贿犯罪强有力的打击,震慑了潜在的行贿人。

2. 通过对公职人员开展高压反腐,促进政商关系良性发展

近年来,全国各级检察机关在党中央反腐败总体部署的指引下,坚持对腐败零容忍政策,以"侦防工作一体化"机制为基础,发挥部门合力,严厉查处一大批国家工作人员利用职务之便,向非公企业索贿、受贿或滥用职权、徇私舞弊、枉法裁判,以及侵犯非公企业及其员工财产、人身、民主权利等案件,进一步净化市场环境,改善政治生态,促进政商关系良性发展。同时,还充分利用法律监督职权,督促公安机关依法及时查处涉企犯罪,及时受理非公企业的投诉、举报和控告,尤其是企业作为被害方时,最大限度为其挽回损失,降低不良社会影响,为非公企业营造良好的改革发展环境。

3. 一些非公企业主动开展非公领域腐败防控探索,推动企业合规经营

在建立健全惩治和预防腐败体系的总体要求下,把非公企业纳入反腐败工作顺应了时代要求。作为全国人民代表大会代表的民营企业家尤小平和作为全国政协委员的民营企业家苏如春等人都多次于全国"两会"期间提案建议加强民营企业腐败犯罪防治。实践中,阿里巴巴集团、浙江富春江通信集团、北京联东投资集团等民营企业已经在企业内部开展防治腐败工作。如著名电商企业"京东"通过高级管理人员的轮岗来防止内部腐败,又如广东唯美陶瓷公司在2008年率先在民营企业党组织中成立纪委和纪检监察部,并通过加强企业廉政文化建设、强化内部审计与监督、完善企业制度体系、引入民主管理、加强厂务公开、实施信息透明、营造良好的商业环境等举措防治公司内部腐败。由此可见,在反腐实践中,民营企业也大有可为,不仅契合当前政治生态语境,也是确保自身安全的重要举措。

四、新形势下民营企业家腐败犯罪预防总体思路

从上述情形来看,正是由于在新型政商关系引领下,民营经济运行环境发生了深刻的变化,民营企业家必须按照新型政商关系的内涵要求来正确定位自己与政府、官员的关系,强化自身腐败犯罪预防,为民营企业持续健康稳健发展奠定基础。从民营企业运行的环境来看,至少涉及民营企业、政府和社会组织三大主体。因此,开展新形势下民营企业家腐败犯罪预防也应该有效整合这三方的力量,形成合力。

(一)民营企业(家):打铁还需自身硬

1. 转变思维方式,恪守企业家精神

应该说以往政商联姻式的政商关系,在很大程度上反映出一些民营企业家存在通过"傍官"获取资源财富、守规则不如守住官员、不计成本风险的野蛮发展理

㊷ 如2014年4月24日,最高人民检察院召开了全国检察机关反贪部门重点查办行贿犯罪电视电话会议;2014年5月14日,最高人民检察院召开新闻发布会通报检察机关第一季度查办职务犯罪的有关情况。

念。这些错误发展理念在昔日我国市场经济运行机制、反腐制度还不是很成熟的情形下也许能够起到"短平快"的作用,但是在当下全面深化改革的大背景下,这些错误的发展理念必然会受到极大冲击,而成为革新除旧的对象。因此,作为市场经济的"弄潮儿",民营企业家应该具有发现这些深刻变革的敏锐性,果断地从观念上肃清这些错误理念,切实树立规则规范意识、风险意识,树立靠实力赢得市场、占领先机的理念,恪守企业家精神,而不是想当然地将一切不好的结果都归结到市场运行机制不健全、官员腐败等因素上。

2. 开展合规计划,完善企业内控机制

道德心理学实证研究表明,多数人的行为动机是具有自利性的,因此其伦理行为需要外界的强制性制约,而这种制约主要是通过包括法律法规在内的正式制度来实现的。[43] 因此,如果说树立正确理念强调的是自省,那么在人性恶的假设前提下,还需要通过强有力的外部制约机制,尤其是在当前我国大多数民营企业内部治理机构较为混乱的情形下[44],通过企业自律来规范商业运行行为在西方国家越来越受重视,目前最为流行的就是开展"企业适法计划"(Corporate Compliance Programs),即"企业为预防、发现违法行为而主动实施的内部机制。基本的构成要素包括正式的行为规则、负责官员以及检举制度"[45]。根据《美国组织判刑准则》的规定,如果可以确定一个企业有效实行了"企业适法计划",因此任何非法行为都可以看作是公司内部无赖之徒所为,就可以大大(高达95%)减轻刑事罚金和刑事处罚。[46] 域外的这一做法,对于我们通过完善公司内部治理结构来实现反腐败具有很大的启发意义,不仅会激发企业大力开展预防腐败犯罪的积极性,在一定程度上也能起到从根源上遏制腐败犯罪的作用,更为重要的是,可以促进现代企业制度的形成。

---

[43] See Kohlberg, Lawrence, "Moral Development and the Education of Adolescents", in Ellis D. Evans ed. : *Adolescents: Readings in Behavior and Development*, New York: Dryden Press, 1970.

[44] 如有研究发现,中国上市公司董事会治理指数基本符合正态分布,绝大多数上市公司董事会治理指数处于不及格的区间,占比高达88.46%,董事会治理质量令人担忧。参见高明华、方芳、苏然:《中国上市公司董事会治理指数研究(2013)》,载张远煌、陈正云主编:《企业家犯罪分析与刑事风险防控(2012—2013卷)》,北京大学出版社2013年版,第121页。

[45] "企业适法计划"(Corporate Compliance Programs)发端于美国,目前在日本、英国、澳大利亚、意大利、芬兰等国家越来越受到决策者的重视,并且也逐渐成为完善企业内部治理、强化自律的一个重要举措。参见周振杰:《企业适法计划与企业犯罪预防》,载《法治研究》2012年第4期。

[46] 《美国组织判刑准则》第八章概述了衡量"有效遵约方案"的七个主要标准:能够合理地减少犯罪活动机会的遵约标准与程序;高层人员的监督;授予重要自由裁量权时应有的注意;向各级雇员有效传递信息;实现遵约的合理措施,包括监测和审计制度及举报可疑不法行为的制度;始终不渝的执行,包括惩戒机制;侦查违犯行为时采取应对和预防再度发生类似犯罪行为的合理措施。参见〔英〕让·弗朗索瓦·阿维、〔英〕罗纳德·贝伦贝姆:《东亚地区私企反腐败》,李长山、陈贻彦、臧惠娟译,中国对外翻译出版公司2004年版,第40页。

(二)官方:通过输出良性制度,确保为民营企业反腐提供制度保障

1. 建立政府服务民营企业相关制度

在新形势下市场经济进一步放开运行的大背景下,尤其是在治理语境下,政府的角色定位也必须从"全面监管"向"全面服务"转变。这就要求政府必须创新服务方式,建立服务于民营企业发展的相关制度,为民营企业放开手脚大力发展搭好台、唱好戏。具体而言,一是建立向民营企业家开展腐败警示教育、法治宣传、廉政教育等方面的平台或者机制,定期深入非公企业开展法治宣讲,增强其法制意识,提供其对非公领域腐败风险的认识;二是加快信息服务体系建设,畅通政府与民营企业的沟通渠道,促进二者良性互动。深入企业,积极主动倾听他们的心声,了解他们的需求与困难,以及可能存在的腐败风险点,提供政策咨询和法律服务,或者协调解决生产经营中遇到的实际困难和问题,减少企业经营中的各种法律风险,真正为企业排忧解难,进而吸引企业家主动与政府进行沟通交流,形成讲真话、说实情、建诤言的互动局面。三是着力于营造良好的市场运行环境,不断完善市场经济运行的相关制度。这就要求必须紧紧围绕使市场在资源配置中起决定性作用的定位深化经济体制改革,完善非公企业财产权保护制度,消除对非公领域的歧视性政策,打破行业垄断和地区壁垒,确保民营企业与其他企业享受同等待遇;通过深化政治体制改革,转变政府职能,推进政务公开,提高行政效能,规范行政行为,形成权责一致、分工合理、决策科学、执行顺畅、监督有力的行政管理体制,以及通过深化社会体制改革,全面推进行政权力运行制度、公共资源交易、行政绩效管理、行政权力电子监察、民意诉求反馈等方面建设,为非公企业营造公平竞争和开放透明的市场环境。

2. 推进政府诚信制度建设

中国共产党第十八次全国代表大会提出"加强政务诚信、商务诚信、社会诚信和司法公信力建设",中国共产党第十八届中央委员会第三次全体会议进一步提出"建立健全社会征信体系,褒扬诚信,惩戒失信"。而在整个社会诚信体系中,政府诚信是基础和核心,对整个社会诚信体系的构建具有重要的推动作用和示范效应。国务院在《社会信用体系建设规划纲要(2014—2020年)》中更是对政务诚信进行了具体规定。对应到构建新型政商关系上,就要求政府在与民营企业相处时应该言而有信,有关市场经济相关政策、规章制度的建立不能朝令夕改,或者搞突然袭击,该广泛征求意见的必须广泛征求意见,该听证的必须听证,通过建立台账、时间进度表等机制,敦促有关部门依法按时兑现承诺,履行职责,切实提升政府公信力,进而引导民营企业家恪守商务诚信,自觉抵制腐败对诚信基石的毁损。

3. 建立企业自律制度

企业作为一个具有高度纪律性、严密结构化、强大经济实力的组织,其成员的腐败犯罪往往在很大程度上与之相关,这就导致完全割裂私营部门个体腐败犯罪行为与企业组织的关系并不可取。正是基于此,英美国家一般通过设立"商业组

织预防贿赂失职罪"(Failure of commercial organizations to prevent bribery)㊼,即与商业组织具有关联的人,基于特定的目的实施了贿赂犯罪,该商业组织只有在证明其已经全面推行有效的预防贿赂机制的情况下才能避免被定罪。2010年《英国反贿赂法案》在第7条专门就这一犯罪进行了规定,《美国反海外腐败法》也进行了类似的规定。应该说,设置这一罪名,强化了企业自律,能够促使企业自发反腐,而不是外在强力干涉,这对于反腐败更具根本性。那么,我国是否也应该增设类似的"企业预防腐败失职罪"呢?

笔者认为,当前我国还不具备增设"企业预防腐败失职罪"的现实条件,因为该罪名的设置与企业是否建立现代企业制度有着密切的关系,而当前我国民营企业普遍存在企业内部治理结构不完善的现实困境,如"监事会形同虚设""独立董事不独立"等问题㊽,在这种现实状况下,如果贸然设置这一罪名,不仅不利于反私营领域腐败犯罪的协调推进,而且势必会束缚民营企业家的创新活力。因此,笔者认为,当前我国并不具备设置"企业预防腐败失职罪"的基本条件。同时,考虑到建立现代企业制度和完善的企业治理结构,对推动反私营领域腐败犯罪具有一定促进作用。因而,笔者建议,在现有条件下,我们完全可以通过司法解释,增设"企业预防腐败"这一酌定情节。具体而言,对于企业积极实施了一些较为有效的预防腐败措施方案,但民营企业家仍然实施腐败犯罪的,可以将这一情节作为量刑中的酌定加重情节来考虑。反之,对于企业没有实施预防腐败措施方案,而民营企业家实施了腐败犯罪的,则可以由检察机关对该企业出具相应的检察建议,或者由法院出具相应的司法建议,敦促其完善内部治理结构,建立预防腐败机制。

(三)社会组织:通过强化外部监督,帮助企业建立腐败犯罪风险预警机制

工商联合会和商会作为凝聚民营企业家的重要民间组织,也是连接党、政府与民营企业家的重要桥梁,其在民营企业家腐败犯罪防控中的作用不可小觑。因为在行业内部,企业通过与其他企业发生交互关系而实现目标,久而久之,在这种交互过程中他们往往容易形成这一群体所特有的行为方式,即通过社会交往习得了包括犯罪在内的行为方式。一旦所谓的潜规则形成,就会导致腐败行为被同行默认或者支持,进而得以形成并扩散。"违反了法律条文(legal code)并不意味着必然违反商业规则(business code),声望会因为违反了商业规则而失去,但是不会因为违反了法律条文而失去,除非法律条文和商业规则保持一致。"㊾而这种所谓

㊼ 有学者将其译为"预防商业机构贿赂失职罪",参见王君祥编译:《英国反贿赂法》,中国方正出版社2013年版,第33页;也有学者将其译为"商业组织不履行预防贿赂义务罪",参见周振杰:《英国刑法中的商业组织不履行预防贿赂义务罪研究——兼论英国法人刑事责任的转变与发展方向》,载张远煌、陈正云主编:《企业家犯罪分析与刑事风险防控(2012—2013卷)》,北京大学出版社2013年版,第226页。

㊽ 参见韩晶:《公司治理监督机制缺失的法律风险》,载张远煌、陈正云主编:《企业家犯罪分析与刑事风险防控(2012—2013卷)》,北京大学出版社2013年版,第382—390页。

㊾ Sutherland, E. H., *White Collar Crime*, New York: Dryden Press, 1949, pp. 219-220.

的"商业规则(即潜规则)"已经背离了正式制度的规定,与主流意识形态背道而驰。㊿ 因此,工商联合会和商会必须强化监督,防止潜规则的形成,帮助企业建立腐败犯罪风险预警机制。具体而言,工商联合会和商会可以联合检察机关组织社会专业力量介入,指导民营企业建立起企业内部的刑事风险长效预警机制,定期进行法律风险评估,如在企业需要作出重大决策事项时,由咨询专家提供意见,在论证可行性的同时进行法律风险评估,分析其可能存在的后果,为民营企业家的经营决策提供参考。例如,早在2010年,湖北省工商联合会就将检察机关的专业预防与工商联合会的资源优势进行了有机结合,共同研究制定《关于共同做好涉及非公企业的受贿、行贿犯罪预防工作的指导意见》,每年共同召集一至两次预防职务犯罪的联席会议,主动邀请辖区内的知名非公有制经济人士,外地驻鄂商会、行业商会的会长参加会议,适时通报非公企业的发展状况,检察机关查办贿赂犯罪的工作情况,为非公企业开展腐败风险预防提供参考。

㊿ 参见吴思:《潜规则:中国历史中的真实游戏》,复旦大学出版社2010年版,第193—194页。

探索科学的企业权力运行机制对预防
民营企业常见职务犯罪的作用

郭 斌[*] 王 艺[**]

一、青岛地区民营企业职务犯罪现状

笔者以青岛地区为调查目标和范围,对2016年度青岛地区民营企业的刑事犯罪情况进行了统计,2016年度青岛民营企业、企业负责人及相关工作人员的刑事犯罪案件共92件。排名靠前的三项罪名分别为职务侵占罪、非法吸收公众存款罪和挪用资金罪。其中,最多的是职务侵占罪,共18件,其次为非法吸收公众存款罪,共9件,第三位是挪用资金罪,共8件。前三类案件总共35件,占总刑事犯罪案件数量的38%,职务侵占罪和挪用资金罪占整体刑事犯罪案件数量的28%。这个数据表明,企业职务犯罪在青岛地区刑事犯罪案件中已经占到了较高的比重,既表现出了企业职务犯罪的传统特点,又隐含了当下民营企业刑事犯罪率逐年升高的危机。职务侵占、挪用资金等犯罪一直就是企业职务犯罪的高频罪名,而非法吸收公众存款罪又是近几年民营企业刑事犯罪中数量逐年升高的犯罪类型。

企业刑事犯罪风险一旦发生,带来的危害后果是无法估量的。从市场的角度来说,首先是影响企业形象,阻碍企业发展,很可能导致企业破产;其次可能影响整个行业的发展,给整个市场经济秩序的稳定带来巨大冲击。从法律的角度来说,首先,单位和相关的直接责任人或其他直接责任人员可能会承担相应的刑事责任,对企业来说可能面临判处罚金、吊销相关营业资质的风险;其次,由于民营企业和所在地域的紧密联系,甚至可能冲击所在地域的政府,如果相关的政府部门监管失职,也应承担相应的责任。如上海福喜食品有限公司生产、销售伪劣产品案,法院最终判决上海福喜食品有限公司罚金120万元,公司一众高级管理人员被分别判处有期徒刑和罚金。该公司因此遭受了严重的经济亏损和客户流失,不得不遣散相当一部分员工,并且使整条产业链上的企业遭遇重挫,其中麦当劳因

---

[*] 山东诚功律师事务所主任,北京师范大学中国企业家刑事风险防控山东中心主任。
[**] 山东诚功律师事务所刑事专业委员会主任,专职律师。

受此次事件的影响导致销售额一度大幅下降。

二、民营企业常见职务犯罪的特征、形成原因

我国民营企业常见的职务犯罪，既有刑事犯罪的通常表现，也有其自身的特征，大致为以下几个方面：

(1) 涉案领域广：民营企业发展迅速，分布于各个领域。金融投资、能源矿产开发和利用、制造与销售、房产建筑和销售、零售百货、粮油食品加工制造、物流运输行业、医药卫生行业、电子信息网络服务行业、娱乐业及餐饮服务业等行业中民营企业占比巨大，也是职务犯罪的高发领域。

(2) 涉案金额高：民营企业职务犯罪中许多犯罪主体通常为企业负责人、高级管理人员、财务人员，这些人大都掌控和管理着单位的人员、财务和资金。

(3) 主体多元化：民营企业职务犯罪的主体既可能是公司的法定代表人、董事、经理等企业高层人物，也可能是企业职位不高的雇员。

(4) 危害后果严重：受害单位的损失通常无法全部挽回，而且大部分的民营企业职务犯罪对企业本身的伤害远远超过其他的经营亏损。

(5) 社会影响大：相当数量的民营企业在所在的省、市乃至全国具有较高的知名度，在当今资讯发达的时代，一旦出现违法犯罪情形，会快速地被全国知晓。这不仅对企业的名誉造成负面影响，还会造成公众对该行业的不良印象，影响整个行业的发展。

我国所特有的经济体制和国情决定了我国民营企业职务犯罪原因的多样化：

(一) 外部原因

1. 社会原因

(1) 由于我国地域辽阔，不同的省、市、县之间的经济发展水平差异较大，个别政府部门为了本地经济水平的稳定快速发展，进而实施地方保护，对当地一些企业的违法违规行为视而不见，或者对外地司法机关的执法予以阻挠、刁难。

(2) 我国当下社会生产力与社会发展的整体水平不相一致，导致经济利益的分配不均。当一些人不满足分得的利益时，便会试图在法律之外通过非法的途径和手段来获取自己所希望得到的利益。

(3) 当下我国的网络信息媒体的高速发展，许多负面的观念迅速弥漫在各个地域、各个行业中，潜移默化地影响企业的发展战略和企业家的经营观念，促使企业和企业家以身试法，挑战法律的底线。

2. 经济原因

(1) 我国从20世纪七八十年代实施社会主义市场经济体制，极大地促进了我国的经济发展，带动了各个行业的繁荣兴盛。然而阳光的背后必然会有黑暗。随着市场经济的发展，这种体制的消极性逐步显现出来，一旦缺失了强有力的规范和监管，很容易造成市场的无序性，促使企业不择手段地追求金钱利益。

(2) 市场经济高度自由，而企业存在的目的就是以最低的成本获得最高的利

润,部分企业为了能在残酷的市场竞争中脱颖而出,很可能会铤而走险,试图去破坏法律所制定的框架,实施犯罪活动。

3. 法律原因

(1)我国经济的高速发展,推动了相关法制体系的建设,但也暴露出诸多的不足和漏洞。而法律、法规所存在的漏洞和空白使一些企业存在侥幸心理,进而去实施犯罪。

(2)各种类型的企业犯罪大量出现,司法机关的控制力量不足以完全应对,而犯罪类型的不易区分,民事、行政和刑事案件的界线不明,也容易造成混同。

(二)内部原因

1. 企业人员缺乏法治思维

民营企业内部员工法治意识淡薄,企业不重视对员工进行必要的法律宣传和教育,员工对合法与违法的边界认识不清,成为民营企业职务犯罪多发的重要内部原因。

2. 管理体系存在漏洞

很多民营企业没有建立一套规范、完整的内部管理制度,在人事上往往是负责人说了算,任人唯亲,防范意识弱。

3. 财务管理"潜规则"

部分经营者只重视业务发展,而忽视管理机制,尤其是对财务管理方面的忽视,甚至财务部门都没有一套完整的管理机制,即使有也可能形同虚设。这不仅使一些员工容易产生职务犯罪的冲动,也可能导致企业无法及时发现员工的犯罪行为并增加企业查找证据的难度。

4. 权力模糊、执行力差

缺乏科学的权力运行模式,权力的授予和配置、权力的运行、权力的监督缺乏系统性,导致权责不明、执行力差,使图利之人有机可乘,让无知之人触碰红线。

5. 利益分配缺乏公允性

公平合理的利益分配机制是避免犯罪发生的根本前提,"不患贫而患不均"是普遍适用于任何企业的一条定律,建立公平合理的薪酬制度,做到付出与收益相匹配,才能控制刑事犯罪的主观意图,从而避免刑事犯罪的发生。

三、企业权力运行机制的概念、特征

企业权力运行机制其实是企业刑事风险防控机制的重中之重,是与企业整体运行相配套的内部管理体制,用于企业日常的合法合规运营。建立科学有效的权力运行机制是避免滥用权力的根本途径,要"建立结构合理、配置科学、程序严密、制约有效的权力运行机制,从决策和执行等环节加强对权力的监督",使刑事犯罪没有依存的基础,从根本上消除刑事犯罪的土壤。

科学完备的企业权力运行机制其特征大致为规范性、全面性、针对性和及时性。

1. 规范性

企业权力运行机制不仅仅是依照相关法律法规制定并运行,亦要结合不同企业的行业规范或者企业内部规范,并在此基础上进行细化和修改,为企业的发展提供内外保障。

2. 全面性

企业权力运行机制应当囊括企业运行中所可能触及的所有的法律法规问题,覆盖企业各个环节和人员,对企业的规范运营进行最全面的规范和保护。

3. 针对性

根据不同行业、不同地域、不同规模的企业的经营现状、行业发展、企业内部制度进行特殊规定与规划,做到对症下药,对不同的企业作出最适合其发展的方针策略。对企业重点的管理和发展领域有针对性地强化制定权力的授予、配置、监督体制,围绕企业生存与发展的核心要素构建企业刑事风险防控体系。

4. 及时性

企业权力运行机制应当随着相关法律、法规的修订及所在地域和行业的发展及时进行更新,以便更好地为企业的长远发展保驾护航。

四、科学的企业权力运行机制对企业的意义

企业权力运行机制的建立和完善,划定了企业运行的楚河与汉界,让企业和企业内部人员更加清晰的明白其中的游戏规则。这样既可以让企业大胆地发展,又可以有效地避免触犯相关法律法规,让企业在日常运营过程中更加安心。如此,不仅有利于企业的长期、安全、稳定、快速地发展,还有利于增强企业的外部竞争力,提升企业的内部凝聚力,强化企业的整体实力。

五、企业权力运行机制如何有效地预防企业职务犯罪

民营企业职务犯罪是指民营企业的工作人员利用职务上的便利,进行非法活动或者严重不负责、不履行职务,破坏企业管理秩序,造成企业经济损失的刑事犯罪活动。所谓的"职务"包括企业赋予员工在特定岗位的权力与责任,它存在于企业的各个领域和部门。权力设置不合理、权力运行不完备、权力监督不系统导致的经济纠纷甚至刑事犯罪其实离我们并不遥远。

平顶山市某公司会计"两套账本"被判刑案:公诉机关指控该公司会计在职期间受该公司总经理及财务总监的指使,设立真假两套公司账本,采用隐匿主营业务收入的方法,偷逃税款数额巨大。法院最终判处该公司总经理、财务总监、会计构成逃税罪,均被判处3年以上有期徒刑,并处罚金。

山东某测绘公司单位行贿案:公诉机关指控该公司在2012至2014年间为感谢某市国土资源局领导在该市农村土地登记发证项目招标过程中提供的帮助、协调及时拨付工程款,该公司董事长及总经理助理多次送钱给该领导,共计人民币55万元。法院最终判决该公司构成单位行贿罪,判处罚金10万元,其主要负责人

及直接责任人员构成犯罪免予处罚。虽然董事长及总经理助理避免了牢狱之灾,但是该公司再无法参与政府项目的投标,甚至影响公司测绘资质的存续。这对于公司及负责人来讲将是毁灭性的打击。

青岛某货代公司走私普通货物罪案:公诉机关指控该公司法定代表人在帮助某公司代理进口废塑料过程中,指使公司员工参照客户提供的真实合同、发票等单证,重新制作虚假的合同、发票提供给报关公司,委托报关公司低报价格走私进口废塑料,偷逃应缴税款278万余元。该公司法定代表人一审被判处有期徒刑10年,相关直接责任人员亦被判处相应的刑罚,并且该公司被判处罚金35万元。

上述刑事犯罪案件的发生,都反映出公司在经营和管理过程中存在工作人员权力滥用、权责不明、权力运行过程的把控不严格。可见权力运行机制的不完备是产生企业职务犯罪的重要原因。那么,科学完备的权力运行机制如何构建?笔者认为应当从以下思路着手:

权力运行机制的构建应由风险预测和具体构建两部分构成,风险预测描述要准确,具体构建要体现针对性。

(一)风险预测

根据市场环境和相关法律法规以及企业内部运行和人力资源的把控,明确企业的发展方向和发展环境,结合企业日常运行中所可能触犯的相关法律法规和相关的案例,帮助企业明确其日常经营所需注意的问题,做好事前预防、预测和风险辨识,时刻关注企业经营和工作人员的日常行为,避免出现越界的现象。对识别出的风险以及风险萌芽制定相应的预防措施,遏制其成长为具有现实侵害性的法律风险。

(二)具体构建

1. 权力授予

对企业的高层管理部门到基层管理部门进行与之相应的授权,并根据工作实际规范职权运行流程,对流程中的重要环节进行明确和细化,做到权责统一、权责分明,杜绝权责模糊不清、相互推诿的情况。对于企业运行中刑事风险的高发领域,企业决策机构应当单独授权相关部门。此外,还需要杜绝任何部门和工作人员超越规定、违反流程展开工作,对于增加企业刑事风险发生系数的或者造成企业刑事风险的,应当明确其承担相应的责任。

2. 权力运行

在企业内部形成一整套规范合理的管理运行模式。企业管理运行模式与人体机能非常相似。人体以骨骼关节为中心点,各个中心点之间相互连接,又有明确的肌肉来进行区分,各司其职却又可以相互配合、相互借力,保证人体的正常运行。因此我们也可以根据企业各自不同的管理体系和管理方法,从企业的高层到基层依次建立权力中心点,对作为中心点的负责人或者部门进行单独授权,明确其相应职权及所需承担的责任。以权力中心点为基准划定各部门区域,对不同层级的各部门职权区域进行规划,明确其管理和决定权的范围及所需承担的责任。

对各个权力中心覆盖的职权范围的相互重合部分进行单独授权,明确重合范围内各自相应的管理、决定权力以及责任承担。相关部门也要对内部员工进行必要的授权以及明确责任。

明确整体框架后,需进行上下级或者平级领导、部门之间的协调。由高层听取各个部门的建议,集中讨论,依次确定各个部门的直属领导人员或者领导部门,若非重大、必要事项尽量减少多重直接领导。对于平级的部门,明确其相互配合的工作内容,对于工作中存在的分歧,协商不成的报各自直属领导部门进行协商;协商不成的,则报共同上级决定。

企业各个部门的日常工作要建立工作日志,相关事项由负责人签字备案,方便企业进行监察。企业的决策机构和相关部门按照流程将材料逐级进行上报和传阅,对传阅的材料报告应当及时、限时审查,在最短时间内进行批复;对于遗漏或者不明的,应当及时告知并备案,这样才能提高企业内部运行的效率和规范性。

3. 权力监督

加强企业内部的权力监督,统一监督标准,做到防患于未然。不少企业内部的监督标准不同,导致员工对监督制度理解不够;各个部门的处罚力度不同,导致企业员工漠视企业监督管理制度。强化各个监督主体的沟通和协调,增进监督意识,加强监督力度;企业之间的监督主体可能并非上下级监督领导关系,而是相互独立的平级关系,相互之间交流不够,协调工作力度较弱,容易导致多部门进行监督工作时相互之间不配合、效率低下甚至仅仅相互制衡,不去相互协调。为此,企业需要制定准确统一的监督体制和监督内容,提升员工对监督制度和监督内容的理解,避免出现无知之错。各个监督主体之间应当建立联系配合制度,对应该配合的监督事项必须按照规定予以配合,企业可以按照季度、年度进行普查,不定时进行抽查,提升部门和员工的责任意识和防范意识,企业需要制定和完善与之相对应的奖惩制度,对季度、年度优秀部门和员工予以嘉奖,对不达标的部门和员工予以批评惩处;其中对于财务会计、采购等重点部门需要着重予以监督,监督内容和奖惩措施亦可以根据其特点单独制定。

企业权力运行机制是专属于企业自身的"法治体系",只有看清企业运行过程中的危险地带,才能大展身手。权力运行机制的建立与发展既可以从内部优化企业的运行,亦可以逐步增强企业的外部竞争力。正所谓一步先,步步先;一步慢,步步慢。在当今大浪淘沙的商业竞争中,建立科学的企业权力运行机制迫在眉睫。

企业应尽快建立刑事风险防控体系保障企业行稳致远

郭 斌[*] 杨炜林[**]

一、企业刑事风险的特征决定企业应当系统性地建立刑事风险防控体系

受传统思维模式的影响,企业家缺少对刑事法律的信赖、敬畏和遵从意识,企业在设立、运营过程中普遍存在形形色色的不合规行为,这些不合规行为给企业埋下了刑事风险的种子。企业管理的不规范,使得企业长期处于不合规行为中,这种不合规行为在积攒到一定程度时,就触及了刑事法律的红线。企业刑事犯罪风险一旦发生,带来的后果是无法估量的,不但可能造成企业破产关闭,甚至能够对整个市场经济秩序带来巨大的冲击。而这些就是企业刑事风险的特征:长期性与潜伏性、长期积累性、灾难性以及责任的多重性等。

企业的刑事风险分为内发性的刑事风险与外源性的刑事风险。企业刑事风险的长期性与潜伏性导致企业(企业家)存在较强的侥幸心理,只有当潜伏的刑事风险转化为现实的刑事责任导致企业面临灾难性的损失时,企业才重视刑事风险防控,这会错过企业刑事风险防控的最佳时机。这些因素决定了企业刑事风险防控是一项长期性、综合性的工作,本文将从企业刑事风险体检来评估企业刑事风险,再对企业刑事风险防控体系的构成进行探讨,希望通过工作行为过程的管理,控制实现工作行为可视化的同时,将企业刑事风险防控贯穿于企业流程管理中。

二、通过专业化的企业刑事风险体检机制评估企业刑事风险

如前所述,企业刑事风险存在长期性与潜伏性的特点,而企业的运行好比自然人机体的运转,自然人生病的过程会经历病毒的感染、潜伏、爆发的过程;同样,企业的刑事风险好比病毒,也存在感染、潜伏、爆发的过程。企业刑事风险体检是

---

[*] 山东诚功律师事务所主任,北京师范大学中国企业家刑事风险防控山东中心主任。
[**] 山东诚功律师事务所律师。

指通过专业的刑事法律风险管理服务机构,定期或不定期地对企业的整体或局部针对刑事法律风险进行科学的调查、分析和评估,发现潜在的刑事法律风险及其特性,提出有效控制和化解法律风险的方案,为企业降低和避免刑事法律风险发生的过程。

通常情况下,企业家及其企业就自身的经营行为涉嫌犯罪有一个从量变到质变的过程。同样,企业的刑事风险亦遵从这一逻辑过程。

1. 企业刑事风险体检的全面性与动态性

企业刑事风险体检包括对企业经营决策和决策实施情况进行回看,通过审查企业对外与对内决策的实体与程序的合法性,审查企业是否存在可能涉嫌违反刑事法律的活动;在经营管理方面,将防范内部人员犯罪纳入动态管控,注意外部单位和人员,特别是合作伙伴和参与竞争人员与自身的各种矛盾冲突,从中及时发现各类刑事风险的苗头。

2. 辨识评估企业刑事风险

对发现的企业家、企业、企业内部人员的刑事风险苗头,对比刑事风险体检知识储备库,识别和评估刑事风险的性质和程度;对外部针对企业家及企业可能实施犯罪侵害的苗头,注意从源头上查找原因,分析形成苗头的根源,评估刑事风险发生的可能性。

3. 跟进预警处置意见

对于经辨识评估所发现的企业刑事风险,及时提出预警,认真进行处置,对企业自身的一般违法行为迅速加以纠正,对外部的矛盾冲突主动进行化解,从而将刑事风险阻却在已然之前。

三、企业刑事风险防控体系的构成

在企业成长过程中,必须不断提升企业的内在素质,形成自己独特的核心能力,才能在同行中形成特质性的竞争优势。这种核心能力包括企业文化的先进性、企业组织体系的合理性、企业经营行为的理智化、企业治理结构的有效性等,通过资源获取、产品功能、制造成本、市场营销、客户服务在同行中形成竞争优势。在企业成长过程中,推动企业成长的因素有很多,包括:企业文化及理念、规范合理的管理制度、有效的商业模式、技术与服务创新、完善的资金链等,这些共同构成了企业的核心要素,而这些核心要素最终需要依托于拥有执行力的人力资源。

企业刑事风险的防控过程应该是定期或不定期地针对刑事风险对企业的核心要素进行整体或局部的科学调查、分析和评估,发现潜在的刑事风险及其特性,提出有效控制和化解刑事风险的方案,为企业降低和避免刑事风险发生的过程。及时发现刑事风险的苗头,辨识评估刑事风险和建立跟进预警处置机制,针对企业的核心要素建立起完善的刑事风险防控体系应当包括以下内容:

(1)建立企业特有的刑事文化体系,做好教育与培训工作,培养核心人员对于刑事法律的敬畏意识,把握企业经营中有关行为的性质,进而树立起刑事风险意识,提前预判并及时防范未来可能发生的刑事风险。

(2)公平合理的利益分配机制是避免犯罪发生的根本前提。"不患贫而患不均"是普遍适用于任何企业的一条定律,建立公平合理的薪酬制度及晋升机制,做到付出与收益相匹配,才能控制刑事犯罪的主观意图,从而避免刑事犯罪的发生。

(3)科学有效的权力运行机制是避免滥用权力犯罪的根本途径。科学有效的权力运作机制应当由科学的权力分配机制、权力监督机制、权力制约机制等有机构成,使权力在阳光下运行。

(4)建立准确完善的工作流程,消除刑事犯罪的土壤。与公平合理的利益分配、科学有效的权力运作机制相匹配,在具体的工作中建立标准完善的工作流程,使刑事犯罪没有依存的基础,从根本上消除刑事犯罪的土壤。

四、通过过程控制将企业刑事风险防控体系融入企业的流程管理之中

企业刑事风险防控体系贯穿于企业的文化体系、权力运行、利益分配、监督管理等各个系统中,只有将其融入企业的流程管理中才会发挥其对企业刑事风险的动态管控,通过对企业决策、企业运营、企业资金运转、对外联络等流程管理进行刑事风险的过程管控,实现工作行为的可视化,才能建立企业核心要素之间的联动预警机制。

具体来说,根据企业的刑事风险体检结果,对于极易发生刑事风险的企业核心业务,可从权力授予、报告呈送、限时审批、责任审计、业务考评等几方面,帮助企业建立防范刑事风险的内控机制,严格防控针对企业核心要素的刑事风险的出现。

1. 权力授予程序

权利授予机制缺乏科学有效的管控将导致权利滥用,决策程序缺乏实体性与程序性的管控为刑事风险的滋生提供了土壤。对于刑事犯罪风险易发、高发的业务,董事会、经理办公会等决策机构授权的内容应当详细载明业务执行的授权范围、资金额度、对象、条件等。被授权的部门和人员,应当严格按照授权的范围、权限开展工作,任何组织和个人无权超范围作出风险性决定。每一权利应当设置相应的权利监督机制,比如财务管理的背靠背审核机制、重大决策的盲评机制等。

2. 报告呈送程序

被授权的部门,对于业务开展情况应当及时制作报告,呈送相应的部门,实现审核与监督职能。各审批职能之间需根据审批权限与审批义务进行实质性的审判。报告呈送程序系权利使用与监督职能的结合,各职能部门根据职能权限与监督范围对呈报事项进行审批,对于遗漏的事项,要及时要求相应部门补办,最终形成监督下的决策意见,相应的工作部门严格按照报告呈送的程序和要求执行。

3. 责任审计程序

企业应建立责任审计程序,对于业务部门的决策流程与决策实施,要由督查审计部门或人员进行督查和监督,对于督查、审计出现的问题,及时督促整改;重

大的问题,应由集体决策机构处理;对于程序缺失的应当及时补正;对于实质性风险应当及时化解。

4. 业务考评

业务考评机制对应企业的利益分配机制,科学有效的利益分配机制除对人力资源起到激励作用之外,还能有效地减少刑事犯罪的动机。按年度或季度对业务部门和人员的工作进行考评、奖罚分明,对于违规行为应防微杜渐,对于违法行为应及时制止并采取相应的惩戒措施。

5. 对外源性刑事风险的管控

企业的外源性刑事风险来源于企业经营竞争、政治风险与偶然风险。企业在经营竞争中应当建立相应的保密机制与保密措施,防止给竞争对手以可乘之机。政治风险要求企业在项目获取与组织决策程序中的程序性与实体性合法,对于未然性的刑事风险要及时补充程序予以化解。提高企业刑事风险防控意识,防止针对企业的偶然性刑事风险的发生。

6. 对于财务风险的专项法律风险防控

无论是国有企业,还是民营企业,企业财务管理环节都是最高刑事风险点。财务管理环节之所以成为企业刑事风险的第一高发点,其主要原因在于:一是这些行业领域存在大量的资金、物资流动,为从事、分管或者主管财务管理工作的相关人员实施侵吞、窃取、骗取和挪用企业财产、资金的行为提供了客观基础;二是企业总经理、实际控制人和董事长作为企业高层管理人员,可能对企业各方面拥有绝对的控制权,财务大权处于企业的核心位置,为处于"一把手"职位的人员直接介入财务管理环节,进而实施不法行为提供了现实可能;三是企业相关管理制度不彰,进一步促使此环节犯罪的高发。财务风险的专项法律风险防控要求在财务审批权限的设置资金往来流程、资金往来监督等程序中设置专门的风险防控流程。

五、通过企业已发生的刑事风险的化解来挽救企业命脉

通过将企业刑事风险防控体系贯穿于企业经营与管理之中,从而形成动态的刑事风险防控体系,可以有效地防控企业未然性刑事风险,这是企业的保健过程,那么对于企业已然性刑事风险化解的过程就是一个治疗的过程。企业对已然的刑事风险应当克服心理上的恐慌,沉着理性,既要依法予以应对,又要依法缓解危机,尽最大可能地遏制和减少损失。下面笔者将以一个在实践中成功化解企业家刑事风险的案例来阐述已然性刑事风险的化解方法:

2005年,青岛某国有企业面临资金困顿、现金流枯竭的局面,为了能让其间接控股的A公司替其及下属企业承担巨额债务,决定用其下属B公司在C公司的股权置换C公司自然人股东间接持有的A公司中的全部股权权益。股权置换时,该国有企业持有B公司75%的股份;B公司持有C公司70%的股份,张某某等自然人持有C公司30%的股份;C公司持有A公司55.13%的股份。根据集团公司的

决定,自然人股东被动接受后,C 公司与 B 公司之间依法进行了签订协议、股权置换和债权置换股权的交换行为,致使 A 公司成为该国有企业完全控股的公司。但是在几年之后,张某某等人被检察机关指控为私分国有资产 8 729 万元。

在本案中,辩护人认为被告人无罪,通过细致入微地研究该案件的诉讼材料,并总结形成了该案的辩护意见,且我国刑事法学专家认可了辩护人的无罪辩护观点,辩护人在庭审后积极沟通,使得张某某等人在被羁押 1 年零 8 个月之后取保候审。虽然经过辩护人专业化的论证,认为张某某等人不构成私分国有资产罪,但是受制于我国现行的司法体制,一审法院仍然以构成私分国有资产 583 万元判处张某某等人缓刑。

判决后,辩护人认为判处张某某等人缓刑的判决错误,坚持协助被告人上诉至中级人民法院。在二审过程中,辩护人充分调动各方力量,形成新的辩护观点,借助中国刑事法学的高端力量,形成合力,最终全案被告人被宣告无罪,避免了企业发生灾难性的风险,同时也有效地保护了企业的财产。不同于传统的民商事诉讼代理,刑事辩护有其自身的专业特点。由于我国公、检、法机关在刑事案件中的特殊地位,成功的刑事辩护除了充分地保护当事人权利与案件事实本身的辩护之外,还是一场整合力量的过程。

六、结语

由历史性、政治性、外源性等原因导致企业长期存在的不合规行为是企业刑事风险发生的根本原因,而企业刑事风险又以围绕企业生存与发展的核心要素为载体长期潜伏在企业。围绕企业生存与发展的核心要素建立企业刑事风险防控体系,将企业刑事风险防控体系融入企业的经营管理过程之中,形成动态的预警机制,是避免企业遭受刑事风险的有效途径。"阳光、法合、法渡",使企业在阳光下运行,整合资源优势发挥合力,才能助力企业又快又好地稳健发展,实现未然性刑事风险的防范与已然性刑事风险的化解。

我国跨国商业贿赂犯罪研究报告

赵 卿[*] 苗 宏[**]

随着我国国内经济和对外贸易的发展,跨国商业贿赂在我国也日益活跃。跨国公司在华商业贿赂或我国企业涉嫌海外行贿的报道屡见报端,一些知名跨国公司如辉瑞制药、摩根斯坦利、西门子医疗集团、IBM、朗讯、沃尔玛、德普、葛兰素史克等先后被披露在华商业贿赂,社会影响之恶劣、危害性之严重不容轻视。为便于更准确、全面地反映我国跨国商业贿赂犯罪现状,笔者通过随机检索和整理分析,以国内外报纸、期刊、网站等媒体渠道积累的 73 个案例作为样本[①],试图从跨国公司在华商业贿赂犯罪和我国企业海外商业贿赂犯罪两方面展开实证检视。希望通过对 15 年来我国跨国商业贿赂犯罪的分析,能从整体上把握我国跨国商业贿赂犯罪的新概况和新趋势,并提出治理我国跨国商业犯罪的应对策略。

一、我国跨国商业贿赂犯罪的实证分析

近年来,伴随着我国经济发展和开放水平的提高,大量外资蜂拥而入。仅 2016 年,全国新设立的外商投资企业就有 27 900 家,同比增长 5.0%;实际使用外资金额 8 132.2 亿元人民币(折 1 260 亿美元),同比增长 4.2%。[②] 然而,外国公司

---

[*] G20 反腐败追逃追赃研究中心研究员,北京师范大学刑事法律科学研究院博士生,现供职于江苏省徐州市人民检察院法律政策研究室。

[**] 江苏省徐州市铜山区人民检察院专职委员。

① 样本来源说明:样本均系笔者在网站、报纸、期刊等媒体进行检索和整理,并逐一对其准确性进行了考证。鉴于案例数据检索的真实性、媒体关注的典型性和官方网站披露的权威性,确保样本在最大程度上确保客观性、准确性和代表性。同时,由于司法实践中,很多跨国商业贿赂案件并未进入刑事诉讼程序或以罚代刑,加上其他各种因素,其真实犯罪数量应远超过笔者收集到的样本案例数量。同时需要说明的是,笔者根据我国媒体曝光的案件,对美国反跨国商业贿赂犯罪的执法机构:美国证券交易委员会和美国司法部的官方网站进行逐一核实,发现个别案件美国执法机关并未作出回应,详见美国证券交易委员会网站(https://www.sec.gov/spotlight/fcpa/fcpa-cases.shtml)、美国司法部网站(https://www.justice.gov/criminal-fraud/related-enforcement-actions),访问日期:2017 年 4 月 2 日。

② 参见商务部外资司:《2016 年 1—12 月全国吸收外商直接投资情况》,载商务部网站(http://www.mofcom.gov.cn/article/tongjiziliao/v/201702/20170202509836.shtml),访问日期:2017 年 4 月 2 日。

在华投资额度和外国公司数量猛增的同时,在华跨国商业贿赂犯罪问题也日益凸显。与此相应,中国企业也逐渐"走出去"开拓国际市场,取得迅猛发展。据官方公布数据,2016 年我国对外直接投资额(不含银行、证券、保险)创下 11 701 亿美元的历史新高,依然为全球第二大对外投资国。截至 2015 年年底,中国 2.02 万家境内投资者在国(境)外设立 3.08 万家对外直接投资企业,分布在全球 188 个国家(地区);境外企业资产总额达 4.37 万亿美元。③ 在我国企业融入全球经济的同时,海外商业贿赂现象也随之增多。对此,笔者通过随机检索和整理分析了 2002 年 1 月到 2017 年 3 月间被媒体或相关执法机构披露的 73 个案例。鉴于媒体关注的典型性和官方网站披露的权威性,现有数据样本可视为我国跨国商业贿赂犯罪的一个缩影和直观反映。

(一) 跨国公司在华商业贿赂犯罪的基本情况

晚近一些知名跨国公司在华涉嫌商业贿赂的犯罪行为先后被曝光,美国、英国、加拿大等国的执法机构也不断加大对跨国商业贿赂犯罪的执法力度,在其官方网站公布的案例中,也不乏我国公司或国家工作人员牵涉其中。在此背景下,笔者针对网络、报纸、期刊等官方网站披露或新闻媒体关注的相关案件进行数据检索和分析整理。

1. 总体情势

(1)案件数量。依据被披露时间,2002 年 1 月至 2017 年 3 月,跨国公司在华商业贿赂犯罪案件共有 73 件。④ 根据统计,近 15 年来,几乎每一年都有跨国公司在华商业贿赂犯罪案件被报道,在案件数量上整体呈现上升趋势(见图 1),其中,共计 8 个年度每年涉案数量超过 5 件;2009 年、2013 年案件数较多,2016 年达到峰值 14 件,2014—2015 年回落较大。⑤

为确保样本的全面性和代表性,案件数据来源主要是媒体报道、官方公布(主

---

③ 参见商务部对外投资和经济合作司:《商务部、统计局、国家外汇管理局联合发布〈2015 年度中国对外直接投资统计公报〉》,载商务部网站(http://www.mofcom.gov.cn/article/tongjiziliao/dgzz/201609/20160901399201.shtml),访问日期:2017 年 4 月 2 日。

④ 本附表中所列的有关跨国公司在华涉嫌商业贿赂犯罪的案例,均源于报纸、期刊或权威网站,来源可靠、时效性较强,笔者对数据来源的出处逐一进行了标示;其中,部分案例来源于已发表的科研成果,为了保证数据准确性,笔者在引用时进行了审校,并非全部引用。参见刘书兰、周玲:《跨国公司在华商业贿赂存在的根源及对策分析》,载《对外经济实务》2011 年第 1 期;于志刚:《在华外国公司犯罪的规律分析与应对策略》,载《中国法学》2012 年第 5 期;于冲:《在华外国公司商业贿赂犯罪的实证研究与刑法规制》,载《犯罪研究》2013 年第 1 期;李小军、郭燕:《在华跨国公司外包商业贿赂的行为机理及其治理》,载《广州大学学报(社会科学版)》2015 年第 9 期;邹赫、卢进勇、陈静:《跨国公司在华贿赂:特征、原因及应对策略》,载《国际经济合作》2015 年第 3 期;王志祥、刘婷:《跨国公司商业贿赂犯罪:现状、域外治理及借鉴》,载《铁道警察学院学报》2016 年第 4 期。

⑤ 由于此部分数据样本主要根据披露时间进行分析,披露度的降低并不意味着案件数量的绝对减少。若根据结案时间,2014 年《美国反海外贿赂法》规定的执法机关证券交易委员会处理的 8 起海外行贿案件中,涉及我国的有 2 件,占 1/4;2015 年处理的 9 起案件中,有 3 件涉及我国,占 1/3。

要是美国执法机关),存在两种情况:一是个别案件在我国国内被媒体披露,但并未检索到涉案的跨国公司母国(美国、日本等)采取相应问责举措。如2003年"沃尔玛案"、2004年"默沙东案"、2007年"麦肯锡、麦当劳、惠尔浦等七跨国公司系列商业贿赂案"。二是在美国执法部门官方网站上检索到涉及我国的跨国商业贿赂案件中,也存在在我国检索不到、无人问津的情况。如2007年"Paradim BV"(荷兰一家IT公司)在美国证券交易委员会的调查中,承认"在中国、印尼、卡扎科斯坦、墨西哥及尼日利亚存在不正当支付行为",以及2006年美国证券交易委员会集中处理的"HMT案""NCH案""诺泰科(Nortek Inc.)案"等,均未见相关报道。但能够发现其中的规律:从2010年开始,随着美国对海外行贿执法力度的加大,惩处案件数量的增多,我国媒体也对其官方网站予以积极关注,对绝大多数涉及中国的跨国商业贿赂案进行了披露。这也说明,我国对跨国商业贿赂犯罪的关注度升温,并积极尝试与国际接轨。

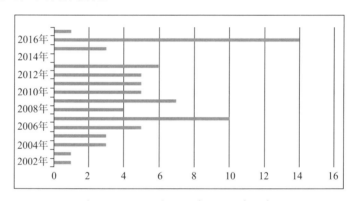

图1 2002年1月至2017年3月跨国公司在华商业贿赂犯罪整体情况(根据随机搜索整理)

(2)罪名分布。在我国,跨国商业贿赂犯罪并不是一个《中华人民共和国刑法》(以下简称《刑法》)分则确定的罪名,而是一系列商业贿赂犯罪行为的统称,包括多个具体罪名。目前我国《刑法》关于商业贿赂犯罪的罪名体系包括11个罪名,散见在分则第三章第三节"妨害对公司、企业的管理秩序罪",第四节"破坏金融管理秩序罪"和第八章"贪污贿赂罪"等条款中,分别是非国家工作人员受贿罪,对非国家工作人员行贿罪,对外国公职人员、国际公共组织官员行贿罪,受贿罪,单位受贿罪,利用影响力受贿罪,行贿罪,对有影响力的人行贿罪,对单位行贿罪,介绍贿赂罪以及单位行贿罪。在样本案例库中,2002年1月—2017年3月期间,跨国公司在华商业贿赂犯罪涉及罪名主要集中在《刑法》分则第八章的行贿罪和第三章的对非国家工作人员行贿罪(见图2),其中,涉及行贿罪的有45起,涉及对非国家工作人员行贿罪的有15起,还有部分罪名涉及对单位行贿罪(1起)、非国家工作人员受贿罪(9起)。还有1起案件涉及侵犯商业秘密罪,另有3起案件根据媒体报道受到行政处罚(商业贿赂)。

值得注意的是,出现了一些新罪名和一案多罪名的情况。如2011年曝光的全球最大的致力于工业自动化与信息的公司——"罗克韦尔自动化案"中,该子公司于2003年至2006年间,通过第三人向设计研究院和其他国有企业员工提供45万美元以用于观光和非业务旅游以换取合同,涉嫌对单位行贿罪。⑥ 2007年"家乐福案"则涉及北京地区多名经理级员工收受贿赂,法院以"非国家工作人员受贿罪"分别判处被告人1年至5年的有期徒刑。2010年3月,"力拓案"被告人胡士泰等人因犯非国家工作人员受贿罪、侵犯商业秘密罪,被判处有期徒刑7年到14年不等。可见,跨国公司在华进行商业贿赂犯罪,其行贿对象不仅包括自然人,还包括单位;不仅表现为对我国国家工作人员和相关人员行贿,还包括自己的员工收受贿赂;在趋利性驱使下,不仅触犯腐败罪名,还涉及侵犯知识产权犯罪。能够预见,跨国公司在华商业贿赂犯罪的罪名将呈现多样化、复杂化发展趋势。

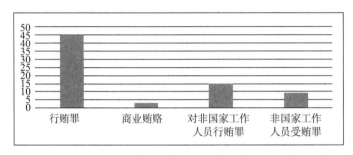

图2 2002年1月至2017年3月跨国公司在华商业贿赂案件数量分布

2. 犯罪特征分析

(1)涉案主体的总公司集中在美国,多为大型跨国公司,且多系在华子公司涉嫌犯罪。

跨国商业贿赂犯罪的主体基本都是跨国公司。根据统计(见图3),2002年1月至2017年3月,涉嫌在华商业贿赂犯罪的跨国公司主要为美国、德国、英国等国的公司,其中美国公司的数量远超其他国家。其原因可能有三:其一,美国是世界头号经济强国,国力雄厚,大型跨国公司,尤其是世界500强的公司,几乎都在美国上市。因此,大型跨国公司与美国的关联度越高,其犯罪率比率也难免超高。其二,这在一定程度上也反映出美国对反跨国商业贿赂犯罪的关注和执法力度。早在1977年,美国颁布世界上第一部专门针对海外行贿行为的《美国反海外腐败法》(FCPA),在全球范围内率先推行预防和打击跨国商业贿赂的立法和执法。《美国反海外腐败法》的管辖范围非常广泛,涵盖美国公司和公民、在美国的证券交易所上市的外国公司,以及任何行为发生在美国的行为人。⑦ 其三,我国吸引外

---

⑥ 参见美国证券交易委员会网站(https://www.sec.gov/litigation/admin/2011/34-64380.pdf),访问日期:2017年3月30日。

⑦ 参见卢建平、张旭辉编著:《美国反海外腐败法解读》,中国方正出版社2007年版,第15—16页。

商直接投资中,美国占据较大比重。上海美国商会发布的《2015 年中国商业报告》中的数据显示,美国企业坚持"立足中国,服务中国"的战略,其高管层表示将会继续在中国进行投资,29% 的受访企业将中国列为全球投资首选地,96% 的受访企业表示今年将维持甚至是加大对华投入。⑧

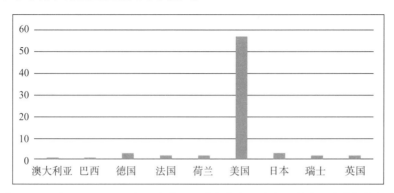

图 3 2002 年 1 月至 2017 年 3 月跨国公司在华商业贿赂犯罪的公司总部所在地

从公司规模和数量来看,2002 年 1 月至 2017 年 3 月的 15 年间,涉嫌在华商业贿赂犯罪的跨国公司大多经济实力雄厚。其中,32% 的涉案公司为世界 500 强企业(见图 4)。⑨"沃尔玛案""捷普案""西门子案""辉瑞制药案""诺华制药案""通用电缆案"等先后被曝光或涉案企业受到美国执法部门的追责。自改革开放以来,跨国公司纷纷进入我国投资兴业。据统计,目前世界 500 强公司几乎均在华投资。⑩在促进经济发展、繁荣多元文化的同时,资本逐利的本性也使得一些跨国

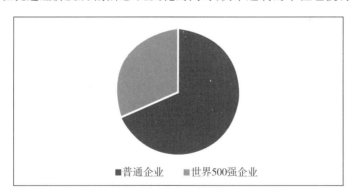

图 4 2002 年 1 月至 2017 年 3 月跨国公司在华商业贿赂犯罪的公司特征

---

⑧ 参见《2015 年中国商业报告》,载百度文库(http://wenku.baidu.com/link? url =4bmw24UKnxmf6kKTNT1wNO fbThningj5R5HJi1U9SjDm5-q7i3VJjPVdp-bDkOoQE1lZZ5Ff1gb-H5DuirEPcKq WwOzZ2lByMP7uKHDfRmy),访问日期:2017 年 4 月 2 日。

⑨ 由于每年世界 500 强企业存在不同程度变动,为便于分析,以上数据系笔者将样本案例涉及的企业与 2016 年世界 500 强企业进行比对后得出的。

⑩ 参见周英峰:《世界 500 强公司已有 490 家在华投资》,载《中国青年报》2012 年 6 月 23 日。

公司不惜铤而走险,不惜代价攫取经济利益。其中,跨国公司(包括港澳台地区的企业)在华涉嫌商业贿赂犯罪的多为子公司犯罪,其中在华办事处实施贿赂犯罪的1件。⑪

(2)涉案(行贿)对象人数多、潜伏期长、地域广。

跨国商业贿赂的行贿对象一般包括掌握公权力的政府官员、国企官员或与公权力密切相关的医生、企业雇员等。与之前跨国公司的贿赂主要针对国有企业的职员或管理层相比,现在更趋向走"上层路线"。除了与中国的企业进行利益交换外,也通过贿赂个别政府官员来达到获取巨额利益的目的。⑫ 数据显示,在贿赂流向上,一半以上的贿赂被提供给国家工作人员,这些人员往往对某些行业或领域的政府采购、项目审批等事项具有话语权;其次是国有企业或国家控股企业的高级管理人员或雇员、国有医院具有处方权的医生等。

在搜集的73个样本案例中,只有极少数案件是单一犯罪事实,即对一名国家工作人员或国有单位员工给予贿赂。大部分案件都是在长达数年时间内,对数百名,甚至上千名行贿对象行贿,其涉案人数之多、案情之复杂、时间之长、地域之广,令人咋舌。仅2004年被曝光的朗讯涉嫌跨国商业贿赂犯罪一案中,2000年到2003年间,该公司邀请近1 000名中国电信行业的高级管理人员赴美国或其他地方旅行,多达315次,花费超过1 000万元。⑬ UT斯康达也将700万美元用于邀请某国有通讯公司数百名员工出境旅游。⑭ 美国证券交易委员会的文件显示,雅芳从2004年至2008年间,向中国国家工作人员提供了约800万美元的现金及其他形式的报酬,其中,竟有9 600笔、总价为165万美元的资金专门用于支付餐饮、娱乐开支等。⑮

在犯罪时间上,涉案跨国公司几乎都是多次、长期犯罪,甚至"苦心经营"多年,如"力拓案"时间跨度为6年、"西门子案"跨度为10年,德普、美国欣科国际公司、泰科国际、巴奥米特、高通、通用电缆等公司均在超过10年时间内以商业贿赂换取合同、谋取更多业务以攫取巨额利润,这种犯罪"常态化"足可见其行为之有恃无恐。在地域跨度上,也是涉及我国大部分地区,更有多起案件涉及港澳台地区。阿尔卡特朗讯公司就因向我国台湾地区以行贿换取合同,2010年10月27日,被美国司法部和证券交易委员会联合执法,所受处罚共计1.37亿美元。2016年"拉斯维加斯金沙有限公司案"则因利用中间人转账支付,以扩展在香港和澳门

---

⑪ 因样本案例均系来自案件报道或国外网站披露,部分法律文书本身无法获知,故难以确定是否系在华子公司犯罪情况。本文所搜集的数据样本仅为宏观性分析提供参考。

⑫ 参见邹赫、卢进勇、陈静:《跨国公司在华贿赂:特征、原因及应对策略》,载《国际经济合作》2015年第3期。

⑬ 参见马丽:《解读中国在朗讯贿赂案中的沉默》,载《法人杂志》2008年第Z1期。

⑭ 参见美国证券交易委员会网站(https://www.sec.gov/litigation/litreleases/2009/lr21357.htm),访问日期:2017年3月30日。

⑮ 参见美国证券交易委员会网站(https://www.sec.gov/litigation/complaints/2014/comp-pr2014-285.pdf),访问日期:2017年3月30日。

地区的业务,同样被美国两执法机关予以重罚。

(3)涉及领域多样化但相对集中,尤其是医疗药品、信息技术、能源设备、金融、电信等行业密集度较高。

根据经济合作与发展组织于2014年发布的《海外行贿报告》,对1999年2月至2014年6月间的427起跨国商业贿赂案件进行量化分析后发现,公共采购领域发生的商业贿赂案件占到总数的57%。⑯ 我国在华商业贿赂案的多发领域也存在这种情况。据样本数据显示(见图5),发案行业分布较广,从医疗药品、金融、零售、IT等扩展到能源、电信、房地产、食品等领域,几乎涵盖了所有与民生相关的领域,但集中呈现为五大高发领域,即医药制造、软件和信息技术服务、能源设备、金融、电信等行业。

典型的如较早曝光的沃尔玛、西门子医疗集团、朗讯等,以及近年来的葛兰素史克、辉瑞制药等。这些行业多属于垄断性行业,监管部门掌握审批权、管理权等公共权力的人员很容易成为贿赂目标。尤其在2016年,美国司法部、证券交易委员会处理的案件中,涉及中国的就有14家。这些跨国企业主要分布在医疗药品、制造、金融、电信、房地产行业。其中医疗药品行业占了4家。可见,医疗卫生领域依然是我国商业贿赂犯罪集中的领域。

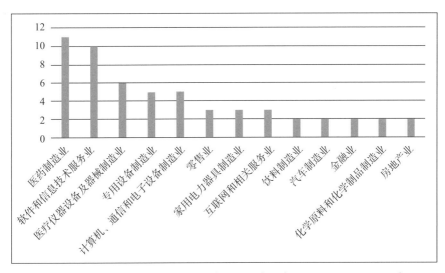

图5 2002年1月至2017年3月跨国公司在华商业贿赂犯罪的行业分布

(4)犯罪手段越发多样性、隐蔽性。

从已被披露的案件来看,实施犯罪的跨国公司已很少通过直接的"权钱交易"

---

⑯ 参见任彦、李永群:《经合组织首发〈跨国行贿报告〉:发达国家是跨国行贿重灾区》,载360个人图书馆(http://www.360doc.com/content/14/1204/21/8064468_430456178.shtml),访问日期:2017年3月30日。

方式行贿,往往采取较为隐蔽的非现金方式进行贿赂。在涉及中国的73个案件中,提供贿赂的模式也是多种多样,既包括传统的行贿模式(见图6),如提供现金、礼品卡、红包、礼品、境外旅游、海外培训、工作考察、住宿、会议赞助、赌场福利、娱乐支出、宴请、购房贷款等方式行贿,也包括较为新颖的行贿模式(见图7),如以慈善名义设立基金会后进行定向捐赠;成立虚假公司、签订虚假合同"空手套白狼";联手构筑"老鼠仓",利用内部信息炒作房地产;或者为其子女等密切关系人提供留学费用、工作岗位或实习机会。如"高通案"和"摩根大通案"中为并不符合招用条件的个别原国有企业工作人员、政府官员的子女违法提供雇用和实习机会;"Nu Skin案"中为个别政府官员的子女联系推荐信。对比之下,新型行贿模式更为隐蔽,增加了查办难度。

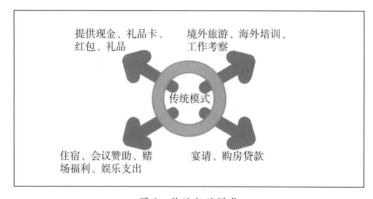

图6 传统行贿模式

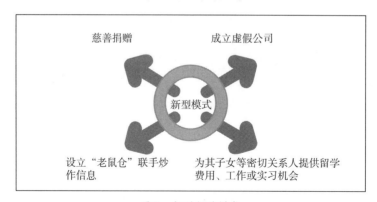

图7 新型行贿模式

不仅在贿赂表现形式上趋于多样性,在犯罪手段上也更为隐蔽,反侦查能力也更强。跨国公司(包括分公司、子公司)行贿的方式主要有将贿赂直接给予对方,或通过中间人(第三方)实施贿赂行为,后者是跨国商业贿赂的主要方式。经观察发现,所依托的通道"中间人"主要有三类情形(见图8):一是设立"离岸公司",多数选择英属维尔京群岛或百慕大等地,注册程序非常简化、费用极低,且每年交 600 美元营业执照手续费即可运营。但若要查证,则相当棘手。二是往往通过专业性中介机构等渠道,此类情形较为常见,如旅游公司、律师事务所、商业咨询公司等。三是通过与个别政府官员关系密切的"私人公司",直接通过其进行利益输送。一般而言,通过这些"中间"通道,跨国公司可以完成直接给付、账号划转、虚拟承诺、左右标价、关联交易等利益输送。⑰ 显然,这些不断翻新的行为方式,增加了贿赂行为的隐蔽性,使执法机关进行调查取证更加困难。而在会计账目上,通常是在账外巧立各种名目暗中进行,即咨询费、顾问费、推荐费、服务费、手续费、特别佣金、工厂考察费、市场调查费等,甚至有的公司专设贿赂用款账户,内部称之为"行贿基金""现金桌"等。德国戴姆勒公司是全球最大的商用汽车制造商,为便于贿赂,设置了"现金桌",该公司员工可以随时支取现金向外国公职人员行贿。

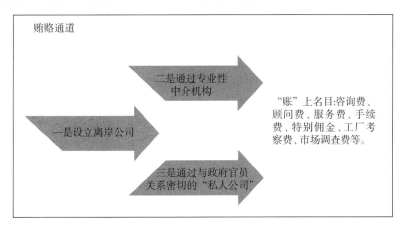

图 8　跨国公司在华商业贿赂通过"第三方"犯罪演示图

(5)调查取证难度大、历时较久。

通过对比媒体披露时间和结案时间发现,跨国商业贿赂案件较一般商业贿赂案件的查处难度更大,往往长达数年。如 2008 年雅芳被爆出为获得化妆品直销执照向我国官员行贿,当年 6 月,雅芳主动启动了针对中国区业务的内部调查,直到 2014 年 12 月 17 日,该案才结案,经过长达 6 年的调查,雅芳最终以支付 1.35 亿美元罚款与美国司法部、证券交易委员会达成和解。

究其原因,除去涉案人员众多,行为方式花样繁多、隐蔽性强等因素之外,查处难度增加的原因还表现为:其一,跨国商业贿赂犯罪的实施主体,通常具有涉外因素,如总公司注册地在我国境外、涉案人员非我国国籍,给管辖权的协调、法律适用、调查取证增添困难;其二,跨国公司往往资金雄厚、行业广泛,拥有较大的社会影响力,对当地甚至对一国经济的影响较大,对此类案件的调查往往较为慎重;其三,跨国公司的行贿对象多是政府高层或大型中央企业的高级管理人员,出于

---

⑰　参见张锐:《跨国公司在中国商业贿赂的路径与清理》,载《中国房地产金融》2012 年第 8 期。

政治等原因,即使在法律较为完善的发达国家,在查处企业商业贿赂行为时也不得不有所顾忌;其四,部分国家政府为吸引、保留跨国企业的巨额投资,在政策导向上即对行贿行为较为宽容,因而案发后也往往对行贿案件的调查采取消极配合的态度;其五,对国外法律规定、程序了解不够,调查取证时不能及时、准确地作出应对。

(二)我国企业海外商业贿赂犯罪的基本情况

随着跨国商业贿赂案件在我国的频发和国外反海外贿赂执法的加强,我国在海外上市的公司的不规范或行贿行为也很可能成为外国反跨国商业贿赂执法的重点关注对象。笔者通过随机检索相关新闻事件报道和公开网站,尽力勾画出我国企业海外商业贿赂情况(随机)。虽资料有限,但也期望能够从中检视近十年来此类犯罪的大体脉络,以起到"管中窥豹"的作用。

1. 总体情势

海外商业贿赂同其他贿赂犯罪一样,严重破坏市场的竞争秩序、损害其他竞争人的合法利益,严重削弱企业自身的长远竞争力,甚至影响整个中国海外投资企业的形象。[18] 由于国际经济市场的激烈竞争以及海外投资企业自身的腐败因素,海外投资取得巨大成功的同时,我国海外投资企业的不规范或行贿行为时有发生。如在世界银行公布的"黑名单"上,因涉嫌贿赂、欺诈等行为,我国有45家企业或个人"榜上有名",包括中国葛洲坝集团、中国华水水电开发总公司、中国交通建设股份有限公司、大庆油田路桥工程有限责任公司等多家国有企业。[19] 大部分企业与工程建设类有关,且多为"窝串案",如中国葛洲坝集团、山东泰开电力建筑工程公司旗下多家企业被列入黑名单。数据显示,我国在海外经商的企业在当地行贿的可能性非常大,这从不同侧面反映出我国企业海外贿赂问题较为严重。经随机检索,整理如下被曝光的涉嫌海外行贿案件(见表1)。

表1 我国企业海外商业贿赂情况一览表(随机)

披露时间	公司名称	行业	涉及国家
2005	华为技术有限公司	通信	孟加拉国、斯里兰卡
2007	中兴通讯股份有限公司	通信	菲律宾
2009	中国交通建设股份有限公司	金融	孟加拉国
2011	华锐风电科技(集团)股份有限公司	制造	美国
2012	华为技术有限公司、中兴通讯股份有限公司	通信	阿尔及利亚
2013	中兴通讯股份有限公司	通信	蒙古国

---

[18] 参见于冲:《中资企业海外商业贿赂的现状考察与刑法应对》,载《江西警察学院学报》2012年第3期。

[19] 参见世界银行网站(http://www.worldbank.org/debarr),访问时间:2017年3月30日。

2. 特征分析

(1) 与跨国公司在华商业贿赂犯罪态势相比,发案数量明显较少,国内亦未检索到司法已决判例。

经随机在网络、报纸、期刊检索,媒体较早曝光的我国企业涉嫌海外行贿案是2005年"华为在孟加拉国涉嫌行贿",目前共收集6例。与跨国公司在华商业贿赂犯罪态势相比,数量上明显较少。我国刑法中与企业海外行贿最为密切的罪名是"对外国公职人员、国际公共组织官员行贿罪",该罪名由2011年通过的《中华人民共和国刑法修正案(八)》[以下简称《刑法修正案(八)》]增设。笔者在中国裁判文书网检索,却没有查找到匹配案件,亦即该罪名创设以来,并无一起案件适用该罪名,成为典型的"僵尸条款"。

究其原因:一是鼓励对外贸易、开拓海外市场、维护国家形象的需要。一般来讲,若某国对其企业在对外直接投资项目中的行为"过度曝光或揭短",很可能会影响该国企业的竞争力、损害短期利益。基于此种考虑,往往对此类行为"睁一只眼,闭一只眼"。二是这些少量案件的涉案公司,其是否涉嫌犯罪的真实性有待检验,不排除相关"政治因素"或我国企业在某些项目中遭遇海外竞争对手的"策略"。三是我国企业海外行贿的司法应对还涉及各国政治、经济、法律、文化等方面的差异,在程序上需要借助东道国的司法资源以收集证据,对企业的海外贿赂行为难以进行高效监管和侦查,追究难度很大,导致无法立案。

(2) 涉及领域同样集中在通信、制造、金融等商业贿赂犯罪较为活跃的领域,涉案企业多为国内知名企业。

2015年,我国海外直接投资涉及国民经济的各个行业,制造业、金融业、信息传输/软件和信息服务业等领域的投资大幅增长。[20] 而这些领域恰恰是跨国商业贿赂高发、多发领域。与跨国公司在华商业贿赂犯罪领域较为相似,我国企业涉嫌海外行贿的犯罪领域也集中在通信、制造、金融等领域。这些企业在国内知名度较高,华为技术有限公司、中兴通讯股份有限公司是我国两大手机和电信设备服务商。前者在2013年便成为全球第一大电信设备商,世界500强企业,截至2016年年底,华为技术有限公司在全球168个国家有分公司或代表处。[21] 后者则是我国最大的通信设备上市公司,在全球100多个国家和地区设有代表处。[22] 进一步分析涉案的四家企业的性质,其中,中国交通建设股份有限公司系国务院国有资产管理委员会监管的中央企业;中兴通讯股份有限公司与华锐风电科技(集团)股份有限公司均系国有控股企业;华为技术有限公司则为民营企业。

---

[20] 参见商务部合作司:《2015年度中国对外直接投资统计公报》,载"走出去"公共服务平台(http://fec.mofcom.gov.cn/article/tjsj/tjgb/201609/20160901399223.shtml),访问时间:2017年3月30日。

[21] 参见华为技术有限公司,载百度百科(http://baike.baidu.com/item/华为技术有限公司?fromtitle=华为&fromid=298705&type=syn&sefr=enterbtn),访问日期:2017年3月20日。

[22] 参见中兴,载百度百科(http://baike.baidu.com/item/中兴通讯股份有限公司/3876113?sefr=enterbtn&fromtitle=中兴&fromid=10472100),访问日期:2017年3月20日。

(3)被披露方式主要系媒体报道,消极影响较大,涉案企业几乎均予否认。

一般来讲,跨国商业贿赂犯罪案件的线索来源可归纳为三种情形:一是媒体曝光,引起监管机构的关注,进而介入调查。二是企业通过反腐合规内部调查发现,即自我披露。由于跨国商业贿赂隐蔽性强,英美两国都鼓励"自我披露""自我报告"等形式坦白罪行。如朗讯事件,朗讯公司即是主动披露其潜在的违法行为,迅速解雇了包括总裁和首席运营官在内的4名中国区高级主管人员,并向美国证券交易委员会提交报告。英国反跨国商业贿赂案件的主要来源是公司的自我合规。㉓ 三是企业自身员工或外部知情人员举报。由于贿赂案件普遍比较隐蔽,证据单一,较难查处,可以通过建立高效的举报制度,提高公众参与度。近年来,美国依据《美国反海外腐败法》处理的25%的案件是公司内部的"告密者"提供线索的。㉔

不难看出,第一种情形产生的后果最为消极,对企业商誉往往产生较大的负面影响。在这些被媒体曝光的案例中,当事方均无一例外地在媒体披露后发表声明予以否认,如2013年"中兴行贿案",中兴通讯股份有限公司连发两条声明予以回应,声称其在蒙古国的业务开展完全符合行业国际惯例的要求和所在国法律的规定,蒙古国代表处业务正常开展,相关报道内容严重失实。㉕ 有所区别的是,2012年华为技术有限公司和中兴通讯股份有限公司同时卷入阿尔及利亚电信公司高级管理人员的一起腐败案,并被当地法院处以两年内禁止竞标、高额罚款时,中兴通讯股份有限公司表示作进一步了解,华为技术有限公司方面则未作回应,此后也未见该案的后续报道。不管涉案企业是作出回应还是予以否认,都未检索到国内相关监管部门的行动。需要注意的是,尽管目前我国企业涉嫌海外行贿被曝光案件数量相对较少,我国企业在海外投资过程中涉嫌行贿的对象并非本国人员,但客观上,无疑直接影响了当地其他经济体的正常发展,有损我国海外投资的形象,甚至波及国内市场,助长国内商业贿赂风气,从长远来看,对我国经济发展有百害而无一利。随着国外反跨国商业贿赂力度的加大,跨国公司无疑面临着各国执法机构更为严格的监管。

二、我国跨国商业贿赂犯罪问题亟须引起重视的三个问题

(一)不容回避的现实是:我国成为西方发达国家(主要为美国)反跨国商业贿赂犯罪的执法重点

随着国际商业交易的全球化,跨国商业贿赂日益成为一种全球性公害,面对

㉓ See Nicholas James Lord,"Detecting and Investigating Transnational Corporate Bribery in Centralized and Decentralized Enforcement Systems: Discretion and (de-)Prioritizationin the UK and Germany", *Policing and Society*,2015,Vol. 25,No6,pp. 579-595.

㉔ 参见马鑫、杨希:《在华美企频涉行贿,中国成美海外反腐重点国》,载《财经国家周刊》2010年9月26日。

㉕ 参见《中兴蒙古行贿案风波再起,数亿不明财产曝光》,载大江网(http://ce.jxcn.cn/system/2013/07/11/012510727.shtml),访问日期:2017年3月19日。

这一犯罪带来的危害,以美国等为主的发达国家,在全球范围内率先推行预防和打击跨国商业贿赂的立法和执法。《海外行贿报告》显示,1999年2月至2014年6月,共有261起案件中的公司和个人被处以罚款,其中,海外贿赂刑期最长的是13年,对公司的最高罚款为18亿欧元,对个人的最高罚款是1.49亿美元。在执法力度上,美国对于海外行贿的查处力度最大,15年间共处理了128件案件;德国查处了26件,位居第二;其次是韩国11件,意大利、瑞士和英国均为6件,法国和瑞典均为5件,加拿大4件,日本3件等。㉖

根据美国证券交易委员会公布的案例数据(2010年1月至2017年3月),在结案的91件案件中,涉及我国的有34件,比例高达37%。换言之,超过1/3的被查处公司系在我国涉案,尤其是2016年公布的26件案件中,涉及我国的就有14件,达半数之多!㉗ 其比例之高、跨国公司作案之集中、涉及领域之广、涉案人数之多令人震惊。美国证券交易委员会甚至在旧金山办事处增设了反海外腐败专案办公室,重点监控硅谷跨国公司的亚洲业务。经检索,这些案例国内媒体几乎都予以了报道,可见民众对跨国商业贿赂犯罪的认知度在不断加深,关注度也在不断提升。跨国商业贿赂应该成为我国商业贿赂治理的重要一环,相关监管部门要对其引起足够的重视。

(二)相较普通商业贿赂犯罪,跨国商业贿赂犯罪具有更典型的政府俘获性,有些案件已然危害产业安全甚至国家经济安全

政府俘获是个体、团体、国内企业以及跨国企业等经济主体为了获得持久的自身利益,通过贿赂权力主体,从而操纵法律、法规、法令和政策的制定与执行的行为。政府俘获的实质是经济领域产生的权力俘获。㉘ 跨国商业贿赂的一种重要表现形式是跨国政府俘获,是指跨国企业位于海外的子公司、分公司或办事机构,在东道国通过"俘获"该国的立法者或管理者而使该国提供有利于他们的立法或管理。跨国商业贿赂犯罪本质上是腐败犯罪,其权钱交易的行为本质使得市场主体丧失市场理性,其俘获行为使得公共部门、官员在政策制定、资源分配等过程中,不是将有限的资源公平地进行分配,而是违背市场规律作出与经济环境不相符的决策,给予行贿一方便利,扭曲了正常的资源配置。同时也必然助长一国公职人员特别是官员的腐败,收受贿赂者也往往在这些非法贿赂的腐蚀下滋生争权夺利、弄虚作假等不正之风,使得相关职能部门和官员在决策中难以科学公允,往往作出有倾向性的政府决策,进而导致政府和执政党组织涣散,缺乏凝聚力和执

㉖ 参见 The Secretary-General of the OECD, "OECD Foreign Bribery Report: An Analysis of the Crime of Bribery of Foreign Public Officials", 载经济合作与发展组织网站(http://www.oecd.org/corruption/oecd-foreign-bribery-report-9789264226616-en.htm),访问日期:2017年4月2日。

㉗ 参见美国证券交易委员会网站(https://www.sec.gov/spotlight/fcpa/fcpa-cases.shtml),访问日期:2017年3月20日访问。

㉘ 参见侯艳芳:《政府俘获理论及其对我国治理商业贿赂的启示》,载《河南大学学报(社会科学版)》2011年第6期。

行力,或者应其要求直接插手和干预经济活动。这种典型的"政府俘获"行为对一国政务环境、市场秩序、国际声誉的破坏性无疑是巨大的。如雅芳为取得直销经营许可,步步为营,逐渐腐蚀我国个别政府官员并最终达到目的。早在1999年,雅芳在管理人员聘用合同中就注明:其任务就是打开雅芳与这些官方机构沟通的渠道,并培养出能确保雅芳在商业上成功的"关系"。此后,雅芳中国就开始给中国官员提供餐饮、娱乐和旅游。同时,其不断从中国官员处获得非正式的"试运营许可"将要批准的消息,随后,雅芳继续提供贿赂,并开始频繁地行贿省级和市级官员。到2005年4月,雅芳果不其然地成为中国首家获得直销试运营许可的企业,并在北京、天津和广东开展业务。㉙

跨国商业贿赂盛行会破坏一国经济政策的平衡,导致市场腐败,影响市场的可预测性,增加外资在东道国经营的风险和难度,从而降低其投资信心,造成一国投资环境的恶化。有的跨国公司甚至借机把持重要行业领域、国家资源等,危害东道国的产业安全甚至国家经济安全。从我国涉案的行业来看,医疗器械、能源设备、电信、汽车制造、金融、零售等领域成为重灾区。更令人担忧的是,一些在华外国公司已经将其商业贿赂犯罪的魔爪伸向钢铁等关涉国家经济安全乃至国家安全的重要领域,这应当成为今后严密防范和打击的重要方向。㉚ 在"力拓案"中,以涉案公司力拓为代表的跨国公司长期主导我国铁矿石的定价权,给我国经济造成巨大损失。还有的案件不仅严重侵蚀涉案行业的商业道德和行业风气,更滋生多种违法犯罪,甚至与相关国际犯罪交织。2012年,全球最大制药商葛兰素史克跨国商业贿赂案曝光,经调查,葛兰素史克中国分公司通过中间人大肆行贿我国政府、医院、医药行业协会和基金会等工作人员,巨额贿赂费用最终都体现在高于成本数倍、数十倍的高价药之中,转嫁到我国广大患者身上,据保守估计,"运营成本"占到药价成本的20%～30%。㉛ 行为人实施跨国商业贿赂,大多数是为了谋取非法利益,因此,也往往与恐怖、黑社会、贩毒等有组织犯罪和欺诈、逃税、洗钱等经济犯罪密切相关,不仅加剧此类犯罪的查处难度,更给当地社会带来极大的不稳定因素。如"葛兰素史克案"犯罪嫌疑人马克锐等组织其财务部门,将在中国境内的绝大部分违法所得作为采购成本转移到境外预设的公司结算㉜,涉嫌洗钱犯罪。

(三)国内执法的"宽容"与国外执法的"严厉"形成鲜明对比,甚至出现"僵尸条款",涉案人员受到我国处罚和披露的普遍较少,严重影响我国司法公信力

与国外反跨国商业贿赂执法如火如荼进行状况形成鲜明对比的是,跨国商业

㉙ 参见《雅芳行贿案,对受贿者不能再按兵不动》,载腾讯评论(http://view.news.qq.com/original/intouchtoday/n3015.html),访问日期:2017年3月18日。

㉚ 参见于冲:《在华外国公司商业贿赂犯罪的实证研究与刑法规制》,载《犯罪研究》2013年第1期。

㉛ 参见李建华、田赞、田晖:《在华跨国商业贿赂的根源与治理对策研究——葛兰素史克案反思》,载《东南学术》2014年第2期。

㉜ 参见宗禾:《那些涉嫌腐败的外企,如此适应中国国情!》,载九个头条网(http://www.topnews9.com/article_20140516_37182.html),访问日期:2017年3月18日。

贿赂犯罪在我国愈演愈烈的现状,却未引起足够重视。其一,从收集样本的来源来看,主要是在网络、报刊等媒体随机检索或国外官方网站披露,从我国裁判文书网检索则收获较少,最为典型的是,尽管《刑法修正案(八)》增设了"对外国公职人员、国际公共组织官员行贿罪"这一罪名,但经检索中国裁判文书网,却无一起案件适用该罪名。其二,从处理结果来看,样本数据库中的 73 个案例,在国外受到处罚的有 51 件,占 69.9%;相关涉案人员在我国受到刑事处罚或被采取刑事强制措施的有 13 件,受到行政处罚的有 3 件,合计占比不足 21.9%,还有一些案件被披露后未检索到相关处理结果。这也正如媒体所分析的:跨国公司在我国实施商业贿赂犯罪的线索来源往往是外国监管机构调查发现后告知我国,更甚至,跨国公司或涉案人在其本国受到起诉或处理,在我国与之有直接利益关系的中国公司(受贿单位、第三方中介等)或者国家工作人员、国企员工等却很少受到相应制裁,尤其是受贿者很少受到法律制裁。个别案件虽经跨国公司曾任职人员举报但最后却不了了之。[33]

具体到行业和个案,更是可见一斑。近 15 年来,医疗药品领域的跨国商业贿赂案件尤为突出,辉瑞、葛兰素史克、诺华、阿斯利康、默沙东、强生、惠氏、礼来等全球十大制药企业竟有八家在我国涉案;西门子医疗、飞利浦医疗等全球十大医疗器械公司也在我国涉嫌商业贿赂。这些公司都因在中国的行贿行为而受到严厉处罚。其中,"西门子案"同时被美国、德国处以总额高达 13.45 亿美元的罚金,是《美国反海外腐败法》在 1977 年颁布实施后的数额最大的一起和解案件。根据美国司法部和证券交易委员会公开披露的文件显示,在 2003 年到 2007 年间,西门子曾向 5 家中国国有医院行贿 2 340 万美元。即便如此,在中国包括卫生部、建设部等相关部门进行的治理商业贿赂专项工作中,均没有涉及西门子,甚至连就西门子在华行贿事件展开有针对性的调查的"指令"都没有。[34]此类情形比比皆是,又如美国控制组件公司对外界承认贿赂中石油、中海油等中国企业人员,但是在这些国有企业中,仍鲜有企业承认自己涉入其中,相关司法程序也未见启动。而"不干胶巨头艾利·丹尼森商业贿赂案"中,受贿嫌疑方中国公安部下属机构亦是完全否认这项指控。

三、我国跨国商业贿赂犯罪的原因剖析

跨国商业贿赂犯罪具有内因、外因等多方面原因,从预防犯罪的角度分析,基于个案研究、犯罪特征等定性研究,发现资本逐利本性、企业合规不到位、行业"潜规则"盛行、制度缺位、刑事立法司法的失衡等问题是我国跨国商业贿赂犯罪的重要原因。

---

[33] 参见侯耀晨:《施耐德电气被指在中国行贿 20 亿》,载《中国商人》2010 年第 10 期。
[34] 参见黄启越、李峰:《可口和百事的"塌陷":洋贿赂何以盛行?》,载《南都周刊》2009 年 10 月 10 日。

(一)内因层面

1. 国际资本的逐利性和我国经济发展带来的巨大商机是深层次原因

商业竞争和逐利本质决定商业贿赂在各国都比较普遍。跨国商业贿赂犯罪的主体基本都是跨国公司,纵观跨国公司的发展历史可见,跨国公司对于促进经济发展、繁荣多元文化起到了重大推进作用。但是,资本的逐利性使得跨国公司在推动经济全球化发展的同时,也在不惜铤而走险通过违法犯罪手段攫取巨额利润,跨国企业在面临商业伦理和利益驱使的时候,往往会趋向于追求利益最大化,在权衡所冒风险和利益之间的权重之后,通常会选择后者。分析收集的样本案例,跨国商业贿赂犯罪分子的犯罪动因往往为了谋求商业利益或竞争中的优势地位,受利益驱动导致跨国商业经营者实施贿赂犯罪。

我国巨大的商业市场以及经济利润,同样也令跨国公司在巨大的商业利益面前不惜铤而走险。根据朗讯的商务报表显示,我国的电信市场约占全球电信市场的10%至15%左右,中国市场已经成为朗讯在全球仅次于美国的第二大市场,面对如此巨大的商业利益和市场开发空间,朗讯集团也就难免会在2004年出现行贿案件丑闻。如在"雅芳商业贿赂案"中,在1998年雅芳刚进入我国市场时,尚不允许直销经营。为了打开中国这个巨大的市场,雅芳必须取得直销经营许可证以实现其擅长的直销经营模式,让现有竞争格局符合其业绩需要。在利益驱动下,雅芳不惜在长达数年时间内精心运作、步步为营,邀请国家工作人员以考察名义境外旅游,并支付相关费用。

2. 公司治理结构的偏颇、企业合规不到位也是内部诱因

当代跨国公司治理结构的形成有其历史背景。基于资本的逐利本性加之早期对控制商业贿赂行为关注较少,公司治理结构的设置更为注重效率和盈利性。效率和盈利性都是公司的短期利益目标,很容易刺激公司管理层通过牺牲公司长远利益以换取短期利润的增长。㉟ 在这种治理结构理念下,企业更为重视业务部门的市场和营销,合规制度往往形同虚设。一些跨国公司公然设立专门的"行贿账户""现金桌",甚至合规部、财务部、法务部等为其行贿行为"大开绿灯",提供全方位支持。㊱

当然,也存在一些跨国公司的中国机构和中国企业不熟悉国外反海外腐败法的合规管制要求,缺乏合规管理实践经验等因素。在国际贸易中,对经济主体具有约束力的不仅包括相关国家的法律、法规,同时也包括以非官方形式出现的国际通用商业规范,如经济合作与发展组织2000年修订的《跨国公司指南》包含了对反腐败的内部制度建设的建议;国际商会三次更新反索贿和贿赂的行为准则;

㉟ 参见程宝库、孙佳颖:《跨国公司控制商业行贿行为的动机及成效分析》,载《理论与现代化》2010年第3期。

㊱ 参见邹伟、罗沙、陈文广:《葛兰素史克中国行贿事件:中国不是法外之地》,载中国法院网(http://www.chinacourt.org/article/detail/2014/09/id/1448646.shtml),访问日期:2017年4月4日。

透明国际与社会问责组织共同制定的《商业反贿赂守则》,总结了企业家在自我控制、防范商业贿赂方面的实践经验,形成了一整套具体而又细致的反贿赂方案,为企业提供了一整套有效促进其自律的制度工具。在对外贸易中,由于对具体国际社会环境及行为规范的不了解,不重视企业的合规性,企业很可能就会丧失最有利的自我控制和管理,为短期利润走上弯路,甚至导致商业腐败。

(二)外因层面

在犯罪外因层面,不良因素的诱使、社会控制的弱化等,均不同程度地导致跨国商业经营者在外界因素的刺激下实施犯罪行为。

1. 行业"潜规则"的异化存在

改革开放以来,我国大力发展市场经济的同时也在不断对其完善,取得了举世瞩目的成效,但法治秩序下公平竞争的市场经济体系并未完全形成,暗箱操作、徇私舞弊、不合理干预等滥用行政权力的行为仍然侵蚀着市场肌体,导致一些市场主体在政府采购、工程竞标中不能平等竞争,政府对本地企业尤其是国有企业的"天生性"保护也使得跨国公司的产品和服务难以开拓市场。而在本国市场内,长期以来存在的公关贿赂、"不行贿就办不成事"的潜意识对关系和权力的崇拜与畏惧心理在很多国人心中根深蒂固,也由此极大地影响着来华投资经济主体的行为模式。在发案率较高的医疗药品领域,通过医药代表给医生"红包""回扣""以药补医"的现象非常严重;在零售业,供给商与零售商之间的贿赂行为,也一直被认为是司空见惯的"潜规则"。

在这种背景下,根据博弈理论,跨国公司如果遵纪守法短期内就很难在竞争中获胜、占有市场。因此,经济实力雄厚的跨国公司自然选择"入乡随俗",纷纷主动适应这些潜规则。医疗药品领域的跨国公司"扎堆式"暴发在华商业贿赂丑闻,世界零售商沃尔玛、家乐福先后在我国暴出商业贿赂丑闻显然并非偶然。一些跨国公司的高级管理人员认为,到中国经商,"关系"决定着经营业务的成败、经济效益的高低。对于西门子行贿中国的原因,德国外交部对华工作小组主任芮悟峰解释为:"许多跨国企业敢于在中国行贿是因为它们觉得如果不通过行贿很难在'公平'的环境下拿到订单。特别是在很多重大项目的招投标过程中,是否真正按照客观实力获得订单很难作出判断,这导致跨国企业为了生存不得不铤而走险。"[㊲]有的跨国公司甚至会专门研究中国文化和习俗,将在华公司负责人换成善于公关的"中国通"。如我国历来家庭观念较重,跨国公司则通过聘用我国个别政府官员或者前官员的子女、亲属或其他密切关系人等,或给予奖学金、组织境外旅游、赠送高档礼品等,通过这些有影响力的关系人打通"俘获通道"。

2. 政策法规制定和市场运行的不透明

这一问题主要体现在以下两个方面:

(1)政策法规制定过程不透明。应当承认,我国政府中很多职能机构基于部

㊲ 参见谈佳隆:《我国拟将跨国商业贿赂纳入刑法》,载《中国经济周刊》2010年9月14日。

门利益的考虑往往对公开听证有抵触情绪,甚至只是走过场或者搞形式主义,不愿采纳与其利益不相符的意见和建议,也不愿引进专家学者的参与,都使得这些职能机构垄断政策法规的制定权。㊳长期垄断带来的恶果必然是制定权集中于少数内部司委手中、权力过大、制定程序不透明,外界难以进行有效监督。国外资本需在东道国打开市场获取盈利,自然会充分利用政策法规的漏洞,在这种状况下,难免促生权钱交易的腐败行为。

(2)在具体市场运行中,由于长期的经济政策形成了政府部门在市场经济中裁量权、决定权过大的现象,政府控制着最重要的资源——土地、信贷、采购等,不可否认,一些腐败分子往往人为地设置复杂的市场准入限制,而又未有公开透明的程序制度、健全的监督制度相配套。跨国经济主体为赢得更多机会占有市场,便针对这些垄断部门的公职人员、垄断行业的高层管理人员进行贿赂。如一些药品、医疗器械采购领域的程序不透明、医生处方权过大、监督途径不畅通等导致一些医院医生"集体陷落",引起举国震惊的"葛兰素史克案"正是典型例证。可见,制度、监管和商业程序的不透明不公开是滋生商业贿赂的温床,这也是跨国商业贿赂领域腐败多发和不能根治的重要原因。换一个角度观之,跨国公司本可以以其拥有的管理和技术优势占领中国市场的一定份额,但仍铤而走险,采取非法手段行贿中国官员及相关企业,足以说明我国的市场经济体制不仅存在某些扭曲现象,也反映了在控制复杂的跨国商业贿赂犯罪方面,国内的相关法律制度和执法体制仍不健全,覆盖面不够广,存在较大的漏洞或缺失。㊴

3.刑事立法的失衡

发达国家参与国际贸易已有数百年历史,将治理跨国商业贿赂作为完善经济发展、培育公平有序竞争环境的一项重要任务。跨国商业贿赂行为往往发生在发展中国家或转型国家,而这些国家致力于推动经济发展,国际贸易也较多依赖外国资本,往往给予跨国公司"超国民待遇",不愿甚至不敢对跨国商业贿赂行为进行处罚,担心造成国际投资的流失,因而往往在犯罪圈的划定上,对跨国商业贿赂采取谦抑的态度。

(1)罪名体系尚不严密。目前我国《刑法》关于跨国商业贿赂犯罪涉及11个罪名,具体如下:

表2 《刑法》中关于跨国商业贿赂犯罪涉及的罪名

受贿犯罪	行贿犯罪
受贿罪	行贿罪
非国家工作人员受贿罪	对非国家工作人员行贿罪
单位受贿罪	对单位行贿罪

㊳ 参见卢正刚、李岩:《在华跨国公司政府俘获问题探析》,载《中州学刊》2011年第2期。
㊴ 参见张卫彬:《跨国公司商业贿赂法律规制的实践模式及借鉴》,载《法学》2014年第9期;赵秉志:《国际社会惩治商业贿赂犯罪的立法经验及借鉴》,载《华东政法学院学报》2007年第1期。

(续表)

受贿犯罪	行贿犯罪
	单位行贿罪
	对外国公职人员、国际公共组织官员行贿罪
介绍贿赂罪	
利用影响力受贿罪	对有影响力的人行贿罪

经过对《刑法》的修正，我国商业贿赂犯罪的罪名体系日趋完善，可以分为公共部门贿赂犯罪、贿赂外国公职人员或者国际公共组织人员犯罪和私营部门内的贿赂犯罪，基本上与《联合国反腐败公约》的罪名体系相吻合。根据《联合国反腐败公约》第16条的规定，缔约国应当将外国公职人员或国际公共组织官员的贿赂行为规定为犯罪，包括受贿和行贿。但是，我国却未将相同主体的受贿行为入罪，实在遗憾。

(2) 在具体认定上，也尚未与《联合国反腐败公约》接轨。①犯罪主体的界定。《联合国反腐败公约》将受贿罪的犯罪主体明确为"公职人员"，系职能论，不局限于身份，我国《刑法》及其解释关于"国家公职人员"的规定种类繁杂，认定标准复杂，导致司法认定争议不断。②"贿赂"的界定。《联合国反腐败公约》对贿赂犯罪规定里涉及的"贿赂"，均界定为"不正当好处"，以涵盖当前形式隐蔽多样、手段不断翻新的跨国商业贿赂，我国目前刑法及司法解释对贿赂的范围规定仅限于财产和财产性利益。⑩ ③"为他人谋取利益"问题。《联合国反腐败公约》规定，只要索取或收受不正当好处的行为是与其职务行为相关，就足以构成贿赂犯罪，即只要有权力寻租行为即可成立犯罪，无需具备为他人谋取利益的行为或动机。我国受贿罪则增加"为他人谋取利益"这一要件，大大缩小了受贿罪的成立范围，给司法实务中受贿罪的认定带来困扰，不利于打击犯罪。

(3) 我国商业贿赂犯罪刑事立法的体系性失衡还体现在刑罚设置过重和缺失，与国内司法实践、国际立法潮流不符。《中华人民共和国刑法修正案(九)》[以下简称《刑法修正案(九)》]进一步削减了大多数具有行政犯性质的犯罪的死刑，但仍保留了贪腐犯罪的死刑，这不仅与当前限制非暴力犯罪死刑的理念相违背，而且不符合减少和废止死刑的国际趋势，事实上，近年来我国没有一起因贿赂犯罪判处死刑立即执行的案件。我国外逃腐败分子集中在美国、加拿大、澳大利亚等国，而"死刑犯不引渡"早已成为国际法准则，也往往成为西方国家拒绝引渡、遣返外逃贿赂犯罪分子的重要理由，给国际追逃工作带来巨大障碍。

---

⑩ 最高人民法院、最高人民检察院《关于办理贪污贿赂刑事案件适用法律若干问题的解释》第12条规定："贿赂犯罪中的'财物'，包括货币、物品和财产性利益。财产性利益包括可以折算为货币的物质利益如房屋装修、债务免除等，以及需要支付货币的其他利益如会员服务、旅游等。后者的犯罪数额，以实际支付或者应当支付的数额计算。"

4. 司法惩治的不力

从案件发现和惩治来看,国内对涉嫌跨国商业贿赂行为的外国企业及本国企业海外贿赂行为惩治不力,缺乏震慑力和约束力。

(1)多头监管,无法形成治理合力。

目前我国商业贿赂的调查机关主要为工商行政管理局、人民检察院、公安局、商务部、国务院国有资产监督管理委员会、纪律检查委员会等,这些部门由于工作性质、职能、法律依据、程序的不同,加之监管部门的人力、资源等有限,监管部门和执法部门难以面面俱到,在查办案件时难以有机配合和协作,多头执法,给自由裁量留下过大空间,往往只是通过抽查,发现一起处理一起。这种"头痛医头,脚痛医脚"的做法,显然难以从根本上奏效,甚至使得不少事实清楚、证据确凿的案件在地方保护主义和相关政府部门的庇护下,难以定罪量刑,甚至不了了之。

(2)为了吸引外资、发展经济,长期以来对外国公司给予"超国民待遇",司法机关基于维护经济发展、保护投资环境、扩大对外贸易的立场,怠于治理跨国商业贿赂行为。

跨国商业贿赂犯罪的线索来源往往是外国监管机构调查发现后告知我国,并且跨国公司或涉案人在其本国受到起诉或处理,而在我国尚未有相应制裁,尤其是受贿者很少受到法律制裁。[41] 据报道,在俄罗斯、中欧经营贸易的商人大量采取"灰色清关"策略,长期大规模地贿赂海关官员等事件,中国国内司法机关也并未进行进一步的调查。[42] 同时,加之对跨国商业贿赂犯罪,尤其是对我国企业海外商业贿赂犯罪的危害性认识不足,我国司法机关对海外商业贿赂犯罪的惩治存在"过度宽容"的情况。所以,多数与我国相关的跨国商业贿赂犯罪案件,往往都是外国司法机关主导,我国司法部门很少积极应对,处罚与打击力度不大,导致不少跨国企业对潜规则和贿赂行为习以为常。这种"过度宽容"的司法现状使得跨国商业贿赂犯罪的"成本"降低。据悉,如果在中国和美国进行同等数额的商业贿赂,在美国给予的处罚是中国的 100 倍。[43] 因此有学者指出,总的来说,目前外商在我国违法成本太低,是导致外商在华腐败案多发的重要原因之一。[44] 对于媒体和美国等国司法部门披露的多起在华跨国公司商业贿赂案,绝少见涉案官员被查处的这一现状,有学者尖锐地指出:原因不在于没有相关的法律依据,而是在于司法机关的按兵不动;反跨国公司商业贿赂不是一个理论问题,而是一个实践问题,主要不在于立法问题,而在于司法行动问题。[45] 毫无疑问,这种对跨国商业贿赂犯

---

[41] 参见侯耀晨:《施耐德电气被指在中国行贿 20 亿》,载《中国商人》2010 年第 10 期。

[42] 参见周荣义、洪发胜:《中国跨国公司海外行贿罪的现实思考——以〈刑法修正案(八)〉第29条的实施为背景》,载李云龙主编:《赣南法学论坛文集——江西省犯罪学研究会》(2011 年),江西人民出版社 2011 年版,第 307—312 页。

[43] 参见原金:《IBM 再曝行贿门,海外反腐形势严峻》,载《中国企业报》2011 年 3 月 25 日,第 3 版。

[44] 参见原金:《IBM 再曝行贿门,海外反腐形势严峻》,载《中国企业报》2011 年 3 月 25 日,第 3 版。

[45] 参见杨涛:《反跨国商业贿赂的瓶颈不在立法在司法》,载《经济参考报》2010 年 9 月 14 日,第 8 版。

罪过度宽容、查处不力的现实状况,与我国当前的大力反腐形成强烈反差。

(3)国际合作机制的弱化也是导致跨国商业贿赂犯罪治理不力的原因。

近年来,我国不断加大国际合作力度,相关双边条约不断出台,但距离现实需要还是较远。我国至今尚未与外逃腐败分子占比较重的美国、加拿大等国签订引渡条约,限制了国际合作的拓展空间。在对跨国商业贿赂国际合作的关注上,也不及对反恐、打击知识产权等犯罪的重视度。情报信息沟通不畅是国际合作机制弱化的重要表现。各国多年的实践表明,国际信息交流和司法合作是查处跨国贪污贿赂案件的最有效手段。[46] 但是受一些因素所限,这项工作在广度、深度上不够理想。同时,由于信息交流和司法合作是否有效在很大程度上取决于被请求国的合作意愿,接受与提供与否依赖于被请求国的刑事政策和执法理念,司法实践中并不具有强制性。例如,虽然美国执法机构近年来惩处的海外行贿案高居全球首位,且涉及我国的比重明显,但尚未建立如知识产权工作组交流机制,还未能在通报案件线索、协助调查取证、开展联合行动等多层面交流,这也使得合作不畅、查办不力。此外,目前我国与其他国家关于跨国商业贿赂犯罪情报交流主要局限于就具体个案通过外交途径和国际刑警组织提出,手续烦琐、效率较低,容易贻误查办的最佳时机。

四、预防和惩治跨国商业贿赂犯罪的对策建议

跨国商业贿赂犯罪的治理不仅是一个法律问题,还是一个政治问题和社会问题,是一项系统性、长期性的工程,因此,预防和惩治跨国商业贿赂犯罪要坚持战略谋划、标本兼治的原则,采取综合性措施逐步推进。针对我国跨国商业贿赂犯罪的主要现状、特征和诱因分析,借鉴国外经验和做法,笔者提出以下对策和建议:

(一)运用战略思维,将反跨国商业贿赂犯罪作为反腐败体系的重要组成部分进行科学谋划

战略思维就是对根本性、全局性、长远性问题、关系进行科学谋划的思维方式,高瞻远瞩,统揽全局,把握事物发展的总体趋势,是战略思维的核心。[47] 腐败,是人类社会的恶疾。跨国商业贿赂犯罪本质上是侵犯职务廉洁性的腐败行为,面对跨国商业贿赂犯罪隐蔽多样的犯罪形态和错综复杂的利益链条,首先要做的便是制订目标明确、层次清晰、方法得当、措施有力的顶层设计方案。

1. 坚持把反跨国商业贿赂犯罪纳入党和国家工作大局

改革开放三十多年以来,改革和发展始终是中国社会的主题。市场经济和依法治国是我国当前经济和政治生活的主旋律,国家以此思想为指导,促进市场经

---

[46] 参见张志杰:《各国检察机关之间的信息交流与司法合作》,载《人民检察》2002 年第 3 期。
[47] 参见吴建雄:《运用科学思维践行党的反腐败战略》,载《湖湘论坛》2017 年第 1 期。

济秩序和法治秩序的发展和完善。㊽ 然而,我国跨国商业贿赂犯罪高发多发,损害正常市场秩序,恶化投资环境,严重侵蚀我国经济肌体和公职人员职务廉洁性,影响我国国际商誉。如任其蔓延,无疑是对我国市场经济秩序和法治秩序的破坏,对其治理刻不容缓,目前我国正处于全面深化改革和全面推进依法治国的关键时刻,尤其在反腐败形势依然严峻的前提下,丝毫不能放松。

2. 重构符合我国经济地位的跨国商业贿赂犯罪刑事政策

2016 年 9 月,习近平主席在主持二十国集团领导人峰会和全球治理体系变革进行中央政治局第三十五次集体学习时强调,我国要积极制定反腐败等新兴领域治理规则,提高参与全球治理的能力。㊾在当前全面推进依法治国的时代背景下,在重拳打击腐败犯罪和提升国际反腐领域话语权的大背景下,在遏制商业贿赂、维护公平竞争环境的责任担当下,有必要重新思考、确立符合中国企业现状和国家经济地位的商业贿赂犯罪的刑事政策。具体到反跨国商业贿赂犯罪,仍需贯彻宽严相济的刑事政策,以严为主,以宽为辅,宽严结合。亦即,对跨国商业贿赂犯罪应当以严厉的刑事政策为主,重点惩治某些犯罪多发、社会危害严重的跨国商业贿赂犯罪。在严厉打击的同时,也注重宽严相济,鼓励"自首""坦白"。由于跨国商业贿赂隐蔽性强,英美等国都是采取"自我披露""自我报告"等形式鼓励坦白罪行。

3. 完善刑事立法体系

(1)协调管辖权冲突。鉴于跨国商业贿赂犯罪案件的复杂性,很难用"一刀切"的方法协调这些冲突。应当在主权平等、互利互惠的基础上,遵循国际法原理和国际习惯,坚持属地管辖优先、属人管辖补充、有利于公正司法、寻求最大限度合作等原则协调和解决管辖权冲突。

(2)严密我国刑法的罪名体系,建议增设"外国公职人员、国际公共组织官员受贿罪",以获得此类贿赂行为在国内法上的处罚依据,从而更加全面地履行公约义务。

(3)完善罪状体系。包括:①明确犯罪主体的刑事责任,建议借鉴《美国反海外贿赂法》的做法,当跨国公司的海外子公司实施商业贿赂行为时,跨国公司作为控制人就要承担责任,无论其是否存在主观上的故意或过失,且并不以母公司全资拥有或以多数股拥有海外子公司控制权作为管辖依据,除非公司能够证明自己为避免子公司行贿已经尽到了充分的监管义务。㊿ ②以"公共职能论"明确受贿罪主体的认定,不局限于身份。③扩大"贿赂"的范围,不局限于财产和财产性利益,

---

㊽ 参见黄晓亮:《论我国刑法修正的秩序价值优先性——以〈刑法修正案(九)〉为视角》,载《法学杂志》2016 年第 3 期。

㊾ 参见《习近平:加强合作推动全球治理体系变革 共同促进人类和平与发展崇高事业》,载新华网(http://news.xinhuanet.com/politics/2016-09/28/c_1119641652.htm),访问日期:2016 年 10 月 30 日访问。

㊿ 参见程宝库主编:《商业贿赂——全球治理的立法与实践》,法律出版社 2006 年版,第 122—123 页。

以涵盖当前形式隐蔽多样、手段不断翻新的跨国商业贿赂。④取消"谋取不正当利益"。

(4)完善刑事制裁措施。包括:①逐渐废除贿赂犯罪的死刑设置;②增加财产刑的适用种类和适用范围;③完善资格刑。《刑法修正案(九)》增设职业禁止规定,却不禁止从事"特定活动"或剥夺"特定资格"。由于跨国商业贿赂犯罪多发生在政府采购领域,如不加禁止或限制则很可能再犯。建议借鉴域外刑法典规定的职业禁止,不仅禁止行为人从事特定职业,还剥夺从事特定活动或者技艺资格的做法。[51] ④进一步厘清单位犯罪的罚则,即改变我国目前对单位犯罪既有双罚又有单罚的立法混乱状态,统一采用双罚制,同时,为避免罪责偏颇,还应根据《联合国反腐败公约》等国际公约的要求,明确法人责任与法人组织中实施此种犯罪的自然人的责任互不替代的双罚制原则[52],不能因为追究了法人的责任而减轻具体实施行为的自然人的刑事责任。

(二)针对犯罪规律,加强全面治理和源头治理

跨国商业贿赂犯罪具有强烈的趋利性,经济主体往往是掌握较多资源的跨国公司,公司组织结构较为完善,可以为牟利犯罪,亦可以为牟取更大利益而自我披露和整顿。抛开遏制和杜绝此类犯罪的终极目的不谈,如果可以借助于企业自我伦理约束和合规计划,那么跨国商业贿赂犯罪治理的合作障碍将会相对较小。因此,对跨国商业贿赂犯罪治理的应对策略也应有所区别,需在把握跨国商业贿赂犯罪内涵的基础上,加强全面治理和源头治理。

1. 全面治理体现在三个"并重治理",不可偏废

(1)公共部门贿赂犯罪和私营部门犯罪并重治理。治理跨国商业贿赂,不仅包括为取得某种商业交易中优势地位而对公职人员行贿的行为,同时也应当包括平等的商事主体之间的贿赂行为。

(2)行贿犯罪和受贿犯罪并重治理。贿赂本身是一种对合行为,涵括受贿和行贿,是必要共同犯罪,在本质上是一种侵蚀经济体系或政府系统的非法行为。[53]若只禁止其中一种行为,而不禁止它的对象行为,则不能有效制止贿赂行为的发生,也会造成不公平的差别待遇。[54] 跨国商业贿赂行为作为贿赂的一种特殊表现

---

[51] 如:《俄罗斯联邦刑法典》第44条规定了"剥夺担任一定职务或从事某种活动的权利刑",参见《俄罗斯联邦刑法典》,黄道秀译,北京大学出版社2008年版,第17页;《意大利刑法典》第19条规定了"禁止从事某一职业或技艺",参见《最新意大利刑法典》,黄风译注,法律出版社2007年版,第11页;《哥伦比亚刑法典》第43条规定了"剥夺从事职业、技艺、行业、工业或者贸易的资格",参见《哥伦比亚刑法典》,陈志军译,中国政法大学出版社2015年版,第21页。

[52] 《联合国反腐败公约》第26条"法人责任""三"、《联合国打击跨国有组织犯罪公约》第10条"法人责任""三"均规定:"法人责任不应当影响实施这种犯罪的自然人的刑事责任。"

[53] 参见李小军、郭燕:《在华跨国公司外包商业贿赂的行为机理及治理》,载《广州大学学报(社会科学版)》第2015年第9期。

[54] 参见徐岱、马宁:《商业贿赂犯罪的刑事实体法完善》,载《当代法学》2009年第2期。

形式,其治理需要坚持行贿和受贿并重。

(3)在华跨国商业贿赂与我国企业海外行贿并重治理。必须同时严惩在华公司和我国海外投资企业的商业贿赂犯罪:我国应与投资企业所在的东道国积极加强打击商业贿赂的司法合作,保障中国企业在海外公平有序的市场环境。同时,通过外国司法机关披露的海外商业贿赂案件获得的线索,争取信息共享,制裁在华外国公司商业贿赂的行为并追究有关受贿者的责任。走出去的中国企业必须加强对国际惯例,尤其是反腐败惯例的研究与了解,有效规避可能出现的风险与陷阱,降低运营成本。

2. 注重源头治理,加强企业合规是必然要求

借鉴国外建立合规体系的经验,中国企业应该积极顺应并强化企业合规反腐的潮流。

(1)健全现代企业制度,确保分权制衡机制的运行。鉴于"一把手"专断、集权的现象在企业运行中较为普遍,所以增强企业的抗腐能力的一大有效途径就是在制度上把企业决策权和运作权分开,在重大决策、项目、人事安排和大额度资金使用上,做到有监控、有制约。⑤

(2)构建企业合规制度。企业合规制度,实际是通过严格的内部控制在刑事责任与企业责任之间架起了一座桥梁,企业可以通过采取预防性措施来争取制裁的降低或免除。企业合规制度的内容包括:对商业贿赂行为明确的禁止性规定;严格的会计制度;反商业贿赂培训制度;举报制度;反商业贿赂审计制度等。我国企业应当加强依法规范管理,研究制定统一有效、全面覆盖、内容明确的合规制度准则,加强合规教育培训,努力形成全员合规的良性机制。

(3)从政府层面也应该出台相关规章制度,强化促进企业合规经营。2015年12月,国务院国有资产监督管理委员会下发《关于全面推进法治央企建设的意见》,明确提出要着力强化中央企业依法合规经营。

(三)建构监管集中、多元规制、行动高效的监管体系

1. 监管集中

整合国内资源,建立机构统一、权力集中的反跨国商业贿赂新型监管体系,并借鉴英国集中主义模式及其做法,设立统一的反跨国商业贿赂主管机构,是监管跨国商业贿赂犯罪的有效措施。我国目前正在进行监察体制改革㊾,即将成立的各级监察委员会将成为我国实质上的反腐败机构,监察委员会的对象大大拓展,涵盖本地区所有行使公权力的公职人员。也就是说,除了《中华人民共和国公务

㊽ 参见施智梁:《央企监管需防海外行贿渠道》,载《经济参考报》2010年1月20日。
㊾ 2016年12月25日,中华人民共和国第十二届全国人民代表大会常务委员会第二十五次会议表决通过《全国人民代表大会常务委员会关于在北京市、山西省、浙江省开展国家监察体制改革试点工作的决定》,标志着我国监察体制改革正式拉开了序幕,进一步整合分散的反腐败资源,直接推动反腐败工作朝规范化、制度化、法治化方向发展。此外,本文成文时《中华人民共和国监察法》尚未发布。——笔者注

员法》所规定的国家公职人员之外,国有企业的管理人员,教育、科研、文化、医疗、体育等事业单位的管理人员也纳入其监察范围。显然,对于涉嫌跨国商业贿赂的行为,监察委员会将依法履行监督、调查、处置职权,并作出处置决定,对涉嫌犯罪的,移送检察机关提起公诉。因此,可将监察委员会作为统一的反跨国商业贿赂主管机构,专门负责调查跨国贿赂和腐败,公安部门予以协助执法,进而可以有效避免目前我国检察机关、公安机关、工商、税务等多头部门对商业贿赂均有调查权的过分分散管辖模式,完善国内反跨国商业贿赂的执法体制,也便于与他国执法部门相互对接及展开国际合作。[57]

2. 多元规制

在跨国商业贿赂犯罪的治理体系中,民事、行政、刑事等法律手段同样担负着重要的职能。当前,商业贿赂犯罪也逐渐由单一的治理模式转为重在预防、多元化规制的模式。灵活运用不同责任追究手段,可以在有效平衡打击犯罪的同时避免刑罚后果,又能强调公平竞争而非行贿获益的经济政策,推动形成良性竞争的市场环境。

(1)借鉴《联合国反腐败公约》规定的"损害赔偿制度",即缔约国应当确保因腐败行为而受到损害的实体或人员有权获得赔偿而对造成该损害的责任者提起法律程序。通过赋予第三方赔偿请求权,不仅能够有效恢复贿赂犯罪所破坏的社会关系,而且也使双方最终"无利可图",进一步增加风险,进而对贿赂行为的发生起到积极的控制作用。[58]

(2)资格限制或取消制度。对于跨国商业贿赂犯罪人,将其列入"黑名单",取消政府采购资格、相关市场准入的特许权力,使行贿人难以从行贿行为中最终获利。

(3)这种多元化的规制模式具体到司法实践中,体现为倾向于采用灵活的执法手段结案,如让涉案公司聘请合规监察官;以不起诉协议或暂缓起诉形式[59]让涉案公司在配合执法与建立合规体系方面进行创新;注重对涉案企业经营的维持,避免实质性地使公司限于经营困难。

3. 行动高效

建构行动高效的监管体系,就要积极拓展案件线索,加强线索转化和管理。

(1)鼓励自我披露,引导私营部门或内部人员参与监管。《联合国反腐败公

---

[57] 参见张卫彬:《跨国公司商业贿赂法律规制的实践模式及借鉴》,载《法学》2014年第9期。

[58] 参见钱小平:《惩治贿赂犯罪刑事政策之提倡》,载《中国刑事法杂志》2009年第12期。

[59] 所谓暂缓起诉协议,是指检察官与涉罪法人之间签订的一份"缓诉协议",协议的内容主要是要求涉罪法人承认不法行为、支付刑事罚款、履行赔偿责任、配合相关调查、改善内部治理、聘任独立董事等。参见童德华、贺晓红:《美国〈反海外腐败法〉执法对中国治理海外商业贿赂的借鉴》,载《学习与实践》2014年第4期;叶良芳:《美国法人审前转处协议制度的发展》,载《中国刑事法杂志》2014年第3期。目前,该做法在美国、英国较为适用普遍,成为与涉案企业协商、促进案件处理的有效方式。——笔者注

约》也是首先强调预防腐败的措施,包括提高公共部门和私营部门的透明性。

(2)鼓励"举报"。由于贿赂案件普遍比较隐蔽,证据单一,较难查处,通过建立高效的举报制度,提高公众参与度。

(3)拓展其他案件线索发现途径。美国相关政府部门会监控外国报纸、网络上的信息。已经查处的海外腐败案件中,有些就是调查部门根据公司竞争对手在媒体上的撰文找到的线索;有时相关部门也会从公司向国际商会提交的报告中寻找线索。

(四)优化治理格局,加强反跨国商业贿赂犯罪的国际合作

打击跨国商业贿赂的国际合作主要表现为国际执法合作与国际司法合作。一般来说,司法合作是为某一具体案件的调查、审判或执行活动而由刑事司法机关开展的合作;执法合作则不仅可以针对个案查处而开展,也可以为预防违法犯罪的发生而开展。在跨国商业贿赂预防和惩治方面,国际执法合作具有特别重要的意义。近年来,国际执法合作发展迅速,颇受国际社会关注,通过在预防、稽查和侦破违法犯罪行为中开展反跨国商业贿赂的执法合作,加强信息共享,可以有效地扩展查处跨国商业贿赂的案件来源和执法效果。

1. 国际执法合作

(1)国际执法合作可以采用不同的机制:多边机制和双边机制。在合作共识的达成、合作氛围的营造和共同标准的拟定方面,多边机制发挥着重要的作用。二十国集团(G20)、亚洲太平洋经济合作组织、欧洲联盟、东南亚国家联盟、美洲国家组织等都发挥着重要作用。2014年G20领导人第九次峰会发布了《二十国集团领导人布里斯班峰会公报》,核准了《2015—2016年G20反腐败行动计划》。在2016年9月结束的G20杭州峰会上,G20领导人一致批准通过《二十国集团反腐败追逃追赃高级原则》,欢迎中国关于在华设立G20反腐败追逃追赃研究中心的倡议,《二十国集团2017—2018年反腐败行动计划》等重要反腐败成果文件,其中特别强调惩治私营部门的腐败行为。在具体案件的办理、协作实务的运作和法律冲突的协调方面,主要需依靠的是双边机制,此种机制能够更加充分地发挥各国反商业贿赂执法机构的职能,在相关主管机关,如公安机关、海关、工商管理机关、财税稽查机关、反洗钱机关、金融机构监管机关等执法机构之间,实现情报的有效整合、及时交流、充分研判、服务个案等功能,加强反跨国商业贿赂犯罪的执法行动的有效性。

(2)国际执法合作主要包括合作调查和情报交换。根据《联合国反腐败公约》第48条第1款第(二)项的规定,有关犯罪事项的合作调查主要集中于:①嫌疑人的身份、行踪和活动,或者其他有关人员的所在地点;②犯罪所得或者财产的去向;③用于或者企图用于实施这类犯罪的财产、设备或者其他工具的去向。各国在这些问题方面通力合作,积极配合,不仅有利于锁定、控制嫌疑人,也有助于查明犯罪事实,为犯罪指控打下基础。情报交换是指在符合本国法律制度和行政管理制度的前提下,就交换与跨国商业贿赂犯罪有关的信息资料进行合作,以增强相关执法行动的有效性。一般来讲,相关的信息资料包括:涉案自然人或非自然人的基本情况,涉案公司的税务记录、财务审计、财务报表、往来邮件、话费账单等。涉案国家的金融情报机构、侦查主管机关还应收集、分析、移送有关跨国商业贿赂的法律、法规规定的其他材料和信息。

2. 国际司法合作

针对跨国商业贿赂犯罪的国际刑事司法协助主要涉及三个方面:一是对相关刑事案件的调查取证;二是对犯罪嫌疑人的缉捕和引渡;三是对违法所得的追踪、冻结、扣押、没收与返还。

(1) 在调查取证方面,随着跨国商业贿赂犯罪不断智能化、隐蔽化和国际化,调查取证手段也要不断提升科技取证应用水平,以更好地满足打击犯罪的需求。联合调查机制是近几年发展起来的一种新的国际合作形式,表现为两个以上的国家为打击涉及它们各自刑事司法管辖的犯罪活动而共同组建的临时调查机构,共同开展有关的侦查和取证活动。⑩在刑事司法协助中,各国就查办跨国犯罪的信息、材料等情报的交流应当具有主动性,若认为本国发现或者掌握的有关案件资料可能有助于其他国家打击跨国商业贿赂的刑事诉讼程序,可以在无需事先请求的情况下向相关国家的主管机关提供这些情报。

(2) 在引渡合作问题上,《联合国反腐败公约》要求各缔约国将跨国商业贿赂犯罪确定为引渡条约中的可引渡犯罪。在不存在引渡条约关系的情况下,各国应当考虑将《联合国反腐败公约》作为开展引渡合作的法律依据。如果被请求国以被请求引渡人是其本国国民为由决定不提供引渡合作,则应当将案件提交本国主管机关以便自行提起刑事诉讼,而不应容忍犯罪嫌疑人逍遥法外。如果有关跨国商业贿赂犯罪涉及某种政治背景,或者相关人员具有一定政治身份,在引渡合作问题上,被请求国不应当将相关犯罪视为"政治犯罪"。不为外国腐败官员或者腐败案件外逃人员提供避风港,这应当成为所有国家在反腐败国际合作中所奉行的基本方针。

(3) 在腐败资产追回方面,跨国商业贿赂犯罪是谋利型犯罪,各国应当通过没收违法所得资产实现对非法利益的剥夺和对有关犯罪诱惑的阻断。《联合国反腐败公约》第52—57条详细规定了腐败资产追回的各种机制与规则,它们同样适用于对跨国商业贿赂犯罪所得的追回问题。对跨国商业贿赂的犯罪所得,被请求缔约国在依法没收后,应当基于请求国的生效判决或者对有关财产的合法所有权证明,将被没收的财产返还给请求国。如果某些跨国商业贿赂犯罪案件没有直接的财产受害人,有关国家在通过国际合作对非法所得进行追缴后,可以采用资产分享的方式对被没收的财产进行分割,并以此财产充实用于查办跨国商业贿赂案件或者开展有关培训活动的经济资源。

---

⑩ 参见张淑平:《当前海峡两岸刑事司法互助的重点——调查取证》,载《中国人民公安大学学报(社会科学版)》2011年第4期。

应当注意的是,在依托国际法和有关外国的法律制度开展合作时,我国公安、检察、法院、监察、司法行政、外交、反洗钱等主管机关应当协调一致,整合国内各主管机关的资源,充分调动和发挥省级以下办案机关的能动性,并提高国际合作的办案能力,及时应对和化解遇到的各种困难与问题,形成办理涉外案件和寻求国际刑事合作的合力。[61] 同时,加强与联合国、经济合作与发展组织、世界贸易组织、国际商会、国际刑警组织等政府或非政府组织的合作,积极参与打击跨国商业贿赂行为的国际部署和行动。通过构建反跨国商业贿赂国际合作的平台,加强与执法水平和力度较强的美国、德国、英国等国的联系,积极利用这些国家在海外反腐领域的成果,最大限度进行信息共享,严密国际法网,提高治理跨国商业贿赂犯罪的效率和效果。

---

[61] 参见黄风:《反腐败国际追逃合作:困难、问题与对策》,载《人民论坛》2015年第25期。

浅论知识产权公司区块链技术应用中的法律问题

郑旭江[*]

基于区块链技术建立知识产权交易大致有两个层面：一是公开的第三方电子存证；二是在线的知识产权交易。知识产权(创意设计、LOGO 等素材)的权利在先认定和交易是其中的一个具体应用。这种"存在证明"的服务允许用户上传文件和支付交易费用，而文件并不会存储在网上，所以用户的文件内容没有被恶意公开的风险。匿名上传文件和支付网络费用后，文件的哈希值随后就会生成，这些哈希值将会成为交易的一部分。它们的哈希值记录在区块链里(Documents Digest：文件数字；Timestamp：时间戳)，在以后面临所有权或时间认定纠纷时可用以核查。开发者可以使用这项服务来确认代码的版本，发明家可以使用这项服务来证明他们在特定时间就已经拥有某一想法，作家也可以用这项服务来保护他们的作品。但区块链在知识产权权利认定和交易上可能存在很多法律问题，并且它们之间也许互相交叉：

(1)知识产权概念丰富，体系庞大，需要明确公司到底从事哪几类知识产权的权利认定和交易，以便制定不同的服务流程和法律标准。

(2)知识产权具有全球性和本土性。以版权为例，不同国家或地区的版权注册流程存在差异，区块链"存在证明"服务的潜在客户分布全球，实有必要对该服务领域的全球法律作分门别类的系统梳理，以有利于为客户提供更方便快捷的服务。

(3)无合法推定和特权。以美国为例，美国国会如果接受区块链注册为保护所有权和转让信息的方法，其可能在将来会修订《版权法案》。而现在，美国版权办公室作品注册是保护权利的唯一方式。以我国而言，我国目前的法律体系没有规定区块链的证明力问题。而区块链技术在加密和时间戳上能够最大程度保证文件的不可更改性和时间顺序性认定，但是并无法保证内容本身的真实和价值。

(4)区块链知识服务公司可以在"存在证明"的基础上进行后续交易，但是能

---

[*] 浙江理工大学讲师，京衡律师事务所律师，法学博士。

否有效提供保护存有疑问。实际上,区块链技术能够提供知识产权的监控,但是无法捕捉到视频中图片或者网络分享的加密图片;同时,作品和作品的哈希值不是一回事。以版权为例,对原作品进行轻微修改后的作品仍然受到原始作品版权的保护,但是它们的哈希值则完全不同。

(5)区块链服务公司的归档方法不同。提供区块链解决方案的公司在使用不同的方法来处理归档。有公司将数字内容放在他们的云系统中,也有公司在使用单独的分布式系统,比如(IPFS)。区块链注册不需要用到数字内容的复制品,用到的是内容所有权或注册信息的数字指纹。这就意味着,若要拿可能侵权的作品与原创作品进行比较,就需要对区块链系统进行一些覆盖。所以,这就需要那些提供区块链注册服务的公司实体来为基本文件提供归档服务。

(6)网络欺诈的可能性。若网络被分隔成两部分,知识产权权利人在分离的两部分网络上分别转让自己的权利,那么当网络合并后,冲突如何解决?比特币中采用算力投票,选择高算力的一方来解决分歧,但这很难应用到电子存证领域,同时也会给网络欺诈留下很大的空间。

(7)从趋势上看,区块链技术将与海量的电子存证发生关联,但是有效的电子证据依赖于信息的完整性,若想获得服务优势,就需要与司法鉴定机构、公证处、在线仲裁机构、律师事务所等第三方机构一起,共同缔造一个集合不可篡改、集体维护、分布式储存等多重优势于一体的全新电子文件存储模式。《中华人民共和国电子签名法》第5条规定了数据电文满足原件形式要求的具体条件。但是,如何理解和应用存有难点,如何要求所有机构一致参与指定区块链也更具挑战性。

(8)《中华人民共和国网络安全法》对收集用户信息的网络产品或服务提供者提出了更多更高的要求。例如,提供者应当履行"双告知"义务。在法律上,用户信息的概念和个人信息不同,建议在服务告知上加入对包括IP,Cookies在内的用户信息的说明。再如,该法中"关键信息基础设施"的范围十分广泛(比如涉及公共服务、金融、电子政务等),在保护上也十分严格。从制度、培训、灾备、应急甚至国家安全审查要求的各个方面,相关部门对提供者提出了一系列要求,需要引起足够重视。

(9)安全性问题。加密算法、P2P文件传输和交易确认的拓扑结构等构成"区块链技术"的组成部分,都是应用超过10年的技术,并非新创。篡改区块链中的数据需要超过全网51%的算力,虽然理论上很难做到,但是中国的比特币却被两大矿石所占领,最引以为傲的安全性并非无懈可击。另外,针对可能存在的计算机病毒、木马、蠕虫或其他恶意程序的攻击,需要设置有限责任条款或豁免规定。

(10)系统性问题。区块链每一笔交易是几百K,但每一个节点需要上G的空间来记录,如果规模扩大到一定程度,是否会出现带宽问题甚至系统崩溃问题,因此需要设计免责或保险条款。

职务侵占罪疑难问题的司法认定
——以刑事裁判典型案例为视角

郭越鸣[*]

《中华人民共和国刑法》(以下简称《刑法》)第271条第1款规定了职务侵占罪,职务侵占罪是司法实践中的常见犯罪[①],也是理论研究的重中之重[②]。但是,无论是理论界还是实务界,对本罪中"其他单位"、犯罪主体、职务便利、财物等构成要素的认定争议不断,至今未有消弭。[③]2016年4月18日施行的最高人民法院、最高人民检察院《关于办理贪污贿赂刑事案件适用法律若干问题的解释》大幅度提高了职务侵占罪定罪量刑的数额标准[④],提高了职务侵占罪和盗窃罪、诈骗罪、贪污罪的定罪量刑标准,进一步激化了上述争议。笔者不揣浅陋,拟结合司法裁判实例,围绕上述争议焦点提出个人浅见,以期对理论研究和司法实践有所裨益。

---

[*] 浙江金道律师事务所律师,杭州师范大学钱江学院兼职教师。

① 比如,根据北京师范大学中国企业家犯罪预防研究中心编制的《2014中国企业家犯罪报告》披露,中国裁判文书网于2013年12月1日至2014年11月30日期间公布的裁判文书中涉及民营企业家犯罪的罪名的总频次为782次,职务侵占罪为99次,仅次于虚开增值税专用发票、用于骗取出口退税、抵扣税款发票罪,位居第二;又如,根据宁波大学司法实务研究中心与浙江海泰律师事务所刑事部共同编写的《2014年度宁波民营企业刑事法律风险研究报告》显示,在2014年度宁波地区涉及民营企业犯罪的107个案例中,构成职务侵占罪的案例有17个(占比15.89%),与虚开增值税专用发票、用于骗取出口退税、抵扣税款发票罪并列第一。

② 比如,笔者于2016年5月8日通过维普期刊网,设定"职务侵占"为题名或者关键词,检索到2000年至今仅法学核心期刊论文就多达63篇,法学期刊论文则高达643篇。此外,研究职务侵占罪的专著也不鲜见。

③ 比如,上述法学核心期刊近年来依然刊载了不少职务侵占罪中对"职务便利"的认定、职务侵占罪与盗窃罪的关系等方面的论文;最高人民法院刑事审判部门主办的《刑事审判参考》第1—100集发布的共1 018例案例中,直接以职务侵占定性的就有8例,如果包括相关改判、争议的贪污、盗窃、挪用资金、侵占等罪名,则成倍增加;又如,江苏法舟律师事务所"法舟刑事辩护研究中心"根据中国裁判文书网汇编的323个无罪案例中,其中涉及职务侵占犯罪而被判无罪的案例就高达13个。

④ 根据该解释第11条及相关规定,职务侵占罪的"数额较大""数额巨大"的数额起点,分别为人民币6万元和100万元。

一、职务侵占罪中对"公司、企业或者其他单位"的认定

(一)"其他单位"是否要求法人或者依法成立

《刑法》第271条规定:"公司、企业或者其他单位的人员,利用职务上的便利,将本单位财物非法占为己有,数额较大的,处五年以下有期徒刑或者拘役;数额巨大的,处五年以上有期徒刑,可以并处没收财产。国有公司、企业或者其他国有单位中从事公务的人员和国有公司、企业或者其他国有单位委派到非国有公司、企业以及其他单位从事公务的人员有前款行为的,依照本法第三百八十二条、第三百八十三条的规定定罪处罚。"据此,职务侵占罪中的"公司、企业或者其他单位",从所有权性质上而言,一般是指非国有单位。⑤ 问题是,"其他单位"还包括哪些单位?其内涵和外延该如何界定?是否要求是"法人"?是否与《刑法》第30条和第163条的"单位"一致?⑥

第一种观点认为,此处的单位,应当是和公司、企业同样具有法人资格的非企业法人,比如私立学校、社会团体等,不包括村民小组、业主委员会等群众性自治组织。⑦ 第二种观点认为,此处的单位,不要求具有法人主体资格。⑧ 笔者同意第二种观点。应当说,此处的"单位",实质上是"被害单位",应当与犯罪主体的"单位"具有一致性。根据《刑法》第30条的规定,犯罪主体的单位,一般指具有法人人格的公司、企业、事业单位、机关、团体。但我国刑法的单位犯罪毕竟不同于国外的法人犯罪。我国单位犯罪的主体包括非法人组织,既包括村民委员会、居民委员会、村民小组等常设性机构,也包括为组织体育赛事、文艺演出或者其他正当活动而成立的组委会、筹委会、工程承包队等临时性组织。现代刑法罪刑法定原则的形成、演变过程,充分说明刑法从过去单纯强调形式层面到现代同时强调实质层面的变化。⑨ 也就是说,刑法中的单位范畴,要大于民法中的单位范畴,并非限于法人,只要是依法成立、实行独立经济核算,具有相对独立的财产和意志、能够以自己的名义承担一定责任的组织,都应当认定为刑法中的"单位"。刑事司法解释及规范性文件也多次予以确认。比如,1999年7月3日施行的最高人民法院《关于村民小组组长利用职务便利非法占有公共财物行为如何定性问题的批复》

---

⑤ 贪污罪和职务侵占罪的关系,并非是按单位性质是国有还是非国有的简单对应,贪污罪还要求具备"从事公务"的要件,对于国有单位员工基于从事技术性工作、利用熟悉工作环境或者基于私人委托而非法占有财物的行为,可能成立职务侵占罪、盗窃罪或者侵占罪,在此不赘述。

⑥ 《中华人民共和国刑法修正案(六)》对《刑法》第163条进行了修改增加了"或者其他单位"之表述,后最高人民法院、最高人民检察院相应地将原"公司、企业人员受贿罪"改为"非国家工作人员受贿罪"。

⑦ 参见莫开勤、罗庆东主编:《刑事案例诉辩审评——职务侵占罪、挪用资金罪》(第2版),中国检察出版社2014年版,第97页。

⑧ 参见莫开勤、罗庆东主编:《刑事案例诉辩审评——职务侵占罪、挪用资金罪》(第2版),中国检察出版社2014年版,第98页。

⑨ 参见张明楷:《刑法的基础观念》,中国检察出版社1995年版,第16页。

规定:"对村民小组组长利用职务上的便利,将村民小组集体财产非法占为己有,数额较大的行为,应当依照刑法第二百七十一条第一款的规定,以职务侵占罪定罪处罚。"村民小组只是村民委员会下设的组织,并不具备法人人格,但实践中的村民小组往往具有班子成员、议事规则和村民自筹的集体财产,具备单位的相关属性。因此,最高人民法院的批复确认了其作为《刑法》中的"单位"属性。根据当然解释的原理,村民小组的上级组织村民委员会,更应该被认定为单位。又如,根据最高人民法院2001年1月21日发布的《全国法院审理金融犯罪案件工作座谈会纪要》的规定,单位的分支机构或者内设机构、部门,以单位的分支机构或者内设机构、部门的名义实施犯罪,违法所得亦归分支机构或者内设机构、部门所有的,应认定为单位犯罪。不能因为单位的分支机构或者内设机构、部门没有可供执行罚金的财产,就不将其认定为单位犯罪,而按照个人犯罪处理。显然,单位的分支机构或者内设机构、部门不仅并非法人,往往还不能独立承担刑事责任。最高人民法院明确了刑法的"单位"不同于民法中的"法人",凸显了刑法解释不同于民法解释的独立品格。刑法关注对犯罪行为的谴责,民法关注对损害的弥补。再如,最高人民法院、最高人民检察院2008年11月20日发布的《关于办理商业贿赂刑事案件适用法律若干问题的意见》"二"规定:"刑法第一百六十三条、第一百六十四条规定的'其他单位',既包括事业单位、社会团体、村民委员会、居民委员会、村民小组等常设性的组织,也包括为组织体育赛事、文艺演出或者其他正当活动而成立的组委会、筹委会、工程承包队等非常设性的组织。"根据体系解释的原理,职务侵占罪的"单位",应当与非国家工作人员受贿罪的"单位"一致,也应当与单位犯罪中的"单位"一致。

根据1997年7月3日施行的最高人民法院《关于审理单位犯罪案件具体应用法律有关问题的解释》的相关规定,如果具备单位特征,不属于"为进行违法犯罪活动而设立"或"设立后,以实施犯罪为主要活动",就应当认定为单位犯罪。因此,职务侵占罪的"其他单位",也应适用此规定,即使由于没有依法登记或者没有经主管部门依法批准或备案,形式上存在瑕疵的,也不影响单位的属性认定。司法实践中也持此观点。

【案例1】覃某职务侵占案[10](单位的合法性质认定直接影响有罪无罪的定性)

广西壮族自治区柳江县人民检察院起诉书指控:1998年3月至12月,被告人覃某在担任柳江县百朋镇农村合作基金会(以下简称"农基会")服务部主任期间,指使服务部工作人员在收取部分借款利息时,以占用费和虚设的管理费开票,从中截留72 642元不入账,并于12月底造册分掉。其中覃某分得2.7万元,出纳、会计等人各分得1.5万余元不等。公诉机关认为覃某身为国家工作人员,利用职务之便截留公款私分侵吞,构成贪污罪。

---

[10] 参见广西壮族自治区柳江县人民法院(2000)江刑初字第26号刑事判决书、广西壮族自治区柳州市中级人民法院(2000)柳市刑二终字第17号刑事判决书。

广西壮族自治区柳江县人民法院经审理认为:农基会是未经依法批准擅自设立,从事吸收存款、发放贷款等金融业务的机构,不是合法组织,并非国有单位。被告人覃某虽为国家工作人员(百朋镇农经站的农经员),但其在与其公职身份无关且不具备合法主体的组织内从事活动,未受机关委托,不属于从事公务,侵犯的对象是不合法组织从事金融业务产生的利润,不属于刑法意义上的公共财物。故被告人覃某的行为不符合贪污罪的构成要件,也不属于刑法的调整范围。

广西壮族自治区柳江县人民检察院抗诉后,柳州市中级人民法院经审理,除了确认一审事实外,还查明:农基会成立后,于1996年取得了广西壮族自治区农村合作基金会办公室颁发的"内部融资许可证"。柳州市中级人民法院认为:基金会是农村、农业的互助组织,并非金融机构,也不是企业,无需中国人民银行的批准及进行工商登记。根据《广西农村基金会设立、变更、撤销审批管理试行办法》(以下简称《办法》)的规定,基金会按照《办法》的规定取得了"内部融资许可证",原判认定为不合法组织不当(笔者注:国务院于1999年1月发布第3号文件宣布正式统一取缔农村合作基金会)。农基会是集体组织,覃某任职系理事会推选,虽无镇政府等机关委派不属于从事公务,但隐瞒其他股东将不入账的"管理费"私分,属于利用服务部主任的职务便利且具有非法占有的故意,构成职务侵占罪。鉴于覃某具有自首、退赃情节,据此,柳州市中级人民法院撤销一审判决,以职务侵占罪判处覃某有期徒刑1年,缓刑1年。

【案例2】卢某职务侵占案[11](群众性自治组织属于职务侵占罪的被害单位)

1997年,卢某经上海市闵行区虹光小区上海虹中房屋业主大会推选,被任命为业主管理委员会(以下简称"业管会")执行秘书,负责物业维修资金的筹集、使用和管理工作。其在履职期间,与某投资公司相关人崔某、顾某共谋,将存于该公司的业管会基金按照存款年息22%产生的利息,通过告知业管会年息为11%的方式,将利息44万元瓜分,其得款25万元。后上海市闵行区人民法院以职务侵占罪判处卢某有期徒刑6年。

笔者认为,上述案例体现了职务侵占罪"其他单位"法律属性认定的原则。案例1的一审法院认为农基会系不合法组织,营业款并非公款,被告人在该组织内从事活动并非公务,言下之意即不合法组织、不合法活动、不合法财物不属于刑法保护的法益,不宜追究行为人的刑事责任。案例1的二审法院和案例2的法院则认为,即便被害组织并非法人主体,没有经过严格的业务许可,但只要符合相关规定[12],依然应当纳入刑法的调整范围。

---

[11] 参见莫开勤、罗庆东主编:《刑事案例诉辩审评——职务侵占罪、挪用资金罪》(第2版),中国检察出版社2014年版,第94—100页。

[12] 遗憾的是,本案例并没有披露业管会是否经过备案程序,根据住房和城乡建设部发布的《业主大会业主委员会指导规则》第33条和第34条的规定,业主委员会选举产生和相关备案事项变动后,应向物业所在地的区、县房地产行政主管部门和街道办事处、乡镇人民政府办理备案手续,以及报告变更内容。笔者认为,即使没有备案,也不影响其"单位"属性的认定。

(二)"其他单位"是否包括个体工商户和个人合伙

职务侵占罪的单位是否包括个体工商户和个人合伙？第一种意见认为应当包括，理由主要是刑民不同，刑法更注重平等保护，个体工商户和个人合伙虽在民法上属于自然人范畴，但仍然可以认定为刑法中的单位。⑬ 第二种意见认为不应当包括，理由主要是个体工商户和个人合伙均是特殊的自然人，均不是经济实体，也不是独立的诉讼主体，不符合单位的本质特征。⑭

笔者同意第二种意见。判定个体工商户、个人合伙是否具有职务侵占罪的犯罪主体资格，关键看其是否具备"单位"的组织体特征。根据《中华人民共和国民法通则》第26条和最高人民法院《关于贯彻执行〈中华人民共和国民法通则〉若干问题的意见》"41"、最高人民法院《关于适用〈中华人民共和国民事诉讼法〉的解释》（以下简称《民事诉讼法解释》）第59条等相关规定，个体工商户不是组织，而是与自然人、法人、非法人组织并列的民事主体，可以营业执照登记的业主（户主）名义作为诉讼主体参与民事诉讼。根据《民事诉讼法解释》第60条的规定，个人合伙作为自然人，也是非法人组织的一种，按是否起字号分别以登记的字号或者全体合伙人为诉讼当事人，负责人或者推举人作为诉讼代表。可见，职务侵占罪中的"单位"不包括个体工商户和个人合伙，这二者不具有职务侵占罪的主体资格。

如上所述，刑法中的单位，无论是犯罪主体还是被害对象，都是具有相对独立财产和意志且能够承担法律责任的相对独立的组织。个体工商户，顾名思义，是指"个体"和"家庭户"，是个人或者家庭投资经营、以个人和家庭财产承担责任的特殊民事主体，本质上与自然人无异。个人合伙，并不是企业形态，也不是独立的诉讼主体，该"组织"松散，法律也并不对合伙的人数、书面协议、议事规则、登记备案等组织体要素进行强制要求，不具备单位的组织体特征，本质上依然是自然人的简单联合。因此，法律也明确规定，其合伙人对外必须承担无限连带责任。个体工商户、个人合伙既非民法意义上的单位，更非刑法意义上的单位。诚然，笔者并不否认个体工商户需经有关部门核准而取得营业执照，个体工商户、个人合伙可起字号，也可聘请雇员，享有一些自然人所没有的特殊的权利，但这些权利均系为了方便其从事民事活动，并不能改变其自然人松散组合、无组织体、相对独立的本质特征。理论界和司法实践中也主要持第二种意见。⑮

【案例3】张建忠侵占案⑯（侵占个体工商户财物不属于职务侵占）

广东省佛山市禅城区人民法院对自诉人朱绚丽提起自诉的被告人张建忠涉

---

⑬ 参见张燕山、张可新：《以非犯罪主体为视角析刑法中的单位》，载李洁等主编：《和谐社会的刑法现实问题（上卷）》，中国人民公安大学出版社2007年版，第163页。

⑭ 参见王作富主编：《刑法分则实务研究（中）》（第3版），中国方正出版社2007年版，第1163—1164页。

⑮ 参见马克昌主编：《百罪通论（下卷）》，北京大学出版社2014年版，第850—851页。

⑯ 参见中华人民共和国最高人民法院刑事审判第一庭、第二庭编：《刑事审判参考》（2004年第5集，总第40集），法律出版社2005年版，第318号案例。

嫌职务侵占罪一案,经审理查明:2003 年,被告人张建忠利用其任佛山市禅城区红太阳不锈钢加工厂(以下简称"红太阳加工厂",系个体工商户,投资人为朱绚丽)驾驶员的职务之便,在该厂安排其独自一人开车将一批价值人民币 8 万余元的不锈钢卷带外出送货之际,将该批货物擅自变卖他人,并弃车携带变卖所得款 4 万元逃匿,后被抓获。法院以张建忠犯职务侵占罪判处有期徒刑 1 年。

但笔者认为,由于个体工商户、个人合伙不属于单位,对于个体工商户、个人合伙所聘的雇员、帮工、学徒,无论被雇用或者聘请的人员称谓如何,均不属于具有"职务",不能成为职务侵占罪的主体。

(三)"公司"是否包括自然人成立的一人公司

现行《中华人民共和国公司法》(以下简称《公司法》)于 2005 年修订时增设了关于一人有限责任公司的规定。职务侵占罪的公司是否包括自然人成立的一人公司?这在《公司法》修订前后确实存有争议,但经过刑法理论界和实务界的研究,现在主流意见一致认为只要一人公司依法成立,具有独立的人格、财产和法人治理结构,不属于"为进行违法犯罪活动而设立"或"设立后以实施犯罪为主要活动",即只要一人公司从事了一定的合法经营活动,其实施的犯罪应当按照单位犯罪而不是个人犯罪处理。[17] 据此,一人公司也应当成为刑法保护的被害单位,即职务侵占罪中的公司包括一人公司。

(四)"企业"是否包括个人独资企业和合伙企业

按照《中华人民共和国个人独资企业法》(以下简称《个人独资企业法》)和《中华人民共和国合伙企业法》(以下简称《合伙企业法》)的规定,个人独资企业是自然人以其个人财产对企业债务承担无限责任的经营实体[18],普通合伙企业是以(普通)合伙人对合伙企业债务承担无限连带责任的经营实体。[19] 二者与一人公司具有法人人格不同,也与个体工商户和个人合伙本质上属于自然人的属性不同。职务侵占罪的"企业"是否包括个人独资企业和合伙企业?一般认为,个人独资企业和合伙企业都是商主体[20],具有较为独特的法律属性和法律地位,在法律属性上介于法人和自然人之间。故刑法理论界和实务界除了肯定说、否定说两种观点外,还有区别说(也称折中说)。

笔者同意区别说,认为原则上职务侵占罪的其他单位不包括个人独资企业和合伙企业,但特殊情况下则可以包括。主要理由如下:首先,按照《个人独资企业法》和《合伙企业法》的规定,个人独资企业和合伙企业毕竟并非法人主体,不具备

---

[17] 参见中华人民共和国最高人民法院刑事审判第一、二、三、四、五庭主办:《刑事审判参考》(2011 年第 3 集,总第 82 集),法律出版社 2012 年版,第 725 号案例。

[18] 参见《个人独资企业法》第 2 条。

[19] 参见《合伙企业法》第 2 条。

[20] 我国商法学界通说认为,个人独资企业和合法企业均系商主体,比如赵旭东主编的《商法学》(第 3 版)(高等教育出版社 2015 年版)就将该两类企业专设一编,同时与公司专设一编论述。

独立的意志和财产,一般不宜认定为单位犯罪的主体[21],故一般也不宜认定为被害单位。其次,刑法认定毕竟不同于民法认定,对于规模较大的个人独资企业和合伙企业,尤其是人数众多的按份共有的有限合伙企业,如果具有相对独立的组织机构、财产和意志形成机制,基于刑法重实质认定和公平认定的原则,从法理上看,可以且应当将这类个人独资企业和合伙企业认定为单位犯罪的主体。[22] 但是,基于罪刑法定原则,目前尚不宜将个人独资企业和合伙企业解释为职务侵占罪中的"企业",从长远来看,可以通过司法解释或者指导案例予以明确。[23]

二、职务侵占罪的特殊主体认定

是不是只要被害单位具备上述"公司、企业或者其他单位"的条件,该单位的人员均能构成职务侵占罪的主体呢? 实践中,驾驶员、保安、快递员等服务行业的体力劳动者,临时工、实习生、兼职人员等并非单位的固定用工人员,通过冒充成为职员和离职后冒充原单位职员的人员,是否属于本罪的主体,都是常见的争议焦点。笔者认为,对于上述人员是否纳入本罪主体应着眼于法益保护,关键在于如何解释"公司、企业或者其他单位人员"的"人员"。

《刑法》第93条专门对"国家工作人员"进行了解释。2000年4月29日,全国人民代表大会常务委员会《关于〈中华人民共和国刑法〉第九十三条第二款的解释》中也专门就"其他依照法律从事公务的人员"进行了立法解释。最高人民法院2003年11月13日印发的《全国法院审理经济犯罪案件工作座谈会纪要》还进一步对"国家机关工作人员""委派""从事公务""其他依照法律从事公务"进行了司法诠释。[24] 与此不同,职务侵占罪的"人员"并无任何对应的司法解释,仅有最高人民法院《关于村民小组组长利用职务便利非法占有公共财物行为如何定性问题的批复》就个案进行了批复。理论和实践中对"人员"是否要求限定为正式员工、从事管理工作,曾经历了一个从严格要求到具体区别的转变过程。

(一) 驾驶员、保安、快递员等人员是否属于本罪的主体

驾驶员、保安、快递员基本上从事的是体力劳动,且从事的工作往往是辅助性的工作,如果其占有的单位财物并非其职权所管理、经手的,则其不能成为职务侵

---

[21] 参见江苏省无锡市南长区人民法院(2015)南刑二初字第0010号刑事判决书,判决未支持公诉机关指控的个人独资企业系单位犯罪,而认定为个人犯罪。

[22] 参见山东省龙口市人民法院(2014)龙刑初字第16号刑事判决书,判决支持公诉机关指控的个人独资企业系单位犯罪。

[23] 实践中认定个人独资企业系职务侵占罪的被害单位并不鲜见,如吉林省四平市铁东区人民法院(2014)东刑公初字第95号刑事判决书认为,某网络服务中心系个人独资企业,是经过工商行政管理机关批准设立的营利性经济组织,被告人张某某利用其在该网络服务中心担任网络管理员的职务便利侵占收银款,符合职务侵占罪的构成要件。又如重庆市渝中区人民法院(2015)中区法刑初字第00613号刑事判决书等。

[24] 按照最高人民法院《关于司法解释工作的规定》的规定,纪要并不属于司法解释,不能直接作为依据写入裁判文书。但纪要在司法实践中被广为遵照执行,实际上与司法解释具有同等效力。

占罪的主体,反之,原则上都应当认定其为职务侵占罪的主体。

【案例4】邵某职务侵占案㉕(驾驶员属于职务侵占罪的主体)

2015年1月21日下午,被告人邵某、顾某某经预谋后,利用被告人邵某系被害单位张家港保税区诚安达运输有限责任公司驾驶员负责运送乙二醇37吨(连车总重54.3吨)的职务便利,在苏州市吴江区盛泽镇吴江新民化纤有限公司卸货时,采用由被告人邵某控制阀门进行截留18吨,在出门过磅称重时制造全车已卸货的假象并由被告人顾某某以几百元收买A保安的手段,希望让保安签收37吨的磅单。在保安接到库房要求重新检查过磅电话且未签单时,二人随即匆忙开车逃离,后将其车内价值人民币104 200余元的乙二醇销赃得款人民币79 700元。一审法院以职务侵占罪判处邵某有期徒刑2年零3个月,判处顾某某有期徒刑2年零10个月,二审维持原判。

对本案的定性,存在三种意见:第一种意见认为,邵某、顾某某构成职务侵占罪,理由为利用邵某的职务便利和利用A保安的职务便利;第二种意见认为,邵某、顾某某构成盗窃罪,理由是邵某仅是驾驶员,不具备职务便利;第三种意见认为,邵某、顾某某构成诈骗罪,理由是邵某、顾某某主要作案手段是过秤作弊,A保安打出磅单主要是因为受骗而非拿到好处。笔者认为,第二种、第三种意见虽有一定道理,但均不够准确。第三种意见没有正确认识到本案的受害单位是张家港保税区诚安达运输有限责任公司而非吴江新民化纤有限公司,保安打单后并未签单确认,自然不会依单向张家港保税区诚安达运输有限责任公司付款,吴江新民化纤有限公司实际并无损失。第二种意见认为邵某是运输驾驶员,无职务便利,并不准确。应该说,除了公私属性不同,职务侵占罪中的"职务"并不等同于贪污罪中的"职务"。就内涵而言,"职务"的基本含义指职位规定应当担任的工作。㉖但是,职务是一项工作,并不等同于"职权",利用职务便利不限于利用管理职权。职务除了职权性的管理活动,也包括具体的业务活动,即持续地、反复地从事的工作,也区别于临时性、一次性的委托事项。显然,邵某作为驾驶员,并非临时受托运输,而是基于其长期、固定的岗位职责,应当认定为职务侵占罪的主体。当然,如果驾驶员是临时性接受委托从事某事务,则不应当认定为利用其职务便利,自然也不属于职务侵占罪的主体。比如,阳某原系某公司的驾驶员,平时经常驾车送公司出纳员赴银行提取单位的工资款。一次,公司出纳员因身体不适请阳某代为提取,阳某提款40万元以后卷款而逃。㉗此案驾驶员阳某将临时代为保管的他人财物非法占为己有,应当构成侵占罪而非职务侵占罪。

随着现代运输业、物业、快递业的迅猛发展和劳务派遣的广泛兴起,驾驶员、

㉕ 参见江苏省苏州市吴江区人民法院(2015)吴江刑二初字第00496号刑事判决书、江苏省苏州市中级人民法院(2016)05刑终163号刑事裁定书。

㉖ 参见中国社会科学院语言研究所词典编辑室编:《现代汉语词典》(增补本),商务印书馆2002年版,第1616页。

㉗ 参见黄祥青:《刑法适用疑难破解》,法律出版社2007年版,第281页。

保安、快递员确实已不像以往那样仅仅从事辅助性的工作,基本上都是独立开展某方面的工作。根据具体职责情况,驾驶员、保安、快递员是完全可以成为职务侵占罪的主体的。㉘

(二)临时工、实习生、兼职人员等非正式员工是否属于本罪的主体

司法实践中,临时工、实习生、兼职人员等利用从事单位业务活动的便利条件,侵占所在单位财物的现象并不鲜见,这些主体是否属于本罪的主体存有争议。比如笔者所办理的卜某职务侵占案。

【案例5】卜某职务侵占案㉙(用人单位非法用工的员工属于职务侵占罪的主体)

2011年4月,卜某到杭州某汽车配件有限公司应聘,公司让其担任售后退货员,管理售后退货,约定先试用一段时间,公司未与其签署劳动合同也不为其缴纳社会保险,工资给其发放现金。试用期间,卜某单独或伙同公司销售员、仓库发货员等人,利用管理售后退货、经手公司仓库的汽车配件等职务便利,多次侵占经手配件、从公司仓库窃取配件,合计价值人民币2.2万余元。

公安机关以盗窃罪移送审查起诉,笔者提出了职务侵占罪的定性意见,检察机关以此罪名起诉后,获得了法院生效判决的支持。本案中,该公司违法用工,卜某并非公司的正式员工。但是,如上所述,相对于民商法注重形式合理性,刑法注重的是实质合理性。职务侵占罪主体评价的关键并非是有无在职、在编人员身份的形式,而是在一定时期内是否履行工作职责。理论界和实务界也持此观点。比如于庆伟职务侵占案。㉚于庆伟是北京市联运公司海淀公司临时工,负责从本单位领出货物并办理托运手续等发送业务,其在发货时将价值2万余元的货物取出,分别藏匿于女友处和寄给朋友。法院将公诉机关起诉的盗窃罪改判为职务侵占罪。又如贺豫松职务侵占案。㉛贺豫松系郑州火车站委外装卸工,2003年至2005年间,其在当班装卸旅客托运的行李、包裹时,多次窃取手机、电脑、电磁炉等物品,合计价值人民币4万余元。法院亦将公诉机关起诉的盗窃罪改判为职务侵占罪。再如刘宏职务侵占案。㉜刘宏在公司担任车间代理主任,2007年7月合同到期后,因公司暂停生产,未与其续签合同。同年9月,刘宏利用其保管仓库的一

㉘ 参见见上海市长宁区人民检察院诉李江职务侵占案,载《最高人民法院公报》2009年第8期;又如,笔者于2016年5月22日,以"刑事+职务侵占罪+驾驶员"的复合条件在"无讼案例网"检索,出现的裁判文书多达1077份;以"刑事+职务侵占罪+保安"的复合条件在"无讼案例网"检索,出现的裁判文书多达1052份;以"刑事+职务侵占罪+快递员"的复合条件在"无讼案例网"检索,出现的裁判文书也多达109份。

㉙ 参见浙江省杭州市拱墅区人民法院(2012)杭拱刑初字第247号刑事判决书。

㉚ 参见中华人民共和国最高人民法院刑事审判第一庭、第二庭编:《刑事审判参考》(2003年第2辑,总第31辑),法律出版社2003年版,第235号案例。

㉛ 参见中华人民共和国最高人民法院刑事审判第一、二、三、四、五庭主办:《刑事审判参考》(2007年第4集,总第57集),法律出版社2007年版,第452号案例。

㉜ 参见中华人民共和国最高人民法院刑事审判第一、二、三、四、五庭主办:《刑事审判参考》(2008年第6集,总第65集),法律出版社2009年版,第516号案例。

把钥匙(仓库有两把锁),趁车间暂停生产无人之际,采用开锁和撬锁的方式,进入仓库窃得合计价值人民币5万余元的财物并销赃。法院同样将公诉机关起诉的盗窃罪改判为职务侵占罪。这些指导案例充分说明,临时工等非正式员工可以成为职务侵占罪的主体。

(三)冒用身份取得职务的人员能否成为本罪的主体

对于冒用身份取得职务的人员,能否成为职务侵占罪的主体,笔者认为,不可一概而论。一般而言,对于冒用身份取得职务,如果是基于职务在较长一段时间内稳定履行职责,在此过程中利用职务之便侵占所在单位财物的,应当认定为职务侵占罪;反之,如果是基于隐瞒身份取得信任,随即骗取财物逃离的,则应当认定为诈骗罪。

【案例6】马某诈骗案③(虚构事实后同时或先后应聘,向招聘单位以项目招待费用报销等名义骗取财物,应认定为诈骗罪)

被告人马某虚构其长期和军队做项目,到有关公司应聘销售经理、采购经理、客户经理等职务,尔后虚构项目招待费,以报销等名义从公司领取款物。2011年4月至2012年10月,马某以上述手段先后或者同时到9家公司应聘并担任经理,在每个公司分别骗得价值人民币2万元至10余万元不等的款物,合计68万余元。公诉机关以诈骗罪起诉,辩护人以职务侵占罪辩护。法院审判认为,马某虽经应聘取得了被害单位客户经理的职位,其虚报的招待费等款项亦属于利用职务便利谋取公司财物的行为,但其连续9次通过虚构项目而获得职务,并借此虚报职务费用的行为,本质上系马某为达到诈骗目的而实施的行为,故应当认定为诈骗罪。最终,马某被一审法院判处有期徒刑11年后未上诉,判决随后生效。

本案中,一审法院认为,诈骗罪和职务侵占罪存在法条交叉竞合。㉞ 一般情况下,诈骗通常作为职务侵占的手段,应当按照目的行为吸收手段的原则,认定为职务侵占罪。但是,在目的行为系轻行为、手段行为系重行为,特定案件事实中目的行为和手段行为吸收关系逆转,职务侵占罪的构成要件不完全的特殊情况下,应当认定为诈骗罪一罪。本案符合前述情形,其一,诈骗罪的处断重于职务侵占罪;其二,马某在较短时间内在9家公司任职,且同一时段内在不同公司任职,可见其并非真正意义的履职,不应当认定为职务侵占罪的主体。㉟

笔者认为,一审判决的结论是正确的,第二点作为依据也是较为充足的,但是第一点理由并不能成立。诈骗罪和职务侵占罪是有所交叉的,但重合部分属于一般和特殊关系,应当适用特别法条优先的处断原则,并非牵连犯关系适用从一重

㉝ 参见北京市海淀区人民法院(2013)海刑初字第1592号刑事判决书。

㉞ 比如,张明楷教授认为贪污罪与侵占罪、盗窃罪、诈骗罪、职务侵占罪在法条上是特别关系,贪污罪中的骗取行为,必然符合诈骗罪的犯罪构成。反之,符合诈骗罪构成要件的行为,不一定符合贪污罪的构成要件。对于同时构成诈骗罪、贪污罪的行为,不应认定为诈骗罪。参见张明楷:《刑法学》(第4版),法律出版社2011年版,第1048页。

㉟ 参见肖中华:《刑事疑难问题典型案例评析》,法律出版社2015年版,第237—238页。

罪处断的原则。马某之所以被判处诈骗罪,体现了刑法的实质认定原则。如果行为人因其他原因而不是因非法占有的动机冒充身份应聘取得职务,在履职过程中侵占财物的,则应认定为职务侵占罪。

【案例7】姚某职务侵占案㊱(冒用身份应聘后利用职务便利侵吞货款,应认定为职务侵占罪)

2014年3月份,被告人姚某以"古瞻峰"的虚假身份证通过网上应聘到汕头市潮阳区棉北街道得源饲料厂担任货运驾驶员。同年7月18日,得源饲料厂负责人安排姚某与江某一起运载货物至揭阳市并收回货款,姚某见有机会侵吞货款,便说服郑某由其一人负责送货。随后其便独自一人驾驶货车将货物运载至揭阳市交给货主郑某,并收回货款现金人民币37 550元。之后姚某携带货款逃离,后用于偿还赌债。公诉机关以职务侵占罪起诉,被告人和辩护人对指控罪名没有异议,法院以职务侵占罪判处姚某有期徒刑1年。

本案就是典型的冒充他人身份应聘,后在履职过程中产生非法占有目的,利用职务便利占有单位财物的典型案例。应当说,以虚假身份证应聘后在履职过程中利用职务便利非法占有所在单位财物的定性,在理论界和实务界争议很大。㊲最高人民法院研究室《关于对行为人通过伪造国家机关公文、证件担任国家工作人员职务并利用职务上的便利侵占本单位财物、收受贿赂、挪用本单位资金等行为如何适用法律问题的答复》中答复如下:"行为人通过伪造国家机关公文、证件担任国家工作人员职务以后,又利用职务上的便利实施侵占本单位财物、收受贿赂、挪用本单位资金等行为,构成犯罪的,应当分别以伪造国家机关公文、证件罪和相应的贪污罪、受贿罪、挪用公款罪等追究刑事责任,实行数罪并罚。"笔者认为,基于客观主义立场,上述答复意见值得参照,对于冒充身份担任公司、企业或者其他单位职务的人员,利用职务上的便利实施侵占本单位财物的,应当认定为职务侵占罪。当然,笔者提出的仅是一般的区分意见,关键还是要结合具体案情具体分析。

(四)离职后冒充原单位职员能否成为本罪的主体

离职后冒充原单位职员的人员,能否成为职务侵占罪的主体,不可一概而论。一般而言,只要被害单位在解除行为人的职务时履行了公示义务而无过错,行为人冒充原单位职员骗取原单位客户货款的,一般应认定为诈骗罪;反之,被害单位并未有效解除行为人的职务,行为人实质上仍继续履行职务的,造成单位客户基于表见代理情形下的合理信赖时,一般则应定性为职务侵占罪。

【案例8】梁某职务侵占案㊳(离职后继续利用原单位职务身份取得客户货款,

㊱ 参见广东省汕头市潮阳区人民法院(2015)汕阳法刑二初字第162号刑事判决书。

㊲ 比如,关于以虚假身份应聘司机开走单位汽车如何定性,陈兴良、曲新久认为应当认定为职务侵占罪,而刘明祥则认为应当认定为诈骗罪。参见刘卉、刘金林等:《不同犯罪论体系会不会影响司法统一》,载《检察日报》2009年12月11日,第3版。

㊳ 参见云南省昆明市中级人民法院(2014)昆刑一终字第28号刑事判决书。

应认定为职务侵占罪)

被告人梁某长期担任某保险公司职员,期间利用职务之便收取投保人保费 40 290 元后进行挥霍。2010 年 3 月 1 日,公司对其作出通报批评并解除保险代理合同,但未收回空白合同、保单、收据等物。后梁某隐瞒被解除保险代理的事实,继续持相关手续,收取投保人保费 78 132 元并进行挥霍。后梁某投案自首。一审法院认定梁某分别构成职务侵占罪和诈骗罪,分别判处有期徒刑 1 年零 6 个月和 3 年,合并执行有期徒刑 3 年。梁某上诉后,二审法院改判为职务侵占罪一罪,判处其有期徒刑 3 年,缓刑 5 年。

笔者认为,本案二审法院的改判是正确的。梁某虽然被解除保险代理关系,但其仍持有空白合同、保单、收据,足以以原职务身份履行职责,从民事角度上而言成立表见代理,投保人并无过错,也不应承担损失,并非实际被害人;而保险公司应当履行保险合同,属于实际上的被害方。故梁某被解除代理合同的后续行为应构成职务侵占罪而非诈骗罪。

三、职务侵占罪中"利用职务便利"的认定

(一)职务便利与劳务的区分

根据我国职务侵占罪的立法演变可以看出,"职务"是严格区分于"公务"的。[39] 最高人民法院 2003 年 11 月 13 日印发的《全国法院审理经济犯罪案件工作座谈会纪要》专门规定:"公务主要表现为与职权相联系的公共事务以及监督、管理国有财产的职务活动。如国家机关工作人员依法履行职责,国有公司的董事、经理、监事、会计、出纳人员等管理、监督国有财产等活动,属于从事公务。那些不具备职权内容的劳务活动、技术服务工作,如售货员、售票员等所从事的工作,一般不认为是公务。"问题是,职务是否包括劳务活动、技术服务工作呢?

笔者认为,所谓"职务",指职位规定应当担任的工作,其本质在于对单位财产具有控制、支配地位。[40] 职务侵占罪保护的法益是公司、企业或者其他单位的财产占有关系,而现代服务业的兴起,决定了大量的劳务型单位、服务型单位的广泛存在,为了平等、充分保护此类单位的财产,利用职务上的便利应当包括从事职权性管理活动的便利和从事劳务活动、技术服务工作的便利。否则,劳务人员利用劳务之便侵占本单位财物的行为,不可能归入侵占罪或者其他罪名进行评价,将显失公平。司法实践中,驾驶员、保安、快递员等基本从事劳务活动的人员被认定为职

---

[39] 1979 年《刑法》没有职务侵占罪的罪名,1988 年全国人民代表大会常务委员会《关于惩治贪污罪贿赂罪的补充规定》虽然扩大了贪污罪的主体范围,但仅将公司从事管理活动的人员均纳入贪污罪的主体,1997 年《刑法》增加了职务侵占罪,意味着职务有别于公务。

[40] 在 1997 年《刑法》修订颁布之时,有学者就指出,《刑法》第 271 条的罪名应当概括为"公司、企业、单位人员贪污罪"。参见张明楷:《刑法学》,法律出版社 1997 年版,第 787 页。

务侵占罪的主体,也充分说明了职务包括劳务活动、技术服务活动,在此不再赘述。㊶

当然,对于并非利用从事劳务对财物控制、支配的职务便利,而是利用对工作环境的熟悉来窃取财物的行为,应认定为盗窃罪而非职务侵占罪。

【案例9】赵某盗窃案㊷(利用熟悉工作环境窃取财物,应认定为盗窃罪)

被告人赵某原系河南省濮阳市腾力大厦总服务台收银员。腾力大厦总服务台收银员采用轮流值班制,收银员在值班时收取的钱款保存于总服务台的现金抽屉,并应于轮班时交接或上缴。该现金抽屉及钥匙由当值收银员轮流保管使用。1999年3月中旬某日,赵某在腾龙大厦总服务台值班时,利用其当值掌管钥匙之便,私配了一把总服务台现金抽屉的钥匙,伺机行窃。同年3月17日凌晨4时许,赵某选择在他人值班之日,趁无人之际,用私配的钥匙打开存放现金的抽屉,窃得现金19 905元后逃离。

本案就是利用熟悉工作环境而窃取所在单位财物的典型案例。赵某从事劳务性质的收银工作,具有管理、支配账款的职务便利,但其并没有利用此职务便利侵吞账款,而是选择自己不当班又无人之际采取窃取手段,尽管客观上也利用了其在履职过程中掌管钥匙的职务之便,但这并非是认定其犯罪行为性质的决定因素。

(二)代理公司业务签署合同而非法占有货款是利用职务之便还是利用合同进行诈骗

【案例10】宋某职务侵占案㊸(利用代理公司业务的职务之便将签订合同所得财物予以侵吞,应认定为职务侵占罪)

2011年8—9月,被告人宋某经人介绍与沭阳瑞阳铜业有限公司(以下简称"瑞阳公司")口头约定,为该公司销售无氧铜丝,对外以瑞阳公司的名义与客户签约,货款由客户打入指定账户,对内宋某不受公司人事管理的约束,不参与考勤等事项,仅按照其销售数量获取每吨50元的报酬。2013年3—4月,宋某以瑞阳公司的名义与多家公司达成供货协议,上述公司按照协议将货款打入宋某指定账户。到款后,宋某将其中81万余元占为己有,用于购买彩票。后宋某投案自首。

公诉机关以合同诈骗罪和职务侵占罪提起公诉,被告人和辩护人则认为宋某的签约行为系职务行为,购买彩票不属于非法占有,应认定为挪用资金罪一罪。法院经审理以职务侵占罪判处其有期徒刑13年。宋某上诉后,二审法院维持原判。

笔者认为,本案中宋某不仅利用了职务之便,也存在一些欺骗客户和公司的行为,但界定宋某行为性质的关键在于其非法占有款项的归属性质和其是否利用

㊶ 实践中的典型案例可参见《劳务派遣型"监守自盗"行为的定性——张甲等职务侵占案》一文及对应的案例。参见国家法官学院案例开发研究中心编:《中国法院2015年度案例——刑法总则案例》,中国法制出版社2015年版,第21—24页。

㊷ 参见中华人民共和国最高人民法院刑事审判第一庭、第二庭编:《刑事审判参考》(2003年第2辑,总第32辑),法律出版社2003年版,第246号案例。

㊸ 参见江苏省宿迁市中级人民法院(2014)宿中刑二终字第0057号刑事裁定书。

职务之便。如果宋某占有的款项属于其所在单位,则其行为应认定为职务侵占罪;如果宋某占有的款项属于客户支付给宋某个人的货款,则其行为应认定为合同诈骗罪。笔者认为,宋某的行为属于代理瑞阳公司的行为而非个人行为,其与客户签署的合同也是有效的,客户打入的款项应当认定为瑞阳公司所有。宋某采用欺诈方式要求客户将款项打入自己指定的账户而非瑞阳公司账户、未上交货款给瑞阳公司的行为,对占有财物并不具有决定作用,宋某具有收取货款的职务便利才是对占有财物具有决定作用的。因此,法院的判决是正确的。实际上,司法实务主要持此意见。比如《刑事审判参考》刊载的虞秀强职务侵占案,与本案极其相似。㊹浙江省新昌县金维化工有限公司(以下简称"金维公司")与浙江省东阳市陈敏化工有限公司(以下简称"陈敏公司")开展合作,由金维公司提供资金、陈敏公司提供场地和设备。后陈敏公司亏损,虞秀强作为金维公司的副总经理,以金维公司的名义与巨化锦纶厂发生业务关系,巨化锦纶厂按惯例将38吨己内酰胺销售给代表金维公司的虞秀强,虞秀强在收到本应交给公司的货物后,以非法占有为目的,擅自将货物予以销售,取得货款及销售款759 750元后,除用于支付宏大经营部等三家单位货款及运费外,将其余444 310元予以侵吞。公诉机关和一审法院认定虞秀强构成合同诈骗罪和职务侵占罪二罪,虞秀强上诉后,二审法院改判为职务侵占罪一罪。

(三)超越职权范围实施欺诈行为而非法占有财物是否属于利用职务之便

司法案例中,有的行为人在履职过程中超越职权范围,对所在单位的客户、顾客实施欺诈行为,骗取客户、顾客支付款项。此种行为应认定为职务侵占罪还是诈骗罪,存有争议。

【案例11】董佳、岑炯、胡群等职务侵占案㊺(以假充真侵占门票收入款的行为构成职务侵占罪)

2000年8—9月,被告人董佳、岑炯、胡群经预谋后商定,利用董、岑两人在上海东方明珠广播电视塔有限公司(以下简称"东方明珠公司")工作的便利,伪造东方明珠塔观光券出售牟利,随后由胡群负责伪造观光券。胡群找人伪造观光券后交给董佳、岑炯两人。董佳将伪造的东方明珠塔观光券在东方明珠观光塔售票处出售,岑炯则检票让购买伪造观光券者进入东方明珠电视塔进行游览观光。至案发时,已扣押伪造并使用的东方明珠塔观光券4 313张,其中65元票面存根1 392张,50元票面存根2 921张,董佳、胡群、岑炯从而侵占东方明珠公司的票房收入人民币236 530元。法院判处董佳、胡群、岑炯构成职务侵占罪。

本案中,被告人董佳、岑炯等以假的观光券冒充真的观光券向游客出售,客观上

㊹ 参见中华人民共和国最高人民法院刑事审判第一、二、三、四、五庭主办:《刑事审判参考》(2008年第2集,总第61集),法律出版社2008年版,第484号案例。

㊺ 参见中华人民共和国最高人民法院刑事审判第一庭、第二庭编:《刑事审判参考》(2002年第6辑,总第29辑),法律出版社2002年版,第213号案例。

存在欺骗游客及倒卖伪造票证行为,但笔者认为不应以诈骗罪和倒卖有价票证罪定罪处罚。董佳等被告人虽实施了以假充真、欺骗游客的行为,但其所意图占有的对象并非游客的财物,而是东方明珠塔的门票收入。欺骗游客、倒卖伪造票证只是被告人达到侵占所在单位东方明珠塔门票收入的一种手段,一种具体的行为方式,意在通过这种"偷梁换柱"的方式来掩盖对单位票款的非法侵占。所以在本案性质的判定中,立足点应当放在非法占有的对象物这点上。首先,本案表面上所直接侵占的是游客的钱款,实质上属于东方明珠公司应得的门票收入,应当认定为东方明珠公司的财产;其次,游客并未受到损失,并非实质上的被害人,而东方明珠公司损失了票款,是真正的被害人;再次,董佳、岑炯分别利用售票员和检票员的职务便利,侵占了所在单位的票款收入,完全符合职务侵占罪的构成特征,构成职务侵占罪。

(四)内外勾结的职务侵占案件和贿赂案件的认定

2000年7月8日施行的最高人民法院《关于审理贪污、职务侵占案件如何认定共同犯罪几个问题的解释》第2条规定:"行为人与公司、企业或者其他单位的人员勾结,利用公司、企业或者其他单位人员的职务便利,共同将该单位财物非法占为己有,数额较大的,以职务侵占罪共犯论处。"但是,司法实践中,对于何为"利用公司、企业或者其他单位人员的职务便利"的理解存在争议。比如说,内外勾结的职务侵占案件与贿赂案件难以区分,不少职务侵占案件都曾被当作贿赂案件处理。笔者办理的钱某职务侵占案便是一例。

【案例12】钱某职务侵占案[46](利用采购职务便利抬高采购价格并要求供应商账外给予"回扣",应认定为职务侵占罪)

2009年年底至2011年6月,钱某在某公司担任采购员期间,利用负责与供应商谈判采购业务并拟定采购价格的职务便利,与供应商应某在商定采购价格的基础上,要求供应商按抬高后的采购价签订合同,并要求公司在多支付采购资金至供应商后,再由供应商扣除因虚高采购款产生的税费后,将余款以"回扣"方式通过现金、转账到个人账户的形式返给钱某。钱某以此方式得款76万余元。

公安机关以钱某涉嫌非国家工作人员受贿罪、应某涉嫌对非国家工作人员行贿罪移送审查起诉。笔者提出了职务侵占罪的整体定性意见,并认为应某属从犯,且情节轻微可不起诉。检察机关以此罪名仅对钱某起诉(对应某以情节轻微不起诉),获得了法院生效判决的支持。本案中,表面上是应某在供销业务中给予钱某商业"回扣",而实际上,则是钱某利用采购商的优势地位,要求应某配合,采用抬高采购价的诈骗方式,骗取所在单位的钱款,应认定为职务侵占罪。浙江省高级人民法院又将这类案件作为指导案例发布。[47] 职务侵占行为限于作为而排除

---

[46] 参见浙江省杭州市拱墅区人民法院(2012)杭拱刑初字第4号刑事判决书。

[47] 参见浙江省海宁市人民法院(2012)嘉海刑初字第705号刑事判决书,判决也将公诉机关起诉的非国家工作人员受贿罪改判为职务侵占罪,裁判要旨为:被告从出卖方所拿回的"回扣款"为本单位多付的款项,构成职务侵占罪。参见浙江省高级人民法院编:《案例指导(2012—2013年卷)》,中国法制出版社2014年版,第50—60页。

不作为,对于企业员工履职过程中不作为且收受对方"好处费",造成所在单位财物损失的行为,构成非国家工作人员受贿罪。

【案例13】余建军、赵德夫职务侵占案[48](职务侵占罪的主观故意是直接故意,且具有非法占有被告人单位财物的目的,履职过程中单纯不作为而收受"好处费"的行为构成非国家人员受贿罪)

A公司是经营供电供热的企业,被告人余建军是该公司的员工,负责供汽管道检查、修理和供汽单位蒸汽流量表安装、检查、修理、抄录蒸汽用量数据以及收取蒸汽价款。

2007年6月,A公司向B公司供应蒸汽。B公司的赵德夫为了少付蒸汽使用费,擅自拆开蒸汽流量表人为减少用量数据。余建军在抄录蒸汽供应单位流量表数据时,怀疑B公司对蒸汽流量表做了手脚,但未反映给A公司,按照蒸汽流量表的数据抄录,而A公司则按照余建军的抄录数据与B公司结算价款。为了让余建军不将蒸汽流量表被动手脚一事向A公司反映,2007年10月至2009年3月,赵德夫先后每月送给余建军2 000元或者3 000元现金或者等价的购物卡券,合计38 000元。期间,B公司少付给A公司蒸汽价款20万余元。

2009年4月至12月,余建军不再抄表,采用编造数据的方法报至A公司以据此结算蒸汽价款并告知赵德夫。赵德夫为了使蒸汽流量表显示的蒸气用量与B公司已付蒸汽使用量相符,有时则使用上述方式人为调整蒸汽流量表显示数据。其间赵德夫送给余建军财物合计31 000元,B公司少付给A公司蒸汽价款24万余元。

公诉机关以二人涉嫌共同职务侵占罪提起公诉。一审法院认定,赵德夫构成盗窃罪、职务侵占罪,余建军构成非国家工作人员受贿罪、职务侵占罪。公诉机关抗诉后,二审法院维持原判。

笔者认为,法院对余建军行为的定性是正确的。[49] 本案可分为两个阶段:第一个阶段,余建军主观上并没有非法占有本单位蒸汽的故意和目的,客观上也没有积极编造数据骗取本单位蒸汽的行为,A公司应收款出现损失是余建军不作为的后果,并非是其积极侵占的对象。虽然客户有调整流量表数据的行为,但余建军并未实施配合或者教唆的行为,二人也不构成共同犯罪。余建军收受的是客户单位的贿赂并为其谋取利益,未将客户对蒸汽表动手脚的事项反映给A公司造成单位财产损失,同时也是在履行合同过程中玩忽职守的行为(因其并非国有公司员

---

[48] 参见浙江省绍兴县人民法院(2010)绍刑初字第592号刑事判决书、浙江省绍兴市中级人民法院(2010)浙绍刑终字第294号刑事裁定书。

[49] 至于赵德夫第一个阶段的行为是盗窃还是诈骗,是否值得刑法评价,笔者认为值得商榷。笔者倾向于该阶段的行为是合同纠纷,不宜作为刑事犯罪进行处理,至多只能按合同诈骗罪定性,主要理由是赵德夫的行为并非窃取蒸汽,而是在供销合同中虚构事实,造成实际用量与计量数据不一致的假象,从而骗取供应商按照计量数据收款。供应商遭受损失,赵德夫获利,符合合同欺诈罪而非盗窃罪的构成要件。

工,该行为不能以国有公司、企业、事业单位人员失职罪追究刑事责任),构成非国家工作人员受贿罪。第二个阶段,余建军客观上与赵德夫分工实施,其负责积极编造数据,赵德夫负责人为调整用量数据,共同采用诈骗的方式骗取 A 公司的蒸汽,主观上其已认识到其和赵德夫的行为是骗取 A 公司蒸汽用量的行为,仍积极为之,二人共同构成职务侵占罪。

四、职务侵占罪中对财物的认定

(一)财产性利益是否属于本罪的犯罪对象

我国刑法并没有对"财物"进行定义,也没有区分财产和财产性利益。根据通说,《刑法》分则第五章的"财物"包含财产性利益。[50] 司法实践中,一般也将财产性利益作为财产罪和贿赂犯罪的犯罪对象。比如,2002 年 4 月 17 日施行的最高人民法院《关于审理非法生产、买卖武装部队车辆号牌等刑事案件具体应用法律若干问题的解释》第 3 条第 2 款(现已被最高人民法院、最高人民检察院 2011 年 8 月 1 日起施行的《关于办理妨害武装部队制式服装、车辆号牌管理秩序等刑事案件具体应用法律若干问题的解释》取代,该解释第 6 条沿用并扩充了该规定)明确规定:"使用伪造、变造、盗窃的武装部队车辆号牌,骗免养路费、通行费等各种规费,数额较大的,依照刑法第二百六十六条的规定定罪处罚。"又如,最高人民法院、最高人民检察院 2008 年 11 月 20 日印发的《关于办理商业贿赂刑事案件适用法律若干问题的意见》之"七"规定:"商业贿赂中的财物,既包括金钱和实物,也包括可以用金钱计算数额的财产性利益,如提供房屋装修、含有金额的会员卡、代币卡(券)、旅游费用等。具体数额以实际支付的资费为准。"再如,2016 年 4 月 18 日施行的最高人民法院、最高人民检察院《关于办理贪污贿赂刑事案件适用法律若干问题的解释》第 12 条规定:"贿赂犯罪中的'财物',包括货币、物品和财产性利益。财产性利益包括可以折算为货币的物质利益如房屋装修、债务免除等,以及需要支付货币的其他利益如会员服务、旅游等。后者的犯罪数额,以实际支付或者应当支付的数额计算。"司法实践中,对职务侵占罪的犯罪对象是否包括财产性利益,也基本参照上述文件持认可意见,笔者在此不再举例赘述。

(二)信息、数据是否属于本罪的犯罪对象

财产性利益是否包括信息、数据等?《最高人民法院公报》2006 年第 11 期刊载的"上海市黄浦区人民检察院诉孟动、何立康网络盗窃案",认定网络虚拟财产可以成为盗窃罪的对象,但这在理论界和实务界均存在争议。[51] 职务侵占罪的行

---

[50] 参见张明楷:《刑法学》(第 4 版),法律出版社 2011 年版,第 841 页。

[51] 最高人民法院研究室《关于利用计算机窃取他人游戏币非法销售获利如何定性问题的研究意见》认为,利用计算机窃取他人游戏币非法销售获利行为目前宜以非法获取计算机信息系统数据罪定罪处罚。参见张军主编:《司法研究与指导》(2012 年第 2 辑),第 127—136 页。此外也有学者认为虚拟财产不属于法律意义上的财产,窃取"游戏币"的行为不构成盗窃罪。参见姜金良、袁海鸿:《侵入他人游戏账号窃取虚拟财产构成非法获取计算机信息系统数据罪》,载《人民司法》2015 年第 6 期。

为方式是将合法管理、支配的财产变成非法占有,不同于盗窃罪、诈骗罪将未曾持有的财物变成非法占有。而根据我国刑法关于非法提供信用卡信息罪、泄露内幕信息罪、侵犯公民个人信息罪、非法获取计算机信息系统数据罪等规定,信息、数据可以成为其他罪的犯罪对象,也可能是职权管理的范围。对于利用职务便利窃取、出售信息、数据的行为,需要具体分析、区别对待。

【案例 14】王一辉等职务侵占案(52)(利用职务便利盗卖单位游戏“武器装备”的行为构成职务侵占罪)

被告人王一辉原系盛大公司游戏项目管理中心运维部副经理,主要负责对服务器、游戏软件进行维护和游戏环境内容的更新等。2004 年 8 月底,被告人王一辉与被告人金珂通过网上聊天,预谋利用王一辉在盛大公司工作,有条件接触“热血传奇”游戏软件数据库的便利,复制游戏武器装备予以销售。后被告人王一辉在盛大公司利用公司的电脑进入游戏系统,同时打开“热血传奇”服务器 6000 端口,通过增加、修改数据库 Mir. DB 文件中的数据,在金珂创建的游戏人物身上增加或修改游戏“武器”及“装备”,再由金珂将游戏人物身上的武器及装备通过“www. 5173. com”网站或私下交易出售给游戏玩家。至 2005 年 7 月,被告人王一辉非法获利 122 万余元,金珂获利 42 万余元。本案公诉机关以王一辉等人涉嫌侵犯著作权罪起诉,辩护人认为不符合侵犯著作权罪的构成要件,而《刑法》对财产权的保护仅限于有形财产和无形财产,不涉及虚拟财产,故被告人的行为不能以犯罪论处。法院判决王一辉等人构成职务侵占罪。

法院认为,本案涉案“武器”及“装备”可认定为无体财产性利益。网络游戏中的“武器”及“装备”是计算机软件运行后生成的结果,是一种虚拟财产,其在虚拟环境中的作用决定了其可以被人占有、使用等,但游戏玩家要取得虚拟财产,除了花费时间外,还必须付出一定的费用,如购买游戏点卡的费用、上网费等,同时该虚拟财产通过现实中的交易能转化为货币,因此虚拟财产既有价值,又有使用价值,具有现实财产的属性。王一辉等人构成职务侵占罪,犯罪数额可按其销赃获利数额计算。

笔者认为,法院判决虽有道理,但也存在瑕疵。虚拟财产毕竟不同于现实财产,实际上并不具有真正的价值属性。根据 1998 年最高人民法院《关于审理盗窃案件具体应用法律若干问题的解释》(已废止)第 5 条第(七)项的规定,销赃数额高于按本解释计算的盗窃数额的,盗窃数额按销赃数额计算,因而销赃价格可以作为犯罪数额。但是,以销赃价格作为犯罪数额,本身也反映了犯罪数额决定于行为人销赃时和购买者议价的偶然因素,显然有悖法理。销赃数额即便高于实际盗窃数额,但被害人所遭受的损害并没有增加,因此以销赃数额作为盗窃数额,进

(52) 参见中华人民共和国最高人民法院刑事审判第一、二、三、四、五庭主办:《刑事审判参考》(2007 年第 5 集,总第 58 集),法律出版社 2008 年版,第 461 号案例。

而决定对行为人的定罪量刑,有失妥当。[53] 2013年4月4日施行的最高人民法院、最高人民检察院《关于办理盗窃刑事案件适用法律若干问题的解释》第4条第(五)项规定:"盗接他人通信线路、复制他人电信码号出售的,按照销赃数额认定盗窃数额。"似乎可以说明,除非"电信码号"等特殊物质可以销赃价认定犯罪数额,对于其他物品,销赃价能否作为犯罪数额并不明确。实际上,对于利用职务之便非法提供信用卡信息、泄露内幕信息、侵犯公民个人信息、非法获取计算机信息系统数据出售获利的,并非一律构成职务侵占罪,有可能构成其他犯罪。

【案例15】刘淼金等受贿案[54]（国有医院员工利用管理、统计医院统方信息的职务便利将统方数据出售的行为,应认定为受贿罪）

被告人刘淼金、姚传林均系庆元县人民医院信息科合同工,负责统计、管理医院计算机信息系统和数据信息。2010年1月至2014年1月,刘淼金单独或伙同姚传林,利用职务之便,将医院计算机信息系统的"统方"数据信息非法提供给医药代表,并收取好处费。其中,刘淼金单独出售"统方"获利209 400元,二人共同出售"统方"获利109 100元。公诉机关以受贿罪提起公诉,有的辩护人认为应当按照非国家工作人员受贿罪定性,有的辩护人认为应当按照职务侵占罪定性。法院支持了公诉机关的指控,认定二被告人构成受贿罪。

本案中,暂不考虑二被告人的职务属于公务还是劳务,从判决结论可以发现,判决没有将二人职务便利之下的"统方"认定为"财物",否则,二人构成的将是贪污罪或者是职务侵占罪,而非受贿罪(或者是非国家工作人员受贿罪)。实际上,《刑法》第253条之一的出售、非法提供公民个人信息罪的立法演变也说明了"信息"区别于"财物"。《中华人民共和国刑法修正案(七)》增设此条文,并含有"国家机关或者金融、电信、交通、教育、医疗等单位的工作人员"的表述,《中华人民共和国刑法修正案(九)》则删除了该有关主体的表述,并增设一款规定:"违反国家有关规定,将在履行职责或者提供服务过程中获得的公民个人信息,出售或者提供给他人的,依照前款的规定从重处罚。"之后,最高人民法院、最高人民检察院则将原来的"出售、非法提供公民个人信息罪"和"非法获取公民个人信息罪"统一调整为"侵犯公民个人信息罪"。可以看出,对于履行职责或者提供服务过程中获得的公民个人信息,并不属于财物,否则,出售个人信息的,将构成贪污罪、职务侵占罪而非侵犯公民个人信息罪。同理,对于在履职过程中出售国家秘密、内幕信息的,应当按照相应的犯罪进行处理,而非认定为贪污罪或者职务侵占罪。

五、结语

职务侵占罪虽是常见的传统罪名,但随着经济社会的发展,无论是单位法律属性、主体形式、履职方式、还是财物表现形式,都有新的变化。笔者基于法益保

---

[53] 参见胡云腾、周加海、周海洋:《〈关于办理盗窃刑事案件适用法律若干问题的解释〉的理解与适用》,载《人民司法》2014年第15期。

[54] 参见浙江省丽水市中级人民法院(2014)浙丽刑终字第265号刑事裁定书。

护的目的,在刑法平等保护和实质认定的原则下,探讨了职务侵占罪疑难问题的相关司法认定。笔者认为,唯有法益保护的目的,贯通刑法平等保护和实质认定的原则,"往返于规范和事实之间"[55]进行正义的解释,才能正确处理职务侵占罪与贪污罪、盗窃罪、(合同)诈骗罪的关系,才能协调职务侵占罪和其他在履职过程中谋取经济利益犯罪的关系,"实现'同案同判'的司法正义"[56],舒缓因所有制性质、身份不同所造成的《刑法》条文之间的紧张关系,从而提升司法公信力。

---

[55] 张明楷:《刑法分则的解释原理》(第2版),中国人民大学出版社2011年版,序说部分。
[56] 李佳欣:《刑法解释的功能性考察》,载《当代法学》2014年第6期。

论商业贿赂的法律规制
——以《反不正当竞争法》的修订为契机

徐 洁[*]　陈志嘉[**]

一、商业贿赂的界定
(一) 商业贿赂的概念及特征

1. 商业贿赂的概念

在法律制定初期,我国并未直接使用商业贿赂这一专业术语。由于这一现象的出现才催生了其在《中华人民共和国反不正当竞争法》(以下简称《反不正当竞争法》)中的首次定义,但该法本身并没有直接规定商业贿赂这一概念。[①] 直至1996年国家工商行政管理局发布的《关于禁止商业贿赂行为的暂行规定》第2条第2款规定:"本规定所称商业贿赂,是指经营者为销售或者购买商品而采用财务或者其他手段贿赂对方单位或者个人的行为。"这才第一次将其作为正式法律用语。[②] 当然,我国也有学者认为需要界定"商业行贿"和"商业受贿"的概念,从而比较完整准确地界定商业贿赂。[③] 笔者较为赞同这一观点,尽管两者有关联,共同形成商业贿赂,但是两者的定义、构成要件、表现形式及法律后果均不同,故不可混为一谈。

2. 商业贿赂的特点

(1) 主体的双重性。商业贿赂在主体关系上不同于其他的一般形式,其具有双重主体的特性,即行贿主体和受贿主体,有时还存在中间人。《反不正当竞争法》第8条将行贿主体规定为经营者但不包括受贿者。

---

[*] 盐城市盐都区人民检察院检察官。
[**] 上海对外经贸大学民商法硕士研究生。
[①] 参见方仲炳:《治理商业贿赂的法律对策研究》,中国政法大学出版社2014年版,第158页。
[②] 参见张志娟:《商业贿赂的疑难问题研究》,大连海事大学2009年硕士学位论文。
[③] 参见吕明瑜:《竞争法》,法律出版社2004年版,第249页。

(2)手段的多样性和隐蔽性。商业贿赂的手段随着经济发展和时代变化而改变,形式愈来愈多样、手段愈来愈隐蔽,因此也越发难以被发觉。商业贿赂通常不入账,即使入账也会以各种名义显得合情合理,这增加了商业贿赂的侦查难度。行贿者和受贿者基本是"一对一"暗中交易,互相保密,这也让商业贿赂无从查起。

(3)危害的广泛性。商业贿赂危害的范畴随着经济全球化的趋势在不断扩大,这不仅扰乱有序的市场秩序,破坏社会资源的合理配置,还侵蚀国家的政治系统,引发大面积的腐败问题,并且破坏良好的社会风气,增加消费者的负担。因此,商业贿赂的危害是广泛、深不可测、不容忽视的。

(二)商业贿赂的表现形式

现行法律对商业贿赂的形式作出了部分规定,《反不正当竞争法》将回扣单独列出,并明确将其规定为商业贿赂的类型之一。在"商业贿赂"这一概念出现前基本是以"回扣"这一术语代替的。回扣是经营者为了获得市场交易优势、增加交易机会而采取的一种手段,也是商业贿赂行为中最常见、最典型的形式。《反不正当竞争法》将回扣所涉及的范围限定在"销售或购买商品"中,这并不意味着只有这一范围才存在回扣,而是其他领域的回扣不属于该法调整,可能以《中华人民共和国刑法》(以下简称《刑法》)或其他相关法律来处罚。对比折扣,回扣自身具有比较明显的特点:第一,回扣是在账外的暗中行为④,行为具有隐蔽性;折扣则是明示给予并如实记账的。第二,回扣是按照一定比例退还,即使经营者给予的是实物或其他财物,只要是依照一定比例退还给对方的也可以认定为回扣。

根据《反不正当竞争法》的规定,除了回扣这一商业贿赂表现形式之外,其他符合商业贿赂的构成要件但又不构成回扣的形式统称为其他商业贿赂形式,例如其他假借各种名义给付或收受各种经济利益,以报销各种费用、提供旅行、娱乐等方式进行商业贿赂。下面笔者将说明假借其他合法名义实际进行商业贿赂的行为。经营者给予交易相对人"折扣"优惠却违反规定不明示、不入账或虚假入账的行为属于商业贿赂。"折扣"与"商业贿赂"的界限在于"明示给予"和"如实记账",经营者的做法很明显是在借"折扣"之名行贿赂之实。经营者以"佣金"的名义给予中间人财物但中间人不具备合法的运营资质或收取的佣金不在合理范围内的行为,这也是假借"佣金"的名义进行商业贿赂的一种表现形式。目前还有很多采取给予物质以外的非财产性利益的手段行使商业贿赂,如安排家属工作、提供出国留学机会、帮助迁移户口、解决子女入学⑤,虽然没有直接给予受贿人经济利益,却满足了其在某些方面的需求从而达到行贿的目的。我国法律对这些形式的商业贿赂都没有作出明确规定,司法实践中很多形式是否构成商业贿赂仍需执法人员根据具体情况具体对待,这也要求我国尽早完善相关法律来规制形式复杂多样的商业贿赂。

---

④ 参见赵秉志:《论商业贿赂的认定及处理》,载《国家检察官学院学报》2006年第3期。

⑤ 参见赵廷光:《论商业贿赂罪》,载《中国刑事法杂志》2007年第3期。

二、商业贿赂的产生原因及危害

(一)商业贿赂的产生原因

在当前这个经济快速发展的阶段,有竞争就会出现商业贿赂这些不正当竞争手段,这是经济发展过程中的一个负面现象。"有利益的地方就有犯罪。"因此,商业贿赂是任何一个国家发展市场经济过程中不可避免的社会现象,也是任何国家的法律所不能回避的事实。我国经历了贫穷与物资匮乏时代后,开始实行改革开放的基本国策,经济水平得到迅猛发展,并逐步形成市场经济。在此过程中,部分人片面追求经济效益而忽视诚实守信、公平竞争的市场原则,企图以不正当竞争手段来获取更多机会和优势。除此以外,商业贿赂的形成也有其他各种原因。

中国习俗文化中的"人情"是商业贿赂的历史原因。中国的"礼尚往来",也就是"人情",这一习俗传承千年至今很难改变。我国传统观念中的"人情往来"在现代社会仍然是生活习惯和商业惯例,经营者常用赠送礼物的方式表达友好。在崇尚"礼尚往来"的氛围中,部分人借送礼之名进行行贿,送礼金额越来越大,超过合理范围而形成商业贿赂。在实行改革开放与经济体制改革的同时,我国的政治体制却没有跟上步伐,从而导致相关制度空缺或形同虚设。某些职位的官员权力过大且无相应的约束,权利泛滥,商业贿赂问题严重。相关法律制度不完善是助长商业贿赂泛滥的直接原因。商业贿赂的定义及界限不明确、跨国公司涉华商业贿赂的问题日益突出、中资企业在境外的商业贿赂案件时常发生,而《反不正当竞争法》作为规制商业贿赂行为的核心法律对上述问题却没有明确规定,导致执法机构及工作人员在司法实践中无法直接准确地找到法律依据进行相应的处罚。[6]

(二)商业贿赂的危害

1. 违背市场公平竞争原则,破坏社会资源合理配置

在公平竞争的原则下,优胜劣汰是自然界的生存法则,商业贿赂却改变了市场公平竞争、自由交易的环境,严重影响了正常的市场体制,破坏了社会资源的合理配置。行贿者用贿赂的手段获得市场份额进而排挤其他竞争对手使得处于相同质量相同价格的竞争者毫无竞争力。同时,商家不再注重于提高商品或者服务的质量而是想方设法地进行商业行贿以此扩大市场,导致受贿者购买行贿者的商品或服务而忽视其他竞争者质优价低的商品。

2. 破坏社会风气,侵害消费者权益

行贿者违背诚实信用、公平竞争原则通过商业贿赂手段以达到排挤其他竞争者获得交易机会和市场份额,破坏了市场秩序,形成了不良的社会风气。据透明国际估计,全球每年因为贿赂和腐败导致的经济损失高达32 000亿美元。在中国,仅药品行业,商业贿赂每年侵吞国家资产7.72亿元,约占全国医药行业全年纳

---

[6] 参见孔祥俊:《反不正当竞争法新论》,人民法院出版社2001年版,第158页。

税额的16%。⑦ 行贿者是为了谋求更多经济利益才采取商业贿赂等不正当竞争手段的,他们不会选择自己承担商业贿赂的成本而只会将商业贿赂的成本转嫁到所提供的商品或者服务价格上。受贿者在接受行贿之后往往会选择行贿者的商品投放到市场,这就导致消费者的选择并不多,有时不得不选择行贿者供应的商品。如此循环下来,行贿的成本最终还是由消费者承担,极大地损害了消费者的合法权益。

3. 滋生腐败行为

行贿者不仅对采购者行贿,甚至还会寻求保护伞形成"政商勾结"的局面,致使部分官员滥用职权、贪污腐败,破坏国家廉政制度的建设。据统计,2007年7月至2016年12月检察机关查处商业贿赂案件69 451件,涉案金额181.6亿元,涉及国家公务员的案件12 024件,涉及公务员13 212人,其中厅局级干部351人,县级干部5 101人。⑧ 同时,一项调查显示,2015—2016年度,近13%的企业或其员工曾因商业贿赂接受过行政或刑事调查,涉及国有企业、民营企业、外资企业。而未被发现的商业贿赂则可能更多。⑨ 这不仅破坏了市场秩序,损害了消费者的合法权益,更侵蚀着国家经济体制,若不加以制止任其发展下去甚至可能动摇国家体制,从而引起社会动荡。

三、商业贿赂法律规制现状

经济全球化与贸易国际化的迅猛发展使得商业贿赂获得了较好的滋生土壤,尤其是跨国公司商业贿赂的出现更是危害到全球经济的发展,其危害日益凸显,引起了世界上主要国家和地区的高度重视。各国(地区)纷纷采取策略,采取综合治理的方式预防和制止这一现象。我国目前规制商业贿赂的众多相关法律零散分布于各个法律法规中,其适用范围受到很大限制。

我国目前规制商业贿赂的法律法规至少有13部法律、10部以上法规、114件之多的部门规章和规范性文件,不同的地区还有更多的政府规章。⑩ 初看法律法规众多,相关制度似乎已经很完善了。但是上述所列只有《反不正当竞争法》和《刑法》是我国规制商业贿赂行为最主要的两部法律,其他更多的只是从侧面规定了与商业贿赂相关的内容,而且也只是零散不成体系且模糊地对商业贿赂相关行为作出的规定。我国在发展经济的道路上遇到了各式各样的问题,这些问题都急需解决。与此同时,其主要依据的两部法律却是20年前颁布的,这两部法律也只是给出了原则性的规定,太过于抽象和模糊。⑪ 虽说通常情况下都是时代先于立

---

⑦ 参见吴学安:《商业反腐不狠不行》,载《百姓》2016年第4期。
⑧ 参见何勇:《深入开展专项治理,务求取得更大成效》,载《求是》2016年第10期。
⑨ 参见冯海宁:《整治商业贿赂应加大经济处罚力度》,载《中国商报》2017年2月28日,第P02版。
⑩ 参见梁红玉:《商业贿赂的经济伦理探源及其治理机制》,载《江西社会科学》2009年第12期。
⑪ 参见曾妮:《浅谈我国公司法人人格否认制度——以〈公司法〉第20条为背景》,载《华人时刊》(下旬刊)2013年第4期。

法,法律会随着时间的推移和问题的出现而不断完善,但截至2016年年底,我国却一直未修订这两部法律中关于商业贿赂的规定,与之相应的司法解释也不能应对不断推陈出新的商业贿赂手段,这就导致在司法实践过程中,执法人员处理新情况时不能找到准确直接的法律依据,有时甚至无法找到具体的理论依据。很明显,我国在规制商业贿赂方面仅有这两部法律是很不充分的,这与我国飞速发展的经济是不相称的。商业贿赂现象随着市场经济的迅速发展渐渐蔓延,已经在某种程度上制约着中国经济的发展,所以我国需要完善相关法律法规以应对愈加繁多的商业贿赂手段。

四、规制商业贿赂的具体措施

(一) 修改《反不正当竞争法》的相关规定

在严峻的形势及巨大公众舆论的压力下,依据商业贿赂的现状制定和完善相关法律法规是各国不约而同的选择,我国也应依据社会现状相应地完善修改《反不正当竞争法》中关于商业贿赂的内容,以下笔者将结合当前相关规定的缺陷来给予具体的建议措施。

1. 修改商业贿赂的定义

虽然《反不正当竞争法》第8条是关于商业贿赂的禁止性规定,同时《关于商业贿赂行为的暂行规定》第2条也明确了商业贿赂的概念,但其在行贿主体、受贿主体、构成要件等方面仍有缺陷。具体表现为,在主体方面不应限定于"经营者",因为在此过程中不一定只有经营者才会行贿,其他单位或与经营者有着相关利害关系者也可能进行商业贿赂。在受贿主体方面不应仅限于"对方单位或个人",对交易有影响力的第三人也可能接受贿赂。[12] 例如,导游A将游客B带到商店C购物,游客B消费100元,商店C给导游A回扣40元,这很明显属于商业贿赂行为,但按照商业贿赂的概念,只有商店C给予交易对方游客B回扣才能构成商业贿赂,这样的定性显然过于狭隘。同时,在行贿目的方面,行贿者不一定只是为了"销售或购买商品",还有多种多样的目的,比如获得行政许可、优惠政策等。综上所述,该定义是不完善的,建议将商业贿赂的概念修改为:"经营者或与交易存在相关利益的第三人在商业交往中为获得竞争优势而给予或承诺给予交易相对人或第三人利益的行为。"这也正是2016年《反不正当竞争法》(修改草案送审稿)所拟定修改的条款,该草案第7条第1款第(三)项规定:"给付或者承诺给付对交易有影响的第三方以经济利益,损害其他经营者或消费者合法权益。"原来贿赂的对象只限于交易相对方,现在增加了可能影响交易的第三方。

2. 完善附赠规定

目前附赠仅规定于法律位阶较低的国家工商行政管理局《关于禁止商业贿赂行为的暂行规定》中,经营者可以根据商业惯例来赠送小额广告礼品,这一条款未

---

[12] 参见周谊:《商业贿赂法律规制研究》,载贵州大学2007年硕士学位论文。

明确"商业惯例"与"小额广告礼品"的界限,并且此规定过于简单且操作难度大,建议在法律位阶较高的《反不正当竞争法》中增加相关条款规定,做到概念明确且易操作。尤其要对附赠物的价额限制在合理的范围内,并在结合我国实际情况的基础上借鉴日本的《不当赠品及不当表示防止法》对赠品的种类、数量、价格总额、给予方式等作出明确的规定。[13] 可以规定禁止经营者直接或者间接地利用不当赠品或不当表示来诱导消费者以达到排挤其他竞争者、侵害消费者正当权益来谋取自身利益的目的;禁止经营者对其所销售的商品或提供的服务与其他经营者进行明显的优良比较,或者作出容易使普通消费者产生错误认识的表示;还可以对附赠作出详细的规定,比如赠品的价额、数量、种类等。这些详细的规定不仅使商家无法行贿,而且无法利用附赠来不当诱导消费者,从而让商家无空可钻。要像"上海查处米其林等轮胎销售公司商业贿赂系列案"那样[14],对行业一直以来司空见惯、破坏竞争秩序的"潜规则"亮剑,起到震慑不法经营者的作用。

(二)建立和完善相关配套的法律制度

1. 完善商业贿赂的刑事责任

尽管自2015年以来,随着《中华人民共和国刑法修正案(九)》的实施,我国反商业贿赂立法越来越严,但关于商业贿赂犯罪的法律责任主要集中规定在《刑法》第163条和第164条,刑罚起点较低,对数额较大案件的受贿者处5年以下有期徒刑或者拘役,而行贿者处3年以下有期徒刑或者拘役。其他相关规定则分散在其他条文中,这很不利于司法操作。从这里可以看出,关于商业贿赂犯罪的法定刑不能与其危害程度相匹配,很难达到震慑作用,也导致犯罪成本太低、屡禁不止。宜完善并作出相应的协调,增设商业贿赂基本犯罪,同时增加罚金刑以加大犯罪成本。行贿罪刑罚太轻导致行贿者觉得自己不承担责任所以遇事就想使用行贿手段,应在其与受贿罪之间作出平衡来加大对行贿罪的处罚,最好在行贿的源头控制商业贿赂行为的发生。这点可以借鉴我国香港特别行政区的做法。20世纪六七十年代的香港,贪污是生活的一部分,上至官员下至医院清洁工皆是如此。香港特别行政区出现了严重的腐败贿赂现象。特别是政府部门中的警务人员与黑社会相互勾结,贿赂成风,社会风气完全偏离正轨。为此,香港特别行政区先后出台了《防止贿赂条例》《防止选举舞弊及非法行为条例》《廉政公署条例》等法律来规制腐败贿赂行为,它们在惩治贪污腐败的行动中发挥了积极重要的作用。也正是因为在重刑的威慑与香港廉政公署执法的高压下,人们才开始改变思想观念,现今香港特别行政区俨然已经成为全球最为廉洁的地区之一。[15] 此等做法,我们可以借鉴。

---

[13] 参见王振川:《关于治理商业贿赂的若干问题》,载《中国法学》2006年第4期。

[14] 参见尹云霞、肖琴、张博謇:《从上海查处米其林等轮胎销售公司商业贿赂系列案看给付销售奖励合规性》,载《中国商报》2017年1月19日,第006版。

[15] 参见陈立彤:《商业贿赂风险管理》,中国经济出版社2014年版,第56页。

2. 建立商业贿赂举报人制度

隐蔽性是商业贿赂行为最大的特点之一,其交易双方进行私下交易并且互相保密很难被察觉,这导致商业贿赂案件的查处难度大、取证难,有大部分案件都不为人所知。因此,除了提高经济处罚力度外,还要进一步完善其他反商业贿赂制度和措施。比如对商业贿赂的监管存在发现难、取证难的问题,有必要完善举报人制度,保护和重奖举报人。为了解决这种现状,建议我国借鉴美国模式建立商业贿赂举报人制度,要求有关部门及其工作人员必须对举报人的身份信息严格保密,对提供与案件有关信息的举报人给予一定比例的经济奖励,除此之外也要鼓励行贿者或者受贿者自首,对自首方从轻或减轻处罚。对此,可予借鉴香港特别行政区的做法,香港特别行政区建立了完善的证人保护制度,主要表现为廉政公署在辖区内不同的地方设置分处,并挑选有丰富经验的调查人员担任工作人员。报案中心提供全天服务,通过多种措施解除举报人的后顾之忧。所有的投诉、举报都会予以保密,泄密者会受到法律的严厉制裁。其完善的举报保密制度为惩治贪污腐败行为提供了必要的保障,使知情市民敢于署名举报腐败贿赂行为。⑯ 正如阳光是最好的防腐剂一样,鼓励更多的人参与,可以逐渐改变长久以来的包容与纵容的氛围。

3. 加强廉政制度建设

完善的制度、严格的执法、严厉的惩罚措施是治理商业贿赂的有效途径。廉政制度建设的关键是倡导廉政观念、营造正气浓郁的氛围使全体社会成员都能自觉、积极地参与其中。日本在文化、习俗上与我国有着诸多的相似之处,尤其是人际关系网。根据透明国际报告,日本的廉洁程度在亚洲排名第三,其在商业反腐方面的做法就非常值得我国学习和借鉴。美国在规制商业贿赂方面的相关制度建设比较完备,主要内容有制定行为准则来加强文官选任和道德建设,加强财产申报制度、审计制度,实施政务公开,加强对举报人的保护,充分发挥舆论监督作用。⑰ 我国可以借鉴美国和日本的相关做法来完善监督制度,加强廉政制度的建设,与此同时可以将其法律化,对违反廉政制度规定的官员给予行政处罚,如警告、记过或者撤职等,若涉及刑事责任,则应加重处罚,以此营造一个公开透明、有权威、有公信力的政府形象,达到人们从思想上遵守公平竞争原则、遵守法律法规,以减少商业贿赂行为发生的目的。

五、结语

商业贿赂问题存在已久,治理也并非一朝一夕。笔者虽主张应该从商法的角度对商业贿赂行为的基本概念进行研究,从竞争法的角度对商业贿赂进行初步的法律规制,但是当商业贿赂行为的社会危害达到一定程度,超出竞争法的调整范

---

⑯ 参见黄福、黄艳玲:《商业贿赂犯罪侦查若干问题研究》,载《福建农林大学学报(哲学社会科学版)》2010 年第 5 期。

⑰ 参见徐文文:《全球视野下商业贿赂刑法规制问题再讨论》,载《法学杂志》2016 第 4 期。

围时,必将受到更加严厉的法律惩罚,这就产生了商业贿赂的刑法规制。[18] 由此可见,规制商业贿赂行为是项艰巨而复杂的任务,不仅需要从思想方面来规范人们的行为,更需要制定、完善相关的法律法规来引导人们在商业交易过程中的行为。虽然相较其他国家(地区),我国在相同的发展阶段稍早治理商业贿赂行为,同时也有部分法律比较先进与完备,但由于这些法律更新缓慢,无法适应手段繁多的商业贿赂的发展形势,给司法实践带来很大困难,因而仍需完善相关制度。在此,笔者提出规制商业贿赂的法律调整,应该从商法的视角入手,研究商业贿赂的具体特征,进而从反不正当竞争法与刑法相结合实施的手段,辅以相应的行政性行为,以达到更好的规制目的。

---

[18] 参见杨志琼:《商业贿赂犯罪疑难问题研究》,法律出版社2010年版,第114页。

互联网金融时代律师业务研究
——以 P2P 网络借贷平台刑事法律风险防控为视角

季慧妥[*]　　谌波平[**]

一、案例简介

Y 市某 P2P 网络借贷平台通过为投资人和借款人提供中介服务的方式收取服务费,该平台负责人王某被公安机关以非法吸收公众存款罪立案侦查,涉案金额达 1 000 万元,笔者担任其辩护人,通过对公司运营模式、罪与非罪的界定、嫌疑人行为的评析,最终人民检察院作出了不予批捕决定。P2P 网络借贷平台是新兴的金融服务产品,我国相关的法律规定和监管措施并不完善。P2P 网络借贷平台的运营模式之多,存在众多平台违规操作的现象,涉嫌非法集资类犯罪。本案中,对该平台运营模式的界定,资金融通中介服务属性的论证成为案件定性的关键。

二、P2P 网络借贷平台概述

(一) P2P 网络借贷平台的概念

P2P 网络借贷平台,是 P2P 借贷与网络借贷相结合的互联网金融(ITFIN)服务网站。P2P 借贷即 Peer-to-Peer Lending(个人对个人的借贷),是互联网金融创新的最新产物,起源于国外。其原始的运营模式是借助互联网,为双方的融资需求搭建交易平台,提供中介服务。提供的服务内容主要有:发布借贷款的信息、对借款人进行信用审核、进行投资咨询以及提供逾期贷款的追回业务等。

P2P 网络借贷的运营模式可概括为"四人四种关系":四方当事人,包括借款人(资金需求方)、贷款人(资金提供方)、网络借贷平台、第三方支付平台。四种法律关系,包括借款人与贷款人之间的借贷关系,借贷双方与网络借贷平台之间的居间关系,第三方支付平台与网络借贷平台之间的委托关系,借贷双方与第三方

---

[*] 浙江大公律师事务所律师。
[**] 浙江大公律师事务所律师。

支付平台之间是进出款项关系。如下图所示：

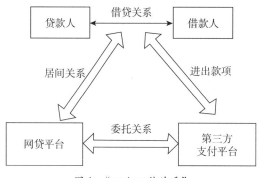

图 1 "四人四种关系"

（二）P2P 网络借贷平台之发展概况

自 2007 年国内首个 P2P 网络借贷平台"拍拍贷"上线以来，国内网络借贷平台发展迅速。到目前为止，保守估计有数千家网络借贷平台。其中规模较大的有"宜信""拍拍贷""红岭创投"等，其他的互联网金融的主要模式还有与 P2P 网络借贷平台类似的众筹、第三方支付以及网络理财等。2005 年，世界第一家 P2P 网络借贷平台"Zopa"在英国创立。这一新的互联网金融模式，被我国作为一种金融创新迅速引入，并不断衍生出花样繁多的新模式。根据相关数据显示，2012 年以来，P2P 网络借贷行业的平台数量、投资人数、借款人数以及资金总量都在快速增长。到 2015 年 11 月，我国共有 P2P 网络借贷平台 3 769 家；至 2015 年 11 月 30 日，我国 P2P 网络借贷平台累计成交金额突破 1 200 亿元，累计投资人数 300 余万人，累计借款人数为 71 万人。①

P2P 网络借贷平台迅猛发展的同时，也因法律制度不完善、行政监管缺失凸显出许多问题。P2P 网络借贷平台运营模式不一，频频出现众多问题平台携款潜逃、资金链断裂发生挤兑危机等问题，给国家金融管理秩序和公众财产安全造成了极大的损害。网络借贷平台的运营者也因平台的不规范运营而涉嫌非法集资、擅自设立金融机构等刑事犯罪。

（三）P2P 网络借贷平台的相关政策规定

P2P 网络借贷作为新兴的金融产业，目前我国还未出台专门的法律法规对其予以规范，这也是立法的滞后性所无法避免的问题。在立法缺失的情况下，国务院及相关金融监管部门相继出台了关于 P2P 网络借贷发展的调研报告、监管政策，为 P2P 网络借贷的进一步健康、持续、规范发展提供了政策和智力支持：

（1）2015 年 7 月，国务院《关于积极推进"互联网 +"行动的指导意见》提出了

---

① 参见肖东生、毛丹：《我国 P2P 网络借贷的现状、问题及对策分析》，载《时代金融》2016 年第 2 期。

"互联网+"普惠金融的概念,鼓励和促进互联网金融的发展。②

(2)2016年6月28日,工业和信息化部印发《关于促进中小企业发展规划(2016—2020年)的通知》,通知指出,为促进中小企业发展,将开展"互联网+"小微企业专项行动。利用"互联网+",发展众创、众包、众扶、众筹等新模式,规范发展网络借贷、股权众筹和实物众筹等。

(3)2015年7月,中国人民银行等十部委联合发布《关于促进互联网金融健康发展的指导意见》,确立了互联网金融主要业态的监管职责分工和基本业务规则。

(4)2015年12月,中国人民银行发布《非银行支付机构网络支付业务管理办法》,明确第三方支付业务边界,强调回归支付结算基本功能,两家违规机构被依法吊销支付业务许可证。

(5)2015年7月,中国保险监督管理委员会出台《互联网保险业务监管暂行办法》;2016年8月,中国银行业监督管理委员会等发布《网络借贷信息中介机构业务活动管理暂行办法》;中国证券监督管理委员会制定《私募股权众筹融资管理办法》,引导互联网金融走向法制化、规范化、阳光化。

三、P2P网络借贷平台运营模式及刑事法律风险分析

笔者通过实证研究和市场调研,总结了目前市场上几种比较典型的P2P网络借贷平台运营模式,每种运营模式特点不一,可能涉及刑事法律风险的原因会有所不同,但涉嫌的刑事犯罪的种类以非法吸收公众存款罪、集资诈骗罪、擅自设立金融机构罪、合同诈骗罪、非法经营罪、洗钱罪、高利转贷罪、虚假广告罪等为主。由于各罪名的犯罪构成不一,笔者选取实践过程中经常涉及的非法吸收公众存款罪、集资诈骗罪(非法集资类犯罪)来进行着重解析,厘清P2P网络借贷平台各运营模式罪与非罪的界限,这也是律师为网络借贷平台提供刑事法律风险防范服务的前提。

(一)我国现有P2P网络借贷平台运营模式

根据平台在对建立借贷双方借贷法律关系中所起作用的不同,我国现有的P2P网络借贷平台运营模式主要有以下三类:

1. 线上无担保模式

这类网络借贷平台仅作为一个中介机构,为借贷双方达成交易提供服务,对于投资者资金的收回不提供担保③,因此平台在借贷双方之间处于完全独立的位置。这类网络借贷平台的代表是"拍拍贷"。这类运营模式往往是先将投资人的资金存入平台账户,等有合适的借款人时再将资金借出,但是这样一来会出现资

---

② 国务院《关于积极推进"互联网+"行动的指导意见》"二、重点行动""(五)'互联网'+普惠金融"中提出:"促进互联网金融健康发展,全面提升互联网金融服务能力和普惠水平,鼓励互联网与银行、证券、保险、基金的融合创新,为大众提供丰富、安全、便捷的金融产品和服务,更好满足不同层次实体经济的投融资需求,培育一批具有行业影响力的互联网金融创新型企业。"

③ 参见郭卫东、李颖:《网络借贷平台P2P模式探索》,载《中国流通经济》2014年第6期。

金的沉淀,形成资金池。

2. 线上担保模式

实践中该模式又存在两种情形:一种是由第三方担保机构为投资者的资金承担担保责任,平台不再承担担保责任,只提供信息服务,如"陆金所";另一种是平台自己设立担保机构,包括引入的担保机构与平台具有紧密关联性,可能二者之间互为股东,也可能实际控制人是同一个人。或通过设立风险准备金,风险准备金的来源包括每成交一笔借款,平台向投资人收取一定比例的风险准备金及平台向借款人收取的保证金等。在借款人无法偿还借款时,平台可先行垫付,从而将债权从出借人手中转移至平台,如"红岭创投"。

3. 线下债权转让模式

这种模式简单地说是"债权产生在前,投资人产生在后",在借款人与平台签订借款合同之后,平台再以出售债权给投资人的方式转移债权。如"宜信",由平台先将款项出借给借款人,而后对债权进行拆分,以理财产品的模式将债权进行出售。④

(二) 不同 P2P 网络借贷平台运营模式的刑事法律风险分析

笔者选取 P2P 网络借贷平台最易涉及的非法集资类犯罪作为分析重点,以此来界定不同运营模式下罪与非罪的界限。

1. 非法吸收公众存款罪的认定要点

非法吸收公众存款罪,是指违反国家对于信用贷款的相关法律法规,从事吸收或者以其他方式吸收公众存款的行为。⑤ 除了国家金融管理秩序外,其保护的客体还应包括公众资金的安全。2010 年最高人民法院《关于审理非法集资刑事案件具体应用法律若干问题的解释》第 1 条对非法吸收公众存款的认定的四个要点作了明确规定⑥,即非法性、公开性、利诱性、对象的不特定性。

2. P2P 网络借贷平台运营模式涉及非法集资类犯罪的认定

(1)资金池模式的违法界限。

第一,非法性,即非法吸收公众存款。资金池的运营模式,将投资人的资金存入平台在第三方开具的账户中,在找到合适的借款人之前,这笔资金实质上由网络借贷平台控制,平台对其享有支配权。这种将吸收的资金转为自己占有并支配

---

④ 参见张楠、许学军:《论我国 P2P 网络借贷的模式异化与风险控制》,载《中国商贸》2014 年第 23 期。

⑤ 参见贺电、陈祥民:《涉众经济犯罪研究》,中国人民公安大学出版社 2012 年版,第 18 页。

⑥ 最高人民法院《关于审理非法集资刑事案件具体应用法律若干问题的解释》第 1 条规定:"违反国家金融管理法律规定,向社会公众(包括单位和个人)吸收资金的行为,同时具备下列四个条件的,除刑法另有规定的以外,应当认定为刑法第一百七十六条规定的'非法吸收公众存款或者变相吸收公众存款':(一)未经有关部门依法批准或者借用合法经营的形式吸收资金;(二)通过媒体、推介会、传单、手机短信等途径向社会公开宣传;(三)承诺在一定期限内以货币、实物、股权等方式还本付息或者给付回报;(四)向社会公众即社会不特定对象吸收资金。"

的行为,虽然名义上并非吸收公众存款,但与银行吸收公众存款并无本质区别。故而,此时需对网络借贷平台对第三方账户中所存储资金是否具有支配权进行认定。若有,则具有非法性,此时平台可以对资金进行运用,具有自有融资的效果,也可用于放贷等,会对金融监管秩序和公众的资金安全造成侵害。

第二,公开性,即社会公众能否通过较为简便的方式获知平台所宣传的信息。实践中,众多网络借贷平台通过网络宣传、电话、传单等方式对其盈利模式进行宣传,很容易被公众所获知。

第三,利诱性。资金池的运营模式中,投资人将资金汇入平台账户,是基于平台还本付息的承诺,且事实上投资人的投资回报与借款人之间并无直接关联,是由平台将资金池中的资金出借或用于其他投资产生的回报所得,可以说投资人的回报收益并非实质意义上的借贷收益,因而资金池的运营模式符合利诱性的特征。

第四,对象的不特定性。根据最高人民法院《关于审理非法集资刑事案件具体应用法律若干问题的解释》第 3 条的规定,对公众的理解是:个人非法集资对象超过 30 人,单位非法集资对象超过 150 人。网络借贷平台集资人数很容易就超过该人数限制。

由此可见,P2P 网络借贷平台资金池的运营模式,根据《中华人民共和国刑法》及相关司法解释的规定,该种运营模式符合非法吸收公众存款罪的构成要件,若网络借贷平台具有非法占有投资人资金的目的,则涉嫌集资诈骗罪。

(2)线上担保模式的违法界限。

线上担保模式在公开性和对象的不特定性上与资金池模式无异,关键在于非法性和利诱性的认定,二者是相辅相成的。网络借贷平台引入第三方具有融资担保的金融机构对投资者的投资款进行担保,符合法律规定。但若是平台以自己设立担保机构的方式,因该机构不具备融资担保的资质,则具有非法性。以设立风险准备金的方式进行担保,无异于还是以平台自身作为融资担保的机构,同样具有非法性。同时,由平台自己设立担保方式,承诺投资者还本付息,投资零风险,由平台承担借款人不能偿付的风险,违背了基本的市场规律,故符合利诱性的要件。故而,笔者认为,在线上担保模式下,若平台及其担保机构不具备融资担保的资质,则具备违法性。

(3)线下债权转让模式的违法界限。

在实际操作中,有些平台以线下债权转让之名行资金存贷业务之实,如平台获取投资者的资金在前,然后才与借款人形成借贷关系,平台从不特定对象手中吸收的资金用于放贷以获取利息差,虽然与投资人之间签订债权转让协议,但实质上是一种非法从事资金存贷的行为,可能构成非法集资类犯罪。

(4)网络借贷平台成为借款人非法集资类犯罪共犯的认定。

在实务中,有些借款人通过网络借贷平台发布集资需求,但其最终目的在于非法占有集资款,此时平台客观上对于该类借款的资格、借款目的、还款能力进行形式审查,帮助其在平台上进行集资活动,并向投资人和借款人均收取一定的费用,根据 2014 年最高人民法院、最高人民检察院、公安部《关于办理非法集资刑事案件适用法律若干问题的意见》"四"中对于非法集资类犯罪共犯的规定[7],则有可能构成借款人集资诈骗罪的共犯。

四、P2P 网络借贷平台刑事法律风险防控的律师业务范围

互联网金融在促进资金流通的同时也存在诸多的法律风险,相关立法的完善与金融监管的加强将在一定程度上促进互联网金融市场的规范化,并将风险管控在一定范围内。同时,立法的完善与金融监管的到位均是在国家层面对国家机关的要求,但即便是在管控到位的前提下也并不能有效弥补网络借贷平台风险防控的漏洞,在现有条件下更应强调互联网金融参与者个体层面的风险应对与危机处理能力。如前所述,互联网金融中的法律风险可谓无处不在,律师群体作为提供法律服务最重要的群体,在互联网金融时代为 P2P 网络借贷平台提供刑事法律风险防控服务具有现实必要性和可行性。

(一)公司设立

P2P 网络借贷平台的公司设立主要会涉及《中华人民共和国公司法》规定的公司设立注册的流程、工商登记、股东应履行的相关义务、设立章程、股东协议书等普通公司设立的相关流程与规范。在此过程中会产生诸多的不规范现象以至于引发不应有之风险,如虚假出资、抽逃注册资金、评估不实以及出资财产权利瑕疵等引发的风险,其他的诸如缺少书面协议或协议约定不当、缺少保密条款、公司章程不完善也可能招致风险的产生,这就需要专业律师的参与来予以防范。此类风险是任何公司设立都会遇到的风险,其设立流程与细节和普通公司也并无较大区别。需要引起特别注意的是,P2P 网络借贷平台可能会涉及金融监管政策问题,若平台具有足够实力,宜将注册资本提高至同类涉及金融业务公司的同类水平上,如 3 000 万元以上,即便相关监管政策发生改变,平台也能及时作出调整。

(二)公司运营模式的界定与选择

前文已经详细阐述目前较为常见的几种 P2P 网络借贷平台运营模式涉嫌非法集资类犯罪的界限认定,从中可以看出资金池运营模式、平台自行设立担保、先有投资者后有借款人的线下债权转让模式均不符合我国现行法律的规定,涉嫌非法集资类犯罪。律师在为平台提供刑事法律风险防范法律服务时,应对平台目前的运营模式进行全面检测分析,对于容易引发刑事犯罪的运营行为要及时指出并

---

⑦ 最高人民法院、最高人民检察院、公安部《关于办理非法集资刑事案件适用法律若干问题的意见》"四、关于共同犯罪的处理问题"规定:"为他人向社会公众非法吸收资金提供帮助,从中收取代理费、好处费、返点费、佣金、提成等费用,构成非法集资共同犯罪的,应当依法追究刑事责任。能够及时退缴上述费用的,可依法从轻处罚;其中情节轻微的,可以免除处罚;情节显著轻微、危害不大的,不作为犯罪处理。"

提出整改意见。

1. 确立平台的中介服务属性

笔者根据自身的办案经验,认为可从以下几方面来认定平台的中介服务属性:

(1)出借人对于借款人有知情权、选择权。在出借人与平台公司签订的《出借咨询与服务协议》中应规定:出借人有权自行决定是否向平台推荐的特定借款人出借资金;出借人有权定期查看平台提供的资金出借情况报告;对于平台提供的资金出借情况报告有异议权。

(2)出借人享有其所出借款项带来的利息收益,平台公司只收取一定的服务费。

(3)出借人的资金均出借给与其建立借贷关系的借款人,平台公司不能私自将资金用于放贷,赚取高额贷款利息,亦不可将资金用于公司的生产经营或其他投资,不得以P2P网络借贷平台的名义进行自行融资和资金运营的行为。

2. 规避"资金池"的问题

网络借贷平台应当开立单独的账户,将贷款人的资金存于与平台无关联的第三方账户,由第三方根据与平台之间的委托协议对账户资金进行监管,而平台则对该资金不享有支配权,只能查看账户的交易情况,以此来规避非法集资类犯罪,规范经营行为。

P2P网络借贷平台运营的每一笔资金都应该有明确、真实的借款人和用途,定向使用资金。在前述案件中,通过网络借贷平台建立借贷关系的资金出借人和借款人均订立借贷协议,且平台公司定期提供资金出借情况报告,出借人对于资金的借款人、用途、去向有较为明晰的掌握,完全区别于资金池的操作模式。如果该案件中的平台以资金池的方式运营,过于自由随意,必然导致虚构交易、挪用资金,无法隔离风险,将会脱离P2P网络借贷平台资金中介的实质,走向非法吸收公众资金的违规方向。

3. 正确设置出借人资金安全的担保措施

提供担保措施的网络借贷平台,不能以平台自身或者与平台密切相关的不具备金融担保资质的机构作为保证人,可以由具备金融担保资质的第三方来承担担保责任。P2P网络借贷平台既然是资金中介的属性,应该合理提示风险,不能通过平台不当的担保或承诺来误导投资人。

若平台公司没有第三方担保机构对出借人的资金安全承担担保责任,笔者建议可以在出借人与平台公司签订的《出借咨询与服务协议》中对于出借人回款风险的处置方式进行规定,平台公司对于出借人资金的回收风险不承担担保责任,同时要求通过平台借款的借款人提供抵押物,出借人资金的安全主要通过出借人与借款人之间的协议约定来进行保障。

4. 注意投资款和借款产生的先后顺序

采取债权转让模式的网络借贷平台,应注意投资款和借款产生时间的先后顺序,不能先有投资人后有借款人,否则容易形成资金池,涉嫌非法集资类犯罪。

(三)公司日常运营过程中的刑事法律风险识别

下面笔者列举了 P2P 网络借贷平台运营过程中常见的几种需要警惕的运营行为,律师应及时进行识别并向平台运营者提出。

1. P2P 网络借贷平台的自融问题

在网络借贷平台的运营过程中,平台公司应注意避免通过网络借贷平台进行自融。采取虚构借款人或借款需求的方式,将吸收的资金用于放贷或投资之用,这可能涉嫌非法吸收公众存款罪或集资诈骗罪,须加以避免。

2. 平台用户的虚假借款问题

平台公司在运营过程中,应注重对借款人真实借款意图的审查,若借款人试图通过 P2P 网络借贷平台进行非法集资,平台未切实尽到审查义务并从中收取了费用,则平台很有可能被认定为非法吸收公众存款罪的共犯。

(四)P2P 网络借贷平台日常业务中的刑事法律风险防控

1. 提供合同订立与审查服务

如网络借贷平台运营过程中合同文本的合规性审查、修订,针对具体个案需另行拟定业务协议、反担保和还款方案等。对于业务合同的订立与审查最为普遍,其大体上又可以分为三类:一是平台与投资人签订的《投资协议书》;二是平台和借款人签订的《借款协议书》;三是平台与第三方服务机构之间的合同,例如平台委托银行、第三方支付机构根据委托关系而签订的《资金托管协议》,与担保公司签订的《担保协议》等。⑧

合同订立与审查服务虽为传统民商事法律服务,但合同中的一些条款设计对平台的刑事法律风险防范亦有举足轻重的作用。如与投资人签订的《投资协议书》对于投资人的权利义务应明确约定如下内容:①投资人对于借款人的选定有决定权,并对平台所推荐的借款人有否定权;②投资人享有其所出借款项带来的利益收益;③投资人有权查看资金出借情况……此类条款在于明确投资人与平台之间的居间法律关系,并非平台向投资人吸收存款。同时协议中关于如何要求借款人还款、借款人逾期还款的责任承担等条款也涉及刑事法律风险的防控,都是需要律师不断探索的内容。

2. 对项目法律风险进行论证与提示

P2P 网络借贷平台涉及的互联网金融业务因其特殊性而存在商业风险与行政政策风险、刑事风险,律师可以对特定项目可能隐含的此类风险进行评估,通过出具法律意见书提示风险并提出规避对策。如根据法律和国家相关产业政策对担保行为或相关项目本身的合法性、合规性进行论证,又如对平台业务模式、业务文本的合规合法进行合规性审查和修订,防范电子合同的合规性风险。也可以定期

---

⑧ 参见贾旭生:《P2P 网贷理财公司有哪些法律服务需求,律师你知道吗?》,载 360 个人图书馆(http://www.360doc.com/content/16/0513/21/1113159_558902555.shtml),访问日期:2018 年 5 月 3 日。

对行业情报进行收集整理并出具风险防范指导的法律意见书,对公司业务的发展、调整及时提出意见、建议,增强公司的风险应对能力。

3. 提供尽职调查法律服务

就平台拟投资或者拟撮合借贷双方交易的重大投融资项目或对融资人、共同还款人、担保人进行尽职调查并出具尽职调查报告,主要包括:向尽职调查对象发送法律尽职调查清单;收集尽职调查对象的资料,并向相关机构查证核实尽职调查清单中所记载的信息;涉及拟投资项目时,还应走访拟投资目标公司,询问目标公司高级管理人员及工作人员;总结归纳尽职调查对象与项目中的法律风险并进行提示,提出可供选择的风险控制方案。⑨ 此类服务除了防范民事法律风险、信誉风险之外,更与刑事责任风险息息相关。如前文提到的借款人是否有非法集资的主观目的,通过对借款人的资信调查、还款能力等全方位的调查均可有所了解。

4. 提供行业、政策、经济形势报告

因互联网金融特别是P2P网络借贷平台系新兴产业,目前国家尚无明确立法及政策对该领域加以调整,故可以根据平台实际的业务开展状况和国家的宏观经济与政策形势,适时就互联网金融特别是与P2P网络借贷平台相关的法律问题进行研究,并将此作为对平台未来经营活动的指引或参考。

(五) P2P网络借贷平台刑事法律风险的学术研究

该类法律服务已经超越了一般法律服务的范畴,但律师作为法律服务的重要提供者、法治进步的推动力量之一,理应有更广的视野和更大的作为。律师可以通过对P2P网络借贷平台刑事法律风险的大数据研究,提出网络借贷平台常见的刑事法律风险类型、司法裁判要点等,为网络借贷平台的合规化运营提供更好、更深层次的法律服务,甚至可以以学术研究的形式为我国互联网金融立法提供参考、建议。

五、结语

互联网金融俨然已成当下乃至未来市场经济的重要主题,P2P网络借贷平台作为新兴的金融产品,在相关立法监管缺失的情况下,其不规范的运营模式导致了大量刑事法律风险的存在,最为常见的当属非法集资类犯罪。为P2P网络借贷平台提供刑事法律风险防范服务,便具有了巨大的市场需求。律师提供法律服务之前必须对P2P网络借贷平台不同运营模式的特点、违法界限有清晰的认识,根据不同罪名的构成要件提供具体的风险防范建议。笔者结合办案的实践经验,以非法集资类犯罪为例,提出了律师为P2P网络借贷平台提供刑事法律风险防范的业务范围,并论述了防范刑事法律风险应着重规避的问题和具体的措施,仅为抛砖引玉。

---

⑨ 参见钟凯文:《P2P互联网金融法律服务内容》,载新浪博客(http://blog.sina.com.cn/s/blog_6c94daf10101qf29.html),访问日期:2018年5月3日。

国有企业以"奖金"名义发放单位钱款的行为定性

黄玲林[*]

司法实践中,一些国有企业出于个人或者小集体的利益,违反国家法律规定,以单位名义,采取发放包括奖金、提成在内的各种福利,以这种方式将国有资产发放给个人的情况比较常见,这种所谓发放"福利""奖金"的行为实际上很可能构成犯罪,国有企业负责人往往要面临刑事风险,应当引起足够的重视。司法实践中,对于这种以发放"奖金""过节费"的名义发放单位钱款的行为如何定性,存在一定争议,主要涉及贪污罪和私分国有资产罪这两个罪的区分问题上。有的人认为这种行为构成共同贪污罪,认为这种行为是采取侵吞、窃取、骗取或者以其他手段非法占有公共财物的行为,其行为具有秘密性和隐蔽性,因此构成共同贪污罪;另外一些人认为这种行为不构成贪污罪,而是构成私分国有资产罪,认为这种行为体现的是单位意志,应当视为单位行为,定私分国有资产罪更为合适。由于共同贪污罪和私分国有资产罪在外在表现形式上有很大的相似之处,导致在实际办案中往往难以区分,因此如何正确区分这两种罪行,使犯罪分子罪责刑相适应,有着重要意义。

共同贪污罪与私分国有资产罪都表现为多人共同实施的行为,犯罪对象都可以是国有资产,构成要件也有诸多相似之处,司法实践中很容易造成两罪的混淆。由于两罪在入罪、量刑方面的标准差别较大,所体现的社会危害性也不相同,准确区分二者的行为,关系到罪与非罪、此罪与彼罪、罪重与罪轻的问题。为此,笔者结合办案实践经验,试从犯罪行为本质方面对二者进行辨析,以供借鉴。

一、共同贪污罪与私分国有资产罪的立法原意

根据《中华人民共和国刑法》(以下简称《刑法》)第382条第1款的规定,贪污罪是指国家工作人员利用职务上的便利,侵吞、窃取、骗取或者以其他手段非法占有公共财物的行为。根据《刑法》第396条的规定,私分国有资产罪是指国家机关、国有公司、企业、事业单位、人民团体,违反国家规定,以单位名义将国有资产

---

[*] 北京师范大学刑事法律科学研究院2016级刑法学博士研究生,北京市人民检察院第四分院助理检察员。

集体私分给个人数额较大的行为。对于私分国有资产罪和贪污罪的区别,刑法学界有各种观点,这些观点往往从犯罪主体、主观方面、犯罪对象、客观行为表现、法律后果等方面进行概括性的总结,但由于私分国有资产罪脱胎于贪污罪,实践中两罪的客观行为表现并不是那么泾渭分明,在表现形式上存在许多界限模糊或竞合之处,特别是在多人非法侵占国有资产的情形下,是认定为共同贪污还是集体私分存在较大疑难。而由于共同贪污罪和私分国有资产罪的量刑差异非常大,实践中的争议也非常大。要正确理解和区分私分国有资产罪与共同贪污罪,就必须从这两个罪的立法原意出发,才能真正从本质上区分这两个罪名。

私分国有资产罪是从贪污罪中分离出来的新增罪名,要理解1997年《刑法》确立私分国有资产罪的目的,必须结合当时的立法背景。改革开放以来,实行社会主义市场经济,由于新旧体制过渡,管理环节不够严密,导致在国有企业改制过程中国有资产的严重流失,其中单位集体私分国有资产的情形多有发生。而1979年《刑法》对私分国有资产行为没有进行规定,导致司法实践中对私分国有资产行为的处理不一致,有的只按违反财经纪律进行处理,处理畸轻;而有些则以贪污罪定罪量刑,处理畸重而且打击面过宽。为了解决对私分国有资产行为处理畸轻畸重的问题,1997年《刑法》就设立了私分国有资产罪,其立法目的有两个:一是通过入罪打击私分国有资产行为,从而防止国有资产流失;二是防止以贪污罪定罪量刑导致的量刑畸重和打击面过宽的问题,从而做到既不放纵犯罪,又不过度打击的目标。因此,立法者给私分国有资产罪设定了比贪污罪明显趋轻的法定刑,其立法原意就在于罪刑相当原则,而其主要依据则有两点:一是两种犯罪的行为人主观故意不同,由此导致主观恶性程度存在差异;二是两种犯罪的行为表现不同,由此导致的社会危害性程度存在显著差异。

二、共同贪污罪与私分国有资产罪的界限区分

根据上述立法原意的分析,笔者从主观故意和客观行为两个方面进行分析。

(一)主观故意不同导致的主观恶性程度的差异

在行为人为国家工作人员,犯罪对象和客观表现行为出现竞合的情况下,主观故意是区别某一行为构成私分国有资产罪还是贪污罪的重要考量标准。

1. 行为目的的差异,即"为了谁"不同

私分国有资产罪的特点是有权决定者利用职权便利非法为"大家"谋利益,即决策人主观上不仅仅是为了一己私利非法占有国有资产,同时还为了单位的利益或者单位多数人的利益实施私分行为,由此构成本罪的基本特点,就是少数人为多数人非法牟利,因此,其主观恶性程度相对较轻。贪污罪的特点则是有权决定者利用职权便利完全是为自己牟私利,并不涉及为其他人谋利的问题,由此显现出较重的主观恶性程度。[1]

---

[1] 参见黄祥青:《略论贪污罪与近似职务犯罪的界限》,载《政治与法律》2004年第1期。

2. 单位意志与个人意志的差异,即"谁决定"不同

私分国有资产罪体现的是单位意志,是单位集体意志支配下的故意,因此在结果上,往往表现为有的人虽然未直接参与具体决策,但仍然分得了财物。贪污罪体现的是个人意志。在共同贪污的情况下,各共犯之间在犯意上相通,在行为上配合,实际上各共犯都具有非法占有国有资产的故意。

单位整体意志的明确表现是私分国有资产行为必须"以单位名义"实施。"以单位名义"指私分行为需要经过单位的研究决定。作为一种组织,每个单位都有自己的运行、决策方式和特点,或是全体成员协商、表决后实施;或是部分负责人商定后实施;而对于那些决策权平时就集中于一两个人手中的单位,由这一两个人研究决定私分,单位其他人并不参与决策的,也符合单位决定的条件。事实上,多数私分都是由单位领导班子或者有决定权的领导者个人决定的,其他职工通常并不参与决策或了解私分内情。但不论参与决策的人员多少,只要私分体现的是单位意志,就符合"以单位名义"的条件。②

(二)客观行为表现不同导致的社会危害性程度的差异

1. 行为人是否具有彼此利用、共同以权谋私的行为

共同贪污罪在客观行为上表现为各个共犯人系彼此利用、相互配合、共同以权谋私;私分国有资产罪在客观行为上表现为少数人为多数人非法牟利,私分的决策者与获益者表现出不统一性。根据共犯理论,共同犯罪不仅需要共同的犯意联络,还需要有共同的犯罪行为,这也是共同犯罪行为人需要对整个犯罪行为承担刑事责任的基础。由于共同贪污犯罪是各个共犯人系彼此利用、共同以权谋私,因而属于严重的职务犯罪类型。

2. 秘密性与公开性问题

由于贪污犯罪体现的利益范围较小,是在小范围内秘密进行,所以它表现出非法占有的不公开,有隐蔽性,即所谓的"暗箱操作",在实践中多表现为侵吞、骗取、盗取等非法手段。私分国有资产行为则是在本单位公开进行,采取的是发放奖金、补贴等"合法"形式,属于在集体意志之下的单位行为,其表现为将资产分配给单位全体人员,多数人员或一定层级的所有人员,即所谓"人人有份",因此具有对内一定范围的公开性,这是其与共同贪污行为的显著不同点。

至于分配行为的公开性或者隐蔽性,也是相对的概念。分配行为对于共同贪污者来讲,可谓是公开的;分配行为对于参与私分者之外的人来讲,则具有隐蔽性。

3. 关于"以单位名义"的理解

首先,私分国有资产"以单位名义"具有整体性的特点。私分国有资产行为体现的主要是单位的意志,所以受益主体一般较宽。这种整体性,主要是指私分国有资产是由单位领导共同研究决定的,是他们利用职务上的便利,违背职责义务

---

② 参见张爱宁:《私分国有资产罪与贪污罪辨析》,载《法律适用》2008年第6期。

的结果。其次,私分国有资产以单位名义具有形式合法性的特点。亦即私分的款物是以单位分配的形式分发给个人的,从表面上看具有合法性。相反,贪污行为实现的方式基本是个人或几个人的自由意志,没有经过单位决策过程。③

4. 关于"集体私分给个人"的理解

从立法上看,何为"个人"?"个人"在单位中比例如何?条文本身并没有明确规定,也没有任何司法解释予以说明,因此,不能主观地认定"个人"必然是单位中的"大多数人",应结合有权决策人的主观动机综合分析。即使国有资产只在一部分人员中私分,但如果私分在有权决定者之外是公开的,体现的是单位的意志和集体利益,则不能否定私分国有资产行为的性质。④

三、结语

司法实践中,国有企业违反国家法律规定,以单位名义,采取发奖金、提成等各种方式将国有资产发放给个人的情况屡见报端,一些国有企业负责人对此往往并不注意,认为这是一项正常合法的行为,实际上这种行为已经构成了职务犯罪。这种行为可能构成贪污罪或者私分国有资产罪,由于这两个罪的构成要件有诸多相似之处,特别是私分国有资产和共同贪污无论是主观故意还是客观行为方式都存在诸多相似之处,因此司法实践中很容易造成两罪的混淆。但是两罪在入罪、量刑方面的标准差别较大,所体现的社会危害性也不相同,准确区分二者的行为,关系到罪与非罪、此罪与彼罪、罪重与罪轻的问题,因此有必要真正对两罪的区别予以界定。真正区别共同贪污与私分国有资产的本质标准,一是主观方面,私分国有资产的决策人不仅仅是为了一己私利非法占有国有资产,同时还是为了单位的利益或者单位多数人的利益而实施私分行为,体现的是单位整体意志;共同贪污罪的特点则是有权决定者利用职权便利完全是为了自己牟私利,并不涉及为其他人谋利的问题,体现的是个人意志。二是客观方面,私分国有资产行为属于在集体意志之下的单位行为,其表现为将资产分配给单位全体人员、多数人员或一定层级的所有人员,即所谓"人人有份",因此具有对内一定范围的公开性;共同贪污是各个共犯人系彼此利用、共同以权谋私,它表现出非法占有的不公开,有隐蔽性,即所谓的"暗箱操作"。在具体司法实践中,结合具体案情对案件的具体情况进行具体分析,就可以避免混淆两者之间的界限。

---

③ 参见黄家盈:《浅析贪污罪和私分国有资产罪的界定》,载《法制与经济》(中旬刊)2011年第11期。

④ 参见张爱宁:《私分国有资产罪与贪污罪辨析》,载《法律适用》2008年第6期。

自贸区单位经济犯罪的刑法规制研究

王　潜[*]

一、引言

随着中国(上海)自由贸易试验区的挂牌成立,一种更为创新和开放的经济模式开始逐步运行起来。这对于中国深化经济体制改革、增强经济实力、扩大全球经济影响力都大有裨益。当然,由于自由贸易区(以下简称"自贸区")的特殊性,我国部分法律在自贸区停止适用,自贸区经济活动的监管呈现宽松态势,其可能带来的负面影响和法律风险也不容小觑。从刑法角度看,部分犯罪可能会因为自贸区制度的创新而产生刑法适用的困难,部分犯罪也会因自贸区的便利条件而呈现新的态势。[①] 其中,单位经济犯罪就是典型。

自贸区经济活动的复杂性对交易主体的能力提出了更高的要求,尤其是在跨境贸易、金融运作等方面,具备信息、资金、技术等优势的法人单位受到青睐。由于自贸区实施"一线放开、二线管住、区内不干预"的监管模式,市场准入标准更为宽松,企业设立程序也更为简化,因此在自贸区设立单位的成本也大大降低。综合贸易需求和制度动因,自贸区内公司、企业以及其他单位的数量会大大上升。当然,这一发展趋势也会反向增大单位经济犯罪的几率。同时,由于自贸区贸易监管的放松,因此通过在自贸区成立公司,实施犯罪行为、逃避法律追踪、转移刑事责任的成本也大大降低,这将成为对潜在犯罪人利用单位犯罪的负面激励。可以预见,对自贸区单位犯罪的打击和预防,将逐渐成为成为自贸区刑事风险防控的重点。

然而,由于单位经济犯罪的复杂性,加之自贸区内外法律的不一致,在自贸区司法实践如何正确适用刑法规范,亟待研究。笔者将以单位犯罪与自然人犯罪之区分、单位跨区犯罪的刑法适用、单位共同犯罪中的疑难问题为视角,以现行刑法规范和刑法学原理为指引,探索单位经济犯罪的刑法适用问题,以期实现自贸区

---

[*] 北京大成(上海)律师事务所律师。
[①] 参见刘宪权:《中国(上海)自由贸易试验区成立对刑法适用之影响》,载《法学》2013年第12期。

单位犯罪治理的法治化,促进自贸区健康、有序地发展。

二、单位犯罪的界定标准选择

在自然人假借单位名义实施经济犯罪时,如何区分单位犯罪和自然人犯罪,在刑法理论和实务中一直存有争议。根据 1999 年最高人民法院《关于审理单位犯罪案件具体应用法律有关问题的解释》(以下简称《1999 解释》)的规定,个人为进行违法犯罪活动设立单位、单位设立后以实施犯罪为主要活动或者盗用单位名义实施犯罪且违法所得归个人的,不以单位犯罪论处。根据此标准,形式上以"单位名义"实施犯罪并不构成对单位归责的依据。对单位和自然人刑事责任的区分,必须结合自然人和单位之间的关系、犯罪利益如何分配等要素进行分析,进而从实质上考察犯罪行为的归属。此一界分标准可称为"实质标准"。然而与之相对,从商事法律的一般原理来看,对公司、企业等单位交易行为的责任归属,通常采取"外观主义"或者"形式标准"的判断规则,即只要相关人员以单位名义对外从事经济活动,为保障相对人利益和交易稳定性,应直接将民商事法律后果归责于单位。

从刑法的角度看,在单位犯罪与自然人犯罪的界分上采取实质标准,主要是基于罪责自负和罪责刑相适应的考量。在传统犯罪领域,这一标准的适用并未产生太大的争议。但是在自贸区,由于经济活动的多样性和开放性,若针对某些特定经济犯罪继续适用实质标准,将产生消极后果。例如,背信运用受托财产罪、违法运用资金罪,违规披露、不披露重要信息罪的犯罪主体只能为单位;这些犯罪在自贸区外较为少见,但由于自贸区经济活动管制宽松,资金流动更为自由,此类犯罪有较大的发生空间。在认定上,当行为人假借单位名义实施上述犯罪时,若采用实质标准,将否认单位犯罪的成立;同时,这些犯罪又无法追究自然人的刑事责任,这必将造成刑法适用的真空地带。

在笔者看来,对以单位名义实施犯罪行为的定性不能一概而论,应当根据不同犯罪的罪质特征而采取不同的界定标准。

(一)自然人和单位都能构成的犯罪:实质标准

对于自然人和单位都能构成的犯罪,由于立法对自然人和单位分别作出了不同的规定,因此在刑事责任的归属上,应采取实质标准。

从法理上看,在同一犯罪中法律对单位和自然人设定不同的刑事责任,其本身暗含着罪责自负和罪责刑相适应的刑法原理。当责任人违背单位意志,或者将单位作为犯罪工具,以单位名义谋取个人犯罪利益时,其体现出的乃是行为人自身的社会危害性。亦即,即使此类行为是以单位名义做出,但应将其从单位犯罪中排除出去。同时,对于司法者来说,《1999 解释》不仅说明了同一犯罪中单位犯罪和自然人犯罪的罪质区别,其作为已生效的司法解释,更应成为司法裁判的准据。当然,从规范的效力范围来看,只有在自然人和单位都可能构成适格主体的犯罪中,才存在区分单位和自然人犯罪的可能,从而才有《1999 解释》实施的空间。

因此,在司法语境下,当自然人和单位都可能构成某一犯罪时,对单位刑事责任的追究应当采取实质标准,将可归责于自然人的行为排除出单位犯罪的范畴。

具体而言,对于以下几种形式,应当否认单位犯罪的成立:①以实施犯罪为目的而成立公司等单位的;②以单位名义犯罪,犯罪利益归属于自然人的;③单位管理层决定犯罪,而犯罪所得主要归于部分自然人的;④未经工商登记、备案,擅自成立"公司"等组织形式,并以该组织形式的名义从事犯罪的。同时,对于依法成立的公司,应综合考察其犯罪行为的次数以及涉案金额的大小,对于犯罪活动明显多于合法经营活动的,或者犯罪收入明显大于合法收益的,则适用《1999解释》中"单位设立后以实施犯罪为主要活动"的规定,将刑事责任归属于自然人。对该类犯罪采用实质标准,是对刑法罪责自负、罪责刑相适应原则的遵守,它有助于预防自然人假借单位名义转移刑事责任,从而实现刑罚裁量的公正性。

(二)只能由单位构成的犯罪:形式标准

如上文所述,《1999解释》的适用前提在于,同一犯罪中单位和自然人都能作为适格主体;而对于只能由单位构成的犯罪,该解释丧失了适用空间。笔者认为,对只能由单位构成的犯罪,其认定应采用形式标准,即只要单位责任人员以单位名义实施犯罪,即可追究单位刑事责任。其原因有以下两点:

(1)从法律适用原理上看,经济犯罪属于刑法中的法定犯,具有二次违法性特征;当刑法规范对其未设定特别的法律适用规则时,对此类犯罪的解释和认定应遵循前置法规范。在《中华人民共和国刑法》(以下简称《刑法》)中,由于对背信运用受托财产罪,违法运用资金罪,违规披露、不披露重要信息罪尚未规定特别的刑法规则,故对这些犯罪的法律适用应和前置法规范保持一致。如前文所述,根据商事法律的一般原理,对单位行为的认定采取的是外观主义,只要单位责任人员以单位名义从事交易行为,即可将民商事责任归责于单位。从经济犯罪的二次违法性特征来看,其亦应遵循此种外观主义的原理。

(2)从社会危害性上看,上述犯罪的主体都是接受社会公众资金信托的单位,对社会公众资金具有管控职责。而此类单位和社会公众的联系则是通过内部工作人员的职务行为来完成。根据《中华人民共和国商业银行法》《中华人民共和国保险法》《中华人民共和国证券法》等法律规定,此类公众资金管控机构必须为公众资金设立专门的账户,妥当保管受托财产,严禁违规运用客户资金。其中,单位责任人员职务行为的合规性乃是单位监督的重中之重。法谚有言,地位高使罪行重(Dignitas delictum auget)。由于这些单位对社会公众资金承担着管控职能,因此其所面临的责任范围也更为广泛。具体在单位和责任人员的关系上,正如学者所言,因单位监管不力或者单位体制瑕疵,而致使工作人员实施违规甚至犯罪行为时,应由单位承担刑事责任[②],以体现法律对单位监管失职的非难。这一刑法归责

---

② 参见黎宏:《刑法学》,法律出版社2012年版,第114页。

原理也被德国学者称为"组织的过错"③。因此,只要单位责任人员以单位名义实施上述犯罪行为,即是公共资金管理机构未尽监管职责的体现;出于对社会公众利益的保护,应将刑事责任直接归责于单位。

综上所述,无论是否经过单位决策机构决定,只要单位责任人员以单位名义实施犯罪行为,都应追究单位犯罪的刑事责任。这一方面体现了刑法对单位监管失职的责难;另一方面可以通过对单位和直接责任人员的双罚制来实现损失资金的恢复和对违规行为的预防。反之,若采取实质标准,将导致既不能认定为单位犯罪,又不能追究自然人刑事责任的尴尬境地,这既不符合立法原意,也无法实现对公众资金的保护。

(三) 一人公司犯罪:否认公司独立人格

除了上述单位犯罪的界定,一人公司犯罪的责任归属亦是理论和实践中的争议问题。根据2013年修订的《中华人民共和国公司法》(以下简称《公司法》)的规定,成立一人公司不再有一次性缴足10万元注册资本的要求。因此,为了交易便利,自贸区将会出现大量一人公司的组织形式。在刑法视域中,由于一人公司中股东意志和公司意志高度一致,且股东利益和公司利益表现出不同程度的混同,当股东以一人公司名义犯罪时,如何鉴别单位犯罪和自然人犯罪,给司法实践带来困惑。④ 在笔者看来,根据单位犯罪成立的一般原理和一人公司的特征,在一人公司犯罪时应否认其独立人格,而将刑事责任直接归责于股东。

单位犯罪是由单位决策机关按照单位的决策程序决定,由责任人员实施的犯罪⑤,其本质特征在于,犯罪行为是由单位的整体意志所控制。这不同于单位内部人员意志的叠加,而是一种依内部制度形成并最终支配单位内部人员的精神能力。具体而言,单位意志的形成通常包括主要负责人员集体决定、最高决策者在权限内作出决策、非负责人员在授权范围内作出决策以及非负责人员在决策作出后取得事后追认等方式。简言之,单位意志的独立性和支配性是成立单位犯罪的核心要素。反观一人公司犯罪,由于仅有一名股东,且公司内部亦无董事会和监事会的设置,因此公司意志和股东意志高度重合,难以分辨。这就意味着,单位意志的独立性和支配性在一人公司荡然无存;在一人公司犯罪时,公司独立承担法律责任的能力丧失,犯罪行为应当归属于决策的作出者,即股东自己。

从利益归属上看,单位行为和自然人行为的另一重要区别在于所获利益的流向。当利益流入单位管控的范围而独立于自然人时,即可构成单位财产,而行为责任也随之归属于单位。但是,就一人公司而言,尽管其在形式上设立独立的公司财务,但公司财务事实上只受股东一人管控,其和股东个人财产也将高度混同。

---

③ "组织的过错",指的是法人未采取足以保障合法经营的监督措施,致使法人中的个人实施了违法犯罪行为时,法人必须为个人的行为负责。参见王世洲:《德国经济犯罪与经济刑法研究》,北京大学出版社1999年版,第109页。

④ 参见赵秉志、侯帅:《当代中国公司犯罪争议问题研讨》,载《现代法学》2014年第4期。

⑤ 参见张明楷:《刑法学》(第4版),法律出版社2011年版,第138页。

根据《公司法》第 63 条的规定,一人有限公司的股东不能证明公司财产独立于股东自己的财产时,应当否认公司的独立人格。通过对公司举证责任倒置的规定,可以看出商事立法在一人公司人格否认方面采取了较低的标准。对于商事行为立法尚且如此,对于程度更重的犯罪行为,更应否认一人公司的独立人格。否则,就会出现自然人自己决策通过一人公司犯罪,将犯罪利益归属个人,却将刑事责任转移至单位承担的后果,这将严重违背罪责刑相适应的刑法原则。

因此,在一人公司犯罪时,应当否认一人公司的独立人格,而将责任归咎于股东,以还自然人犯罪的本来面目,防止犯罪分子假借一人公司转移刑事责任。

三、跨区单位犯罪的刑法适用

2013 年 8 月,全国人民代表大会常务委员会通过了《关于授权国务院在中国(上海)自由贸易试验区暂时调整有关法律规定的行政审批的决定》,该决定调整了 11 项行政审批项目。之后,国务院《中国(上海)自由贸易试验区总体方案》、上海市人民代表大会常务委员会《关于在中国(上海)自由贸易区试验区暂时调整本市地方性法规有关规定的决定》、上海市人民政府《中国(上海)自由贸易试验区管理办法》等规范性法律文件陆续出台,对部分经济活动的法律属性进行了修改。同时,随着自贸区"负面清单"制度的落实和完善,自贸区经济活动的准入资格、经营模式、业务范围等被进一步放宽。自贸区经济活动的法律规制逐步透视出"法无禁止即可为"的理念。⑥ 对刑法适用来说,由于经济犯罪具有二次违法性的特征,因此当自贸区前置经济法规变更时,自贸区的犯罪认定标准亦应当发生变化。这就导致同一经济行为在自贸区内外具备了不同的法律性质。最为典型的就是逃汇罪,骗购外汇罪,虚报注册资本罪,虚假出资、抽逃出资罪,逃避商检罪,非法经营罪等犯罪的适用空间将大大缩小,同一行为在自贸区内外将会出现罪与非罪的差别。

从单位犯罪的角度看,自贸区内外法律制度的不同将带来两方面的刑法适用难题:首先,同一单位不同组织机构的设立跨越自贸区内外时,例如总公司和分公司分别设立在自贸区内外,对其相互实施的在自贸区外被规定为犯罪,而在自贸区不再被规定为犯罪的行为应如何定性,值得研究。其次,当跨越自贸区内外的不同单位共同犯罪,实施了在自贸区外被规定为犯罪,而在自贸区不再被规定为犯罪的行为时,应如何适用刑法,亦值得思考。笔者认为,对于单位跨区犯罪的刑法适用问题,应当运用刑法空间效力和共同犯罪的基本原理进行解决。

(一)同一单位跨区犯罪的刑法适用

当同一单位不同组织机构的设立跨越自贸区时,对其实施的跨区犯罪,应遵循刑法空间效力的一般原理,即只要行为或结果有一项发生在自贸区,就适用自

---

⑥ 参见龚柏华:《"法无禁止即可为"的法理与上海自贸区"负面清单"模式》,载《东方法学》2013 年第 6 期。

贸区的刑法规范。

从法理上看,自贸区经济法规的变更将直接导致经济犯罪罪状的变更,同一罪名在自贸区外的认定上会出现两个相互迥异的标准。例如,由于自贸区实施负面清单制度,部分投资经营项目取消了审批制而改为备案制,因此自贸区非法经营罪的成立范围相较于自贸区外就将大大减少。这就导致自贸区内外形成了两个不同的刑法适用空间。根据《刑法》第6条属地管辖的规定,犯罪的行为或者结果有一项发生在中华人民共和国领域内的,就认为是在中华人民共和国领域内犯罪。由此可见,我国刑法的空间效力范围以领土和犯罪地的关联性为标准。既然自贸区也已形成独特的刑法适用空间,我国刑法空间效力的适用标准应成为判断单位跨区犯罪法律适用的准据。

具体到同一单位跨区犯罪时,由于不同组织机构之行为统归于该单位整体,只要这些组织机构的行为或者结果有一项发生在自贸区,就意味着该单位整体和自贸区发生了联系,因此应根据刑法空间效力的原理,当然地适用自贸区刑法。

这样的界定标准一方面遵从了我国刑法空间效力的一般法理,另一方面也符合自贸区的设立精神。自贸区内的法律适用应当贯彻经济活动自由化精神,鼓励经济创新和经济多样化发展。根据《上海市第一中级人民法院涉中国(上海)自由贸易试验区案件审判指引(试行)》第59条的规定,对自贸试验区内经济秩序的维护,除依法惩治经济犯罪外,应更加侧重于保护经济活动参与单位与个人的权利、自由,倡导刑法的谦抑化。由于单位跨区经济活动中行为或者结果有一项发生在自贸区,因此其就和自贸区发生了紧密联系,将此类行为适用自贸区的法律,有利于实现刑法适用的轻缓化,保障经济活动创新、自由地发展。

(二)跨区单位共同犯罪的刑法适用

当自贸区内外单位相互勾结、共同犯罪时,其犯罪构造和同一单位不同组织机构跨区犯罪并不相同。在同一单位跨区犯罪中,由于不同组织机构的行为从属于单位整体,只要组织机构的行为或者结果有一项发生在自贸区,就意味着该单位和自贸区发生了联系,因此可以当然地适用自贸区刑法。然而,在单位共同犯罪中,由于存在两个相互独立的犯罪主体,且犯罪行为之间的从属关系以及犯罪利益流向都尚不确定,因此无法判断该共同犯罪是否一定和自贸区发生联系,故在刑法适用上不能直接适用刑法空间效力的法理。笔者认为,对跨区单位共同犯罪的刑法适用,必须首先确定犯罪行为之间的主从关系,并根据共犯从属性原理判断刑法的选择。亦即对于跨自贸区单位共同犯罪的刑法适用,应当以主犯行为发生地的刑法为准据,当主犯行为发生在自贸区时,适用自贸区的刑法规范,反之,适用自贸区外的刑法规范。

从共同犯罪的一般原理来看,大陆法系刑法将共同犯罪人划分为正犯和共犯。根据新近刑法理论,正犯的界定已经不再以是否实现了犯罪构成要件为依据,而是指在共同犯罪流程中起支配作用的人⑦;共犯也不再是指未实施犯罪构成要件行为的人,而是以在共同犯罪中所起的次要作用为依据。对于尚未起到支配作用的从犯,其刑事责任的分配应从属于正犯。该规则也被称为"共犯从属性"原则。诚如学者所言,共犯本身并不单独具有犯罪性、可罚性,其是通过借用正犯的犯罪性才具有可罚性。⑧ 适用共犯从属性原理,可以在刑事责任的分配上体现共同犯罪人的依附关系,以实现罪责刑相协调。《刑法》第 26 条、第 27 条以行为人在共同犯罪中的地位和作用为标准,分别规定了主犯与从犯。从该制度的架构上看,其侧重点也在于共同犯罪人之间的依附关系,这和大陆法系新近的正犯与共犯理论相吻合,亦应适用共犯的从属性原理。亦即对在共同犯罪中起次要、辅助作用的行为人,其刑事责任的认定应从属于主犯的刑事责任。

在跨区单位共同犯罪中,若主犯的行为或结果有一项发生在自贸区,根据共犯从属性原理,则可以认为整个共同犯罪和自贸区发生联系,对从犯就不再以自贸区外的刑法进行单独评价。该种处理方法既遵循了共犯从属性的一般原理,又能体现出自贸区刑法适用的轻缓和谦抑目的。当然,若主犯行为发生地在自贸区外,则可认为该共同犯罪并未和自贸区发生联系,因此不受自贸区刑法的管辖。根据 2000 年最高人民法院《关于审理贪污、职务侵占案件如何认定共同犯罪几个问题的解释》第 3 条的规定,不具有国家工作人员身份的人与国家工作人员相互勾结,分别利用职务便利,共同将本单位财物非法占为己有的,按照主犯的犯罪性质认定。可以看出,共犯从属性原理在当前的司法实践中也已得到运用。

当然,如果在单位共同犯罪中无法区分主从犯时,即说明共同犯罪人行为程度相当,在共同犯罪中起到重要作用,不存在依附关系,则每个犯罪主体都应受到相对独立的刑法评价。换言之,应分别按照每个共同犯罪人的所在地来选择可适用的刑法,即对自贸区的犯罪单位适用自贸区刑法,对自贸区外的犯罪单位适用自贸区外刑法。

四、单位共同经济犯罪认定中的疑难问题

由于自贸区经济活动具有较强的专业性和复杂性,单一犯罪主体很难独立完成犯罪,因此,共同犯罪将成为自贸区犯罪的常见形态。不同犯罪主体在同一犯意联络下,凭借各自优势,共同加功于犯罪行为,有助于犯罪人之间分担犯罪成本、掩藏犯罪踪迹、扩大犯罪影响。尤其是在自贸区走私犯罪、金融犯罪等领域,不同单位之间可以通过虚假交易、虚设债权债务、伪造贸易文件等手段,达到逃避税收、贷款诈骗、掩饰犯罪所得等目的。因此,对共同经济犯罪的打击将成为自贸区刑事风险防控的重要环节。

---

⑦ 参见〔德〕克劳斯·罗克辛:《德国最高法院判例刑法总论》,何庆生、蔡桂生译,中国人民大学出版社 2012 年版,第 201 页。

⑧ 参见〔日〕西田典之:《日本刑法总论》,刘明祥、王昭武译,中国人民大学出版社 2007 年版,第 319 页。

根据《刑法》第 25 条的规定,只要二人以上在共同故意支配下实施了犯罪行为,即构成共同犯罪。该标准在认定数个自然人之间或者数个单位之间的共同犯罪上争议较少,但在单位与自然人共同犯罪,以及具有控制关系的单位共同犯罪认定上,理论和实践中却存在较大的分歧。其主要表现在单位和直接责任人共同犯罪的认定,单位和自然人追诉、量刑标准的选择以及单位"形骸化"后的刑事责任归属等方面。在自贸区背景下,如何正确解决这些疑难问题,既关系到自贸区法律风险的防范和处置,也关系到自贸区犯罪治理的法治化。

(一)单位与直接责任人员共同犯罪的认定

单位犯罪的结构特征在于决策者和执行者的分离。单位的犯罪决策是由意思机关经决策程序作出的,具有独立性;而单位犯罪行为的实施必须依赖于特定直接责任人员来进行。因此在单位犯罪的认定上,意思机关的决策和直接责任人员的行为都直接归责于单位,不再另行分离刑事责任。然而,在司法实践中,却出现了单位与内部成员相互勾结,共同使用欺骗方法非法集资,且各有利益归属,严重扰乱金融秩序的案件。⑨ 在此类案件中,直接责任人员的作用发生变异:在身份方面,直接责任人员既是单位决策的执行者,又受自身犯罪意图支配;在犯罪获利方面,犯罪所得一部分流向单位,一部分归直接责任人员自己。对于此类案件,能否认定为单位与直接责任人员的共同犯罪,在刑法理论和实践中存有争议。

否定论者认为,此时责任人员仍然是以自身的意志积极推动着单位犯罪,责任人员的独立意志内涵于单位犯罪之中,因此不得给予单独评价。⑩ 但在笔者看来,结合单位犯罪和共同犯罪的原理,应肯定此类案件中共同犯罪的成立。

在此类行为中,直接责任人员的行为被分割为两部分:第一部分是其在单位犯意的支配下,实施犯罪行为,为单位牟利;第二部分是其在自我犯意的支配下,实施犯罪行为,为自己牟利。尽管这两部分的犯罪行为都是直接责任人员以单位名义实施的,但第二部分的行为已经和单位脱离了联系。根据《1999 解释》的规定,盗用单位名义实施犯罪且违法所得归个人的,不以单位犯罪论处。因此,此类案件中存在单位犯罪和自然人犯罪两种形态。同时,在第二部分犯罪行为中,由于单位明知直接责任人员意图自我牟利,仍然同意其使用单位名义,并辅之以单位的便利条件,此行为构成对他人犯罪行为的帮助,故而在直接责任人员自己牟利的范围内,成立其和单位的共同犯罪。

然而反对者认为,由于大多数单位犯罪都设定了针对单位和直接责任人员的双罚制,若认定为共同犯罪,一方面,直接责任人员要承担单位犯罪的刑罚;另一方,直接责任人员还需为自身的犯罪承担刑罚,这种处理方式违背了刑法上"禁止

---

⑨ 参见刘宪权:《金融犯罪刑法学新论》,上海人民出版社 2014 年版,第 102 页。

⑩ 参见闫爱青、李丽、邵勇:《金融与金融犯罪研究》,中国民主法制出版社 2012 年版,第 331 页。

重复评价"的原则。⑪ 笔者认为,这一反对理由是不成立的。直接责任人员为自身犯罪所担的刑罚和直接责任人员为单位犯罪所承担的刑罚具有不同的法律属性。前者是行为人罪责自负的体现,后者是单位承担刑事责任的方式。在单位犯罪中,犯罪主体构成包括机构和直接责任人员两部分。单位刑事责任的承担,也同样包括针对机构的刑罚和针对直接责任人员的刑罚两部分。换言之,单位犯罪中对直接责任人员科处刑罚就是对单位的刑罚方式,具有单位刑罚的从属性。因此,在单位和直接责任人员共同犯罪中,尽管直接责任人员承担两份刑罚,但这两份刑罚是分别针对单位和责任人员自身作出的,具有不同的法律属性,符合共同犯罪的量刑原理,并不违反"禁止重复评价"原则。

(二) 单位与自然人追诉标准和量刑标准的选择

在同一犯罪中,立法通常对单位设定了更高的追诉标准和刑罚标准。例如,根据 2014 年最高人民法院、最高人民检察院《关于办理走私刑事案件适用法律若干问题的解释》的规定,自然人偷逃关税 10 万元以上不满 50 万元的,应当追究刑事责任;而与之相对,单位犯罪的追诉数额为 20 万元以上、100 万元以下。当自然人与单位共同走私普通货物,偷逃关税额在 10 万元以上 20 万元以下时,应如何适用法律?

刑法理论对此问题有统一适用自然人标准和统一适用单位标准的争论。⑫ 但在笔者看来,单位与自然人共同犯罪时,对两者的追诉不能适用同一标准,而应结合《刑法》及相关司法解释的规定,对单位和个人分别适用与之相应的追诉标准和量刑标准。

从立法对刑事责任的配置来看,由于单位在资金、人力、技术等方面优于自然人,且单位犯罪时利益归属单位自身,因此刑法对其设定了高于自然人的追诉和量刑标准。从立法正当性上看,对自然人和单位采用不同的起刑点以及法定刑完全符合刑法确立的罪责刑相适应原则。⑬ 但问题在于,当两者共同犯罪时,是否会影响这种刑事责任的配置呢?笔者认为,答案是否定的。从犯罪论的原理来看,共同犯罪是对犯罪基本构成要件的修正,它关注的是犯罪主体的多人性和犯罪手段的协同性。在刑罚上,共同犯罪制度所要解决的是在法定量刑幅度内,根据犯罪人的地位和作用来分配不同的刑罚量;但这绝不意味着共同犯罪有变更法定追诉、量刑标准的功能。例如,尽管《刑法》对主犯、从犯、胁从犯和教唆犯的量刑作出了特别规定,但这些"从重""减轻""从轻"的刑罚裁量也只能在具体各罪的量刑幅度内进行。因此,在单位和自然人共同犯罪时,由于立法对单位和自然人分别设定了追诉、量刑标准,根据罪刑法定原则,在对单位和自然人刑事责任的追究

---

⑪ 参见赵秉志、阴建峰、周加海:《共同犯罪适用中疑难问题研究》,吉林人民出版社 2001 年版,第 97 页。

⑫ 参见袁金彪、李成:《单位与自然人共同犯罪定性研究——以贿赂犯罪为视角》,载《华东政法学院学报》2006 年第 6 期。

⑬ 参见刘宪权:《金融犯罪刑法学新论》,上海人民出版社 2014 年版,第 107 页。

上必须适用不同的标准。反之,如果对单位和自然人统一适用自然人或单位的追诉、量刑标准,一方面,在定罪上就会出现司法对立法的擅自变更,有违罪刑法定原则;另一方面,在量刑上就会出现对其中一个犯罪主体量刑不适当的后果。这些,都有违刑法适用的正义性和公平性。

(三)单位"形骸化"后的共同犯罪之否定

由于自贸区市场准入标准降低,自然人通过设立多个法人单位,或者法人单位之间通过控制关系实施犯罪的可能性将大大上升。尤其是在洗钱犯罪方面,极有可能出现行为人在多个空壳公司之间,或者母公司利用优势地位控制子公司进行虚假投资、转移资产、虚设债权债务、自我贷款,进而掩饰、隐瞒上游犯罪赃款。在此类犯罪中,由于犯罪主体在外观上都是具有独立意思能力的法人单位,因此各法人单位能否构成共同犯罪,不无异议。

笔者认为,在此类具备控制性关系的单位犯罪中,应否认单位共同犯罪的成立,而将刑事责任直接归属于控制者。

有学者认为,在此类控制过程中,受控单位所经历的正是单位"形骸化"过程。[14] 具体而言,尽管从外观上看,受控单位经过注册登记或备案,符合法定形式,具备独立的意思表示能力,应当为自己的行为承担法律责任;但在控制关系中,其意思表示完全受控制者支配,丧失单位的独立地位,徒具形骸,沦为控制者的犯罪工具。从刑法法理上看,实施控制行为的自然人和单位恰恰居于间接正犯的地位。在传统的间接正犯理论中,控制关系大都发生在自然人之间,包括行为人利用无刑事责任能力的人或者利用无犯意的人犯罪等情形。而在当前的单位犯罪中,控制关系同样表现为对单位经济行为的支配,这和自然人之间的间接正犯具有同质性。从犯罪构成要件出发,在此类控制型犯罪中,首先,由于控制者直接操控其他单位的决策,因此并不存在合意与通谋,不符合共同犯罪的主观要件;其次,控制者是将其他单位作为犯罪工具进行操控,而非分别作用于犯罪事实,实施犯罪行为,因此不符合共同犯罪的客观要件。如果将此类控制型单位犯罪认定为共同犯罪,则必将分散刑事责任,处罚不当罚的主体,造成刑法适用的不公正。

五、结语

2013年9月18日,《中国(上海)自由贸易试验区总体方案》公布,"完善法制领域的制度保障"成为自贸区建设的五大任务之一。2014年12月,经国务院批准,福建省、广东省、天津市也分别建成自由贸易试验区。这意味着,自贸区经济运行的法治化探索将在全国逐步展开。从现代法律体系的职能来看,刑法作为其他法律的保障法,将成为自贸区维护经济秩序、防控法律风险的最后一道防线。

在自贸区的特殊经济环境中,单位将成为交易主体最基本的表现形式;自贸区单位经济犯罪也将成为刑法关注的重点。在单位犯罪与自然人犯罪的界分上,

---

[14] 参见杜文俊:《单位人格刑事责任研究》,黑龙江人民出版社2008年版,第140页。

应结合刑法对各罪犯罪主体的特殊规定而分别选择实质标准或形式标准;在一人公司犯罪时,应否认公司的独立人格,而将刑事责任直接归责于股东个人。在同一单位实施跨区犯罪时,只要行为或者结果有一项发生在自贸区,就应按照刑法空间效力的原理,适用自贸区的刑法;当数个单位实施跨区共同犯罪时,则应按照共犯从属性原理,以主犯行为地的刑法作为裁判准据。在单位共同犯罪中,若单位和直接责任人员相互利用,约定各自的利益归属,则构成单位与其责任人员的共同犯罪,其责任人员需要承担单位犯罪的刑罚和自己犯罪的刑罚;在单位和自然人共同犯罪中,对单位和自然人应按照刑法和司法解释的规定,分别适用对单位和自然人的追诉、量刑标准;当单位之间形成控制关系时,应根据间接正犯的法理,否认控制者和"形骸化"单位之间的共同犯罪,而将刑事责任直接归责于实施控制行为的单位或个人。对此类自贸区单位犯罪问题的梳理和探索,有助于司法实践正确适用法律,实现自贸区犯罪治理的法治化,保障自贸区经济健康、有序地发展。

非公企业预防犯罪工作
南通模式基本路径及升级版

季吉如[*]

南通市经济技术开发区作为首批国家级开发区,目前有非公企业1万余家,占企业总数的99.5%以上。南通市经济技术开发区人民检察院紧紧围绕地方经济、社会的发展,认真履行检察职能,延伸检察触角,积极探索依法保障和促进非公经济健康发展、非公企业家健康成长的南通模式,并在探索中不断深化,打造南通模式的升级版。南通市经济技术开发区人民检察院经过五年的探索,取得了初步成效,受到了广大非公企业的欢迎和好评,也得到了上级机关和社会各界的充分肯定。非公企业及企业高级管理人员、员工的学法、守法、用法意识和能力得到了明显提高,据统计,涉案非公企业数量三年来下降10%,受贿案件行贿人数量三年来下降76%。

一、非公企业预防犯罪工作在南通市经济技术开发区人民检察院的提出

(一)非公企业与国家机关工作人员交往方面存在的问题

一些非公企业经营管理不规范,特别是随意套取企业资金形成两本账,设立小金库,形成了较充足的行贿资金用于贿赂国家机关工作人员;一些非公企业的违法行为与个别国家机关工作人员的渎职行为相互影响、互相促进,导致个别国家机关工作人员渎职犯罪行为与贪贿行为交织。

(二)非公企业与国有企业交往方面存在的问题

部分非公企业经营管理人员在市场经济中没有树立法治思维和运用法治方式处理生产经营管理过程中的问题,与部分国有企业员工不规范的潜规则难以消除的问题相互交织;加之非公企业在资源分配、竞争中处于劣势,使其在与国有企业交往过程中往往会不择手段地谋取更多的交易机会,形成不正当竞

---

[*] 江苏省南通市经济技术开发区人民检察院职务犯罪侦查局副局长,南通市经济技术开发区非公企业预防犯罪协会秘书长。

争,获取不正当利益。

(三)非公企业与非公企业交易方面存在的问题

非公企业与非公企业在交易过程中,为获取市场竞争优势,不是通过提高核心竞争力来获得交易份额,而是通过贿赂等手段获得交易机会或更多交易份额。排挤竞争对手,形成不正当竞争,破坏了正当的市场经济竞争秩序。在经营管理过程中,如涉发票类犯罪、涉产品质量类犯罪等较易引发。

(四)非公企业经营管理人员在从业过程中存在的问题

非公企业在人事招聘、职务提拔、重要岗位调整安排等环节,对财务、营销、采购、工程等关键职位、重要岗位的经营管理人员,甚至是高级管理人员缺乏内部监督制约机制,容易引发非国家工作人员受贿罪、职务侵占罪、挪用资金罪、非国家工作人员受贿罪等职务犯罪。

上述问题的出现,为检察机关如何更有效地服务保障非公企业的发展提供了一个全新的课题。传统意义上,案件进入诉讼程序、进入检察环节后,检察机关通过执法办案来维护非公企业的合法权益,这是一种"事后的""被动的"的服务保障。虽然这样做也取得了一定的成绩,但是,打击还没停止,新的案件还在继续发生,损害依然存在。如何防控在先、减少损害,是摆在检察机关面前的现实问题。

检察机关不是单纯的办案机关,在促进经济发展中理应该发挥更好的作用。2012年年初,南通市经济技术开发区人民检察院走访了数十家非公企业,在广泛听取非公企业法治需求和进行充分调研论证后,决定延伸检察触角,拓展预防领域,通过组建"非公企业预防犯罪协会"这一平台,指导推动全区非公企业开展犯罪预防,将"事后打击"转变为"事前服务保障"。

二、非公企业预防犯罪工作南通模式基本路径探索实践

(一)创立协会,健全机制,确保非公企业预防犯罪工作有序运行

1. 创立协会

非公企业是独立的企业法人,有独立的经营管理自主权,没有发生问题之前,谁也不好说这个企业就是有问题、有隐患的,作为公权力机关的检察机关更不好指指点点。即使发生了问题,非公企业也有在法律允许范围内的经营管理自主权。但是,众多非公企业法律风险防控不好,带来的社会隐患和动荡是不言而喻的。

南通市经济技术开发区人民检察院决定通过设立社团法人——非公企业预防犯罪协会,通过协会章程对加入协会的会员企业进行权利义务约束。协会最大的特点是不收取会员企业任何费用,所需费用由协会解决,目前主要是政府的财政支持。协会成为政府服务企业、指导企业开展犯罪预防和推进企业法治建设、加强企业法律风险防控指导的工作平台。2012年7月,南通市经济技术开发区人民检察院牵头全区非公企业及在预防犯罪领域有影响的热心研究人士自愿加入,组建了全国首家经民政部门核准登记的"非公企业预防犯罪协会"。南通市经济

技术开发区人民检察院作为协会的业务主管部门,将开展非公企业预防职务犯罪工作的决议通过指导协会的路径来实现非公企业预防职务犯罪的目标。协会的日常工作由秘书处协调和推进,将已经成型的预防职务犯罪工作的成功做法嫁接到非公企业预防犯罪协会进行推广开展,使检察机关的预防职能通过协会贯彻落实。

同时,协会作为独立的社团法人,有自己的章程,可以开展更为灵活的工作方式、方法,避免一些探索性、有争议的问题引发舆情舆论风波,能够较好地管控探索创新带来的风险。

2. 建章立制

围绕党委政府关心、非公企业关注的问题,南通市经济技术开发区人民检察院加强调查研究,出台了《关于指导南通经济技术开发区非公企业预防犯罪协会开展预防犯罪工作的实施意见》,并制定了《开展非公领域职务犯罪预防专项活动实施方案》《在非公领域开展职务犯罪预防工作办法》《在非公企业开展行贿犯罪档案工作的意见》《法制宣讲团工作职责》《青年员工学会用法指导意见》等配套制度。着重从检察机关参与非公企业预防犯罪的自身行为上、检察机关指导非公企业预防犯罪的机制上、非公企业预防犯罪协会开展工作的方式等几个层面进行规范,保障预防活动的规范运行。同时加强对开展非公企业预防犯罪的调查研究,畅通意见反馈、信息沟通和交流的平台渠道。在做成事、不出事上做好功课、做足功课。

(二)创建平台,丰富载体,营造非公企业预防犯罪工作浓厚氛围

2015年1月,南通市经济技术开发区人民检察院建成了全国首家融警示教育、法治宣传、廉政教育等功能为一体的"预防职务犯罪·非公企业法治教育基地",面向国家公职人员和非公企业人员开展法治宣传教育,2015年9月,该基地被中共南通市委政法委员会、中共南通市委宣传部评为"南通市十大法治事件"。2016年1月,该基地开始运用"互联网+"思维,进行网上运行,使非公企业足不出户即能接受法治教育。

(三)创设团队,注重协作,凝聚非公企业预防犯罪工作社会力量

改变以往检察机关预防部门独立支撑、单兵作战的工作格局,积极整合、充分利用内外部资源,努力形成预防工作合力。一是成立法制宣讲团。定期深入非公企业开展法制宣讲,不断提升非公企业"防单位犯罪、防员工犯罪、防不法侵害"的能力。二是组建专家咨询团。从与企业生产经营密切相关的政府职能部门、政法机关聘请了29名业务功底扎实的专家,长期免费为会员企业提供工商、税务、环保、海关、金融和劳动保障等方面的政策咨询和法律服务,协调解决生产经营中遇到的实际困难和问题,减少企业经营中的法律风险。三是聘任专业志愿者。借鉴香港特别行政区廉政公署专职人员与社会义工协同工作模式,聘任了来自律师界、企业界法务及人力资源专业、办案一线检察官等各领域的56名专业人士为协会志愿者团队成员。服务内容包括矛盾纠纷调处、指导企业健全完善内控机制、

开展法律政策咨询宣传等,重点发挥专业志愿者在调处涉及非公企业民商事纠纷方面的积极作用。

(四)创新方式,多措并举,提升非公企业预防犯罪工作实际成效

正确把握非公企业的发展趋势、行业规律和法治需求,结合不同企业的不同特点和要求,因地制宜地开展工作。主要是开展法治教育。法治教育分别针对企业领导班子、企业中层经营管理人员和关键重要岗位人员、企业普通职工等三个层面。企业领导班子是企业的指挥中枢,主要是从理念上培养其依法决策的法治思维和法治方式;企业中层经营管理人员是企业承上启下的核心力量,主要从能力上培养与其本职岗位有关的法治实务操作技能;职工是企业最基本、最基础的要素,主要是培养职工遵纪守法、服从管理的意识,在生产一线依法、依纪、依规认真履职。

1. 依托各方力量

依托南通市经济技术开发区人民检察院法制宣讲团、南通大学法制宣讲团、协会专家咨询团、志愿者团队等力量,结合预防职务犯罪"六进活动",南通市经济技术开发区人民检察院采取法制讲座、座谈交流、参观学习、旁听庭审等形式,引导非公企业依法经营、诚信经营;同时编写囊括刑法、民法、经济法、诉讼法、劳动法等诸多法律知识的《检察官说法》读本,编印通俗易懂、图文并茂的法制宣传挂图,促进法治文化、廉洁文化与企业文化有机结合、互相促进。

2. 注重源头预防

依托行贿犯罪档案查询系统,南通市经济技术开发区人民检察院制定实施《关于在非公企业开展行贿犯罪档案查询工作的规定》,为非公企业参与公共项目投标、考察应聘人员素质、核验对方单位资信提供三项查询服务。2012年以来,共为非公企业提供查询服务6 000余次,增强了企业防范犯罪的预警能力,有效降低了企业的经营风险。结合执法办案,南通市经济技术开发区人民检察院积极开展"一案一剖析、一案一建议、一案一回访"活动,帮助和引导非公企业建立健全风险源点排查防控、内部监督管理机制,堵塞管理漏洞。

3. 着力化解矛盾

依托专家咨询团、专业志愿者,针对企业发展中遇到的困难和问题,南通市经济技术开发区人民检察院及时提供合法解决途径和方法,帮助解决外部纠纷、化解内部矛盾、维护合法权益。2012年以来,共提供各类咨询服务300余次,协调解决疑难问题80多个。如针对巴西投资企业万高电机(南通)有限公司因不熟悉中国法律而导致的仓储保管合同纠纷,协会协调相关职能部门,帮助该公司妥善化解了纠纷。该公司中国区域总监思利瓦对南通市经济技术开发区人民检察院非公企业预防犯罪工作称赞有加,表示将在中巴投资说明会上,着重介绍中国检察机关服务外资企业的务实做法。

三、非公企业预防犯罪工作南通模式升级版探索

在经过了组织协会成立非公企业预防犯罪合法组织、结合办案开展法治宣传、案例剖析提出防控建议、建立基地开展警示教育、搭建平台加强企业交流、矛盾化解促进企业发展等非公企业预防犯罪的基本路径和基础性工作后,南通市经济技术开发区人民检察院对近五年来的非公企业预防犯罪工作进行总结提炼,提出了非公企业预防犯罪南通模式升级版,即继续巩固已有路径和成效,以协会为平台,拓展六大防控体系、六大专业指导机制、两大专业调处机制、一个法律咨询机制、一个预防法律风险的法商人才培养机制。

(一)探索非公企业六大法律风险防控体系建设

非公企业六大法律风险防控即非公企业腐败风险防控、刑事风险防控、民商事风险防控、知识产权风险防控、人力资源风险防控、行政风险防控。通过制定六大风险防控指导手册,结合专家咨询团、专业顾问团、预防志愿团、企业法务等力量,全面开展企业法律风险防控体系建设指导工作,着力通过指导企业开展特定的法律风险防控体系建设,全面培养企业法律风险防控意识、建立企业法律风险防控队伍、提升企业法律风险防控能力,减少企业法律风险指数,推进非公企业健康发展、非公企业家健康成长。

1. 非公企业腐败风险防控体系建设

一是指导非公企业开展与政府机关、司法机关等公权力机关交往过程中的腐败风险防控,防止拉拢腐蚀国家机关工作人员。二是指导非公企业开展与国有企事业单位交易过程中的腐败风险。通过引导企业提升自身核心竞争力、树立诚信守法的经营理念,公开、公平、合理地参与市场资源分配,避免其不择手段地拉拢腐蚀国有企事业单位的工作人员。三是指导非公企业开展与非公企业交易过程中的腐败风险防控。在非公企业交易过程中,引导企业建立规范参与市场竞争的机制,防止非公企业交易过程中的腐败风险。四是在非公企业内部生产经营管理过程中,通过指导非公企业建立内部控制和监督机制,防止非公企业在内部生产经营管理过程中产生腐败风险。

2. 非公企业刑事风险防控体系建设

主要是通过刑事风险防控教育、刑事风险防控制度建设来加强企业刑事风险的防控监督,提高刑事风险防控能力。一是在企业领导决策过程中,培养刑事风险防控的意识和能力。给每个企业培养一至两名刑事风险防控预防法务专员,通过列席企业重大经营决策,提出刑事风险防控基本识别。对一些重大疑难的经营决策,法务专员要在第一时间提交协会刑事风险防控专业指导委员会提出咨询意见。二是在企业经营管理执行过程中,培养刑事风险防控的意识和能力。养成自觉学法、遇事找法、解决问题靠法的法治思维和法治方式。加强对职务行为刑事风险的自我认识、自我评估、自我调适与自我控制。三是抓好关键环节、关键领域的刑事风险防控节点。事前、事中、事后都要进行管控。

3. 非公企业民商事风险防控体系建设

一是以一类企业为样本,制定适用该类企业的民商事法律风险防控指导手册,对几大关键节点设定制度管控。二是培养大批能够适应民商事法律风险防控的法商型经营管理队伍。三是通过以案释法开展具体的一案一指导,也即通过发生的类案开展风险提示。

4. 非公企业知识产权风险防控体系建设

通过建立商标、专利权、著作权、商业秘密等知识产权刑事和民商事法律风险防控体系制度建设,加强对知识产权事前、事中、事后的风险防控节点监管、防范、控制,从而保护企业知识产权的创新成果。

5. 非公企业人力资源风险防控体系建设

通过建立人力资源法律风险防控体系制度建设,从劳动用工试用、劳动合同的订立、劳动合同的履行、劳动合同的解除、劳动保障等内容,规范企业和劳动者双方的行为,促进劳动和谐,减少劳动纠纷。

6. 非公企业行政风险防控体系建设

通过建立企业在经营管理过程中涉国家公权力的行政管理行为、内部行政管理行为的行政法律风险防控体系建设,特别是涉及食品药品安全、劳动生产安全、环境保护安全、资金运行安全、市场监督管理等方面企业与行政机关的关系,引导企业遇事找法、解决问题靠法,按照行政法律法规的要求完善自身条件。

(二)探索建立非公企业防控法律风险六大专业指导机制,解决企业法律风险防控专业力量不足的问题

通过在协会下设腐败风险防控专业指导委员会、刑事风险防控专业指导委员会、民商事风险防控专业指导委员会、知识产权风险防控专业指导委员会、人力资源风险防控专业指导委员会、行政风险防控专业指导委员会六大风险防控指导委员会,提高企业法律风险防控建设的专业指导力量,使企业专攻其擅长的生产经营领域,对不擅长的各类法律风险,由协会各相应的专业指导委员会开展指导,并通过个案指导,及时防控类案的发生,提高非公企业事前防控的意识和能力。

(三)探索设立涉企民商事纠纷两个专业调处机制,帮助企业解决生产经营过程中的实际问题

企业生产经营过程中一旦发生矛盾纠纷和问题,往往会消耗企业领导层很多的时间和精力。一旦起诉到法院,就意味着进入了漫长的诉讼阶段。最终是"赢了面子、输了里子",或者是"面子、里子都输了"。为此,南通市经济技术开发区人民检察院探索建立涉企民商事纠纷调处机制。在非公企业预防犯罪协会成立之初,南通市经济技术开发区人民检察院依托专家咨询团和预防专业志愿团的力量,探索调处了一些涉企民商事纠纷,起到了较好的社会效果、经济效果、法律效果。随着国家提倡建立多元化解决纠纷机制,南通市经济技术开发区人民检察院在协会下设涉企民商事纠纷专业调处机制、人力资源纠纷专业调处机制,这两个专业纠纷调处机制的设立,能够第一时间发现和帮助企业解决这两类专业纠纷。

专业的纠纷调处机制既可以使纠纷双方当事人厘清事实、证据和法律,又可以使涉事各方能够相互谅解、妥善处理矛盾纠纷,同时也可以分析引发此类矛盾纠纷的原因,找出双方防控此类矛盾纠纷的方法和措施。

(四)探索在一定规模的企业设立一个关爱员工行动法律咨询机制,帮助员工提高依法解决问题的能力

法治社会,人人都有可能遇到涉法问题,这是一个十分专业的问题,一般员工难以识别,难以解决,而到社会上找寻专业律师,费时、费力、费钱,有诸多不便。为使遇到涉法问题的员工能够第一时间获得法律上的帮助,更加安心工作,南通市经济技术开发区人民检察院探索在一定规模的企业设立关爱员工行动法律咨询机制,即协会制定在一定规模的非公企业开展关爱员工行动法律咨询活动的实施意见,明确工作机制、咨询对象、咨询内容、咨询方式、咨询效果等。在一定规模的企业明确关爱员工行动法律咨询工作部门、工作场所、工作人员、工作职责、工作力量,通过解决员工遇到的个案,逐步引导员工自觉学法、遇事找法、解决问题靠法的法治习惯。

(五)探索建设一批法商型企业经营管理人员队伍,为企业提供强有力的法商型专业人才

协会依托非公企业法治教育基地,探索开展非公企业经营管理人员的法商知识培训,使其既懂法律,又懂经营。由特别优秀的企业高级管理人员、基层法务人员、专家学者担任讲师,由协会组织免费为会员企业培养法商型经营管理专业人才。同时通过在工作薪酬上设立法商型经营管理专业人员岗位津贴、在提拔任用时优先考虑等激励机制,大大激发了员工学习的积极性。使依法治企、防控法律风险有了人才的基础,有了发展的后劲。同时在一线生产职工中,广泛开展以案释法的遵纪守法教育。收集公安机关办理的本地区违反治安管理的行政处罚案例、检察机关办理的违反刑事法律的刑事案例,编写法治宣传挂图、掌上读本,利用新媒体传播等方式,实现职工法治教育的全覆盖,以全面提高职工遵纪守法的意识。

四、国家监察委员会体制下"三促三自模式"的非公企业预防犯罪路径设想

非公企业预防犯罪工作是检察机关职务犯罪预防工作的延伸,是检察机关从所办理的反贪污贿赂案件、反渎职侵权案件中形成的犯罪分析、检察建议、预防调查、预防介绍、警示教育、案例剖析等延伸到非公企业犯罪预防中。在反贪污贿赂、反渎职侵权和职务犯罪预防机构和职能整体转移到国家监察委员会之后,检察机关不再有职务犯罪预防机构和职能。原有的检察机关探索的"三促三自模式",即促进国家公权力的自我规范、促进社会权力的自我治理、促进个人权利的自我约束,将一并转移到国家监察委员会。国家监察委员会是实现对公职人员监督监察全覆盖的一种新型的国家监察体制。

(一)通过国家监察委员会调查办案,督促公权力的自我规范

通过查办公职人员的贪污贿赂、渎职侵权等不廉洁、不尽责的失职渎职行为,实现全覆盖、零容忍的有效打击。通过查办公职人员职务犯罪行为或不规范职务行为,找出案发的主观客原因,找出体制机制和监督管理的漏洞,提出防范对策建议,督促公权力的自我规范。

(二)通过国家监察委员会调查办案,督促社会权力的自我治理

通过查办公职人员职务犯罪或非规范职务行为的案件,发现督促公职人员管理的相对方社会权力在行使过程中存在的问题,比如为了获得行政许可、行政审批、不正当竞争等而贿赂国家公职人员。通过对行政管理相对方的违法行为开展分析调查,找出引发违法行为的主客观原因,提出预防对策建议,督促社会权力的自我治理。

(三)通过国家监察委员会调查办案,督促个人权利的自我约束

通过查办国家公职人员在与行政相对管理方的自然人之间不廉洁、不规范行为,督促行政管理相对方的自然人权利自我约束。通过对行政管理相对方自然人的违法行为开展分析调查、告诫谈话,教育行政管理相对方自然人自觉学法、遇事找法、解决问题靠法,从而共同维护廉洁的政务环境和政治生态。

浅谈构建我国企业刑事风险防控机制

张亚光[*]

企业是社会经济生活中重要的组织形式。李克强总理曾指出,企业是经济的基本细胞,企业兴则经济兴。企业将人、财、物种种资源整合盘活,在发展生产、创造就业、推动社会进步方面发挥着重要作用。而纵观中国企业的发展,许多企业尤其是民营企业早早夭折,企业寿命远低于西方发达国家。多数研究认为,我国企业的平均寿命为6~7年,中小企业、民营企业的寿命则更短,平均只有2.9年。[①] 我国企业寿命短的一个重要原因是,企业缺乏有效的风险防控尤其是刑事风险防控机制,导致企业涉嫌刑事案件,面临终结性风险,从而灰飞烟灭。借鉴西方发达国家百年老店的成功经验,敦促我国企业刑事风险防控机制的建设,对解决我国企业的发展问题具有重要意义。

一、企业刑事风险防控的内涵

(一)内部控制理念

企业刑事风险防控机制从本质上说是企业内部控制的一种,即企业通过内部治理、设立预防措施等进行风险预防。企业的内部控制最初来自于管理学和审计学,但管理学和审计学概念中的内部控制跟企业刑事风险防控并不完全等同。

管理学概念中的内部控制主要指组织为了提高经营效率和充分有效地获取和使用各种资源,达到既定的管理目标,而在内部实施的各种制约和调节的组织、计划、方法和程序。[②] 内部控制的理念在国内外早已有之,但最早见诸文字的是作为审计术语。美国职业会计师协会所属的审计程序委员会于1949年第一次提出了内部控制的概念:内部控制包括经济组织的计划及经济组织为保护其财产、检查其会计资料的准确性和可靠性,提高经营效率,保证既定的管理政策得以实施

---

[*] 北京师范大学法学院2015级刑法学硕士研究生。

[①] 参见孙学光:《中国企业寿命探析》,载中国统计学会编:《探索与创新:第十四次全国统计科学讨论会文集》,中国统计出版社2008年版,第573—578页。

[②] 参见李凤鸣:《内部控制学》(第2版),北京大学出版社2012年版,第3页。

而采取的所有方法和措施。③ 1988 年其在第 55 号《审计准则说明书》(SAS55) 中又对内部控制进行了重新定义,并提出控制环境、会计系统、控制程序为内部控制组成的三要素。管理学和审计学语境下的内部控制关注公司的财务环境,防止财务舞弊等对公司财富积累产生严重影响的行为。

(二) 企业刑事风险防控

企业刑事风险防控是在内部控制理念影响下更有针对、有侧重地对企业可能面临的刑事风险的专项防控。随着企业涉及刑事案件的日益高发,人们越来越意识到刑事风险对企业的巨大创伤,建立针对企业刑事风险点的专项防控应运而生——刑事风险防控。企业刑事风险防控跳出了传统内部控制对财务风险的关注,与企业存续、发展相关的日常经营、产品生产、工程承揽等各环节面临的刑事风险都是刑事风险防控的内容,既包括企业因自身及其内部人员行为触犯刑法构成犯罪产生的风险,又包括企业外主体实施的针对企业的犯罪行为而导致的风险;既有由于企业生产经营过程中的危害行为而产生的风险,如生产经营中以次充好、以假乱真,也包含由于制度、法律变动等产生的具有制度性诱因的风险。以上各种企业可能面临的刑事风险都属于企业刑事风险防控预防的范畴。

二、企业刑事风险防控机制的效用

(一) 企业刑事风险防控机制是抵御企业刑事犯罪的免疫系统

从企业角度来看,企业刑事风险防控能有效帮助企业规避经营中的刑事风险,完善易暴露风险的环节。企业内部刑事风险防控机制好比企业自身建立的刑事风险免疫系统。人尚且需要进行定期体检以保障各项身体机能的正常运行,企业作为市场中的主体也应重视通过内部控制对企业自身的"疾病"进行预防。各国成熟经验已经表明,企业风险防控意识已经逐步引起各方重视。早在我国 1999 年颁布的《中华人民共和国会计法》第四章第 27 条关于内部会计监督制度的规定,就体现了内部控制的理念。不过内部会计监督制度主要侧重的是对企业内部财务风险的预防,能够有效预防职务侵占罪、逃税罪等涉及财务犯罪方面的风险,而对于企业可能触犯的生产、销售伪劣商品罪,非法经营罪,非法获取公民个人信息罪等其他刑事风险,并未形成有效的预防。因而,有必要在对企业可能发生的各种刑事风险进行评估的基础上,建立全面系统的企业刑事风险防控机制。

企业刑事风险内控机制是企业的内部调理,只有"气血畅通",才能保证企业健康长寿。我们之所以重视对企业刑事风险的防控是因为刑事风险对企业造成的严重损害是终局性的。正如张远煌教授所指出的那样:刑事风险是只能预防不能心存侥幸的终结性风险。刑事风险的爆发不仅会造成企业和企业家难以控制或难以预测的巨大经济损失,而且会使企业家彻底出局,不仅过去的荣耀与成功会因此灰飞烟灭,而且没有像处置其他法律风险那样有花钱买教训、从头再来的

---

③ 参见李凤鸣:《内部控制学》(第 2 版),北京大学出版社 2012 年版,第 6 页。

机会。④因而只有健全企业的免疫系统——企业刑事风险防控机制,才能有效帮助企业免遭毁灭性风险。

(二)企业刑事风险防控机制是企业家"撸起袖子加油干"的坚实后盾

企业家是企业的灵魂,是市场要素中最活跃的因素。中国的企业家不乏吃苦耐劳、踏实肯干之人,但是这些企业家很多不是倒在风云诡谲的商业竞争上,而是被刑事风险所牵连。根据《2015 中国企业家犯罪分析报告》显示,企业刑事风险可能发生在企业运行的各个环节。企业刑事风险防控机制的缺位导致企业在日常经营、财务管理方面尚不能洁身自保,更何谈企业进一步扩大再生产、在商业竞争中披荆斩棘。习近平总书记号召我们"撸起袖子加油干",但是精明强干的中国企业家在商业道路上"撸起袖子加油干"的同时要保证企业内部免受刑事风险的侵扰。建立坚不可摧的刑事风险防控机制,帮助企业抵御刑事风险,可以解决企业家叱咤商场的后顾之忧,使企业家在锐意进取的同时不必担心内部问题。

其实,内部控制理念、合规制度在我国并非新鲜事物,许多上市公司、企业均已建立了合规部、风控机构等。2008 年财政部会同审计署、中国保险监督管理委员会、中国银行业监督管理委员会、中国证券监督管理委员会联合制定的《企业内部控制基本规范》,要求自 2009 年 7 月 1 日起在上市公司范围内实施,鼓励非上市的大中型企业执行。⑤该文件明确规定了企业要建立内部控制规范。然而,这种内部控制规范更侧重于督促企业建立内部财务规范而非专门的刑事风险防控规范。如前所述,基于企业刑事风险的严重性,笔者认为,只有在全面考虑企业刑事风险的基础上,建立系统的、专门的企业刑事风险防控机制,才能消解企业家的后顾之忧,成为企业家放手拼搏的坚实后盾。

(三)企业内部控制是"企业流行病"防治的内服药

企业是市场中的主体,市场环境对企业的发展具有至关重要的作用。企业刑事风险防控机制的建立对规范企业经营、净化市场环境具有至关重要的作用。如果每一个企业都能够有效地规避刑事法律风险,合法合规经营,那么营造一个健康良性的经营环境指日可待。市场中的企业不是孤立的存在,企业间沟通、合作频繁,一家企业的违规经营可能会使多家企业受到牵连。例如虚开增值税专用发票、用于骗取出口退税、抵扣税款发票罪,就极易产生窝案现象,一家企业给多家企业虚开增值税专用发票,一家企业向多家企业寻求增值税专用发票的现象多有发生。虚开增值税专用发票、用于骗取出口退税、抵扣税款发票罪已成为区域内的流行病,企业间交叉感染,扰乱经济市场环境。

在市场经济较为成熟的英美国家,早已认识到的企业在市场管理中的重要作用,认识到企业内部防控机制对优化市场竞争环境的良性作用,因而形成了一系

---

④ 参见张远煌:《企业家何以能行稳致远》,载凤凰资讯(http://news.ifeng.com/a/20170125/50625634_0.shtml),访问日期:2017 年 3 月 10 日。

⑤ 参见许延明:《内部控制及其应用》,知识产权出版社 2013 年版,第 14 页。

列有效措施,鼓励企业内部防控机制建设。例如,《英国反贿赂法案》设立的商业组织预防贿赂失职罪,正是认识到单个商业组织的贿赂行为将会导致其他企业纷纷效仿,进一步扰乱正常的市场秩序,故而,赋予企业从自身出发,规范企业及其内部人员的行为,维护市场环境的义务。对市场而言,缺乏有效的内控机制的企业,就像没有注射免疫疫苗的病人,带着企业"流行疾病",对市场内的其他企业非但不能形成良性竞争,反而会产生恶性传染,对经济市场的健康发展产生重大阻碍。

三、建构我国企业刑事风险防控机制

(一) 国家层面——调整政商关系是建立企业刑事风险防控机制的前置问题

调整政商关系,改善经济市场环境,这是建立企业刑事风险防控机制要解决的前置性问题。政商关系是企业(家)刑事风险控制中最难把握,同时也最需要适度拿捏的维度。在现实政商生态中,依附权力、攀附权力成为企业便捷的"发展路径"之一。不过,这些依附权力的企业家靠钱权交易起家,靠利益输送获取利益,所面临的刑事风险也显而易见。遭到打压的竞争对手的反击,自身"经营"上的"纰漏",尤其是其所攀附政客的任何官场"闪失",都会"殃及池鱼",迅速引爆前期不法行为所制造的刑事风险。⑥ 前国务院参事室特邀研究员保育钧在2015年表示,因为政府垄断的权力太多了,资源都在政府手里,也不公开、不透明,所以逼得民营企业不得不行贿,搞潜规则。⑦ 在政商关系扭曲、市场发展混乱的前提下,企业刑事风险防控机制很难发挥效用。企业虽明确知道自己行贿等行为触犯刑法,但是为了企业的存续、发展而不得不为之的时候,基于侥幸心理,企业仍会飞蛾扑火,置风险于不顾。典型的例子是葛兰素史克等一批跨国公司的行贿案,这些在其母国恪守规则、合法合规的跨国公司,在中国境内却纷纷落入行贿泥淖。同样的经营理念、同样的内控机制支配,环境变化导致其行为的异化,使我们不得不对我国的经营环境产生质疑。"橘生淮南则为橘,生于淮北则为枳"的道理我们晓之已久,如果企业的经营环境得不到改善,政商关系处理不当,企业无法在市场自主经营,受制于国家、受制于政府,则企业的风险防控机制将形同虚设,效用得不到发挥。

2016年3月习近平总书记提出了"亲""清"新型政商关系。所谓"亲",就是政府要坦荡真诚同民营企业接触交往,特别是在民营企业遇到困难和问题情况下更要积极作为,帮助解决实际困难。所谓"清",就是同民营企业家的关系要清白、纯洁,不能以权谋私,不能搞权钱交易。"亲"和"清"的政商关系是企业建立内部防控机制的必要前提,背离"清""亲"原则下的政商关系都会使企业发展遇到问题。在政商关系发展的历史上,曾发生过个别地方政府支配企业发展的关键性资

---

⑥ 参见赵军、韦科:《企业家犯罪五大风控点》,载《检察风云》2016年第13期。
⑦ 参见严学锋:《新型政商关系的时代考题》,载《董事会》2016年第9期。

源,与地方民营企业关系不"清",导致企业为了获取市场、增强竞争力,违背自身经营道德,勾结政府;也发生过个别地方政府不"亲"近民营企业,担心民营经济危及本地区国有企业的生存发展,限制和歧视民营企业发展的情形。这两种政商关系样态都是不可取的。从理论上说,随着国有企业的大规模改制和民营企业的发展壮大,地方政府应该逐渐淡出市场,国退民进,让企业和市场发挥主导性的作用。⑧ 民营企业只有摆脱地方官员的裹挟,具有自主发展能力,才能够充分发挥内部控制的实效,使企业刑事风险防控机制能够有效发挥作用。

(二)政府层面——政府购买企业刑事风险防控服务是有效探索

除了从国家政策角度鼓励企业建立刑事风险防控机制外,地方政府可以考虑为企业购买刑事风险防控服务。从单一中心走向多中心治理,政府与市场、社会结成契约或伙伴关系已成为国际性趋势。⑨ 在此趋势下,政府购买服务引入中国并不断得到发展。购买公共服务实现了公共服务供给主体的多元化,推进了政府职能的转变,促进了市场和民间组织的发展。在法律领域,政府购买法律服务成功案例不在少数,例如,北京市海淀区人民政府针对未成年人案件引入司法社工;天津市政府也探索购买了人民调解服务、社区矫正服务等多种公共法律服务。⑩ 2013年7月,国务院总理李克强主持召开国务院常务会议,专题研究推进政府向社会力量购买公共服务。对推进政府购买公共服务提出了具体的落实要求。中国共产党第十八届中央委员会第三次全体会议明确提出:"推广政府购买服务,凡属事务性管理服务,原则上都要引入竞争机制,通过合同、委托等方式向社会购买。"⑪在政府购买服务的实践不断完善的今天,可以考虑由政府出面,为区域内重点企业购买刑事风险防控服务。

相较于购买事后的矫正服务、纠纷解决服务,政府购买企业刑事风险防控服务具有重要优势。这是一种犯罪预防服务,通过帮助重点企业进行刑事风险排查,防微杜渐,防患于未然。虽然我们充分相信企业的自治能力和市场经济的发展能力,但必须认识到企业自治和市场调节的有限性,因而推动企业刑事风险防控机制建设,引导企业自我规范,离不开政府的支持和指引。可以考虑在企业刑事风险防控机制推行初期,由政府出面,和法律服务机构合作,为重点企业购买刑事风险防控评估服务,督促企业建立刑事风险防控机制。由公权力出资为企业体检。作为人我们需要定期体检以保持身体机能的正常运行,而企业作为经济社会的主体也需要定期组织体检以保证企业正常运转。如果企业内控类比为企业的自我保健,那么政府推动的企业刑事风险防控检查则是公力推动下的企业定期

---

⑧ 参见黄石:《交往有道,道在何方——政企关系的历史逻辑与现实困境》,载张远煌、向泽选主编:《企业家犯罪分析与刑事风险防控报告(2015—2016卷)》,北京大学出版社2014年版,第526页。

⑨ 参见〔美〕E.S.萨瓦斯:《民营化与公私部门的伙伴关系》,周志忍等译,中国人民大学出版2002年版,第5—14页。

⑩ 参见天津市司法局课题组:《政府购买法律服务研究》,载《中国司法》2016年第7期。

⑪ 天津市司法局课题组:《政府购买法律服务研究》,载《中国司法》2016年第7期。

"体检"。政府购买企业刑事风险防控服务,是一种实操性的措施支持,相较于一味地喊口号,倡导更具有实在意义。

(三)法律层面——奖励措施和课以义务是两种有效方式

企业是典型的经济实体,具有趋利避害的特质。敦促企业建立刑事风险防控机制,虽然从长远来看对企业大有裨益,但无疑会增加企业成本,一些企业会为了眼前利益而置风险于不顾,忽视刑事风险防控机制建设。不同于法律人,企业家作为经济人遵从的是经济人理性,其最根本的目标是实现利益的最大化。考虑到企业家的经济人本质,应当从利益出发,加大企业家建立刑事风险防控机制的利益驱使。具体来说可采取量刑奖励和课以义务两种方式。

在量刑奖励方面,可效法《美国联邦量刑指南》,将建立内控机制作为量刑考虑因素。根据《美国联邦量刑指南》的规定,在犯罪发生之时,如果企业内部存在有效的合规计划,可以减轻刑事责任。这一规定将企业内部治理政策与刑事制裁紧密联系在一起,对企业具有鼓励作用。在法律与企业家的谈判和博弈中,司法者手握的筹码是具有强制性的刑罚制裁,因而量刑权是这场博弈中最重要的筹码。这一做法可以增加企业的守法动力。给予企业足够的动力,可以促进企业进行改革,减少刑事责任的风险。将建立有效的企业刑事风险防控机制作为处罚阻却事由,通过验证企业刑事风险防控的程序和执行情况来作为法院评判的依据。对于已建立有效刑事风险防控机制的企业可以酌情减轻量刑。

在课以义务方面,可考虑动用国家刑罚权,赋予相关企业建立刑事风险防控机制的义务,通过刑法的指引作用,引导企业进行刑事风险防控建设。可考虑借鉴《英国反贿赂法案》中商业组织预防贿赂失职罪的设置,也设立相应罪名,赋予企业通过建立内部防控机制参与某些犯罪预防工作的义务。实际上《中华人民共和国刑法修正案(九)》增设的拒不履行信息网络安全管理义务罪表明了立法者课以企业预防犯罪责任的一种趋势。通过该罪名的设置,督促网络服务提供者(企业)建立有效机制,防范相关网络犯罪的发生。该罪名的设置主要针对提供网络服务的企业,在今后的改革中可以考虑扩大负担犯罪预防义务的企业范围,对可能涉及电信诈骗类犯罪、贿赂类犯罪的企业同样课以预防犯罪义务,推动企业审慎经营,减少犯罪滋生。

(四)企业层面——"一把手"意识提升是关键因素

企业主要负责人的刑事风险防控意识提升是建立有效的企业刑事风险防控机制的关键因素。企业主要负责人和实际控制人在企业运营中具有重要作用。《2015中国企业家犯罪分析报告》显示,在921名涉案企业家中,企业内部职务明确的有898人。其中,企业主要负责人(法定代表人、董事长、经理、厂长、矿长等正职和副职)共641人,占71.38%;实际控制人、股东共87人,占9.69%。可见,企业刑事风险高危人群中,企业的主要负责人首当其冲,其次是关键岗位负责人。企业及部门的"一把手",应成为刑事风险防控的重中之重。胡伟新教授曾提到,培养企业家法律素养和法律意识,起码应包括知识要素。我们国家现在还有1亿多人是文盲,企业家初中以下文化程度的也占了很大的比例,这些企业家能不能读懂法律并深刻地理解法律的本意?根据《2015 中国企业家犯罪分析报告》,涉案企业家中学历分布为大学(大专)及以上学历 162 人,占 46.96%;高中(中专)学历 88 人,占 25.51%;初中学历 80 人,占 23.18%;小学及以下学历 15 人,占 4.35%。在民营企业家中,拥有大学以上学历者只占 39.1%,初中以下学历者占到 27.3%,整体学历水平过低。整体学历水平不高导致企业主要负责人过分重视对财富的追求,而对风险的预判能力较低、对企业刑事风险防控的意识薄弱。企业主要负责人作为企业的灵魂,其行为和决策直接影响企业对刑事风险的抵抗能力。因而,注重企业家刑事风险防控意识培养,帮助企业"一把手"树立防控理念是建立企业刑事风险防控机制的关键因素。

企业和企业家一定要树立加强法律风险防控的法商思维,即遵守法律、合法审慎经营的意识。刘俊海教授曾指出:企业家应加强学习,包括公关能力,更重要的是提高法商和德商。所谓法商,就是法律意识、法律思维;而德商就是伦理观念。[12] 在民营企业中,非法律的、家族式的经营占了相当的比重。这就造成了企业的生存发展受到企业负责人的严重制约。企业家不能单纯依靠自己的经营理念从事经营活动,否则企业的发展将会受到企业家自身能力限制。应着力促进企业家形成风险防控意识,可以考虑组织定期培训、教育宣传等方式,培养企业家法商思维,完善企业决策层人员的法律素养。应当重视企业中法律人员的作用,依法治企,合法经营,有效预防企业刑事风险的发生。

四、结语

"凡事预则立,不预则废。"企业作为市场经济中的活跃主体,其经营发展中可能面临多种纷繁复杂的风险。若想要将我国企业做大做强,就需要对随时可能袭来的风险具有预判力。治企犹如治军,只有拥有严明的纪律,稳固的防线,才能在外敌来犯时固守城池。企业刑事风险防控机制是企业安身立命、抵御刑事风险的坚固堡垒,国家、政府和企业只有重视刑事风险防控机制的重要作用,切实推进企业刑事风险防控机制建设,才能实现我国企业的长足发展,成就基业长青。企业刑事风险防控理念根本的创新性与决定性在于视角的转变,即变案发后运用法律技术全力弥补为刑事违法性预测和预防。"君子以思患而预防之。"朝向未来的企业刑事风险预防机制,必将成为未来企业变革的重要课题,成为企业行稳致远的根本保障。

---

[12] 参见韩丹东:《专家提出企业家应提升"法商"思维》,载《法制晚报》2013 年 2 月 1 日,第 AB 版。

第三编

高端论坛观点荟萃

贿赂罪的司法认定及对企业家的建议

王晓东[*]

当前,我国贿赂犯罪呈现出的新形式主要有:①送的是空卡,接受后在卡里存钱。这在司法认定过程中需要注意时间节点,其中没有达到目的而事后取出存款的,可以认定为未遂。②假意借用汽车,然后以车换车,当然是给对方高于其原有车辆市值的车。③送会员卡、礼卡、折扣卡,注意数额计算问题,司法认定中以实际金额为准。④送的是工艺品,亦称是"雅贿",其中注意"大师的作品"如何在司法实践中认定数额的问题。⑤送旅游。⑥其他种类,如借条、捐佛像等,注意数额认定问题。受贿者在司法实践中往往会对这些新形式的贿赂进行辩解,其辩解理由主要是没有谋取利益、没有给国家人民造成重大损失。

针对企业家犯罪,一要对症下药,国有企业、民营企业的犯罪类型不同,需要对症下药;二要严惩企业家犯罪,严惩的手法可以以巨额罚金为主,如日本水婆病一案,涉案企业至今仍在赔偿;三要合理(深入)研究企业家犯罪。目前重心在贪污贿赂犯罪,但是食品安全、环境污染也都是重头戏。

对企业家的建议,主要是加强内控意识,健全内部机制,强化自查监督,树立合规文化。加强制度构建,进行审视监督,强化董事会的作用,以及合规部门审计部门的合规职能,培养自身的合规文化。具体而言:①企业定位时要有法律意识。②一个聪明的企业家,必然是一位善于运用法律及使用法律人的企业家。③法律风险需防患于未然。企业家结合现实,从刑事风险、人力资源管理风险、知识产权管理风险防范角度设计风险防范机制。在制度设置上重在预防,且不能脱离实际。不要在灾难来临时还浑然不知、不知所措;不要矫枉过正、适得其反。基于中国国情,在经济发展过程中适用法律介入要讲究原则性与灵活性的结合,法治化和人性化相结合的处理方式会收到更好的效果。风险防范必须跳出法律看法律,注入心理学因素及人性化处理,注重刑事风险、人力资源管理风险防范和知识产权保护。以动态性的、前瞻性的眼光看待经济运作的未来,与时俱进。④构建风险防范机制最重要。⑤企业要提高自我保护能力。企业提高自我保护能力最关

---

[*] 最高人民法院刑事审判第二庭副庭长。

键的就是要知法和懂法。目前,企业自我保护手段有以下几种:第一,可以行使自助权,包括正当防卫、紧急避险和债的保全。第二,可以用交易习惯和行规来约束双方的行为。第三,运用法律规范双方行为。企业应该在经济合同、劳动合同中将各种条款予以明确,通过合同来防范风险。

企业合规与刑事风险防控

郭卫华[*]

一、国有企业职务犯罪的基本情况和特征

2016年8月23日,上海市人民检察院发布了《2011年—2015年上海市国有企业职务犯罪情况预防调查报告》,该报告称:在2011年至2015年的5年里,上海检察机关共查办发生在国有企业的贪污贿赂犯罪791件、911人,平均每年查办158.2件、182.2人,分别占同时期立案件数和人数的45.4%和42.8%,每年均占到立案件数和人数的近五成。

国有企业职务犯罪的特征有四点:一是国有企业人员职务犯罪的种类主要集中在受贿、贪污、挪用公款、单位受贿和滥用职权等几类犯罪;二是国有企业腐败案多发生在35至50岁的年龄段;三是犯罪嫌疑人多数为直接经手管理款物的人员;四是犯罪手法隐蔽、次数多、金额大、时间跨度长。

前述报告也基本印证了北京师范大学中国企业家犯罪预防研究中心自2012年以来发布的企业家犯罪年度报告所揭示的国有企业家犯罪的特征。

二、企业"合规"与"合规管理"

1. 国有企业企职务犯罪的频发,源自"合规"的缺失

合规是指企业的经营活动必须遵守法律法规、监管规则和行业准则,同时也应当符合商业道德、社会伦理及其他具有规范性和约束力的普遍标准。

一些国有企业的合规管理机制不健全,国有企业人员的合规意识不足,是导致国有企业职务犯罪频发的根源所在。

2. "合规风险"

合规风险是指因未能遵循法律法规、监管要求、规则、自律性组织制定的有关准则以及适用于自身业务活动的行为准则,而可能遭受法律制裁或监管处罚、重大财务损失或声誉损失的风险。

---

[*] 中国华融资产管理股份有限公司法务总监。

3. "两面三刀"的"合规管理"

如何推进企业的合规管理？从大的层面上来说，就是"在外控行为""在内强意识"，企业的内部控制和文化培育构成了"合规管理"的"两面"。在具体管理和操作层面上来说，就是"健全内控机制""强化自查监督""树立合规文化"这"三把刀"，只有从这三个方面入手，对企业的经营和管理进行"精雕细琢"，才能把企业塑造为真正的"传世佳作"。

4. 企业"合规管理体系"的构建

(1) 应当建立健全一个有效的合规管理制度体系。

(2) 在管理效果的审视监督方面，应当着力于强化董事会、高级管理层、合规部门和审计部门的合规职能。

(3) 应当着力培养和形成企业自身的合规文化。

三、完善企业合规管理是预防职务犯罪的直接途径

(1) 制度管人、流程管事，做到权力制约有措施。

(2) 强化教育、警钟长鸣，做到立身行事有意识。

(3) 事中监督、事后回顾，做到权力制衡有落实。

四、中国华融资产管理股份有限公司的合规管理实践

中国华融资产管理股份有限公司已经将"坚持依法治企，打造'依法合规、治理科学、运行规范、管控有序、权责统一、廉洁高效、发展稳健'的'法治华融'"写入了企业文化读本，并将其作为中国华融资产管理股份有限公司依法合规发展的金科玉律。

(1) "人多势众"，为依法合规文化建设开展输入新鲜血液。

(2) "多管齐下"，为依法合规文化建设铺路架桥。

(3) "完善体系"，为合规管理工作的有效开展增添助力。

五、国有企业合规建设与预防职务犯罪的几点思考

(1) 以"依法合规"为主线，强化合规意识，大力推进公司体制改革。

(2) 以强化国有公司领导层的法治意识为关键，健全公司法人治理结构。

(3) 以腐败风险高发群为重点，建立对国有企业"一把手"尤其是董事长、负责人和企业高级管理人员的监督。

(4) 以法律风控为先导，注重国有企业内部职能部门之间的协同防范，加大企业纪检监察责任。

(5) 以人人敬畏法律、尊重法律为导向，加大法治宣传，加强对企业从业人员的管理以及道德素质的培养。

(6) 加强公司的治理能力，有效杜绝"一把手"监督失控。

(7) 加强流程管控和风险防范，形成流程清晰、管控有序的法律风险防控及救

济体系。

(8)定期进行风险预警及风险评估,加强内部监督机制。

(9)不断加强法律和纪检监察队伍建设。

(10)借鉴发达国家的立法和实践经验也是预防企业职务犯罪的途径之一。

最后,合规无止境,永远在路上。

评议《2016中国企业家犯罪分析报告》

皮艺军*

北京师范大学中国企业家犯罪预防研究中心发布的《中国企业家犯罪分析报告》是国内这一领域现有的唯一的专业性年度实证报告。其中针对企业家犯罪的身份特征、罪种结构、刑罚适用、风险高发环节及高频罪名等指数进行了汇总，尤其对企业腐败犯罪进行了近三年的对比统计和分析，这是2016年报告的最大特色。用事实和数据说话，这是铁律而不是价值判断。所以，犯罪学是刑法规范的前提和基础，犯罪学的发展也促进了刑法研究脱离形而上而进入到科学阶段。用事实和数据说话，在理论和实务上都具有开拓性，有效克服了我们的相关理论研究和相关决策缺乏实证数据支持的短板。

张远煌教授领导的北京师范大学研究团队，从中国裁判文书网上公布的刑事判决案例中持续检索企业家犯罪案件，较好地解决了样本的权威性与可靠性问题（非专业的类似报告也有，如有的单位依据企业家犯罪媒体案例制作的报告，这种媒体报告，只能代表"媒体关注了什么"，而不是"现实发生了什么"），为刑事理论研究和相关立法及政策的完善、改革，以及促进企业内控机制的建设，提供了可贵的经验素材。

犯罪预防是我们国家治理犯罪中的最大短板，尤其是企业和企业家的犯罪预防，往往被人们所忽视。《中国企业家犯罪分析报告》在推动预防理论研究，以及促进企业和企业高级管理人员犯罪预防实践方面，具有重要的建设性作用。

本报告比往年又有新的亮点：将"企业家腐败犯罪分析"单列为报告的一个部分，对于促进我国的反腐败斗争全面协调发展具有重要意义。传统上，一谈及腐败，关注的只是官员腐败，企业及企业家的腐败问题，尤其是民营企业家的腐败成为被遗忘的角落。事实上，报告所揭示的官员腐败与企业家腐败之间存在伴生现象，有助于革新反腐思维，为协调推进反腐败斗争提供新的事实依据。

报告所揭示的企业家犯罪的制度性成因（如刑法在企业保护上重公轻私等），对于我们反思相关制度的合理性、公平性，促进科学立法、科学决策具有重要的借鉴价值。

---

* 中国政法大学教授。

推动非公预防升级　优化法治营商环境
——关于民营企业职务犯罪预防的实践与思考

张佳鑫[*]

如何开展民营企业的职务犯罪预防是众多民营企业关心和关注的关键话题之一。在此笔者从企业自身角度提出看法。

一、新形势下民营企业职务犯罪的特征及原因分析

民营企业作为国民经济增长的重要推动力量,在促进竞争、扩大就业、增加国家财政收入等方面,发挥着举足轻重的作用。当前非公经济快速发展,但由于制度和法律的不健全,管理不善、监督缺位,民营企业的从业人员发生职务侵占、行贿、受贿、挪用资金等违法违纪行为屡见不鲜。职务犯罪不仅对企业生产经营造成直接危害,而且对当事人自身和家庭的伤害很大。加强对民营企业管理人员职务犯罪的预防,已成为当前发展社会经济、化解社会矛盾、构建和谐社会的迫切需要。

通过分析总结民营企业典型职务犯罪案件,我们不难发现这类职务犯罪有以下几个特点:一是犯罪主体多为企业重要岗位的管理人员;二是涉及行贿受贿的犯罪比例较高,约占80%左右;三是职务犯罪多集中发生于工程项目、采购、经营管理等领域;四是职务犯罪方式多样化、手段趋向隐蔽化等。

造成民营企业职务犯罪发案的主要原因:一是企业管理上存在漏洞,规章制度不健全。有些民营企业忽略内部制约制度的健全和完善,让职务犯罪有了可乘之机;有的仍是家族式经营,缺乏科学、规范、行之有效的监督机制。二是企业思想政治工作薄弱,员工法制观念淡薄。许多民营企业"重经营、轻管理",忽视对干部员工的职业道德、法制教育,对重点易发犯罪岗位的人员安排任用缺乏必要的警惕性。三是企业受利益驱动,为赚取利润铤而走险。在市场经济条件下,少数民营企业家经不住诱惑,见利忘义,把赚取利润最大化作为企业的唯一目的。

---

[*] 北京师范大学刑事法律科学研究院访问学者,扬子江药业集团纪委副书记、法纪委员会主任、法学博士。

二、深化检企协作,建立"非公预防示范点"和"特约预防员"制度,促进非公预防提档升级

如何有效预防民营企业职务犯罪的发生,促进民营经济健康发展,已经成为亟待检察机关和民营企业共同破解的难题。自 2010 年起,泰州市高港区人民检察院在全国非公经济领域提出了"非公预防"的概念,并实地导入民营企业探索实践完善,在扬子江药业集团设立江苏省首个非公预防示范点,并挂牌成立"特约预防员工作室","零距离"指导企业开展职务犯罪的预防工作,取得了显著成效,受到了企业的欢迎。检企非公预防合作共赢的成功经验,被最高人民检察院、江苏省检察院转发,《检察日报》《江苏法制报》等也作了专题报道。主要做法是:

1. 实现预防工作平台的升级

"非公预防示范点"和"特约预防员工作室"作为检察机关服务民营企业的"一线窗口"和"前沿阵地",通过派驻特约预防员,为企业提供定制式预防服务。工作室坚持以廉洁企业文化建设为方向,着力构建小微法治宣教平台,常态化开办"预防讲堂"、宣传海报展、法律咨询屋、廉洁文化墙等宣教活动,拓宽了检企共建的交流范围。同时,进一步前移工作触角、延长工作链条,以"现场排查、准确发现、及时堵漏、长效完善"为标准,与企业密切合作,实地介入生产经营管理现场,帮助企业完善风险稳控机制。

2. 实现预防工作方式的升级

工作室秉持防止利益冲突的预防原理,立足构建科学高效的预防体系,推动实现自发自律的预防效果,指导和协助企业强化资金、技术和生产安全防控措施,完善从业人员约束限制机制,有效防范和化解了多起涉法涉诉事件对企业正常运行带来的干扰和羁绊。由于工作室开展的各类活动与企业文化、企业精神高度契合,品位内涵不断提升,既让少数人振聋发聩、幡然悔悟,又让更多人触类旁通、有所回味,推动预防目标从"不敢犯"向"不能犯""不愿犯"逐级递升。

3. 实现预防工作机制的升级

工作室针对企业经营的重点业务领域,建立针对性的预防工作机制。泰州市高港区人民检察院率先将政府采购领域的行贿犯罪档案查询面向非公企业开放,将行贿犯罪档案查询延伸到非公招标和采购领域,积极协助企业在对外招投标中进行诚信与廉洁查询。通过限制"污点商人"准入,有效切断了不法商人拉拢企业人员,侵害企业合法权益和正常经营秩序的链条。

三、扬子江药业集团预防职务犯罪的积极探索

扬子江药业集团创建于 1971 年,是一家跨地区、产学研相结合、科工贸一体化的大型医药民营企业,现有员工 13 000 余人。历经 47 年的艰苦创业,现已发展成为中国医药行业的龙头制药企业,地方民营企业的"领头羊"。2014 年、2015 年,企业综合效益连续两年名列全国医药行业第一名。多年来,在检察机关的关心、

指导和帮助下,集团在完善预防职务犯罪机制方面积极创新探索。

1. 全面推进依法治企

集团成立的法纪委员会履行法律事务、审计监督、合规管理等职能,独立开展工作。法纪委员会全面负责企业内部审计、合规性审查、制度化建设、法律纠纷等事项,依法规范生产经营行为,完善企业管理制度。为了统筹公司法律管理体系,积极筹建律师事务所,集团制定出台了《合同审查及管理规定》《合同纠纷处理规定》等系列规章制度。集团明确规定所有重大工程项目、大宗物资采购全部实行阳光招标,在充分调研、比质比价的基础上,由招标办、经办部门和财务部门、审计部门共同参与把关,杜绝暗箱操作。

2. 注重廉政文化建设

集团坚持每月组织开展法制廉政教育,如观看警示电教片、举办专题讲座、邀请公检法人员作报告、到兴化看守所实地教育等,要求全体管理干部、敏感岗位员工参加,至今累计举办法制廉政教育 280 余次。集团重视对员工进行普法教育与规章制度学习,开展了 5 场法律知识竞赛。每年大学生新员工进厂后,集团均组织系统学习药事法规和各项规章制度,接受法治教育的洗礼。集团内部学法、知法、守法氛围浓厚。

3. 多措强化风险管控

集团不断创新审计工作理念,由过去被动预防向主动预防、提前预防转变。在各体系设立预审组,定期组织人员对各体系、各子公司和外线销售公司进行调研审计,发现问题及时督促整改。同时,建立第三方审计制度,以更加客观公正地进行财务审计。借助全方位的审计监督,及时准确了解集团内部控制的薄弱环节,有针对性地对高风险业务给予重点关注,提高了集团的免疫力,有效遏制职务犯罪的发生。

四、民营企业职务犯罪预防的法治服务需求及建议

习近平总书记提出要构建"亲""清"新型政商关系。2017 年《最高人民检察院工作报告》也指出,检察机关要积极服务保障实体经济健康发展,强调要保护企业家精神。民营企业唯有依法经营,才能保证发展轨迹不发生偏差。在此,我们对检察机关开展非公预防提两点希望:

1. 探索预防非公领域职务犯罪的新模式

检察机关要适应经济新常态,深化检企合作,积极探索新形势下双向协同预防非公领域职务犯罪的新模式,推动职务犯罪预防体系的升级;围绕助推民营企业加快转型升级、推进依法治企,提供相应的法律咨询服务,指导和协助企业精准防范职务犯罪,提高依法自治能力,完善风险防范长效机制,为民营企业的发展营造一个良好的法治营商环境。

2. 加强企业信用体系建设

首先,将违纪违规企业纳入不良信用记录,增加在行业经营中的失信成本,保

障相关企业选择诚信企业作为交易与合作伙伴。其次,深化诚信企业评估机制,建立重合同守信用、依法经营、预防职务犯罪突出重点企业名录,增加企业信誉指数,提升其行业知名度和品牌价值。最后,要区别对待个人行为与企业行为,既不能让个人成为企业的替罪羊,也不能让企业为个人的失信违法买单,要公正科学地评估和对待,保障企业在发展过程中享受合规红利,不能让诚信合规企业吃亏。

民营经济刑法平等保护检视：问题、成因与对策

王文华[*]

一、背景

从改革开放初期在农村建立家庭联产承包责任制，到20世纪90年代推进国有企业股份制改革；从2004年"私有财产权不受侵犯"入宪，到2007年《中华人民共和国物权法》实施，都称得上是中国产权保护的"里程碑"事件。中国的产权保护法律体系也已初步建立——但也仅限于"初步"。民营经济的平等保护长期以来都没有得到很好的解决。在经济面临下行压力的背景下，2016年3月4日，习近平总书记在看望出席中国人民政治协商会议第十二届全国委员会第四次会议的中国民主建国会、工商联合会委员时发表"鼓励、支持和引导非公有制经济发展"的讲话，宣示了为非公有制经济发展营造良好环境的方针，传递了重要的政策信号——提出关于发展非公有制经济的"两个毫不动摇"和"三个没有变"。要实现"新常态"下的经济转型，推动落实"一带一路"建设、中国企业"走出去"，必须对民营经济在刑法上进行平等保护。

2016年11月4日起实施的中共中央、国务院《关于完善产权保护制度依法保护产权的意见》在"总体要求"中就提出："坚持平等保护。健全以公平为核心原则的产权保护制度，毫不动摇巩固和发展公有制经济，毫不动摇鼓励、支持、引导非公有制经济发展，公有制经济财产权不可侵犯，非公有制经济财产权同样不可侵犯。"

二、问题与对策

涉及的问题很多，既要一视同仁、严格要求合规经营，更要重视以下问题：
1. 严肃查处利用公权力侵害私有产权、违法查封、扣押、冻结民营企业财产的

---

[*] 北京外国语大学法学院副院长、教授，中国法学会刑法学研究会理事，中国法学会审判理论研究会理事、刑事审判理论研究专业委员会委员，中国法学会网络与信息法学研究会理事，中国中小商业企业协会企业权益保护专家顾问。

犯罪案件

实践中发生了很多利用公权力侵害私有产权、违法查封、扣押、冻结民营企业财产的犯罪案件,有些案件甚至触目惊心。但是实际查处的少、处罚的更少。管住了公权力就是给民营企业松绑。

主要对策:

(1)实体上落实,依法查处公权力犯罪案件,一旦发现基层权力黑社会化现象,由上级纪律检查委员会等部门深入查处。

(2)程序上把关,落实好回避制度、异地管辖制度等。对通风报信、助纣为虐的司法办案人员,严格依法追究其法律责任。

2. 慎重处理民营企业家的涉罪案件,充分考察案外因素、经济形势的作用

(1)对过去,慎重处理企业家"原罪"。严格遵循法不溯及既往、从旧兼从轻原则,以发展的眼光客观地看待和依法妥善处理改革开放以来各类企业特别是民营企业经营过程中存在的不规范问题。

(2)对未来,严格把握入罪门槛。严格区分经济纠纷与经济犯罪的界限;区分企业正当融资与非法集资的界限;区分民营企业参与国有企业兼并重组中涉及的经济纠纷、与恶意侵占国有资产的界限,防止把经济纠纷当作犯罪处理。

3. 运用好指导性案例制度

将典型的利用公权力侵害私有产权、违法查封、扣押、冻结民营企业财产的犯罪案件列为最高人民法院、最高人民检察院的指导性案例。

互联网金融行业刑事法律风险的特点、成因及对策

王文生[*]

高速发展的现代化科技和互联网为人们的生产、工作、经营和生活带来了极大的便利,现如今,我们可以微信转账,甚至农村进城卖菜的以及出租车也可以用微信支付。但是,高速发展的互联网像一只带刺的玫瑰,在为人们带来便利的同时,也带来了极大的风险。也可以说,高速发展的互联网是一把双刃剑,轻则带来经济损失,重则甚至使企业家跌入万丈深渊,万劫不复,身陷囹圄,失去人身自由,给人们带来极大的灾难。

一、互联网金融行业刑事法律风险的特点

互联网金融行业刑事法律风险的特点有很多,择其要者有以下几点:

1. 犯罪手段多样性

犯罪手段多种多样,花样繁多,有非法吸收公众存款、集资诈骗、信用卡诈骗、电信诈骗、微信诈骗等。

2. 犯罪主体多元性

犯罪主体包括企业家、企业高级管理人员、一般员工,以及其他有刑事责任能力的自然人。

3. 犯罪受害主体的广泛性

被害人有时十几人、几十人、上百人甚至上千人,如黑龙江秒城电商平台诈骗案。

4. 犯罪方法的隐蔽性

互联网金融行业领域的诈骗犯罪,大多是智能型犯罪,甚至是高科技型犯罪,具有很强的隐蔽性,不易发现,因此导致了互联网金融行业犯罪取证难,案件侦破难,法律适用难,消费者权益保护难,往往互联网金融刑事法律风险一旦发生,就会给消费者带来重大的经济损失。

---

[*] 北京冠衡(长春)律师事务所主任、国家一级律师、吉林大学法学院企业家刑事法律风险研究中心主任、吉林大学博士生导师。

5. 法律法规的滞后性

互联网金融行业目前的现状是准入门槛过低,行业标准较少,行业监管不到位。

二、互联网金融行业企业家刑事法律风险的成因

导致互联网金融行业企业家刑事法律风险的原因是多元的,既有主观原因,也有客观原因;既有个体原因,也有社会原因。归纳起来主要有以下几种原因:

(1)犯罪行为人受利益驱动的影响,抵不住重大利益的诱惑,铤而走险;

(2)经营者法律意识不强;

(3)经营者业务能力低下;

(4)经营单位规章制度不健全;

(5)监管不到位;

(6)打击不力。

三、互联网金融行业刑事法律风险的对策

提出问题是为了解决问题,前面我们分析了互联网金融领域刑事法律风险的特点和原因,原因是多方面的,解决问题也应综合施策,只采用一种方法是不能奏效的,应进行综合治理、综合施策。笔者认为,要有效地防范互联网金融领域的刑事法律风险,应当采取以下六种对策,即六个强化:

1. 对策之一:强化立法

要做到有法可依,只有有法可依才能有效防范互联网金融行业刑事法律风险。笔者经常教育所在律师事务所的律师,不能只低头办案,对于司法实务中发现的互联网金融领域的刑事法律风险的立法缺陷和漏洞,要提出立法建议。

2. 对策之二:强化司法

北京工业大学法学院院长张凌教授提出对于企业家犯罪要严厉打击,而多数律师反对张教授的观点,主张对民营企业家要从宽处理。两种观点针锋相对,笔者做了20年的法官,其中有10年是民事法官,善于调解。笔者的观点是,对于那些主观恶性很大、情节特别严重、社会危害大的犯罪分子应当予以严惩,以维护社会秩序;对于那些情节较轻、社会危害不大、主观恶性不大的犯罪分子,应当宽严相济,尽可能地实施非司法化、非犯罪化、非监禁化、非刑罚化。正如笔者的恩师高铭暄教授所言,对于企业家犯罪不到万不得已不能轻易动用刑罚。

3. 对策之三:强化普法

我们要走出领导讲话经常引用的要为经济建设保驾护航的误区,应当重视防范,防患于未然,要注意法律不仅有打击犯罪的功能,更重要的是有领航、指引、规范的功能。因此我们法律人,特别是律师,作为依法治国的主力军,是普法的主体,应当向企业家普及法律知识,普及互联网金融行业刑事法律风险防范的知识,指引他们规避刑事法律风险。

4. 对策之四：强化监管

要加大互联网金融领域的行业监管力度，对于违反互联网金融领域规章制度的行为要层层追究责任。

5. 对策之五：强化制度

要建立健全互联网金融领域的各项制度，并付诸执行。制度是最好的防腐剂，徒法不足以自行，再好的规章制度也要有人去执行。

6. 对策之六：强化服务

强化服务主要是强化律师服务：一是为互联网金融企业担任常年法律顾问，帮助企业把关、诊断，防范刑事法律风险。二是为互联网金融行业企业做专项法律顾问，就某一项目做专项法律顾问，帮助企业防范刑事法律风险。要把无边无际的互联网金融行业作为律师开拓业务的蓝海、拓展律师业务、提高本领的机遇。三是加强对互联网金融领域民营企业家犯罪辩护力度。有人夸张地认为，民营企业家不是待在监狱里，就是走在通往监狱的道路上。律师的职责就是千方百计地堵住民营企业家通往监狱的道路。

总之，如果做到以上六个强化，就能有效地防范互联网金融方面的刑事法律风险。

互联网金融的风险与法律间的平衡

郭宇航[*]

随着P2P网络借贷的不断发展,网贷模式也在不断更新。从最初"拍拍贷"的纯线上模式,到"红岭"的大单模式,再到以"有利网"为代表的通道模式,P2P网络借贷在国内所延伸出来的模式创新层出不穷。P2P网络借贷的创新对监管也提出了很大的挑战,我国对其监管经历了蛮荒期、转型期和蓬勃期三个阶段。2011年7月,曾自称为"中国最严谨的网络借贷平台"的"哈哈贷"关闭网站;2011年8月,中国银行业监督管理委员会发布风险提示通知要求银行与P2P行业风险隔离;2011年下半年,"中国金融40人论坛"在上海成立了"新金融研究院",专注互联网金融研究;2012年10月,国务院发展研究中心发布报告,明确了P2P的法律地位;2013年6月,阿里巴巴旗下活期产品"余额宝"正式上线,推动国内互联网金融快速发展;2014年3月,李克强总理在《政府工作报告》中提出"促进互联网金融健康发展";2015年7月,中国人民银行等十部委联合发布《关于促进互联网金融健康发展的指导意见》;2015年12月,中国银行业监督管理委员会发布《网络借贷信息中介机构业务活动管理暂行办法(征求意见稿)》。截至今日,全国P2P网络借贷成交近万亿,累计跑路平台超过1 300家。

2016年8月24日,网络借贷新规出炉,P2P行业面临大洗牌。金融科技领域的近期三大热点即区块链、大数据、人工智能对监管提出了挑战。商业模式的成与否都取决于监管,监管者拥有对技术创新的生杀大权。互联网金融行业的创新原则应该是:不踩红线规定,试探弹性规定。处理好依法(主体法律关系未突破现有法律法规的框架)、创新(在现有基本法律法规基础上进行试探式创新)、红线(永远不突破法律底线,坚决不违法犯罪)三者之间的关系。红线规定中的非法吸收公众存款罪、集资诈骗罪等刑事犯罪,是坚决不能触碰的,无资金池、无平台担保也是红线规定,需要做好合规要求。弹性规定中的人数、数额、特定用户可进行试探性创新,比如募资人数的突破性、募集极小金额的排他性、网站注册用户的特定化。

---

[*] 点融网创始人兼联合CEO。

互联网金融面临的法律困境主要是涉及非法集资、争议解决难、担保登记等问题,电子证据认定/公正、电子合同法律效力及其认定、线上债权转让模式法律问题中关于利率、准备金、放宽限额等都是问题。P2P 非法集资案例有自融平台、虚假诈骗平台、贷帮网实例等。

中国与美国 P2P 监管框架对比,主要监管事项分为监管机构、监管基础、监管特征、准入审批、合规成本、信息披露、执法者七大块。中国的监管机构是中国银行业监督管理委员会,美国是证券交易委员会;中国的监管基础是基于贷款发放,美国的则是基于证券发行;中国的监管特征是按主体监管,美国的则是按行为监管;中国的准入审批是地方金融监管部门备案,美国的则是 SEC 登记;中国的合规成本是零,美国的则是 400 万美金;中国的信息披露是对监管、公众分级披露,美国则是完整透明披露证券信息;中国的 P2P 监管执法者是地方金融监管部门等,美国则是 SEC、FTC、CFPB。2016 年 6 月 2 日,美国消费者金融保护局发布了关于小额现金贷的新规征求意见稿,该意见稿规定,出借人需确保借款人有偿还能力,试图终止"债务陷阱"怪圈,建立监管报告机制,建议提供低风险且长期贷款选项,将会对罚金机制进行监管。2015 年 1 月,英国发薪日贷款最高价格限制规定正式生效。其中,最高价格限制可能导致一些规模较小的贷款人无法获得足够的利率来支撑。英国规模较大的发薪日贷款公司 The Money Shop 宣布将关闭 200 多家门店。而日本金融消费巨头武富士此前也破产退市。这些对我国互联网金融监管都应该有所启示。

企业家对象身份下外部刑事风险防控

郭　斌[*]　李云峰[**]

中国企业家的外部刑事风险,主要指来自企业家在企业外部环境和交易过程中代表企业对外执行职务过程中所存在的可能触犯刑事法律规范的风险和可能面临的刑事被害风险。

根据《中华人民共和国刑法》的规定,企业家身份下的外部刑事风险大致分为金融经济类风险、市场秩序类风险、妨碍企业管理秩序类风险、财产管理类风险、走私类风险、税收征管类风险、知识产权类风险、商业贿赂类风险。按照性质划分,可以分为企业家刑事侵害风险、企业家刑事被害风险;按照对象划分,可以分为企业家与政府,企业家与企业、社会团体,企业家与企业家,企业家与个人之间产生的刑事风险。

企业家身份下的外部刑事风险,基本分为社会原因、经济原因、法律政策原因、自身原因。社会原因包含地方性经济保护、不良的社会风气;经济原因包括缺乏完善的监管机制,传统产业与新兴产业的对冲,行业内部或者行业之间的欠妥行规,企业之间竞争的日益激烈;法律政策原因则包括法律、法规建设的相对滞后性和不完善,司法机关的力量不足以完全应对,部分犯罪类型不易区分;自身原因则包括自身法律意识淡薄,企业经营管理不科学。

针对以上,笔者认为想要正确避免刑事风险,应从以下几个方面入手:

(1)健全法律、法规、行业规范,净化市场环境,杜绝"官商勾结"现象,提升法律意识、完善企业管理制度。

(2)以自身之角度,纵观大局,既要看到现在或将来可能出现的自身之刑事风险,又要看清行业之刑事风险,做到"知己"。

(3)要熟知行业规范、法律法规,对市场环境的变化和竞争对手的情况要有敏

---

[*] 山东诚功律师事务所创始合伙人、主任,北京师范大学中国企业家刑事风险防控山东中心主任,山东半岛蓝色经济区律师服务团团长。

[**] 山东诚功律师事务所执行主任,北京师范大学中国企业家刑事风险防控山东中心副主任。

锐的嗅觉,做到"知彼"。

(4)要勇于发现和提出自身存在和潜在的问题和风险。

(5)要与专业法律机构建立长期稳定合作关系,对已经出现的刑事风险和可能出现的刑事风险,制订切实可行的外部刑事风险防控方案,强化对外的风险防控,做到"对症下药"。

全球视野下的合规制度现状与发展趋势

陈立彤[*]

合规是金色盾牌,是生产力。合规操作系统的好坏决定了合规工作是否能够正常开展,是否能够达到合规管理及风险管控的目的。全球合规操作系统包括:合规治理系统(包括部门设置,与公司董事会、监事会、管理部门的对接,与内控及审计部门的对接);合规人力资源管理系统;正常事项和不正常事项报告系统;全球合规月度、季度及年度会议系统;违规和违法事件调查系统;危机应对系统(比如召回、政府调查等)及其他相关系统。

一、合规首先需要识别各种风险,包括识别合规风险,健全合规制度

健全合规制度包括需要建立合规管理制度的原则和框架,完善合规管理制度的内容设计(包括行为准则、礼品和邀请、赞助和捐赠、举报和内部调查、与人事相关的合规管理制度、商业合作伙伴合规管理制度),加强合规管理制度的培训与沟通(合规管理制度培训要走心并有效、合规管理制度的宣传和沟通要及时到位)。在明确合规职责过程中,需要强化合规管理职责的目的和意义,明晰合规管理职责的总体要求;强化合规治理的原则,明晰董事会、监事会、最高管理层的合规管理角色与职能;加强合规管理协调,即合规部门与公司员工的沟通、合规部门与业务部门的分工协作、合规部门与监督部门的分工协作、公司与外部监管机构的沟通协调;发挥领导者的示范带头作用,领导者是关键,要强化其角色和责任。

二、建立合规机制

(1)要建立合规管理机制,需要管理层提供强有力的支持,覆盖企业各个部门。

(2)要加强合规培训与沟通。

(3)合规需要被贯彻和执行。需要建立和维护具体操作流程,明确合规执行中的角色和职责,识别合规执行中的偏离,识别违规原因并进行改进,形成汇报沟

---

[*] 福特公司亚太前合规总监,北京大成(上海)律师事务所高级合伙人。

通机制,建立健全绩效考核机制,建立合规管理长效机制。

(4)需要加强合规文档的信息管理,建立合规文档信息管理的基本流程和控制机制。

(5)注重外包与第三方管理。主要涵盖风险管理、合规期望、订立合同、持续的管理、年度合规审查和续展等方面。

(6)建立举报机制。包括建立举报网络并进行培训,创造安全的举报环境进行举报信息收集与处理,提倡"首举不究"的原则,设立"亲情大使"或"冤情大使",建立举报奖励制度,鼓励客户和第三方投诉,严禁打击报复举报人。

(7)开展进驻调查。具体步骤为制订调查方案、选择调查人员、审查有关文件和证据、正式开展调查、形成调查结论、撰写调查报告、提出改进建议。

(8)进行纠正和改进。一是落实纪律处分,二是改进合规制度。

三、合规管理是一个持续的过程,需要重视持续提升机制

(1)要注重对合规管理效果的评审。

(2)要建立监控机制,加强测试与监控,做好信息收集、指标管理,并做好报告与记录。

(3)要做好审计工作,明确审计的原则和重要关注事项,注意审计流程,并做好特别提示。

(4)要进行管理层评审,明确评审的框架及要点以及评审流程。

(5)要进一步改进、处理和纠正不合规行为,完善上报机制,并持续改进。

四、要建设合规文化

合规文化需要树立合规价值观、合规信仰以及合规道德准则。处理好合规文化与其他企业要素的关系,包括合规文化与企业文化、规章制度、领导力之间的关系。合规文化对企业发展有着积极的意义,它是生产力,是金色盾牌,是合规主体的下意识,是抵御潜规则的利器。合规是底线,文化无上限,合规是百年老店的最大智慧。建设合规文化最终需要重视合规文化的形成和推广,具体包括十三个方面:明示且明确的价值观,管理层须率先垂范;注重示范、指导、培训和领导;对潜在雇员进行就业前评估;新员工入职培训强调合规价值观;持续培训并不断更新培训内容;持续就合规问题进行沟通;建立绩效评估系统评估合规行为;合规表现与绩效挂钩以实现合规关键绩效指标;合规管理成绩予以公开认可和表彰;对违规行为进行及时、适当的惩戒;组织战略和个人角色建立明确联系;重视对合规文化有效性的检测。

证券市场的刑事风险控制

谢 杰[*]

证券市场的刑事法律风险是商业风险、民事法律风险、监管风险累积与联动的必然。证券市场的刑事法律风险主要表现为三种行为方式:一是虚假陈述,包括欺诈发行、违规披露、不披露重要信息;二是内线交易,包括内幕交易、泄露内幕信息,利用未公开信息交易等;三是市场操纵,包括传统操纵证券、期货市场,新型操纵证券、期货市场。

证券市场虚假陈述风险的典型案例是欣泰电气(300372)IPO财务造假案。虚假陈述导致的商业与市场风险的表现形式是强制退市、市值暴跌和债务危机;导致的监管风险则是行政处罚,主要是欺诈发行证券和违规信息披露带来的行政处罚;导致的民事诉讼与仲裁风险所造成的损失较大;所涉及的刑事法律风险主要可能触犯欺诈发行股票、债券罪;所涉及证券公司的经营与法律风险表现为罚没保荐费、罚款、罚没承销费、巨额投资者索赔风险(先行赔付义务)、保荐代表人终身市场禁入、暂停业务(吊销牌照)风险。要想做好证券市场虚假陈述的刑事风险,必须将财务造假、欺诈发行、信息披露违规的合规与风控核准制纳入注册制框架下;虚假陈述引发的一系列商业与法律风险的应对主要体现为公司资产的法律争议解决和资产重组与破产重整。证券市场虚假陈述可能触犯的罪名有融资类犯罪、欺诈发行股票罪与违规披露、不披露重大信息罪。融资类犯罪中要区分直接融资和间接融资;欺诈发行股票罪与违规披露、不披露重大信息罪中需要把握好重大性的标准,注意刑事与行政责任的实质界限。

市场操纵的刑事风险的典型案例有"徐翔案",涉及信息操纵;"伊士顿案",涉及高频交易操纵;"汪建中等案",涉及抢帽子交易操纵;险资举牌现象,涉及并购与上市公司控制权争夺中的市场操纵(对比20世纪80年代的美国高收益债券)。证券市场刑事合规与风控针对市场操纵方面,首先需要认清几个问题:一是信息操纵就是内幕信息与市场操纵的叠加,二是高频交易操纵要注重程序化交易监管,三是抢帽子交易操纵要注意利益冲突的规避。其次要注意互联网保险、公司

---

[*] 上海交通大学凯原法学院副教授,法学博士,律师。

控制权市场与市场操纵。再次就是要注重证券法、刑法的修改。最后就是促进市场操纵犯罪司法解释的制定。

内幕交易方面,2010年之后,内幕交易、泄露内幕信息的刑事案件数量大幅度攀升,行政处罚的案件数量更是猛增。2012年最高人民法院、最高人民检察院出台了《关于办理内幕交易、泄露内幕信息刑事案件具体应用法律若干问题的解释》,这是一个充满漏洞的司法解释,其中第3条规定的明显异常交易行为与行政司法解释相矛盾;第4条规定的免责事由中"避风港规则"没有配套机制;第5条规定的价格敏感期中信息重大性的判断标准争议极大,却由证券监督管理委员会的认定结论单方面控制;第6条规定的情节严重标准中的标准明显过低,存在着选择性执法的可能;第7条规定的情节特别严重的标准存在的问题与第6条一样;第9条规定的数额认定与共犯数额认定规则需要再细化;第10条规定的违法所得认定规则技术含量过低,不适应实践需求。针对内幕交易资本市场刑事合规与风控所涉及的有两大问题,一是非法获取内幕信息人员刑事责任的推定,二是向非法获取内幕信息人员进行信息传递的人员,即内幕信息知情人员(上市公司高级管理人员和证券公司、会计师事务所、律师事务所等金融服务机构人员等)的刑事责任能否进行"二次"推定?

利用未公开的信息进行交易即俗称的"老鼠仓"交易,涉及基金公司、保险公司、证券公司、信托公司、商业银行等从事资产管理(证券投资)业务的机构及其工作人员。典型案例有马乐利用未公开信息交易案。该案再审判决之前快速判处相关案件,所呈现出的特点是利用未公开信息交易案的涉案数额越来越大。利用未公开信息交易涉及的刑事合规风险主要是交易行为与未公开信息的关联性问题。交易关联性的模糊与切断有掩护机制和稀释机制,前者即涉嫌利用未公开信息交易,其针对的单个金融商品被行为人反复交易;后者即涉嫌利用未公开信息交易,其同期针对数个金融商品被行为人大量交易。

图书在版编目（CIP）数据

企业家犯罪分析与刑事风险防控报告. 2017 卷 / 张远煌主编. —北京：北京大学出版社，2018.11
ISBN 978-7-301-29970-8

Ⅰ. ①企… Ⅱ. ①张… Ⅲ. ①企业家—刑事犯罪—研究报告—中国—2017 Ⅳ. ①D924.04

中国版本图书馆 CIP 数据核字（2018）第 232340 号

书　　名	企业家犯罪分析与刑事风险防控报告（2017 卷） QIYEJIA FANZUI FENXI YU XINGSHI FENGXIAN FANGKONG BAOGAO（2017 JUAN）
著作责任者	张远煌　主编
责 任 编 辑	陈　康　焦春玲
标 准 书 号	ISBN 978-7-301-29970-8
出 版 发 行	北京大学出版社
地　　址	北京市海淀区成府路 205 号　100871
网　　址	http://www.pup.cn　http://www.yandayuanzhao.com
电 子 信 箱	yandayuanzhao@163.com
新 浪 微 博	@北京大学出版社　@北大出版社燕大元照法律图书
电　　话	邮购部 010-62752015　发行部 010-62750672　编辑部 010-62117788
印 刷 者	河北滦县鑫华书刊印刷厂
经 销 者	新华书店
	730 毫米×1020 毫米　16 开本　26 印张　516 千字 2018 年 11 月第 1 版　2018 年 11 月第 1 次印刷
定　　价	68.00 元

未经许可，不得以任何方式复制或抄袭本书之部分或全部内容。
版权所有，侵权必究
举报电话：010-62752024　电子信箱：fd@pup.pku.edu.cn
图书如有印装质量问题，请与出版部联系，电话：010-62756370